Kudlich/Oğlakcıoğlu
Wirtschaftsstrafrecht

Hans Kudlich/Mustafa Temmuz Oğlakcıoğlu

Wirtschaftsstrafrecht

3., neu bearbeitete Auflage

Dr. Hans Kudlich ist Professor für Strafrecht, Strafprozessrecht und Rechtsphilosophie an der Friedrich-Alexander-Universität Erlangen-Nürnberg.

Dr. Mustafa Temmuz Oğlakcıoğlu ist Akademischer Rat a.Z. an diesem Lehrstuhl.

Bibliografische Information der Deutschen Nationalbibliothek

Die Deutsche Nationalbibliothek verzeichnet diese Publikation in der Deutschen Nationalbibliografie; detaillierte bibliografische Daten sind im Internet über <http://dnb.d-nb.de> abrufbar.

ISBN 978-3-8114-4925-1

E-Mail: kundenservice@cfmueller.de

Telefon: +49 89 2183 7923
Telefax: +49 89 2183 7620

www.cfmueller.de
www.cfmueller-campus.de

© 2020 C.F. Müller GmbH, Waldhofer Straße 100, 69123 Heidelberg

Dieses Werk, einschließlich aller seiner Teile, ist urheberrechtlich geschützt. Jede Verwertung außerhalb der engen Grenzen des Urheberrechtsgesetzes ist ohne Zustimmung des Verlages unzulässig und strafbar. Dies gilt insbesondere für Vervielfältigungen, Übersetzungen, Mikroverfilmungen und die Einspeicherung und Verarbeitung in elektronischen Systemen.

Satz: Gottemeyer, Rot
Druck: CPI Clausen & Bosse, Leck

Vorwort

Seit dem Erscheinen der 2. Auflage sind nun einige Jahre vergangen, in denen das Buch auf viel positive Resonanz gestoßen ist. Neben den allfälligen Aktualisierungen auf Grund von neuer Rechtsprechung und Literatur sind in dieser Auflage auch eine Reihe von gesetzgeberischen Aktivitäten (insbesondere umfangreiche Änderungen des Rechts von Verfall und Einziehung in §§ 73 ff. StGB, Neufassung des Wertpapierhandelsgesetzes und konkretisierte Pläne zur Einführung eines Verbandssanktionengesetzes) zu berücksichtigen. Außerdem wurde ein weiteres Kapitel zu wichtigen strafprozessualen Fragen im Wirtschaftsstrafrecht angefügt.

Wir hoffen, dass unser Buch – im wahrsten Sinne des Namens der Reihe – einen hilfreichen Start in ein Rechtsgebiet verschaffen kann, dessen praktische und wissenschaftliche Bedeutung in den vergangenen Jahren noch einmal rasant zugenommen hat.

Für die große Unterstützung bei der großflächigen Erfassung der mittlerweile kaum noch zu überblickenden Aufsatzliteratur danken wir uns unserem tollen Hiwi-Team. Insbesondere für die Literaturrecherche und die gründliche Durchsicht der 2. *Auflage* danken wir unseren studentischen Mitarbeitern *Franziska Zwießler* und *Moritz Gärber*, für die Korrektur der neu verfassten Abschnitte dem wissenschaftlichen Mitarbeiter *Johannes Weichselbaum* sowie für vertiefende und anregende Diskussionen zu den neuen gesetzgeberischen Aktivitäten zur Einführung eines Verbandssanktionenrechts der wissenschaftlichen Mitarbeiterin *Jennifer Koch*.

Erlangen im Februar 2020
Hans Kudlich
Mustafa T. Oğlakcıoğlu

Aus dem Vorwort zur 2. Auflage

Die erste Auflage unserer kleinen Einführung hat freundliche Aufnahme gefunden. Das hat uns ermutigt, diese aktualisierte und erweiterte Zweitauflage zu erstellen. Das didaktische Konzept wurde dabei beibehalten; freilich waren wir bemüht, gerade die aktuellen Diskussionen noch stärker mit weiterführenden Nachweisen zu begleiten, um den Lesern nicht nur einen raschen „Start" ins Wirtschaftsstrafrecht zu ermöglichen, sondern etwa mit Blick auf Seminararbeiten im Schwerpunktbereich schon erste Vertiefungshinweise zu präsentieren.

Aus dem Vorwort zur 1. Auflage

Das vorliegende Werk zum Start ins Wirtschaftsstrafrecht basiert im Wesentlichen auf einem Vorlesungsskript, das der Mitautor *Kudlich* seit einer Reihe von Jahren – mit teils variierenden Inhalten, aber doch einem festen Kern – in der Vorlesung Wirtschaftsstrafrecht zur Verfügung gestellt hat. Seine Wurzeln gehen damit in eine Zeit zurück, in der ein ausführliches Skript geboten war, da es noch kaum für Studierende geeignete Lehrbücher zum Wirtschaftsstrafrecht gab. (…) Nach vier einführenden Kapiteln wird der Stoff anhand von zentralen (und meist neueren) Leitentscheidungen präsentiert, die den Anlass für eine Einführung in das jeweilige Teilgebiet bilden, der sich eine vertiefte Darstellung der anlässlich der Entscheidung diskutierten Sonderprobleme anschließt. Auf diese Weise werden einführender Überblick und vertiefte Kenntnis der *leading cases*, welche die Diskussion im Wirtschaftsstrafrecht in hohem Maße prägen, kombiniert.

Wie bei allen Lehrwerken in diesem (in der universitären Ausbildung) relativ jungen Rechtsgebiet hat sich auch für uns die Frage der Stoffauswahl gestellt, da ein allgemein anerkannter Kanon dessen, was in der Universität im Wirtschaftsstrafrecht gelehrt werden muss, noch nicht in Sicht ist. Wir haben für den „Start ins Rechtsgebiet" die Materien bewusst „StGB-lastig" ausgewählt und das Nebenstrafrecht nur selektiv behandelt.

Hinweise auf (…) vertiefenden Werke finden sich bei uns – in bewusst überschaubarer Zahl – zum einen in den Fußnoten; zum anderen werden am Ende der meisten Kapitel (insbesondere neuere) Monographien zu den behandelten Themengebieten aufgezählt. Dabei haben wir wiederum die Schwerpunktstudenten vor Augen, die nach den Prüfungsordnungen vieler Universitäten eine Seminararbeit zu schreiben haben. Für diese ist ein Rückgriff auf solche (in den Kommentaren oft nicht hinreichend nachgewiesenen) Monographien aber unverzichtbar.

Inhaltsverzeichnis

Vorwort V
Aus dem Vorwort zur 2. Auflage VI
Aus dem Vorwort zur 1. Auflage VI
Abkürzungsverzeichnis.................................... XIX
Verzeichnis der abgekürzt zitierten Literatur XXIII

1. Teil
Einführung 1

A. Begriff des Wirtschaftsstrafrechts und kriminologische Grundlagen 1

I. Begriff des Wirtschaftsstrafrechts 1
  1. Problemstellung................................... 1
  2. Begriffsbestimmung aus kriminologischer Sicht 2
  3. Strafprozessual-kriminaltaktische Begriffsbildung des § 74c GVG........ 3
  4. Begriffsbestimmung aus rechtsdogmatischer/rechtsgutorientierter Sicht . 5

II. Phänomenologie des Wirtschaftsstrafrechts (kriminologische Grundlagen)........................ 6
  1. Personenbezogene Charakteristika des Wirtschaftsstrafrechts 7
  2. Tatbezogene Charakteristika des Wirtschaftsstrafrechts 7
  3. Bedeutung des Wirtschaftsstrafrechts in der Praxis und polizeiliche Kriminalstatistik 8
  4. Wirtschaftsstrafrecht zwischen „Klassenstrafrecht" und modernem Ostrakismos 9

III. Rechtsquellen und Entwicklung des Wirtschaftsstrafrechts in Deutschland 10
  1. Vorschriften im Kernstrafrecht 11
  2. Gesetzesblöcke im Nebenstrafrecht................. 12
  3. EU-Recht 14
  4. Wirtschaftsstrafrecht AT? 16

B. Besondere Prinzipien der Bildung von Tatbeständen im Wirtschaftsstrafrecht 18

I. Gesetzgebungsprinzipien 18
  1. Sonderdelikte 18
  2. Abstrakte Gefährdungsdelikte 19

3. Überkriminalisierung? 19
4. Häufige Anordnung von Fahrlässigkeitstatbeständen 20

II. **Blankettstraftatbestände und normative Tatbestandsmerkmale** 21
1. Blankettgesetze im „engeren Sinn" (echte Blankettgesetze, sog. Außenverweisungen) 22
2. Blankettgesetze im „weiteren Sinn" (unechte Blanketttatbestände, sog. Binnenverweisungen) 24
3. Auswirkungen von Blanketttatbeständen und normativen Merkmalen auf die strafrechtliche Irrtumsproblematik 26

III. **Erlaubnis- und Genehmigungsvorbehalte im Wirtschaftsstrafrecht** 30
1. Die Erlaubnis als überindividuelles Pendant zur individuellen Einwilligung 30
2. Verwaltungsaktsakzessorietät? 31
3. Zur dogmatischen Einordnung der verwaltungsrechtlichen Erlaubnis bzw. Genehmigung 32

IV. **Behördliche Gestattungsakte als Abwägungs- und Angemessenheitsfaktoren i.R.d. § 34 StGB – Rechtfertigender Notstand in Krisenzeiten?** 33

C. **Grundsätze und Schwierigkeiten bei der Auslegung von Wirtschaftsstraftatbeständen** 35

I. (Restriktive) Auslegung von Generalklauseln und Maßstabsfiguren 35

II. Wirtschaftliche Auslegung 36

III. Richtlinienkonforme Auslegung? 37

IV. Behandlung von Schein- und Umgehungshandlungen 38

D. **Verantwortung von und im Unternehmen** 42

I. **Das Unternehmen als zentraler Schauplatz wirtschaftsstrafrechtlicher Delinquenz** 42

II. **Verantwortung von Unternehmen** 43
1. Verbandssanktionengesetz ante portas 43
   a) Reformdruck 43
   b) Einwände gegen eine „Unternehmensstrafe" in der tradierten Strafrechtsdogmatik 44
   c) Sanktionen gegen Verbände? 45
   d) Überblick über die aktuelle Diskussion und politische Entwicklungen 46
2. Bebußung von Gesellschaften im Ordnungswidrigkeitenrecht, § 30 OWiG 47
   a) Tatbestand des § 30 OWiG 49
      aa) Anknüpfungstat und tauglicher Täter 49
      bb) Betriebsbezogene Pflichtverletzung/(beabsichtigte) Bereicherung des Verbands 50

cc) Handeln in Funktion der verantwortlichen Leitungsposition 50
b) Rechtsfolge des § 30 OWiG 51
3. Sonstige Sanktionen und Maßnahmen gegen Unternehmen 52
III. Strafbarkeit im Unternehmen 53
1. Horizontale Verantwortungsstrukturen 53
2. Vertikale Verantwortungsstrukturen 54
   a) Verantwortung als mittelbarer Täter, § 25 I 2. Alt StGB? 54
   b) Wechselseitige Zurechnung, § 25 II StGB? 55
   c) Strafbarkeit wegen Unterlassen, § 13 StGB? 56
   d) Verschiebung der Verantwortung „nach unten"?
      (Zur Frage der sog. Delegation) 57
3. Haftungsbegründung beim Vertreter, § 14 StGB 58
   a) Organhaftung, § 14 I StGB 59
   b) Betriebsleiterhaftung, § 14 II StGB 59
   c) Fehlerhaftes Organ/Fehlerhafter Betriebsleiter, § 14 III StGB 60
4. Die Aufsichtshaftung nach § 130 OWiG 60

2. Teil
Ausgewählte Problemstellungen und Regelungskomplexe des Wirtschaftsstrafrechts 65

A. BGHSt 37, 106: Die Lederspray-Entscheidung Produktstrafrecht und Gremienentscheidungen 65

I. Strafrechtliche Produkthaftung 65

II. Kausalitätsprobleme in der strafrechtlichen Produkthaftung und die Lösung des BGH im Ledersprayfall 67
1. Kausalität trotz nicht abschließend geklärter Wirkungsweise der Stoffe .. 68
   a) Lösung über Risikoerhöhungslehre 68
   b) Lösung des BGH 69
2. Kausalitätsbegründung bei Gremienbeschlüssen 70
3. Strafbares Unterlassen im Rahmen der Produkthaftung 72
   a) Garantenstellung in Produkthaftungsfällen und „Ingerenz-Lösung"
      des BGH im Lederspray-Urteil 73
   b) Ressortverantwortung und Generalverantwortung in Krisenzeiten.... 74
   c) Unterlassungskausalität bei psychisch vermittelten Kausalverläufen .. 74

B. BGHSt 46, 107: Die Banken-Entscheidung Beihilfe durch berufsbedingtes Verhalten – zugleich Grundzüge des Steuerstrafrechts 76

I. Die Steuerhinterziehung als Wirtschaftsstraftat oder „Kavaliersdelikt"? 77

II.	**Steuern und Steuerrecht – Eine kurze Einführung**	78
	1. Die Bundesrepublik Deutschland als Steuerstaat	78
	2. Das Steuerverfahren	79
	3. „Steuerrecht AT" – Die Abgabenordnung von 1977	79
III.	**Einige Grundbegriffe des Steuerstrafrechts**	80
	1. Überblick	80
	2. Verfahrensrechtliche Besonderheiten	82
	3. Die Steuerhinterziehung, § 370 AO	83
	a) Zur Deliktsnatur des § 370 AO	83
	aa) Blankett oder normative Tatbestandsmerkmale?	83
	bb) Der Täterkreis der Steuerhinterziehung	84
	b) Der Tatbestand des § 370 AO im Einzelnen	84
	aa) Die Taterfolge des § 370 I AO: Steuerverkürzung oder Vorteilserlangung	84
	bb) Die Tathandlungen des § 370 I Nr. 1 und 2 AO	85
	cc) Sonstige Tatbestandsvoraussetzungen, insb. Kausalität und Vorsatz	88
	c) Vollendung und Versuch	89
	4. Die strafbefreiende Selbstanzeige, § 371 AO	89
	a) Rechtsnatur	89
	b) Voraussetzungen	92
	c) Ausschluss der Selbstanzeige gem. § 371 II AO	93
	5. Zwischenfazit zum Ausgangsfall: Strafbare Einkommensteuerhinterziehung durch Bankkunden?	95
IV.	**Unterstützung fremder Straftaten durch berufsbedingtes Verhalten – Die Strafbarkeit von Bankangestellten wegen Beihilfe zur Steuerhinterziehung**	96
	1. Das Problem der Beihilfe durch berufsbedingtes Verhalten im Allgemeinen	96
	2. Die Lösung des BGH im konkreten Fall, BGHSt 46, 107	99
V.	**Exkurs: Sonstiges strafbares Verhalten von Bankmitarbeitern und Finanzdienstleistern**	100
	1. Die Straftatbestände des KWG	100
	2. Strafrechtliche Haftung nach dem Zahlungsdiensteaufsichtsgesetz (ZAG)	103
	3. Ergänzende Hinweise zur strafrechtlichen Bewältigung der Finanzkrise	104

C. BGHSt 54, 44: Berliner Stadtreinigung
Der Betrug als Wirtschaftsstraftat – zugleich Überlegungen zur strafrechtlichen Geschäftsherrenhaftung ... 106

I.	Der Betrug gem. § 263 StGB als das Wirtschaftsdelikt schlechthin?	107
II.	Grundzüge der Betrugsstrafbarkeit	108
	1. Rechtsnatur des § 263 I StGB	108

2. Die Tatbestandsvoraussetzungen des § 263 I StGB im Einzelnen 109
   a) Tathandlung: Täuschung. 109
   b) Irrtum 112
      aa) Irrtum der Hilfsperson bzw. des „einfachen" Angestellten 113
      bb) Irrtum des höherrangigen Organs bzw. Entscheidungsträgers 114
   c) Vermögensverfügung 115
   d) Vermögensschaden 116
      aa) Schadenskompensation 116
      bb) Schadensgleiche Vermögensgefährdung 117
      cc) Abgrenzung Eingehungs- und Erfüllungsbetrug 120
   e) Subjektiver Tatbestand 120
3. Sonstiges 120

III. **Betrug gem. § 263 I StGB durch überhöhte Rechnungsstellung?**
Die Lösung des BGH im Berliner Stadtreinigungsfall „Part 1". 121
1. Erklärungsinhalt bei überhöhter Rechnungsstellung 121
2. Zwischenergebnis 124

IV. **Betrug durch Unterlassen**
Die Lösung des BGH im Berliner Stadtreinigungsfall „Part 2" 125
1. Betrug durch Unterlassen – Grundlagen 125
2. Unterlassungshaftung im Unternehmen – § 263 StGB als Schauplatz
   für die sog. Geschäftsherrenhaftung 129
   a) Garantenstellung aus Ingerenz. 129
   b) Garantenstellung durch Übernahme eines Pflichtenkreises 129
   c) Viel Lärm um nichts? Ein Exkurs zur Garantenstellung
      sog. „Compliance-Officer" 131

D. BGHSt 38, 186: Rheinausbau
Betrugsderivate und ihre Bedeutung im Wirtschaftsrecht 135

I. **§ 263 StGB in der Wirtschaft – Immer einschlägig,
   aber nur selten verwirklicht?** 135

II. **Strafrechtlicher Schutz des staatlichen Subventionswesens** 136
1. Staatliche Subventionen – Chancen und Risiken 136
2. Der Subventionsbetrug nach § 263 StGB 137
3. Die Subventionserschleichung gem. § 264 StGB 137
   a) Rechtsnatur und kriminalpolitische Bedeutung. 137
   b) Überblick und Systematik 138
   c) Der Anwendungsbereich der Vorschrift – Zum Subventionsbegriff
      nach § 264 VII StGB 139
   d) Die Tathandlungen des § 264 StGB. 140

III. **Kreditbetrug gem. § 265b StGB.** 141
1. Rechtsgut und Anwendungsbereich 142
2. Die Tathandlungen des § 265b StGB im Überblick.................. 142

IV. Strafrechtlicher Schutz des öffentlichen Vergabewesens 142
1. Grundlagen: Das öffentliche Vergaberecht 142
2. Wettbewerbsbeschränkende Absprachen bei Ausschreibungen, § 298 StGB 145
   a) Rechtsgut und Deliktscharakter................................... 145
   b) Die Tatbestandsmerkmale des § 298 StGB im Einzelnen 145
      aa) Ausschreibung 145
      bb) Tathandlung 146
3. „Submissionsbetrug" – Die Lösung des Rheinausbau-Falles durch den BGH in einer Zeit vor § 298 StGB 147

E. BGHSt 59, 80: Matched Orders
Strafrecht des Kapitalmarkts und Anlegerschutz
(zugleich Grundbegriffe des Bilanzstrafrechts) 155

I. Strafrechtlicher Schutz des Kapitalmarkts 155
1. Ausgewählte Strafvorschriften zum Schutz des Kapitalmarkts im Überblick 160
   a) Kapitalanlagebetrug, § 264a StGB................................ 160
   b) Straftaten nach dem WpHG...................................... 161
      aa) § 119 III Nr. 1-3 WpHG: Insiderhandel, Empfehlung und verbotene Offenlegung 162
      bb) Kurs- und Marktmanipulation, § 119 I WpHG 165
   c) § 49 BörsG.. 166
2. Falschangabedelikte und Bilanzstrafrecht 167
   a) §§ 331 ff. HGB 167
   b) § 400 I Nr. 1 AktG 169
II. Strafbarkeit durch matched orders, BGHSt 59, 80 169

F. BGHSt 50, 331: Der Fall Mannesmann
Die Untreue im Wirtschaftsstrafrecht 173

I. Renaissance der Untreue? 173
II. Grundlagen der Untreuestrafbarkeit, § 266 StGB 175
1. Rechtsgut 175
2. Zur Verfassungsmäßigkeit des § 266 StGB 175
3. Systematik des § 266 StGB 177
4. Die Tatbestandsmerkmale des § 266 StGB im Einzelnen............. 178
   a) Gemeinsamer Bezugspunkt: Vermögensbetreuungspflicht 178
   b) Die Tatmodalitäten des § 266 I StGB 179
   c) Insbesondere: Die Vermögensbetreuungspflichtverletzung 181
      aa) Die Akzessorietät der Pflichtverletzung 181
      bb) Zum Verhältnis von Vermögensbetreuungspflicht und deren Verletzung... 182

cc) Untreue als Gläubigerschutzvorschrift? Zur Frage eines
tatbestandsausschließenden Einverständnisses 182
d) Der Vermögensschaden und die nur im Grundsatz übertragbare
Schadensdogmatik aus § 263 I StGB 184
e) Vorsatz 186

III. Akzessorietät der Untreue am Beispiel der Zahlung überhöhter Vorstandsvergütungen – Der Fall Mannesmann 188
1. Aktienrechtliche Grundlagen: Die Feststellung der aktienrechtlichen
Pflichtverletzung.. 188
2. Die Beurteilung der Vermögensbetreuungspflichtverletzungen durch
das LG Düsseldorf und den BGH im Mannesmann-Fall................ 190
   a) Die Notwendigkeit einer gravierenden Pflichtverletzung und
   ihre Bestimmung nach dem LG Düsseldorf...................... 190
   b) Die doppelte „Abkürzung" des BGH im Mannesmann-Fall 192
   c) Exkurs: Zur Strafbarkeit der Vorstandsmitglieder 193

G. BGHSt 47, 295: Die Drittmittelentscheidung Korruption und Untreue im öffentlichen Sektor................. 195

I. Korruption als wirtschafts(straf)rechtliches Phänomen 195

II. Grundzüge und Systematik der Korruptionsdelikte nach §§ 331 ff. StGB 198
1. Die Tatbestandsmerkmale der §§ 331 ff. StGB im Einzelnen 200
   a) Amtsträgereigenschaft 200
   b) Diensthandlung oder Dienstausübung......................... 200
   c) Vorteil... 201
   d) Tathandlungen 201
2. Restriktionsbemühungen 203
   a) Einschränkungen nach dem Grundsatz der Sozialadäquanz
   bei kleineren Zuwendungen? 203
   b) Sponsoring, Fundraising und Co: Zwischen begrüßenswerter
   Kooperation und illegaler Korruption 204

III. Das Problem der Drittmitteleinwerbung und die Entscheidung des BGH im Herzklappenfall, BGHSt 47, 295 ff. 205
1. Problemaufriss 205
2. Anknüpfung an den Vorteilsbegriff 206
3. Lösung des BGH: Anknüpfung an das ungeschriebene Merkmal der
Unrechtsvereinbarung 207
4. Rechtfertigung der Drittmittelannahme durch Genehmigung,
§ 331 III StGB?.. 208
5. Zwischenergebnis 208

IV. Untreue gem. § 266 StGB durch Drittmittelakquise? 209
1. Untreue durch Nichtabführung der Drittmittel an die Universität?....... 209
2. Untreue durch überteuerten Produktkauf (sog. Kick-back-Phänomen)? .. 209

H. BGHSt 52, 323: Siemens-ENEL
Korruption und Untreue im privaten Sektor (einschließlich einiger Hinweise zum Wettbewerbsstrafrecht) 211

I. Der freie Wettbewerb als „Motor" der freien Marktwirtschaft 211
II. Grundzüge des Wettbewerbsstrafrechts 213
    1. Überblick 213
    2. Verbotene Werbung: § 16 UWG 214
    3. Geheimnisverrat: § 23 GeschGehG 215
III. **Bestechung und Bestechlichkeit im privaten Sektor, § 299 StGB (Fall Siemens-ENEL)** 217
    1. Zur Wiederholung: Gemeinsamkeiten und Unterschiede des § 299 I Nr. 1, II Nr. 1 StGB zu den §§ 331 ff. StGB 217
    2. Die Tatbestandsmerkmale des § 299 I Nr. 1, II Nr. 1 StGB im Übrigen 218
        a) Täterkreis 218
        b) Tathandlungen 220
    3. Das „Geschäftsherrenmodell" in § 299 I Nr. 2 und 299 II Nr. 2 StGB 221
    4. Das Problem der Auslandsbestechung unter Geltung des § 299 a.F. und die Lösung des BGH im Fall Siemens-ENEL, BGHSt 52, 323 222
IV. **Eine „Zugabe" vom BGH mit Folgen: Strafbare Untreue durch Bildung und Fortführung schwarzer Kassen?** 225
    1. Zum Begriff der schwarzen Kasse 225
    2. Die Verletzung einer qualifizierten Vermögensbetreuungspflicht 226
    3. Streitpunkt Vermögensschaden – Ein neues Verständnis von der Untreue? 227
        a) Bisherige Bewertung schwarzer Kassen 227
        b) Das Schadensmodell des 2. Senats – Entziehen der Dispositionsmöglichkeit als Vermögensnachteil 228
        c) Kritik in der Literatur 229
V. **Exkurs: Weitere Fälle der Strafbarkeit korruptiven Verhaltens im privaten Sektor** 232
    1. Bestechlichkeit und Bestechung im Gesundheitswesen: §§ 299a, 299b StGB 232
    2. Manipulation von berufssportlichen Wettbewerben: § 265d StGB 233
    Anhang: Übersicht zu den wirtschaftsstrafrechtlich wichtigsten Fallgruppen der Untreue 234

I. BGHSt 50, 299 ff.: Kölner Müllverbrennungsskandal
Der strafrechtliche Amtsträgerbegriff 237

I. Der strafrechtliche Amtsträgerbegriff im Wirtschaftsstrafrecht 237
II. Die Legaldefinition des § 11 I Nr. 2 StGB 238
    1. Beamte und Richter 238

2. Sonst öffentlich-rechtliches Rechtsverhältnis gem. § 11 I Nr. 2 lit. b StGB 240
3. Für den öffentlichen Dienst besonders Verpflichtete gem. § 11 I Nr. 4 StGB 240
4. Sonstige Bestellung zur Wahrnehmung öffentlicher Aufgaben gem. § 11 I Nr. 2 lit. c StGB 240

III. Das „Sorgenkind" § 11 I Nr. 2 lit. c StGB und seine Auslegung in der Rechtsprechung – Ein kurzer Rückblick anhand ausgewählter Entscheidungen 242
1. Vor dem Korruptionsbekämpfungsgesetz: Maßgeblichkeit der Vertriebsform 243
2. „Unbeschadet der Organisationsform" – Die Entwicklung der Gesamtbewertungslehre 243
3. Gesamtbewertungslehre vs. Art. 103 II GG 245
4. „Bestellung" und Wahrnehmung als (zusätzliche) Korrektive? 247

IV. Das Sonderproblem der Kooperation von Privaten und öffentlicher Hand und die Lösung des BGH im Kölner Müllverbrennungsskandal, BGHSt 50, 299 ff. 248

V. Korruptionsstrafrecht und ausländische Amtsträger sowie internationale Bedienstete, § 335a StGB. 251

J. **BGHSt 31, 118: Der GmbH-„Boss"**
Grundzüge des Insolvenzstrafrechts – zugleich Fragen des
faktischen Geschäftsführers 254

I. **Strafrechtliche Risiken in der wirtschaftlichen Krise** 254

II. **Grundzüge des Insolvenz(straf)rechts** 255
1. Zweck des Insolvenz(straf)rechts 256
2. Überblick und Systematik der Strafvorschriften 256
   a) Der Krisenbegriff nach den §§ 283 ff. StGB und die Legaldefinitionen der InsO 258
      aa) Zahlungsunfähigkeit, § 17 InsO 258
      bb) Drohende Zahlungsunfähigkeit, § 18 InsO 259
      cc) Überschuldung, § 19 InsO 260
   b) Objektive Bedingung der Strafbarkeit 262

III. **Die Straftatbestände im Einzelnen** 262
1. Der Bankrott, § 283 StGB 262
2. Gläubiger- und Schuldnerbegünstigung, §§ 283c, 283d StGB 264
3. Insolvenzverschleppung gem. § 15a InsO am Beispiel der GmbH 265
   a) Überblick 265
   b) Die Insolvenzantragspflicht 266
   c) Täterkreis des § 15a InsO 267

IV. Der faktische Geschäftsführer und die Lösung des BGH
(BGHSt 31, 118) 268
V. Exkurs: Die Abgrenzung von Bankrott zur Untreue 270
1. Problemaufriss 270
2. Frühere Rechtsprechung: „Interessentheorie" 271
3. Abkehr von der Interessentheorie, BGHSt 57, 229 272

K. **BGHSt 48, 307: Der Geschäftsführer in der Zwickmühle Grundrisse des Arbeitsstrafrechts** 275

I. Der Unternehmer im Arbeitsmarkt 275
II. Arbeitsstrafrecht – Begriff und Überblick 276
1. Schutz des Arbeitnehmers 276
2. Schutz des Arbeitsmarkts 277
   a) Illegale Arbeitnehmerüberlassung und illegale Ausländerbeschäftigung 278
   b) Illegale Beschäftigung von Ausländern, § 404 II Nr. 3 SGB III, §§ 10, 11 SchwarzArbG 279
III. § 266a StGB – Vorenthalten und Veruntreuen von Arbeitsentgelt 280
1. Sozialversicherungsrechtliche Grundlagen 281
2. Die Tatbestände des § 266a I – III StGB im Überblick 282
3. Insbesondere § 266a I StGB 283
   a) Tauglicher Täterkreis 283
   b) Tatobjekt und Tathandlung 284
   c) Veruntreuen in „Krisenzeiten": Das Sonderproblem der Zahlungsunfähigkeit 285
      aa) Vollständige Zahlungsunfähigkeit 285
      bb) Kollision von Zahlungspflichten 286
   d) Die Kollision von strafrechtlicher Zahlungspflicht und gesellschaftsrechtlichem Zahlungsverbot 287
      aa) Problemaufriss 287
      bb) Der Geschäftsführer in der Zwickmühle und die Lösung des BGH 288
   e) Subjektiver Tatbestand 290

L. **BGHSt 55, 288 ff.: Siemens – AUB Schutz der betrieblichen Mitbestimmung und Grenzen der Untreuestrafbarkeit** 291

I. Die betriebliche Mitbestimmung und ihr strafrechtlicher Schutz im Allgemeinen 291
II. Die konkreten strafrechtlichen Fragestellungen 293
III. Steuerhinterziehung durch Abzug der (mittelbaren) AUB-Unterstützung als Betriebsausgaben 294

1. Das Abzugsverbot des § 4 V Nr. 10 EStG als Brückennorm 294
2. Auslegung des § 119 I Nr. 1 BetrVG 295
   a) Der Regelungsgehalt des § 119 I Nr. 1 BetrVG – ein spontaner Zugriff 295
   b) Der Jedermanns-Charakter der Vorschrift als entscheidendes Argument 296
   c) Argumente aus der Entstehungsgeschichte 296
   d) Systematische Argumente mit Blick auf §§ 108 ff. StGB 297
   e) Der „Geist der betrieblichen Mitbestimmung" als teleologisches Super-Gegenargument? 297
3. Ergebnis und ergänzende steuerstrafrechtliche Bewertung 298

IV. Untreue durch Unterstützung einer Arbeitnehmervereinigung bei ungewissem Ertrag? 299
1. Verstoß gegen § 119 I Nr. 1 BetrVG als Verletzung einer Vermögensbetreuungspflicht 299
2. Verstoß gegen ein allgemeines Schädigungsverbot als Verletzung einer Vermögensbetreuungspflicht 300
3. Prozessuale Lösung des BGH 302

V. Ausblick: Die Effektivität der Einflussnahme zwischen Skylla der BetrVG-Straftaten und Charybdis der Untreue 303

M. BGHSt 57, 79: Sanktionen im Wirtschaftsstrafrecht – zugleich Einführung in das Außenwirtschaftsstrafrecht 305

I. Achtung Kontrolle! Der (nicht) freie Warenverkehr 305

II. Die Strafvorschriften des AWG 307
1. Die Reform des AWG durch das Außenwirtschaftsmodernisierungsgesetz 307
2. Überblick und Systematik 309
3. Einordnung des Ausgangsfalles 312

III. Sanktionen im Wirtschaftsstrafrecht, insb. die Einziehung 313
1. Überblick 313
2. Insbesondere Voraussetzungen und Folgen der der Einziehung von Taterträgen 314
3. Das Bruttoprinzip und seine Einschränkungen 315
   a) Einschränkungen des Bruttoprinzips nach der alten Rechtslage 316
      aa) Tathandlungsspezifische Bestimmung des erlangten „etwas"..... 316
      bb) Die weite Auslegung des Bruttoprinzips durch den 1. Strafsenat 317
   b) Die „Funktionsweise" des Bruttoprinzips nach der neuen Rechtslage 317

IV. Die Lösung in BGHSt 57, 79 – altes und neues Recht 319

N. Überblick zum Wirtschaftsstrafverfahrensrecht 321

I. Grundlagen 321
II. Strafverfolgungsbehörden im Wirtschaftsstrafverfahren 321
III. Das Ermittlungsverfahren in Wirtschaftsstrafsachen 322
  1. Einleitung des Verfahrens 322
  2. Erkenntnisquellen und Beweismittel 323
  3. Durchsuchung und Beschlagnahme 323
  4. Einstellung des Verfahrens nach § 153a StPO 326
IV. Die Hauptverhandlung in Wirtschaftsstrafsachen 328
  1. Allgemeines. 328
  2. Insbesondere die Verständigung in der Hauptverhandlung,
     § 257c StGB 329
V. Strafverfahren und juristische Personen 332
  1. Ordnungswidrigkeitenverfahren 332
  2. Blick in die Zukunft: Verbandssanktionenrecht 333

Prüfungsfragen 334
Stichwortverzeichnis 339

Abkürzungsverzeichnis

a.A.	andere(r) Ansicht
a.E.	am Ende
a.F.	alte Fassung
abl.	ablehnend
ABl.	Amtsblatt
AEAO	Ausführungserlass zur Abgabenordnung
AEUV	Vertrag über die Arbeitsweise der europäischen Union
AG	Aktiengesellschaft; Amtsgericht
AktG	Aktiengesetz
Alt.	Alternative(n)
AMG	Gesetz über den Verkehr mit Arzneimitteln
Anm.	Anmerkung
AO	Abgabenordnung
ArbZG	Arbeitszeitgesetz
Art.	Artikel
ArztR	Zeitschrift für Arztrecht
AufenthG	Gesetz über den Aufenthalt, die Erwerbstätigkeit und die Integration von Ausländern im Bundesgebiet
Aufl.	Auflage
AÜG	Arbeitnehmerüberlassungsgesetz
AWG	Außenwirtschaftsgesetz
BaFin	Bundesanstalt für Finanzdienstleistungsaufsicht
Bayr.	Bayerisch
BB	Betriebsberater
BDSG	Bundesdatenschutzgesetz
BetrVG	Betriebsverfassungsgesetz
BGB	Bürgerliches Gesetzbuch
BGBl.	Bundesgesetzblatt
BGH	Bundesgerichtshof
BGHSt	Entscheidungen des Bundesgerichtshofs in Strafsachen
BGHZ	Entscheidungen des Bundesgerichtshofs in Zivilsachen
BKA	Bundeskriminalamt
BörsG	Börsengesetz
BT-Drs.	Bundestagsdrucksache
BVerfG	Bundesverfassungsgericht
BVerfGE	Sammlung der Entscheidungen des Bundesverfassungsgericht
ChemG	Gesetz zum Schutz vor gefährlichen Stoffen
Def.	Definition
DepotG	Gesetz über die Verwahrung und Anschaffung von Wertpapieren (Depotgesetz)
ders.	derselbe
dies.	dieselbe
diff.	differenzierend
DM	Deutsche Mark
DStZ	Deutsche Steuerzeitung

EG	Europäische Gemeinschaft
EGStGB	Einführungsgesetz zum Strafgesetzbuch
EGV	Vertrag zur Gründung der Europäischen Gemeinschaft
EGVO	Verordnung zur Gründung der Europäischen Gemeinschaft
EMRK	Europäische Menschenrechtskonvention
EStG	Einkommensteuergesetz
EUBestG	Gesetz zu dem Protokoll vom 27. September 1996 zum Übereinkommen über den Schutz der finanziellen Interessen der Europäischen Gemeinschaften
EuGH	Europäischer Gerichtshof
EUV	Vertrag über die Europäische Union
f.	folgend
ff.	folgende
FS	Festschrift
GA	Goltdammers Archiv für Strafrecht
gem.	gemäß
GenG	Genossenschaftsgesetz
GG	Grundgesetz
GmbH	Gesellschaft mit beschränkter Haftung
GmbHG	Gesetz betreffend die Gesellschaften mit beschränkter Haftung
GmbHR	GmbH-Rundschau
GRUR	Gewerblicher Rechtsschutz und Urheberrecht
GVG	Gerichtsverfassungsgesetz
GWB	Gesetz gegen Wettbewerbsbeschränkungen
h.A.	herrschende Ansicht
h.L.	herrschende Lehre
h.M.	herrschende Meinung
HeimArbG	Heimarbeitsgesetz
HGB	Handelsgesetzbuch
HRRS	Online Zeitschrift für Höchstrichterliche Rechtsprechung im Strafrecht
i.d.F.	in der Fassung
i.d.R.	in der Regel
i.e.S.	im engeren Sinne
i.R.d.	im Rahmen des, im Rahmen der
i.S.d./e.	im Sinne des/einer
i.Ü.	im Übrigen
i.V.m.	in Verbindung mit
i.w.S.	im weiteren Sinne
InsO	Insolvenzordnung
IntBestG	Gesetz zu dem Übereinkommen vom 17. Dezember 1997 über die Bekämpfung der Bestechung ausländischer Amtsträger im internationalen Geschäftsverkehr
JA	Juristische Arbeitsblätter
JR	Juristische Rundschau
Jura	Juristische Ausbildung
JuS	Juristische Schulung
JZ	Juristenzeitung
Kap.	Kapitel
KG	Kommanditgesellschaft, Kammergericht

KO	Konkursordnung
krit.	kritisch
Kriminalistik	Zeitschrift für Kriminalistik
KWG	Gesetz über das Kreditwesen
KWKG	Kriegswaffenkontrollgesetz
LFBG	Lebensmittel-, Bedarfsgegenstände- und Futtermittelgesetzbuch
LG	Landgericht
Lit.	Literatur
Lsg.	Lösung
m.a.W.	mit anderen Worten
m.w.N.	mit weiteren Nachweisen
MaKonV	Verordnung zur Konkretisierung des Verbotes der Marktmanipulation
MDR	Monatsschrift des Deutschen Rechts
Mio.	Millionen
MOG	Gesetz zur Durchführung der gemeinsamen Marktorganisationen und der Direktzahlungen
MoMiG	Gesetz zur Modernisierung des GmbH-Rechts und zur Bekämpfung von Missbräuchen
MuSchG	Mutterschutzgesetz
n.F.	neue Fassung
NJW	Neue Juristische Wochenschrift
NStZ	Neue Zeitschrift für Strafrecht
NStZ-RR	Neue Zeitschrift für Strafrecht Rechtsprechungsreport
NZWiSt	Neue Zeitschrift für Wirtschafts-, Steuer- und Unternehmensstrafrecht
o.Ä.	oder Ähnliches
o.g.	oben genannte(s/r)
OHG	Offene Handelsgesellschaft
OLG	Oberlandesgericht
OrgKG	Gesetz zur Bekämpfung des illegalen Rauschgifthandels und anderer Erscheinungsformen der Organisierten Kriminalität
OWiG	Ordnungswidrigkeitengesetz
PartG	Gesetz über politische Parteien
PatG	Patentgesetz
PKS	Polizeiliche Kriminalstatistik
PublG	Gesetz über die Rechnungslegung von bestimmten Unternehmen und Konzernen
Rn.	Randnummer
Rspr.	Rechtsprechung
S.	Seite
SchwarzArbG	Gesetz zur Bekämpfung der Schwarzarbeit und illegalen Beschäftigung
SDÜ	Schengener Durchführungsübereinkommen
SGB	Sozialgesetzbuch
StGB	Strafgesetzbuch
StPO	Strafprozessordnung
str.	strittig
StraFo	Strafverteidiger-Forum

StRG	Strafrechtsreformgesetz
StV	Strafverteidiger
SubvG	Gesetz gegen die missbräuchliche Inanspruchnahme von Subventionen
SVR	Zeitschrift für Straßenverkehrsrecht
UmwG	Umwandlungsgesetz
UStG	Umsatzsteuergesetz
u.a.	unter anderem
u.U.	unter Umständen
UWG	Gesetz gegen den unlauteren Wettbewerb
VAG	Gesetz über die Beaufsichtigung der Versicherungsunternehmen
VO	Verordnung
VOB/A	Vergabe- und Vertragsordnung für Bauleistungen Teil A
VOL/A	Verdingungsordnung für Leistungen Teil A
WeinG	Weingesetz
WiKG	Gesetz zur Bekämpfung der Wirtschaftskriminalität
WiStG	Gesetz zur weiteren Vereinfachung des Wirtschaftsstrafrechts
wistra	Zeitschrift für Wirtschafts- und Steuerstrafrecht
WM	Wertpapiermitteilungen
WpHG	Gesetz über den Wertpapierhandel
WpÜG	Wertpapiererwerbs- und Übernahmegesetz
ZIS	Zeitschrift für Internationale Strafrechtsdogmatik
ZJS	Zeitschrift für das Juristische Studium
ZPO	Zivilprozessordnung
ZRP	Zeitschrift für Rechtspolitik
ZStW	Zeitschrift für die gesamte Strafrechtswissenschaft
zust.	zustimmend

Verzeichnis der abgekürzt zitierten Literatur

Achenbach/Ransiek/Rönnau (Hrsg.), Handbuch Wirtschaftsstrafrecht, 5. Aufl. 2019 (A/R/R/*Bearbeiter*)
Assmann/Schneider, Wertpapierhandelsgesetz, 7. Aufl. 2019 (A/S/*Bearbeiter*)
Brettel/Schneider, Wirtschaftsstrafrecht, 2. Aufl. 2018 (Brettel/Schneider)
Brüssow/Petri, Arbeitsstrafrecht, 2. Aufl. 2016 (*Brüssow/Petri*)
Erbs/Kohlhaas, Strafrechtliche Nebengesetze, 227. Aufl. 2019 (Erbs/Kohlhaas/*Bearbeiter*)
Fischer, Strafgesetzbuch, 67. Aufl. 2020 (*Fischer*)
Joecks/Jäger/Randt, Steuerstrafrecht, 8. Aufl. 2015 (*Joecks/Jäger/Randt/Bearbeiter*)
Gercke/Kraft/Richter, Arbeitsstrafrecht, 2. Aufl. 2015 (GKR/*Bearbeiter*)
Göhler, Gesetz über Ordnungswidrigkeiten, 17. Aufl. 2017 (Göhler/*Bearbeiter*, OWiG)
Graf/Jäger/Wittig, Wirtschafts- und Steuerstrafrecht, 2. Aufl. 2017 (G/J/W/*Bearbeiter*)
Hauschka/Moosmayer/Lösler (Hrsg.), Corporate Compliance, 3. Aufl. 2016 (Hauschka/*Bearbeiter*)
Hellmann, Wirtschaftsstrafrecht, 5. Aufl. 2018 (*Hellmann*)
Hellmann, Fälle zum Wirtschaftsstrafrecht, 4. Aufl. 2018 (*Hellmann*, Fälle)
von Heintschel-Heinegg (Hrsg.), BeckOK StGB, 44. Edition 2019 (BeckOK/*Bearbeiter*)
Herzog, Geldwäschegesetz, 3. Aufl. 2018 (Herzog/*Bearbeiter*)
Hilgendorf/Kudlich/Valerius (Hrsg.), Handbuch des Strafrechts, 2019 ff. (HStR/*Bearbeiter*, Band)
Ignor/Mosbacher, Handbuch Arbeitsstrafrecht: Personalvertretung als Strafbarkeitsrisiko, 3. Aufl. 2016 (Ignor/Mosbacher/*Bearbeiter*)
Jescheck/Weigend, Lehrbuch des Strafrechts, Allgemeiner Teil, 5. Aufl. 1996 (*Jescheck/Weigend*)
Joecks/Jäger, Studienkommentar StGB, 12. Aufl. 2018 (*Joecks/Jäger*)
Karlsruher Kommentar, Ordnungswidrigkeitengesetz, 5. Aufl. 2018 (KK-OWiG/*Bearbeiter*)
Kett-Straub/Kudlich, Sanktionenrecht, 2017
Kühl, Strafrecht Allgemeiner Teil, 8. Aufl. 2017 (*Kühl* AT)
Lackner/Kühl, Strafgesetzbuch, 29. Aufl. 2018 (*Lackner/Kühl*)
Leipziger Kommentar, Strafgesetzbuch, 12. Aufl. 2007 ff.; 13. Aufl. 2019 ff. (LK/*Bearbeiter*)
Maurach/Schroeder/Maiwald, Strafrecht, Besonderer Teil, Teilband 1, 10. Aufl. 2009 (*Maurach/Schroeder/Maiwald*)
Meyer-Goßner/Schmitt, Strafprozessordnung, 62. Aufl. 2019 (*Meyer-Goßner*, StPO)
Momsen/Grützner, Wirtschaftsstrafrecht, 2013
Müller-Gugenberger (Hrsg.), Wirtschaftsstrafrecht, 6. Aufl. 2015 (M-G/*Bearbeiter*)
Münchener Kommentar, Strafgesetzbuch, 3. Aufl. 2017 (MK-StGB/*Bearbeiter*)
Nomos Kommentar, Strafgesetzbuch, 5. Aufl. 2017 (NK/*Bearbeiter*)
Otto, Grundkurs Strafrecht – Die einzelnen Delikte, 7. Aufl. 2004 (*Otto*)
Park (Hrsg.), Kapitalmarktstrafrecht, 5. Aufl. 2019 (Park/*Bearbeiter*)
Ohly/Sosnitza, Gesetz gegen den unlauteren Wettbewerb, 7. Aufl. 2016 (Ohly/Sosnitza/*Bearbeiter*)

Rengier, Strafrecht Besonderer Teil I, 21. Aufl. 2019 (*Rengier* BT I)
Rolletschke, Steuerstrafrecht, 4. Aufl. 2012 (*Rolletschke*)
Rowedder/Schmidt-Leithoff, GmbHG Kommentar, 6. Aufl. 2017 (Rowedder/Schmidt-Leithoff/*Bearbeiter*)
Roxin, Strafrecht Allgemeiner Teil Band 1, 4. Aufl. 2005 (*Roxin* AT I)
Roxin, Strafrecht Allgemeiner Teil Band 2, 2003 (*Roxin* AT II)
Satzger/Schluckebier/Widmaier (Hrsg.), Strafgesetzbuch, 4. Aufl. 2019, (SSW/*Bearbeiter*)
Schönke/Schröder, Strafgesetzbuch, 30. Aufl. 2019 (Sch/Sch/*Bearbeiter*)
Schröder, Kapitalmarktstrafrecht, 3. Aufl. 2013 (*Schröder,* Kapitalmarktstrafrecht)
Schwind, Kriminologie und Kriminalpolitik, 23. Aufl. 2016 (*Schwind*)
Spickhoff (Hrsg.), Medizinrecht, 3. Aufl. 2018 (Spickhoff/*Bearbeiter*)
Steinberg/Valerius/Popp, Das Wirtschaftsstrafrecht des StGB, 2011
Streng, Strafrechtliche Sanktionen – Die Strafzumessung und ihre Grundlagen, 3. Aufl. 2012
Thüsing (Hrsg.), Arbeitnehmerüberlassungsgesetz, 4. Auf. 2018 (Thüsing/*Bearbeiter*)
Tiedemann, Wirtschaftsstrafrecht, 5. Aufl. 2017 (*Tiedemann*)
Wabnitz/Janovsky, Handbuch des Wirtschafts- und Steuerstrafrechts, 4. Aufl. 2014 (W/J/*Bearbeiter*)
Wessels/Beulke/Satzger, Strafrecht Allgemeiner Teil, 49. Aufl. 2019 (*Wessels/Beulke/Satzger*)
Wessels/Hillenkamp/Schuhr, Strafrecht Besonderer Teil 2, 42. Aufl. 2019 (*Wessels/Hillenkamp/Schuhr*)
Wessels/Hettinger/Engländer, Strafrecht Besonderer Teil 1, 43. Aufl. 2019 (*Wessels/Hettinger/Engländer*)
Wittig, Wirtschaftsstrafrecht, 4. Aufl. 2017 (*Wittig*)

1. Teil
Einführung

A. Begriff des Wirtschaftsstrafrechts und kriminologische Grundlagen

Literatur: *Tiedemann*, Rn. 27-86; *ders.* JuS 1989, 689 ff.; *Wittig*, § 1-3; *W/J/Dannecker* 1. Kap.; *Schwind*, § 21; *Achenbach*, Jura 2007, 342 ff.; *Bussmann/Salvenmoser*, NStZ 2006, 203 ff.; *Montenbruck*, JuS 1987, 713 ff.; *Otto*, ZStW 96 (1984), 339 ff.; *Volk*, JZ 1982, 85 ff.

I. Begriff des Wirtschaftsstrafrechts

1. Problemstellung

Im deutschen Recht gibt es kein Gesetz, welches alle Straftatbestände des Wirtschaftsstrafrechts abschließend zusammenfasst und so als Definition für den Begriff des „Wirtschaftsstrafrechts" herangezogen werden könnte. Ein Blick in das insoweit verheißungsvoll klingende WiStG (genauer: das Gesetz zur weiteren Vereinfachung des Wirtschaftsstrafrechts von 1954) verrät, dass diese Vorschriftensammlung nur ein kleinflächiges, in der Praxis eher unbedeutendes Teilgebiet des Wirtschaftsstrafrechts zum Gegenstand hat, nämlich Preisregulierungen (z.B. Mietpreisüberhöhungen), Konkretisierungen des Wucherstrafrechts und Regelungen zur Marktordnung.[1] Das Fehlen eines einheitlichen Gesetzes ist darauf zurückzuführen, dass viele Straftatbestände des Wirtschaftsstrafrechts in unmittelbarem Bezug zu außerstrafrechtlichen Regelungen stehen, weswegen die jeweilige Strafvorschrift meist innerhalb der zivil- bzw. öffentlich-rechtlichen „Hauptmaterie" platziert wird.[2] Man spricht insofern auch von der **Akzessorietät** wirtschaftsstrafrechtlicher Tatbestände.[3] Diese Akzessorietät führt nicht nur zu Besonderheiten hinsichtlich der Ausgestaltung der Straftatbestände (vgl. Rn. 36 ff.), sondern mitunter auch dazu, dass eine Anwendung der strafrechtlichen Vorschriften häufig außerstrafrechtliche Spezialkenntnisse aus dem jeweiligen Rechtsgebiet erfordert.[4] Das Wirtschaftsstrafrecht ist somit oftmals im sog. **Nebenstrafrecht**

1

---

1 *Tiedemann* Rn. 137.
2 LK/*Weigend* Einl. Rn. 18.
3 *Tiedemann* Rn. 2 ff.; 205 ff.
4 Daher überrascht auch nicht, dass die einzelnen Teilgebiete des Wirtschaftsstrafrechts gängige „eigene Namen haben" (Kapitalmarktstrafrecht, Umweltstrafrecht, Lebensmittelstrafrecht, Arbeitsstrafrecht, Kapitalgesellschaftsstrafrecht, Steuerstrafrecht etc.), während man Begrifflichkeiten wie dem „Brandstiftungsstrafrecht", „Tötungsstrafrecht" oder „Falschaussagestrafrecht" seltener begegnet. In der rechtlichen „Interdisziplinarität" verbleibt es indessen nicht. Das Wirtschaftsstrafrecht steht selbstverständlich in einem engen Bezug zu den Wirtschaftswissenschaften, etwa wenn es um Bilanzfälschungsdelikte oder um die Frage geht, ob ein Unternehmen als zahlungsunfähig bezeichnet werden kann, *Tiedemann*, Rn. 40 f. Diskutiert wird darüber, welchen Einfluss Sachver-

verortet.⁵ Andererseits gibt es auch Vorschriften, die im Kernstrafrecht – also im StGB selbst – zu finden sind, aber gerade im Wirtschaftsleben eine entscheidende Rolle spielen, so etwa der Betrug gem. § 263 I StGB oder die Untreue gem. § 266 StGB.

2 Dies alles führt dazu, dass wirtschaftsstrafrechtliche Straftatbestände über verschiedenste Rechtsgebiete und Regelungsmaterien zerstreut sind und der Begriff des „Wirtschaftsstrafrechts" somit nicht aus einem abgeschlossenen Regelwerk heraus definiert werden kann. Hinzu kommt, dass wirtschaftsrechtliche Sachverhalte meist komplex strukturiert sind, so dass sie nicht immer mit einem einfachen Straftatbestand erfasst werden können. Die Erscheinungsformen der Wirtschaftskriminalität divergieren aufgrund der permanenten technischen und wirtschaftlichen Veränderungen in einer hochindustrialisierten Gesellschaft ständig, so dass auch der Begriff des Wirtschaftsstrafrechts laufend in Bewegung bleibt. Als Wirtschaftsstrafrecht im weiteren Sinn ließe sich die Pönalisierung von Verstößen gegen Regelungen der Wirtschaftslenkung verstehen, die sich im Laufe der Geschichte (zurückreichend bis ins römische Recht) immer weiter fortentwickelte und gerade in Krisenzeiten als Regulierungsinstrument für das Wirtschaftswesen⁶ fungieren sollte.⁷ Dies wäre allerdings mehr eine Beschreibung als eine exakte Definition.

3 In der Literatur werden unterschiedliche Ansätze zur Definition des Wirtschaftsstrafrechts beschrieben⁸: Anknüpfungspunkte sind hierbei zum einen kriminologische (vgl. im Folgenden 2.), zum anderen aber auch gesetzessystematische (sodann 3.) bzw. schutzgutorientierte (abschließend 4.) Aspekte:

2. Begriffsbestimmung aus kriminologischer Sicht

4 Ein klassisch-kriminologischer Ansatzpunkt zieht Auffälligkeiten bezüglich des Täterkreises und der Art der Tatbegehung für die Begriffsbestimmung heran: Zu dieser täterbezogenen Klassifizierung gehört der von *Sutherland* eingeführte und geprägte Begriff der **„white collar criminality"** (Weißer-Kragen-Kriminalität), wonach Wirtschaftsstraftäter Personen mit Ansehen und hohem sozialen Status sind, welche die Straftat im Rahmen ihrer Berufsausübung begehen.⁹

---

ständige und damit letztlich die Wirtschaftswissenschaften auf das Strafverfahren haben, wenn der allgegenwärtige Begriff des Vermögensschadens „bilanzrechtsorientiert" ermittelt werden soll, zum Ganzen noch Rn. 350.

5 Zum Begriff des Nebenstrafrechts MK-StGB/*Lagodny/Mansdörfer*, Band 6, Einl. Rn. 1-52; zur Gesetzgebungstechnik im Nebenstrafrecht: Bundesministerium der Justiz (Hrsg.), Handbuch des Nebenstrafrechts, 3. Aufl. 2018

6 Zum Zusammenhang zwischen Freiheit, Wirtschaft, Macht und Strafrecht *Becker/Rönnau* ZStW 130 (2018), 340; die Frage nach der grundsätzlichen Legitimation des Wirtschaftsstrafrechts bzw. den Anforderungen an ein zweckmäßiges Wirtschaftsstrafrecht wird in neuerer Zeit häufiger gestellt, vgl. etwa *Anders*, ZStW 2018, 340; *Follert*, ZStW 2018, 420; *Kubiciel* ZStW 2017, 473.

7 Noch einfacher: „Wirtschaftsstrafrecht sind reine Vermögensdelikte mit prozessualen Beweisschwierigkeiten." So *Maurach/Schroeder/Maiwald* § 48 Rn. 8.

8 Umfassend W/J/*Dannecker*, 1. Kap. Rn. 1-11; monographisch zu den unterschiedlichen Begriffsbildungen *Mansdörfer*, Theorie des Wirtschaftsstrafrechts, S. 3 ff.

9 Zu den kriminologischen Grundlagen *Schwind* § 21. Zu den Ursachen der Wirtschaftskriminalität, insbesondere auch zum „Leipziger Modell" *Brettel/Schneider* § 1 Rn. 113 ff.

Zur Vertiefung: Eine *täter*orientierte Begriffsbestimmung ist im Hinblick auf das Prinzip des *Tat*strafrechts nicht unproblematisch.[10] Eine Definition sollte sich am gesetzlichen Tatbestand bzw. an der gesetzlich formulierten Tatbegehung orientieren. Berücksichtigt man aber, dass wirtschaftsstrafrechtliche Tatbestände oftmals auf besondere Eigenschaften des Täters abstellen, mithin als „echte Sonderdelikte" ausgestaltet sind, sind zumindest diese Bedenken etwas entkräftet.

Dieser Begriff ist indes zunächst zu *eng*, da er nur einen bestimmten sozialen Täterkreis erfasst. Erweitert man den Ansatz *Sutherlands* etwas und bezieht den Umstand ein, dass Wirtschaftsstraftaten typischerweise im Rahmen der Berufsausübung begangen werden („**occupational crime**"), geht man wiederum *zu weit*, weil jede Straftat in Ausübung eines Berufes erfasst wäre; überspitzt formuliert würde dann die Tötung eines Patienten durch einen Arzt zum Wirtschaftsstrafrecht gehören. Möglich wäre es, in einem weiteren Schritt das „Berufsfeld" zu konkretisieren und Wirtschaftsstrafrecht als „**corporate crime**" (Verbandsstrafrecht) zu bezeichnen, nämlich im Hinblick darauf, dass Wirtschaftsstraftaten meist im Zusammenhang mit einer Tätigkeit in einem Unternehmen begangen werden. Solch ein Ansatz, der letztlich nur den Firmensitz juristischer Personen (genauer Körperschaften des Zivilrechts) als potentiellen „Tatort" des Wirtschaftsstrafrechts ansieht, ist wiederum zu eng.

Hinweis: Ein weiterer kriminologischer Begriff, der aber nicht für eine Begriffsdefinition herangezogen werden kann,[11] sondern einen speziellen Erklärungsansatz für Wirtschaftskriminalität als solche bildet, ist der des „homo oeconomicus": Dieser Ansatz geht von der These aus, dass der stets auf Profit ausgerichtete Mensch der Neuzeit immer dann zum Straftäter wird, wenn der erwartete Nutzen aus der Straftat höher ist, als der Nutzen aus einer legalen Tätigkeit. Der Staat müsse sich daher dazu berufen fühlen, eine Straftat so „teuer" wie möglich zu machen und selbst hierbei die Regeln der Wirtschaftlichkeit (also insbesondere im Rahmen der Strafverfolgung) zu berücksichtigen.[12]

3. Strafprozessual-kriminaltaktische Begriffsbildung des § 74c GVG

Eine Definition könnte auch anhand der prozessualen Zuständigkeit landgerichtlicher Wirtschaftsstrafkammern gebildet werden.[13]

§ 74c I GVG lautet:

(1) ¹Für Straftaten
1. nach dem Patentgesetz, dem Gebrauchsmustergesetz, dem Halbleiterschutzgesetz, dem Sortenschutzgesetz, dem Markengesetz, dem Designgesetz, dem Urheberrechtsgesetz, dem Gesetz gegen den unlauteren Wettbewerb, dem Gesetz zum Schutz von Geschäftsgeheimnissen, der Insolvenzordnung, dem Aktiengesetz, dem Gesetz über die Rechnungslegung von bestimmten Unternehmen und Konzernen, dem Gesetz betreffend die Gesellschaften mit beschränkter Haftung, dem Handelsgesetzbuch, dem SE-Ausführungsgesetz, dem Gesetz zur Ausführung der EWG-Verordnung über die Europäische wirtschaftliche Interessen-

---
10 *Tiedemann*, Rn. 79.
11 Wohl aber für einen methodologisch-individualistischen Ansatz, der Inhalt und Reichweite des Wirtschaftsstrafrechts legitimieren und begrenzen soll, so *Mansdörfer*, Theorie des Wirtschaftsstrafrechts, S. 32 f.
12 Zur ökonomischen Auslegung im Wirtschaftsstrafrecht *Beckemper*, FS-Achenbach, 2011, S. 29 ff.
13 *Tiedemann*, Rn. 73 f.

vereinigung, dem Genossenschaftsgesetz, dem SCE-Ausführungsgesetz und dem Umwandlungsgesetz,
2. nach den Gesetzen über das Bank-, Depot-, Börsen- und Kreditwesen sowie nach dem Versicherungsaufsichtsgesetz, dem Zahlungsdiensteaufsichtsgesetz und dem Wertpapierhandelsgesetz,
3. nach dem Wirtschaftsstrafgesetz 1954, dem Außenwirtschaftsgesetz, den Devisenbewirtschaftungsgesetzen sowie dem Finanzmonopol-, Steuer- und Zollrecht, auch soweit dessen Strafvorschriften nach anderen Gesetzen anwendbar sind; dies gilt nicht, wenn dieselbe Handlung eine Straftat nach dem Betäubungsmittelgesetz darstellt, und nicht für Steuerstraftaten, welche die Kraftfahrzeugsteuer betreffen,
4. nach dem Weingesetz und dem Lebensmittelrecht,
5. des Subventionsbetruges, des Kapitalanlagebetruges, des Kreditbetruges, des Bankrotts, der Verletzung der Buchführungspflicht, der Gläubigerbegünstigung und der Schuldnerbegünstigung,
5a. der wettbewerbsbeschränkenden Absprachen bei Ausschreibungen, der Bestechlichkeit und Bestechung im geschäftlichen Verkehr sowie der Bestechlichkeit im Gesundheitswesen und der Bestechung im Gesundheitswesen,
6. a) des Betruges, des Computerbetruges, der Untreue, des Vorenthaltens und Veruntreuens von Arbeitsentgelt, des Wuchers, der Vorteilsannahme, der Bestechlichkeit, der Vorteilsgewährung und der Bestechung,
b) nach dem Arbeitnehmerüberlassungsgesetz, dem EU-Finanzschutzstärkungsgesetz und dem Schwarzarbeitsbekämpfungsgesetz,
soweit zur Beurteilung des Falles besondere Kenntnisse des Wirtschaftslebens erforderlich sind,

ist, soweit nach § 74 Abs. 1 als Gericht des ersten Rechtszuges und nach § 74 Abs. 3 für die Verhandlung und Entscheidung über das Rechtsmittel der Berufung gegen die Urteile des Schöffengerichts das Landgericht zuständig ist, eine Strafkammer als Wirtschaftsstrafkammer zuständig. 2Die §§ 120 und 120b bleiben unberührt.

§ 74c GVG stellt einen Katalog von Straftaten auf, die als Wirtschaftsstraftaten angesehen werden,[14] wobei eine Einteilung in zwei Gruppen vorgenommen werden kann:

7   Während in den Nummern Nr. 1-5a spezifische Wirtschaftsdelikte aufgezählt werden, bei denen das Vorliegen einer Wirtschaftsstraftat und somit die Zuständigkeit der Wirtschaftsstrafkammer unwiderlegbar vermutet wird[15] (sog. **geborene Wirtschaftsstraftatbestände**), sind in Nummer 6 allgemeine Straftatbestände genannt, die zur Wirtschaftskriminalität zählen, wenn „zur Beurteilung des Falles besondere Kenntnisse des Wirtschaftslebens erforderlich sind" (sog. **gekorene Wirtschaftsstraftatbestände**). Damit sind insbesondere komplizierte, schwer zu durchschauende Mechanismen des Wirtschaftslebens gemeint, deren raffinierter Missbrauch Wirtschaftsstrafsachen kennzeichnet (Umgehungs- und Scheinhandlungen in der wirtschaftsrechtlichen „Grauzone", vgl. noch Rn. 78 ff.).[16]

8   Eine exakte Definition der Wirtschaftskriminalität enthält § 74c GVG jedoch **nicht**, sondern setzt diese allenfalls voraus. Wenigstens sind der Vorschrift Indizien zu ent-

---

14 Änderungen des § 74c GVG machen also auch „Neuerungen" im Wirtschaftsstrafrecht aufmerksam, zuletzt etwa die Einfügung des Gesetzes zum Schutz von Geschäftsgeheimnissen (Rn. 411a) oder des EU-Finanzschutzstärkungsgesetzes (hierzu noch Rn. 33) sowie der Bestechlichkeit und Bestechung im Gesundheitswesen (Rn. 446b).
15 *Meyer-Goßner* § 74c GVG Rn. 2 f.
16 Vgl. hierzu *Rieß* NJW 1978, 2265 (2267 f.); ausführlich hierzu Rn. 78 ff.

nehmen, die für eine Definition verwertet werden können. So lässt der (nicht abschließende) Katalog bereits erahnen, dass im Wirtschaftsstrafrecht nicht allein das Vermögen geschützt wird, was für eine rechtsgutorientierte Begriffsbestimmung von entscheidender Bedeutung ist. Exemplarisch seien die nach § 74c Nr. 4 GVG einbezogenen Vorschriften des Wein- oder Lebensmittelgesetzes (§ 48 WeinG) genannt, die nicht nur Vermögensinteressen der Weinlieferanten- und Produzenten schützen sollen, sondern auch Leben und Leib der Konsumenten im Auge haben.[17] Ähnliches gilt für Embargoverstöße gegen §§ 17 I, 18 I AWG, die den Schutz des „Weltfriedens" bezwecken.

4. Begriffsbestimmung aus rechtsdogmatischer/rechtsgutorientierter Sicht

Verfolgt man diesen Rechtsgutsgedanken weiter und versucht, den Begriff des Wirtschaftsstrafrechts unter Rückgriff auf das geschützte Schutzgut zu bestimmen, gelangt man zu dem Folgeproblem, was unter dem Begriff der „Wirtschaft" zu verstehen sein soll, der den Anknüpfungspunkt für ein etwaiges Rechtsgutskonzept bilden müsste.[18]

9

Eine weites Verständnis dahingehend als jeder Angriff auf Rechtsgüter, der in irgendeiner Weise einen wirtschaftlichen Bezug aufweist, wäre unergiebig: Der Begriff der **Wirtschaft** „generell" erfasst nämlich die Gesamtheit aller Einrichtungen, wie Unternehmen, private und öffentliche Haushalte, und wirtschaftlichen Handlungen, die der planvollen Deckung des menschlichen Bedarfs dienen, wozu insbesondere die Herstellung, der Verbrauch und die Verteilung von Gütern zählen. Legt man eine solche Interpretation zu Grunde, würde jede vermögensrechtliche Strafvorschrift unter die Definition des Wirtschaftsstrafrechts fallen, insbesondere wären auch allgemeine Eigentums- und Vermögensdelikte wie Diebstahl gem. § 242 StGB und der unbefugte Gebrauch eines Fahrzeugs gem. § 248b StGB erfasst.

10

Konkretisieren ließe sich der wirtschaftsstrafrechtliche „Schutzbereich" durch eine Eingrenzung auf **funktionell wichtige Zweige bzw. Einrichtungen** der Volkswirtschaft; man könnte insofern vom **Wirtschaftsverwaltungsstrafrecht** sprechen, das neben den abstrakten **Kollektivrechtsgütern** (wie die Chancengleichheit im Wertpapierhandelswesen oder den Schutz des Kreditwesens, vgl. § 74c I Nr. 2 GVG) auch die **Instrumente** des Wirtschaftsverkehrs als Schutzobjekte erfasst (Buchführung und Bilanz, vgl. §§ 331 ff. HGB, EDV und bargeldloser Zahlungsverkehr, vgl. §§ 202a, 263a, 146, 151 f., 266b, 269, 303a, 303b StGB). Diesem sehr umfassenden Begriff fehlt lediglich die Einbeziehung von **Individualinteressen**: Der Schutz des Einzelnen (Verbraucher, Konkurrent) kommt in vielen Tatbeständen mit wirtschaftsrechtlichem Bezug zum Vorschein, so dass im Wege einer Synthese aller angestellten Überlegungen folgende (im Einzelnen sicherlich modifizierbare) Definition des Wirtschaftsstrafrechts festgehalten werden kann:

11

---

17 *Hellmann*, Rn. 767.
18 *Tiedemann*, Rn. 81; zur rechtsgutorientierten Bestimmung vgl. auch *Brettel/Schneider* § 1 Rn. 8.

12 Wirtschaftsstrafrecht ist die Gesamtheit der Straftaten (und Ordnungswidrigkeiten), die bei wirtschaftlicher Betätigung unter Missbrauch des im Wirtschaftsleben notwendigen Vertrauens begangen werden und nicht nur eine individuelle Schädigung herbeiführen, sondern auch Belange der Allgemeinheit (Kollektivrechtsgüter) berühren.

12a Entscheidend sind somit folgende drei Aspekte, die zumindest gedanklich „durchgeprüft" werden sollten, wenn die Frage aufgeworfen wird, ob eine bestimmte Norm bzw. ein konkreter Sachverhalt wirtschaftsstrafrechtlicher Natur ist:
- Vorliegen eines wirtschaftlichen Bezugs des strafbaren Verhaltens,
- Ausübung eines Berufes,
- Ausnutzen bzw. Missbrauch des Vertrauens gegenüber dem Wirtschaftsverkehr.

12b Was als Wirtschaftsstrafrecht bezeichnet werden kann, ist somit in hohem Grade systemabhängig. Bestand und Reichweite systemschützender Strafvorschriften hängen davon ab, welches System (freie Marktwirtschaft, Kapitalismus) überhaupt gilt.[19] Daneben existieren allerdings auch Verhaltensweisen, die gänzlich unabhängig von einem bestimmten Wirtschaftssystem sind (etwa Betrügereien im Rahmen des elektronischen Zahlungsverkehrs).

II. Phänomenologie des Wirtschaftsstrafrechts (kriminologische Grundlagen)

13 Das Wirtschaftsstrafrecht unterscheidet sich von anderen Kriminalitätsarten sowohl in personeller als auch tatbezogener Hinsicht. Dies wirkt sich auch auf die polizeiliche Kriminalstatistik aus und bildet sich überdies in der gesellschaftlichen Wahrnehmung und Einschätzung des Phänomens aus.

---

19 Hierzu *Tiedemann*, Rn. 6 f.

1. Personenbezogene Charakteristika des Wirtschaftsstrafrechts

Im Vergleich zu anderen Kriminalitätsarten weicht der Wirtschaftsstraftäter vom typischen **Täterprofil** ab: Oft handelt es sich um Personen mit Bildung und hohem Status. Der Wirtschaftsstraftäter hat ein gesundes Sozialleben, ist zwischen 30 und 40 Jahre alt und beruflich selbstständig. Das Bild vom „white collar crime"-Täter wird hier bestätigt.[20] Nach Untersuchungen stammen rund ein Viertel der wirtschaftsstrafrechtlich in Erscheinung getretenen Täter aus dem Kreis des Topmanagements von Unternehmen (wobei in Deutschland die Quote sogar bei 32 % liegt).[21] Nicht selten werden die Delikte von Beschäftigten juristischer Personen, sonstiger bürokratischer Organisationen oder Verbänden begangen (man rufe sich den Begriff des „occupational crime" in Erinnerung). Wirtschaftsstrafrecht ist oft von **Anonymität** zwischen Täter und Opfer geprägt, was tendenziell zu einer niedrigeren Hemmschwelle führt. Hat der Täter kein konkretes Opfer vor sich, fehlt ihm auch das Unrechtsbewusstsein, wobei sich dieser Effekt mit wachsender Größe des Unternehmens, sprich wachsender Anonymität, verstärkt. Die **personelle Distanz** zwischen Täter und Opfer wird auch durch den statistischen Befund bestätigt, wonach weniger als 10 % der registrierten Wirtschaftsstrafrechtssachverhalte auf Strafanzeigen der Opfer zurückgehen. Bemerkenswert ist, dass trotz des relativ kleinen Täterkreises hohe Zahlen von Einzelfällen und Geschädigten registriert werden.

14

2. Tatbezogene Charakteristika des Wirtschaftsstrafrechts

Typisch für das Wirtschaftsstrafrecht sind die komplexen und **schwer aufzudeckenden Sachverhalte**. Das **arbeitsteilige** Vorgehen und Verteilen der strafrechtlich relevanten Handlungen auf verschiedene Ebenen führen dazu, dass eine Rekonstruktion des Sachverhalts für die ermittelnden Behörden im Einzelfall äußerst schwierig ist. Das Auseinanderfallen von Ausführungstätigkeiten, Informationsbesitz und Entscheidungsmacht eröffnet gerade in Großunternehmen „verlockende" Verschleierungsmöglichkeiten. Den Tätern stehen aufgrund ihres hohen sozialen Status auch **moderne Technologien** und kostspielige Instrumente zur Verfügung, die sie für die Deliktsbegehung bzw. für die Verheimlichung ihrer illegalen Tätigkeit missbrauchen können. Bei schwerer Wirtschaftskriminalität treten **internationale Verflechtungen** und Beziehungen zur organisierten Kriminalität hinzu.[22] Vor allem im Bereich der Finanzdelikte intensivieren globale Kontakte die Verdunkelungsgefahr, zumal die Zuständigkeit der Ermittlungsbehörden meist nur bis zur innerstaatlichen Grenze reicht.[23]

15

Wirtschaftsstraftaten führen in der Regel zu einer **herausragenden Schadenshöhe**[24]: Nach Untersuchungen entstehen mittelständischen Unternehmen mit bis zu 1000 Be-

16

---

20 M-G/*Fridrich* § 2 Rn. 3 f.
21 *Schwind* § 21 Rn. 21.
22 *Tiedemann*, Rn. 9 f.; *ders.* bereits ZStW 88 (1976), S. 231 ff.
23 Das Strafanwendungsrecht zusf. M-G /*Engelhart* § 4 Rn. 1 ff.
24 Bundeslagebild Wirtschaftskriminalität 2018, S. 8: 3,35 Milliarden Euro.

schäftigten finanzielle Verluste bis zu 11 % (mehr als 1 Million €). Bei größeren Unternehmen mit mehr als 1000 Beschäftigten liegt die Quote sogar bei 31 %.[25] Nicht zu unterschätzen ist auch der immaterielle Schaden in Form des Reputationsverlusts, soweit es zur Aufdeckung einer Straftat kommt.

> **Hinweis:** In Bezug auf Wirtschaftsstraftaten wird auch oft auf die sog. „Sogwirkung" hingewiesen, wonach ein Unternehmen (etwa im Bereich der Korruption) faktisch dazu gezwungen werde, zu den gleichen kriminellen Methoden zu greifen wie seine Konkurrenten. Empirisch ist dies allerdings noch nicht nachgewiesen. Ähnliches gilt für die „Spiralwirkung" von Wirtschaftsdelikten, wonach Wirtschaftskriminalität zu weiterer Kriminalität Dritter führe (Urkundenfälschung, Ausspähen von Daten etc.).[26]

3. Bedeutung des Wirtschaftsstrafrechts in der Praxis und polizeiliche Kriminalstatistik

17 Mit dem Stichwort „Aufdeckung" ist man im Wirtschaftsstrafrecht an einen Punkt gelangt, der ebenfalls Besonderheiten mit sich bringt.[27] Kriminologisch ist v.a. im Rahmen statistischer Befunde stets zu berücksichtigen, dass es sich bei Wirtschaftsstraftaten um sog. **Kontrolldelikte** handelt. Sowohl staatlich als auch innerbetrieblich wird großer Wert auf kontinuierliche und gründliche Kontrollen gelegt. Die Überprüfung und Kontrolle erfolgt hierbei durch **spezialisierte Behörden** (z.B. das Gewerbeaufsichtsamt, das Finanzamt als Steuerfahnder, die Zollbehörden sowie das Bundesaufsichtsamt für Wertpapierhandel). Sogar das Ermittlungsverfahren ist sog. **Schwerpunktstaatsanwaltschaften**, in Steuerstrafverfahren gem. § 386 AO den **Finanzbehörden** überlassen.[28]

> **Hinweis:** Mit Entstehung der Wirtschaftsstrafkammern hat sich auch nach und nach das Pendant der Schwerpunktstaatsanwaltschaft herausgebildet (erstmals im Jahre 1968 in Nordrhein-Westfalen), die fast ausschließlich mit der Verfolgung von Wirtschaftsdelikten befasst ist und sich durch fachkundige Wirtschaftsreferenten unterstützen lässt.

18 Diese Kontrolldichte führt dazu, dass viele Straftaten erst gar nicht an die Öffentlichkeit gelangen, da die Betriebsleiter einen Imageverlust vermeiden wollen und daher lediglich arbeitsrechtliche bzw. disziplinarrechtliche Schritte einleiten. Die ständige Überprüfung erschwert auch Aussagen über das Dunkelfeld. Schließlich könnte man meinen, dass gerade aufgrund der ständigen Überprüfung die Aufklärungsquote sehr hoch ist. Anderseits könnte gerade die Notwendigkeit ständiger Kontrollen ein Indiz für eine hohe Dunkelziffer sein (**„Kontroll-Paradox"**).

19 Eine statistische Verzerrung ergibt sich auch aus dem Umstand, dass die Ermittlungsbehörden oftmals (im Wege von „Vor"-**Urteilsabsprachen**) mit außerstrafrechtlichen Instrumenten, sprich Auflagen, Weisungen etc. arbeiten und somit viele tatsächlich

---

25 W/J/*Dannecker*, 1. Kap. Rn. 15-16 mwN zu Schadenshöhen und -schätzungen.
26 W/J/*Dannecker*, 1. Kap. Rn. 17.
27 Zur Entwicklung der Verfolgung von Wirtschaftsstrafsachen in der Bundesrepublik Deutschland *Taschke* NZWiSt 2012, 9
28 Zu den verfahrensrechtlichen Besonderheiten im Steuerstrafrecht vgl. Rn. 159 f.

begangene Wirtschaftsdelikte erst gar nicht angeklagt werden.[29] Dies mag auf die komplexen und umfangreichen Sachverhalte zurückzuführen sein, bei denen bereits die Schadensermittlung Schwierigkeiten mit sich bringt.[30]

Da die Schwerpunktstaatsanwaltschaften auch nicht immer die Polizei beteiligen, werden viele dieser Fälle nicht von der Polizeilichen Kriminalstatistik (PKS) erfasst. Dennoch lassen sich der PKS einige kriminologisch bzw. kriminalistisch verwertbare Tendenzen zum Wirtschaftsstrafrecht entnehmen:

- Dominant ist der Betrug gem. § 263 StGB, dessen Anteil von 1997 bis 2002 zwischen 58-68 % ausmachte, in der Folgezeit bis 2018 aber auf 46 % der Wirtschaftsstraftaten[31] zurückging (was auf die veränderte bzw. „modernisierte" Tatbegehung zurückzuführen sein mag, bspw. in Form des EC-Karten Betrugs, der nach § 263a StGB strafbar ist).
- Die Delinquenz steigt bei Zusammenhängen mit Arbeitsverhältnissen.
- Die Schätzungen zu den materiellen Schäden bezogen auf Hell- **und** Dunkelfeld schwanken zwischen 5 und 28 Milliarden Euro.

4. Wirtschaftsstrafrecht zwischen „Klassenstrafrecht" und modernem Ostrakismos[32]

Die Wahrnehmung von Wirtschaftsstraftaten und auch des Umgangs der Strafverfolgungsbehörden mit ihnen[33] scheint in den letzten Jahrzehnten einen beachtenswerten Wandel vollzogen zu haben: Obwohl auch heute noch manche Wirtschaftsstraftaten (z.B. Steuerhinterziehung, jedenfalls in nicht erheblichen Größenordnungen) als **„Kavaliersdelikt"** angesehen werden, mit denen man am Stammtisch eher einmal zu prahlen geneigt ist als mit einem begangenen Raubüberfall oder einer sexuellen Nötigung, scheint sich die gesellschaftliche Wahrnehmung der Wirtschaftsstraftäter insgesamt verschoben zu haben. Mit dieser Verschiebung korrespondiert auch die größere praktische Bedeutung im Sinne einer vermehrten Verfolgung[34] solcher Taten. Während früher Unternehmer, die eine gefestigte soziale Stellung hatten und für Arbeitsplätze

---

29 Brettel/Schneider § 1 Rn. 92 sprechen diesbezüglich von prozessualen „Überdruckventilen" der „materiell-rechtlichen Hypertrophie". Zur begrenzten Aussagekraft polizeilicher Statistiken vgl. auch Momsen/Grützner/Dessecker 1. Kap. Rn. 15 ff.
30 Wobei prognostiziert werden kann, dass sich dieses Phänomen durch die vom BVerfG aufgestellten strengeren Anforderungen an die spätere Schadensfeststellung (vgl. Rn. 330a f., 350) durch das Gericht verschärfen wird.
31 Auch an der Gesamtkriminalität, also nicht beschränkt auf Taten, die in der PKS als Wirtschaftskriminalität erfasst werden, liegt der Anteil des Betrugs bei rund 15%.
32 Das Scherbengericht (griechisch Ostrakismos) war in der griechischen Antike, insbesondere in Athen, ein Verfahren, mit dem mächtige und zugleich unliebsame Bürger aus dem politischen Leben entfernt werden konnten. Die Teilnehmer ritzten in Tonscherben (griechisch „ostrakon") den Namen solcher Personen; die meistgenannte Person wurde für zehn Jahre verbannt, um ihren Einfluss zu brechen.
33 Vgl. dazu allgemein auch eingehend Lindemann, Voraussetzungen und Grenzen legitimen Wirtschaftsstrafrechts, 2012, sowie Mansdörfer, Zur Theorie des Wirtschaftsstrafrechts, 2011.
34 Und auch einer intensiveren wissenschaftlichen Befassung mit diesem Thema.

und Aufschwung verantwortlich waren vielfach mehr oder weniger „sakrosankt" gewesen zu sein schienen, wird wirtschaftliches Handeln noch heute in einer Intensität strafrechtlich kontrolliert, dass man sich mitunter durchaus die Frage stellen darf, ob es richtig ist, wenn der Strafrichter ex post den Ausgang komplexer wirtschaftlicher Entscheidungen beurteilen soll bzw. will, die er in der Rolle des Unternehmers ex ante niemals hätte treffen können.

20b Von daher wird man zumindest heutzutage auch seriöserweise nicht (mehr) den Vorwurf einer **„Klassenjustiz"**[35] erheben können, wenn ein Manager beim Verdacht der Untreue im Millionenbereich letztlich mit einer Verfahrenseinstellung nach § 153a StPO gegen Geldauflage[36] oder jedenfalls mit einer Bewährungsstrafe[37] „davonkommt". Von „Klassenjustiz" kann schon deshalb nicht gesprochen werden, weil eine Vielzahl von (Ermittlungs-) Verfahren letztlich mit **Verfahrenseinstellungen** oder jedenfalls ohne vollstreckbare Freiheitsstrafe enden, und zwar quer durch alle Kriminalitätsbereiche. Hinzu kommt, dass die Beschuldigten in Wirtschaftsstrafverfahren durch die **öffentliche Berichterstattung**[38] oft ungleich schwererweise getroffen werden als „anonyme" Straftäter und dass es sich vielfach um Vorwürfe handelt, die a priori überhaupt nur einen bestimmten, in wirtschaftlicher Verantwortung stehenden Personenkreis treffen können: So kann etwa nur derjenige, der (in nicht unerheblichem Umfang) Steuern zu bezahlen hat, auch nennenswert Steuern hinterziehen; nur derjenige, der Arbeitgeber ist, kann Arbeitnehmerbeiträge zur Sozialversicherung vorenthalten etc. Nimmt man weiter in den Blick, wie etwa in den letzten Jahren eine Korruptionshypertrophie (um nicht zu sagen: Korruptionshysterie) um sich gegriffen hat, die dazu führt, dass viele Formen des „Anstands" (z.B. das Glas Wasser oder die Tasse Kaffee für den Außenprüfer des Finanzamtes) unter Generalverdacht gestellt werden, liegt der Vorwurf vom Wirtschaftsstrafrecht als „Klassenjustiz" kaum näher[39] als das umgekehrte Bild einer **„Scherbengerichtsbarkeit"**,[40] mit der in einer Neidgesellschaft wirtschaftlich erfolgreiche Personen unter Kontrolle gehalten werden sollen.

III. Rechtsquellen und Entwicklung des Wirtschaftsstrafrechts in Deutschland

21 Wie bereits erläutert, sind die einschlägigen Normen des Wirtschaftsstrafrechts nicht in einem Gesetzeswerk zusammengefasst, sondern verteilt im Kern- sowie Nebenstrafrecht zu finden. Nicht selten basiert das inländische Recht auf internationalen Vereinbarungen (wie bspw. das EUBestG) bzw. Vorgaben der EU (vgl. im Folgenden).

---

35 Nach dem Motto: Die Kleinen hängt man, die Großen lässt man laufen.
36 So letztlich etwa im „Mannesmann-Verfahren", vgl. 2. Teil F.
37 So etwa im Siemens AUB-Verfahren (vgl. 2. Teil L., wobei in diesem Fall die besseren Gründe ohnehin gegen eine Strafbarkeit gesprochen hat, vgl. dazu näher unten im Text).
38 Vgl. diesbezüglich auch *Brettel/Schneider* § 1 Rn. 68, die in diesem Zusammenhang auf den von *Scheerer* eingeführten Begriff des „politisch-publizistischen Verstärkerkreislaufs" rekurrieren.
39 Im Ergebnis sind gewiss beide Vorwürfe – in pauschaler Form erhoben – auch gleich verfehlt.
40 Vgl. zur Begriffserklärung nochmals oben Fn. 38.

Zur Vertiefung: Nicht gänzlich unerwähnt bleiben soll ein Alternativentwurf des StGB von 1977, der das geltende Wirtschaftsstrafrecht unter der Überschrift „Straftaten gegen die Wirtschaft" zusammenfasste.[41] Solch ein System bringt den Vorteil mit sich, möglichst viele Wirtschaftsstraftaten „auf einen Blick" erfassen zu können, zumal eine Regelung im Kernstrafrecht eine stärkere Signalwirkung haben kann (Stichwort „Generalprävention"). Problematisch daran ist aber, dass die Strafvorschriften aus ihrem Zusammenhang gerissen werden und man – soweit man kein 12.000 Seiten langes StGB haben will – innerhalb der Vorschriften auf andere Gesetze verweisen muss (sog. „Blanketttechnik", **siehe Rn. 46 ff.**).

Orientiert man sich am Begriff des Unternehmens[42] und dessen Beziehungen zur „Umwelt", lassen sich die wesentlichen Gesetzesblöcke des Wirtschaftsstrafrechts wie folgt zusammenfassen:[43]

22

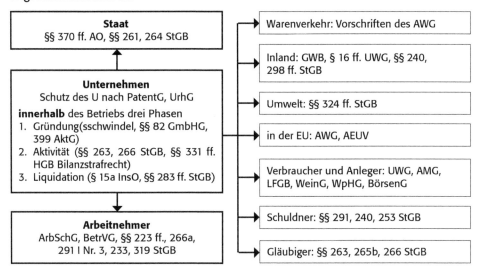

1. Vorschriften im Kernstrafrecht

Zunächst seien die „traditionellen" und auch praktisch bedeutsamen Wirtschaftsstraftatbestände des Betrugs gem. § 263 StGB[44] und der Untreue gem. § 266 StGB[45] genannt, die auch als „Vorreiter" des Wirtschaftsstrafrechts bezeichnet werden können. Das praktisch eher unbedeutende Wirtschaftsstrafgesetz von 1954 wurde bereits genannt. Das erste Gesetz zur Bekämpfung der Wirtschaftskriminalität vom 29.7.1976 ergänzte das StGB um den Subventions- und Kreditbetrug, §§ 264, 265b StGB, welche die Strafbarkeit durch Verzicht auf schwer nachweisbare Merkmale (insbesondere den

23

---

41 Vgl. hierzu *Tiedemann*, Rn. 155, 837 ff.
42 Zur Mehrdeutigkeit des Begriffs M-G/*Müller-Gugenberger* § 23 Rn. 2 ff.
43 So auch bei *Tiedemann*, Rn. 30, 585; Schrifttumsübersicht und rechtsvergleichende Hinweise bei M-G/*Müller-Gugenberger* § 1 Rn. 140 ff.; zu den drei Phasen der Gründung, des Betriebs sowie der Beendigung des Unternehmens vgl. Momsen/Grützner/*Momsen* 1. Kap. D. Rn. 1 ff.
44 Vgl. 2. Teil C. und D. (Rn. 202 ff. sowie Rn. 290 ff.).
45 Vgl. 2. Teil F. und H (Rn. 324 ff. sowie Rn. 432 ff.).

Eintritt eines Vermögensschadens) vorverlagern.[46] Hinzu kam das vorher in der Konkursordnung geregelte „Insolvenzstrafrecht"[47], §§ 283-283d StGB, und der Individualwucher, § 291 StGB, wobei die Gelegenheit auch zur Neufassung des Erschleichens von Leistungen, § 265a StGB, genutzt wurde.

24 Durch das 18. Strafrechtsänderungsgesetz vom 28.3.1980 wurde das Umweltstrafrecht (§§ 324 ff. StGB) in das StGB eingefügt, das mit dem 45. StrRÄndG nochmals umfassend reformiert und den europäischen Vorgaben (vgl. im Folgenden) angepasst wurde.[48] Mit dem zweiten Gesetz zur Bekämpfung der Wirtschaftskriminalität vom 15.5.1986 folgten weitere Ergänzungen (§§ 263a, 269, 270, 303a, 303b, 202a, 152a, 266b StGB), wobei auch verschiedene Vorschriften über die Beitragshinterziehung in § 266a StGB zusammengeführt wurden.[49] Am 13.8.1997 folgte das Gesetz zur Bekämpfung der Korruption, das die §§ 331 ff. StGB umfassend reformierte, insbesondere nun angebotene Vorteile erfasste, die nicht für eine „konkrete Diensthandlung" angenommen wurden.[50] Schließlich wurden auch die Vorschriften zu Bestechung bzw. Bestechlichkeit im privaten Sektor in das StGB aufgenommen, §§ 299 ff. StGB (früher § 12 UWG a.F.),[51] die im Jahr 2016 durch § 299a StGB gegen die Bestechlichkeit im Gesundheitswesen ergänzt wurden. 2017 erfolgte die Einführung einer speziellen Strafbarkeit des Sportwettbetrugs sowie der Manipulation von berufssportlichen Wettbewerben in §§ 265c, 265d StGB.[52]

2. Gesetzesblöcke im Nebenstrafrecht

25 Weitere Rechtsquellen des Wirtschaftsstrafrechts finden sich in zahlreichen Nebengesetzen, die vorliegend nicht abschließend dargestellt werden können.[53] Allerdings seien im Voraus einige bedeutsame Gesetzesblöcke genannt, die vergleichsweise häufiger eine Rolle spielen können.

26 Hierzu zählt zunächst das **Finanzstrafrecht**, das sich seinerseits in zwei Gruppen aufteilen lässt. Die erste Gruppe ist das in den §§ 370 ff. AO geregelte Abgabenstrafrecht, welches sich auf Steuern, Zölle und Abschöpfungen bezieht und somit auch den praktisch besonders wichtigen Tatbestand der Steuerhinterziehung enthält.[54] Bei der ande-

---

46 Zu diesen sog. „Betrugsderivaten" 2. Teil D (Rn. 262-278).
47 Vgl. 2. Teil J. (Rn. 492 ff.).
48 BGBl. 2011 I, S. 2557; zum Ganzen *Pfohl* ZWH 2013, 95.
49 2017 wurde § 266a IV durch Art. 8 des „Gesetzes zur Erleichterung der Bekämpfung von illegaler Beschäftigung und Schwarzarbeit (BGBl. I S. 2787ff.) um zwei weitere Regelbeispiele ergänzt, vgl. Rn. 554.
50 Vgl. 2. Teil G. (Rn. 365 ff.).
51 Vgl. 2. Teil H. (Rn. 415 ff.).
52 Vgl. hierzu etwa *Dittrich* ZWH 2017, 189; *Hessert* CaS 2019, 268; *Krack* wistra 2017, 289; *Rübenstahl* JR 2017, 264; 333; *Satzger* Jura 2016, 1142 und *Stam* NZWiSt 2018, 41. Zur Geschichte des Wirtschaftsstrafrechts allgemein ausführlich W/J/*Dannecker*, 1. Kap. Rn. 56 ff.; zusammenfassend *Wittig*, § 3; *Tiedemann*, Rn. 102 ff.; M-G /*Müller-Gugenberger* § 1 Rn. 30 ff.; *Brettel/Schneider* § 1 Rn. 26 ff
53 Hierzu auch *Tiedemann*, Rn. 585.
54 Vgl. 2. Teil B. (Rn. 148 ff.). Zu den Änderungen seit 2014 vgl. dort.

ren Gruppe handelt es sich um das Ausgabenstrafrecht, das insbesondere das Erschleichen staatlicher Subventionen und Kreditbetrügereien erfasst, welches aber im Kernstrafrecht geregelt ist, vgl. § 264 StGB.[55]

Der **strafrechtliche Schutz des Kapitalmarkts** erfolgt durch das Börsen- sowie Wertpapierhandelsgesetz vom 26.7.1994. Zu nennen sind hier der strafbare Insiderhandel oder die Kursmanipulationen, welche nach § 119 WpHG strafbar sind.[56] 27

Das **Bilanzstrafrecht** in den §§ 331 ff. HGB wird durch zahlreiche Spezialvorschriften im AktG, GmbHG sowie GenG ergänzt, die ihrerseits auch das Strafrecht der Kapitalgesellschaften beinhalten (wobei sich die Vorschriften strukturell ähneln und teilweise gemeinsam geltende Vorschriften in der InsO zu finden sind).[57] 28

Das **Wettbewerbsstrafrecht**, das bereits im Kernstrafrecht – vgl. § 298 StGB – partiell geregelt ist, wird durch Ordnungswidrigkeiten aus dem GWB (§ 81 ff. GWB) flankiert, wobei auch der Straftatbestand des § 16 UWG (irreführende Werbung) eine wichtige Rolle spielt.[58] Der früher ebenfalls im UWG (§ 17 a.F.) geregelte Schutz von Geschäftsgeheimnissen ist seit 2019 strafrechtlich in § 23 des neu geschaffenen Gesetzes zum Schutz von Geschäftsgeheimnissen (GeschGehG)[59] verortet. 29

Strafrechtlichen Schutz des **geistigen Eigentums** bieten das Patent-, Urheber- oder Geschmacksmustergesetz, wobei der zentrale Straftatbestand des § 106 UrhG selbst zwar keine, aber seine zur Interpretation hinzuzuziehenden Vorschriften zahlreiche Reformen („2. Korb" der Urheberrechtsnovelle) durchliefen.[60] 30

Zum Wirtschaftsstrafrecht im weiteren Sinn zählt auch das **Verbraucherschutzstrafrecht**, das insb. den Umgang und das Inverkehrbringen gefährlicher Gegenstände und Produkte zum Inhalt hat.[61] Neben dem Außenwirtschaftsstrafrecht (AWG)[62] zählen hierzu insb. das Gefahrstoffstrafrecht (ChemG, BtMG, SprengG, GÜG,), das Lebensmittel- sowie das Arzneimittelstrafrecht (LFGB, AMG). 30a

Zusammenfassend kann festgehalten werden, dass der Gesetzgeber das Wirtschaftsstrafrecht durch zahlreiche Änderungsgesetze weiter hat wachsen lassen und tendenziell auch weiter expandieren lässt, obwohl die zunehmende Kriminalisierung und 30b

---

55 Vgl. 2. Teil D. (Rn. 259-270).
56 Vgl. 2. Teil E. (Rn. 297).
57 Vgl. 2. Teil E. (Rn. 314-321).
58 Vgl. 2. Teil H. (Rn. 408-414).
59 Vgl. dazu *Dann/Markgraf* NJW 2019, 1774; *Ernst* MDR 2019, 897; *Staffler* NZWiSt 2018, 269. Speziell zur auch im Wirtschaftsstrafrecht wichtigen Whistleblowerproblematik in diesem Zusammenhang *Buchert/Buchert* ZWH 2018, 309; *Meyer* HRRS 2018, 322; *Reinbacher* KriPoZ 2018, 115; *ders.* KriPoZ 2019, 148, *Schreiber* NZWiSt 2019, 332; *Ulrich* NZWiSt 2019, 65 sowie schon vor der Reform allgemein zu diesem Thema *Kölbel/Herold* NK 2015, 375.
60 Vgl. hierzu aus der Reihe „Start ins Rechtsgebiet" ausführlich *Lutz*, Grundriss des Urheberrechts, 2013, Rn. 739 ff. sowie *Brettel/Schneider* § 3 Rn. 631 ff.
61 Vgl. Rn. 126.
62 Vgl. dazu die Einführung in 2. Teil M.

eine Steuerung der freien Marktwirtschaft durch das Instrument des Strafrechts kritisch gesehen wird (vgl. noch Rn. 41 f.).[63]

3. EU-Recht

31 Was den europäischen Einfluss auf das deutsche Wirtschaftsstrafrecht angeht,[64] ist zu konstatieren, dass das in den Gründungsverträgen geregelte „*Primärrecht*" keine Straftatbestände enthält. Allerdings sind im Bezug auf Wettbewerbsbeschränkungen sowie im Bereich der europäischen Zentralbank Ordnungswidrigkeiten zu finden (vgl. Art. 101 ff. AEUV (früher Art. 81 ff. EGV). Auch das *Sekundärrecht* – also das von den Organen der EU gesetzte Recht – enthält lediglich Geldbußen und Sanktionen mit verwaltungsrechtlichem Charakter (Subventionssperren, Zinszuschläge etc.). Ob eine grundsätzliche Kompetenz der EU besteht, unmittelbar geltendes Strafrecht für alle Mitglieder der EU zu setzen, ist umstritten, wird vom EuGH allerdings zumindest für bestimmte Bereiche bejaht (etwa für solche, in denen länderübergreifende „EU-Kollektivinteressen" tangiert sind, wie die der Umwelt).[65] Der Streit hat sich durch die mit dem Lissaboner Vertrag einhergehenden Änderungen verschärft. Insbesondere Art. 325 AEUV könnte als originäre Strafgesetzgebungskompetenznorm gedeutet werden, da er im Gegensatz zu seiner Vorgängervorschrift auf den Vorbehalt verzichtet, dass die Anwendung des Strafrechts der Mitgliedsstaaten unberührt bleiben soll.[66]

Art. 325 I, II AEUV lauten:

> (1) Die Union und die Mitgliedstaaten bekämpfen Betrügereien und sonstige gegen die finanziellen Interessen der Union gerichtete rechtswidrige Handlungen mit Maßnahmen nach diesem Artikel, die abschreckend sind und in den Mitgliedstaaten sowie in den Organen, Einrichtungen und sonstigen Stellen der Union einen effektiven Schutz bewirken.
>
> (2) Zur Bekämpfung von Betrügereien, die sich gegen die finanziellen Interessen der Union richten, ergreifen die Mitgliedstaaten die gleichen Maßnahmen, die sie auch zur Bekämpfung von Betrügereien ergreifen, die sich gegen ihre eigenen finanziellen Interessen richten ... (es folgen Absätze 3-5)

32 Da sich die Vorschrift nicht auf bestimmte Handlungsformen beschränkt, also auch eine unmittelbar wirkende Verordnung nach Art. 288 II AEUV ermöglicht, wird diese Vorschrift zum Teil als Grundlage für ein europäisches „Betrugsstrafrecht" angesehen.[67] Ihre konkrete Fassung versperrt jedenfalls eine Analogie auf andere Rechtsbereiche. Dann bleibt nur ein Rückgriff auf die (nach dem Lissaboner Vertrag umfangreicheren)

---

63 Zur „rationalen" Gesetzgebung im Wirtschaftsstrafrecht *Theile* wistra 2012, 285; zum „desolaten Zustand" des Wirtschaftsstrafrechts *Hellmann*, FS-Krey, 2010, S. 169 ff.; monographisch *Lindemann*, Voraussetzungen und Grenzen legitimen Wirtschaftsstrafrechts, 2012 sowie *Mansdörfer*, Zur Theorie des Wirtschaftsstrafrechts, 2012.
64 Siehe hierzu M-G/*Engelhart* § 6 Rn. 1 ff.
65 Teils ist auch von „Euro-Delikten" die Rede, zu den Ermächtigungen im Vertrag von Lissabon *Tiedemann*, Rn. 134 ff.; Übersicht bei M-G/*Engelhart* § 6 Rn. 103 ff..
66 Ausführlich *Mansdörfer* HRRS 2010, 11 (17 f.); *Heger* ZIS 2009, 409 (416); *Krüger* HRRS 2012, 311; zu dieser Frage auch *Sturies* HRRS 2012, 273.
67 *Satzger*, Internationales und Europäisches Strafrecht, 8. Aufl. 2018, § 7 Rn. 42.

Maßnahmen nach den Art. 82 ff. AEUV (lesen!), deren Anweisungs- und Annexkompetenzen eine effektive und zügiger erfolgende Harmonisierung ermöglichen sollen.[68]

Darüber hinaus erfolgte bereits vor dem Vertrag von Lissabon eine **Harmonisierung des geltenden Rechts** durch eine Umsetzung von EU-Richtlinien, wobei als Beispiele hierzu der Geldwäschetatbestand § 261 StGB sowie der verbotene Insiderhandel gem. § 38 WpHG a.F. genannt werden können. Der Harmonisierungsprozess konnte auch durch das Fassen von **Rahmenbeschlüssen** gefördert werden (woraus bspw. die Einführung des § 299 StGB resultierte[69]). Die Europäisierung macht also auch vor dem Strafrecht nicht halt, ob mittelbar oder unmittelbar.[70] Zuletzt manifestierte sich dies am – bis dato kaum beachteten – Erlass des **EU-Finanzschutzstärkungsgesetzes**,[71] das der Umsetzung der Richtlinie (EU) 2017/1371 über die strafrechtliche Bekämpfung von gegen die finanziellen Interessen der Union gerichtetem „Betrug" dient[72] und ausschließlich den strafrechtlichen Schutz der Europäischen Union bezweckt.

33

§§ 1-3 EU-Finanzschutzstärkungsgesetz lauten:

§ 1 Missbräuchliche Verwendung von Leistungen der Europäischen Union
Wer in der Absicht, sich oder einem Dritten einen rechtswidrigen Vermögensvorteil zu verschaffen, dem Vermögen der Europäischen Union dadurch einen Nachteil zufügt, dass er ihm aus öffentlichen Mitteln der Europäischen Union gewährte Leistungen, deren Verwendung durch Rechtsvorschrift oder Vertrag beschränkt ist, entgegen dieser Verwendungsbeschränkung verwendet, wird mit Freiheitsstrafe bis zu fünf Jahren oder mit Geldstrafe bestraft. Satz 1 gilt nicht für Subventionen im Sinne des § 264 Absatz 8 Nummer 2 des Strafgesetzbuches.

§ 2 Rechtswidrige Verminderung von Einnahmen der Europäischen Union
Mit Freiheitsstrafe bis zu fünf Jahren oder mit Geldstrafe wird bestraft, wer die Einnahmen der Europäischen Union dadurch rechtswidrig vermindert, dass er einen Irrtum erregt oder unterhält, indem er
1. einer für die Verwaltung von Einnahmen der Europäischen Union zuständigen Stelle über einnahmeerhebliche Tatsachen unrichtige oder unvollständige Angaben macht oder
2. eine für die Verwaltung von Einnahmen der Europäischen Union zuständige Stelle pflichtwidrig über einnahmeerhebliche Tatsachen in Unkenntnis lässt.

§ 3 Bestechlichkeit und Bestechung mit Bezug zu den finanziellen Interessen der Europäischen Union
Für die Anwendung der §§ 332 und 334 des Strafgesetzbuches, jeweils auch in Verbindung mit den §§ 335 und 335a des Strafgesetzbuches, auf eine Tat, die sich auf eine künftige richterliche Handlung oder eine künftige Diensthandlung bezieht, steht einer Verletzung der dienstlichen oder richterlichen Pflichten eine Beschädigung oder Gefährdung des Vermögens der Europäischen Union gleich.

Hinweis: Es handelt sich um ein „reines" Strafgesetz, das sich aus drei Straftatbeständen zusammensetzt, die wiederum allesamt Auffangcharakter gegenüber §§ 263, 264 sowie §§ 331 ff. StGB aufweisen. Insofern erstaunt es, dass der Gesetzgeber nicht ausschließlich die geltenden

---

68 Vgl. hierzu etwas ausführlicher *Wittig* § 3 Rn. 32 ff.
69 Vgl. SSW/*Rosenau* § 299 Rn. 1-3.
70 *Satzger*, Internationales und Europäisches Strafrecht, Vorwort; vgl. auch *Pastor Munoz* GA 2010, 84; *Schröder*, FS-Achenbach, 2011, S. 491 ff.
71 BGBl. I 2019, Nr. 23 S. 844 ff.
72 BR-Drs 9/19 (Gesetzentwurf).

Straftatbestände (kontextual) ergänzt bzw. modifiziert hat;[73] erklären lässt sich dies allenfalls damit, dass die institutionelle Schutzrichtung der neu eingefügten Straftatbestände (Europäische Union) hervorgehoben bzw. das Rechtsgut der bereits bestehenden Delikte unangetastet bleiben sollte.

33a Der Vorstoß beinhaltet also das erste materiell-rechtliche Pendant zur eingerichteten **Europäischen Staatsanwaltschaft** (EUStA) zum Schutze der Finanzinteressen der Europäischen Union,[74] die neben bereits bestehenden Strafverfolgungsinstitutionen auf europäischer Ebene getreten ist und insbesondere eine effektivere Strafverfolgung im Bereich grenzüberschreitender Wirtschaftskriminalität (Rn. 15) bezweckt. Zu nennen sind diesbezüglich der „europäische Haftbefehl" (EUHB)[75] sowie zentrale Ermittlungs- (EUROPOL)[76] und Kooperationsstellen für Delikte des Finanzwesens (OLAF = Office de Lutte Anti-Fraude).

33b Besonders häufig stellt sich gerade aufgrund der „europarechtsinitiierten" Einführung wirtschaftsstrafrechtlicher Vorschriften die Frage, inwiefern die Rahmenbeschlüsse und außerstrafrechtlichen Entscheidungen eine Ausstrahlungswirkung auf die Interpretation der einzelnen Merkmale haben können, ob sich also auch im Strafrecht eine **„richtlinienkonforme" Auslegung** (bzw. allgemein „unionsrechtskonforme Auslegung") den vier klassischen Auslegungskanones die anschließt (vgl. Rn. 77a f.).[77] Der zweite Strafsenat des BGH hat dies im Grundsatz bejaht, mahnt aber an, sie auf den wirklich eindeutigen Bereich der Richtlinie zu begrenzen, um nicht die beschränkten strafrechtlichen Kompetenzen der EU zu Lasten des ausdifferenzierten nationalen Strafrechts überzustrapazieren.[78]

4. Wirtschaftsstrafrecht AT?

34 Für alle wirtschaftsstrafrechtlichen Tatbestände gilt der Allgemeine Teil des Strafgesetzbuchs. Dies ist nur folgerichtig, wenn man bedenkt, dass viele der dargestellten Gesetzesblöcke (im Nebenstrafrecht) in Verwaltungs- bzw. Zivilgesetzbüchern stehen und somit keinen „eigenen" Strafrecht AT beinhalten. Daher stellt Art. 1 EGStGB nochmals

---

73 Krit. *Böse* BRJ 2019, Sonderausgabe, 38 ff.; freilich erfuhr zumindest § 264 StGB Änderungen, insbesondere wurde eine partielle Versuchsstrafbarkeit in § 264 IV StGB n.F. eingeführt.
74 Man könnte formulieren, dass nunmehr Straftaten existieren, welche die Europäische Staatsanwaltschaft verfolgen kann; zur Einrichtung der Europäischen Staatsanwaltschaft vgl. Vorschlag der Europäischen Kommission KOM (2013) 534 endg. vom 17. Juli 2013 auf Grundlage von Art. 86 (AEUV) sowie dann die Verordnung (EU) 2017/1939 des Rates vom 12. Oktober 2017 zur Durchführung einer Verstärkten Zusammenarbeit zur Errichtung der Europäischen Staatsanwaltschaft (EUStA)., ABl EU L 283/1 vom 31.10.2017; ferner zu ihrem Zuständigkeitsbereich *Böse* JZ 2017, 82; *Komma* ZWH 2019, 137 – zugleich Besprechung von BGH, Urt. v. 23.10.2018 – 1 StR 234/17; *Brodowski* StV 2017, 684 sowie *Trentmann* ZStW 2017, 108.
75 Zum europäischen Haftbefehl vgl. *v. Bubnoff/Eckhart* Kriminalistik 2007, 531 ff.; *von Heintschel-Heinegg/Rolloff* GA 2003, 44 ff. sowie *Globke* GA 2011, 412.
76 Zum Mandatsbereich von Europol am Beispiel grenzüberschreitender Betäubungsmittelkriminalität *Nestler* GA 2010, 645; zur Frage der Einführung einer europäischen Staatsanwaltschaft *Satzger* NStZ 2013, 206.
77 Hierzu M-G /*Engelhart* § 6 Rn. 85 ff. sowie HStR/*Kudlich*, Bd. I, § 3 Rn. 66 ff.
78 Vgl. BGH NJW 2014, 2595 = wistra 2014, 394.

ausdrücklich klar, dass die Vorschriften des Allgemeinen Teils auf das Nebenstrafrecht anzuwenden sind.

Art. 1 EGStGB lautet:

> (1) Die Vorschriften des Allgemeinen Teils des Strafgesetzbuches gelten für das bei seinem Inkrafttreten bestehende und das zukünftige Bundesrecht, soweit das Gesetz nichts anderes bestimmt.
>
> (2) Die Vorschriften des Allgemeinen Teils des Strafgesetzbuches gelten auch für das bei seinem Inkrafttreten bestehende und das zukünftige Landesrecht. Sie gelten nicht, soweit das Bundesrecht besondere Vorschriften des Landesrechts zulässt und das Landesrecht derartige Vorschriften enthält.

Im Hinblick auf die eigentümlichen Gesetzgebungsprinzipien sowie teils atypischen Tatbestandsstrukturen im Wirtschaftsstrafrecht (vgl. Rn. 36 ff.) kann eine Umsetzung dieser Vorschrift jedoch erheblichen Einschränkungen unterliegen.[79] Probleme bereiten u.a. 35

- die Kausalität (so im Produktstrafrecht[80]),
- die objektive Zurechnung (wenn ein sozialadäquates Verhalten im Raum steht),
- die Gleichstellung des aktiven Tuns mit einem Unterlassen, insb. die Garantenstellung[81] (im Bereich von Überwachungspflichten),[82]
- der subjektive Tatbestand (Irrtümer bei der fehlerhaften Interpretation eines Blankettstraftatbestandes[83]),
- die Beteiligungslehre,[84]
- die Rechtfertigungsebene (Anwendbarkeit von Notstandsregelungen im Neben- v.a. im Umwelt- sowie Arbeitsstrafrecht[85]) sowie letztlich auch
- die Schuld (Verbotsirrtümer und Wahndelikte im Bereich verwaltungsakzessorischer Vorfragen, bspw. Irrtümer über Genehmigungen)

---

79 Grundzüge einer Dogmatik des Wirtschaftsstrafrechts ders. Rn. 137 ff.; siehe auch M-G/*Niemeyer* § 17 Rn. 1 ff.; *Wittig* § 6-7; zusf. auch *Hombrecher* JA 2012, 535.
80 Hierzu *Timpe* HRRS 2017, 272.
81 Zur Geschäftsherrenhaftung aus neuerer Zeit etwa *Lindemann/Sommer* JuS 2015, 1057 (im Compliance-Kontext); *Timpe* StraFo 2016, 237.
82 Vgl. aber auch zu den echten Unterlassungsdelikten im Wirtschaftsstrafrecht *Krug/Skoupil* wistra 2016, 137.
83 Vgl. hierzu etwa *Garcia Conlledo* GA 2018, 529 und *Eidam* ZStW 127 (2015), 120.
84 Vgl. dazu aus neuerer Zeit *Radde* Jura 2018, 1210.
85 Zur Frage, ob Schmiergeldzahlungen im Einzelfall nach § 34 StGB (Notstand) gerechtfertigt werden können, *Dann* wistra 2011, 127.

B. Besondere Prinzipien der Bildung von Tatbeständen im Wirtschaftsstrafrecht

Literatur: *Tiedemann,* Rn. 214-252; 361-420; *Wittig* § 6 Rn. 1-19a; W/J/*Raum* 4.Kap; *Bülte* NStZ 2013, 65; *Otto,* Jura 1989, 328 ff.; *Bode/Seiterle,* ZIS 2016, 91, 173; *Kretschmer,* ZIS 2016, 763

I. Gesetzgebungsprinzipien

36 Nicht nur „die Wirtschafts*kriminalität*" ist durch bestimmte phänomenologische Besonderheiten geprägt, sondern auch „das Wirtschafts*strafrecht*" durch einige mehr oder weniger typische dogmatische Prinzipien bei der Formulierung der Tatbestände und bei ihrer Anwendung (i.Ü. macht dies die oben bemühte eigenständige Begriffsbildung erst zweckmäßig[86]). Dies bedeutet freilich nicht, dass die nachfolgenden dogmatischen Muster sich zwingend bei jedem Wirtschaftsstraftatbestand bzw. seiner Anwendung finden lassen – sie sind jedoch für solche Tatbestände typisch und spielen bei ihnen eine deutlich größere Rolle als im Kernstrafrecht.

1. Sonderdelikte

37 Wirtschaftsstrafrechtliche Tatbestände sind häufig als Sonderdelikte ausgestaltet. Täter eines Sonderdelikts kann nur sein, wer bestimmte Eigenschaften in seiner Person erfüllt. Dies ist auf die bereits erwähnte Akzessorietät der Straftatbestände zurückzuführen, die vielfach gerade an eine bestimmte wirtschaftliche, (z.B. gesellschafts-) rechtliche oder berufliche Stellung des Täters anknüpfen.[87] Exemplarisch seien hier genannt:

- die Arbeitgebereigenschaft nach § 266a StGB
- die Inhaberschaft einer Vermögensbetreuungspflicht nach § 266 StGB
- die Schuldnereigenschaft nach den §§ 283 ff. StGB
- die Stellung als Organmitglied oder Abschlussprüfer nach den §§ 331 ff. HGB
- die Eigenschaft als Betreiber einer illegalen Anlage gem. § 327 StGB
- die Stellung als Kaufmann im § 34 I Nr. 1 DepotG
- die Bietereigenschaft nach § 60 I Nr. 1 WpÜG
- die Verleihereigenschaft nach § 15 AÜG

> **Hinweis:** Bereits an dieser Stelle sei auf § 14 StGB hingewiesen, der die Funktion hat, Sondereigenschaften, welche nur die juristische Person (als Vermögende, als Arbeitgeber) aufweist, auf den Vertreter zu „verschieben" (vgl. noch Rn. 117 ff.).[88]

---

86 Vgl. hierzu Momsen/Grützner/*Rotsch* 1. Kap. B. Rn. 8, 74. Ihm ist zuzustimmen, dass mit solch einer Begriffsbildung und phänomenologisch-deskriptiven Betrachtung keine grundlegende Akzeptanz derartiger Gesetzgebungsprinzipien einhergehen darf, welche die Gefahr in sich birgt, „Abschleifungen traditioneller Strafrechtsdogmatik" auch im Kernstrafrecht einfach hinzunehmen.
87 *Tiedemann,* Rn. 188 f.
88 Vgl. hierzu *Roxin* AT I, § 27 Rn. 88.

Der **Sonderdeliktscharakter** muss sich nicht immer explizit aus dem Wortlaut ergeben, sondern die mögliche Täterstellung kann **aus dem Gesamtkontext** heraus auf einen Personenkreis beschränkt sein (str. ist dies v.a. im Abgabenstrafrecht, wo der Überlegung nachgegangen wird, ob sich – zumindest i.R.d. Unterlassungshaftung – nur der Steuerpflichtige strafbar machen kann, vgl. noch Rn. 172 f.).

38

2. Abstrakte Gefährdungsdelikte

Häufig handelt es sich bei wirtschaftsstrafrechtlichen Strafvorschriften um **abstrakte Gefährdungsdelikte**.[89] Wirtschaftsstraftatbestände verzichten teilweise auf den Eintritt eines konkreten Vermögensschadens (vgl. §§ 264, 265b StGB). Darin könnte man eine bedenklich weite Vorverlagerung des Rechtsgüterschutzes sehen, wenn man die abstrakten Gefährdungsdelikten ausschließlich als Vermögensschutztatbestände versteht, die entstehende Nachweisprobleme (Eintritt eines konkreten Schadens und Vorsatz) vermeiden sollen. Ein solches Verständnis greift indessen zu kurz:

39

Wo „abstrahierte" Rechtsgüter, wie bspw. das „Kreditwesen" oder der „Weltfrieden" geschützt werden, kann deren Verletzung auch nur in „abstrakter Weise" erfolgen. Da der Nachweis von Erfolgen und Kausalzusammenhängen nach Art vieler „klassischer" Delikte des Kernstrafrechts in den komplexen Sachverhalten des Wirtschaftsstrafrechts oft nicht möglich ist, reagiert der Gesetzgeber hierauf mit einer **Herabsetzung der materiellen Anforderungen** an eine Strafbarkeit, welche prozessualen Beweisschwierigkeiten vorbeugen soll. Man mag dies rechtspolitisch im Einzelfall kritisch sehen – de lege lata jedenfalls sind die entsprechenden Strafbarkeitsanordnungen zu berücksichtigen.

40

3. Überkriminalisierung?

Auch scheint man im Wirtschaftsstrafrecht dem **Subsidiaritätsgedanken** und dem **Postulat vom fragmentarischen Charakter** des Strafrechts nicht ausreichend Beachtung zu schenken. Allgemein ist schließlich anerkannt, dass das „scharfe Schwert" des Strafrechts nur in Ausnahmefällen zur Anwendung kommen soll.[90] Von dieser ultima-ratio-Funktion ist im Wirtschaftsstrafrecht nicht viel zu spüren, da oftmals ein relativ umfassender Schutz gewährt wird, der von weitreichenden Bezugnahmen auf Pflichtverstöße bzw. Verletzungshandlungen des Verwaltungsrechts geprägt ist. Das Strafrecht wird so zu einem alternativen Reaktionsweg und verliert seinen Charakter als „Ausnahmeakt" des Staates.[91]

41

Im Bereich des Wirtschaftslebens wird dies (anders als in anderen Bereichen des menschlichen Zusammenlebens) von manchen damit begründet, dass die Freiheits-

42

---

89 Zur Kritik an der wirtschaftsstrafrechtlichen Gesetzgebung *Schünemann* GA 1995, 201 ff.
90 Siehe hierzu SSW/*Kudlich* Vor § 13 Rn. 5.
91 *Tiedemann*, Rn. 227 ff.

einbußen geringer sind, wenn tatsächlich missbräuchlich und illegal wirtschaftende Subjekte bestraft werden, als wenn etwa durch verwaltungsrechtliche Regelungen die Grenzen der wirtschaftlichen Betätigungsfreiheit von vornherein enger gesteckt würden (um etwaigen Missbräuchen sogleich wirksam vorzubeugen). Andere wenden gegen eine solche Argumentation ein, dass mit ihr Mikro- (also die Betroffenheit des Einzelnen) und Makroebene (die Betroffenheit aller) vermengt werden.[92] Allerdings darf dieser Streit auch nicht überschätzt werden: Denn soweit der Formel vom fragmentarischen Charakter des Strafrechts nur eine empirisch-beschreibende Funktion beikommt und die Reichweite des dahinterstehenden normativen Gebotes nicht betroffen ist, sind Bedenken *sub specie* „Fragmentarität" von untergeordneter Bedeutung.

4. Häufige Anordnung von Fahrlässigkeitstatbeständen

43 Atypisch im Vergleich zum Kernstrafrecht ist auch die häufige Anordnung von Fahrlässigkeits- bzw. **Leichtfertigkeitstatbeständen**,[93] vgl. exemplarisch nur zur Leichtfertigkeit die §§ 264 IV (Subventionsbetrug), 261 V StGB (Geldwäsche) sowie zur Fahrlässigkeit § 15a V InsO (Insolvenzantragsverschleppung). Dieses Prinzip setzt sich erst Recht im Ordnungswidrigkeitenrecht fort, dem im Wirtschaftsstrafrecht eine wichtige Ergänzungsfunktion zukommt.

44 Hierin könnte eine systemfremde Strafbarkeitsausweitung in Bereichen gesehen werden, in denen sonst üblicherweise keine Fahrlässigkeitsstrafbarkeit besteht (hier etwa im Betrugsstrafrecht oder bei den Anschlussdelikten). Kriminalpolitisch und strafrechtstheoretisch legitimieren lässt sich dies im Wirtschaftsstrafrecht dadurch, dass es sich vielfach um ein „Strafrecht der Berufsträger" bzw. ein „Expertenstrafrecht" (vgl. auch „occupational crime", Rn. 5) handelt. Die Scheu des Gesetzgebers, auch bloß fahrlässiges Verhalten mit einem Bußgeld oder gar einer Sanktion zu ahnden, ist geringer, wenn es sich um ein Verhalten von Personen handelt, welche die zugrunde liegenden Sachverhalte genau kennen (müssten) und denen die Notwendigkeit sorgfältigen Handelns in besonderer Weise bewusst ist.

45 Umgekehrt könnte man sagen, dass der klassische Anwendungsbereich dieser Strafvorschriften gerade im Bereich der Leichtfertigkeit liegen wird, so dass die Vermutung, der Gesetzgeber missbrauche die Fahrlässigkeitsstrafbarkeit allein zu Beweiserleichterungszwecken, ebenfalls widerlegt ist.[94]

---

92 *Volk* JZ 1982, 85 (88); krit. *Vogel* GA 2002, 517 (527).
93 *Tiedemann*, Rn. 224 f.; wobei sich der Gesetzgeber zunehmend vom Begriff der Leichtfertigkeit zu distanzieren scheint, zuletzt i.R.d. Reform des Umweltstrafrechts zu beobachten, vgl. *Heger* HRRS 2012, 211 (223); so auch *Wegner* HRRS 2012, 510.
94 *Tiedemann*, Rn. 234 f.

II. Blankettstraftatbestände und normative Tatbestandsmerkmale

Die im Wirtschaftsstrafrecht häufig verwendete Blanketttechnik kann nicht nur verfassungsrechtliche, sondern auch strafrechtsdogmatische Probleme aufwerfen. Hierunter sind „unvollständige" Tatbestände zu verstehen, die zu ihrer „Ausfüllung" auf andere Regelungen verweisen.[95] Die Struktur solcher Tatbestände kennzeichnet sich also dadurch, dass die Strafvorschrift auf andere Regelungen **Bezug** nimmt (sogenanntes **Ausfüllungsgesetz**), gegen die der Täter verstoßen haben muss:

§ 315a I StGB lautet:

    Mit Freiheitsstrafe bis zu fünf Jahren oder mit Geldstrafe wird bestraft, wer
Nr. 1   ...
Nr. 2   als Führer eines solchen Fahrzeugs oder als sonst für die Sicherheit Verantwortlicher durch grob pflichtwidriges Verhalten **gegen Rechtsvorschriften** zur Sicherung des Schienenbahn-, Schwebebahn-, Schiffs- oder Luftverkehrs **verstößt**
und dadurch Leib oder Leben eines anderen Menschen oder fremde Sachen von bedeutendem Wert gefährdet.

Solche Verweisungen, wie sie im Kernstrafrecht gelegentlich (vgl. §§ 184a, 329 StGB) vorkommen, sind im Wirtschaftsstrafrecht geradezu **typisch**. Mit der Blanketttechnik werden allzu lang gefasste Strafvorschriften vermieden, und es kommt nochmals zum Ausdruck, dass die Strafgesetze lediglich die Einhaltung wirtschaftsrechtlicher Verhaltensanordnungen absichern bzw. flankieren sollen. Solche Verweisungen kommen entweder als **statische** (also: Verweis auf ein anderes Gesetz in einer feststehenden Fassung[96]) oder als **dynamische Verweisungen** (Verweis auf das andere Gesetz in der

---

95 LK/*Dannecker* § 1 Rn. 148; *Brettel/Schneider* § 2 Rn. 7 ff. umfassend hierzu *Enderle*, Blankettstrafgesetze: Verfassungs- und strafrechtliche Probleme von Wirtschaftsstraftatbeständen, 2000, S. 173 ff.; instruktiv *Bode/Seiterle* ZIS 2016, 93, 173.
96 Soweit die Verweisungsnorm aufgehoben wird, läuft auch die Strafvorschrift ins Leere. Der BGH hat allerdings in einer neueren Entscheidung zum Wegfall einer Verweisungsverordnung im Markenrecht entschieden, dass dies den Straftatbestand (in concreto: § 143a I MarkenG) unberührt lasse, wenn die Strafvorschrift selbst die Verweisungsnorm in vollem Umfang aufgenommen hat und die strafbare Handlung nach „aktualisiertem" Unionsrecht weiterhin verboten ist, vgl. hierzu BGH wistra 2018, 352.

jeweils geltenden Fassung) in Betracht. Unabhängig von dieser Differenzierung ist es ratsam, terminologisch zwischen zwei Arten von Blankettgesetzen zu unterscheiden:

1. Blankettgesetze im „engeren Sinn" (echte Blankettgesetze, sog. Außenverweisungen)

48 Handelt es sich bei der Vorschrift, auf die verwiesen wird, um eine Norm, die *nicht* vom parlamentarischen Gesetzgeber erlassen wurde, sondern von einer anderen Normsetzungsinstanz stammt (bspw. um eine Verordnung als Exekutivakt: im obigen Beispiel des § 315a I Nr. 2 StGB könnte dies die Luftverkehrsordnung sein), spricht man von einem Blankettgesetz im **engeren** Sinn bzw. einer so genannten **Außenverweisung**.[97] Der Vorteil solcher Blankette liegt in ihrer Flexibilität: Die Ausfüllung der Vorschrift ist der Verwaltung überlassen, d.h. ein langwieriger Gesetzgebungsprozess wird vermieden.

> **Zur Wiederholung:** Hier kommt der historische Hintergrund nochmals zum Vorschein. Wenn wirtschaftsstrafrechtliche Tatbestände meist zur Bewältigung bestimmter Krisensituationen dienten, in denen schnelles Handeln und flexible Gesetze gefragt waren, erklärt sich auch die Häufigkeit solcher echter Blankettgesetze.

49 Bedenken gegen derartige Strafvorschriften ergeben sich verfassungsrechtlich im Hinblick auf den **Bestimmtheitsgrundsatz** gem. Art. 103 II GG sowie auf den Umstand, dass lediglich der parlamentarische Gesetzgeber die **Kompetenz** zum Erlass von Strafnormen hat (Art. 20 III GG).[98] Durch die Schaffung eines Blanketts scheint man die Entscheidung über das **„Ob"** der Strafbarkeit der Kompetenz des Bundesgesetzgebers zu entziehen, da die Exekutive durch den Erlass einer Verordnung den Inhalt der Strafvorschrift modifizieren kann. Doch darf man nicht übersehen, dass der Gesetzgeber die Verordnungsermächtigung erteilt hat.[99] Eine solche „Delegation" ist grundsätzlich denkbar, erscheint aber im Hinblick auf **Art. 20 III GG** bedenklich, wenn nicht nur einzelne Tatbestandsmerkmale der „Konkretisierung" durch den Verordnungsgeber unterworfen werden (wie etwa die Eigenschaft eines Stoffes als Betäubungsmittel, vgl. § 1 III BtMG), sondern der gesamte Verbotstatbestand durch diesen generiert werden kann. Ein Indiz hierfür kann eine Bezugstathandlung wie das **„Zuwiderhandeln"** sein. Hier müssen bereits in der Verordnungsermächtigung selbst die Grenzen, Umfang und Ausgestaltung des Verbots klar und deutlich abgesteckt sein (**Art. 80 GG**), so dass überprüft werden kann, ob eine Übertretung der Kompetenzen anzunehmen ist oder nicht.[100] Das ist bei dynamischen Verweisungen (Rn. 47), die in eine Bezugsmaterie führen, welche durch Unionsrecht kontinuierlichen Veränderungen unterworfen ist, dann nicht der Fall, wenn die Verordnungsermächtigung, welche die Exekutive ermächtigt, die strafsanktionswürdigen Zuwiderhandlungen zu benennen, ihrerseits nicht klar umgrenzt ist bzw. Vorgaben hinsichtlich des Katalogs potentiell strafbarer

---

97 *Tiedemann*, Rn. 238 ff.
98 Zu dieser Problematik als „verfassungsrechtliche Kategorie" *Tiedemann*, Rn. 240.
99 Vgl. hierzu LK/*Dannecker* § 1 Rn. 160.
100 BVerfGE 78, 374, 382.

Handlungen enthält. Daher erstaunt es wenig, dass das Bundesverfassungsgericht eine derartige (im Wirtschaftsstrafrecht keineswegs seltene) Form der Strafgesetzgebungstechnik als mit Art. 80 I 2 GG sowie Art. 103 II GG unvereinbar erklärt hat.[101]

> **Hinweis:** In der konkreten Entscheidung ging es um die Verfassungsmäßigkeit der §§ 1 I, 10 I, III Rindfleischetikettierungsgesetz. Wie zahlreiche andere Normen des verbraucherschützenden Lebensmittelrechts auch ermächtigte § 10 III RiFlEtikettG ohne weitere Konkretisierung die Exekutive zur Benennung der strafbaren Handlungen im Rahmen der „Durchführung der Rechtsakte der Europäischen Gemeinschaft über die Etikettierung von Rindfleisch und Rindfleischerzeugnissen." Unter Hinweis darauf, dass es dem Verordnungsgeber somit völlig freistand, zu bestimmen, welche Verstöße gegen das in Bezug genommene Gemeinschaftsrecht als strafwürdig anzusehen waren, erklärte das BVerfG die Vorschriften für verfassungswidrig.

Die Entscheidung des BVerfG betrifft – wie bereits angedeutet – zahlreiche weitere Nebengesetze, die infolge der Entscheidung auch schon in verfassungsrechtlich unbedenkliche Straf- und Bußgeldblankette, nämlich mit statischer Verweisung auf bestimmte Ge- und Verbote einer genau bezeichneten EU-Verordnung, umgewandelt wurden. Soweit man nunmehr die Einschränkung gesetzgeberischer Flexibilität beklagt, die mit der Notwendigkeit statischer Verweisungen einhergeht, darf nicht übersehen werden, dass gesetzgeberische Flexibilität nicht über fundamentale Prinzipien des Rechtsstaats wie demjenigen des Bestimmtheitsgrundsatzes und Parlamentsvorbehaltes geht. Vielmehr ist „nach tragfähigen Lösungen für eine Beschleunigung der Anpassungsgesetzgebung zu suchen".[102] Das Beispiel macht deutlich, dass sich die Probleme verschärfen, wenn das Unionsrecht in die Ausgestaltung der Verbotsnormen hineinwirkt (vgl. Rn. 31) und v.a. auch die **Dynamik des Wirtschaft(straf)rechts** erhöht wird.

49a

Die rasche Fortentwicklung mit neuen Gesetzen und Verordnungen (die mit der bundesverfassungsgerichtlichen Rechtsprechung zur Verfassungswidrigkeit dynamischer Verweisungen begünstigt werden dürfte) kann dazu führen, dass kleinere Änderungen übersehen werden bzw. Verordnungen und Strafgesetz nicht mehr aufeinander abgestimmt sind. Dem **intertemporalen Strafrecht** (insb. § 2 StGB) als Ausfluss des Rückwirkungsverbots hat der Rechtsanwender hierbei stets ausreichend Rechnung zu tragen,[103] auch wenn der Umstand, dass das Problem stets nur „vorübergehender Natur" ist, vielleicht zu einem „laxen Umgang" mit den einschlägigen Vorschriften verleitet.[104] Es ist leicht vorstellbar, dass sich die Fehleranfälligkeit erhöht, wenn bestimmte

49b

---

101 BVerfGE 143, 38 = NJW 2016, 648 m. Anm. *Hecker;* die Entscheidung stieß auf ein breites Echo, vgl. nur *Brand/Kratzer* JR 2018, 422; *Cornelius* NStZ 2017, 682; *Dannecker* ZIS 2016, 723; *Freund/Rostalski* GA 2016, 443; *Sinn* ZJS 2018, 381.
102 Zutreffend *Hecker* NJW 2016, 3648: „Zu denken ist hierbei zunächst an die Ausschöpfung aller bestehenden Möglichkeiten zur Abkürzung des Gesetzgebungsverfahrens. Ein effektiver Lösungsweg de constitutione ferenda bestünde darin, einen ständigen Gesetzgebungsausschuss mit der Aufgabe der Anpassung nationaler Blankettgesetze an EU-Rechtsakte zu betrauen."
103 Aus neuerer Zeit am Beispiel des AWG vgl. etwa BGHSt 59, 271 = wistra 2014, 446; zum Ganzen M-G/*Heitmann* § 3 Rn. 2 ff.
104 Zur Vertiefung und zur Frage, wann überhaupt ein Zeitgesetz anzunehmen ist, *Lackner/Kühl* § 2 Rn. 8.

Gesetze bzw. Verordnungen nur **„auf Zeit"** gelten.[105] Fest steht, dass mit Blick auf die strengen Voraussetzungen, die das Bundesverfassungsgericht im Hinblick auf Art. 103 II GG aufgestellt hat, in diesem Zuge entstehende „redaktionelle Versehen" stets zu Gunsten des rechtsunterworfenen Bürgers wirken müssen.

50 Nicht zu unterschätzen ist auch das Folgeproblem der **„Normspaltung"**: Dies bedeutet, dass ein und dieselbe Vorschrift unterschiedlich auszulegen sein könnte, je nachdem, ob die in Bezug genommene Regelung isoliert oder innerhalb eines Verweises ausgelegt wird, was die Strafvorschrift unvorhersehbar machen kann.[106] Dies dürfte jedenfalls hinzunehmen sein, wenn die weite Auslegung der Definition auf Zweckmäßigkeitserwägungen basiert, welche die Anwendbarkeit des Gesetzes im Allgemeinen betreffen.

2. Blankettgesetze im „weiteren Sinn" (unechte Blanketttatbestände, sog. Binnenverweisungen)

51 Ist die Vorschrift, auf die verwiesen wird, ebenfalls ein Parlamentsgesetz (fehlt also ein **„Kompetenzsprung"**) und geht es nur um eine gesetzestechnische Vereinfachung im Sinne einer Binnenverweisung, kann man von einem Blankett im weiteren Sinn sprechen.[107] Bei unechten Blankettgesetzen kann die **Abgrenzung zu normativen Tatbestandsmerkmalen** mitunter schwierig sein:

§ 303 I StGB lautet:

> Wer rechtswidrig eine **fremde** Sache beschädigt oder zerstört, wird mit Freiheitsstrafe bis zu zwei Jahren oder mit Geldstrafe bestraft.

52 Um normative Tatbestandsmerkmale zu begreifen, ist (in höherem Maße als bei weitgehend deskriptiven Merkmalen) eine Wertung erforderlich, d.h. man kann diese nur unter Voranstellen einer (Verhaltens-)Norm erfassen.[108] Gerade weil diese Verhaltensnormen oftmals in anderen Gesetzen konkretisiert sein können, wird die Grenze zwischen unechtem Blankett und normativem Tatbestandsmerkmal fließend sein. Beim Merkmal der Fremdheit nach §§ 242, 303 StGB erfolgt die Abgrenzung noch relativ einfach: Es handelt sich insofern eindeutig um ein normatives Tatbestandsmerkmal, da die Fremdheit lediglich nach zivilrechtlicher Rechtslage zu bestimmen ist, die §§ 929 ff. BGB allerdings keinen eigenen „Gebots- bzw. Verstoß"-Tatbestand aufweisen. Wie schwierig die Abgrenzung u.U. aber sein kann, zeigt sich beim Tatbestand der Steuerhinterziehung:

---

105 Zu dieser Problematik *Gaede* wistra 2011, 365; G/J/W/*Bock* § 2 StGB Rn. 64 ff.
106 Zu diesem Phänomen am Beispiel des Urheberstrafrechts *Oğlakcıoğlu* ZIS 2012, 435; zust. Beck-OK/*Sternberg-Lieben* § 106 UrhG Rn. 3.
107 *Tiedemann*, Rn. 239.
108 *Wessels/Beulke/Satzger* Rn. 130 ff.; LK/*Dannecker* § 1 Rn. 149.

§ 370 I AO lautet:

Mit Freiheitsstrafe bis zu fünf Jahren oder mit Geldstrafe wird bestraft, wer
1. den Finanzbehörden oder anderen Behörden **über steuerlich erhebliche Tatsachen** unrichtige oder unvollständige Angaben macht,
2. die Finanzbehörden pflichtwidrig über steuerlich erhebliche Tatsachen in Unkenntnis lässt oder
3. pflichtwidrig die Verwendung von Steuerzeichen oder Steuerstemplern unterlässt

und dadurch Steuern verkürzt oder für sich oder einen anderen nicht gerechtfertigte Steuervorteile erlangt.

Was steuerlich erhebliche Tatsachen sind, ergibt sich aus der Abgabenordnung sowie weiteren Steuergesetzen (Einkommensteuergesetz, Umsatzsteuergesetz), weswegen man in der Wendung „steuerlich erhebliche Tatsachen" durchaus ein unechtes Blankett, also eine Verweisung auf die Regelungen des Steuerrechts sehen könnte (so die wohl h.M.[109]). Vertretbar erscheint es aber auch, § 370 I AO als in sich geschlossenen Tatbestand zu sehen, der den Begriff der „steuerlich erheblichen Tatsachen" lediglich als normatives Tatbestandsmerkmal verwendet, d.h. die Steuergesetze erst mittelbar als „konkretisierte Verhaltensnormen" zur Ausfüllung der Strafvorschrift herangezogen werden müssen.[110]

Die relativ pauschale Verweisung ohne Bezugnahme auf konkrete Vorschriften spricht für die Qualifizierung als normatives Tatbestandsmerkmal. Würde man aber nach diesem Kriterium abgrenzen (also danach, ob eine explizite Verweisung vorliegt – dann Blankett – oder nur stillschweigend der Sache nach – dann normatives Tatbestandsmerkmal), käme es mitunter zu Zufälligkeiten, da sich der Gesetzgeber selten mit solchen Fragen auseinandersetzt.[111] Daher wird zum Teil vorgeschlagen, nach der Platzierung des eigentlichen Normbefehls abzugrenzen[112] (im Verweis oder in der Strafvorschrift selbst?). Teils wurde danach differenziert, ob der Tatbestand als Unrechtsvertypung inhaltlich „offen oder geschlossen" ist.[113]

Alle Abgrenzungsvorschläge bringen aber das Manko mit sich, auf „gefühlsmäßige Wertungen" zurückgreifen zu müssen. Eine griffige Abgrenzungsformel existiert derzeit nicht; zumindest in den einfacheren Fällen könnte man aber (wie eingangs bereits angedeutet) ein Indiz für einen Blanketttatbestand darin sehen, ob die Vorschrift, auf die Bezug genommen wird, über eine einfache Regelungsmaterie hinaus „Gebots- bzw. Verbotsnormen" beinhaltet. Dies ginge tendenziell in Richtung der Rechtsprechung, die in § 370 AO einen Blanketttatbestand sieht.[114]

Zur grundsätzlichen Orientierung sei festgehalten: Eine Strafnorm ist dann als Blankett zu qualifizieren, wenn sie inhaltlich unvollständig ist und eine ergänzende Norm sich

---

109 BVerfGE 37, 201; BVerfG wistra 1991, 175; BGHSt 34, 272.
110 Speziell zu § 370 AO umfassend *Backes*, Zur Problematik der Abgrenzung von Tatbestands- und Verbotsirrtum im Steuerstrafrecht, 1981; *Tiedemann* ZStW 107 (1995), 597 (640 f.).
111 *Tiedemann*, Rn. 239.
112 So *Puppe* GA 1990, 145 (162 ff.).
113 BVerfGE 78, 205.
114 BGH NStZ 1982, 206; NStZ 1984, 510.

(in Abgrenzung zum normativem Tatbestandsmerkmal) nicht im bloßen „Erklären" erschöpft, sondern erforderlich ist, um den kompletten Unrechtsgehalt wiederzugeben.

3. Auswirkungen von Blanketttatbeständen und normativen Merkmalen auf die strafrechtliche Irrtumsproblematik

57 Die unterschiedlichen Regelungsmechanismen von normativen Tatbestandsmerkmalen und Blankettstraftatbeständen haben insbesondere Bedeutung für die Irrtumslehre. Bei dieser wird bekanntlich nach §§ 16 I, 17 StGB im Wesentlichen danach unterschieden, ob ein Irrtum einen (tatsächlichen) Umstand betrifft und daher vorsatzrelevant ist oder ob lediglich eine falsche rechtliche Bewertung getroffen wird (die allenfalls, nämlich nur bei Unvermeidbarkeit des Irrtums, zum Entfallen der Schuld führt). Nun kommen zwar sowohl bei Blankettstraftatbeständen als auch bei normativen Tatbestandsmerkmalen Konstellationen in Betracht, bei denen der Irrtum klar im tatsächlichen Bereich wurzelt, weil etwa irgendwelche rechtlich relevanten tatsächlichen Umstände fälschlich erfasst wurden; hier liegt für beide Gestaltungen unstreitig ein vorsatzausschließender Irrtum nach § 16 I 1 StGB vor.

> **Beispiele:** Der Täter, der nach der Luftverkehrordnung von der Sicherheitsmindesthöhe weiß, diese aber nicht einhält, weil die Anzeige der Flughöhe fehlerhaft erfolgt, unterliegt einem Tatumstandsirrtum (ob er gem. § 16 I 2 StGB fahrlässig handelt, ist Tatfrage).
>
> Der Täter, der in seiner Steuererklärung eine Rechnung aus 2004 für eine Rechnung aus 2005 hält und daher nicht in seiner Steuererklärung berücksichtigt, obwohl er hierzu verpflichtet wäre, unterliegt einem Tatbestandsirrtum.[115]

58 Problematisch wird es dagegen, wenn der Irrtum in der in Bezug genommenen **außerstrafrechtlichen** Rechtsnorm wurzelt, oder anders gewendet: Wenn dem Täter zwar ein strafrechtliches Verbot als solches durchaus bekannt ist, er jedoch aufgrund einer irrtümlichen Auslegung **der in Bezug genommenen außerstrafrechtlichen Rechtsnormen** nicht erkennt, dass der Straftatbestand überhaupt einschlägig ist.[116] Bei normativen Tatbestandsmerkmalen wird hier im Kernstrafrecht von herrschenden Meinungen mit unterschiedlichen Begründungen im Detail[117] ein vorsatzausschließender Tatbestandsirrtum angenommen. Bei Blankettstraftatbeständen müsste dagegen an sich der Irrtum über die ausfüllenden Vorschriften aufgrund der Technik des „Zusammenlesens" von Blankett und Ausfüllungsvorschrift dazu führen, dass der Irrtum über die Ausfüllungsvorschrift letztlich auch zu einem Irrtum über den neu gebildeten „Gesamtstraftatbestand" führt und daher nur einen **Verbotsirrtum** ohne Vorsatzrelevanz begründet. Dies ist vielfach ein nicht befriedigendes Ergebnis, insbesondere, wenn die in Bezug genommenen Vorschriften letztlich keinen sozial-ethischen Unwertgehalt begründen, sondern mehr oder weniger „technischer Natur" sind. Aus diesem Grund wird auch mit verschiedenen Ansätzen versucht, eine weiterrei-

---

115 *Rolletschke* Rn. 122 mit Abwandlungen.
116 Zum Ganzen *Ransiek* wistra 2012, 365.
117 Vgl. *Kühl* AT § 13 Rn. 10 ff.; *Bülte* NStZ 2013, 65.

chende Vorsatzrelevanz außerstrafrechtlicher Rechtsirrtümer auch im Blankettbereich zu begründen.

Wie viele Stufen jener Akt des „Zusammenlesens" durchlaufen kann und wie irrtumsanfällig es dabei ist, soll anhand der Strafvorschriften des WeinG demonstriert werden:

§ 48 I Nr. 2 WeinG lautet:

> Mit Freiheitsstrafe bis zu drei Jahren oder mit Geldstrafe wird bestraft, wer
> (...) einer **Rechtsverordnung nach § 13 Abs. 3**, § 14 Nr. 1 oder 3, § 15 Nr. 3, § 16 Abs. 1a Nr. 1 oder Abs. 2 Satz 1 in Verbindung mit Satz 2 Nr. 1 oder 2, § 17 Abs. 2 Nr. 1, § 22 Abs. 2, § 27 Abs. 2 oder § 35 Abs. 2 **zuwiderhandelt**, soweit sie für einen bestimmten Tatbestand auf diese Strafvorschrift **verweist**,

Die Strafvorschrift verweist u.a. auf § 13 III WeinG, der lediglich die Ermächtigungsnorm für die WeinV darstellt. Sie verlangt zum einen eine Zuwiderhandlung gegen die WeinV und zum anderen eine Rückverweisung auf die Strafvorschrift:

§ 13 III Nr. 2 WeinG lautet auszugsweise (Behandlungsverfahren und Behandlungsstoffe):

> Das Bundesministerium für Ernährung, Landwirtschaft und Verbraucherschutz wird ermächtigt, durch Rechtsverordnung mit Zustimmung des Bundesrates zum Schutz der Gesundheit oder zur Erhaltung der Eigenart der Erzeugnisse
> ... **Reinheitsanforderungen** für die zugesetzten Stoffe festzulegen,

Da eine Ermächtigungsgrundlage für den Exekutivakt der Verwaltung besteht, kann man sich nun der Weinverordnung widmen:

§ 12 Weinverordnung lautet auszugsweise (Reinheitsanforderungen: zu § 13 Absatz 3 Nummer 1 und 2 des Weingesetzes):

> Bei der Herstellung von Erzeugnissen dürfen **die in Anlage 5 genannten Stoffe** nur **zugesetzt** werden, wenn sie den dort aufgeführten Reinheitsanforderungen entsprechen.

Nun ist man fast am Ziel angelangt und muss den Inhalt der Anlage erfassen:

Anlage 5 (zu § 12 WeinV) lautet:

> Reinheitsanforderungen
> I. ...
> II.
> Reinheitsanforderungen für Speisegelatine und Speisegelatine in wässriger Lösung
> **Speisegelatine ist nur zur Behandlung zugelassen**, wenn sie
> a) **weniger als 2,5 vom Hundert Asche** ...
> b) ...
> enthält und Wasserstoffperoxid nicht nachweisbar ist.

Die nach § 48 I Nr. 2 erforderliche Rückverweisungsvorschrift enthält § 52 WeinV, der zugleich die Tathandlung des „Zusetzens" nochmals hervorhebt. Vorsicht! § 52 WeinV alleine kann nicht als Strafvorschrift fungieren, da ein Strafgesetz nicht in einem Exekutivakt geregelt sein kann (Parlamentsvorbehalt).

§ 52 I Nr. 5 WeinV (Straftaten)

Nach **§ 48 Absatz 1 Nummer 2, Absatz 2, 3 des Weingesetzes** wird bestraft, wer vorsätzlich oder fahrlässig

... entgegen § 12 einen Stoff **zusetzt,**

64 Liest man all diese Vorschriften zusammen, ergibt sich am Ende folgende Strafvorschrift:

Mit Freiheitsstrafe bis zu drei Jahren oder mit Geldstrafe wird bestraft, wer bei der Herstellung von (Wein-)Erzeugnissen Speisegelatine zusetzt, die 2,5 vom Hundert oder mehr Asche enthält.

65 Das Beispiel am WeinG lässt vermuten, dass Fehler beim „Zusammenlesen" häufiger vorkommen können und die jeweils für sich neutral gefassten Vorschriften nicht dazu im Stande sind, dem Normadressaten das verwirklichte Unrecht vor Augen zu führen.

Zur Vertiefung: Auf diese Art und Weise erfolgt im Übrigen auch die strafrechtliche Absicherung des (aufgrund europarechtlicher Einschränkungen mehr oder weniger geltenden) deutschen „Reinheitsgebotes". § 5 der Bierverordnung verweist auf die Strafnorm des § 59 I Nr. 21 LFGB, wenn der Täter entgegen § 1 I oder § 3 II ein Getränk unter einer dort genannten Bezeichnung oder entgegen § 3 I Bier mit einem dort genannten Stammwürzegehalt nicht unter der vorgeschriebenen Bezeichnung gewerbsmäßig in den Verkehr bringt.

66 Daher sollte man auch die Existenz bzw. das rechtliche Ausmaß der verwiesenen Vorschrift als Teile des Unrechtstatbestands (hier also die Verordnung samt Anlage 5) ansehen, so dass Irrtümer hierüber (bspw. die Vorstellung zugesetzte Speisegelatine dürfe 5 von Hundert Asche enthalten) gem. § 16 StGB **vorsatzausschließend** wirken.

Hinweis: Unterscheiden Sie nochmals strikt zwischen dem hier so eben genannten Irrtum und einem tatsachenbezogenen Irrtum des Täters. Letzteres wäre gegeben, wenn er wirklich davon ausgeht, Gelatine mit weniger als 2,5 Prozent Asche zugesetzt zu haben, wegen einer fehlerhaften Messung allerdings deutlich mehr zusetzt. Diese Fälle fallen unproblematisch in den Bereich des § 16 StGB.

67 Die h.M. geht diesen Weg nicht: Sie will Blankettnormen so behandeln, wie jede andere Vorschrift auch, sobald sie durch das Zusammenlesen zu einer „normalen" Vorschrift vervollständigt wurden. Der Rechtsanwender ist also gehalten, die Blankettnorm so zu lesen, als stünde die Ausfüllungsnorm im Strafgesetz. Fehler, die einem beim Zusammenlesen unterlaufen, seien damit „nur" als **Verbotsirrtum** zu bewerten, der unter den strengen Voraussetzungen der Vermeidbarkeit allenfalls zu einem Schuldausschluss, bei Unvermeidbarkeit zum fakultativen Strafmilderungsgrund des § 17 S. 2 StGB führt.

68 Dass solch eine Auffassung nicht frei von Bedenken ist, wird bei einem Vergleich mit Irrtümern über normative Tatbestandsmerkmale deutlich. Denn hier geht die h.M. den umgekehrten Weg und wendet trotz des „rechtlichen Hintergrunds" § 16 StGB an[118]. Der Täter muss in der „Parallelwertung der Laiensphäre" die außerstrafrechtliche Wertung mit in seinen Vorsatz aufnehmen, Fehleinschätzungen (bspw. die fehlerhafte Be-

---

118 *Wessels/Beulke/Satzger* Rn. 243 f.; zu den Vorsatzanforderungen bei Blankettgesetzen am Beispiel des Kartellrechts vgl. *Böse*, FS-Puppe, 2011, S. 1353 ff.

wertung eines Eigentumsvorbehalts bzw. eines Eigentumserwerbs kraft Gesetzes) führen zu einem Vorsatzausschluss[119].

Es hinterlässt einen faden Beigeschmack, zwei Fallgruppen, deren Abgrenzung mitunter sehr schwierig sein kann und fließend ist (siehe oben!), vollkommen entgegengesetzt zu behandeln. Daher ist man im Wirtschaftsstrafrecht bemüht, die strikten Folgen des § 17 StGB etwas **„aufzuweichen"**[120]: Dies kann entweder durch einen „großzügigeren" Maßstab im Rahmen der Vermeidbarkeit[121] oder durch eine Aufnahme der rechtlichen „Vor"-Kenntnisse in den Tatbestand erfolgen. Im Ergebnis spricht bei den oft sozial-ethisch neutral gefassten und zugleich schwer überschaubaren Regelungen des Wirtschaftsstrafrechts tatsächlich einiges dafür, die Kenntnis des außerstrafrechtlichen Verbotes als Bestandteil des Vorsatzes anzusehen.[122] Jedenfalls für klassische Blankett-Tatbestände, bei denen die Ausfüllungsnorm unmittelbar Teil der Verbotsnorm wird, lehnt der BGH dies aber auch in seiner neueren Rechtsprechung (die freilich sehr kasuistisch auf den Einzelfall gerichtet ist) ab.[123]

69

Andererseits darf nicht unberücksichtigt bleiben, dass sich die Regelungen oft nur an Fachleute richten, die in ihrem Bereich zumindest rechtliche Grundkenntnisse mitbringen sollten. Von einer Fehleinschätzung, die einem tatsächlichen Irrtum gleichkommt, kann in solchen Fällen nicht mehr die Rede sein. Jedenfalls der BGH scheint dazu zu tendieren, bei einem bewussten Handeln innerhalb einer „Grauzone" eher einen vermeidbaren Verbotsirrtum anzunehmen, wenn sich das Gebiet im Nachhinein doch nicht als „Grauzone" entpuppt.[124]

70

> **Zur Vertiefung:** Hierbei wird deutlich, dass es sich mittelbar auch um eine rechtspolitische Frage handelt: Soll die Möglichkeit bestehen, Fahrlässigkeit, wie sie in diesem Bereich typisch ist (gemeint ist die „Rechtsfahrlässigkeit"), tatsächlich auch als Fahrlässigkeitstatbestand zu tenorieren? Oder soll es beim vorsätzlich handelnden Täter bleiben, dessen Schuld allenfalls gemindert ist?[125] Ein je nachdem strengerer Maßstab (Vermeidbarkeit nach § 17 oder Fahrlässigkeit nach §§ 15, 16 StGB) hat selbstverständlich auch Auswirkungen auf die Möglichkeit einer **„Enthaftung"** durch die Einholung interner oder externer Beratung als Compliance-Maßnahme.[126] In BGHSt 58, 15 („Italienische Bauhausmöbel") stellt der Erste Senat diesbezüglich fest: „Der Rat eines Rechtsanwalts ist nicht ohne Weiteres bereits deshalb vertrauenswürdig, weil er von einer kraft ihrer Berufsstellung vertrauenswürdigen Person erteilt worden ist. Maßgebend ist vielmehr, ob der Rechtsrat – aus der Sicht des Anfragenden – nach eingehender sorgfältiger Prüfung erfolgt und von der notwendigen Sachkenntnis getragen ist (…). Eher zur Absicherung als zur Klärung bestellte Gefälligkeitsgutachten scheiden als Grundlage unvermeidbarer Ver-

---

119 Vgl. aber BGH NJW 2018, 1428. Zudem sollen sog. „gesamtunrechtsbewertende Tatbestandsmerkmale" anders zu behandeln sein, da bei diesen jenes einzelne Merkmal den Unrechtsgehalt des Tatbestandes nahezu vollständig verkörpert (z.B. die Pflichtverletzung bei § 266 StGB, die Unlauterkeit bei § 299 StGB oder das auffällige Missverhältnis bei § 291 StGB), vgl. hierzu LK/*Schünemann* § 266 Rn. 153 f.; krit. LK/*Vogel* § 16 Rn. 51, der auch eine Parallele zur Lehre von den sog. Komplexbegriffen zieht.
120 Vgl. Sch/Sch/*Sternberg-Lieben/Schuster* § 15 Rn. 99 ff.; abl. *Bülte* NStZ 2013, 65 (72).
121 So auch *Roxin* AT I, § 21 Rn. 39 ff.
122 Für eine modifizierte Vorsatztheorie *Herzberg*, FS-Otto, 2007, S. 265, 282 ff.
123 Vgl. BGH wistra 2013, 153 = NZWiSt 2013, 113 m. Anm. *Krell*.
124 Zuletzt BGHSt 56, 174 („Schneeballseminare") = BGH NJW 2011, 1236 (1239).
125 Zur Ausweitung der Fahrlässigkeitsstrafbarkeit durch eine derart neu justierte Irrtumslehre, vgl. *Walter*, Der Kern des Strafrechts, S. 443 ff.
126 Zu dieser Frage vgl. *Kudlich/Wittig* ZWH 2013, 253, 303 sowie *Gaede* HRRS 2013, 449 ff.

botsirrtümer aus. Auskünfte, die erkennbar vordergründig und mangelhaft sind oder nach dem Willen des Anfragenden lediglich eine ‚Feigenblattfunktion' erfüllen sollen, können den Täter ebenfalls nicht entlasten."[127] Ein nicht neutrales Gutachten liege insb. nahe, wenn der Anwalt in das Geschäftsmodell einbezogen ist und somit erkennbar Eigeninteressen verfolgt.

71 Der Rechtsprechung kann in diesem Bereich noch kein roter Faden entnommen werden. Teils zieht man (wie oben bereits erläutert) die Grenzen der Vermeidbarkeit des Verbotsirrtums weiter, teils verwendet man spezielle Begrifflichkeiten im Blankett („Verstoß gegen", „Handeln entgegen") zur Uminterpretation in ein Tatbestandsmerkmal.[128] Jedenfalls dort, wo der Tatbestand selbst sozial-ethisch „unrechtsneutral" gefasst ist, sollten die (rechtlichen) Voraussetzungen ebenfalls dem Tatbestand angehören.[129]

> **Hinweis:** Auf weitere, veranschaulichende Beispiele wird an dieser Stelle bewusst verzichtet, da die Rechtsprechung zu diesem Problemkomplex sehr unübersichtlich ist und sich kaum auf einen gemeinsamen Nenner bringen lässt. Nicht umsonst wird von der Literatur vorgeschlagen, ein einheitliches Konzept zu verfolgen, bspw. Blankett-Irrtümer wie Irrtümer über normative Tatbestandsmerkmale zu behandeln.

III. Erlaubnis- und Genehmigungsvorbehalte im Wirtschaftsstrafrecht

1. Die Erlaubnis als überindividuelles Pendant zur individuellen Einwilligung

71a Soweit wirtschaftsstrafrechtliche Tatbestände (auch) überindividuelle Rechtsgüter schützen, ist eine rechtfertigende Einwilligung auf Grund der fehlenden Dispositionsbefugnis des Einzelnen meist ausgeschlossen.[130] Dies hat aber nicht notwendig zur Konsequenz, dass gar keine tatbestands- bzw. rechtswidrigkeitsausschließende Zustimmung möglich wäre. Vielmehr ist die Entscheidungsbefugnis über das überindividuelle Rechtsgut auf eine **Körperschaft** des öffentlichen Rechts übertragen, die das Rechtsgut als Hoheitsträger im Interesse aller **„bewirtschaftet"**.[131] Der Gefahr des Missbrauchs dieser Entscheidungsbefugnis wird durch das Konzept eines geordneten Erlaubnis- bzw. Genehmigungsverfahrens mit mehreren Kontrollinstanzen begegnet.[132] Auch in vielen Tatbeständen des Wirtschaftsstrafrechts sind Erlaubnis- bzw. Genehmigungsvorbehalte enthalten.[133] Auf einen Antrag hin kann die **Behörde** ein

---

127 BGHSt 58, 15 = NJW 2013, 93 (97). Hierzu auch *Eidam*, ZStW 2015, 120.
128 Vgl. BGH NStZ 2007, 644 f. (Irak Embargo).
129 *Tiedemann*, Tatbestandsfunktionen im Nebenstrafrecht, 1969, S. 388 ff.
130 *Wessels/Beulke/Satzger*, Rn. 372; BGHSt 23, 261 (264) zum Straßenverkehr.
131 Zu dieser Wendung vgl. *Heghmanns* Grundzüge einer Dogmatik der Straftatbestände zum Schutz von Verwaltungsrecht oder Verwaltungshandeln, 2000, S. 183 ff.; Sch/Sch//*Sternberg-Lieben* Vor § 32 Rn. 61; *Brettel/Schneider* § 2 Rn. 124.
132 Gemeint ist das Erlaubnisverfahren, an dessen Ende womöglich ein ablehnender Bescheid ergeht, wobei diese Entscheidung im Verwaltungsrechtsweg überprüft werden kann.
133 Hierzu auch *Wittig* § 7 Rn. 10; zur „Einwilligung" in die Vermögensschädigung bei Körperschaften Rn. 341 ff.

grundsätzlich verbotenes (nicht unbedingt strafbewehrtes) Verhalten ausnahmsweise erlauben.[134] Dabei handelt es sich im Regelfall um einen **Verwaltungsakt i.S.d. § 35 VwVfG**.

Um die (wirtschafts)strafrechtliche Dimension zu veranschaulichen, seien hier einige Tatbestände mit Erlaubnisbezug in folgender (freilich nicht abschließenden) Tabelle aufgelistet:

71b

Strafnorm	Erlaubnisnorm	Zuständige Behörde
§ 17 AWG	§ 8 AWG	Deutsche Bundesbank, Bundesministerium für Wirtschaft und Technologie (ggf. im Einvernehmen mit dem Auswärtigen Amt)
§ 54 I Nr.2 KWG	§§ 6, 32 KWG	Bundesanstalt für Finanzdienstleistungsaufsicht
§ 29 ff. BtMG	§ 3 BtMG	Bundesinstitut für Arznei- und Medizinprodukte
§ 75 I Nr.2 IfSG	§§ 44, 54 IfSG	Bestimmung durch Rechtsverordnung
§ 23 ApothekenG	§§ 1 II ApothekenG	Bestimmung durch Rechtsverordnung (Gesundheitsämter)
§ 284 StGB	SpielbankenG, §§ 33c – 33i GewO	Bestimmung durch Rechtsverordnung, bspw. Gewerbeamt
§ 324 ff. StGB	§ 8 – 9a WHG	Untere Wasserbehörden

Zur Vertiefung: Soweit bestimmte Rechtsgüter auch öffentlichen Hoheitsträgern „zugänglich" sind, wie etwa das Vermögen (Haushaltsuntreue gem. § 266 StGB) oder das Hausrecht (Erlaubnis zum Betreten öffentlicher Einrichtungen, § 123 StGB i.V.m. Art. 21 BayGO, §§ 169 ff. GVG), erfolgt auch hier die Erlaubniserteilung durch einen hoheitlichen Akt, wobei es dann eine Frage des Einzelfalles ist, ob sich dieser dann als Verwaltungsakt klassifizieren lässt (Stichwort „Außenwirkung") .

2. Verwaltungsaktsakzessorietät?

Das Verfahren zur Erteilung der Erlaubnis richtet sich nach den allgemeinen Grundsätzen des VwVfG. Die Behörde kann den Verwaltungsakt mit den Standardnebenbestimmungen oder spezifischen Auflagen versehen, die das jeweilige Gesetz bietet (Unterscheidung nach Personengruppen im Waffenrecht, Beschränkung auf Art und Menge von Substanzen im GÜG und BtMG). Verstößt der Täter gegen diese Auflagen, ist das Merkmal **„unerlaubt"** erfüllt (wobei es keinen Unterschied machen sollte, ob die Alternative des „Handelns einer Erlaubnis zuwider" neben dem Merkmal „unerlaubt" bzw. „ohne Erlaubnis" explizit genannt ist oder nicht). Streitig ist, wie weit die Verwaltungsakzessorietät reicht,[135] insb. ob auch eine strenge Verwaltungsaktsakzessorietät anzuerkennen ist.[136] Einheitlich geht man von einer positiven Akzessorietät bei einer **Nichtigkeit** der Erlaubnis nach § 44 VwVfG aus.[137] Problematisch dagegen ist die

71c

---

134 Was dann entweder als Genehmigung oder als Erlaubnis bezeichnet wird.
135 Vgl. hierzu auch BGHSt 50, 105 m. Anm. *Kudlich* JuS 2005, 1055.
136 Zum Ganzen G/J/W/*Dannecker* Vor § 32 ff. StGB Rn. 68.
137 Vgl. LK/*Rönnau* Vor § 32 Rn. 279; *Kühl* AT § 9 Rn. 128; *Heghmanns* (Fn. 125), S. 216, 219.

Behandlung von lediglich anfechtbaren (also rechtswidrigen) Verwaltungsakten, da diese bis zu ihrer Aufhebung bzw. Rücknahme tatsächlich wirksam bleiben.[138] Da es für das Strafrecht auf den Zeitpunkt der Tat ankommt, dürften nachträgliche Rücknahmen und Aufhebungen der Erlaubnis, die auf deren Rechtswidrigkeit beruhen, mit Blick auf das Simultaneitätsprinzip und § 8 StGB (ähnlich wie zivilrechtliche Rückwirkungsfiktionen, bspw. nach § 142 I BGB) keine Berücksichtigung finden.[139] Im Strafrecht gibt es also **keine ex tunc- Wirkung**.[140]

3. Zur dogmatischen Einordnung der verwaltungsrechtlichen Erlaubnis bzw. Genehmigung

71d Hinsichtlich der **dogmatischen Einordnung** der Erlaubnis innerhalb des strafrechtlichen Verbrechensaufbaus ist man geteilter Auffassung. Die h.M.[141] überträgt die Regeln über die Wirkung von Zustimmungen in die Verletzung von Individualrechtsgütern[142] und differenziert danach, ob die erfassten Handlungen grundsätzlich als „sozialadäquat" einzustufen sind.[143] Ist das Verbot also **präventiv** und soll lediglich die Kontrolle der Behörde aufrechterhalten,[144] wird auch die Erteilung der Erlaubnis den Regelfall darstellen[145] und zur **Tatbestandslosigkeit** führen Dies wird etwa für § 23 ApoG, § 21 StVG, § 95 I Nr. 1 AufenthG oder einzelne Ausfuhrbeschränkungen nach dem AWG angenommen. Von einer lediglich **rechtfertigenden Wirkung** des verwaltungsrechtlich begünstigenden Zustimmungsakts sei dagegen auszugehen, wenn es sich um ein grundsätzlich unerwünschtes bzw. gefährliches Verhalten handele. Soweit das Verbot also **repressiver** Natur sei, stelle sich die Erlaubnis eher als Einzelfall dar und werde nur aufgrund höherrangiger Interessen „gerade noch gebilligt".[146] Genannt werden hier insb. § 22a KrWaffKG sowie § 52 WaffG.

71e Eine solche **Differenzierungslösung** ist problematisch, wenn sie sich – wie meist gehandhabt – verallgemeinernd auf eine gesamte Regelungsmaterie bezieht. Denn wenn in einer Strafnorm mehrere Tathandlungen bzw. Begehungsweisen beschrieben werden, kann ihre Bewertung als unerwünscht oder sozialadäquat höchst unterschiedlich ausfallen. Im Einzelfall ist dann kaum zu ermitteln, ob die Erlaubnis den „Unrechtsgehalt der Tat teilweise" mitbegründet. Daher stellt man teilweise auch darauf ab, dass der **„Verwaltungsungehorsam"** ein vorgelagertes Rechtsgut all dieser Vorschriften sei und damit stets unrechtskonstitutiv wirke, so dass bei einer Erlaubnis

---

138 Für ein einheitliches Grundkonzept Sch/Sch /*Sternberg-Lieben* Vor § 32 Rn. 62.
139 Zur Verwaltungsakzessorietät am Beispiel des Ausländerstrafrechts vgl. auch BGHSt 50, 105 m. Anm. *Kudlich* JuS 2005, 1055.
140 Zur ex-tunc Wirkung und der Behandlung zivilrechtlicher Rückwirkungsfiktionen im Strafrecht *Kudlich/Noltensmeier* JA 2007, 863 (865 f.); *Weber*, GS-Schlüchter, 2002, S. 243 (245).
141 SSW/*Rosenau* Vor § 32 Rn. 24.
142 Vgl. zum Merkmal „unbefugt" u.a. zu § 303 II; *Satzger* Jura 2006, 434 f.
143 Schönke/Schröder/Lenckner/Sternberg-Lieben Vor § 32 Rn. 61.
144 NK/*Paeffgen* Vor § 32 Rn. 201; Schönke/Schröder/Lenckner/Sternberg-Lieben Vor § 32 Rn. 61.
145 *Rengier* ZStW 101 (1989), 874 (878); Jescheck/Weigend § 33 VI 2.
146 Für diese grundsätzliche Differenzierung auch *Altenhain*, FS-Weber, 2004, S. 441 (442); *Roxin* AT I § 17 Rn. 59 ff.; *Tiedemann/Kindhäuser* NStZ 1988, 337 (342 f.).

immer der Tatbestand entfalle.¹⁴⁷ Andererseits könnte man auch gegenläufig argumentieren, dass es eben nicht „normal" ist, eine Erlaubnis für sein Tun einholen zu müssen, Art. 2 I GG. Entscheidend ist damit nicht, dass der Täter gegen den Willen der Behörde agiert hat, sondern dass er nicht handeln darf, ohne den Segen der Behörde erhalten zu haben. Allein das Erfordernis eines Erlaubnisverfahrens würde damit jedem Verhalten die Sozialadäquanz nehmen; danach käme Erlaubnissen und Genehmigungen durchweg nur rechtfertigende Wirkung zu.

IV. Behördliche Gestattungsakte als Abwägungs- und Angemessenheitsfaktoren i.R.d. § 34 StGB – Rechtfertigender Notstand in Krisenzeiten?

Die h.M. sieht in der verwaltungsrechtlichen Erlaubnisfähigkeit einen **Abwägungsfaktor** innerhalb des § 34 StGB, so dass im Rahmen der Interessensabwägung bzw. der Angemessenheit zu überprüfen ist, ob dem Täter die Einholung einer Erlaubnis faktisch möglich und zumutbar war. Aspekte der Interessensabwägung, die bereits durch die verwaltungsinstanzielle Entscheidung berücksichtigt wurden bzw. werden könnten, darf der Strafrichter nicht mehr einbeziehen. Nur wenn für den konkreten Einzelfall kein Verwaltungsverfahren vorgesehen ist oder rein tatsächlich nicht vorgeschaltet sein kann (etwa weil die Befugnis aufgrund einer akuten Gefahr nicht rechtzeitig eingeholt werden kann oder die Handlung dem Rechtsgut zu Gute kommt, dass durch das gesetzlich vorgegebene Verfahren geschützt werden soll), dürfte § 34 StGB zur Anwendung kommen.

71f

Damit ist auch die häufig anzutreffende Frage beantwortet, inwiefern der allgemeine rechtfertigende Notstand gem. § 34 StGB Straftaten **zur Rettung der wirtschaftlichen Existenz** eines Unternehmens rechtfertigen kann.¹⁴⁸ Die Rechtsordnung gibt auch hier das Verfahren zur „Sanierung" bzw. Restrukturierung des Unternehmens vor, nämlich das Insolvenzverfahren (vgl. noch Rn. 494 ff.). Darüber hinaus basiert die Situation des Unternehmens nicht selten auf wirtschaftlichen Fehldispositionen, m.a.W. hat der Täter bzw. der gem. § 14 StGB Verantwortliche den Notstand selbst herbeigeführt. Jedenfalls dann, wenn der Täter zur Verminderung von Verlusten auf fremde Vermögenswerte zugreift, also unmittelbar vermögensschädigendes Verhalten an den Tag legt, dürfte ein Rückgriff auf § 34 StGB unzulässig sein. Wo aber nur ein Verstoß gegen ein präventives Verbot (das im Vorfeld eines Vermögensschutzdelikts liegt oder vornehmlich überindividuelle Interessen schützt) anzunehmen ist, muss § 34 StGB nicht a priori

71g

---

147 So *Heghmanns,* der die Funktionsfähigkeit der behördlichen Zugangskontrolle zu einem „Zwischenrechtsgut" erhebt, dessen Missachtung stets zur Verletzung dieses Rechtsguts führe und mangels Zustimmungsfähigkeit ein Tatbestandsmerkmal sei.
148 *Wittig* § 7 Rn. 3.; Momsen/Grützner/*Rotsch* 1. Kap. B. Rn. 63 f. Noch schwieriger vorstellbar ist die Möglichkeit der Rechtfertigung durch Notwehr gem. § 32 im Wirtschaftsstrafrecht, vgl. hierzu *Planas,* ZIS 2018, 144 sowie *Mitsch,* NZWiSt 2015, 259.

ausscheiden; der Täter muss aber – soweit für den konkreten Verbotstatbestand die Möglichkeit der Erlaubnis besteht – diesen Weg auch anstrengen.

Zur Vertiefung: *Boerger*, Zur Schutzfunktion des Wirtschaftsstrafrechts, 2018; *Hüls*, Grenzen des Wirtschaftsstrafrechts? 2019; *Karami*, Das Unrechtsbewusstsein von Wirtschafts- und Unternehmensstraftätern im Lichte der aktuellen Compliance-Diskussion, 2019; *Späth*, Rechtfertigungsgründe im Wirtschaftsstrafrecht, 2016.

C. Grundsätze und Schwierigkeiten bei der Auslegung von Wirtschaftsstraftatbeständen

Literatur: *Tiedemann*, Rn. 253-312; *ders.*, JuS 1989, 689 ff.; *Wittig*, § 6 Rn. 20 ff.; *Otto*, Jura 1989, 328 ff.; zur wirtschaftlichen Auslegung BGHSt 24, 54 (Teerfarben) sowie BGH wistra 1996, 145 (Scudraketen).

I. (Restriktive) Auslegung von Generalklauseln und Maßstabsfiguren

Nicht nur die Gesetzgebung, sondern auch die Rechtsanwendung im Wirtschaftsstrafrecht ist durch Prinzipien geprägt, die für diese Materie „typisch" bzw. von hervorgehobener Bedeutung sind (mögen sie auch in anderen Bereichen des Strafrechts ebenfalls vorkommen). 72

Aufgrund der unübersehbaren Vielgestaltigkeit denkbaren wirtschaftlichen Handelns können die Straftatbestände nicht jede mögliche verbotene Handlung im Detail aufzählen. Die deshalb im Einzelfall erforderlichen weiten Tathandlungsformulierungen werden mitunter umgekehrt wieder dadurch eingeschränkt, dass ein Verstoß gegen die „Grundsätze ordnungsgemäßen Wirtschaftens" oder Abweichungen vom Verhalten des „gewissenhaften Geschäftsführers" etc. verlangt werden (vgl. im Kernstrafrecht anschaulich etwa in § 283 I Nr. 1 StGB). Mit anderen Worten: Die Strafbarkeit wird (wie im allgemeinen Strafrecht insbesondere aus der Fahrlässigkeit bekannt) durch eine Abweichung vom Verhalten einer imaginären „Maßstabsfigur" abhängig gemacht.[149] 73

Bei der Auslegung von Tatbestandsmerkmalen mit entsprechenden Maßstabsfiguren oder vergleichbaren Generalklauseln stellt sich nun die Frage, wie streng diese zu erfolgen hat. Hierbei ist zu beachten, dass es nicht Aufgabe des Strafrichters sein kann, aus der ex post-Perspektive des strafgerichtlichen Verfahrens unternehmerisches Handeln, das zwangsläufig oft mit Ungewissheiten und Risiken verbunden ist, nur aufgrund eines letztlich eingetretenen Schadens zu pönalisieren. Insbesondere die Tatsache, dass ein Geschäft fehlgeschlagen oder ein Betrieb insolvent gegangen ist, ist allein noch kein zwingender Grund dafür, dass auch das dafür kausale Handeln aus der ex ante-Perspektive des Wirtschaftenden den Anforderungen an ein ordnungsgemäßes Wirtschaften nicht gerecht geworden ist. Insoweit ist daher eine restriktive Auslegung geboten, bei der teilweise sogar davon ausgegangen wird, dass ein Verstoß gegen die Grundsätze des ordnungsgemäßen Wirtschaftens schon immer dann ausscheiden muss, wenn aus der ex ante-Perspektive auch nur eine Ansicht die entsprechende geschäftliche Entscheidung für vertretbar gehalten hätte. 74

---

149 Zu geschriebenen Verhaltenscodices und ihrer Indizwirkung *Tiedemann* Wirtschaftsstrafrecht AT Rn. 253.

II. Wirtschaftliche Auslegung

75 Das Wirtschaftsstrafrecht orientiert sich häufig an (etwa gesellschafts-)rechtlichen Strukturen. Dies spricht im Ausgangspunkt für eine mehr oder weniger strenge Akzessorietät des Wirtschaftsstrafrechts zu den entsprechenden zivilrechtlichen Vorfragen. Freilich wird das wirtschaftliche Handeln nicht immer auch dem zivilrechtlichen Rahmen entsprechend „gelebt". Insoweit stellt sich die Frage, ob nicht die strafrechtliche Auslegung mitunter statt einer strengen Orientierung am Zivilrecht die tatsächlichen wirtschaftlichen Gegebenheiten in den Vordergrund rücken müssen. Insoweit wird auch von „wirtschaftlicher bzw. faktischer Auslegung" gesprochen.[150] Dies spiegelt sich bereits im Kernrechtsgut des Wirtschaftsstrafrechts – dem Vermögen – wider, wenn es um die Frage geht, ob diesem nur „juristisch" schützenswerte Güter unterfallen oder es bei einer rein wirtschaftlich-ökonomischen Betrachtung bleibt.[151]

76 Ein häufig genanntes Beispiel ist auch die Figur des sog. **„faktischen Geschäftsführers"**: Die Geschäfte einer GmbH werden mitunter nicht von der offiziell gesellschaftsrechtlich zum Geschäftsführer bestellten, sondern (aus verschiedenen Gründen[152]) von einer anderen Person geführt. Soweit die Strafbarkeit hier an die Eigenschaft als „Geschäftsführer" anknüpft, stellt sich dann die Frage, ob der Begriff in strenger Akzessorietät zum GmbHG oder aber – teleologisch möglicherweise sinnvoller – unter Berücksichtigung der tatsächlichen Herrschaftsverhältnisse auszulegen ist (**vgl. ausführlich Rn. 525 ff.**).

77 Grundsätzlich wird man eine wirtschaftliche Auslegung als **Sonderfall einer teleologischen Auslegung** durchaus zulassen können. Grenze ist insoweit jedoch – wie stets im Strafrecht – das **Analogieverbot**, Art. 103 II GG,[153] das nicht nur strafbegründenden Analogien i.e.S., sondern jeder Art von täterfeindlicher gesetzesübersteigender Rechtsfindung entgegensteht. Daher schließt jedenfalls dann, wenn in der Norm begrifflich z.B. auf eine Organstellung, auf ein bestimmtes zivilrechtliches Rechtsverhältnis oder auf eine bestimmte rechtlich relevante Handlung abgestellt wird, eine Auslegung entgegen aus, die eine Subsumtion abweichend von der zivilrechtlich geschaffenen Konstellation wählt. Dies muss richtigerweise – wenn auch von der Rechtsprechung nicht immer durchgehalten – selbst dann gelten, wenn in der zivilrechtlichen Bezugsmaterie (in der das Analogieverbot aber gerade auch nicht gilt!) Lösungen über den Gesetzeswortlaut hinaus akzeptiert werden.

> **Beispiele:** (1) In der Entscheidung Siemens-AUB[154] ging es um die Frage, ob eine bloße (nach außen nicht deutlich werdende) strukturelle Unterstützung einer bestimmten Arbeitnehmervereinigung bei einer Betriebsratswahl unter das Beeinflussungsverbot des § 119 I Nr. 1 BetrVG fallen kann. Die klassischen Auslegungskriterien sprechen dagegen,[155] und zwar in einer Weise, dass man möglicherweise sogar einen Verstoß gegen die Wortlautgrenze annehmen

---

150 *Tiedemann*, Rn. 267.
151 Vgl. noch Rn. 223 m.w.N.
152 Sei es, dass ein Verbot der Geschäftsführerbestellung nach § 6 III GmbHG eingreift, sei es, weil etwa der ausgeschiedene „Firmenpatriarch" das Mitregieren doch nicht sein lassen kann.
153 *Tiedemann*, Rn. 267.
154 Vgl. BGHSt 55, 288, hier § 16 (= Rn. 575 ff.).
155 Vgl. näher unten Rn. 583 ff.

mag.¹⁵⁶ Der BGH hat das Verhalten gleichwohl unter § 119 I Nr. 1 BetrVG subsumiert und dabei nicht zuletzt darauf abgestellt, dass in der arbeitsgerichtlichen Rechtsprechung aus § 20 BetrVG gleichsam in einer Gesamtanalogie zu den dort genannten Verhaltensverboten des Arbeitgebers eine **allgemeine Neutralitätspflicht** gegenüber den Kandidaten einer Betriebsratswahl geleitet wird. Dies mag wirtschaftlich/sozialpolitisch mehr oder weniger sinnvoll bzw. zumindest akzeptabel sein, ist aber mit dem Wortlaut nur schwer zu vereinbaren.

(2) In § 399 I Nr. 1 AktG ist als „**Gründungsschwindel**" unter Strafe gestellt, wenn unrichtige Angaben über einen der dort genannten Umstände durch den Gründer bzw. ein Mitglied des Vorstands oder Aufsichtsrats einer Aktiengesellschaft zum Zweck der Eintragung der Gesellschaft gemacht worden sind. Ein möglicher Gegenstand dieser falschen Angaben ist dabei die nach dem Aktiengesetz geforderte Einzahlung auf die Aktien, welche voraussetzt, dass das betreffende Kapital nach §§ 36 II, 37 I 2, 54 III AktG zur freien Verfügung des Vorstands steht. Erfolgt nun eine solche Einzahlung und zahlt der Vorstand der Aktiengesellschaft dieses Geld später als Kredit heraus, um mit diesem Geld eine weitere Gesellschaft gründen zu können, so wird dies zivilrechtlich unter bestimmten Voraussetzungen (insbesondere bei einem ungesicherten Darlehen) als **rechtswidrig** erachtet. Wirtschaftlich mag dies Sinn ergeben, weil auf diese Weise mit mehr oder weniger dem gleichen Geldbetrag eine ganze Reihe von Gesellschaften gegründet werden könnten, ohne dass für jede von diesen real das Deckungskapital zur Verfügung steht. In den Grenzen, in denen indes der Vorstand nach Leistung der Einlage über das Vermögen der AG zivilrechtlich wirksam verfügen kann, liegt jedoch bei der Gründung der ersten Gesellschaft, bei welcher das Vermögen ja eingezahlt worden war und zur Verfügung gestanden hatte, keinesfalls eine unrichtige Angabe vor – letztlich wohl nicht einmal dann, wenn hier bereits konkrete Pläne für solche Vorgehensweisen bestanden hatten. Streng (zivilrechts-)gesetzesakzessorisch hat es also eine wirksame Einzahlung im Moment der Gründung gegeben, so dass es an einer falschen Angabe fehlt; jede andere „wirtschaftliche" Auslegung ist mit dem Gesetzeswortlaut hier nur schwer zu vereinbaren.¹⁵⁷

III. Richtlinienkonforme Auslegung?

Wie bereits dargestellt, handelt es sich bei wirtschaftsstrafrechtlichen Vorschriften häufig um **europarechtlich initiierte** oder auf supranationalen Abkommen basierende Regelungsgefüge. Neben den bereits genannten Vorschriften des Lebensmittelrechts (§§ 58 ff. LFGB; 48 f. WeinG¹⁵⁸) ist das nunmehr „europäisierte" Umweltstrafrecht ein gutes Beispiel, das in der Umsetzung der EU-Richtlinie durch das 45. StrRÄndG¹⁵⁹ „mustergültigen" Charakter hat¹⁶⁰ (wobei man an der Zweckmäßigkeit der Umsetzung in einigen Punkten sicherlich zweifeln könnte¹⁶¹). In diesem Zusammenhang stellt sich die Frage, inwiefern die internationalen Vorgaben zugleich den „Rahmen" für den

77a

---

156 Vgl. vertiefend *Kudlich*, in Stöckel-FS, 2010, S. 93 ff.
157 Vgl. zum Problemkreis und tendenziell ebenfalls für eine restriktive Auslegung der Strafnorm auch Spindler/*Stilz-Hefendehl*, AktG, § 399 Rn. 94.
158 Ferner ließe sich § 31 TierGesG nennen; zu EU-rechtlich beinflussten Strafvorschriften vgl. auch *Satzger/Langheld* HRRS 2011, 461.
159 BGBl. 2011 I, S. 2557.
160 *Heger* HRRS 2012, 211 (212); hierzu auch *Meyer* wistra 2012, 371 speziell zur Frage, ob § 330d Abs. 2 StGB zur endgültigen Europarechtsakzessorietät des deutschen Umweltstrafrechts führt.
161 Dies betrifft insb. den „Fahrlässigkeitsexzess" des Gesetzgebers, der sich vom Begriff der „groben Fahrlässigkeit" in Form der Leichtfertigkeit endgültig verabschiedet zu haben scheint, krit. auch *Heger* HRRS 2012, 211 (223).

Gesetzgeber und im Anschluss den Rechtsanwender bilden.[162] Noch deutlicher wird die **"Europarechtsakzessorietät"** bei echten Blanketttatbeständen, die auf EU-Verordnungen Bezug nehmen, wie sie im Arzneimittel- oder Lebensmittelrecht häufiger vorkommen (vgl. bereits Rn. 49). Weitere unionsrechtlich kontinuierlich beeinflusste Gebiete sind etwa der Schutz des Kapitalmarkts,[163] das Gefahrstoffrecht und die Außenwirtschaft bzw. alle Rechtsgebiete, die den Bezug und die Verbringung von Waren zum Gegenstand haben.[164]

77b Hier kann der Auslegung etwaiger Merkmale durch den EuGH bzw. den Richtlinien und sonstigen Gesetzgebungsmaterialien entscheidende **Indizfunktion** zukommen, wenn der Wortsinn mehrere Deutungen zulässt. Eine echte Europarechtsakzessorietät lässt sich dagegen nur begründen, wenn die einschränkende Auslegung bzw. ein **restriktives Verständnis** im Europarecht die strafrechtliche Haftung begrenzt (Rn. 33). Umgekehrt dürfen – ähnlich wie schon im Rahmen der Überlegungen zum Phänomen der Normspaltung angedeutet wurde (vgl. Rn. 49b) – europarechtliche Zweckmäßigkeitserwägungen nicht dazu führen, dass rechtsstaatliche Standards, der fragmentarische Charakter des Strafrechts und der Verhältnismäßigkeitsgrundsatz durch eine **scheinbar unionsrechtskonforme Auslegung** unterlaufen werden.[165]

IV. Behandlung von Schein- und Umgehungshandlungen

78 In den Ausführungen über phänomenologische Besonderheiten der Wirtschaftskriminalität (vgl. Rn. 13 ff.) ist deutlich geworden, dass es sich bei Wirtschaftsstraftätern nicht selten um überdurchschnittlich intelligente Täter handelt, die sich aufgrund ihres sozialen Status häufig auch eine profunde rechtliche Beratung leisten können. Dies sowie die in vielen Fällen mehr oder weniger notwendige Anknüpfung der Strafbarkeit an formellen Kriterien können dazu führen, dass der Täter versucht ist, eine Strafbarkeit dadurch zu vermeiden, dass die strafbarkeitsbegründenden Umstände tatsächlich umgangen werden (obwohl in der Sache ein gleich unerwünschter wirtschaftlicher

---

162 Hierzu schon *Tiedemann* NJW 1993, 23, 24; *Schröder*, Europäische Richtlinien und deutsches Strafrecht (2002), S. 341; zum Ganzen auch *Begemeier* HRRS 2013, 179.
163 Zur Warren-Spector-Photo-Group Entscheidung und zur unionskonformen Auslegung der Tathandlung des Verwendens vgl. noch Rn. 308; krit. zum Harmonisierungsprozess *Schroeder* HRRS 2013, 253.
164 Somit auch das Marken- und Urheberstrafrecht: Zuletzt hat der BGH klargestellt, dass ein Verbreiten gem. § 17 UrhG schon dann vorliege, wenn ein Händler, der seine Werbung auf in Deutschland ansässige Kunden ausrichtet und ein spezifisches Liefersystem sowie passende Zahlungsmodalitäten schafft, für sie zur Verfügung stellt und diese Kunden damit in die Lage versetzt, sich Vervielfältigungen von Werken liefern zu lassen, die in Deutschland urheberrechtlich geschützt sind. Interessant an der Entscheidung des Ersten Strafsenats ist, dass er in diesem Zusammenhang klarstellt, dass solch eine Interpretation (die durch die Weitläufigkeit der Beihilfestrafbarkeit gem. § 27 StGB potenziert wird), nicht die unionsrechtlich garantierte Warenverkehrsfreiheit entgegensteht, BGHSt 58, 15 = NJW 2013, 93.
165 So auch *Begemeier* HRRS 2013, 179 (186).

Erfolg eintritt, sog. Umgehungshandlungen[166]) oder jedenfalls geschickt verdeckt werden (sog. Scheinhandlungen).[167]

Die Bewältigung derartiger Schein- und Umgehungshandlungen ist im Einzelfall schwierig, da wiederum mit Blick auf Art. 103 II GG allein die Tatsache, dass ein bestimmter wirtschaftlicher Erfolg „vergleichbar sozialschädlich" o.Ä. ist, eine Strafbarkeit nicht legitimieren kann, wenn die vom Wortlaut der Vorschrift angeordneten Voraussetzungen nicht vorliegen. Während es dabei bei bloßen Scheinhandlungen regelmäßig nur darum gehen wird, die dadurch „verdeckten", tatsächlich aber die Tatbestandsmerkmale erfüllenden Handlungen zu erkennen (maßgeblich ist stets der wahre Sachverhalt), stellt sich bei Umgehungshandlungen ein echtes **Auslegungsproblem**. Bei stark normativen und unscharfen Tatbestandsmerkmalen wird man hier im Wege einer teleologischen Auslegung noch viele Verhaltensweisen erfassen können;[168] je stärker die Tatbestandsmerkmale dagegen deskriptiv sind, desto schwieriger ist es, sie bei abweichenden Gestaltungen mit dem Strafgesetz zu erfassen. Nicht selten sind Gesetze – weil sie aus Krisenzeiten stammen (also schnell und wenig durchdacht erlassen wurden) – schlicht **misslungen**. 79

> **Beispiel:** RGSt 71, 135 (Kaviarfall): Früher staffelte der Zolltarif beim Kaviarimport die Zollsätze nach dem Gewicht von Umschließung und Inhalt. Mengen von weniger als 5 kg wurden teurer belastet als Mengen über 5 kg, weil Kaviar von besonders hoher Qualität in kleineren Mengen abgefüllt wurde. Ein Täter, der den hohen Zolltarif also umgehen wollte, konnte dies durch ein schlichtes Abfüllen des Qualitätskaviars in große Tonnen tun (während ein Verbergen vieler kleiner Dosen in einem großen Fass eine bloße Scheinhandlung wäre, mit der der Import kleiner Dosen verschleiert würde und bei der es allein darauf ankommen würde zu entdecken, dass in einem großen Fass viele kleine Dosen enthalten sind). Hätte der Zolltarif nicht auf das Gewicht, sondern auf die Qualität abgestellt, wäre solch eine Umgehungshandlung nicht möglich gewesen.

Ein gesetzgeberischer „Ausweg" kann darin bestehen, auch die Umgehungshandlung selbst unter Strafe zu stellen bzw. den Begriff des **Umgehens als Tatbestandshandlung** (vgl. § 108b I Nr. 1 UrhG) auszugestalten[169]: 80

§ 145c (Verstoß gegen das Berufsverbot) lautet:

> Wer einen Beruf, einen Berufszweig, ein Gewerbe oder einen Gewerbezweig für sich oder einen anderen ausübt **oder durch einen anderen für sich ausüben lässt**, obwohl dies ihm oder dem anderen strafgerichtlich untersagt ist, wird mit Freiheitsstrafe bis zu einem Jahr oder mit Geldstrafe bestraft.

§ 145c StGB sanktioniert den Verstoß gegen ein Berufsverbot gem. § 70 StGB. Erfasst ist zunächst der einfache Fall, indem der Täter trotz des Verbots beruflich tätig wird.

---

166 Soweit diese u.U. von Anwälten abgesegnete „Umgehungshandlung" sich später doch als strafbare Handlung entpuppt, steht man vor der schwierigen Frage, inwiefern sich eine unklare Rechtslage, die Kenntnis des Täters hierum und die anwaltliche Überprüfung auf die Irrtumsdogmatik auswirkt, vgl. zum Ganzen *Kudlich/Wittig* ZWH 2013, 253 ff.
167 M-G/*Schmid/Ludwig* § 29 Rn. 5, 11 (dort auch zu Strohmanngeschäften).
168 Ein weiteres Beispiel für die schwierige Abgrenzung aus dem Bereich des Außenwirtschaftsrechts liefert *Nestler* NStZ 2012, 672.
169 Weitere Beispiele wären das „Erschleichen" gem. § 265a StGB oder § 4 II SubventionsG als weiterer allgemein gehaltener Missbrauchstatbestand.

Doch auch die Umgehungshandlung, in Form des Vorschiebens eines Strohmanns, der das Unternehmen bspw. bis zum Ablauf der Berufsverbotsfrist (bis zu fünf Jahre, vgl. § 70 I StGB) unter Aufsicht des Hintermanns führt, ist strafbar. Konkretisiert ein Tatbestand eine bestimmte Umgehungshandlung genauer, wie dies bei § 145c StGB der Fall ist, bestehen verfassungsrechtlich keine Bedenken.[170]

80a Die Schwierigkeiten werden größer, je allgemeiner eine Vorschrift gehalten ist:

§ 42 AO (Missbrauch von rechtlichen Gestaltungsmöglichkeiten) lautet[171]**:**

(1) Durch **Missbrauch** von Gestaltungsmöglichkeiten des Rechts kann das Steuergesetz nicht umgangen werden. Ist der Tatbestand einer Regelung in einem Einzelsteuergesetz erfüllt, die der Verhinderung von Steuerumgehungen dient, so bestimmen sich die Rechtsfolgen nach jener Vorschrift. Anderenfalls entsteht der Steueranspruch beim Vorliegen eines Missbrauchs im Sinne des Absatzes 2 so, wie er bei einer den wirtschaftlichen Vorgängen angemessenen rechtlichen Gestaltung entsteht.

(2) **Ein Missbrauch liegt vor, wenn eine unangemessene rechtliche Gestaltung gewählt wird, die beim Steuerpflichtigen oder einem Dritten im Vergleich zu einer angemessenen Gestaltung zu einem gesetzlich nicht vorgesehenen Steuervorteil führt**. Dies gilt nicht, wenn der Steuerpflichtige für die gewählte Gestaltung außersteuerliche Gründe nachweist, die nach dem Gesamtbild der Verhältnisse beachtlich sind.

81 Dass bei derart weit formulierten Begrifflichkeiten (unangemessene rechtliche Gestaltung) Friktionen mit dem Bestimmtheitsgrundsatz entstehen, ist nicht von der Hand zu weisen. Daher gilt das beschriebene *Prinzip der restriktiven Interpretation* auch bei allgemeinen Missbrauchsklauseln. Jene gewisse Grauzone bleibt also bestehen, ein lückenloser Schutz würde sich allerdings auch nicht mit dem fragmentarischen Charakter des Strafrechts vertragen. Der Gesetzgeber hat es in der Hand, diesen Bereich durch Schaffung bzw. Modifikation von Straftatbeständen möglichst klein zu halten, soweit ein rechtspolitisches Interesse hieran besteht.

Hinweis: Intensiv diskutiert wurde dies in der jüngeren Vergangenheit in Bezug auf die (unzureichende?) gesetzgeberische Reaktion auf **sog. cum-/ex-Geschäfte** und die damit verbundene Möglichkeit, sich illegal Kapitalertragssteuern erstatten zu lassen;[172] gerade weil diese Handlungen an der Grenze zwischen Schein- und Umgehungshandlung liegen, kann sich die Frage stellen, inwiefern von einer vorsätzlichen Begehung die Rede sein kann, wenn das ex post als rechtswidrig bzw. als Scheinhandlung eingeordnete Verhalten (in den Medien ist vom „größten Steuerbetrug in der Geschichte der Bundesrepublik" die Rede) von den Tätern als zulässige Umgehungshandlung qualifiziert wurde. Eine instruktive Beschreibung der (komplexen) cum-/ex-Transaktionen, ihrer steuerrechtlichen Einordnung sowie ihrer strafrechtlichen Behandlung samt etwaiger Folgeprobleme findet sich bei *Knauer/Schomburg* NStZ 2019, 305 sowie *Knigge/Wittig* ZWH 2019, 37, 69.

---

170 Krit. *Cramer* NStZ 1996, 136.
171 § 42 AO fingiert eine unrichtige Angabe bzw. stellt bei Vorliegen dessen Voraussetzungen einen „umgehenden" Täter einem „täuschenden" Täter gleich; zur Funktionsweise solcher Tatbestände allgemein *Tiedemann*, Rn. 293 f.
172 Äußerst vereinfacht ausgedrückt geht es um die Möglichkeit, sich die Kapitalertragsteuer durch die Vorlage einer Bescheinigung bzw. Geltendmachung zurückerstatten zu lassen (es handelt sich um eine Quellensteuer, vgl. noch § 6), obwohl man diese überhaupt nicht abgeführt bzw. bezahlt hat.

Scheinhandlung	**Umgehungshandlung**
Erfolgt mittels einer täuschungsäquivalenten Handlung und soll den wahren Sachverhalt verdecken	Erfolgt ohne Manipulation zum Zwecke der Umgehung des Eintritts einer rechtlichen Tatsache oder Rechtsfolge
(P): Tatsächliche Feststellung	**(P): Rechtliche Erfassung**
Verdeckungshandlung meist als **Tatbestandsmerkmal** eines Verbotsstrafgesetzes: z.B. §§ 263 StGB, 370 AO	Bei stark **normativen** Merkmalen: Erfassen der Handlung durch extensiv-teleologische Auslegung Bei **deskriptiven** Merkmalen: Schaffung von Auffangtatbeständen?

D. Verantwortung von und im Unternehmen

Literatur: *Tiedemann,* Rn. 421-461; *Hellmann,* Rn. 1009 ff.; *Wittig,* § 6 Rn. 64-156; § 8 Rn. 6 – 14; A/R/R/*Achenbach,* 1. Teil, Kap. 1-3; W/J/*Raum* 4. Kap. Rn. 213; *Peglau,* JA 2001, 606 ff.; *Otto,* Jura 1998, 409 ff.

Falllösungen: *Hellmann,* Fälle, Fall 2; *Seier/Löhr,* JuS 2006, 241; *Eisele/Vogt* JuS 2011, 437

I. Das Unternehmen als zentraler Schauplatz wirtschaftsstrafrechtlicher Delinquenz

82 Wirtschaftliches Handeln erfolgt größtenteils in Unternehmen bzw. Gesellschaften. Daher wird Wirtschaftskriminalität häufig auch im Zusammenhang mit unternehmerischer Tätigkeit verwirklicht („corporate crime", vgl. o Rn. 5). Das Unternehmen kann nicht nur „Opfer" bzw. Geschädigter von Straftaten sein, sondern auch selbst illegal agieren. Hierbei kommen als Adressaten einer straf- bzw. ordnungswidrigkeitsrechtlichen Verbotsnorm zwei Rechtssubjekte in Betracht: zum einen die juristische Person (der Personenverband in seiner Gesamtheit) und zum anderen die natürlichen Personen, die hinter dem Unternehmen stehen. Dies wirft die Frage auf, ob Gesellschaften als solche bestraft werden können und wer innerhalb der Gesellschaft strafrechtlich zur Verantwortung gezogen werden kann.

83 Hierbei soll bereits an dieser Stelle darauf aufmerksam gemacht werden, dass der **Begriff des Unternehmens** im Rahmen der folgenden Ausführungen weit zu verstehen ist und keine streng betriebswirtschaftliche Definition zu Grunde gelegt wird (eine Legaldefinition ist dem StGB nicht zu entnehmen). Die in diesem Zusammenhang einschlägigen Normen (§ 14 II 2 StGB, §§ 9 II 2, 130 OWiG) stellen den Begriff des **Betriebs** auch dem des Unternehmens gleich.[173]

> Unter einem **Betrieb** ist eine auf gewisse Dauer angelegte organisatorisch zusammengefasste Einheit von Personen und Sachmitteln unter einheitlicher Leitung zu verstehen, die einem bestimmten arbeitstechnischen Zweck der Leistungserbringung dient.

84 Dem Begriff des Betriebs wohnt mehr ein technisch-organisatorischer Charakter inne, während beim Unternehmen die rechtlich-wirtschaftliche Einheit im Vordergrund steht. Entscheidend ist beim Betrieb, dass die Rechtsordnung das Subjekt als eigenständige Rechtspersönlichkeit ansieht und somit auch ein eigenständiger Zurechnungsbezugspunkt existiert.

---

173 MK-StGB/*Radtke* § 14 Rn. 91 f.

II. Verantwortung von Unternehmen

Das deutsche Strafrecht kennt **de lege lata noch keine Strafbarkeit von juristischen Personen**. Strafbar können sich nur die dahinterstehenden natürlichen Personen machen. Keine Strafbarkeit bedeutet allerdings noch nicht automatisch, dass Unternehmen nicht eigenständig *sanktioniert* werden könnten: Zum einen sieht das Ordnungswidrigkeitengesetz in § 30 OWiG eine (in ihrer Bedeutung in der jüngeren Vergangenheit stetig zunehmende[174]) Verbandsgeldbuße vor. Innerhalb des Unternehmens kann die Verletzung unternehmensrechtlicher Pflichten (also Schutzpflichten der juristischen Person) ggf. zu einer Sanktionierung der natürlichen Personen durch Unterlassen führen, vgl. auch § 130 OWiG. Zum anderen gibt es trotz dieser Sanktionsmöglichkeiten und der Erfassung der dahinterstehenden natürlichen Personen in der jüngsten Vergangenheit sehr konkrete Diskussionen darüber, ob eine Verbandsstrafe in das deutsche Rechtssystem eingeführt werden sollte, die nunmehr sogar in einen Referentenentwurf eines „Verbandssanktionengesetzes" eingemündet sind, welcher zwar nach wie vor den Begriff der „Strafbarkeit" juristischer Personen vermeidet, in seinen Voraussetzungen aber noch einmal deutlich näher am Individualstrafrecht steht als das Ordnungswidrigkeitenrecht.

85

1. Verbandssanktionengesetz ante portas[175]

a) Reformdruck

Die Debatte wird verständlich, wenn man sich mit den Problemen auseinandergesetzt hat, die bei der strafrechtlichen Erfassung von Einzelpersonen bei kollektivem Handeln entstehen (nicht zuletzt bei Gremienentscheidungen, vgl. hierzu ausführlich auch Rn. 136 ff.). Außerdem ist die **Reform des nationalen Sanktionsrechts** im Allgemeinen immer wieder Gegenstand rechtspolitischer Erwägungen.[176] Dann müsste aber eine eigenständige Unternehmensstrafe natürlich von Anfang an Berücksichtigung finden. Zuletzt führt auch die internationale Diskussion dazu, dass in Deutschland über die Frage einer Verbandsstrafe nachgedacht wird: Im internationalen Vergleich nimmt das deutsche Strafrecht mittlerweile nahezu eine Sonderstellung ein, da in den meis-

86

---

174 So sind etwa in der jüngeren Vergangenheit im Rahmen des sog. „Dieselskandals" gegen verschiedenen Automobilkonzerne Bußgelder in deutlich dreistelliger Millionenhöhe und sogar über die Milliardengrenze verhängt und auch akzeptiert worden.
175 Die Einordnung „ante" portas bezieht sich zunächst auf den Rechtsstand zum Abschluss des Manuskripts im Januar 2020. Mit einem Inkrafttreten eines entsprechenden Gesetzes in der Folgezeit ist durchaus zu rechnen. Nach den Planungen im Referentenentwurf soll jedoch nochmals eine gewisse Frist zwischen Inkrafttreten und Wirksamwerden des Gesetzes vergehen, innerhalb derer Unternehmen die Chance haben sollen, sich auf die neuen Anforderungen vorzubereiten und etwa Compliance-Systeme (zum Begriff der Compliance vgl. unten Rn. 254) einzurichten.
176 Zuletzt zum Diskussionsentwurf des Bundesministeriums der Justiz zur Änderung der §§ 30, 130 OWiG *Moosmayer/Stadler* NZWiSt 2012, 241; durch die 8. GWB-Novelle (vgl. Rn. 91 ff.) ist solch eine Reform bereits erfolgt (wenn auch rechtlich unspektakulär, da lediglich Betragsgrenzen verändert worden sind), vgl. hierzu noch Rn. 91b.

ten ausländischen Rechtsordnungen eine Strafbarkeit juristischer Personen vorgesehen ist.[177] Schließlich kommen auch aus Europa Impulse zu einer Vereinheitlichung des Unternehmensstrafrechts (vgl. bereits **Art. 13 Corpus Juris Florenz**[178] sowie in der Folge zahlreiche Rahmenbeschlüsse bzw. Richtlinien, in denen zwar – jedenfalls nach bisherigem deutschen Verständnis – nicht zwingend eine Verbandsstrafbarkeit angeordnet, aber die Verantwortlichkeit auch juristischer Personen besonders betont worden ist).

87 Eine gemeinsame Grundtendenz – Stichwort **„Harmonisierung"** – ist sicherlich wünschenswert. In diesem Zusammenhang spricht auch ein Gleichlauf wirtschaftsstrafrechtlicher Tatbestände mit wirtschaftsrechtlichen Regelungen im innerdeutschen Rechtssystem für die Einführung einer Verbandsstrafe, frei nach dem Motto: *Wenn Gesellschaften Verträge schließen können, können sie auch **betrügerische** Verträge abschließen.* Mit einer Verbandsstrafe könnte daneben auch dem Phänomen entgegengesteuert werden, dass sich die verantwortlichen natürlichen Personen die **Schuld** mehr oder weniger gegenseitig zuschieben („organisierte Unverantwortlichkeit").[179]

b) Einwände gegen eine „Unternehmensstrafe" in der tradierten Strafrechtsdogmatik

88 Dies führt aber zugleich an den Punkt, der nach der tradierten Strafrechtsdogmatik elementar gegen die Einführung einer Verbandsstrafe angeführt wird. Versteht man den Schuldbegriff, wie es die h.M. (noch) tut, in einem sozial-ethischen Sinne, sind Kollektive nicht schuldfähig.[180] Im unmittelbaren Wechselbezug hierzu steht der Handlungsbegriff, wonach ein strafrechtlich relevantes Handeln jedes **menschliche** Verhalten darstellt, das vom Willen beherrscht oder wenigstens beherrschbar ist.[181] Bereits nach dem geltenden strafrechtlichen Handlungsbegriff, dem bewusst auch eine gewisse **Begrenzungsfunktion** zukommt[182], ist die strafrechtliche Verantwortlichkeit von Verbänden ausgeschlossen.

89 Solche Einwände können freilich nicht dauerhaft als Gegenargument fungieren, da die definitorischen Ansätze (sozial-ethische Bestimmung des Schuldbegriffs und insbesondere strafrechtlicher Handlungsbegriff) gerade Ausfluss der **rechtspolitischen**

---

177 Insofern mag hier auch in gewissem Grade ein „Konvergenzdruck" bestehen, vgl. *Kelker* FS-*Krey*, 2010, S. 221 ff.
178 „1. Für die Taten nach den Artikeln 1 bis 8 können auch Vereinigungen verantwortlich sein, wenn sie juristische Personen sind oder Rechtsfähigkeit und eigenes Vermögen haben und wenn die Tat zugunsten der Vereinigung durch ein Organ, einen Vertreter oder eine andere Person begangen wird, die namens der Vereinigung handelt oder eine rechtliche oder tatsächliche Entscheidungsbefugnis hat.
2. Die strafrechtliche Verantwortlichkeit der Vereinigungen schließt nicht die der natürlichen Personen aus, die Täter, Anstifter oder Gehilfen derselben Taten sind."
179 Zur Frage der Zweckmäßigkeit der Einführung einer Verbandsstrafe statt vieler nur *Brettel/ Schneider* § 2 Rn. 23; *Kudlich*, in: Kuhlen/Kudlich/Ortiz de Urbina (Hrsg.), Compliance und Strafrecht, 2013, S. 209 ff. *Frisch* FS-*Wolter*, 2013, S. 349 ff.; *Vogel* StV 2012, 427; m.w.N.
180 Hierzu *Greco* GA 2015, 503; *Hochmayr* ZIS 2016, 226. Vgl. auch *Renzikowski* GA 2019, 149.
181 *Roxin* AT I, § 8 Rn. 44 ff.
182 SSW/*Kudlich* Vor § 13 Rn. 14.

Wertentscheidung sind, von einer Verbandsstrafe abzusehen, oder anders gewendet: Eine Strafrechtsdogmatik, welche in langer Tradition ein Gesetz ohne Verbandsstrafbarkeit vorfindet, wird sinnvollerweise auch den strafrechtlichen Handlungsbegriff auf menschliche Verhaltensweisen begrenzen – denknotwendig für ein Strafrechtssystem ist das aber wohl nicht, und umso weniger für ein strafrechtsnahes System, das ggf. aus Gründen der begrifflichen Reinheit auf den Begriff der „Strafe" verzichtet (und z.B. von „Verbands**sanktionen**" spricht[183]). Und wenn in einer strafrechtlichen Reaktion ohne „menschliches Verschulden" ein Verstoß gegen die Menschenwürde gesehen wird, ficht dies das Konzept einer Verbandsstrafbarkeit nicht an – denn den **juristischen Personen** kommt keine Menschenwürde zu. Zuletzt verstieße die Einführung der Verbandsstrafe auch nicht gegen das **Verbot der Doppelbestrafung**, wie teils eingewendet wird: Bestraft würden zwei rechtliche voneinander unabhängige Rechtssubjekte (natürliche und juristische Person); dass die Strafe des Verbands die natürliche Person „doppelt treffen" kann, stellt nur eine mittelbare Folge dar.[184]

c) Sanktionen gegen Verbände?

Ein weiterer Einwand geht dahin, dass Unternehmen gegenüber keine sinnvollen Sanktionen verhängt werden könnten. Auch das stimmt aber nur, wenn man auf den damit verbundenen und auch vom Bestraften subjektiv empfundenen sozial-ethischen Vorwurf abstellt, nicht jedoch hinsichtlich der „technischen Umsetzung": Dass Geldstrafen gegenüber Unternehmen genauso verhängt werden könnten wie gegenüber Privatpersonen, liegt auf der Hand. Einer Freiheitsstrafe würden in gewisser Weise Betätigungsbeschränkungen bis hin zur Anordnung einer Sequestration[185] entsprechen; zuletzt könnten Unternehmen sogar zwangsaufgelöst und damit einer Maßnahme unterworfen werden, die in dieser Form umgekehrt auf natürliche Personen nicht anwendbar ist (die „Todesstrafe" für ein Unternehmen sozusagen). Auch der Einwand, dass im Einzelfall Personen (etwa durch den Verlust des Arbeitsplatzes) mittelbar „mitbestraft" würden, die sich selbst nichts zu Schulden haben kommen lassen, kann sich mindestens genauso mit Blick auf die Angehörigen einer natürlichen Person stellen, welche zu einer Freiheitsstrafe verurteilt wird.

90

Die Frage ist also weniger, ob Sanktionen möglich sind, sondern ob diese gegenüber einem Unternehmen den vergeltenden und insbesondere präventiven Zwecken der Strafe gerecht würden, da das Kollektiv als solches nicht normativ ansprechbar ist. Auch würde eine Verbandssanktion nichts an dem Problem ändern, dass die dahinter stehenden Personen erfasst werden müssen (deren Strafwürdigkeit ja durch eine Ver-

90a

---

[183] Der Vorwurf eines „Tricksens" mit Begriffen trifft ein solches Ausweichen auf den Terminus „Verbandssanktionenrecht" unseres Erachtens nicht, da ja umgekehrt die Einwände aus der tradierten Dogmatik sich gerade gegen die Verwendung eines vorgeblich mit einem individualisiert-moralischen Vorwurf aufgeladenen Begriffs richten.
[184] Vgl. *Tiedemann*, Rn. 439 ff. Dagegen ist die Argumentation, wonach die Schuldfähigkeit allein schon wegen der Möglichkeit einer Zurechnung gegeben sei, nicht frei von Einwänden. Denn in den Fällen, in denen die Schuld der natürlichen Person der juristischen zugerechnet wird, ist sie „in" einer natürlichen Person entstanden, existierte somit bereits.
[185] Also einer staatlichen Zwangsverwaltung.

bandsstrafe nicht wegfällt). Ferner mag man einwenden, dass durch eine Strafe selbst wiederholtes kriminelles Tätigwerden kaum verhindert werden kann. Indes sind aber gerade Personenmehrheiten möglicherweise für die Zukunft sogar leichter – etwa durch geänderte Entscheidungsstrukturen, Compliance-Systeme etc. – zu beeinflussen als natürliche Personen, deren charakterliche Prägung durch die Strafvollstreckung nur schwer beeinflussbar ist. Aus diesem Grund sind auch die gegenwärtig diskutierten Konzepte eines Verbandssanktionenrechts stark spezialpräventiv ausgerichtet und gewähren den Verbänden weitreichende Bewährungsmöglichkeiten, wenn etwa entsprechende Compliance-Anstrengungen unternommen werden.

d) Überblick über die aktuelle Diskussion und politische Entwicklungen

90b Gerade in den letzten Jahren hat auch die nicht nur rechtswissenschaftliche, sondern konkret rechtspolitische Diskussion Fahrt aufgenommen, nicht zuletzt nachdem ein Verbandssanktionenrecht ein Ziel des Koalitionsvertrags 2018 war.[186] Insoweit ist in eher näherer als fernerer Zukunft mit einer entsprechenden Reform zu rechnen. Den Anstoß dieser „Welle" hat ein Gesetzesantrag des Landes Nordrhein-Westfalen gegeben.[187] In seiner Folge sind verschiedene Vorschläge aus der Wissenschaft unterbreitet worden, so der sog. „Kölner Entwurf"[188], die sog. „Frankfurter Thesen"[189] und der sog. „Münchener Entwurf".[190] Die Politik reagierte darauf im August 2019 mit einem Referentenentwurf zum Verbandssanktionengesetz (VerSanG-E).

90c Hier werden nicht nur die materiellen Voraussetzungen für die Verhängung einer Verbandssanktion (vgl. § 3 I VerSanG-E: Begehung einer Verbandsstraftat durch eine Leitungsperson des Verbandes oder Begehung in Wahrnehmung der Angelegenheiten des Verbands durch eine andere Person, wenn Leitungspersonen die Straftat durch angemessene Vorkehrungen hätten verhindern oder wesentlich erschweren können) bestimmt, sondern insbesondere auch zahlreiche prozessuale Regelungen getroffen, so zur Vertretung des Verbandes im Verfahren, zur Möglichkeit des Absehens von Verfolgung oder auch zum Umfang mit verbandsinternen Untersuchungen.[191]

---

186 Dort heißt es u.a.: „Wir wollen sicherstellen, dass Wirtschaftskriminalität wirksam verfolgt und angemessen geahndet wird. Deshalb regeln wir das Sanktionsrecht für Unternehmen neu. Wir werden sicherstellen, dass bei Wirtschaftskriminalität grundsätzlich auch die von Fehlverhalten von Mitarbeiterinnen und Mitarbeitern profitierenden Unternehmen stärker sanktioniert werden.", vgl. Koalitionsvertrag 2018, S. 126, abrufbar unter https://www.cdu.de/system/tdf/media/dokumente /koalitionsvertrag_2018.pdf?file=1, sowie dazu *Ballo/Reischl*, CB 2018, 189 und *Korte* NZWiSt 2018, 393 (398).
187 Vgl. Gesetzesantrag des Landes Nordrhein-Westfalen, Entwurf eines Gesetzes zur Einführung der strafrechtlichen Verantwortlichkeit von Unternehmen und sonstigen Verbänden, abrufbar unter: https://www.justiz.nrw.de/JM/justizpolitik/jumiko/beschluesse/2013/herbstkonferenz 13/zw3/TOP_II_5_Ge-setzentwurf.pdf (30.04.2015).
188 Kölner Entwurf eines Verbandssanktionengesetz *Henssler/Hoven/Kubiciel/Weigend*, NZWiSt 2018, 1; hierzu auch *Beckemper* NZWiSt 2018, 420.
189 *Jahn/Schmitt-Leonardy/Schoop* wistra 2018, 27.
190 *Saliger/Tsambikakis/Mückenberger/Huber (Hrsg.)*, Münchner Entwurf, 2019.
191 Zu solchen internal investigations und damit schon jetzt im Wirtschaftsstrafrecht zusammenhängenden Problemen sowie der Bedeutung speziell für ein Verbandssanktionenrecht vgl. näher auch unten im letzten Kapitel Rn. 640.

2. Bebußung von Gesellschaften im Ordnungswidrigkeitenrecht, § 30 OWiG

Darüber hinaus hat der Gesetzgeber auf das Problem reagiert, dass es – im Wirtschaftsrecht nicht selten – zwischen der Tat und ihrer Sanktionierung zu einer **Fusion** bzw. **Aufspaltung des Unternehmens** kommen kann und somit Täter und letztlich geahndete (juristische) Person ggf. auseinanderfallen. Der BGH hatte diesbezüglich ausgeführt, dass gegen den Gesamtrechtsnachfolger der Organisation, deren Organ die Tat begangen hat, ein Bußgeld nur dann verhängt werden kann, wenn zwischen der früheren und der neuen Vermögensverbindung nach wirtschaftlicher Betrachtungsweise nahezu „**Identität besteht**";[192] eine solche wirtschaftliche Identität sei (nur) gegeben, wenn das „haftende Vermögen" weiterhin vom Vermögen des gem. § 30 OWiG Verantwortlichen getrennt, in gleicher oder in ähnlicher Weise wie bisher eingesetzt wird und in der neuen juristischen Person einen wesentlichen Teil des Gesamtvermögens ausmacht. Einer weitergehenden Erstreckung der bußgeldrechtlichen Haftung hat der Kartellsenat – im Hinblick auf das Analogieverbot des Art. 103 II GG – eine Absage erteilt. Er hat in diesem Zusammenhang eingeräumt, dass dem Unternehmen (bei ausstehenden Geldbußen) die „Flucht in die Fusion" bzw. Aufspaltung ermöglicht werde; diese Lücke zu schließen sei allerdings Aufgabe des Gesetzgebers. Dieser hat die Aufgabe mit **Einfügung von § 30 IIa OWiG** äußerst schnell (nämlich im Jahre 2014[193]) erfüllt. Nach dieser Vorschrift kann eine Unternehmensgeldbuße nunmehr auch gegenüber Rechtsnachfolgern eines Unternehmens verhängt werden.[194]

§ 30 I, II sowie IIa OWiG lauten:

91a

(1) Hat jemand
1. als vertretungsberechtigtes Organ einer juristischen Person oder als Mitglied eines solchen Organs,
2. als Vorstand eines nicht rechtsfähigen Vereins oder als Mitglied eines solchen Vorstandes,
3. als vertretungsberechtigter Gesellschafter einer rechtsfähigen Personengesellschaft,
4. als Generalbevollmächtigter oder in leitender Stellung als Prokurist oder Handlungsbevollmächtigter einer juristischen Person oder einer in Nummer 2 oder 3 genannten Personenvereinigung oder
5. als sonstige Person, die für die Leitung des Betriebs oder Unternehmens einer juristischen Person oder einer in Nummer 2 oder 3 genannten Personenvereinigung verantwortlich handelt, wozu auch die Überwachung der Geschäftsführung oder die sonstige Ausübung von Kontrollbefugnissen in leitender Stellung gehört,

eine Straftat oder Ordnungswidrigkeit begangen, durch die Pflichten, welche die juristische Person oder die Personenvereinigung treffen, verletzt worden sind oder die juristische Person oder die Personenvereinigung bereichert worden ist oder werden sollte, so kann gegen diese eine Geldbuße festgesetzt werden.

(2) ¹Die Geldbuße beträgt
1. im Falle einer vorsätzlichen Straftat bis zu zehn Millionen Euro,
2. im Falle einer fahrlässigen Straftat bis zu fünf Millionen Euro.

---

192 Amtlicher Leitsatz von BGHSt 57, 193 = NJW 2012, 164.
193 Achtes Gesetz zur Änderung des Gesetzes über Ordnungswidrigkeiten, BGBl. I S. 1738.
194 Zu dieser Problematik vgl. *Achenbach* wistra 2012, 413.

²Im Falle einer Ordnungswidrigkeit bestimmt sich das Höchstmaß der Geldbuße nach dem für die Ordnungswidrigkeit angedrohten Höchstmaß der Geldbuße. ³Verweist das Gesetz auf diese Vorschrift, so verzehnfacht sich das Höchstmaß der Geldbuße nach Satz 2 für die im Gesetz bezeichneten Tatbestände. ⁴Satz 2 gilt auch im Falle einer Tat, die gleichzeitig Straftat und Ordnungswidrigkeit ist, wenn das für die Ordnungswidrigkeit angedrohte Höchstmaß der Geldbuße das Höchstmaß nach Satz 1 übersteigt.

(2a) ¹Im Falle einer Gesamtrechtsnachfolge oder einer partiellen Gesamtrechtsnachfolge durch Aufspaltung (§ 123 Absatz 1 des Umwandlungsgesetzes) kann die Geldbuße nach Absatz 1 und 2 gegen den oder die Rechtsnachfolger festgesetzt werden. ²Die Geldbuße darf in diesen Fällen den Wert des übernommenen Vermögens sowie die Höhe der gegenüber dem Rechtsvorgänger angemessenen Geldbuße nicht übersteigen. 3Im Bußgeldverfahren tritt der Rechtsnachfolger oder treten die Rechtsnachfolger in die Verfahrensstellung ein, in der sich der Rechtsvorgänger zum Zeitpunkt des Wirksamwerdens der Rechtsnachfolge befunden hat.

Als Rechtsfolge, die unmittelbar gegen das Unternehmen gerichtet ist, nimmt § 30 OWiG eine Sonderstellung im deutschen Rechtssystem ein: Nach seinem ausdrücklichen Wortlaut ist er nicht nur bei der Begehung verbandsbezogener Ordnungswidrigkeiten, sondern auch von **Straftaten durch Organe** anwendbar.[195] Vor Inkrafttreten der **8. GWB Novelle**[196] (30.6.2013)[197] sah § 30 II OWiG a.F. nur einen Höchstbußgeldbetrag von 1 Mio. Euro vor; inzwischen sind Geldbußen in Höhe von bis zu **10 Mio. Euro** möglich; die Verzehnfachung betrifft auch fahrlässige Straftaten, sodass diesbezüglich ein Höchstbetrag von 5 Mio. Euro festgelegt ist.

91b Mit der 9. GWB Novelle vom 1.6.2017[198] wurde das kartellrechtliche Sanktionensystem durch die Einführung einer „**unternehmensbezogenen Sanktion**" in den neu eingefügten §§ 81 Abs. 3a-3e GWB erweitert und ein bedeutsamer Paradigmenwechsel vollzogen, der aber (noch) auf das Kartellbußgeldrecht beschränkt bleibt[199]: In § 81 IIIa GWB heißt es, dass eine Geldbuße auch gegen weitere juristische Personen oder Personenvereinigungen festgesetzt werden kann, die das Unternehmen zum Zeitpunkt der Begehung der Ordnungswidrigkeit gebildet haben und die auf die juristische Person oder Personenvereinigung, deren Leitungsperson die Ordnungswidrigkeit begangen hat, unmittelbar oder mittelbar **einen bestimmenden Einfluss**[200] ausgeübt haben, wenn jemand als Leitungsperson nach § 30 Abs. 1 Nr. 1-5 OWiG eine Ordnungswidrigkeit nach § 81 Abs. 1-3 GWB begangen hat.

91c Diese im Hinblick auf das Ordnungswidrigkeitenrecht atypische, aber mit dem europäischen Unternehmensbegriff (Art. 101 AEUV) harmonierende Ausgestaltung sollte einen „Gleichklang des Bußgeldadressaten mit dem Adressaten der materiellen Gebots- und Verbotsnormen sowie dem gesetzlichen Bußgeldrahmen"[201] herstellen. In concreto führt sie eine ordnungswidrigkeitenrechtliche „Ausfallhaftung" herbei, da ge-

---

195 Hier ist eine Beschränkung geplant, soweit bei der Begehung von Straftaten ein eigenes Verbandssanktionenrecht geschaffen würde, vgl. nur den Mitte August 2019 veröffentlichten Entwurf eines Verbandssanktionengesetzes, S. 41.
196 BGBl I 2013, S. 1738.
197 Zum Ganzen *Mühlhoff*, NZWiSt 2013, 321.
198 BGBl. 2017 I, S. 1416.
199 Zum Kartellordnungswidrigkeitenrecht knapp *Brettel/Schneider* § 3 Rn. 715.
200 Hierzu BT-Drs. 18/10207, 89.
201 BT-Drs. 18/10207, 86.

genüber einer Muttergesellschaft, die einen bestimmenden Einfluss auf die kartellrechtswidrig handelnde Tochtergesellschaft ausgeübt hat, eine Geldbuße verhängt werden kann, ohne dass sich eine Leitungsperson der Muttergesellschaft selbst vorwerfbar verhalten haben muss. Da solch eine kartellrechtliche „Sippenhaftung"[202] der Muttergesellschaft auch eine Aufgabe des in 30 OWiG konstituierten Rechtsträgerprinzips (und zugleich des gesellschaftsrechtlichen Trennungsprinzips) bedeutet, wird sie entsprechend kritisiert;[203] sie muss aber gerade vor dem Hintergrund betrachtet werden, dass diese im Hinblick auf den Rekurs auf den europäischen Unternehmensbegriff erwünscht war.[204]

a) Tatbestand des § 30 OWiG

aa) Anknüpfungstat und tauglicher Täter

Der Tatbestand des § 30 OWiG setzt zunächst eine **Anknüpfungstat** voraus, die „jemand" (natürliche Person) verwirklicht hat. Der Täter muss den Tatbestand einer Ordnungswidrigkeit oder einer Straftat rechtswidrig und schuldhaft erfüllt haben, vgl. auch § 11 Nr. 5 StGB, § 1 I OWiG. Eine rechtskräftige Verurteilung bzw. eine Bestrafung der natürlichen Person ist nicht notwendig (insofern bleibt eine isolierte Bestrafung des Unternehmens denkbar, obwohl das Verfahren gegen den Anknüpfungstäter eingestellt oder von Strafe abgesehen worden ist).[205]

92

Der **taugliche Täterkreis** ist in den Nummern 1-4 konkretisiert, wobei § 30 I Nr. 5 OWiG „faktisch" Verantwortliche einbezieht.[206] Der Täterkreis steht, wie sich aus dem Wortlaut der Vorschrift ergibt, gewissermaßen in einem „Synallagma" mit dem Anwendungsbereich der Norm, m.a.W.: Die Vorschrift kann auf diejenigen Verbände Anwendung finden, in denen ein tauglicher Anknüpfungstäter in Betracht kommt. Die wichtigsten Normadressaten und somit auch tauglichen Täter der Anknüpfungstaten seien in folgender Tabelle zusammengefasst:

93

Norm	Normadressat	Tauglicher Täter
§ 30 I Nr. 1	Juristische Personen/Körperschaften ▪ GmbH ▪ Aktiengesellschaft ▪ rechtsfähiger Verein ▪ Kommanditgesellschaft auf Aktie ▪ Eingetragene Genossenschaft ▪ auch fehlerhafte in Vollzug gesetzte Gesellschaften, vgl. §§ 275 ff. AktG, 75 ff. GmbHG ▪ Juristische Personen des ÖR (str.)	▪ Geschäftsführer, § 35 GmbHG ▪ Vorstandsmitglieder ▪ Vorstand (auch besonderer Vertreter) ▪ Persönlich Haftende der KGaA ▪ Abwickler

---

202 W/J/*Dannecker/Müller* 19. Kap. Rn. 155 unter Bezugnahme auf *Harnos* ZWeR 2016, 284 (304).
203 Vgl. etwa *Meyer-Lindemann,* in: Kersting/Podszun (Hrsg.), Die 9. GWB-Novelle, 2017, S. 394 Rn. 67; vgl. auch *Achenbach* wistra 2018, 185.
204 W/J/*Dannecker/Müller* 19. Kap. Rn. 155.
205 Zur isolierten Verfolgung nach § 444 III i.V.m. §§ 440, 441 I-III StPO (lesen) vgl. *Eidam* wistra 2003, 447 (454 ff.).
206 Zu dieser Vorschrift OLG Celle NZWiSt 2013, 68.

Norm	Normadressat	Tauglicher Täter
§ 30 I Nr. 2	Nicht rechtsfähiger Verein, § 55 BGB: - Gewerkschaften - Politische Parteien	Vorstand (besonderer Vertreter nicht erfasst, aber evtl. Nr. 5)
§ 30 I Nr. 3	Rechtsfähige Personengesellschaften: - OHG - Kommanditgesellschaft - GbR (Gesellschaft bürgerlichen Rechts)	grds. alle vertretungsberechtigten Gesellschafter, bei KG nur die persönlich Haftenden
§ 30 I Nr. 4		Prokuristen und Handlungsbevollmächtigte (müssen nicht gesetzliches Organ des Personenverbands sein), allerdings leitende Stellung notwendig
§ 30 I Nr. 5		Auffangtatbestand für „faktischen" Geschäftsführer (Person, die unwirksam bestellt wurde und Anknüpfungstat begeht)

bb) Betriebsbezogene Pflichtverletzung/(beabsichtigte) Bereicherung des Verbands

94 Durch die Anknüpfungstat muss eine **betriebsbezogene** Pflicht verletzt oder eine **Bereicherung** des Verbands erreicht bzw. beabsichtigt worden sein. Unter solchen betriebsbezogenen Pflichten sind solche zu verstehen, die nach verwaltungsrechtlichen Gesetzen im Zusammenhang mit dem Wirkungskreis des Verbandes bestehen und diesen als Normadressaten treffen.[207]

> **Beispiele:** Aufsichtspflichten des Betreibers einer Anlage, Kontrollpflichten von Produzenten, verwaltungsrechtliche Pflichten eines Gewerbetreibenden (Beachten der Ladenschlusszeiten).

95 Daneben können aber auch allgemeine Schutzpflichten „betriebsbezogenen" Charakter haben, wenn sie in einem sachlich-räumlichen Zusammenhang zum Betrieb stehen.[208]

> **Beispiele:** Schutzpflichten des Warenhausinhabers, Kunden und Arbeitnehmer vor körperlichen Schäden im Warenhaus zu bewahren; auch eine fahrlässige Körperverletzung kann somit eine taugliche Anknüpfungstat gem. § 30 I OWiG sein.

96 Als zweite „Alternative" ist § 30 OWiG anwendbar, wenn durch die Tat der Verband bereichert ist oder bereichert werden sollte; gemeint ist jeder vermögensrechtlich relevante Wert. Ob der tatsächlich Zufluss gewollt war, ist unerheblich.

cc) Handeln in Funktion der verantwortlichen Leitungsposition

97 Das Wörtchen „als" im § 30 I OWiG gibt zu verstehen, dass die jeweilige Leistungsperson in seiner Funktion „als" Organ gehandelt haben muss. Die verletzte Pflicht muss also an die leitende Position des Täters anknüpfen.

---

207 Göhler/*Gürtler* § 30 Rn. 19.
208 BT-Drs. V/1269, S. 60.

Beispiel: Stiehlt ein Vorstandsmitglied während etwaiger Vertragsverhandlungen Geld aus dem Koffer des Vertragspartners, steht die Pflichtverletzung nicht in einem Zusammenhang mit dessen besonderer Position, sondern könnte als „Handeln bei **bloßer Gelegenheit**" bezeichnet werden (anders bei Vorlegen falscher Zahlen oder Bestechen des Vertragspartners).

b) Rechtsfolge des § 30 OWiG

Liegen die Voraussetzungen des § 30 OWiG vor, kann dem Personenverband ein Bußgeld auferlegt werden (zur Höhe vgl. § 30 II OWiG). Gem. § 30 III OWiG i.V.m. § 17 IV 2 OWiG kann der wirtschaftliche Vorteil, den der Verband aus der Tat erlangt hat, in die Berechnung der Bußgeldhöhe einbezogen werden („Abschöpfung" und damit einhergehende **„Lockerung des Geldbußdeckels"**).[209] Die Zuständigkeit für die Festsetzung der Unternehmensgeldbuße hängt von der Zuständigkeit für die Anknüpfungstat ab (**Grundsatz des einheitlichen Verfahrens**). Für das Strafverfahren ergibt sich die Zuständigkeit aus § 444 StPO.

§ 444 StPO lautet:

(1) ¹**Ist im Strafverfahren** über die Festsetzung einer Geldbuße gegen eine juristische Person oder eine Personenvereinigung zu entscheiden (§ 30 des Gesetzes über Ordnungswidrigkeiten), so ordnet das Gericht deren Beteiligung an dem Verfahren an, soweit es die Tat betrifft. ²§ 424 Absatz 3 und 4 gilt entsprechend.

(2) ¹Die juristische Person oder die Personenvereinigung wird zur Hauptverhandlung geladen; bleibt ihr Vertreter ohne genügende Entschuldigung aus, so kann ohne sie verhandelt werden. ²Für ihre Verfahrensbeteiligung gelten im Übrigen die §§ 426 bis 428, 429 Absatz 2 und 3 Nummer 1, § 430 Absatz 2 und 4, § 431 Absatz 1 bis 3, § 432 Absatz 1 und, soweit nur über ihren Einspruch zu entscheiden ist, § 434 Absatz 2 und 3 sinngemäß.

(3) ¹Für **das selbständige Verfahren** gelten die §§ 435, 436 Absatz 1 und 2 in Verbindung mit § 434 Absatz 2 oder 3 sinngemäß. ²Örtlich zuständig ist auch das Gericht, in dessen Bezirk die juristische Person oder die Personenvereinigung ihren Sitz oder eine Zweigniederlassung hat.

In Ordnungswidrigkeitsverfahren dagegen gilt der ähnlich strukturierte § 88 OWiG. Mit dem „selbstständigen Verfahren" gibt § 444 III StPO nochmals zu erkennen, dass auch eine eigenständige Bebußung ohne Verurteilung des Anknüpfungstäters möglich ist (sog. **isoliertes Verfahren**), soweit die Verfolgung der Tat nicht aus **rechtlichen Gründen** (§ 170 II StPO) eingestellt wurde oder **verjährt** ist (wobei die Festsetzung der Unternehmensbuße *akzessorisch* verjährt, also in derselben Frist wie die Anknüpfungstat[210]). Dem Unternehmen kann also auch dann eine Geldbuße auferlegt werden, wenn das Verfahren gegen die natürliche Person nach § 154a StPO eingestellt oder nach Eröffnung des Hauptverfahrens von Strafe abgesehen wurde.

Vertiefungshinweis: Abweichend vom Grundsatz des § 444 StPO (Zuständigkeitskonzentration beim Strafgericht) können Festsetzungsbehörde für die Unternehmensbuße und Strafverfolgungsbehörde auseinanderfallen, wie dies insbesondere bei kartellrechtlichen Straftatbeständen vorkommen kann. § 48 GWB ordnet eine ausschließliche Zuständigkeit der Kartellbehörde für die Festsetzung von Unternehmensbußen an, was zu einer Spaltung von zuständiger Behörde für die Anknüpfungstat (bspw. § 298 Submissionsabsprachen, **vgl. Rn. 279**), nämlich

---

209 Näher hierzu *Wegner* wistra 2000, 361 (362 ff.); Göhler/*Gürtler* § 17 Rn. 37.
210 BGHSt 46, 207, 211; Göhler/*Gürtler* § 30 Rn. 43a.

Staatsanwaltschaft und Strafgericht, und Kartellbehörde als Bußgeldbehörde führt. Ob dies mit dem anfangs erwähnten einheitlichen Verfahren vereinbar ist, bleibt fraglich.[211]

100 | **Prüfungsschema für § 30 OWiG**
I. Tatbestand des § 30 OWiG
1. Anknüpfungstat und tauglicher Täter
2. Betriebsbezogene Pflichtverletzung/(beabsichtigte) Bereicherung des Verbands
3. Handeln in Funktion der verantwortlichen Leitungsposition

II. Rechtsfolge
1. Geldbuße gem. § 30 II OWiG samt Gewinnabschöpfung § 30 III i.V.m. § 17 OWiG
2. im kumulierten Verfahren mit Anknüpfungstat oder isoliert (soweit nicht aus rechtlichen Gründen eingestellt)

3. Sonstige Sanktionen und Maßnahmen gegen Unternehmen

101 Neben § 30 I OWiG kann das Unternehmen noch durch die **unternehmensbezogene Einziehung** gem. §§ 73b I Nr. 1, 74e StGB sanktioniert werden. Da sich bezüglich der Unternehmenseinziehung keine zentralen Besonderheiten ergeben, sei an dieser Stelle auf die Ausführungen im einschlägigen Kapitel (Rn. 614 ff.) sowie auf die diesbezügliche Sonderliteratur verwiesen.[212]

102 In den §§ 8 und 10 I, II WiStG ist als Sondersanktion innerhalb von Zuwiderhandlungen gegen das WiStG (also insbesondere Verstöße gegen Preisregelungen) die **Abführung des Mehrerlöses** vorgesehen. Hat das Unternehmen durch eine Zuwiderhandlung einen höheren als den zulässigen Preis erzielt, muss es den Differenzbetrag zwischen dem zulässigen und dem erzielten Preis (Mehrerlös) abführen, soweit es ihn nicht aufgrund einer rechtlichen Pflicht zurückerstattet hat (vgl. § 8 I 1 i.V.m. § 10 WiStG).

103 Außerhalb des Strafrechts ist noch an die zahlreichen **präventiven Instrumente der Unternehmenskontrolle durch Verwaltungsgesetze** zu denken, v.a. im Wirtschaftsverwaltungsrecht.[213] Eine Gewerbeuntersagung kann ein Unternehmen im Einzelfall wesentlich härter treffen als eine Geldbuße, vgl. nur § 20 BImSchG oder § 35 GewO.

§ 35 I GewO (Gewerbeuntersagung wegen Unzuverlässigkeit) lautet:

Die Ausübung eines Gewerbes ist von der zuständigen Behörde **ganz oder teilweise zu untersagen**, wenn Tatsachen vorliegen, welche die Unzuverlässigkeit des Gewerbetreibenden oder einer mit der Leitung des Gewerbebetriebes beauftragten Person in Bezug auf dieses Gewerbe dartun, sofern die Untersagung zum Schutze der Allgemeinheit oder der im Betrieb Beschäftigten erforderlich ist. Die Untersagung kann auch auf die Tätigkeit als Vertretungsberechtigter

---

211 Siehe hierzu NK/*Dannecker* § 298 Rn. 122.
212 *Streng*, Strafrechtliche Sanktionen, 3. Aufl. 2012, Rn. 366 ff.; *Kett-Straub/Kudlich*, Sanktionenrecht, 2017, § 14; einführend zu den Sanktionen im Wirtschaftsstrafrecht *T. Walter* JA 2011, 481; *Theile/Petermann* JuS 2011, 496. Zur Vermögensabschöpfung gegenüber juristischen Personen auch *Ceffinato* ZWH 2018, 161.
213 Zu weiteren nichtstrafrechtlichen Sanktionen bei wirtschaftskriminellem Handeln *Kretschmer* ZWH 2013, 481 sowie *Gercke* wistra 2012, 291.

eines Gewerbetreibenden oder als mit der Leitung eines Gewerbebetriebes beauftragte Person sowie auf einzelne andere oder auf alle Gewerbe erstreckt werden, soweit die festgestellten Tatsachen die Annahme rechtfertigen, daß der Gewerbetreibende auch für diese Tätigkeiten oder Gewerbe unzuverlässig ist. Das Untersagungsverfahren kann fortgesetzt werden, auch wenn der Betrieb des Gewerbes während des Verfahrens aufgegeben wird.

III. Strafbarkeit im Unternehmen

Etwas komplexer gestaltet sich die Frage, wer innerhalb eines Unternehmens für die Handlungen nach außen haftet bzw. haften soll: Hierbei bietet es sich an zwischen einer *horizontalen* Ebene einerseits (Wer haftet wie **nebeneinander**?), und einer *vertikalen* Ebene anderseits (Wer haftet wie in der **Hierarchie**?) zu unterscheiden.

1. Horizontale Verantwortungsstrukturen

Auf horizontaler Ebene gelten zunächst die allgemeinen strafrechtsdogmatischen Regeln. Die Abgrenzung von Täterschaft und Teilnahme erfolgt nach dem Kriterium der Tatherrschaft, wobei diese in der Rechtsprechung einen subjektiven Einschlag erfährt.[214] Bei Straftatbeständen, die **jedermann** verwirklichen kann, muss individuell geprüft werden, ob er den tatbestandlichen Erfolg **kausal** (ggf. kumulativ bzw. alternativ) verursacht hat. Probleme können sich diesbezüglich bei Gremienentscheidungen ergeben, die in Unternehmen keine Seltenheit sind.[215] Sodann muss begutachtet werden, ob dem Täter der Eintritt des Erfolgs auch **objektiv zurechenbar** ist. Gerade im Wirtschaftsstrafrecht kommt es häufig vor, dass der Täter die unter Umständen verbotene Handlung innerhalb seiner Berufsausübung vornimmt, so dass es mit Blick auf Art. 12 I GG und den Gedanken der **Sozialadäquanz** geboten sein kann, **berufsbedingtes Verhalten** aus dem Anwendungsbereich einer Strafvorschrift herauszunehmen (v.a. im Teilnahmebereich hat sich diese Fallgruppe als klassisches Problem etabliert, Stichwort „neutrale Beihilfe durch berufsbedingtes Verhalten?"[216]).

> **Hinweis:** Eine Abgrenzung von Täterschaft und Teilnahme entfällt dort, wo das Gesetz einen **Einheitstäterbegriff** vorsieht (also unmittelbaren Täter und Gehilfen gleich stellt), so im Ordnungswidrigkeitenrecht, vgl. § 14 OWiG und – im untechnischen Sinn – bei Fahrlässigkeitsdelikten.

Bei **Sonderdelikten** greifen ebenfalls die allgemeinen Regeln. Täter kann dementsprechend nur derjenige sein, der die Eigenschaft bzw. das Sondermerkmal (Arbeitgeber, Schuldner etc.) aufweist. Da es sich hierbei um strafbarkeitsbegründende persönliche Merkmale nach § 28 I StGB handelt, ist die Strafbarkeit eines etwaigen Teilnehmers an der Tat nach § 49 I StGB zu mildern. Da es im Wirtschaftsstrafrecht häufiger vorkommt, dass das strafbarkeitsbegründende Merkmal nur die Personenverbände (die

---
214 Zum Ganzen *Wessels/Beulke/Satzger* Rn. 510 ff.
215 Ausführlich Rn. 136 ff.
216 Ausführlich Rn. 191 ff.

juristischen Personen) als solche aufweisen, findet sich in § 14 StGB eine Zurechnungsnorm.[217]

2. Vertikale Verantwortungsstrukturen

107 Auf vertikaler Ebene gilt es zu analysieren, inwiefern Unternehmensführer (bzw. die primär verantwortlichen Organe) für Straftaten haften, die in ihrem Unternehmen begangen worden sind; insbesondere ist es in diesem Zusammenhang von praktischer Relevanz, wie eine strafrechtliche Haftung des Prinzipals für „fremde" Handlungen materiell-rechtlich legitimiert werden kann. Hierbei sind dogmatisch mehrere Ansätze denkbar:

a) Verantwortung als mittelbarer Täter, § 25 I 2. Alt StGB?

108 Nutzt der Vorstand bzw. die Leitung des Unternehmens einen Irrtum oder eine Zwangslage seiner Mitarbeiter aus und schiebt diese für die „Tatbestandsverwirklichung" vor, kommt – soweit der Vordermann ein Strafbarkeitsdefizit aufweist – eine Strafbarkeit der Hintermänner und somit leitenden Betriebsorgane in mittelbarer Täterschaft gem. § 25 I 2. Alt. StGB in Betracht. Die Rechtsprechung ließ vereinzelt die Annahme einer mittelbaren Täterschaft aber auch dann zu, wenn der Vordermann (bspw. der Arbeitnehmer) voll verantwortlich, also ohne Strafbarkeitsdefizit, handelte.[218] Grundlage hierfür ist das umstrittene Modell der „normativen Tatherrschaft" **kraft Organisationsherrschaft**.[219]

109 Bildhaft könnte man sagen, dass die leitenden Personen in den „Chefetagen" als Hintermänner eine Organisationsherrschaft innehaben, weil die Fungibilität der Vordermänner als treue Arbeitnehmer (die „um ihren Job fürchten") stets gewährleistet sei. Das Machtapparat-Modell sollte ursprünglich **Schreibtischtäter** erfassen, welche sich durch ausschließliche Planung bzw. Organisation von Straftaten einer täterschaftlichen Qualifizierung entziehen.[220] Nach Auffassung des BGH soll dieser Unterfall der normativen Tatherrschaft auch auf grundsätzlich legale (geschäftliche/gesellschaftliche) Strukturen übertragbar sein,[221] etwa bei von der Chefarztebene aus detailliert geplanten und durchorganisierten Straftaten in einem Krankenhaus oder systematischen Betrugstaten durch Anlageberatung im Bankensektor.

> **Aus BGHSt 40, 218, 237:** „... Den Hintermann in solchen Fällen nicht als Täter zu behandeln, würde dem objektiven Gewicht seines Tatbeitrags nicht gerecht, zumal häufig die Verantwortlichkeit mit größerem Abstand zum Tatort nicht ab-, sondern zunimmt. Eine so verstandene

---

217 Vgl. Rn. 117 ff.
218 BGH wistra 1998, 148 (150); BGHSt 48, 331 (342 f.).
219 Vgl. BGHSt 40, 218 (Mauerschützenfall); allgemein hierzu *Otto* Jura 2001, 753 ff.; *Heinrich*, FS-Krey, 2010, S. 147 ff.; *I. Roxin*, FS-Wolter, 2013, S. 451 ff.; *Roxin*; FS-Krey, 2010, S. 449 ff.; zur Entwicklungsbedürftigkeit dieses Konstrukts im Bereich des Gesundheitswesens *Kudlich/Schulte-Sasse* NStZ 2011, 241.
220 *Wessels/Beulke/Satzger* Rn. 541.
221 BGH wistra 1998, 148 (150); BGHSt 48, 331 (342 f.).

mittelbare Täterschaft wird nicht nur beim Mißbrauch staatlicher Machtbefugnisse, sondern auch in Fällen mafiaähnlich organisierten Verbrechens in Betracht kommen, bei denen der räumliche, zeitliche und hierarchische Abstand zwischen der die Befehle verantwortenden Organisationsspitze und den unmittelbar Handelnden gegen arbeitsteilige Mittäterschaft spricht. Auch das Problem der Verantwortlichkeit beim Betrieb wirtschaftlicher Unternehmen lässt sich so lösen ..."

Diese Auffassung bleibt nicht frei von Einwänden. *Roxin* bemängelt zu Recht, dass die grundlegende Überlegung, auf der solch eine Tatherrschaft fuße – nämlich mafiöse Strukturen und völlige Loslösung aus der staatlichen Rechtsordnung – bei einer schlichten Unternehmensführung fehle.[222] Insbesondere könne das bloße „Abhängigkeitsverhältnis" zwischen Arbeitgeber und Arbeitnehmer noch keine (normative) „Werkzeugeigenschaft" der hierarchisch unterlegenen Unternehmensmitglieder begründen.[223]

110

b) Wechselseitige Zurechnung, § 25 II StGB?

Zur Begründung einer strafrechtlichen Verantwortung der Unternehmensleiter wäre auch eine Heranziehung des § 25 II StGB vorstellbar: Etwaige Tathandlungen aller Unternehmensmitglieder wären den Beteiligten untereinander wechselseitig zuzurechnen, da diese als **Mittäter** einzustufen wären. Meist fehlt aber ein gemeinsamer Tatplan, zumal eine konkrete Zusammenarbeit (zwischen Arbeitnehmer und Arbeitgeber) ohnehin die absolute Seltenheit darstellen wird. V.a. bei **betrügerischen Geschäftsmodellen**, in denen ein „Hauptprotagonist" das Konzept aufgestellt hat, dürfen bandenartige Strukturen und die auf Wiederholung ausgerichtete sowie gewinnorientierte Tatbegehung (etwa im Rahmen von Anlagebetrügereien oder Kapitalerhöhungen[224]) nicht dazu verleiten, per se eine mittelbare Täterschaft[225] oder Mittäterschaft annehmen zu wollen, obwohl die Mitgesellschafter nicht am „Kerngeschehen" beteiligt sind.[226] Gerade im Rahmen einer konkurrenzrechtlich „verlockenden" Verklammerung von einzelnen Betrugstaten, die im Rahmen eines Geschäftsbetriebs (unter Schaffung und Ausnutzung von Unternehmensstrukturen) gleichsam organisiert begangen wurden – die Rede ist von **„uneigentlichen Organisationsdelikten"**[227] – bedarf es genauerer Überprüfung, ob die Tatbestandsmerkmale in sämtlichen Einzelfällen des „uneigentlichen Organisationsdeliktes" verwirklicht und wechselseitig zurechenbar sind.[228]

111

---

222 *Roxin* AT II; § 25 Rn. 129 ff.; zur Kritik ferner *Lackner/Kühl* § 25 Rn. 4.
223 Momsen/Grützner/*Rotsch* 1. Kap. B. Rn. 48 spricht von einer Umkehr des Zurechnungsprinzips „Bottom Up" (Zurechnung beginnend in der „untersten Etage") in „top down", die streng zivilrechtsakzessorisch die gesellschaftsrechtliche Pflichtenstellung der Leitungspersonen (den „oberen Etagen") in das Strafrecht überträgt, allerdings ohne „dogmatische Fundierung".
224 Der Verkauf von Schrottimmobilien bzw. sonstiger ersichtlich mangelhafter Finanzprodukte kann den Tatbestand des § 263 erfüllen, *Gerst/Meinicke* StraFo 2011, 29; Flohr/Wauschkuhn/ *Ufer* 3. Teil § 263 StGB Rn. 105 ff.; zum Kapitalanlagebetrug vgl. Rn. 301 ff.
225 Zum Betrug kraft Organisationsherrschaft in der Rechtsprechung des BGH *Noltenius*, in: Steinberg/Valerius/Popp, 2011, S. 9 ff.
226 Vgl. hierzu nur BGH wistra 2012, 303; sowie BGH ZWH 2012, 360 m. Anm. *Oğlakcıoğlu*.
227 BGH NStZ 2010, 279; NStZ 2012, 279.
228 BGH NJW 2004, 375.

Hinweis: Man sollte sich zum besseren Verständnis nochmals vor Augen führen, dass die Konstruktion einer Täterschaft v.a. im Bereich des vorsätzlichen und somit „strafwürdigeren" Handelns notwendig wird. Eine fahrlässige Mittäterschaft existiert ebenso wenig wie eine fahrlässige mittelbare Täterschaft.[229] Hier können die Fragen der Organisationsherrschaft, der Verantwortungssphäre etc. allerdings alle in die objektive bzw. subjektive Sorgfaltspflichtverletzung eingebettet werden.

c) Strafbarkeit wegen Unterlassen, § 13 StGB?

112 Denkbar ist auch eine Haftung bzw. Verantwortung wegen Unterlassens gem. § 13 StGB. Diese Vorschrift setzt allerdings eine Pflicht zum Einschreiten voraus, sog. **Garantenstellung**. Jedenfalls kann sich nicht aus jeder zivilrechtlichen Verkehrssicherungspflicht per se eine **Überwachergarantenstellung** ergeben.[230] Im Einzelnen ist hier noch vieles unklar. Teils wird der Begriff der faktischen Übernahme von Aufsichtspflichten verwendet[231], teils greift man auch auf die Ingerenz-Garantenstellung zurück (soweit ein pflichtwidriges Vorverhalten in Betracht kommt).[232] Soweit im StGB und OWiG auch eine echte **Geschäftsherrenhaftung** existiert, bleibt – soweit man eine Unterlassungsstrafbarkeit konstruiert – auch das Verhältnis zu solchen Aufsichtspflichtverletzungstatbeständen, vgl. §§ 357 StGB, 130 OWiG (dazu sogleich), fraglich.

Hinweis: Besonderheiten gelten v.a., wenn das Unternehmen eine bestimmte Person in seinem Betrieb als leitendes Organ oder als Angestellten damit beauftragt hat, mögliche Haftungsrisiken frühzeitig zu erkennen, insbesondere ausgehende Rechtsverstöße zu beanstanden und die notwendigen Gegenmaßnahmen zu treffen (sog. „Compliance Beauftragte"). Da viele größere Unternehmen inzwischen eine eigene Compliance-Abteilung eingerichtet haben, wird diese spezielle Fallgruppe (insbesondere die Frage, ob bei diesen Personen a priori eine Überwachergarantenstellung angenommen werden kann) nochmals aufzugreifen sein.[233]

113 Fest steht, dass gerade in größeren Betrieben Unternehmensleitung und Arbeitnehmer bereits „räumlich" so weit voneinander entfernt sind (es ist nicht umsonst von „vertikaler Hierarchie" die Rede), dass im konkreten Einzelfall der Vorsatz hinsichtlich des Unterlassens einer gebotenen „Rettungshandlung" schwerlich nachzuweisen ist. Hinzu tritt das Erfordernis der **Quasikausalität**: Dementsprechend wäre ein Unterlassen der leitenden Organe nur dann kausal, wenn die Rettungshandlung nicht hinzugedacht werden kann, ohne dass der Erfolg mit an Sicherheit grenzender Wahrscheinlichkeit entfiele. Gerade in größeren Unternehmen werden sich aber immer wieder kleinere oder größere Zweifel bezüglich der Tauglichkeit eines Rettungsmittels auftun. Letztlich zeichnet sich das Wirtschaftsstrafrecht häufig auch durch abstrakte Gefährdungs- bzw. **schlichte Tätigkeitsdelikte** aus, die an ganz spezielle Handlungen anknüpfen, deren exakte Umschreibung einer Gleichstellung des Unterlassens entgegenzustehen scheint.[234] Soweit man an die Beteiligung an einer fremden, eigenverantwortlichen Deliktsbegehung anknüpfen will, stellt sich ohnehin die Frage, ob die

---

229 Siehe hierzu *Weißer* JZ 1998, 230 ff.
230 *Wessels/Beulke/Satzger* Rn. 722 ff.
231 Vgl. KK-OWiG/*Rengier* § 8 Rn. 41 f.
232 So im Lederspray-Fall BGHSt 37, 106, 115 ff., vgl. Rn. 124.
233 Siehe Rn. 253.
234 Hierzu *Oğlakcıoğlu*, Der Allgemeine Teil des Betäubungsmittelstrafrechts, S. 376 ff.

"Zusehenden" als "Randfiguren" des Geschehens nicht stets als Gehilfen klassifiziert werden müssten.[235] Die praktische Relevanz dieses Zurechnungsmodells dürfte also trotz der rege geführten Diskussion gering sein.[236]

d) Verschiebung der Verantwortung „nach unten"? (Zur Frage der sog. Delegation)

Die soeben erläuterten Begründungsmodelle verdeutlichen, dass es mehrere Möglichkeiten gibt, Unternehmensleiter in die strafrechtliche Verantwortung zu ziehen. Auf der anderen Seite ist zu bedenken, dass die leitenden natürlichen Personen v.a. in größeren Unternehmen nicht jede erdenkliche Gefahr verhindern können und eine Übertragung bestimmter Aufsichtspflichten bzw. Verantwortungsbereiche auf Dritte (Personen, die „eine Stufe" unter der Unternehmensleitung stehen) möglich sein muss.[237] Die Rechtsprechung lässt solch eine **organisationsbezogene Betrachtung** nicht uneingeschränkt zu. Eine haftungsbefreiende Delegation von Pflichten im Sinne einer abgestuften Verantwortung in der Betriebshierarchie soll nur unter strengen Voraussetzungen denkbar sein.[238] Da solch eine Delegation im Gesetz nicht geregelt ist, muss man sich an allgemeinen Grundsätzen orientieren, wie sie sich in Art. 12 IV des sog. Corpus Juris Florenz[239] herausgebildet haben. **Artikel 12 Corpus Juris Florenz** (Strafrechtliche Verantwortlichkeit des Geschäftsherrn und von Personen, die innerhalb eines Unternehmens Entscheidungs- oder Kontrollbefugnisse ausüben: Entscheidungsträger und Amtsträger) **lautet:**

114

1. Wird eine der Taten nach den Artikeln 1 bis 8 zugunsten eines Unternehmens durch eine Person begangen, die der Weisungsgewalt eines Geschäftsherren unterworfen ist oder der Weisungsgewalt einer anderen Person mit Entscheidungs- oder Kontrollbefugnis innerhalb des Unternehmens, so sind auch der Geschäftsherr und die andere Person strafrechtlich verantwortlich, wenn sie die Tat vorsätzlich[240] begehen lassen ...
   ...
3. Wird eine der Taten nach den Artikeln 1 bis 8 von einer Person begangen, die der Weisungsgewalt eines Geschäftsherren unterworfen ist oder der Weisungsgewalt einer anderen Person mit Entscheidungs- oder Kontrollbefugnis innerhalb des Unternehmens, so sind auch der Geschäftsherr und die andere Person strafrechtlich verantwortlich, wenn sie eine notwendige Überwachung unterlassen und wenn dies die Tat erleichtert.
4. Für die Frage, ob eine Person gemäß Ziffer 1 oder 3 verantwortlich ist, kann sich niemand mit der Übertragung von Befugnissen auf eine andere Person verteidigen, **es sei denn, die Übertragung erfolgte nur zu einem Teil, genau und speziell, war für das Unternehmen notwendig und der Übertragungsempfänger war tatsächlich in der Lage, die Aufgaben des Übertragenden zu erfüllen**. Ungeachtet einer solchen Übertragung kann eine Person diesem Artikel gemäß verantwortlich gemacht werden, wenn sie zu wenig Sorgfalt auf die Auswahl, Überwachung oder Kontrolle des Personals verwandt hat oder allgemein auf die Organisation des Unternehmens oder eines anderen Zuständigkeitsbereichs des Geschäftsherrn.

---

235 BeckOK/*Kudlich* § 25 Rn. 17.2.
236 A/R/R/*Achenbach*, 1. Teil, 3. Kap., Rn. 32 f.
237 *Tiedemann*, Rn. 430.
238 LK/*Schünemann* § 14 Rn. 65 m.w.N.
239 Das Corpus Juris Florenz hat strafrechtliche Regelungen zum Schutz der finanziellen Interessen der EU zum Gegenstand.
240 En connaissance de cause», wörtlich: „in Kenntnis der Sachlage".

115 Orientiert am Art. 12 IV Corpus Juris Florenz kommt eine Delegation somit nur bei
- einer **Beschränkung auf spezielle Bereiche** in Betracht, wobei
- der **Inhalt der Delegation genau bezeichnet** und
- **zeitlich begrenzt** werden muss und
- nur einen **Teil der Leitungsaufgaben betreffen** darf.

116 Eine Delegation passt – soweit man diese dogmatisch anerkennt – schon strukturell nur auf die **Fahrlässigkeitsstrafbarkeit**: Einen „Freischein" trotz vorsätzlichen Handelns soll kein Unternehmensleiter erhalten (vgl. diesbezüglich auch die Überlegungen zur mittelbaren Täterschaft). Außerdem verbleibt trotz einer Delegation die oberste Verantwortung hinsichtlich der Auswahl und Überwachung des Personals stets beim Prinzipal. Dass sich die Unternehmensleiter nicht vollständig von einer Haftung freizeichnen können, kommt schon in § 14 I StGB zum Ausdruck, wonach der Vertreter „auch" verantwortlich ist.

3. Haftungsbegründung beim Vertreter, § 14 StGB

117 § 14 StGB bildet innerhalb der vertikalen Verantwortungsverteilung einen „Spezialfall der Verschiebung nach unten".[241]

§ 14 StGB lautet (im Wesentlichen wortgleich auch § 9 OWiG)**:**

(1) Handelt jemand

Nr. 1 als vertretungsberechtigtes Organ einer juristischen Person oder als Mitglied eines solchen Organs,

Nr. 2 als vertretungsberechtigter Gesellschafter einer rechtsfähigen Personengesellschaft oder

Nr. 3 als gesetzlicher Vertreter **eines anderen**,

so ist ein Gesetz, nach dem besondere persönliche Eigenschaften, Verhältnisse oder Umstände (besondere persönliche Merkmale) die Strafbarkeit begründen, auch auf den Vertreter anzuwenden, wenn diese Merkmale zwar nicht bei ihm, aber bei dem Vertretenen vorliegen.

(2) Ist jemand von dem Inhaber eines Betriebs oder einem sonst dazu Befugten

Nr. 1 beauftragt, den Betrieb ganz oder zum Teil zu leiten, oder

Nr. 2 ausdrücklich beauftragt, in eigener Verantwortung Aufgaben wahrzunehmen, die dem Inhaber des Betriebs obliegen,

und handelt er auf Grund dieses Auftrags, so ist ein Gesetz, nach dem besondere persönliche Merkmale die Strafbarkeit begründen, auch auf den Beauftragten anzuwenden, wenn diese Merkmale zwar nicht bei ihm, aber bei dem Inhaber des Betriebs vorliegen. Dem Betrieb im Sinne des Satzes 1 steht das Unternehmen gleich. Handelt jemand auf Grund eines entsprechenden Auftrags für eine Stelle, die Aufgaben der öffentlichen Verwaltung wahrnimmt, so ist Satz 1 sinngemäß anzuwenden.

(3) Die Absätze 1 und 2 sind auch dann anzuwenden, wenn die Rechtshandlung, welche die Vertretungsbefugnis oder das Auftragsverhältnis begründen sollte, unwirksam ist.

---

[241] So *Tiedemann*, Rn. 435.

a) Organhaftung, § 14 I StGB

§ 14 StGB regelt in seinem ersten Absatz den Fall der **Organhaftung**. Seine Funktion liegt darin, strafbarkeitsbegründende besondere persönliche Merkmale, die in Gestalt des Vertretenen vorliegen (meist ein Personenverband, aber auch eine natürliche Person gem. § 14 I Nr. 3 StGB[242]) dem Vertreter zuzurechnen und somit v.a. im Bereich der Sonderdelikte strafrechtlich haftbar zu machen. Da es sich bei wirtschaftsstrafrechtlichen Vorschriften oftmals um Sonderdelikte handelt, sollen besondere (strafbarkeitsbegründende) Merkmale, die nur bei der Gesellschaft vorliegen (bspw. die Arbeitgebereigenschaft nach § 266a StGB) den natürlichen Personen als Organe der juristischen Person über § 14 StGB zugerechnet werden. Da der Verband als solcher nicht strafbar ist, die natürlichen Personen ihrerseits aber nicht das persönliche Merkmal aufweisen, schließt § 14 StGB die hier sonst drohenden Strafbarkeitslücken.[243]

118

> **Hinweis:** Insofern ist umstritten, ob § 14 StGB auch auf Straftatbestände anwendbar ist, die keinen Sonderdeliktscharakter haben und welche Rolle hierbei § 28 I StGB spielt (insbesondere ob dessen Anwendungsbereich exakt mit demjenigen des § 14 StGB übereinstimmt).

Der Anwendungsbereich des § 14 I StGB erstreckt sich somit im Wesentlichen auf Organe einer juristischen Person (z.B. GmbH, AG), auf vertretungsberechtigte Vertreter einer rechtsfähigen Personengesellschaft (z.B. OHG, KG; str. für GbR, hier u.U. Abs. II) und auf gesetzliche Vertreter einer natürlichen Person (Eltern gem. §§ 1626, 1629 BGB, Liquidatoren und Insolvenzverwalter, soweit sie nicht bereits „Organe" i.S.d. der ersten beiden Nummern sind); **insoweit** kann zum Vergleich die Tabelle zu § 30 OWiG herangezogen werden. Der Täter muss „als" Organ oder „aufgrund" des Auftrags handeln, d.h. die Anwendung des § 14 StGB setzt einen „Vertretungsbezug" voraus, wobei dessen nähere Bedeutung umstritten ist. Der Vertretungsbezug wird v.a. bei der Abgrenzung von Untreue gem. § 266 StGB (durch einen GmbH-Geschäftsführer zu Lasten der GmbH) und Bankrott gem. § 283 I StGB (zu Gunsten der GmbH und zu Lasten der GmbH-Gläubiger) praxisrelevant (**siehe Rn. 529**).

119

b) Betriebsleiterhaftung, § 14 II StGB

Unterschiede zu § 30 I OWiG ergeben sich allerdings bei der **Beauftragtenhaftung**. Nach § 14 II StGB werden dem Beauftragten strafbarkeitsbegründende besondere persönliche Merkmale „zugerechnet", die in Gestalt des Beauftragenden (= Betriebsinhaber) vorliegen. § 14 II StGB erweitert also den Kreis der Persönlichkeiten, denen subjektive Merkmale juristischer Personen zugerechnet werden können. Diese Personen müssen **nicht**, wie dies bei § 30 OWiG der Fall wäre, **immer eine leitende Funktion** innehaben. Anwendungsfälle sind zwar in § 14 II Nr. 1 StGB die vollständige oder teilweise Betriebsleitung (Nr. 1: auch Leiter eines Zweigbetriebs[244], nicht dagegen Vor-

120

---

242 Bspw. ein insolventer Schuldner, der nun vom Insolvenzverwalter „vertreten" wird; zur Rechtsstellung des Insolvenzverwalters aus der Reihe „Start ins Rechtsgebiet" *Zimmermann*, Insolvenzrecht, 2012, S. 27-28.
243 A/R/R/*Achenbach*, 1. Teil, 3. Kap. Rn. 5 spricht von einem drohenden „juristischen Patt".
244 BGH(Z) MDR 90, 41.

arbeiter bzw. Obermeister[245]), allerdings kommt nach § 14 II **Nr. 2** StGB auch die ausdrückliche Beauftragung einer eigenverantwortlichen Aufgabenwahrnehmung in Betracht (Nr. 2: solche Beauftragte müssen nicht Betriebsangehörige sein; denkbar sind Steuerprüfer, Rechtsanwälte etc.).[246] Die bloße Einräumung von Leitungsbefugnissen bzw. Einbeziehung in eine unternehmerische Mitverantwortung reicht allerdings nicht aus. Entscheidend ist – wie der Fünfte Senat richtig anmerkt – ob gesetzliche Arbeitgeberpflichten in die **eigenverantwortliche Entscheidungsgewalt** des Beauftragten übergegangen sind.[247] Im Rahmen einer solchen Prüfung kann indiziell auch von Bedeutung sein, ob der Betrieb auf Grund seiner **Größe** überhaupt eine personelle Aufteilung der Verantwortlichkeitsbereiche erforderlich macht.

> **Zur Vertiefung:** Das Merkmal der „ausdrücklichen" Beauftragung ist – wie der BGH anmahnt – ernst zu nehmen und muss damit auch in den Urteilsgründen wiederkehren. Schließlich ermöglicht § 14 II Nr. 2 StGB eine nochmalige Extension auf Personen, die innerhalb des Betriebs nicht einmal eine zentrale Position einnehmen müssen. In der zitierten BGHSt Entscheidung stellte der BGH fest, dass der Auftrag *„zweifelsfrei erfolgen"* muss „und ausreichend konkret" ist, „damit für den Beauftragten das Ausmaß der von ihm zu erfüllenden Pflichten eindeutig erkennbar ist".[248] Die Prüfung, dass dies tatsächlich der Fall war, muss dem Revisionsgericht durch eine Darstellung des Übertragungsakts ermöglicht werden.

c) Fehlerhaftes Organ/Fehlerhafter Betriebsleiter, § 14 III StGB

121 Nach § 14 III StGB gelten Abs. I und II auch, wenn **die Bestellung unwirksam erfolgt** ist. Die Vorschrift wird der faktischen Betrachtungsweise im Wirtschaftsstrafrecht gerecht, wonach es nicht darauf ankommen kann, dass zivilrechtliche Formvorschriften verletzt wurden. Ob eine teleologisch-wirtschaftliche Ausdehnung dahingehend erfolgen kann, dass selbst ein **„faktischer Geschäftsführer"** als jemand, der überhaupt nicht – also nicht einmal „unwirksam" – bestellt worden ist, unter die Vorschrift subsumiert werden kann, wird lebhaft diskutiert (vgl. hierzu noch Rn. 525 ff.).[249]

4. Die Aufsichtshaftung nach § 130 OWiG

122 Einen „Ausgleich" hinsichtlich der Delegationsmöglichkeit auf untergeordnete Ebenen schafft wiederum der Aufsichtshaftungstatbestand nach § 130 OWiG. Betriebsinhaber müssen nach dieser Vorschrift für rechtswidrige Taten ihrer Angestellten haften, soweit sie ihren Aufsichtspflichten nicht nachgekommen sind. Das Besondere an diesem Auffangtatbestand ist, dass die leitenden Organe weder vorsätzlich noch fahrlässig hinsichtlich der von ihrem Angestellten begangenen Tat selbst handeln müssen; es handelt sich insofern um eine **objektive Bedingung der Ahndung**).[250] Auch § 130 OWiG nimmt nunmehr auf den erhöhten Bußgeldrahmen des § 30 II OWiG Bezug, § 130 III 2

---

245 Vgl. KK-OWiG/*Rogall* § 9 Rn. 85.
246 Göhler/*Gürtler* § 9 Rn. 27.
247 G/J/W/*Merz* § 14 StGB Rn. 47, 49.
248 BGHSt 58, 10 = NJW 2012, 3385 (3387).
249 Ausführlich Rn. 525 ff.
250 Ausführlich *Mitsch*, Recht der Ordnungswidrigkeiten, 2. Aufl. 2005, Rn. 58.

OWiG. Nach dem Willen des Gesetzgebers soll die Änderung jedoch nicht zu einer Verzehnfachung des Bußgeldrahmens als solchem führen, sondern nur im Bereich der **Geldbuße gegen juristische Personen Anwendung** finden.

§ 130 OWiG lautet:

> (1) ¹Wer als Inhaber eines Betriebes oder Unternehmens vorsätzlich oder fahrlässig die Aufsichtsmaßnahmen unterläßt, die erforderlich sind, um in dem Betrieb oder Unternehmen Zuwiderhandlungen gegen Pflichten zu verhindern, die den Inhaber treffen und deren Verletzung mit Strafe oder Geldbuße bedroht ist, handelt ordnungswidrig, wenn eine solche Zuwiderhandlung begangen wird, die durch gehörige Aufsicht verhindert oder wesentlich erschwert worden wäre. ²Zu den erforderlichen Aufsichtsmaßnahmen gehören auch die Bestellung, sorgfältige Auswahl und Überwachung von Aufsichtspersonen.
>
> (2) Betrieb oder Unternehmen im Sinne des Absatzes 1 ist auch das öffentliche Unternehmen.
>
> (3) ¹Die Ordnungswidrigkeit kann, wenn die Pflichtverletzung mit Strafe bedroht ist, mit einer Geldbuße bis zu einer Million Euro geahndet werden. ²§ 30 Absatz 2 Satz 3 ist anzuwenden. ³Ist die Pflichtverletzung mit Geldbuße bedroht, so bestimmt sich das Höchstmaß der Geldbuße wegen der Aufsichtspflichtverletzung nach dem für die Pflichtverletzung angedrohten Höchstmaß der Geldbuße. ⁴Satz 3 gilt auch im Falle einer Pflichtverletzung, die gleichzeitig mit Strafe und Geldbuße bedroht ist, wenn das für die Pflichtverletzung angedrohte Höchstmaß der Geldbuße das Höchstmaß nach Satz 1 übersteigt.

Der Tatbestand des § 130 OWiG setzt die **Verletzung einer Aufsichtspflicht** durch **Betriebsorgane** voraus. Tathandlung ist die Unterlassung von **Aufsichtsmaßnahmen**, die erforderlich sind, um straf- bzw. bußgeldrechtlich relevante Verhaltensweisen zu verhindern. Nur diesbezüglich muss der Betriebsinhaber bzw. der nach § 9 OWiG so zu Behandelnde vorsätzlich bzw. fahrlässig handeln. Als Aufsichtsmaßnahmen lassen sich exemplarisch die sorgfältige Auswahl zuverlässiger Mitarbeiter, Überwachungsmaßnahmen (Kameras, Stichproben und überraschende Geschäftsprüfungen), Unterrichtung der Mitarbeiter und – soweit arbeitsrechtlich zulässig – die Androhung bestimmter Sanktionen bei Nichtbefolgung nennen.[251]

123

> **Zur Vertiefung:** Wenn die Aufsichtsmaßnahmen in gewissem Grade vorausgesetzt werden, scheint hier eine zivilrechtsähnliche **Haftung für vermutetes Verschulden** (i.S.d. § 831 BGB) konzipiert zu werden, was jedenfalls auf Tatbestands- bzw. materiell-rechtlicher Ebene nicht mit dem in dubio pro reo-Grundsatz vereinbar wäre. Doch wird der bedenkliche Umstand, dass man jedenfalls auf prozessualer Ebene den Zweifelsgrundsatz aufweicht, indem man (im Sinne eines Anscheinsbeweises?[252]) dem Täter eine Aufsichtspflichtverletzung bei Fehlen derartiger Maßnahmen unterstellt, dadurch aufgewogen, dass es letztlich um die Verwirklichung einer Ordnungswidrigkeit geht. Die „gehörige Aufsicht" wird derweilen durch die **„Fünf-Stufen-Lehre"** konkretisiert, welche eine „Exkulpation" bei Beachtung von Auswahl-, Instruktion-, Organisation-, Überwachung-, und Sanktionspflichten für möglich erachtet.[253]

---

251 Wobei die Anforderungen je nach Größe und Art des Betriebes divergieren können und niemals überspannt werden dürfen; beispielhaft zu den Aufsichtsmaßnahmen nach § 130 OWiG BGHSt 27, 196, 202 f.; BGH wistra 1986, 223 f.; 1987, 148 f.; OLG Karlsruhe wistra 2016, 462; OLG München CCZ 2016, 44.
252 Zur Tendenz im Wirtschaftsstrafrecht den in dubio pro reo Grundsatz mittels prima facie Beweises auszuhöhlen *Tiedemann*, Rn. 234.
253 *Bussmann/Matschke* CCZ 2009, 132; *Theurer* ZWH 2018, 59; KK-OWiG/*Rogall* § 130 Rn. 42.

123a Zwischen dieser Aufsichtspflichtverletzung und der Anknüpfungstat muss ein Kausalzusammenhang bestehen.[254] Da der Tatbestand des § 130 OWiG trotz dieser Einschränkung weit geraten ist, muss er mit Blick auf Art. 103 II GG, § 3 OWiG verfassungskonform dahingehend ausgelegt werden, dass nur **betriebstypische Gefahren** einer Pflichtverletzung von der Ordnungswidrigkeit des § 130 OWiG erfasst sind.[255]

> **Hinweis:** Man vergegenwärtige sich nochmals das Zusammenspiel der §§ 9, 30, 130 OWiG: Mit Hilfe von § 9 OWiG (der Parallelvorschrift zu § 14 StGB) kann für Organe einer Gesellschaft eine Ordnungswidrigkeit nach § 130 OWiG (der sich an den Betriebsinhaber und damit an die juristische Person richtet) begründet werden, die ihrerseits den wichtigen Anknüpfungspunkt für die gegen das Unternehmen gerichtete Geldbuße nach § 30 OWiG darstellt. Das ergibt sich allerdings von selbst, wenn man sich den Charakter der einzelnen Vorschriften vergegenwärtigt: § 130 OWiG ist sozusagen der „BT", also der Deliktstatbestand, § 9 OWiG als AT-Vorschrift, die Norm, welche die Tätereigenschaft auf natürliche Personen „verschiebt" und § 30 OWiG eine Vorschrift des Sanktionsrechts, die besondere Voraussetzungen für eine Unternehmensgeldbuße festlegt. Im Ergebnis führt das beschriebene Zusammenspiel dazu, dass auch für Straftaten oder Ordnungswidrigkeiten untergeordneter Mitarbeiter im Einzelfall eine Unternehmensgeldbuße verhängt werden kann.
>
> **Zur Vertiefung:** *Urban*, Mittelbare Täterschaft kraft Organisationsherrschaft, 2004; *Kindler*, Das Unternehmen als haftender Täter, 2008; *Kirch-Heim*, Sanktionen gegen Unternehmen, 2007; *Wegener*, Die Systematik der Zumessung unternehmensbezogener Geldbußen, 2000; *Bosch*, Organisationsverschulden in Unternehmen, 2002. *Dust*, Täterschaft von Verbänden, 2019; *Gräbener*, Zweifelsatz und Verbandsstrafe, 2016; *Hense*, Die prozessuale Stellung des Unternehmens bei der Festsetzung einer Unternehmensgeldbuße nach § 30 OWiG – Eine Bestandsaufnahme des geltenden Verfahrensrechts und Lösungsvorschläge de lege ferenda, 2019; *Kohlhof*, Die Legitimation einer originären Verbandsstrafe, 2019; *Mulch*, Strafe und andere staatliche Maßnahmen gegenüber juristischen Personen, 2017; *Sachoulidou*, Unternehmensverantwortlichkeit und -sanktionierung, 2019; *Sieber*, Sanktionen gegen Wirtschaftskriminalität, 2018

---

254 Vgl. *Adam* wistra 2003, 285 (290): bei böswilligen Exzesshandlungen des Arbeitnehmers soll die Haftung ausgeschlossen sein; G/J/W/*Niesler* § 130 ff. OWiG Rn. 65.
255 *Rogall* ZStW 98 (1986), 588 ff. (597 ff.); Göhler/*Gürtler* § 130 Rn. 18.

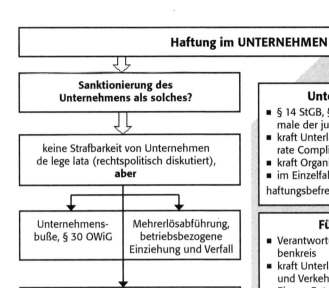

2. Teil

Ausgewählte Problemstellungen und Regelungskomplexe des Wirtschaftsstrafrechts

A. BGHSt 37, 106: Die Lederspray-Entscheidung Produktstrafrecht und Gremienentscheidungen

Literatur: *Tiedemann*, Rn. 330-358; *Hellmann*, Rn. 752 ff.; *Wittig*, § 6 Rn. 30-50; A/R/R/*Kuhlen/ Dannecker/Bülte*, 2. Teil, Kap. I-II; W/J/*Raum*, 4. Kap. Rn. 27 ff. *Adick*, HRRS 2011, 197; *Beulke/Bachmann*, JuS 1992, 737 ff.; *Böse*, wistra 2005, 41 ff.; *Kuhlen*, NStZ 1990, 566 ff. *Timpe*, HRRS 2017, 272
Falllösungen: *Hellmann*, Fälle, Fall 8 (Verbandsgeldbuße und Produkthaftung).

> **Sachverhalt (vereinfacht)** — 124
>
> Die Angeklagten waren Geschäftsführer einer GmbH, die ein Schuhputzmittel auf den Markt brachte, das in Treibgasdosen abgepackt war. Nachdem Meldungen eingegangen waren, wonach bei dem Gebrauch des Mittels schwere Gesundheitsschäden auftraten, die bis hin zu lebensbedrohlichen Lungenödemen eskalierten, bemühte sich die Geschäftsleitung unter Einbeziehung eines Sachverständigen herauszufinden, welche Wirkstoffe diese Folgen haben könnten. Da die Untersuchungen keine Ergebnisse zu Tage brachten, wurde auf einer Geschäftsführersitzung beschlossen, keine Rückrufaktion einzuleiten, sondern weitere Untersuchungen durchzuführen, gleichzeitig aber Warnhinweise auf den Dosen anzubringen bzw. zu verbessern. Strafbarkeit der Gremiumsmitglieder?

I. Strafrechtliche Produkthaftung

Unternehmer treten häufig, sei es als Hersteller, als Lieferant oder als Verkäufer eines Produkts, in Beziehung mit Verbrauchern. Ob als Schönheitsartikelfabrikant, Arzneimittelerzeuger oder Weinhändler: Als Verantwortliche für das Produkt haben sie kraft ihrer überlegenen Stellung gegenüber dem Endkonsumenten besondere Pflichten inne, die in zahlreichen Spezialverwaltungsgesetzen normiert sind. Hierzu zählen u.a. das LFBG (Lebensmittel-, Bedarfsgegenstände- und Futtermittelgesetzbuch), das AMG (Arzneimittelgesetz) oder das Chemikaliengesetz. Die Verletzung jener festgelegten, verwaltungsrechtlichen Schutzpflichten gegenüber dem Verbraucher wird durch (meist am Ende des Gesetzes positionierte) Ordnungswidrigkeiten und Strafvorschriften flankiert. Wie es für das Nebenstrafrecht typisch ist, bedient man sich hierbei der Blanketttechnik, wobei auf den jeweiligen Pflichtverstoß (als Tathandlung) Bezug genommen wird.[256] Meist handelt es sich um gravierende Pflichtverletzungen, die eine Gefahr für

125

---

[256] Zu den verfassungsrechtlichen Problemen, insbesondere in der nebenstrafrechtlichen Produkthaftung, *Holtermann*, Neue Lösungsansätze zur strafrechtlichen Produkthaftung, 2007, S. 68 f.; zur produktstrafrechtlichen Verantwortlichkeit am Beispiel von Bisphenol A als chemischer Ausgangsstoff für die Herstellung von Polyester *Gerst* NStZ 2011, 136.

Leib und Leben des Endkonsumenten bedeuten, z.B. das Inverkehrbringen für Leib und Leben gefährlicher Gegenstände, §§ 58, 59 LFGB.[257] Für „Non-Food"-Produkte gilt das Produktsicherheitsgesetz.[258] Solche Straftatbestände, die sich an den Hersteller eines Produkts richten und vorrangig den Schutz von Leib/Leben der Endabnehmer bezwecken, fallen unter den Oberbegriff des **Produktstrafrechts**.[259] Sie werden als „flankierende Vorschriften" immer dann aktuell, wenn aktuelle „Lebensmittel- und Seuchenskandale" (wie etwa der Gammelfleisch oder Dioxinskandal) die Öffentlichkeit erschüttern.

125a Diesbezüglich darf nicht übersehen werden, dass auch das StGB mit **§ 314 I Nr. 2 StGB** (gemeingefährliche Vergiftung) eine Vorschrift enthält, die den Verbraucherschutz bezweckt, ihr Titel aber bereits andeuten lässt, dass sie viele Teilbereiche der Produkthaftung (Verarbeitungsfehler, Fehldosierung etc.) nicht erfasst.[260] Ihre praktische Bedeutung dürfte auch wegen der Ausgestaltung als reines Vorsatzdelikt eingeschränkt sein.

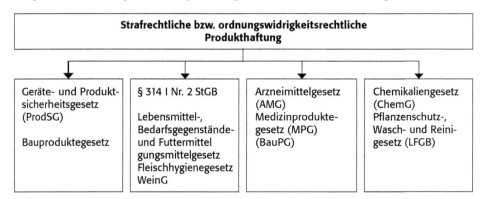

126 Dies sind nur einige Beispiele aus der Fülle von Verhaltensvorschriften, die neben etwaigen Strafvorschriften auch Ordnungswidrigkeiten enthalten und zivilrechtlich für die Durchsetzung von Schadensersatzansprüchen Bedeutung erfahren können (als leges speciales zum ProdHaftG und §§ 280, 823 BGB bzw. als Schutzgesetze i.S.d. § 823 II BGB).

> **Hinweis:** Etwas weiter ist der Begriff des „**Verbraucherschutzstrafrechts**". Er erfasst nämlich neben den Strafnormen, die Leib und Leben der Konsumenten schützen sollen, auch solche, die den Schutz vor Täuschung und Irreführung des Verbrauchers[261] im Auge haben (bspw. das Verbot der irreführenden Werbung gem. § 16 UWG, vgl. noch Rn. 409 ff.). Auch die aufgeführten Gesetze haben meist diese doppelte Schutzrichtung. Das Produktstrafrecht stellt insofern einen Teilausschnitt des „Verbraucherschutzstrafrechts" dar. Teilaspekte des Verbraucherschutzstrafrechts werden an den jeweiligen Stellen (Anlegerschutz im Kapitalmarkt etc.) nochmals aufzugreifen sein.

---

257 Welche die §§ 51, 52 LMBG ablösten; zur Konzeption des strafrechtlichen Gesundheitsschutzes G/J/W/*Sackreuther* Vor § 58 LFGB Rn. 10 f.
258 BGBl. 2011 I S. 2177; Übersicht zu den Produktschutzgesetzen bei M-G/*Schmid* § 56 Rn. 117 ff.
259 Zum Begriff des „Produktstrafrechts" vgl. *Kühne* NJW 1997, 1951 ff.
260 Siehe SSW/*Wolters* § 314 Rn. 1 ff.
261 Zum strafrechtlichen Schutz des Verbrauchers im Bereich der Gastronomie *Retemeyer* NZWiSt 2013, 241.

Das Besondere an diesen Vorschriften ist, dass sie keinen Verletzungserfolg voraussetzen, sondern an **Tätigkeiten (Herstellungsprozess) oder andere, vorverlagerte Erfolge** („Inverkehrbringen") anknüpfen. **Bereits die Gefahr für bzw. die Gefährdung von** Leib und Leben des Konsumenten reicht also für eine Tatbestandsverwirklichung aus.[262] Führt das (defekte oder schädliche) Produkt tatsächlich zu Verletzungen, sind schließlich die **kernstrafrechtlichen Verletzungsdelikte** der vorsätzlichen oder fahrlässigen Tötung bzw. Körperverletzung gem. §§ 212, 222, 223, 227, 229 StGB einschlägig. Diesen **Erfolgs**delikten ist gemeinsam, dass der Täter den tatbestandlichen Erfolg kausal und objektiv zurechenbar herbeigeführt haben muss. Da es im modernen Wirtschaftsleben aus mehrerlei Faktoren schwierig ist, eine Zurechnung zu begründen (vgl. im Folgenden), kommt den nebenstrafrechtlichen Vorschriften hier insofern eine „Auffangfunktion" zu. Auf der anderen Seite sind die nebenstrafrechtlichen Tatbestände äußerst speziell geraten und decken nur einen Teilbereich ab, in dem Verbraucher etwaigen Gefahren durch fehlerhafte Produkte ausgesetzt sind. Außerdem werden Extremfälle, wie der Eintritt einer schweren Körperverletzung oder die fahrlässige Tötung eines Konsumenten, von jenen Vorschriften nicht adäquat berücksichtigt, da ihr Strafrahmen dafür nicht weit genug reicht. Insofern besteht trotz der nebenstrafrechtlichen Auffangtatbestände ein kriminalpolitischer Bedarf, Verletzungshandlungen des Unternehmers auch durch die §§ 212, 223 ff. StGB zu erfassen.

127

II. Kausalitätsprobleme in der strafrechtlichen Produkthaftung und die Lösung des BGH im Ledersprayfall

In entsprechenden Produkthaftungsfällen wird der Nachweis des rechtlichen Erfolgseintritts (Übelkeit, Kopfschmerzen, Tod) nicht das Problem darstellen. Vielmehr wird es in der Praxis schwierig sein, dem Täter die **Kausalität** seines schädlichen Verhaltens nachzuweisen. Dies nicht nur, weil bereits die schädigende Wirkung der Stoffe im Produkt naturwissenschaftlich nicht immer sicher feststeht (vgl. im Folgenden 1), sondern auch, weil in einem großen Unternehmen eventuell mehrere am Entschluss, das Produkt in den Verkehr zu bringen, beteiligt sind (2). Hinzu tritt die Frage, wer zum tauglichen Täterkreis gehört, insbesondere ob auch bestimmte Verantwortliche durch bloßes Nichtstun belangt werden können (3).[263] Diese dogmatischen Unannehmlichkeiten treten in der Praxis v.a. beim Inverkehrbringen pharmazeutischer bzw. chemischer Produkte zum Vorschein. Während das LG Aachen sich in dem Aufsehen erregenden „Contergan-Fall"[264] als eines der ersten Gerichte mit dem Problem der nicht geklärten Wirkungsweise auseinandersetzen musste, hatte der BGH erst 20 Jahre

128

---
262 Zur Kategorie der sog. „Eignungsdelikte" vgl. *Hoyer*, Die Eignungsdelikte, 1987.
263 Im praktisch wichtigen Bereich der Fahrlässigkeit stellt sich zudem die Frage, an welchem Punkt sich ein riskantes, aber letztlich erlaubtes Verhalten in eine objektive Sorgfaltspflichtverletzung umwandelt. Insbesondere könnte sich der Unternehmer darauf berufen, dass es sich bei den schädlichen Produkten um „Ausreißer" handelt, vgl. hierzu *Beulke/Bachmann* JuS 1992, 737 (740).
264 LG Aachen JZ 1971, 507 m. Anm. *Kaufmann* JZ 1971, 569 ff.

später Gelegenheit, sich zu diesen Fragen im Rahmen des viel diskutierten Lederspray-Falles zu äußern.[265] Die Entscheidung des Bundesgerichtshofs gilt als Klassiker und legte trotz der daran vorgebrachten Kritik den Grundstein für die bis heute geltende strafrechtliche Produkthaftungslehre.[266]

1. Kausalität trotz nicht abschließend geklärter Wirkungsweise der Stoffe

129 Bereits die generelle Kausalität zwischen dem vorgeworfenen Verhalten und dem eingetretenen Verletzungserfolg bereitet Schwierigkeiten, sei es bei der Strafbarkeit wegen aktiven Tuns (Herstellung und Vertrieb des Produkts), sei es wegen Unterlassens (Nichtrückruf trotz erster Beschwerden, vgl. hierzu ergänzend auch Rn. 146). Anknüpfungspunkt ist die **Conditio-sine-qua-non-Formel**, wonach eine Handlung dann kausal ist, wenn sie nicht hinweg gedacht werden kann, ohne dass der Erfolg in seiner konkreten Gestalt entfiele.

130 Nun kann freilich im Einzelfall fraglich sein, ob die auftretenden Krankheitssymptome tatsächlich im Zusammenhang mit dem Konsum der in Verkehr gebrachten Produkte stehen. So ist vorstellbar, dass bestimmte Schäden zwar mehr oder weniger häufig in ähnlicher Weise nach dem Konsum auftreten, in der Wissenschaft jedoch noch keine Vorstellung darüber besteht, welche Inhaltsstoffe in welcher Weise schädlich wirken könnten, so dass nicht erklärt werden kann, warum (und damit auch nicht wirklich mit letzter Sicherheit festgestellt werden kann, ob) die Produkte schädlich wirken.[267] Die Äquivalenztheorie mit ihrer Conditio-sine-qua-non-Formel hilft hier nicht weiter: Denn für ihre Anwendung muss man erst die naturwissenschaftliche Gesetzmäßigkeit, die **„generelle Kausalität"** kennen, um den Ursachenzusammenhang auch im konkreten Fall bestimmen zu können. Mit den Worten *Roxins*: Die Formel vom Hinwegdenken setzt in gewisser Weise bereits voraus, was durch sie ermittelt werden soll.[268]

131 Einem zu engen Kausalitätsverständnis, das angesichts der begrenzten menschlichen Erkenntnismöglichkeiten zu unbefriedigenden Ergebnissen führen könnte, wird nun in Literatur und Rechtsprechung auf unterschiedliche Weise begegnet:

a) Lösung über Risikoerhöhungslehre

132 Teils wird vorgeschlagen, die bloße **Risikoerhöhung** (welche beim Konsum des Produkts durch die soeben genannten Statistiken wesentlich einfacher nachgewiesen werden kann) als Zurechnungskriterium zuzulassen und auf die Notwendigkeit einer konkreten Kausalität zu verzichten.[269] Gegen solch eine Methode bestehen durchgrei-

---

265 BGH 37, 106.
266 Vgl. auch BGHSt 41, 206 (Holzschutzmittel).
267 Eine andere Frage ist, ob überhaupt ein konkret verletztes bzw. getötetes Opfer feststellbar ist; zur Möglichkeit einer „Opferwahlfeststellung" *Tiedemann* Rn. 349.
268 *Roxin* AT I, § 11 Rn. 15. Zum Problem der ungewissen Kausalbeziehung vgl. auch *Brettel/Schneider* § 2 Rn. 75 ff.
269 So *Brammsen* Jura 1991, 533 (535).

fende Bedenken: Das bloße Risiko des Erfolgseintritts als singulärer Zurechnungsmaßstab verträgt sich nicht mit dem Grundsatz **„in dubio pro reo"**. Außerdem macht eine konsequente Anwendung der Risikoerhöhungslehre auch die Unterscheidung zwischen abstrakten und konkreten Gefährdungsdelikten obsolet, obwohl diese nicht nur rechtlich anerkannt ist, sondern Auswirkungen auf das Strafmaß haben kann. Jedenfalls als alleiniges (strafbarkeitsbegründendes) Zurechnungskriterium kann die Risikoerhöhungslehre in der geltenden Strafrechtsdogmatik nicht fungieren.[270]

b) Lösung des BGH

Der BGH löst das Problem anders und betont, dass nicht feststehen müsse, **was** nach naturwissenschaftlicher Erkenntnis die Ursache für den Erfolgseintritt sei, solange nur sicher sei, **dass** eine Ursächlichkeit bestehe: 133

> **Aus BGHSt 37, 106:** „...Auf die Ermittlung des dafür verantwortlichen Inhaltsstoffes, die Kenntnis seiner chemischen Zusammensetzung und die Beschreibbarkeit seiner toxischen Wirkungsweise kam es im vorliegenden Falle nicht an. Ist in rechtsfehlerfreier Weise festgestellt, daß die – wenn auch nicht näher aufzuklärende – inhaltliche Beschaffenheit des Produkts schadensursächlich war, so ist zum Nachweis des Ursachenzusammenhangs nicht noch weiter erforderlich, daß festgestellt wird, warum diese Beschaffenheit schadensursächlich werden konnte, was also nach naturwissenschaftlicher Analyse und Erkenntnis letztlich der Grund dafür war ...".

Diese Auffassung geht von der These aus, dass auch ohne exakte Identifizierung der schädigenden Substanz von einer Kausalität ausgegangen werden kann, wenn alle anderen potentiellen Schadensursachen im konkreten Fall als Ursachen **zur Überzeugung** des Gerichts (unter Einbeziehung aller potentiellen, sonstigen Faktoren und Würdigung der naturwissenschaftlichen Erkenntnisse) ausgeschlossen werden können. Gegen diese Auffassung bestehen zweierlei Bedenken, die auch in unmittelbarem Bezug zueinander stehen. Es ist nicht möglich, *alle* Alternativursachen mit Sicherheit auszuschließen, da diese dem Gericht gar nicht bekannt sein dürften.[271] Insofern könnten Produktverwendung und Schadenseintritt durch ein bloß temporäres Nebeneinander, also vollkommen zufällig, miteinander verknüpft sein.[272] Hierbei ist freilich der Grundsatz der freien **richterlichen Beweiswürdigung** gem. § 261 StPO zu berücksichtigen. Hiernach kann der Richter bei der Feststellung der Tatsachen die vorliegenden Beweise – in den sehr weiten Grenzen der Verletzung der Denkgesetze und Regeln der Logik – frei und selbständig würdigen. In diesem Sinne wird man eine Überzeugungsbildung nicht beanstanden können, bei welcher das Gericht eine „generelle" Kausalität zwischen einem Produkt und auftretenden Schäden im Ergebnis annimmt, wenn nach der Verwendung des Produkts in zumindest signifikanter Anzahl die gleichen Symptome in mehr oder weniger unmittelbarem zeitlichem Zusammenhang auftreten und zumindest die zum Zeitpunkt der Entscheidung bekannten Alternativursachen für den jeweiligen Schaden ausgeschlossen werden können.[273] 134

---

270 Zur vorgebrachten Kritik *Wessels/Beulke/Satzger* Rn. 199; *Dencker* JuS 1980, 210 (212); vermittelnd *Küper,* in: FS-Lackner, 1987, S. 247 (248).
271 So *Samson* StV 1991, 182 (183).
272 *Beulke/Bachmann* JuS 1992, 737 (738); zum Ganzen auch W/J/*Raum*, 4. Kap. Rn. 27-57.
273 „Prozessuale Lösung": SSW/*Kudlich* Vor § 13, Rn. 46; krit. *Kaufmann* JZ 1991, 568 (572); *Puppe* JZ 1996, 318 (320); *Hoyer* GA 1996, 160.

Bloße theoretische Zweifel, dass die Schäden rein zufällig aus anderen Gründen gerade bei den Konsumenten des Produkts aufgetreten sein könnten, stehen dem nicht entgegen.

135 Gerade hier kristallisiert sich aber der zweite Einwand gegen dieses Argumentationsmuster heraus: Damit die **Überzeugung** des Gerichts für eine Bejahung oder Verneinung der „generellen Kausalität" ausreicht, müsste es sich bei dieser um eine **prozessuale Tatfrage** handeln, welche der **freien richterlichen Beweiswürdigung gem. § 261 StPO** unterfällt; dies erscheint fraglich, wenn man die generelle Kausalität, ebenso wie die konkrete Kausalität, dem materiellen Strafrecht zuschlägt und somit dem Anwendungsbereich des § 261 StPO grundsätzlich entzieht.[274] Diese Vorgehensweise würde indessen dazu führen, dass die zur Verurteilung notwendige Überzeugung des Gerichts sich kaum jemals erreichen lässt. Daher sollten Faktoren, die nur **rein theoretisch** mit- bzw. alleinursächlich sein könnten, generell außer Betracht bleiben. Da im Lederspray-Fall solche anderen Ursachen (zumindest nach Auffassung des Senats) nicht ernsthaft in Betracht kamen, konnte im Ergebnis eine Kausalität bejaht werden.[275] Der Ansatz der Rechtsprechung mag nicht einwandfrei bleiben, da eine Grenzziehung zwischen bloß theoretischer Denkmöglichkeit und ernsthafter Aussicht anderer mitursächlicher Faktoren niemals auf den Punkt genau möglich sein wird. Dennoch ist dem Senat im Ergebnis beizupflichten: Dies nicht nur aus dem Grunde, dass es keine wirklich andere befriedigende Lösung gibt, sondern auch weil die Angeklagten nicht vollends schutzlos gestellt sind: Die Revisionsgerichte werden gerade in diesem sensiblen Bereich bei der Überprüfung der tatrichterlichen Beweiswürdigung (mittels einer Sachrüge) „gnädiger" mit dem Beschwerdeführer bzw. „strenger" mit dem erkennenden Gericht umgehen.

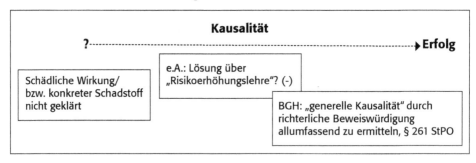

2. Kausalitätsbegründung bei Gremienbeschlüssen

136 Die **„wirtschaftsspezifische"** Problematik ergibt sich allerdings erst im nächsten Schritt: Viele Entscheidungen eines Unternehmens basieren auf Beschlüssen mehrerer Organmitglieder. Da es sich hierbei meist um Mehrheitsbeschlüsse (vgl. nur

---

274 So *Kuhlen* NStZ 1990, 566; G/J/W/*Merz* Vor § 13 Rn. 24.
275 Zum Ganzen A/R/R/*Kuhlen*, 2. Teil, 1. Kap. Rn. 51.

§ 133 ff. AktG, 47 GmbHG) handelt, könnte – soweit es sich um eindeutige bzw. einstimmig beschlossene Entscheidungen handelt – jeder Stimmberechtigte einwenden, dass die Entscheidung auch ohne seine Stimme genauso ausgefallen wäre.[276] Bei einer starren Anwendung der Conditio-Formel (also bei einer Betrachtung „jeder für sich") wäre das Verhalten der Unternehmensmitglieder nicht kausal. Dies ist nicht nur praktisch unbefriedigend, da im Produktstrafrecht sehr viele Entscheidungen durch ein Gremium getroffen werden[277], sondern auch im theoretischen Ansatz zweifelhaft, weil sonst ein Erfolg herbeigeführt würde, für den niemand kausal wäre.

Die gängigen Modifikationen des Kausalitätsbegriffes helfen nicht weiter: In den Fällen der **alternativen** Kausalität wirken zwei handlungsbedingte Kausalketten nebeneinander und führen zur selben Zeit je für sich den tatbestandlichen Erfolg herbei. Beim Beschluss reicht jede Stimme für sich aber gerade nicht aus, um den Erfolg herbeizuführen, weswegen es sich nicht um den typischen Fall einer alternativen Kausalität handelt. Da aber nicht alle Stimmen für einen Mehrheitsbeschluss notwendig sind, liegt auch kein typischer Fall **kumulativer** Kausalität vor.[278]

137

Ebenso wie bei der Frage der grundsätzlichen Schadensursache (siehe oben) könnte man die Kausalität in diesen Fällen durch einen Rückgriff auf die **Risikoerhöhungslehre** ersetzen. Schließlich wurde durch die abgegebene Einzelstimme das Risiko eines Mehrheitsbeschlusses (gerade bei solch einer geringen Stimmberechtigtenanzahl) signifikant erhöht. Die grundsätzlichen Bedenken gegen das Modell der Risikoerhöhungslehre wurden jedoch bereits aufgezeigt und gelten an dieser Stelle fort.

138

Der BGH löst das Problem durch eine wechselseitige Zurechnung der einzelnen Stimmen über die Regeln der **Mittäterschaft** gem. § 25 II StGB. Dies hilft allerdings nur im Bereich des vorsätzlichen Handelns. Bei der fahrlässigen Begehung will der BGH im Einklang mit der herrschenden Meinung die **Mittäterschaft** nicht zulassen und greift daher auf eine modifizierte Form der Lehre von der gesetzmäßigen Bedingung zurück. Werde der Erfolg erst durch die Gesamtheit der Beiträge mehrerer herbeigeführt, so wäre jeder einzelne dazu verpflichtet, alles Zumutbare zu tun, um den Rückrufbeschluss herbeizuführen.[279] Der BGH „weicht" also aus kriminalpolitischen Gründen den Kausalitätsbegriff schlicht auf und lässt eine Ausnahme von der strengen Äquivalenztheorie zu.

139

---

276 Dagegen wird mitunter eingewendet, dass diese Argumentation schon im Ansatz nicht zutreffend sei, da man mit dem Hinwegdenken der Stimme zugleich die Gegenstimmen (oder Enthaltungen) hinzudenke, was bereits nach der „klassischen" condicio-Formel unzulässig ist; stellt man alleine auf den Wirkmechanismus ab, bleibt die Stimme kausal, d.h. das im Folgenden dargestellte Problem stellt sich nicht, vgl. hierzu *Putzke* GA 2013, 243 (245), mit Verweis auf *C. Putzke,* Rechtsbeugung in Kollegialgerichten, 2012, S. 9 ff. wiederum unter Verweis auf *Rotsch,* FS-Roxin II, 2011, S. 377 (383 f.). Das überzeugt aber nicht, da bei *jedem* Wegdenken einer Bedingung zugleich eine Welt ohne diese Bedingung hinzugedacht wird, auch wenn diese auf den ersten Blick nicht derart greifbar ist wie bei einem Abstimmungsverhalten.
277 Zur Kollegialentscheidung grundlegend *Knauer,* Die Kollegialentscheidung im Strafrecht, 2001.
278 Zu den besonderen Fallgruppen der Kausalität SSW/*Kudlich* Vor § 13 Rn. 36-45.
279 BGHSt 37, 106 (129).

140 Alternativ wird vorgeschlagen, die Überlegungen zur alternativen und kumulativen Kausalität zu **kombinieren**: Ist für einen Beschluss mit deliktischen Folgen eine bestimmte Mehrheit (und keine Einstimmigkeit) erforderlich, so besteht zwischen derjenigen Anzahl an Stimmen, welche gerade noch nicht zur Mehrheit führen, und der letzten „mehrheitsbeschaffenden" Stimme ein Verhältnis der kumulativen Kausalität; die Frage, *welche* der einzelnen noch zur Verfügung stehenden Stimmen hier wirksam wird, ist dagegen ein echter Fall der alternativen Kausalität, da insoweit ganz gleichgültig ist, welche Stimme letztlich den Ausschlag gibt.

Zur Veranschaulichung[280]:

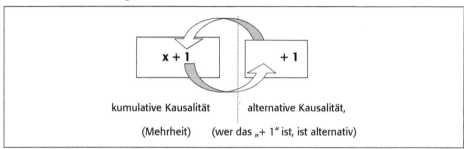

141 „X" ist hierbei die Anzahl an Stimmen, bei der gerade noch eine Stimme fehlt, damit es zu dem strafrechtlich unerwünschten Beschlussergebnis kommt. Zwischen „x" und „x + 1" (also der erforderlichen Mehrheit) besteht insoweit eine kumulative Kausalität (da das „+ 1" jedenfalls dazukommen muss), wobei es gleichgültig ist, welche Stimme das „+ 1" bildet (alternative Kausalität). Gilt also etwa bei 4 Personen das Mehrheitsprinzip (erforderlich: 3 Stimmen) so muss z.B. zu den Stimmen von A und B noch eine weitere Stimme hinzutreten, wobei gleichgültig ist, ob diese von C oder von D kommt. Diese Überlegung gilt natürlich in gleicher Weise, wenn man davon ausgeht, dass die ersten beiden Stimmen etwa von A und D kommen und dann noch entweder B oder C hinzutreten müssen usw. Dieser Ansatz macht das im Ergebnis richtige, aber stark von normativen und praktischen Erwägungen beeinflusste Lederspray-Urteil dogmatisch tragfähig. Festzuhalten bleibt: Den Stimmberechtigten ist der „schädigende" Beschluss letztlich zurechenbar, soweit sie für diesen gestimmt haben. Dagegen sind die Gegenstimmenden von einer Haftung befreit, soweit nicht im Einzelfall weitergehende Pflichten bestehen und daher eine Unterlassungsstrafbarkeit in Betracht zu ziehen ist.[281]

3. Strafbares Unterlassen im Rahmen der Produkthaftung

142 Nach dem Bekanntwerden der ersten Schäden ist das schwerpunktmäßig vorwerfbare Verhalten nicht mehr in der Produktion bzw. im Vertrieb, sondern im unterlassenen Rückruf zu sehen. Eine Unterlassungsstrafbarkeit setzt allerdings gem. § 13 StGB

---

280 SSW/*Kudlich* Vor § 13, Rn. 43; G/J/W/*Merz* Vor §§ 13 ff. Rn. 19.
281 Vgl. hierzu *Tiedemann*, Rn. 350 f.

Garantenstellung des Produzenten bzw. des Unternehmers voraus. Soweit man eine solche für den Hersteller im Rahmen der Produkthaftung annimmt (vgl. sogleich a), muss auf zweiter Stufe geklärt werden, wen diese im Betrieb konkret trifft (im Anschluss b) und ob überhaupt eine (Quasi-)Kausalität des unterlassenen Rückrufes angenommen werden kann (zuletzt c).

a) Garantenstellung in Produkthaftungsfällen und „Ingerenz-Lösung" des BGH im Lederspray-Urteil

Eine Garantenstellung aus **Vertrag** scheidet in der Produkthaftung regelmäßig aus: Nur in seltenen Fällen schließen die Verbraucher den Vertrag direkt mit dem Hersteller ab. Der BGH will beim Ledersprayfall – soweit es um den unterlassenen Nichtrückruf geht – eine Garantenstellung aus **Ingerenz**, d.h. **pflichtwidrigem Vorverhalten**, annehmen.[282] Aus der Schadensträchtigkeit des Produkts ergebe sich bereits die Pflichtwidrigkeit des vorhergehenden Tuns. Allerdings wird man für Handlungen vor Bekanntwerden der ersten Schäden den Verantwortlichen keinen Sorgfaltspflichtverstoß unterstellen können. Das eingetretene **Erfolg**sunrecht lässt jedenfalls nicht den automatischen Schluss auf ein pflichtwidriges Vor**verhalten** (also auf ein Handlungsunrecht) zu.[283]

143

Eine Alternative bildet das Konstrukt einer Überwachergarantenstellung, die sich bei gesundheitsgefährdenden Produktmängeln aus **Verkehrssicherungspflichten** ergibt und im zivilrechtlichen Produkthaftungsgesetz eine Konkretisierung erfahren hat. Tatsächlich sind auch im Strafrecht **Überwachergaranten** aus Verkehrssicherungspflichten anerkannt, so dass eine Übertragung der zivilrechtlichen Grundsätze durchaus vorstellbar wäre.[284] Allerdings erschiene eine unbesehene bzw. uneingeschränkte Übertragung der zivilrechtlichen Regelungen nicht sachgerecht, weil sie die Gefahr einer uferlosen Haftung von Produzenten in sich birgt. Eine derart weitreichende Einstandspflicht wie das Produkthaftungsgesetz kennt das Strafrecht allerdings nicht. Nur **räumlich „nahe"** oder zumindest **anlagebezogene** Überwachungspflichten sollten strafbarkeitsbegründend wirken. Solch ein Ansatz ist einerseits restriktiv genug, trägt aber auch dem Umstand Rechnung, dass gerade der Hersteller das gefährliche Produkt auf den Markt und somit „den Stein ins Rollen" bringt. Während er über die besseren Kontrollmechanismen verfügt, muss der Kunde den Angaben des Herstellers vertrauen und verfügt über keinerlei gefahrabwendende Mittel. In einem besonderen Fall wie dem geschilderten Ledersprayverhalten ist unter Berücksichtigung der Gesamtumstände eine herstellerspezifische Garantenstellung **kraft Wissens- und Wirkungsvorsprungs** anzunehmen[285], die durch die herausgehobene Stellung und der besonderen Verantwortung gegenüber den Kunden legitimiert wird.[286]

144

---

282 BGHSt 37, 127; zustimmend MK-StGB/*Freund* § 13 Rn. 123 f.; *Kühl* AT § 18 Rn. 103.
283 *Samson* StV 1991, 182 (184); *Kuhlen* NStZ 1990, 568; vgl. hierzu auch *Böse* wistra 2005, 41 ff.
284 Zur Garantenstellung allgemeine SSW/*Kudlich* § 13 Rn. 18-30; zu Garantenstellungen aus Verkehrssicherungspflichten *Wessels/Beulke/Satzger* Rn. 723.
285 So ähnlich auch OLG Karlsruhe NStZ 1981, 1054.
286 *Beulke/Bachmann* JuS 1992, 737 (740).

b) Ressortverantwortung und Generalverantwortung in Krisenzeiten

145 Bei der konkreten Verantwortungsverteilung kommt es darauf an, auf welcher Stufe (der vertikalen Verantwortungshierarchie) der potentielle Täter steht, welcher Verantwortungsbereich ihm zugewiesen ist und welche Handlungspflichten er innerhalb dieses Bereichs hat. Diese **„Ressortverantwortlichkeit"** ermöglicht eine im Grundsatz sachgerechte Begrenzung der Unterlassungshaftung. Diese darf aber nicht so weit reichen, dass auch in Ausnahmesituationen, in denen sich jedes Mitglied der Körperschaft dazu berufen fühlen sollte, etwas zu unternehmen (eben auch im Ledersprayfall, bei dem man massive Gesundheitsbeeinträchtigungen zu befürchten hatte)[287], eine Garantenstellung abgelehnt wird. Daher ist es zulässig, eine gewisse **Generalverantwortung und Allzuständigkeit** aller Mitglieder der Geschäftsführung in **Krisen- und Ausnahmesituationen** anzunehmen.[288]

c) Unterlassungskausalität bei psychisch vermittelten Kausalverläufen

146 Zuletzt stellt sich im Rahmen der Unterlassungsprüfung noch ein drittes Kausalitätsproblem: (Quasi-) Kausal i.S.d. Unterlassungsdogmatik wäre ein unterlassener Rückruf nur, wenn mit an Sicherheit grenzender Wahrscheinlichkeit davon auszugehen ist, dass bei Vornahme der gebotenen Handlung der Erfolg entfällt.[289] Das ist auf den ersten Blick zweifelhaft, denn es ist schon mehr oder weniger ungewiss, ob ein etwaiger Rückruf bei einem anonym über den Einzelhandel vertriebenen Produkt den Kunden überhaupt erreicht, und ebenso ungewiss ist, ob der Kunde die Warnung ernst nimmt, wenn eine bestimmte Folge nicht in allen Benutzungsfällen auftritt. Indes dürfen die Anforderungen an eine solche Unterlassungskausalität auch nicht überspannt werden, weil immer dann, wenn die unterlassene pflichtgemäße Handlung einen Kausalverlauf (zumindest auch) psychisch vermitteln würde, eine echte Gewissheit nicht bestehen kann. Sollten also Pflichten, welche im Ingangsetzen psychisch vermittelter Kausalketten bestehen, nicht leer laufen, so muss die Prüfung darauf beschränkt werden, ob sich ein pflichtgemäß handelnder Adressat, der vom Rückruf erreicht wird, dadurch vom Konsum hätte abhalten lassen.[290] Das kann vorliegend bejaht werden.

> **Zur Vertiefung:** *Hilgendorf*, Strafrechtliche Produzentenhaftung in der „Risikogesellschaft", 1993; *Holtermann*, Neue Lösungsansätze zur strafrechtlichen Produkthaftung, 2006; *Knauer*, Die Kollegialentscheidung im Strafrecht, 2001; *Schaal*, Strafrechtliche Verantwortlichkeit bei Gremienentscheidungen in Unternehmen, 2001.

---

287 Insbesondere war es auch nicht möglich, sich – auf die Feststellungen des Sachverständigen vertrauend – von der Haftung frei zu zeichnen, da man „allseits im Dunkeln tappte", so die Formulierung des Senats, vgl. BGH NJW 1990, 2569.
288 BGHSt 37, 124; zustimmend *Schmidt-Salzer* NJW 1990, 2966 (2971).
289 Vgl. nur SSW/*Kudlich* § 13 Rn. 10 m.w.N.
290 Ähnlich in einem anderen Kontext, aber zum vergleichbaren Problem *Bosch*, Organisationsverschulden im Unternehmen, 2002, S. 106 f., sowie *ders*. JA 2008, 737, 739.

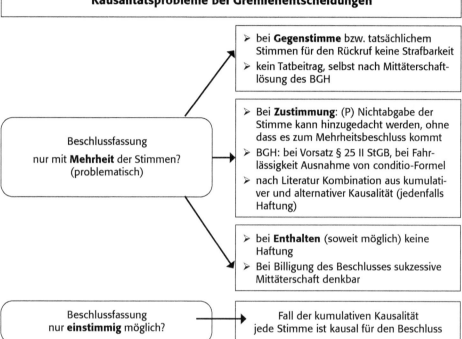

B. BGHSt 46, 107: Die Banken-Entscheidung
Beihilfe durch berufsbedingtes Verhalten –
zugleich Grundzüge des Steuerstrafrechts

Literatur: *Tiedemann*, Rn. 362-368; 632-706; *Wittig*, § 6 Rn. 153-156; W/J/*Pflaum*, 20. Kap.; zu BGHSt 46, 107 die Anmerkungen von *Jäger*, wistra 2000, 344 ff.; *Kudlich*, JZ 2000, 1178 ff.; Einführung in das Steuer(straf)recht bei *Gaede*, JA 2008, 88 ff.

Falllösungen: *Hellmann*, Fälle, Fall 10, 12; *Sahan*, ZJS 2008, 177 („neutrale" Beihilfe); aus der Reihe „Start ins Rechtsgebiet" *Fetzer*, Einführung in das Steuerrecht.

147 Sachverhalt (vereinfacht)

Bei der Erhebung der Einkommensteuer auf Zinseinkünfte wurden bis Anfang der 90er Jahre die Angaben in der Steuererklärung des Steuerpflichtigen hinsichtlich seiner Einkünfte aus Kapitalvermögen zu Grunde gelegt. Die Finanzbehörden vertrauten hinsichtlich der Kapitalerträge – anders als bei anderen Einkommensarten – praktisch ausschließlich auf die Angaben des Steuerschuldners. Viele Steuerpflichtige fühlten sich in Sicherheit und verschwiegen in ihrer jeweiligen Steuererklärung die genaue Höhe der Zinseinnahmen. Eine entscheidende Änderung trat durch eine Entscheidung des BVerfG (E 84, 239 ff.) aus dem Jahre 1991 ein, wonach die Praxis der Besteuerung der Kapitalerträge auf Grund eines „strukturellen Erhebungsmangels" mit Art. 3 I GG unvereinbar sei, da die tatsächliche Besteuerung in Folge der unterschiedlichen „Steuerehrlichkeit" sehr uneinheitlich erfolgte. In der Folge führte der Gesetzgeber einen Abschlag auf Kapitaleinkünfte in Höhe von 30 % ein, den inländische Kreditinstitute bei der Auszahlung der Zinserträge einbehalten und anonym an die Finanzbehörden abführen. Die dafür ausgestellte Zinsbescheinigung kann der Kunde bei der Jahreseinkommensteuererklärung als Vorauszahlungsnachweis vorlegen, und es kommt zu einer Verrechnung mit der festgesetzten Einkommensteuer. Auf Grund dieser Regelung setzte 1992 eine regelrechte Kapitalflucht ins europäische Ausland (insbesondere in die Schweiz und Luxemburg) ein.

Viele Banken kamen dem Bestreben ihrer Kunden, den Zinsabschlag auf Kapitalerträge durch den Transfer des Vermögens auf ausländische Banken zu vermeiden, entgegen und stellten ihnen entsprechende Wege zu Verfügung, die sich – mit Unterschieden im Detail – an folgendem Schema orientierten: Von Deutschland aus wurde die Kontoeröffnung bei einer Bank – oft einer Tochterbank des eigenen Hauses oder einer kooperierenden Bank – im gewünschten Kapitalanlageland ermöglicht. Das Kapital wurde anschließend aber nicht unmittelbar vom inländischen auf das ausländische Konto der Kunden überwiesen, sondern eine Bareinzahlung des Kunden auf ein (nicht personenbezogenes und eigentlich internen Abrechnungen dienendes) Sammelkonto durchgeführt, welches das ausländische Kreditinstitut bei der Bank im Inland unterhielt. Ein solcher Geschäftsvorgang ist i.d.R. nur über die Angaben auf dem Einzahlungsbeleg einer bestimmten Person zuzuordnen. Trägt dieser aber nun – z.B. durch die Verwendung von Phantasienamen oder bloßen Referenznummern – keinen Hinweis auf die Person des Kunden, kann der Einzahler kaum eruiert werden. Als zusätzlichen Service führten einzelne Bankmitarbeiter für die Kunden Listen mit den ausländischen Kontonummern, da diese mangels schriftlicher Unterlagen mitunter in Vergessenheit gerieten. Der Angeklagte im vom BGH entschiedenen Fall war Bankkaufmann bei einer Sparkasse, der auf die genannte Weise für seine Kunden anonymisierte Kapitaltransfers ins Ausland durchführte, obwohl er ahnte oder sogar als sicher voraussah, dass diese die dort anfallenden Kapitalerträge nicht zu versteuern beabsichtigten. Strafbarkeit des Bankangestellten?

I. Die Steuerhinterziehung als Wirtschaftsstraftat oder „Kavaliersdelikt"?

In der Folge der „Daten-CD-Fälle", in denen Datenträger mit den Namen deutscher Bankkunden in Liechtenstein und der Schweiz deutschen Behörden zum Ankauf angeboten wurden, ist eine heftige Diskussion darüber entstanden, inwiefern ein solcher Ankauf (von wohl illegal verschafften Daten) seinerseits eine Straftat darstellt und ob die Daten in einem Strafverfahren Verwendung finden könnten.[291] Neben den damit verbundenen interessanten straf(prozess)rechtlichen Problemen war es nicht zuletzt spannend zu verfolgen, wie die Diskussion auch außerhalb des juristischen Bereichs weite Teile der Bevölkerung in ihren Bann gezogen hat. Einerseits wurde die Angst vor dem Staat sichtbar, der zur Durchsetzung der Steueransprüche vor keinem Mittel mehr zurückschreckt („der Zweck heiligt die Mittel"); andererseits wurde auf drohende Ungerechtigkeiten hingewiesen, wenn gerade die regelmäßig wohlhabenden Bankkunden mit Konten in Liechtenstein und der Schweiz von einer Besteuerung und Strafverfolgung verschont bleiben würden.

148

Diese wie auch die aktuelle Diskussion rund um die strafrechtliche Aufarbeitung des sog. „cum-/ex-Skandals" (vgl. bereits Rn. 88) zeigt, dass Fragen des Steuerstrafrechts anders als viele andere Bereiche des Wirtschaftsstrafrechts von einem sehr breiten Publikum verfolgt werden – denn immerhin zahlen die meisten berufstätigen Personen Steuern (während nicht jeder eine Position in einer Kapitalgesellschaft innehat, die ihm Begehung einer Untreue ermöglichen würde o.Ä.). Dies ist möglicherweise auch der Grund dafür, dass verbreitet vor allem „kleinere" Steuerstraftaten (Werkverträge „ohne Rechnung", „Geschäftsessen" mit Freunden etc.) mit sonstigen Massenvergehen wie etwa dem „Schwarzfahren" gleichgesetzt werden, obwohl die Steuerhinterziehung auch bei kleinen Beträgen in der Summe den finanziellen Handlungsspielraum des Staates empfindlich trifft.[292] Als Reaktion darauf, aber auch auf die zu vermutende hohe Dunkelziffer hat der Gesetzgeber den materiell-rechtlichen Schutz der fiskalischen Interessen des Staates in einer Weise ausgestaltet, die bereits zu einem frühen Zeitpunkt zu einer Vollendungsstrafbarkeit führen kann. Wie dieser Strafrechtsschutz im Einzelnen aussieht, soll in seinen Grundzügen unter II. und III. knapp erläutert werden.

149

Die Grundlagen des Steuerrechts fungieren dabei zugleich als „Aufhänger" für ein allgemeines Problem des Wirtschaftsstrafrechts, welches darauf beruht, dass als Teil der eigenen Tatbegehung nicht selten auch „an sich übliche" berufliche Leistungen Dritter in den eigenen deliktischen Plan integriert werden. Dies führt zu der aus dem allgemeinen Strafrecht bekannten Frage, ob sich Berufsträger durch „neutrale, sozialadäquate Verhaltensweisen" wegen Beihilfe strafbar machen können. Auch im oben geschilderten Sachverhalt ging es vorrangig um die Frage der Strafbarkeit des Bankangestellten, der seine Kunden durch den Transfer des Kapitals ins Ausland im Rahmen seiner beruflichen Tätigkeit unterstützt hat. Wer an den Grundlagen des Steuer(straf)

150

---

291 *Ignor/Jahn* JuS 2010, 390 ff.; *Jahn,* in: FS-Stöckel, 2010, S. 256 ff.
292 Kriminologische Betrachtungen zum Massenphänomen Steuerhinterziehung bei *Bode/Gralla,* ZWH 2017, 7.

rechts (noch) nicht interessiert ist, kann an dieser Stelle auch (schlicht unterstellen, dass die Bankkunden sich wegen des Verschweigens der Kapitalerträge wegen Steuerhinterziehung strafbar gemacht haben und) die Abschnitte II und III überspringen und sofort unter IV. mit der Frage der neutralen Beihilfe fortfahren.

II. Steuern und Steuerrecht – Eine kurze Einführung

1. Die Bundesrepublik Deutschland als Steuerstaat

151 Im modernen Staatswesen sind Steuern das bedeutsamste Mittel zur Finanzierung der öffentlich-rechtlichen Aufgaben. Weil sie jeden einzelnen Bürger (be)treffen (den einen u.U. mehr, den anderen weniger), ist die Steuergesetzgebung stets ein rechtspolitisch brisantes Thema, mit dem sich Parteien, die Regierung sowie die Opposition profilieren können. Die Bundesrepublik Deutschland ist ein Steuerstaat: Dies ergibt sich zwar nicht unmittelbar aus dem Grundgesetz, weil solch ein „Steuerstaatsprinzip" als weitere Säule der Verfassung nicht explizit genannt wird. Allerdings liegt der Finanzverfassung – so das Bundesverfassungsgericht – die Vorstellung zu Grunde, dass die Finanzierung der staatlichen Aufgaben in Bund und Ländern einschließlich der Gemeinden in erster Linie aus dem Ertrag der in Art. 105 ff. GG geregelten Einnahmequellen erfolgt.[293] Geregelt sind insbesondere die **Steuergesetzgebung**shoheit (Art. 105 GG), die **Steuerertrag**shoheit (Art. 106 GG) und die Frage, wer letztlich die Steuern festsetzt und erhält, sog. **Steuerverwaltung**shoheit (Art. 108 GG).

152 Die Steuerarten orientieren sich an den drei volkswirtschaftlichen Bemessungsgrundlagen des Einkommens (also dem Vermögenszuwachs), dem Konsum (also Vermögensabfluss) sowie der statischen Bestandsgröße Vermögen (Kapital). Eine allgemeine Vermögenssteuer wird in Deutschland seit 1997 allerdings nicht mehr erhoben, nachdem das Bundesverfassungsgericht die Verfassungswidrigkeit der Bemessungsgrundlagen festgestellt hat.[294] Zu den wichtigsten Ertragssteuern zählen die Einkommensteuer sowie die Körperschaftssteuer (als „Einkommensteuer" für juristische Personen). Als Verbrauchsteuern, die auf den Konsum bzw. die Benutzung von Gütern erhoben werden, sind Energiesteuern sowie Genussmittelsteuern zu nennen. Zuletzt sind die Verkehrssteuern zu erwähnen, die auf die Teilnahme am Rechts- und Wirtschaftsverkehr erhoben werden (so z.B. die Umsatzsteuer oder Grunderwerbsteuer). In § 3 der AO ist der Begriff der Steuer[295] legaldefiniert:

---

[293] BVerfGE 78, 249 (266 f.); 82, 159 (178).
[294] BVerfG NJW 2006, 1191. Dies muss nicht bedeuten, dass ihre Hinterziehung bis zu diesem Zeitpunkt nunmehr straflos wäre; zu diesem sehr speziellen Problem – insbesondere der Frage einer Anwendung des lex mitior § 2 III StGB – BGHSt 47, 138; *Rolletschke* Rn. 157a.
[295] Aus dem Althochdeutschen *stiura* = Stütze, Hilfe. Während früher auch Naturalabgaben in Form von Sach- oder Dienstleistungen (sog. Frondienste) als Steuern anerkannt waren, sind es heute ausschließlich reine Geldleistungen, die erhoben werden.

§ 3 AO lautet:

Steuern sind Geldleistungen, die **nicht eine Gegenleistung** für eine besondere Leistung darstellen und von einem öffentlich-rechtlichen Gemeinwesen zur **Erzielung von Einnahmen allen** auferlegt werden, bei denen der Tatbestand zutrifft, an den das Gesetz die Leistungspflicht knüpft; die Erzielung von Einnahmen kann Nebenzweck sein.

Die Steuer grenzt sich so – wie aus dem öffentlichen Abgabenrecht bekannt sein dürfte – von der **Gebühr** ab, die für eine konkret in Anspruch genommene *Gegenleistung* bezahlt wird. **Beiträge** sind ebenfalls leistungsbezogen, werden aber schon für die *mögliche* Inanspruchnahme von Leistungen erhoben.[296]

2. Das Steuerverfahren

Das Steuerverfahren beginnt mit dem **Ermittlungsverfahren**, in dem festgestellt wird, ob bzw. welche Steuererhebungstatbestände der Steuerschuldner erfüllt. Den Bürgern obliegen hierbei besondere Kooperationspflichten, wozu insbesondere die Abgabe einer Steuererklärung zählt. Den Finanzbehörden als Ermittlungsbehörde (auch im späteren Straf- oder Bußgeldverfahren, siehe unten Rn. 159) stehen im Rahmen der Außenprüfung und Steuerfahndung besondere Rechte zu. Im anschließenden **Festsetzungsverfahren** wird ein Steuerbescheid erlassen, gegen den der Steuerschuldner auch mittels eines außergerichtlichen Einspruchs vorgehen kann. Erfolgt kein Einspruch bzw. ist dieser erfolglos, werden im abschließenden **Beitreibungsverfahren** die Ansprüche notfalls durch Zwangsvollstreckung, u.U. bereits durch automatisierte Vorauszahlungen oder Abzüge (wie etwa bei der Lohnsteuer als Unterfall der Einkommenssteuer) durchgesetzt.

3. „Steuerrecht AT" – Die Abgabenordnung von 1977

Das soeben geschilderte Steuerverfahren ist in der Abgabenordnung von 1977 geregelt, die auch als Allgemeiner („vor die Klammer gezogener") Teil des Steuerrechts bezeichnet werden kann.[297] Die AO schafft ein einheitliches Verfahrensrecht für alle Steuern und ähnelt – da Steuerbescheide als „besondere" Verwaltungsakte zu qualifizieren sind – in weiten Teilen dem Verwaltungsverfahrensgesetz.

In den einzelnen Steuergesetzen (z.B. Einkommensteuergesetz, Umsatzsteuergesetz oder Gewerbesteuergesetz) finden sich die Bestimmungen zur Berechnung der konkreten Steuer bzw. Steuerentstehung, während die AO als „Steuergrundgesetz" regelt, wie die Besteuerungsgrundlagen allgemein zu berechnen, festzusetzen, zu erheben und zu vollstrecken sind. Daneben enthält die Abgabenordnung Vorschriften über außergerichtliche Rechtsbehelfe, etwa den bereits genannten außergerichtlichen Einspruch, der wiederum (ähnlich wie der Widerspruch im Verwaltungsverfahren) Zulässigkeitsvoraussetzung für eine Klage beim Finanzgericht ist. Zuletzt beinhaltet die AO

---

296 *Geis*, Kommunalrecht, 2008, § 12 Rn. 28 ff.
297 Sie geht auf Enno Becker zurück, Richter am Reichsfinanzhof a.D., der sie 1919 in nur knapp einem Jahr anfertigte.

in den §§ 369 ff. Straftatbestände, Ordnungswidrigkeiten sowie besondere strafprozessuale Verfahrensvorschriften.

III. Einige Grundbegriffe des Steuerstrafrechts

1. Überblick

157 Das *Steuerstrafrecht* ist der Sammelbegriff für alle straf- und ordnungswidrigkeitsrechtlichen Sanktionen wegen einer Zuwiderhandlung gegen Steuergesetze (§ 369 AO). Tatbestandsmerkmal ist die „Steuer", wie sie in § 3 AO legaldefiniert ist, d.h. manipulative Nichtzahlungen von Nebenleistungen (wie z.B. Säumniszuschläge, Zinsen oder Zwangsgelder) werden nicht von den §§ 369 ff. AO erfasst.[298] Die Strafvorschriften sollen die Einhaltung der Steuergesetze absichern. Sie schützen somit nach h.M. die fiskalischen Vermögensinteressen des steuererhebenden Staates.[299] Dabei darf die Komplexität des deutschen Steuerrechts und die Positionierung der Strafvorschrift innerhalb der AO nicht den Blick dafür trüben, dass es sich bei den §§ 370 ff. AO um Straftatbestände handelt, was im Hinblick auf Art. 103 II GG zu einem *„steuerrechtsgelösten"* Verständnis zwingen kann.[300]

158 Zentraler Tatbestand des Steuerstrafrechts ist die Steuerhinterziehung gem. § 370 I AO, der sieben Absätze enthält. Der besondere Strafaufhebungsgrund der Selbstanzeige ist in § 371 AO eigenständig geregelt. Seine Anforderungen (und damit auch an eine Strafbefreiung) wurden ebenso wie diejenigen an ein Absehen von Verfolgung gem. § 398a AO durch das Gesetz zur Änderung der Abgabenordnung v. 22.12.2014 nochmals verschärft (Rn. 180a). Die frühere Qualifikation nach § 370a AO a.F., welche die banden- sowie gewerbsmäßige Hinterziehung zu einem Verbrechen hochstufte, ist nach dem „Gesetz zur Neuregelung der Telekommunikationsüberwachung" mit Wirkung zum 01.01.2008 weggefallen, da sowohl die Literatur als auch der BGH Zweifel an der verfassungsmäßigen Bestimmtheit der Vorschrift (v.a. im Hinblick auf das Merkmal „großes Ausmaß"[301]) geäußert hatten.[302] Partiell finden sich dessen Tatbestands-

---

[298] BGHSt 43, 381; ein Rückgriff auf den allgemeinen Betrugstatbestand dürfte wegen der Sperrwirkung des § 370 AO unzulässig sein, so auch *Rolletschke* Rn. 57 m.w.N.
[299] Zum Schutzgut BGHSt 43, 381; 46, 107; BVerwG NJW 1990, 1864; *Rolletschke* Rn. 3; a.A. *Salditt* StraFo 1997, 65 ff.
[300] *Hellmann*, FS-Achenbach, 2011, S. 141.
[301] Zur Bestimmung des „großen Ausmaßes" BGHSt 53, 71 = NJW 2009, 528; eine aussetzungsfähige Bewährungsstrafe kommt bei Steuerhinterziehungen in „Millionenhöhe" nicht mehr in Betracht, nochmals BGHSt 57, 123 = NJW 2012, 1458 m. Anm. *Michalke*. Die Beschränkung der Selbstanzeige auf einen Höchstbetrag (vgl. im Folgenden) hat zur Frage geführt, ob der Begriff des „großen Ausmaßes" nicht neu justiert werden muss, vgl. *Rolletschke* wistra 2012, 216; *Ochs/Wargowske* NZWiSt 2012, 369; *Pflaum* wistra 2012, 376. Die Rechtsprechung zur Wertgrenze des § 370 III Nr. 1 war zunächst differenzierend (vgl. noch BGH NStZ 2009, 271 einerseits, BGH NStZ 2012, 331 andererseits), krit. hierzu noch *Roth* NZWiSt 2012, 174; der BGH hat in einer Grundsatzentscheidung (BGHSt 61, 28 = wistra 2016, 157) schließlich eine einheitliche Wertgrenze (50 000 €) festgesetzt, vgl. hierzu auch *Spatschek/Bertrand*, ZWH 2016, 93.
[302] *Joecks* wistra 2002, 201 ff.; BGH wistra 2004, 274; wistra 2005, 145; wistra 2007, 18.

merkmale in der **Strafzumessungsvorschrift**[303] des § 370 III Nr. 5 AO wieder. Dabei mussten § 370 III Nr. 2 und 3 AO infolge der Erweiterung des Amtsträgerbegriffs auf europäische Amtsträger und ausländische Bedienstete (Rn. 491a) redaktionell angepasst werden.[304] Eine echte Neuerung folgte 2017 infolge des Steuerumgehungsbekämpfungsgesetzes, welche letztlich nur eine Reaktion auf die in den „Panama-Papers"[305] detailliert geschilderten Steuerumgehungsmodelle durch Briefkastenfirmen im Ausland darstellte und die Ergänzung des § 370 III um ein äußerst spezifisches Regelbeispiel (Nr. 6) mit sich brachte.[306] Von nur geringer praktischer Bedeutung ist der **Bannbruch** gem. § 372 AO, wonach die verbotene Ein-, Aus- und Durchfuhr von Waren als Steuerhinterziehung zu ahnden ist, wenn die Tat nicht durch andere Spezialgesetze erfasst wird.[307] Sobald ein Gesetz jedoch den (un)erlaubten Umgang mit Gegenständen regelt, beinhaltet es regelmäßig einen Tatbestand, welcher die unerlaubte Einfuhr mit Strafe bewährt (so bspw. bei der unerlaubten Einfuhr von Arznei- und Betäubungsmitteln, Kriegswaffen oder Waren nach dem Außenwirtschaftsgesetz).

Daraus ergibt sich folgender Überblick:

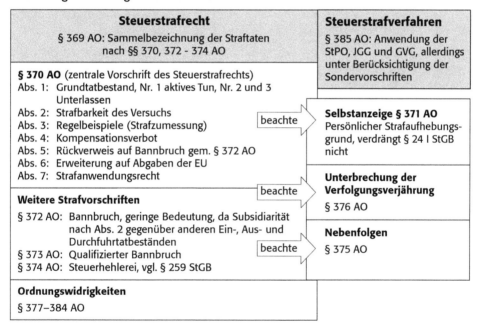

---

303 Zur Strafzumessung im Steuerstrafrecht *Matschke* wistra 2012, 457.
304 Gesetz zur Bekämpfung der Korruption (KorrBekG), vgl. BGBl. I S. 2025.
305 Zur strafrechtlichen Relevanz der Panama-Papers *Schuhr* NZWiSt 2017, 265, *Beckschäfer*, ZRP 2017, 41 sowie *Papathanasiou* JA 2017, 88.
306 BGBl. I 17, S. 1682; BR-Drs. 816/16; vereinfacht ausgedrückt erfasst das Regelbeispiel die Nutzung einer beherrschten Drittstaat-Gesellschaft zur Verschleierung der rechtswidrigen Steuerverkürzungen bzw, -vorteile, erläuternd Klein/*Jäger* § 370 Rn. 305.
307 Sonstige Steuerstraftaten zusammengefasst bei M-G/*Muhler* § 44 Rn. 198 ff.

2. Verfahrensrechtliche Besonderheiten

159 Das Steuerstrafverfahren weist im Verhältnis zum allgemeinen Prozessrecht der StPO einige Besonderheiten auf.[308] Zwar gelten nach § 385 AO die verfahrensrechtlichen Vorschriften der StPO, des JGG sowie des GVG, allerdings unter Berücksichtigung der steuerverfahrensrechtlichen Besonderheiten. So wird das Ermittlungsmonopol der Staatsanwaltschaft durch die (unselbstständige) Ermittlungskompetenz der **Finanzämter** modifiziert. In **reinen** Steuerstrafsachen kann das Finanzamt also mit den gleichen Rechten und Pflichten ermitteln, wie die Staatsanwaltschaft; allerdings hat die Staatsanwaltschaft ein sog. **„Evokationsrecht"**[309], d.h. sie kann die Strafsache gem. § 386 IV AO jederzeit an sich ziehen. Umgekehrt kann bzw. darf das Finanzamt die Strafsache auch jederzeit abgeben.[310] Jedenfalls bei Haft- und Unterbringungssachen ist jedoch ausschließlich die Staatsanwaltschaft zuständig.

> **Hinweis:** Abweichend vom Grundsatz, wonach bei den Strafsenaten des BGH keine „Rechtsgebietszuständigkeit" herrscht, sondern die Geschäftsverteilung nach regionalen Kriterien bestimmt wird, sind Steuerstrafsachen als Spezialmaterie dem Ersten Senat zugewiesen.[311] Eine ähnliche Spezialzuständigkeit hat der Vierte Senat für Straßenverkehrssachen und der Dritte Senat für Staatsschutzsachen.

160 Erwähnenswert ist auch die Ergänzung zu § 138 StPO, wonach im Steuerstrafverfahren gem. **§ 392 AO** die Möglichkeit der **Verteidigung durch Steuerberater**, Steuerbevollmächtigte, Wirtschaftsprüfer und vereidigte Buchprüfer gegeben ist, sofern das Strafverfahren selbstständig durch das Finanzamt durchgeführt wird. Schließlich liegt der Schwerpunkt der Verteidigung meist auf einem steuerrechtlichen Gebiet (insbesondere der Frage, ob die Steuerverkürzung rechtmäßig war oder nicht), so dass vertiefte materiell-rechtliche Kenntnisse zum StGB oft nicht erforderlich sind.[312] Soweit kein selbstständiges Verfahren gegeben ist, kann die Verteidigung nur **gemeinsam** mit einem Rechtsanwalt oder Rechtslehrer an einer deutschen Hochschule erfolgen, vgl. § 392 I 2 AO.[313]

> **Zur Vertiefung:** Da im Übrigen die Vorschriften der StPO gelten, hat der Steuerpflichtige im Strafverfahren ein Aussage- (bzw. sofern er noch nicht Beschuldigter ist, zumindest ein Auskunftsverweigerungs-)Recht. Problematisch ist nun, dass meist noch zeitgleich das oben geschilderte Besteuerungsverfahren läuft, in dem der Steuerpflichtige umfassende Mitwirkungs- und Auskunftspflichten hat. Hier kollidieren also Schweigerechte mit Auskunftspflichten.[314] Eine

---

308 Ausführlich *Rolletschke* Rn. 659 ff.
309 Zum Evokationsrecht siehe BGH StV 2009, 684.
310 Zu den Problemen der Integration der SteuFa (Steuerfahndung) als „Polizei" des Finanzamts in die BuStra (Strafsachen und Bußgeldstelle) *Dusch* wistra 2013, 129; vgl. auch *Muhler* zu Möglichkeiten der Zusammenarbeit zwischen Finanzgericht und Strafjustiz, ZWH 2012, 489; ggf. haben die Finanzbehörden die Staatsanwaltschaft zu benachrichtigen, damit diese ihr Evokationsrecht geltend machen kann *Eisenberg*, FS-Geppert, 2011, S. 81 ff.
311 Eine Rechtsprechungsübersicht zur Judikatur des Ersten Strafsenats gibt es bei *Bittmann* JA 2011, 291.
312 Joecks/Jäger/*Randt* § 392 Rn. 24.
313 Siehe hierzu KG Berlin NJW 1974, 916.
314 Zur „Verwirklichung des Nemo-tenetur-Grundsatzes trotz steuerlicher Erklärungs- und Mitwirkungspflichten" *Leimkuhl-Schulz/Modrzejewski*, wistra 2015, 378.

Lösung stellt § 393 I 2 AO bereit:[315] Demnach kann die Auskunftspflicht im Besteuerungsverfahren nicht zwangsweise durchgesetzt werden, wenn man sich hierdurch strafrechtlich belasten würde. Hierüber muss der Steuerpflichtige gem. § 393 I 4 AO auch belehrt werden. In der Praxis ist die Kollision zumindest für den Steuerpflichtigen selbst nicht aufgehoben, da aus der Verletzung der Hinweispflicht zumindest im Besteuerungsverfahren kein Beweisverwertungsverbot folgen soll.[316] Außerdem darf eine verweigerte Auskunft nur im Strafverfahren nicht zu Lasten des Schweigenden gedeutet werden, d.h. im Besteuerungsverfahren kann das Schweigen negative Konsequenzen nach sich ziehen, etwa eine überhöhte Schätzung von Einnahmen.[317] Nach § 396 AO besteht zumindest die Möglichkeit für die StA, das Strafverfahren bis zum Abschluss des Steuerverfahrens **auszusetzen**;[318] dies bringt den Vorteil mit sich, dass es nicht zu einer Überschneidung der soeben genannten Rechte und Pflichten des Beschuldigten/Steuerschuldners kommt. Doch jedenfalls aus Sicht der Staatsanwaltschaft bringt dieses Verfahren den Nachteil mit sich, dass die Voraussetzungen für § 396 AO unerkannt nicht erfüllt sind, so dass die mit der wirksamen Aussetzung verbundene Hemmung der Verfolgungsverjährung nicht eintritt.[319]

3. Die Steuerhinterziehung, § 370 AO

Der Tatbestand der Steuerhinterziehung (**abgedruckt bei Rn. 52**) beinhaltet drei Tatbestandsalternativen, wobei § 370 I Nr. 3 AO – die unterlassene Verwendung von Steuerzeichen – in der Praxis keine Rolle mehr spielt, weil das Steuerstempelsystem kaum noch verwendet wird (Ausnahme: Tabaksteuer, § 12 I 1, 3 TabStG). Im Folgenden wird daher der Fokus auf die zentralen Tatbestandsalternativen der Steuerverkürzung durch aktives Tun und der Vorteilserlangung durch Unterlassen gelegt. Hierbei ist bereits die Deliktsnatur des § 370 AO in mehrerlei Hinsicht problematisch und umstritten.

161

a) Zur Deliktsnatur des § 370 AO

aa) Blankett oder normative Tatbestandsmerkmale?

Bereits an anderer Stelle wurde dargelegt, dass die Wendung „steuerlich erhebliche Tatsachen" sowohl als normatives Tatbestandsmerkmal als auch als auszufüllendes Blankett durch die materiellen Steuergesetze verstanden werden kann.[320] Praktische Bedeutung hat dies insbesondere für den subjektiven Tatbestand bzw. die Irrtumslehre.[321] Die wohl h.M. ist zumindest „terminologisch" inkonsequent, wenn sie § 370 AO häufig als „Blankettvorschrift" bezeichnet[322], aber i.R.d. der Irrtumslehre eher so behandelt wird, als ob die Norm normative Tatbestandsmerkmale enthalten würde.

162

---

315 Zur Verfassungsmäßigkeit des § 393 AO *Dierlamm*, FS-Krey, 2010, S. 27 ff.
316 So BFH BStBl. 2002, 328.
317 Zum Problemfeld der Schätzung im Steuer- und Steuerstrafverfahren *Gehm* NZWiSt 2012, 408.
318 Zum Rechtsschutz gegen die Einstellung nach § 398a AO *Hunsmann* NZWiSt 2012, 102.
319 *Gehm* NZWiSt 2012, 294; vgl. auch *Hunsmann* ZWH 2012, 175.
320 Siehe bereits Rn. 52.
321 Im Steuerstrafrecht selbst ist von der sog. „Steueranspruchstheorie" die Rede, vgl. nur *Roger*, StraFo 2016, 497 mwN; zum Rechtsirrtum im Steuerstrafrecht siehe auch *Wedler*, NZWiSt 2015, 99; Klein/Jäger § 370 Rn. 180 ff.; *Ransiek*, wistra 12, 365; *Beyer*, NWB 17, 1459.
322 BGHSt 34, 272.

bb) Der Täterkreis der Steuerhinterziehung

163 Für den Täterkreis der Steuerhinterziehung ist zwischen § 370 I Nr. 1 und Nr. 2 AO zu differenzieren, was sich v.a. aus dem Wortlaut des § 370 I Nr. 2 AO „**pflichtwidrig**" ergibt. Pflichtwidrig kann nämlich nur derjenige handeln, den die Steuer*pflicht* trifft.[323] Daher ist die Unterlassungsalternative, § 370 I Nr. 2 AO, als **Sonderdelikt**[324] zu qualifizieren, während § 370 I Nr. 1 AO ein **Jedermannsdelikt** darstellt.[325] Nach § 370 I Nr. 1 AO kommt somit jeder als Täter in Betracht, der in der Lage ist, auf die Festsetzung, Erhebung oder Vollstreckung der gesetzlich geschuldeten Steuer zum Nachteil der Steuergläubiger einzuwirken (d.h. neben dem Steuerschuldner etwa auch der Steuerberater, der Finanzbeamte, die Ehefrau oder gesetzliche Vertreter nach §§ 34, 35 AO[326]), auch wenn der konkrete Steuervorteil eben nur dem Steuerpflichtigen zu Gute kommt. Je nach Wissen und dem konkreten Tatplan kommt bei der Einbeziehung Dritter oder mehrerer Beteiligter eine Mittäterschaft oder mittelbare Täterschaft in Betracht.[327]

b) Der Tatbestand des § 370 AO im Einzelnen

aa) Die Taterfolge des § 370 I AO: Steuerverkürzung oder Vorteilserlangung

164 § 370 AO setzt einen *Taterfolg* in Form der Verkürzung von Steuern oder der Erlangung ungerechtfertigter Steuervorteile voraus:[328]

165 Eine **Steuerverkürzung** gem. § 370 I Nr. 1 AO liegt vor, wenn aufgrund unwahrer Angaben die Steuer geringer festgesetzt wurde, als dass sie tatsächlich zu erheben gewesen wäre (Steuer-Ist niedriger als Steuer-Soll).

Die Verkürzung kann zum einen durch eine fehlende oder zu geringe Festsetzung der Steuer **endgültig** erfolgen; zum anderen ist aber auch eine nicht rechtzeitige Festsetzung der Steuer denkbar (also eine Verkürzung auf Zeit), so dass der Schaden für den Fiskus nur im erlittenen Zinsverlust zu sehen ist, weswegen dann auch eine mildere Bestrafung angezeigt ist. Die Schadenshöhe muss exakt berechnet werden, da nur so eine schuldangemessene Strafe ermittelt werden kann. Schätzungen gem. § 162 I AO erfolgen dementsprechend nur, wenn eine exakte Berechnung nicht mit verhältnismäßigen Mitteln möglich ist, wobei Unschärfen zugunsten des Beschuldigten zu berücksichtigen sind (in dubio pro reo). Oft orientieren sich die Tatrichter an den Schätzungen der zuständigen Finanzbehörde und nehmen dann einen Sicherheitsabschlag bei ihrer eigenen Schätzung vor.

---

323 Zum Strohmann im Steuerrecht *Madauß* NZWiSt 2013, 332.
324 BGH wistra 2003, 344; wistra 2007, 112; das Merkmal „pflichtwidrig" in § 370 I Nr. 2 AO bezieht sich allein auf das Verhalten des Täters, nicht auf dasjenige eines anderen Tatbeteiligten. Damit kommt eine Zurechnung fremder Pflichtverletzungen auch dann nicht in Betracht, wenn sonst nach allgemeinen Grundsätzen Mittäterschaft vorliegen würde, vgl. BGH NJW 2013, 2449; *Joecks*/Jäger/Randt § 370 Rn. 30 m.w.N.
325 BGHSt 50, 299.
326 Selbst der faktische Geschäftsführer, vgl. hierzu Rn. 525.
327 Aufbereitet bei *Rolletschke* Rn. 12a.
328 Zur Vollendung des Tatbestands trotz Kenntnis des zuständigen Finanzbeamten von der Fehlerhaftigkeit der gemachten Angaben, *Steinberg* wistra 2012, 45; hierzu auch *Wegner* HRRS 2011, 404.

Trotz dieser Ausgestaltung ist § 370 AO kein mit § 263 StGB vergleichbares Vermögensdelikt, da bei der Schadensberechnung das sog. **"Kompensationsverbot"** nach § 370 IV 3 AO zu berücksichtigen ist.[329] Eine Verkürzung i.S.d. § 370 AO ist dementsprechend auch dann anzunehmen, wenn die Steuer „aus anderen Gründen" hätte ermäßigt werden können bzw. ein Vorteil hätte gewährt werden können (oder in der Terminologie des § 263 StGB „der Schaden saldiert wäre"). Wer also Einkommensteuer hinterzogen hat, kann sich nicht darauf stützen, zu viel Gewerbesteuer gezahlt zu haben. Dieses in seinen Einzelheiten bisher noch vielfach umstrittene Kompensationsverbot[330] führt dazu, dass § 370 AO faktisch wie ein **abstraktes Gefährdungsdelikt** zu behandeln ist[331], auch wenn man die Steuerverkürzung als schadensgleiche Vermögensgefährdung ansehen und § 370 AO somit auch als Vermögensschädigungsdelikt qualifizieren könnte.[332]

166

> **Zur Vertiefung:** Grundgedanke des Kompensationsverbots ist, dass der Strafrichter nicht den gesamten Steuerfall „neu aufrollen" muss. Freilich wird ein Täter etwaige kompensatorische Gesichtspunkte zumindest im Rahmen der Strafzumessung gem. § 46 II StGB berücksichtigt wissen wollen.[333]

> Einen **ungerechtfertigten Steuervorteil** erlangt der Täter durch begünstigende Verfügungen des Finanzamtes, die außerhalb der Steuererklärung und Steuerfestsetzung liegen, sich allerdings aus dem Steuerrecht ergeben müssen.

167

Hierzu zählen u.a. Zahlungsaufschübe, die Aussetzung der Vollziehung, Steuererlasse, die Bewilligung von Buchführungserleichterungen, die Stundung der Steuer oder die Verlängerung der Abgabefrist.[334] Als Steuervergütung i.S.d. § 370 IV 2 AO sind der Vorsteuerabzug bei der Umsatzsteuer gem. § 18 UStG[335] oder Kindergeld gem. § 31 S. 3 EStG zu nennen. Ungerechtfertigt ist der Vorteil, wenn der begünstigende Sachverhalt tatsächlich nicht vorliegt (soweit der entscheidenden Behörde ein Ermessensspielraum zugebilligt wird, ist eine fehlende Rechtfertigung dann anzunehmen, wenn die vorteilhafte Entscheidung auf den unrichtigen Angaben *beruht*).

bb) Die Tathandlungen des § 370 I Nr. 1 und 2 AO

(1) Durch aktives Tun: § 370 I AO kann einmal durch **aktives Tun** verwirklicht werden, § 370 I Nr. 1 AO. Hierfür muss der Täter unrichtige oder unvollständige steuerlich erhebliche Angaben gegenüber einer Behörde[336] machen.

168

---

329 Insofern hat § 370 I AO durchaus Züge des Betrugs, doch wäre es zumindest ungenau von einem „Steuerbetrug" zu sprechen; vielmehr dürfte der Begriff der „Hinterziehung" des „Pudels Kern treffen", zur Steuerhinterziehung als betrugsrelevantes Unrecht *Herbertz* HRRS 2012, 318; vgl. auch zum Kompensationsverbot als originär strafrechtliches Rechtsinstitut des Steuerstrafrechts *Bülte* NZWiSt 2016, 1, 52; *Ibold*, wistra 2019, 109.
330 Übersichtlich bei *Rolletschke* Rn. 104 ff.
331 So auch *Tiedemann* JZ 1975, 185 (186).
332 Zum Begriff der schadensgleichen Vermögensgefährdung Rn. 227.
333 Der Zweck verringerter Ermittlungsarbeit kann sich somit kaum entfalten, vgl. M-G/*Muhler* § 44 Rn. 46 ff.
334 Siehe *Joecks*/Jäger/Randt § 370 *Rn.* 137.
335 *Kottke* StB 1999, 63.
336 Dies kann nach Ansicht des OLG München auch das Finanzgericht sein, NStZ-RR 2013, 15.

169 **Steuerlich erhebliche Tatsachen** sind solche, die den Grund oder die Höhe des Steueranspruchs beeinflussen bzw. das Finanzamt zur Einwirkung auf den Anspruch veranlassen können.

Der Begriff der Tatsache entspricht dem des Betrugs.[337] Fehlen dem Steuerpflichtigen bspw. Beweismittel, mit denen er seine tatsächlich richtigen Angaben untermauern kann, macht er – da Beweismittel, vgl. insb. die des § 92 AO, nicht dem Tatsachenbegriff unterliegen – keine unrichtigen Angaben über Tatsachen.[338] Steuerlich erheblich können die Tatsachen jedenfalls dann nicht sein, wenn sie keinen steuerbaren Tatbestand erfüllen (etwa der Umsatz aus Drogengeschäften, Einkommen aus Straftaten).

170 **Unrichtig** sind Angaben, wenn sie objektiv nicht der Wahrheit entsprechen. **Unvollständig** sind sie, wenn bei im Übrigen wahrheitsgemäßen Angaben der Anschein erweckt wird, dass diese auch vollständig sind.

Wenn der Täter unvollständige Angaben macht, unterlässt er es zeitgleich immer pflichtwidrig, die Finanzbehörde vollständig aufzuklären. Diese Überschneidung mit der Unterlassungsvariante lässt sich dadurch vermeiden, dass § 370 I Nr. 1 AO in diesen Fällen die Unterlassungsmodalität verdrängt und die Anwendung des § 370 I Nr. 2 AO auf die Fälle beschränkt wird, in denen ein Steuerpflichtiger überhaupt keine Erklärung abgibt.[339] Die Unterscheidung ist nicht nur akademischer Natur, wenn man bedenkt, dass die zweite Alternative als echtes Sonderdelikt ausgestaltet ist und somit nur vom Steuerpflichtigen erfüllt werden kann.[340]

171 **Gemacht** sind die Angaben bei einer willentlichen Entäußerung in schriftlicher/mündlicher/elektronischer[341]/konkludenter Form, sobald sie der zuständigen Finanzbehörde (gem. § 6 AO) zugegangen sind.

---

337 Siehe Rn. 210 f.; bloße Rechtsausführungen sind somit grundsätzlich nicht erfasst. Problematisch wird dies v.a. dann, wenn der Täter seiner Steuererklärung eine steuerrechtlich falsche Rechtsansicht zu Grunde legt. Solange diese falsche Rechtsausführung für den zuständigen Finanzbeamten nicht erkennbar ist, dürfte dies zu Lasten des Erklärenden gehen, da der Täter dann regelmäßig die steuerrechtliche Bedeutsamkeit des Sachverhalts vorspiegelt; zu diesem Problem vgl. BGH wistra 2000, 137. Werden dagegen die zu Grunde liegenden Tatsachen und die rechtliche Begründung offengelegt, ist es Sache des Finanzamts zu entscheiden, ob es die rechtliche Würdigung akzeptieren will oder nicht; darin liegen keine „unrichtigen Angaben über Tatsachen".

338 Allerdings kann die Vorlage des Beweises gesetzlich vorgegeben, sozusagen „formalisiert" sein: Bezogen auf den vorliegenden Fall bspw. wäre der Nichtabzug von Quellensteuern nur bei Vorlage eines Freistellungsbescheids nach § 50d III 1 EStG zulässig, d.h. ein Abzug ohne Vorlage wäre steuerrechtswidrig. Nach h.M. soll auch die Nichterfüllung von Nachweispflichten den objektiven Tatbestand des § 370 I Nr. 1 AO erfüllen, vgl. nur BGH wistra 1989, 190; BGH wistra 1995, 69, wobei die Literatur dem skeptisch gegenüber steht, da ein Verstoß gegen bloße Ordnungsvorschriften zu einer Strafbarkeit führe. Regelmäßig wird das Finanzamt das Fehlen merken (und im Regelfall auch eher rügen, als ein Straf- oder Bußgeldverfahren einzuleiten), so dass allenfalls eine versuchte Steuerhinterziehung in Betracht kommt, die ihrerseits wohl am Tatentschluss/Vorsatz des Täters scheitert.

339 So *Rolletschke*, Rn. 26.

340 Deshalb ist umstritten, ob § 370 I Nr. 1 AO durch Unterlassen verwirklicht werden kann, G/J/W/*Rolletschke* § 370 AO Rn. 55.

341 Zum *EL*ektronischen *ST*euer*ER*klärungsverfahren (ELSTER) *Musil/Burchard/Hechtner* DStR 2007, 2290.

Der Hauptfall der ersten Alternative ist wohl die Abgabe unrichtiger Jahressteuererklärungen oder falscher Steueranmeldungen (z.B. Umsatzsteuervoranmeldung). Grundsätzlich sind Angaben allerdings auch außerhalb des Festsetzungsverfahrens denkbar, also auch während der Erhebung oder Vollstreckung der Steuer. Selbst bei der strafbefreienden Selbstanzeige (siehe sogleich) können erneut falsche Angaben gemacht werden.

> **Zur Vertiefung:** Probleme hinsichtlich der Tathandlung ergeben sich bei der Steuerhinterziehung von Unternehmen nicht selten, wenn derjenige Mitarbeiter, der inhaltlich für die unrichtige steuerliche Behandlung (auf Grund von Vorfällen in seiner Abteilung) verantwortlich ist, letztlich nicht die Steuererklärung unterschreibt (weil dies z.B. der Finanzvorstand tut). Kennt der Unterzeichner die Unrichtigkeit nicht, lässt sich vergleichsweise einfach eine mittelbare Täterschaft kraft überlegenen Wissens konstruieren. Weiß der Unterzeichner dagegen davon (oder hält er die Unrichtigkeit zumindest nicht ausschließbar für möglicherweise falsch), ist das deutlich schwieriger. Wenn kein gezieltes Zusammenhandeln vorliegt/nachweisbar ist (§ 25 II StGB), liegt wohl allenfalls ein Fall der Anstiftung vor (die im Übrigen auch nicht unproblematisch ist[342]). Der BGH hat hier allerdings – ohne nähere Begründung – das bloße **„Bewirken"** (also wohl: das bloße Kausal-dafür-Werden) der unrichtigen Steuererklärung als täterschaftliches Unrecht genügen lassen, ohne auf die Tatbegehung durch den Unterzeichner näher einzugehen.[343] Das ist dogmatisch nicht wirklich nachvollziehbar, müsste aber zumindest in der Praxis als Strafbarkeitsrisiko beachtet werden.

(2) Durch Unterlassen: Die Steuerhinterziehung kann zum anderen auch durch **Unterlassen** nach § 370 I Nr. 2 AO begangen werden.[344] Der Tatbestand erfasst Fälle, in denen der Steuerpflichtige seiner Erfassungs- oder Erklärungspflicht oder sonstigen Pflichten (z.B. zur Steuervoranmeldung) aus dem Steuerrecht nicht nachkommt und dadurch die zuständige Behörde in Unkenntnis lässt.[345] Es handelt sich um ein echtes Unterlassungsdelikt, wobei sich die Offenbarungspflicht nach § 149 I 1 AO i.d.R. aus den einzelnen Steuergesetzen ergeben kann[346], u.a. aus[347]

- § 18 UStG: Pflicht zur Abgabe von Voranmeldungen
- § 14a GewStG: Pflicht zur Abgabe von Gewerbesteuererklärungen
- § 41a EStG: Pflicht zur Abgabe von Lohnsteueranmeldungen

Soweit der Finanzbehörde ein Fehler unterlaufen ist, liegt kein pflichtwidriges Unterlassen vor, wenn der Steuerpflichtige diesen Fehler zu seinen Gunsten ausnutzt. Die unterlassene Handlung muss dem Täter möglich und zumutbar sein (wobei hier ein Spannungsverhältnis zum nemo tenetur Grundsatz besteht).

(3) Verbot der Umgehung gem. § 42 I AO: Für beide Tatalternativen gilt nach **§ 42 I AO (abgedruckt bei Rn. 80)** ein Verbot der Umgehung des Steuergesetzes durch den

---

342 Zu den unterschiedlichen Anforderungen an eine Anstiftung (geistiger Kontakt? Unrechtspakt? Schaffen einer zur Tat anreizenden Situation?) vgl. allgemein NK-StGB/*Schild* § 26 Rn. 5 ff.; Sch/Sch/*Heine/Weißer* § 26 Rn. 4.
343 Vgl. BGHSt 55, 288 (Siemens-AUB, vgl. zu dieser Entscheidung auch näher unten Rn. 575 ff.).
344 Hierzu *Dannecker*, FS-Achenbach, 2011, S. 83 ff.; *Timpe*, HRRS 2018, 243.
345 Zu diesem unterschätzten Zwischenerfolg des § 370 I Nr. 2 AO *Grötsch/Stürzl*, wistra 2019, 127.
346 Strittig ist, ob auch auf allgemeine Garantenstellungen, wie etwa der Ingerenz zurückgegriffen werden kann; zu dieser und der vorgeschalteten Frage der Anwendbarkeit des § 13 StGB *Hellmann/Beckemper* ZJS 2008, 60; *Joecks*/Jäger/Randt § 370 Rn. 236.
347 Ausführlichere Übersicht bei *Rolletschke* Rn. 39.

Missbrauch von Gestaltungsmöglichkeiten.[348] Dies soll anzunehmen sein, wenn eine an und für sich wirtschaftlich unangemessene Gestaltung gewählt wird *und* deren einziger Sinn die Steuervermeidung ist. Dies bedeutet, dass die „Umgehung" des Tatbestandes durch diese gesetzliche Typisierung über § 42 S. 2 AO dann doch zur Entstehung eines durch § 370 AO geschützten Steueranspruchs führt, allerdings nur, wenn der Steuerpflichtige die Finanzbehörde über den Umgehungstatbestand nicht aufklärt.[349] Praktisch häufigster Anwendungsbereich sind Geschäfte zwischen nahen Verwandten (wie z.B. Arbeits- und Gesellschaftsverträge zwischen Ehegatten).

cc) Sonstige Tatbestandsvoraussetzungen, insb. Kausalität und Vorsatz

175 Im Übrigen muss zwischen der Tathandlung und dem eingetretenen Erfolg der Steuerverkürzung bzw. Vorteilserlangung eine Kausalität (i.S.d. Äquivalenztheorie) bestehen, so dass die Tatbestandsmäßigkeit durch die Kenntnis des Finanzamtes ausgeschlossen wird.[350] Soweit eine Kausalität zwischen Handlung und Erfolg bejaht werden kann, ist der objektive Tatbestand des § 370 AO erfüllt.

176 Ferner muss der Täter nach § 15 StGB vorsätzlich gehandelt haben.[351] Besondere Relevanz haben hier mögliche Irrtümer, welche die steuerrechtlichen Grundlagen des vereitelten Steueranspruchs betreffen (also etwa ein Irrtum über die Steuerpflichtigkeit einer bestimmten Einnahme oder über die Abzugsfähigkeit einer bestimmten Ausgabe). Würde man § 370 AO konsequent als Blankettstraftatbestand verstehen, so müsste man die steuerrechtlichen Vorschriften in das Blankett „hineinlesen", so dass ein Irrtum darüber zu einem vorsatzirrelevanten Verbotsirrtum würde. Die ganz h.M.[352] geht demgegenüber von einem vorsatzrelevanten Irrtum aus, wenn der Täter sich (nicht über die steuerliche Erklärungspflicht als solche, sondern) über steuerrechtliche Vorfragen irrt, welche seine Handlungs- bzw. Erklärungspflicht begründen.[353] Soweit hiernach eine vorsätzliche Steuerhinterziehung ausscheidet, ermöglicht § 16 I 2 StGB einen Rückgriff auf die Auffangvorschrift der leichtfertigen Steuerverkürzung gem. § 378 AO (welche allerdings nur eine Ordnungswidrigkeit darstellt).

177 Dagegen ergeben sich bei der Rechtswidrigkeit und Schuld keine Besonderheiten, insbesondere wird dem Täter eine Berufung auf § 34 StGB nicht weiterhelfen. Im Rahmen der Fallbearbeitung müssen beim letzten Punkt „Strafzumessung" der besonders schwere Fall nach § 370 III AO[354] sowie die strafbefreiende Selbstanzeige gem. § 371 AO Berücksichtigung finden.

---

348 Zur Abgrenzung von Schein- und Umgehungshandlungen und ihrer Behandlung in der Praxis siehe bereits Rn. 78.
349 Anschaulich bei *Tiedemann*, Rn. 637.
350 So bspw. FG Bremen EFG 1990, 211.
351 Zu Vorsatzfragen aus der neueren Rechtsprechung vgl. *Bilsdorfer* NJW 2013, 1409 (1410); zum Eventualvorsatz im Steuerstrafrecht *Ransiek/Hüls* NStZ 2011, 678.
352 Vgl. nur *Rolletschke* Rn. 122; *Tiedemann* ZStW 107 (1995), 643 f. m.w.N.
353 Aus der Rechtsprechung zuletzt BGH NStZ 2012, 160 (dort auch zum Begriff der Leichtfertigkeit).
354 Zu den einzelnen Regelbeispielen ausführlich *Rolletschke* Rn. 251; zur Strafzumessung im Steuerstrafrecht vgl. auch *Jung*, FS-Samson, 2010, S. 55 ff.

c) Vollendung und Versuch

Der Tatbestand ist nach § 370 IV 1 AO **vollendet**, sobald die Steuer unzutreffend festgesetzt wurde (d.h. mit Bekanntgabe des Steuerbescheides an den Steuerpflichtigen).[355] In der Unterlassungsalternative ist zu differenzieren: Handelt es sich um Fälligkeitssteuern (Lohnsteuer, Umsatzsteuer), tritt Vollendung ein, sobald die Frist verstreicht. Bei Veranlagungssteuern (die durch das Finanzamt berechnet werden) ist der Tatbestand vollendet, sobald die Veranlagungsarbeiten im Bezirk des jeweiligen Finanzamtes weitgehend („im Großen und Ganzen") abgeschlossen sind. Wegen dieses früh eintretenden Strafschutzes ist das **Versuchsstadium** denkbar eng: Bei § 370 I Nr. 1 AO ist nach h.M. ein unmittelbares Ansetzen gem. § 22 StGB i.d.R. mit Absendung/Abgabe der Steuererklärung anzunehmen.[356] In der Unterlassungsvariante dagegen bereitet das unmittelbare Ansetzen – wie im Allgemeinen auch – Schwierigkeiten: Im Einzelnen ist umstritten, ob eine konkrete Gefährdung des Steueranspruchs schon mit Beginn oder erst mit Abschluss der Veranlagungsarbeiten angenommen werden kann.[357] Zusammenfassend ergibt sich Folgendes:

178

Prüfungsschema zu § 370 I AO		
	Nr. 1 (aktives Tun)	Nr. 2 (echtes Unterlassen)
I. Objektiver Tatbestand		
a) Täterkreis	**Jedermannsdelikt**	echtes **Sonderdelikt** (str.) d.h. nur steuerlich Verpflichteter
b) Tathandlung	unrichtige Angaben machen über steuerlich Erhebliches	Unterlassen der Aufklärung trotz Rechtspflicht Zumutbarkeit der Aufklärung
c) Taterfolg	Steuerverkürzung *oder* Erlangung von Vorteilen	
d) Kausalität	(in der Unterlassungsvariante „Quasi-Kausalität")	
II. Subjektiver Tatbestand		
III. Rechtswidrigkeit und Schuld		
IV. Strafausschließungsgründe, § 24 StGB, § 371 AO		
V. Strafzumessung, § 370 III AO		

179

4. Die strafbefreiende Selbstanzeige, § 371 AO

a) Rechtsnatur

§ 371 AO stellt einen speziellen persönlichen Strafaufhebungsgrund des Steuerstrafrechts dar, der neben den Rücktritt gem. § 24 StGB tritt.[358] Sein Anwendungsbereich ist auf § 370 AO beschränkt, d.h. es ist keine „analoge" Anwendung auf andere „An-

180

---

355 Zum Versuch im Steuerstrafrecht *Mösbauer* DStZ 1997, 577.
356 *Rolletschke* Rn. 127.
357 *Joecks*/Jäger/Randt § 370 Rn. 543.
358 *Joecks*/Jäger/Randt § 371 Rn. 39; zum Konkurrenzverhältnis von § 371 AO und Rücktritt vgl. BGHSt 37, 340; 49, 136; zur Frage welche Bedeutung dem § 24 StGB im Hinblick auf die frühe Tatbestandsvollendung noch zukommt zuletzt *Rolletschke* ZWH 2013, 186.

zeige- bzw. Erklärungsdelikte" möglich (für die leichtfertige Steuerverkürzung bietet § 378 III AO einen eigenständigen Bußgeldaufhebungsgrund, auf den die folgenden Ausführungen weitgehend übertragen werden können). Die Selbstanzeige führt zu einer Strafaufhebung trotz Vollendung des Delikts (und ist somit eine Besonderheit im deutschen Strafrecht[359]). Diese Straflosigkeit hebt zugleich auch den Anknüpfungspunkt für eine Verbandsgeldbuße nach §§ 30, 130 OWiG auf, weshalb Selbstanzeigen auch im Interesse des Unternehmens vorgenommen werden können.[360]

180a Mit dem Schwarzgeldbekämpfungsgesetz vom 28.4.2011 hat der Gesetzgeber die Anforderungen an die strafbefreiende Selbstanzeige **erheblich verschärft**.[361] Zum einen wurde die Möglichkeit der Selbstanzeige auf Hinterziehungsbeträge bis zu **EUR 50 000** pro Tat beschränkt (§ 371 II Nr. 3 AO), während in allen anderen Fällen lediglich ein Absehen von Verfolgung über § 398a AO möglich ist. Zum anderen hat der Gesetzgeber der Tendenz des BGH Rechnung getragen, der Vorschrift auch ein dogmatisch strenges Verständnis zugrundezulegen. Vornehmlich betrifft dies die **(Un-)Möglichkeit einer Teilselbstanzeige**, welcher der (für Steuerstrafsache zuständige) Erste Senat bereits 2010 eine Absage erteilt hatte.[362] Diesbezüglich hatte man gefordert, dass der Täter mit der Selbstanzeige „zur Steuerehrlichkeit" zurückkehrt, d.h. „nunmehr vollständige und richtige Angaben – mithin **‚reinen Tisch'** – macht". Da diese Haltung im Hinblick auf den Gesetzeswortlaut des § 371 AO a.F. zumindest nicht zwingend war (§ 371 AO a.F. ordnete die Straflosigkeit „insoweit" an, als der Täter die Angaben berichtigt hat) und die Entscheidung des BGH zu Spekulationen darüber führte, wie weit die **„Lebensbeichte"** des Steuersünders gehen müsse,[363] hatte der Gesetzgeber diesen Komplex ebenso ausdrücklich aufgegriffen. Aufgrund erneut publik gewordener und medienwirksam thematisierter Steuerskandale sah er sich dazu veranlasst, die bereits durch das Schwarzgeldbekämpfungsgesetz erfolgte Einschränkung der Selbstanzeigemöglichkeiten mit dem Gesetz zur Änderung der Abgabenordnung und des Einführungsgesetzes zur Abgabenordnung nochmals zu verschärfen und dabei etwa auch den Höchstbetrag nochmals herabzusetzen.[364]

---

359 Mitunter wird darin auch ein Sinnbild der „Käuflichkeit" im Wirtschafts- und Steuerstrafrecht zu sehen, da Voraussetzung für die strafbefreiende Wirkung die Nachzahlung der hinterzogenen Steuer ist. Freilich ist das in einem Rechtsgebiet, in dem es vorrangig darum geht, dem Staat Finanzmittel zu verschaffen und in dem das strafwürdige Unrecht gerade darin liegen soll, dass dem Staat diese Finanzmittel vorenthalten werden, auch nicht *a priori* systemwidrig. Grundlegend zur Einordnung der Selbstanzeige aus neuerer Zeit *Rostalski*, JR 2017, 620; *Schuster*, JZ 2015, 27.
360 Zu diesem Zusammenspiel *Reichling* NJW 2013, 2233.
361 BT-Drucks. 17/4182; Entstehung des Gesetzes vgl. *Gehm* Jura 2012, 531; *Hunsmann* NJW 2011, 1482; *Rolletschke* ZWH 2013, 385.
362 Vgl. BGH NJW 2010, 2146 = wistra 2010, 304.
363 Vgl. *Kames* DB 2010, 1488; *Schwedhelm/Talaska* GmbH-StB 2011, 54 (56) m. w. Nachw.
364 BGBl. I S. 2415; vgl. hierzu etwa *Burkhard*, StraFo 2015, 95; *Hunsmann* NJW 2015, 113; *Leibold* NZWiSt 2015, 74; *Madauß* NZWiSt 2015, 41; *Wulf* wistra 2015, 166; was oftmals übersehen wird, ist, dass neben der Selbstanzeige nach § 371 AO die Möglichkeit einer „Fremdanzeige" nach § 46b StGB bleibt, vgl. etwa *Gehm* ZWH 2018, 213.

§ 371 AO lautet:

(1) ¹Wer gegenüber der Finanzbehörde zu allen Steuerstraftaten einer Steuerart in vollem Umfang die unrichtigen Angaben berichtigt, die unvollständigen Angaben ergänzt oder die unterlassenen Angaben nachholt, wird wegen dieser Steuerstraftaten nicht nach § 370 bestraft. ²Die Angaben müssen zu allen unverjährten Steuerstraftaten einer Steuerart, mindestens aber zu allen Steuerstraftaten einer Steuerart innerhalb der letzten zehn Kalenderjahre erfolgen.

(2) ¹Straffreiheit tritt nicht ein, wenn
1. bei einer der zur Selbstanzeige gebrachten unverjährten Steuerstraftaten vor der Berichtigung, Ergänzung oder Nachholung
   a) dem an der Tat Beteiligten, seinem Vertreter, dem Begünstigten im Sinne des § 370 Absatz 1 oder dessen Vertreter eine Prüfungsanordnung nach § 196 bekannt gegeben worden ist, beschränkt auf den sachlichen und zeitlichen Umfang der angekündigten Außenprüfung, oder
   b) dem an der Tat Beteiligten oder seinem Vertreter die Einleitung des Straf- oder Bußgeldverfahrens bekannt gegeben worden ist oder
   c) ein Amtsträger der Finanzbehörde zur steuerlichen Prüfung erschienen ist, beschränkt auf den sachlichen und zeitlichen Umfang der Außenprüfung, oder
   d) ein Amtsträger zur Ermittlung einer Steuerstraftat oder einer Steuerordnungswidrigkeit erschienen ist oder
   e) ein Amtsträger der Finanzbehörde zu einer Umsatzsteuer-Nachschau nach § 27b des Umsatzsteuergesetzes, einer Lohnsteuer-Nachschau nach § 42g des Einkommensteuergesetzes oder einer Nachschau nach anderen steuerrechtlichen Vorschriften erschienen ist und sich ausgewiesen hat oder
2. eine der Steuerstraftaten im Zeitpunkt der Berichtigung, Ergänzung oder Nachholung ganz oder zum Teil bereits entdeckt war und der Täter dies wusste oder bei verständiger Würdigung der Sachlage damit rechnen musste,
3. die nach § 370 Absatz 1 verkürzte Steuer oder der für sich oder einen anderen erlangte nicht gerechtfertigte Steuervorteil einen Betrag von 25 000 Euro je Tat übersteigt, oder
4. ein in § 370 Absatz 3 Satz 2 Nummer 2 bis 6 genannter besonders schwerer Fall vorliegt.

²Der Ausschluss der Straffreiheit nach Satz 1 Nummer 1 Buchstabe a und c hindert nicht die Abgabe einer Berichtigung nach Absatz 1 für die nicht unter Satz 1 Nummer 1 Buchstabe a und c fallenden Steuerstraftaten einer Steuerart.

Anders als § 371 I AO a.F. erstreckt § 371 I 2 AO den Berichtigungszeitraum generell auf zehn Jahre.³⁶⁵ Zudem wurden die Ausschlussgründe (vgl. im Folgenden) erweitert, insbesondere ist eine strafbefreiende Selbstanzeige nur noch bis zu einem Betrag von 25 000 Euro möglich. Außerdem wurde der eingefügte § 398a AO abgeändert, als er für ein Absehen von Verfolgung die Entrichtung eines nach der Höhe der hinterzogenen Steuer gestaffelten Geldbetrags nebst Zinsen fordert. Er lautet nun folgendermaßen:

180b

In Fällen, in denen Straffreiheit nur wegen § 371 Absatz 2 Satz 1 Nummer 3 oder 4 nicht eintritt, wird von der Verfolgung einer Steuerstraftat abgesehen, wenn der an der Tat Beteiligte innerhalb einer ihm bestimmten angemessenen Frist
1. die aus der Tat zu seinen Gunsten hinterzogenen Steuern, die Hinterziehungszinsen nach § 235 und die Zinsen nach § 233a, soweit sie auf die Hinterziehungszinsen nach § 235 Absatz 4 angerechnet werden, entrichtet und

---

365 Dies hat insbesondere Auswirkungen auf Fälle der „einfachen" Steuerhinterziehung: Deren Berichtigungszeitraum bezog sich vor der Änderung lediglich auf die gem. § 78 III Nr. 4 StGB fünfjährige Verjährungsfrist; nun müssen die hinterzogenen Steuern – unabhängig davon, ob bereits Strafverfolgungsverjährung eingetreten ist – auch insofern rückwirkend für zehn Jahre nacherklärt werden! Krit. zum gesetzgeberischen Motiv, auf diese Weise das Erfordernis der Schätzung von Altjahren zu vermeiden *Hunsmann* NJW 2015, 113.

2. einen Geldbetrag in folgender Höhe zugunsten der Staatskasse zahlt:
   a) 10 Prozent der hinterzogenen Steuer, wenn der Hinterziehungsbetrag 100 000 Euro nicht übersteigt,
   b) 15 Prozent der hinterzogenen Steuer, wenn der Hinterziehungsbetrag 100 000 Euro übersteigt und 1 000 000 Euro nicht übersteigt,
   c) 20 Prozent der hinterzogenen Steuer, wenn der Hinterziehungsbetrag 1 000 000 Euro übersteigt.

b) Voraussetzungen

180 Der Täter oder Teilnehmer muss eine Berichtigungserklärung gegenüber der zuständigen Behörde (§ 6 AO) abgeben, in der er seine unrichtigen/unvollständigen steuererheblichen Angaben durch richtige/vollständige steuererhebliche Angaben ersetzt.

> **Hinweis:** Nach § 153 AO hat der Steuerpflichtige eine unverzügliche Berichtigungspflicht, wenn er seine falschen Angaben *nachträglich* erkennt. Man könnte insofern von einer gesetzlich typisierten Ingerenzgarantenstellung sprechen. Die fehlende Aufklärung bzw. Berichtigung begründet in diesen Fällen erst eine Strafbarkeit nach § 370 AO, da der Täter vorher ja nicht vorsätzlich handelt. Das ist auch der Unterschied zwischen der Berichtigung nach § 153 AO und § 371 AO. Letzterer erfasst nur die Fälle, in denen der Täter bereits zum Zeitpunkt der Erklärung die Unrichtigkeit seiner Angaben kannte und somit Vorsatz bezüglich § 370 AO hatte.

182 Die Berichtigungserklärung muss **inhaltlich bestimmt** sein, d.h. die nachträgliche Festsetzung muss ohne langwierige Nachforschung durch das zuständige Amt ermöglicht werden.[366] Geringfügige – ggf. auch in Kauf genommene – Abweichungen der Besteuerungsgrundlagen (6-10%) dürften einer wirksamen Berichtigung nicht entgegenstehen.[367] Unklar bleibt indessen, wie mit **ungewollten** bzw. **unbewusst gemachten** Selbstanzeigen zu verfahren ist.[368]

183 Im Übrigen unterliegt die Erklärung keinen besonderen **Form**erfordernissen[369] (insbesondere muss die Selbstanzeige auch nicht als solche bezeichnet werden[370]). Soweit tatsächlich Zahlungen ausgeblieben sind, setzt **§ 371 III AO** voraus, dass der Täter den neu festgelegten Steueranspruch samt Zinszahlung fristgerecht begleicht.[371]

---

366 BGH NJW 1974, 2293; LG Hamburg wistra 1988, 120; LG Stuttgart wistra 1990, 72.
367 Zum Ganzen *Schwartz* PStR 2011, 122.
368 Hierzu *Adick* HRRS 2011, 197 (199), vgl. auch *Bergmann* JR 2012, 146 (151); die Streitfrage überrascht nicht, wenn man bedenkt, dass sich auch im Allgemeinen Teil stets die Frage stellt, wie sich das Fehlen eines subjektiven Elements im Rahmen eines Strafausschließungs- oder Rechtfertigungsgrunds auswirkt, wenn der Schaden objektiv „kompensiert" ist. Jedenfalls erscheint es nicht vollkommen fernliegend, in derartigen die Grundsätze des umgekehrten Erlaubnistatbestandsirrtums auf §§ 370, 371 AO zu übertragen (sprich den Strafrahmen des Versuchs zugrundelegen), auch wenn § 371 AO einen persönlichen Strafausschließungsgrund und keinen Rechtfertigungsgrund darstellt.
369 Zur Form OLG Hamburg wistra 1986, 116.
370 *Joecks*/Jäger/Randt § 371 Rn. 90.
371 Soweit also die materiell rechtlichen Voraussetzungen des § 371 I gegeben sind und kein Ausschluss nach § 371 II AO greift, erwirbt der Steuerstraftäter sozusagen ein „Anwartschaftsrecht" auf Straffreiheit, die erst mit der Begleichung des staatlichen Steueranspruchs zum „Vollrecht" erstarkt, so *Rolletschke* Rn. 620.

c) **Ausschluss der Selbstanzeige gem. § 371 II AO**

In § 371 II AO ist abschließend aufgezählt, wann keine strafbefreiende Selbstanzeige mehr möglich ist. Es handelt sich um Tatsituationen, bei denen sich der Täter oder Teilnehmer (§ 371 II 1 Nr. 1 spricht nunmehr vom Beteiligten und dem Begünstigten) die Strafbefreiung nicht mehr „**verdienen**" kann, weil der Fiskus bereits ohne Mitwirkung des Selbstanzeigeerstatters den Sachverhalt aufgedeckt hat oder zumindest kurz davor war.

184

Die nach § 371 II Nr. 1a AO a.F. eintretende **sachbezogene** Sperrwirkung, welche eintrat, wenn ein zuständiger Amtsträger nach § 7 AO beim Steuerschuldner erscheint, um eine steuerliche Prüfung vorzunehmen oder wegen einer Steuerstraftat oder -ordnungswidrigkeit zu ermitteln, wurde auf § 371 II Nr. 1c und d AO verschoben. Für diesen Ausschlussgrund galt die sog. „**Fußmattentheorie**"[372], d.h. die bloße Ankündigung des Erscheinens genügte nach alter Rechtslage nicht.

185

Ob der Gesetzgeber hieran festhalten will, wenn er nunmehr als ersten Ausschlussgrund im § 371 I Nr. 1a AO auf den **Zugang der Prüfungsanordnung** (§ 197 AO) abstellt,[373] erscheint fraglich, auch wenn diese Vorschrift vornehmend bezweckt, einen „Wettlauf" mit den Ermittlungsbehörden zu vermeiden[374] (bei leichtfertiger Steuerverkürzung – vgl. § 378 III AO – wurde auf eine entsprechend früh eintretende Sperrwirkung verzichtet, so dass der Abgrenzung von dolus eventualis und Leichtfertigkeit in Zukunft besondere Bedeutung zukommen könnte[375]). Indes dürfte die verwaltungsrechtliche **3-Tages-Fiktion nach § 122 II Nr. 1 AO** – dem allgemeinen Grundsatz der Nichtübertragbarkeit außerstrafrechtlicher Fiktionen auf Deliktstatbestände entsprechend – keine Geltung für § 371 AO beanspruchen.

185a

Der sachliche Umfang der Sperrwirkung (bezüglich der maßgeblichen Zeiträume, der Steuerpflichtigen und der Steuerarten) ist in beiden Fällen gem. § 371 II 1 Nr. 1a, c AO auf den Umfang der (angekündigten) Außenprüfung beschränkt, was auch durch den neu eingeführten § 371 II 2 AO bestätigt wird. Freilich kommt in derlei Konstellationen eine Tatentdeckung nach § 371 II Nr. 1 AO in Betracht. Zuletzt nennt § 371 II 1 Nr. 1e) den Fall des Erscheinens eines **ausgewiesenen** Amtsträgers zu einer Umsatzsteuer-Nachschau nach § 27b UStG etc.[376] Weiter lässt § 371 II Nr. 1b AO **eine tatbezogene** Sperrwirkung eintreten, wenn dem an der Tat Beteiligten selbst oder seinem Vertreter die Einleitung eines Straf- oder Bußgeldverfahrens[377] amtlich gegenüber bekannt gegeben wird.[378]

185b

Ferner tritt – ebenso in Übereinstimmung zur alten Rechtslage – nach § 371 II Nr. 2 AO eine **personenbezogene** Sperrwirkung ein, wenn die **Tat** objektiv bereits „**entdeckt**" ist und subjektiv der Täter hiervon ausgeht bzw. hiermit rechnet. Eine Entdeckung

186

---

372 *Rolletschke* Rn. 583; Weitergehend *Arendt* ZfZ 1985, 267.
373 Hierzu *Kemper* NZWiSt 2012, 56.
374 *Adick* HRRS 2011, 197 (199).
375 *Adick* HRRS 2011, 197 (200).
376 Hierzu BT-Drs. 18/3018, 11 (12), *Hunsmann* NJW 2016, 113 (115).
377 Zur Ermittlung gegen „unbekannt" vgl. Joecks/*Jäger*/Randt § 397 AO Rn. 44.
378 Joecks/*Jäger*/Randt§ 371 Rn. 261.

setzt objektiv mehr als nur einen Anfangsverdacht i.S.d. § 152 II StPO voraus.[379] Insofern muss sich der Verdacht bei vorläufiger Tatbewertung zu einer **wahrscheinlichen Tatbegehung** verdichtet haben.[380]

> **Hinweis**: Eine Steuerhinterziehung kann nicht nur durch Finanzbehörden oder Strafverfolgungsbehörden im Sinne des § 371 Abs. 2 Satz 1 Nr. 2 AO entdeckt werden, sondern grundsätzlich durch jedermann, auch durch Privatpersonen. Da allerdings eine Tatentdeckung nach dieser Vorschrift voraussetzt, dass bereits durch die Kenntnis der betreffenden Personen von der Tat eine Lage geschaffen wird, nach der bei vorläufiger Bewertung eine Verurteilung wahrscheinlich ist, setzt die Sperrwirkung nach § 371 Abs. 2 Satz 1 Nr. 2 AO voraus, dass mit der Weiterleitung der Kenntnisse des Entdeckers an die zuständige Behörde zu rechnen ist.[381] Auch Angehörige ausländischer Behörden kommen als Tatentdecker im Sinne des § 371 Abs. 2 Satz 1 Nr. 2 AO in Betracht, wenn der betreffende Staat aufgrund bestehender Abkommen internationale Rechtshilfe leistet.[382]

186a Da der Ausschlusstatbestand des § 371 II Nr. 2 AO erst bei kumulativem Vorliegen der objektiven und subjektiven Voraussetzungen gegeben ist, könnten sich die meisten Täter darauf berufen, dass sie keine Kenntnis von der Entdeckung haben. Ihre Kenntnis wird aber durch die zweite Alternative i.S.e. dem Strafrecht grundsätzlich fremden Beweisregel zu ihren Lasten – Wortlaut „rechnen müssen" – widerlegbar vermutet.[383]

> **Hinweis**: Insofern hat die Verschärfung des Selbstanzeigerechts nichts daran geändert, dass die bloße Bekanntgabe der Existenz einer Steuer-CD bzw. Liste von „Steuersündern" noch nicht zu einer Sperrwirkung führt.[384] Dies ist sachgerecht, da weder der Täter („subjektiv") noch der Staat („objektiv") wissen, ob konkret dieser Täter sich auf der CD befindet. Erst wenn eine umfassende Analyse und ein Abgleich der Daten mit den Steuererklärungen erfolgt, kann von einer Entdeckung i.S.d. § 371 II Nr. 2 AO die Rede sein. Diskutieren kann man darüber, ob nach einer ursprünglich unwirksamen Teilselbstanzeige eine Strafbefreiung möglich ist, wenn der Täter durch eine zweite Selbstanzeige die erste **„vervollständigt"**.[385] Diesbezüglich wird darauf aufmerksam gemacht, dass der Täter mit der zweiten, umfassenden Selbstanzeige zwar aufdeckt, dass seine vorangegangene Teilselbstanzeige unwirksam war. Insgesamt hat er aber alle Taten selbst aufgedeckt, weswegen es fernliegt, diese als „entdeckt" i.S.d. § 371 II Nr. 2 AO zu bewerten.[386]

186b Mit § 371 II Nr. 3 AO wurde – siehe oben – eine weitere Ausschlussvorschrift eingeführt, die an die Höhe der hinterzogenen Steuer anknüpft. Zunächst hatte man sich mit dem Betrag von 50 000 € an der Rechtsprechung zum Vermögensverlust großen Ausmaßes orientiert (vgl. bereits Rn. 158 [dort Fn. 301]), obwohl im Steuerstrafrecht 100 000 € als maßgeblicher Grenzwert galt.[387] Mit dem Gesetz zur Änderung der Abgabenordnung wurde der Grenzwert nochmals um die Hälfte (25 000 €) herabgesenkt. Für sonstige besonders schwere Fälle (also auch den neu eingefügten § 370 III

---

379 Hierzu auch *Hunsmann*, ZWH 2018, 13.
380 BGH wistra 1983, 197; BGH wistra 1988, 308; BGH wistra 2000, 219. Dieser Verdachtsgrad entspricht dem des „hinreichenden Tatverdachts" i.S.d. § 170 I, 203 I StPO, der zur Erhebung der öffentlichen Klage notwendig ist.
381 BeckOK/*Jehke*, § 371 Rn. 306 AO; *Joecks*/Jäger/Randt, § 371 Rn. 318.
382 BGH wistra 2017, 390.
383 BayObLG BB 1972, 802.
384 Zu dieser Frage *Kelterborn*, ZWH 2016, 226; *MüKo-StGB/Kohler* § 371 AO Rn. 300.
385 Zum Ganzen auch *Rolletschke/Roth* NZWiSt 2013, 295; *Schwartz* wistra 2011, 81.
386 So *Bergmann* JR 2012, 146 (151).
387 Krit. *Adick*, HRRS 2011, 197 (201).

Nr. 6 AO, siehe oben) ergibt sich ein Ausschluss der Selbstanzeige aus § 371 II 1 Nr. 4 AO. Die Vorschrift korrespondiert insofern mit der strafprozessualen Ergänzungsvorschrift des § 398a AO, die in denjenigen Fällen, in denen eine Selbstanzeige ausgeschlossen ist, zumindest ein Absehen von Verfolgung ermöglicht. In § 371 IIa AO finden sich zudem Sonderregelungen für als nicht strafwürdig angesehene Fallkonstellationen der Umsatzsteuer-Voranmeldungen bzw. Lohnsteueranmeldungen, die nach dem Wortlaut des § 371 AO a.F. nicht unter die strafbefreiende Selbstanzeige subsumiert werden konnten.

> **Hinweis:** Die dogmatische Verortung des § 398a AO ist immer noch nicht abschließend geklärt.[388] Der Student sollte sich an dieser Stelle merken, dass § 371 AO einen materiell-rechtlichen Strafausschließungsgrund darstellt, der dem Ermessen der ermittelnden Behörden entzogen ist, während § 398a AO eine dem § 153a StPO vergleichbare Vorschrift darstellt, da sie lediglich strafprozessuale Folgen anordnet und diese zudem an zusätzlich Auflagen anknüpft.

5. Zwischenfazit zum Ausgangsfall: Strafbare Einkommensteuerhinterziehung durch Bankkunden?

Nach diesen Ausführungen kann die Frage einer Strafbarkeit der Bankkunden wegen Steuerhinterziehung relativ knapp abgehandelt werden. Die Steuerpflicht für Kapitalerträge ergibt sich aus § 2 Nr. 5 EStG i.V.m. § 20 EStG. Sie nimmt im geltenden Einkommensteuerrecht eine Sonderstellung ein, da sie rein privates Geldvermögen besteuerbar macht. Die Kapitalertragsteuer wurde durch das Unternehmenssteuerreformgesetz 2008 durch die sog. **Abgeltungssteuer** ersetzt, wobei dies allerdings keine besonderen Auswirkungen auf die Lösung des Sachverhalts hätte. Dies deswegen, weil auch die Abgeltungssteuer in ihrem Wesen der Kapitalertragsteuer ähnelt, indem sie als „Quellensteuer" ausgestaltet ist. Die Einkünfte werden bei Quellensteuern nicht beim Steuerschuldner selbst, sondern direkt an der „Quelle" erhoben (also bei der Kapitalgesellschaft, welche die Gewinne ausschüttet oder – siehe oben – bei der Bank, die dem Steuerpflichtigen Zinserträge schuldet).[389]

187

> **Zur Vertiefung:** Der einzige Unterschied ist nun, dass bei der Abgeltungssteuer mit Einbehaltung der Zinserträge die Steuer – wie der Name bereits verrät – als „abgegolten" gilt, vgl. § 43 V EStG, während bei der Kapitalertragsteuer nach Ausstellung der Zinsbescheinigung nochmals eine Verrechnung mit dem eigenen Steuersatz erfolgte (siehe Sachverhalt). Die Abgeltungssteuer hat also v.a. für Bezieher hoher Einkommen Vorteile, da ihre Kapitalerträge ebenfalls den pauschalen Abschlagstarifen unterliegen und nicht nach den ggf. höheren individuellen Steuersätzen versteuert werden müssen. Steuerpflichtige, deren Steuersatz individuell unter 25 % liegt, zahlen dagegen pauschal einen höheren Satz.

Die Bankkunden haben durch falsche bzw. pflichtwidrig unvollständige Angaben die angefallene Kapitalertragsteuer verkürzt, obwohl der Steuererhebungstatbestand des § 20 EStG erfüllt war, siehe oben. Sie haben sich somit wegen Steuerhinterziehung gem. § 370 I Nr. 1 AO strafbar gemacht.

188

---

388 Zur Anwendbarkeit der Vorschrift auf den selbstanzeigenden Teilnehmer *Roth* NZWiSt 2012, 23.
389 Die wichtigste Quellensteuer ist die Lohnsteuer: Der Arbeitnehmer entrichtet die Lohnsteuer nicht selbst, sondern diese wird noch beim Arbeitgeber abgezogen.

IV. Unterstützung fremder Straftaten durch berufsbedingtes Verhalten – Die Strafbarkeit von Bankangestellten wegen Beihilfe zur Steuerhinterziehung

189 Etwas schwieriger gestaltet sich dagegen die Strafbarkeit des Bankmitarbeiters. Hierbei gelten für den Bankangestellten gem. § 369 II AO, Art. 1 EGStGB die allgemeinen Regeln der Teilnehmerstrafbarkeit. Da (bzw. soweit unwiderlegbar) der Angestellte die Bankkunden nicht zu einer Steuerhinterziehung bewegen[390], sondern diese allenfalls dabei unterstützen wollte, kommt nur eine strafbare Beihilfe zur Steuerhinterziehung in Betracht. Hierfür müsste er zu einer vorsätzlich, rechtswidrigen Haupttat (hier in Form der vollendeten Steuerhinterziehung gem. § 370 AO) **vorsätzlich Hilfe geleistet** haben. Bei einem weiten Verständnis, wie es die h.M. für das Hilfeleisten zu Grunde legt, scheint der objektive Tatbestand der Beihilfe unproblematisch erfüllt zu sein: Die Anonymisierung und die Einrichtung der Konten sind Handlungen, welche die Steuerhinterziehung der Bankkunden fördern bzw. unterstützen.

> **Zur Vertiefung:** Unabhängig vom Problemkreis des berufsbedingten Verhaltens stellt sich bei der strafbaren Beihilfe stets die Frage, ob dem Begriff des „Hilfeleistens" bzw. „Förderns" nicht schärfere Konturen verliehen werden müssten, um eine zu weite Ausdehnung der Strafbarkeit zu vermeiden.[391] Soweit man bspw. eine irgendwie geartete Kausalität der Beihilfehandlung für die Tat fordert, gerät man im konkreten Fall schon vor einige Schwierigkeiten. Nach Ansicht des BGH soll durch die Anonymisierung des Geldtransfers „das (...) Entdeckungsrisiko für die Nichtangabe der Beträge in der Steuererklärung stark verringert" worden sein, was für ein Hilfeleisten ausreiche. Hiermit kann, soweit es um die *spätere* Entdeckung nach Vollendung der Tat geht, nur der Fall der „vorgeleisteten Strafvereitelung" und damit die (nach h.M. mögliche) psychische Beihilfe angesprochen sein. Nur wenn es um die Verringerung des Entdeckungsrisikos vor der Steuerfestsetzung geht, ließe sich außerdem eine physische Beihilfe konstruieren: Hierbei stünde man dann vor dem Problem, wie das Entdeckungsrisiko zu beurteilen ist bzw. inwiefern die Handlung der Bank dieses gemindert hat.[392]

190 Da der Angestellte auch kommen sah und billigend in Kauf nahm, dass die Bankkunden die anfallenden Kapitalerträge nicht zu versteuern beabsichtigten, würde er auch mit doppeltem Gehilfenvorsatz handeln und sein Verhalten wäre als Beihilfe zur Steuerhinterziehung gem. §§ 370 AO, 27 StGB zu werten.

1. Das Problem der Beihilfe durch berufsbedingtes Verhalten im Allgemeinen

191 Diese einfache Subsumtion ist der Ausgangspunkt für den eingangs erwähnten Problemkomplex der Beihilfe durch „neutrales", berufsbedingtes Verhalten.[393] Durch die

---

390 Zur Möglichkeit einer „berufsbedingten Anstiftung" durch Bankmitarbeiter vgl. *Kudlich*, in: FS-Tiedemann, 2008, S. 221 ff.
391 Zum Begriff des Hilfeleistens i.S.d. § 27 StGB *Wessels/Beulke/Satzger* Rn. 582; BGHSt 48, 301; *Murmann* JuS 1999, 548 ff.; *Otto* JuS 1982, 557 (562).
392 Speziell zu diesen Fragen *Samson/Schillhorn* wistra 2001, 1 ff.
393 Umfassend *Kudlich*, Die Unterstützung fremder Straftaten durch berufsbedingtes Verhalten, 2004; *Rackow*, Neutrale Handlungen als Problem des Strafrechts, 2007; *Hassemer* wistra 1995,

fehlende Beschränkung der Beihilfe auf bestimmte Mittel und das Ausreichen eines Eventualvorsatzes droht eine Ausdehnung der Strafbarkeit auf eine Vielzahl an sich sozialadäquater Berufsfelder und Tätigkeiten, etwa die Herstellung und insbesondere den Verkauf von (auch an sich ungefährlichen) Gegenständen des täglichen Lebens, z.B. von Schraubenziehern an Einbrecher, Brötchen (nicht nur Gift!) an den rachsüchtigen Ehemann, der mit dem vergifteten Brötchen seine Frau umbringen will oder der Verkauf von alkoholischen Getränken an einen Fahrer, der später betrunken Auto fährt. Weitere Beispiele[394] aus dem Wirtschaftsleben sind etwa:

- **Beförderungsleistungen** (Transport von Waren, die Einfuhr- und Zollbeschränkungen unterliegen, vgl. § 372 AO).
- **Beratungsdienstleistungen**, etwa durch Rechtsanwälte und Steuerberater (Abfassung oder Beurkundung betrügerischer Kaufverträge, § 263 StGB), Sonderfall der „reinen Rechtsauskunft" und ihrer Abgrenzung zur „empfehlenden Beratung"[395].
- Weitere **Dienstleistungen im Bankbereich** (also neben dem o.g. anonymisierten Kapitaltransfer, etwa die Auszahlung von Geldern, Gewährung von Krediten oder Überweisungen, mit denen deliktische Zwecke finanziert werden sollen, z.B. Verstöße gegen das KWKG, Bestechungsgelder).
- Dienstleistungen im Bereich der Kundenwerbung (Kreierung einer Broschüre für eine GmbH, deren alleiniger Zweck in der betrügerischen Erlangung von Anlagegeldern besteht[396], § 264a StGB).
- Tätigkeiten im **Druck-** und **Publikationsgewerbe** (Bedienen von Druckmaschinen bei der Herstellung urheberrechtswidriger Vervielfältigungen, §§ 106 ff. UrhG).
- Tätigkeiten innerhalb des Betriebs *für* Entscheidungsträger[397].

Intuitiv bestehen gegen die grundsätzliche Strafbarkeit derartiger Tätigkeiten gewichtige Bedenken, auch wenn der Täter die deliktische Verwendung seiner Leistung letztlich in Kauf nimmt. Schließlich garantiert eine Pönalisierung keinen Rechtsgüterschutz, da gleichwertige Leistungen für den Täter jederzeit (in legaler Form) erreichbar sind, indem er sich an einen „gutgläubigen Geschäftspartner" wendet. In individueller Hinsicht führt die Strafbarkeitsausdehnung zu einer Gefährdung der beruflichen Existenz (was verfassungsrechtlich – also im Hinblick auf Art. 12 GG – ebenfalls nicht unproblematisch ist), während überindividuell das Entstehen einer „Misstrauensgesellschaft" droht. Dogmatisch tritt hinzu, dass v.a. bei alltäglichen Massengeschäften der Vertrauensgrundsatz (zumindest bei bedingtem Vorsatz) gelten muss. Die mannigfaltigen Lösungsansätze, die sich auf den drei Stufen des Deliktsaufbaus „verteilen", können an dieser Stelle nur skizziert werden[398]:

192

---

41 ff.; *Jakobs* GA 1996, 260 ff.; *Wohlers* NStZ 2000, 169 ff.; *Hefendehl* Jura 1992, 374 (376); *Beckemper* Jura 2001, 163 (169); *Wittig* § 6 Rn. 153; *Brettel/Schneider* § 2 Rn. 112.
394 Weitere Beispiele und ihre Lösung bei *Kudlich*, a.a.O., S. 467 ff.
395 *Volk* BB 1987, 139 ff.; *Maiwald* ZStW 93 (1981), 885 (891); *Kudlich*, a.a.O., S. 476 f.
396 BGH NStZ 2000, 34.
397 Zum Fall Mannesmann, BGHSt 50, 331, vgl. Rn. 324.
398 Ausführlicher *Ambos* JA 2000, 721 ff.; *Otto* JZ 2001, 436 ff.; *Rotsch* Jura 2004, 14 ff.

193 Objektive Ansätze greifen den Gedanken der Sozialadäquanz auf und verneinen die objektive Zurechnung, wenn der Täter **sozialadäquat**[399] bzw. adäquat im Rahmen seiner **„Profession"** handelt.[400] Dann fehle es schon an einer rechtlich missbilligten Gefahrschaffung: Der Begriff der Adäquanz ist allerdings nicht fest umrissen, weswegen er keine konkrete Leitlinie für Abgrenzungsfälle schafft.[401] Andere wollen auf die **Pflichtgemäßheit** des Verhaltens abstellen und nehmen keine Strafbarkeit an, solange kein Verstoß gegen berufsrechtliche Sonderpflichten besteht.[402] Problematisch an diesem Lösungsansatz ist, dass es nicht für jeden Berufszweig geschriebene (oder auch nur ungeschriebene) Berufsvorschriften gibt und es auch schier unmöglich ist, für jede denkbare Beihilfe-Handlung Sonderpflichten zu statuieren.

194 Andere stellen darauf ab, ob der Tatbeitrag objektiv einen **deliktischen Sinnbezug** aufweist (d.h. ohne die Tat für den Haupttäter keine sinnvolle Leistung darstellt). Auch dieser Ansatz bringt das Problem mit sich, was unter dem deliktischen Sinnbezug im engeren zu verstehen ist bzw. welche Kriterien den Begriff ausmachen (so macht ein Brötchen für den Täter immer „Sinn", da er es verspeisen kann, statt es zur Vergiftung seiner Frau zu benutzen).

195 Dennoch ist der Ansatz in der Literatur verbreitet, wobei er oft um eine subjektive Komponente erweitert wird (**gemischt objektiv-subjektiver Ansatz** Roxins[403], dem sich der BGH anschließt[404]). Hierbei wird nach Vorsatzgrad wie folgt differenziert:

Bei direktem Vorsatz (dolus directus) ist der objektive **deliktische Sinnbezug** für die Strafbarkeit maßgeblich	Bei deliktischem Sinnbezug: Strafbarkeit (+),da Handlung ihren Alltagscharakter verliert, Solidarisierung mit dem Täter
	Bei fehlendem deliktischen Sinnbezug: Strafbarkeit (-)[405]
Bei dolus eventualis soll es dagegen darauf ankommen, ob Täter **erkennbar tatgeneigt** war (Risiko des strafbaren Verhaltens)	Bei fehlender erkennbarer Tatgeneigtheit: Strafbarkeit (-)
	Bei erkennbarer Tatgeneigtheit: Strafbarkeit (+)

196 Im Einzelnen ist auch dieser Ansatz nicht frei von Kritik geblieben. Problematisch ist neben der Ermittlung „eindeutig deliktischer Zwecke"[406] insbesondere das „Abstufungssystem" des gemischt objektiv/subjektiven Ansatzes. Während selbst bei positiver Kenntnis tatsächlich noch ein „deliktischer Sinnbezug" hinzutreten muss,[407] soll bei

---

399 Dölling ZStW 96 (1984), 34 (56); Zipf ZStW 82 (1970), 633 (647 ff.).
400 Zur professionellen Adäquanz Hassemer wistra 1995, 41 (43 ff.).
401 So auch Frisch, Tatbestandsmäßiges Verhalten und Zurechnung des Erfolgs, 1988, S. 296.
402 Vgl. die Nachweise bei Kudlich, a.a.O., S. 93 f.
403 Roxin AT II, § 26 Rn. 218 ff.; LK/Schünemann § 27 Rn. 17 m.w.N.
404 BGH NStZ 2000, 34; BGHSt 46, 107.
405 Das typische Beispiel hierzu ist der Auftraggeber, der weiß, dass der Werkunternehmer die Steuern hinterziehen wird: Der Auftraggeber bleibt straflos, da der Auftrag auch ohne Steuerhinterziehung sinnvoll bleibt.
406 So muss jedem Handeln ein bestimmter Zweck bzw. Sinn von außen „aufgedrückt" werden, so dass hier gewisse Zufälligkeiten sicherlich nicht zu vermeiden sind.
407 Schon dies überzeugt nicht unbedingt, da dem Handelnden bei positiver Kenntnis keine Gefahr einer Überforderung /zu weit reichenden Einschränkung beruflicher Freiheiten droht.

objektiv erkennbarer Tatgeneigtheit direkter Vorsatz nicht mehr ausreichen (soweit kein deliktischer Sinnbezug besteht). Das Verhältnis der beiden Fallgruppen zueinander bedarf insofern noch einer Konkretisierung.

Tiedemann und *Müller-Dietz* suchen die Lösung auf der **Rechtfertigungsebene** und wollen einen ungeschriebenen Rechtfertigungsgrund des berufsgerechten Verhaltens kreieren.[408] Der Ansatz leidet aber ähnlich wie derjenige der Sozialadäquanz an mangelnder Bestimmtheit.

Vorzugswürdig[409] ist wohl eine gemischt objektiv-subjektive Lösung, die auf Tatbestandsebene ansetzt. Dabei ist davon auszugehen, dass auch „neutrale Verhaltensweisen" objektiv grundsätzlich als Beihilfehandlungen denkbar sind, soweit dies nicht aus allgemein anerkannten Gründen der objektiven Zurechnung ausgeschlossen ist.[410] Soweit der Unterstützende (ausnahmsweise) direkten Vorsatz hat, spricht dann jenseits dieser anerkannten Fallgruppen der fehlenden objektiven Zurechnung eigentlich nichts gegen eine Beihilfestrafbarkeit. Bei bloß bedingtem Vorsatz dagegen sollte eine Strafbarkeit nur angenommen werden, wenn der Erfolg nicht nur allgemein oder aufgrund der generellen Tatgeneigtheit des Täters, sondern gerade aufgrund von Anhaltspunkten dafür für möglich gehalten wird, dass der Täter die berufliche Leistung für seine deliktischen Zwecke verwendet. Jenseits dieser allgemeinen Überlegungen sind ferner stets Sonderregelungen zu beachten, nach denen eine Verantwortlichkeit im Einzelfall gerade ausgeschlossen oder angeordnet wird (vergleichbar den Sorgfaltspflichten in einem Fahrlässigkeitsdelikt).

2. Die Lösung des BGH im konkreten Fall, BGHSt 46, 107

In seiner Banken-Entscheidung setzt sich der BGH näher mit der Problematik auseinander und kommt schließlich auf Basis des gemischt objektiv-subjektiven Ansatzes zu einer Strafbarkeit des Bankangestellten:

> **Aus BGHSt 46, 107:** „... Soweit die Kunden dem Angeklagten nicht bereits ausdrücklich ihre Absicht mitgeteilt hatten, künftig Zinserträge aus der Auslandsanlage nicht angeben zu wollen, rechnete der in steuerlichen Fragen kundige Angeklagte jedenfalls damit, dass dies die Absicht der Kunden war und er deshalb bei dem „spurenlosen" Transfer helfen sollte. Für den Angeklagten, der sich zwar grundsätzlich auch andere – für ihn allerdings fernliegende – Gründe für einen verschleierten Transfer vorstellen konnte, war eine beabsichtigte Steuerhinterziehung das nächstliegende Motiv ... Dies wird erst recht vor dem Hintergrund des zeitlichen Zusammenhangs der Kapitaltransfers und der Einführung eines Zinsabschlages auf Kapitalerträge in Deutschland deutlich, der die Möglichkeiten der Hinterziehung von Steuern auf inländische Kapitalerträge erheblich eingeschränkt hat. Der Angeklagte beschränkte sich nicht darauf, die Geldbeträge der Bankkunden ins Ausland, d.h. auf Sammelkonten ausländischer Banken zu

---

408 *Tiedemann* Jura 1981, 24 (29 f.); ders., in: FS-Hirsch, 1999, S. 765 (775); *Müller-Dietz* Jura 1979, 253 ff.
409 Zustimmend etwa auch *Kühl* AT § 20 Rn. 222c.
410 Z.B. wenn die kausale Handlung ausschließlich in der Begründung des geschützten Rechtsguts liegt, so wenn eine Ware gekauft wird, obwohl der Käufer davon ausgeht, dass der Verkäufer den Kaufpreis nicht versteuern wird: Hier besteht die Gefährdung des späteren Steueranspruchs (wenn nicht zusätzliche Umstände hinzutreten) erst einmal nur darin, dass eben dieser Steueranspruch durch das Geschäft geschaffen wird.

transferieren. Er förderte vielmehr das Hinterziehungsziel der Bankkunden dadurch, dass er – unter Ausnutzung eines immer gleichbleibenden Verschleierungssystems – die Rückverfolgbarkeit des Kapitaltransfers zum Bankkunden deutlich erschwerte... Darüber hinaus richtete er, als besondere Dienstleistung für seine Kunden nicht nur Konten bei Auslandsbanken ein, sondern trug zur Wahrung der Anonymität der Kunden auf den Einzahlungsbelegen auch noch statt der vorgesehenen Angabe des Kundennamens lediglich eine Kunden- oder Referenznummer der Auslandsbank ein, die er zuvor erst bei der Auslandsbank erfragen musste. Er passte damit sein berufliches Verhalten unter Verwendung eines vorhandenen Verschleierungssystems dem von ihm angenommenen deliktischen Ziel der Kunden an ..."

200 An dieser Stelle der Urteilsbegründung fällt auf, dass die Streitfrage bereits an einem grundsätzlichen Definitionsproblem zu leiden scheint: Es ist durchaus fragwürdig, ob die Tätigkeiten des Angestellten überhaupt noch als **„neutrales"** Verhalten eingestuft werden können; insofern müsste man die Ausführungen des BGH als obiter dicta charakterisieren, da schon gar kein berufsbedingtes Verhalten vorliegt. Schließlich passt der Bankangestellte seine Leistung speziell an den deliktischen Zweck an oder anders ausgedrückt: Anonymisierte Überweisungen werden **im Üblichen** nicht vorgenommen (und stellen einen Verstoß gegen Nr. 3 des Anwendungserlasses zu § 154 AO dar[411]), so dass von alltäglichen Tätigkeiten hier nicht mehr die Rede sein kann. Im Ergebnis ist dem Senat aber jedenfalls zuzustimmen: Eine Einschränkung der Strafbarkeit ist im konkreten Fall abzulehnen und der Angestellte macht sich somit einer Beihilfe zur Steuerhinterziehung gem. §§ 370 I AO, 27 StGB strafbar.

V. Exkurs: Sonstiges strafbares Verhalten von Bankmitarbeitern und Finanzdienstleistern

1. Die Straftatbestände des KWG

201 Speziell für den Finanzdienstleistungssektor gilt das Gesetz über das Kreditwesen (KWG), das sich an Banken bzw. deren Mitarbeiter richtet. Das KWG soll die Funktionsfähigkeit der Kreditwirtschaft erhalten bzw. absichern und dient insbesondere dem Schutz der Gläubiger von Kreditinstituten vor dem Verlust ihrer Einlagen.[412] Während also der bei **Rn. 272 f.** dargestellte Straftatbestand des § 265b StGB Angriffe gegen die Kreditwirtschaft „von außen" sanktioniert, erfassen die Vorschriften des KWG **„Gefährdungen von innen"**.[413] Insoweit wird der bereits bestehende Schutz über § 263 StGB sowie insbesondere § 266 StGB durch konkretere Straftatbestände flankiert bzw. erweitert. Lediglich als Ordnungswidrigkeit wird die Großkreditgewährung (ab 750 000 €) ohne Einholung der erforderlichen Informationen über die wirtschaftlichen Verhältnisse des Kreditsuchers geahndet, § 56 KWG i.V.m. § 18 KWG. Strafbar ist dagegen schon die Nichtanzeige der Überschuldung des Kreditinstituts gem. § 55 KWG als Spezialtatbestand zu § 15a InsO. Ferner sanktioniert § 54 I KWG

---
411 Sie beinhaltet das Verbot einer „Abwicklung von Geschäftsvorfällen über sog. CpD-Konten, wenn der Name des Beteiligten bekannt ist oder unschwer ermittelt werden kann und für ihn bereits ein entsprechendes Konto besteht.", vgl. *Kudlich*, a.a.O., S. 491.
412 G/J/W/*Bock* Vorb § 54 KWG Rn. 3.
413 *Weber* NStZ 1986, 481 (483).

die Vornahme verbotener bzw. nicht durch die Finanzdienstleistungsaufsicht genehmigter Bankgeschäfte (etwa verbotene Einlagengeschäfte).[414] Hierbei handelt es sich meist um Systeme, die sowohl aus der Sicht des Verbrauchers/Anlegers als auch der Währungspolitik große Risiken bergen, also bspw. Zwecksparunternehmen[415], Werksparkassen[416], Einlagen ohne Barabhebungsmöglichkeit, außerbörslicher Derivatehandel[417] sowie Zentralverwahrertätigkeiten[418]. Der Schutz des „Bankgeheimnisses" erfolgt über das KWG dagegen nur partiell, da die §§ 55a, b KWG nur Millionenkredite erfassen. Allerdings ist an die übrigen Geheimnisschutztatbestände der §§ 203 StGB, 23 GeschGehG[419] zu denken.

Hinweis: Das KWG konkretisiert auch die bankenrechtlichen Vermögensbetreuungspflichten, deren Verletzung eine Indizwirkung für eine Vermögensbetreuungspflichtverletzung bei einer Untreue durch ungesicherte Kreditbewilligung gem. § 266 StGB (vgl. Abschlusstabelle bei Rn. 447) haben kann. Eine wichtige Rolle spielt hierbei die Verletzung der Informationspflicht nach § 18 KWG. Nach dem Grundsatz der asymmetrischen Akzessorietät hat aber nicht jeder kleinste Pflichtverstoß (mit zivilrechtlichen Konsequenzen für den Bankmitarbeiter) auch gleich strafrechtliche Folgen, vielmehr muss die Pflichtverletzung nach BGHSt 46, 148, 150 besonders gravierend sein.[420]

Naheliegenderweise hat die **Aufarbeitung der Bankenkrise** vornehmlich in diesem Bereich Gestalt angenommen, namentlich **in Form des Trennbankengesetzes**,[421] das am 2.1.2014 in Kraft getreten ist.[422] In strafrechtlicher Hinsicht brachte dies v.a. die Ein-   201a

---

414 Hierzu BGH NJW 2018, 1428.
415 Bei Zwecksparunternehmen werden Geldbeträge von den verschiedensten Anlegern zu Sparzwecken angenommen, um den Einzahlenden später ein Darlehen zu gewähren oder aber auch einen Gegenstand zu übereignen; der Anleger zahlt über Jahre hinweg einen bestimmten monatlichen Beitrag an die entsprechende Sparkasse und kann nach einer bestimmten Anzahl von Jahren ein Darlehen auf diese Einzahlungen in Anspruch nehmen. In Deutschland ist dies nur beim Bausparen zulässig.
416 Eine Werksparkasse war eine Einrichtung bei größeren Unternehmen, bei denen die Angestellten einen Teil ihres Lohnes über diese verzinslich anlegen konnten, wobei diese Anlagen zur Restrukturierung bzw. sonstige Investitionen des Betriebes genutzt wurden. Das wirtschaftliche Risiko für die Anleger (bspw. bei einem Zusammenbruch des Unternehmens), neben ihrem Arbeitsplatz auch ihr jahrelang Erspartes zu verlieren, veranlasste den Gesetzgeber die „Werksparkasse" schon Ende der vierziger Jahre zu verbieten.
417 Weil der Erlaubnisvorbehalt für derartige „OTC-Geschäfte" (von „over the counter") nicht unter § 32 Absatz 1 KWG, sondern unter Artikel 14 der Verordnung (EU) Nr. 648/2012 geregelt wird, wurde § 54 um einen Absatz 1a ergänzt, vgl. BT-Drs 17/11289 zum (EMIR-Ausführungsgesetz, BGBl. I S. 174).
418 Ein Zentralverwahrer ist eine (juristische) Person, welche die Verwahrung und den Übertrag von Wertpapieren in Form effektiver Stücke oder von Bucheinträgen in Wertpapierdepots übernimmt und quasi als zentrale Depotbank für „normale" Depotbanken agiert (in Deutschland etwa: Clearstream); mit Umsetzung der Transparenzrichtlinie-Änderungsrichtlinie (ABl. L 294 vom 6.11.2013, S. 13) hat der Gesetzgeber eine zuständige Erlaubnisbehörde für die Tätigkeit als Zentralverwahrer eingerichtet und den Verstoß gegen die damit einhergehende Erlaubnispflicht durch eine Ergänzung des § 54 (1b) KWG unter Strafe gestellt, vgl. BT-Drs 18/5010.
419 Zum „Geheimnisverrat" nach § 23 GeschGehG Rn. 411a; weitere Tatbestände, welche die unbefugte Weitergabe von Informationen unter Strafe sind §§ 404 AktG, § 85 GmbHG; § 151 GenG, § 42 BDSG und § 119 III Nr. 3 WpHG.
420 Siehe hierzu ausführlich die Mannesmann-Entscheidung Rn. 324.
421 „Trennbankengesetz" deswegen, weil Hauptintention des Gesetzes die Abtrennung spekulativer und als riskant eingestufter Geschäftsaktivitäten vom übrigen Bankgeschäft ist.
422 BT-Drs. 17/12601.

fügung des **§ 54a KWG** (sowie dessen versicherungsrechtliches Pendant des § 142 VAG) hervor.[423]

201b **§ 54a KWG lautet:**

> (1) Mit Freiheitsstrafe bis zu fünf Jahren oder mit Geldstrafe wird bestraft, wer entgegen § 25c Absatz 4a oder § 25c Absatz 4b Satz 2 nicht dafür Sorge trägt, dass ein Institut oder eine dort genannte Gruppe über eine dort genannte Strategie, einen dort genannten Prozess, ein dort genanntes Verfahren, eine dort genannte Funktion oder ein dort genanntes Konzept verfügt, und hierdurch eine Bestandsgefährdung des Instituts, des übergeordneten Unternehmens oder eines gruppenangehörigen Instituts herbeiführt.
> (2) Wer in den Fällen des Absatzes 1 die Gefahr fahrlässig herbeiführt, wird mit Freiheitsstrafe bis zu zwei Jahren oder mit Geldstrafe bestraft.
> (3) Die Tat ist nur strafbar, wenn die Bundesanstalt dem Täter durch Anordnung nach § 25c Absatz 4c die Beseitigung des Verstoßes gegen § 25c Absatz 4a oder § 25c Absatz 4b Satz 2 aufgegeben hat, der Täter dieser vollziehbaren Anordnung zuwiderhandelt und hierdurch die Bestandsgefährdung herbeigeführt hat.

201c Das Sonderdelikt, das ausschließlich Geschäftsleiter von Kreditinstituten und Finanzdienstleister anspricht,[424] nimmt damit auf den (ebenfalls neu eingefügten) § 25c KWG Bezug und legt eine Strafbarkeit fest, wenn diese nicht dafür Sorge tragen, dass die Banken über geeignete Strategien und Prozesse verfügen, die eine Gefährdung ihres Bestands entgegenwirken sollen. Da die Aufarbeitung der Bankenkrise keinesfalls abgeschlossen ist, überrascht es nicht, dass man in dieser gesetzgeberischen Reaktion einen **missglückten „Schnellschuss"** sieht. Soweit als Ziel die Schließung bestehender Gesetzeslücken postuliert wird, um hierdurch präventiv künftige Bankenkrisen infolge verfehlten Risikomanagements zu verhindern (und repressiv im Falle einer Krise eine strafrechtliche Verfolgung der Verantwortlichen zu ermöglichen),[425] fragt es sich, wie eine Strafnorm aussehen soll, wenn noch kein Konsens bzgl. des bankenrechtlich Zulässigen besteht. Da überrascht es nicht, dass die Strafnorm nur auf vage Verhaltens- und Sicherungspflichten Bezug nimmt, woran auch die detaillierte Auflistung in § 25c IV KWG nichts ändern kann: Schließlich enthält diese wiederum stark von wirtschaftlichen bzw. „zeitgeistlichen" Aspekten beeinflusste (bzw. beeinflussbare) normative Wendungen – wie **„konsistente Risikostrategie"** –, weswegen schon während des Gesetzgebungsverfahrens verfassungsrechtliche Bedenken laut wurden.[426] Der Vorwurf symbolischen Strafrechts liegt im Hinblick auf die politische Debatte nahe,[427] ist im Hinblick auf die prognostizierbaren Unsicherheiten allerdings auch berechtigt. Die Strafbarkeit hängt schließlich am **Einschreiten der BaFin**. Wenn aber der Eintritt der objektiven Bedingung der Strafbarkeit[428] des § 54a KWG vor Vor-

---

423 Hierzu *Goeckenjan* wistra 2014, 201.
424 *Cichy/Cziupka* NZG 2013, 846.
425 BT-Drucks. 17/12601, S. 2 f.
426 *Hamm/Richter*, WM 2013, 865; vgl. auch die Stellungnahme des Strafrechtsausschusses des Deutschen Anwaltsvereins zu dem Gesetzentwurf – abgedruckt in NZG 2013, 577 ff.
427 *Hamm/Richter*, WM 2013, 865; *Wastl* WM 2013, 1401.
428 Jedenfalls die Formulierung legt dies nahe, vgl. auch *Schork/Reichling* CCZ 2013, 269 (270); der Gesetzgeber geht dagegen von einem persönlichen Strafausschließungsgrund aus (BT-Drucks. 17/13539, S. 18.), was im Hinblick auf die Teilnehmerstrafbarkeit (krit. deswegen *Cichy/Cziupka* NZG 2013, 846 [852]) und die Möglichkeit einer Unternehmensgeldbuße nicht zu unterschätzen ist.

nahme der Tathandlung zu erfolgen hat, wird diese „Warnung" den Täter von einer weiteren Begehung des Tatbestands abhalten.

2. Strafrechtliche Haftung nach dem Zahlungsdiensteaufsichtsgesetz (ZAG)

Das Zahlungsdiensteaufsichtsgesetz soll – ähnlich wie das KWG auch – eine möglichst effektive Überwachung von Finanzdienstleistern ermöglichen und die Sicherheit des (elektronischen) Zahlungsverkehrs gewährleisten. Der Gesetzgeber hat sich bewusst für ein **neues Spezialgesetz** entschieden, also die Regeln im Interesse der Normenklarheit nicht als „Besonderen Teil" in das KWG integriert. Vielmehr wurden bestimmte „Sonderfälle" ausgegliedert und ins ZAG überführt, wobei das Regelwerk mit dem Gesetz zur Umsetzung der Zweiten Zahlungsdiensterichtlinie ([EU] 2015/2366) vollständig aufgehoben und durch ein umfänglicheres ersetzt wurde. Dies führte auch zu einer Umgestaltung und Verschiebung der Straf- und Ordnungswidrigkeitentatbestände (nunmehr §§ 61, 62 ZAG).[429] Sie knüpfen an die verbotenen Transaktionsgeschäfte für Zahlungsdienstleister, u.a. die Entgegennahme von Einlagen oder rückzahlbaren Geldern ohne Erlaubnis bzw. außerhalb der vom Gesetz selbst geregelten Ausnahmefälle, vgl. § 3 ZAG, an. Neben dem Betreiben **informeller Finanztransaktionssysteme**, die ihrerseits nicht selten der Abwicklung verbotener Geschäfte dienen,[430] werden verbotene Kreditgeschäfte sowie der nicht autorisierte Umgang mit E-Geld sanktioniert. Das „Betreiben" wird in den einzelnen Tatalternativen der Strafvorschrift etwas genauer konkretisiert.

201d

§ 63 ZAG lautet:

(1) (1) Mit Freiheitsstrafe bis zu fünf Jahren oder mit Geldstrafe wird bestraft, wer
1. entgegen § 3 Absatz 1 Einlagen oder andere rückzahlbare Gelder entgegennimmt,
2. entgegen § 3 Absatz 2 Satz 1 dort genannte Gelder nicht oder nicht rechtzeitig in E-Geld umtauscht,
3. entgegen § 3 Absatz 4 Satz 1 einen Kredit gewährt,
4. ohne Erlaubnis nach § 10 Absatz 1 Satz 1 oder ohne Registrierung nach § 34 Absatz 1 Satz 1 Zahlungsdienste erbringt,
5. ohne Erlaubnis nach § 11 Absatz 1 Satz 1 das E-Geld-Geschäft betreibt oder
6. entgegen § 49 Absatz 1 Satz 2 dort genannte Gelder hält.

(2) Mit Freiheitsstrafe bis zu drei Jahren oder mit Geldstrafe wird bestraft, wer
1. entgegen § 21 Absatz 4 Satz 1 erster Halbsatz eine Anzeige nicht, nicht richtig oder nicht rechtzeitig erstattet oder
2. entgegen § 31 E-Geld ausgibt.

(3) Handelt der Täter fahrlässig, so ist die Strafe in den Fällen des Absatzes 1 Freiheitsstrafe bis zu drei Jahren oder Geldstrafe und in den Fällen des Absatzes 2 Freiheitsstrafe bis zu einem Jahr oder Geldstrafe.

Eine – zumindest phänomenologisch – wichtige Assoziation im Kontext der Zahlungsdienstleistungsaufsicht dürfte das aus dem arabischen Raum stammende **„Hawala"**-

201e

---
429 BGBl. I S. 2446; BT-Drs 18/11495.
430 Zusammenfassend *Wegner* wistra 2012, 7 ff.

Banking sein.⁴³¹ Hierunter versteht man die vertrauliche Erbringung von Finanzdienstleistungen außerhalb des regulierten bzw. lizensierten Marktes von Banken- und Finanztransferdienstleistern. Bei unvoreingenommener Betrachtung ist das Hawala-Finanzsystem unter Einschaltung „freier" Dritter – dem Havaladar (aus dem Arabischen für „Vertrauen") – besonders sicher und gewährleistete v.a. früher auch internationalen Geldtransfer in Teilen der Welt ohne ausreichende Bankeninfrastruktur.⁴³² Indessen sieht man im missbrauchsanfälligen „Hawala-Banking", bei dem man die Finanztransaktionen nicht dokumentiert, nunmehr ein Finanzsystem, das Verbrechersyndikaten, Organisierter Kriminalität und Terroristen entgegenkommt.⁴³³ Insofern lässt sich das ursprünglich im KWG, nunmehr im ZAG platzierte Verbot als „flankierende Vorschrift" zu Straftatbeständen wie Betrug, Steuerhinterziehung, Geldwäsche sowie Embargoverstößen einordnen, dem aber dann – soweit derartige Straftatbestände im Raum stehen – allenfalls eine **Auffangfunktion** zukommt.

3. Ergänzende Hinweise zur strafrechtlichen Bewältigung der Finanzkrise

201f Die unter 1. und 2. kurz vorgestellten neuen Vorschriften als Reaktionen auf die Finanz- und Bankenkrise können naturgemäß bei der strafrechtlichen Aufarbeitung der letzten Krise keine Rolle mehr spielen. Während die neuen Vorschriften als Gefährdungsdelikte bestimmte gefahranfällige Verhaltensformen schon im Vorfeld untersagen sollen, geht es bei der Aufarbeitung der Vergangenheit nicht zuletzt auch um das Erfolgsdelikt der Untreue,⁴³⁴ soweit entsprechende Schäden und ihre Verursachung durch eine Pflichtverletzung nachweisbar sind.

201g Stark vergröbernd⁴³⁵ geht es dabei um Folgendes: Die – später zu einer Finanzkrise auf breiter Front ausgewachsene – Bankenkrise hatte ihre Wurzel in der Praxis der **Vergabe unsicherer Kredite** durch US-Hypothekenbanken auch an weniger gut verdienende Privatpersonen zum Erwerb von Grundeigentum. Die dabei gewährten Kreditforderungen kamen in sogenannte **„Kreditpools"** und wurden in Wertpapiere verbrieft, welche in unterschiedliche Tranchen strukturiert waren. Diese unterschieden sich danach, ab welchem Ausfall bei der Rückzahlung der Hypothekenschuldner auch die Anleger, welche gleichsam die „gepoolten" Kredite erworben hatten, mit ihren Rückzahlungsansprüchen ausfallen würden. Während die sicheren Tranchen auch entsprechend geringere Rendite abwarfen, waren mit den unsicheren Tranchen große Gewinne zu machen. Das Geschäftsmodell der Banken funktionierte nun vorrangig über das

---

431 Nach BGH wistra 2016, 81 sind Normadressaten des § 31 I Nr. 2 ZAG a.F. nur Unternehmen, sodass sich Verurteilungen (natürlicher Personen) stets zur Frage der Zurechenbarkeit des besonderen persönlichen Merkmals nach § 14 I Nr. 1 StGB verhalten müssen.
432 *Herzog/Achtelik*, Einleitung, Rn. 28 ff.
433 Zum Hawala-Finanzsystem monographisch *Warius*, Das Hawala-Finanzsystem in Deutschland – ein Fall für die Bekämpfung von Geldwäsche und Terrorismusfinanzierung? 2009.
434 Vgl. allgemein zur Untreue näher unten Rn. 324 ff.
435 Ausführlicher zur Finanzkrise und möglichen strafrechtlichen Vorwürfen an ihre „Verursacher" vgl. *Schröder*, ZStW 123 (2012), 771; *ders.* NJW 2010, 1169; *Kasiske*, in: Schünemann, Die sogenannte Finanzkrise – Systemversagen oder global organisierte Kriminalität?, 2010, S. 13 ff.; *Jahn* JZ 2011, 340; *Kubiciel* ZIS 2013, 53; *Strate* HRRS 2012, 715.

Instrument der **"Fristentransformation"**, indem längerfristige Kredite mit höheren Zinsen vergeben wurden und zur Refinanzierung kurzzeitige Schuldverschreibungen mit entsprechend niedrigeren Zinszahlungspflichten ausgegeben wurden. Dieses System kam zum Einsturz, als am Kapitalmarkt nicht mehr hinreichend viele kurzfristige Schuldverschreibungen zur Refinanzierung veräußert werden konnten, um mit dem entsprechenden Kapital die langfristigen Verpflichtungen zur Kreditgewährung eingehen zu können. M.a.W.: Der Gewinnchance „Überlassung des Geldes über längere Fristen und zu höheren Zinssätzen versus Refinanzierung mit jeweils kurzen Laufzeiten zu niedrigeren Zinssätzen" stand das Risiko gegenüber, die langfristigen Verpflichtungen nicht mehr bedienen zu können, wenn nicht mehr genug „frisches Geld" eingeworben werden konnte. Dieses Risiko verstieß gegen den in der Bankenbranche eigentlich altbekannten **Grundsatz**, dass langfristige Verpflichtungen nicht unbegrenzt mit kurzfristig laufenden Kreditierungen refinanziert werden dürfen, da damit nicht gesichert ist, die langfristige Verpflichtung auch dauerhaft bedienen zu können. Im Verstoß gegen diese Grundsätze mag man die Verletzung einer Vermögensbetreuungspflicht sehen, die auch zu einem Vermögensschaden bei den Anlegern geführt hat. Inwiefern hier freilich ein individuelles strafrechtliches Fehlverhalten (und nicht ein **überindividuelles „Systemversagen"**) vorgelegen hat und bei welchen Akten eines solchen Fehlverhaltens bejahendenfalls ein durchgehender Kausalzusammenhang bis zur späteren Schädigungen gesehen werden kann, ist bis heute umstritten.

> **Zur Vertiefung:** *Kudlich*, Die Unterstützung fremder Straftaten durch berufsbedingtes Verhalten, 2004; *Rackow*, Neutrale Handlungen als Problem des Strafrechts, 2007; *Ebner*, Verfolgungsverjährung im Steuerstrafrecht, 2015; *Müller*, Die Selbstanzeige im Steuerstrafrecht, vor und nach dem Schwarzgeldbekämpfungsgesetz (2011); *Rastätter*, Strafzwecke und Strafzumessung bei der Steuerhinterziehung, 2018; *Schmidt*, Die Nichtabführung von Umsatzsteuer als Straftat – Die §§ 26b, 26c UStG im Spannungsfeld gesetzgeberischer Intention und praktischer Defizite, 2016; *Stark*, Die strafbefreiende Selbstanzeige gem. § 371 Abs. 1 AO im Rahmen von Mehrpersonenverhältnissen, 2018; *Rostalski*, Alternativ legitimierte Verhaltensnormen – Zur Legitimation des strafbewehrten Verbots der Hinterziehung verfassungswidriger Steuern, 2019; *Thoma*, Legitimität des § 398a AO im System des privilegierenden Nachtatverhaltens und verfassungsrechtliche Kompatibilität der Norm, 2019; *Löwer*, Die strafrechtliche Aufarbeitung der Wirtschafts- und Finanzkrise, 2017

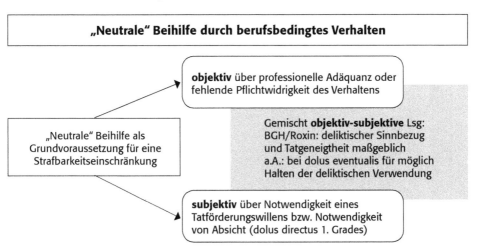

C. BGHSt 54, 44: Berliner Stadtreinigung
Der Betrug als Wirtschaftsstraftat –
zugleich Überlegungen zur strafrechtlichen
Geschäftsherrenhaftung

Literatur: *Tiedemann*, Rn. 350-360; 546-561; *Wittig*, § 14, § 6 Rn. 56-61; 102 - 125; A/R/R/*Kölbel*, 5. Teil, 1. Kap.; W/J/*Raum/Knierim*, 4. Kap. Rn. 85, 5. Kap; *Brand/Vogt*, wistra 2007, 408 ff. (zur Wissenszurechnung); *Bock* wistra 2011, 201; zum Betrug allgemein *Nikolaus/Kindhäuser*, JuS 2006, 293 ff., 590 ff.

Falllösungen: *Beck/Valerius*, Fall 1; *Hellmann*, Fälle, Fall 2, 3, 12; *Seier/Justenhoven*, JuS 2013, 229; *Luther/Zivanic*, JuS 2017, 943

Sachverhalt (vereinfacht)

A war als Vorstand bei den Berliner Stadtreinigungsbetrieben – im Folgenden BSR – unter anderem für die Tarifkalkulation zuständig. Ihm unterstellt war Volljurist B, Leiter des Stabsbereichs Gremienbetreuung sowie Leiter der Rechtsabteilung. Zwischen 2000 und Ende 2002 war B zudem die Innenrevision unterstellt. Der BSR, einer Anstalt des öffentlichen Rechts, oblag in ihrem hoheitlichen Bereich die Straßenreinigung mit Anschluss- und Benutzungszwang für die Eigentümer der Anliegergrundstücke. Die Rechtsverhältnisse waren zwar privatrechtlich ausgestaltet; für die Bestimmung der Entgelte galten allerdings die öffentlich-rechtlichen Grundsätze der Gebührenbemessung. Nach den Regelungen des Berliner Straßenreinigungsgesetzes hatten die Anlieger 75 % der angefallenen Kosten für die Straßenreinigung zu tragen; 25 % der Kosten verblieben beim Land Berlin. Die Aufwendungen der Reinigung für Straßen ohne Anlieger musste das Land Berlin im vollen Umfang tragen. Infolge eines Versehens wurden bei der Berechnung der von B geleiteten Tarifkalkulation in die Entgelte der Tarifperiode 1999/2000 auch die Kosten für die Straßen zu 75 % einbezogen, für die es keine Anlieger gab. Der Fehler wurde bemerkt, aber nicht korrigiert.

Für die Tarifperiode 2001/2002 wurde vom Gesamtvorstand der BSR eine neue Projektgruppe eingesetzt, der B nicht mehr angehörte. Sie wurde nunmehr von einer anderen Person geleitet, die im Stabsbereich tätig und dem B unmittelbar unterstellt war. B selbst nahm unregelmäßig an den Sitzungen der neuen Projektgruppe teil, die zunächst den Rechnungsfehler aus der vergangenen Tarifperiode beheben wollte. Um den letztlich von ihm zu verantwortenden Fehler bei der vorangegangenen Kalkulation zu verheimlichen und der BSR weitere Mehreinnahmen zu verschaffen, wies A die Projektgruppe an, den überhöhten Tarif fortzuschreiben. Der Tarif wurde vom Vorstand und Aufsichtsrat der BSR gebilligt, ohne die Entscheidungsträger auf die Einbeziehung der anliegerfreien Straßen hinzuweisen. Hierbei war B als Protokollführer anwesend. Er unterrichtete auch in der Folgezeit keinen seiner unmittelbaren Vorgesetzten. Die Senatsverwaltung genehmigte den Tarif. Auf der Grundlage des genehmigten Tarifs wurden von den Eigentümern der Anliegergrundstücke um insgesamt 23 Mio. Euro überhöhte Entgelte von den (nichtsahnenden) Mitarbeitern der Rechnungsstelle verlangt, die auch überwiegend bezahlt wurden. Strafbarkeit von A und B?

I. Der Betrug gem. § 263 StGB als das Wirtschaftsdelikt schlechthin?

Der Betrug gem. § 263 StGB ist das zentrale Vermögensschutzdelikt. Nach der PKS 2018 zählt der Betrug mit 15 % Straftatenanteil neben dem Diebstahl zu den absoluten Spitzenreitern in der Gesamtkriminalität. Unter diese Statistik (neben der vermutlich auch noch ein erhebliches Dunkelfeld existiert, liegt es doch in der Natur des Betruges, dass das Opfer oft nicht merkt, wenn es getäuscht worden ist) fallen allerdings auch Betrugssachverhalte ohne echten wirtschaftlichen Bezug, etwa einfache Warenbetrügereien oder der Heiratsschwindel. Für einen echten „Wirtschaftsbetrug" (der auch von der PKS gesondert erfasst wird) braucht es mehr als eine simple Vermögensschädigung, etwa eine mittelbare Beeinträchtigung der Volkswirtschaft durch besonders hohe Vermögenseinbußen oder die Schädigung überindividueller Institutionen (privater oder öffentlich-rechtlicher Natur).[436] Trotz dieser Einschränkung nimmt der „Wirtschaftsbetrug" innerhalb der Wirtschaftskriminalität einen hohen Stellenwert ein, wenngleich er in der PKS 2018 mit rund 23.600 registrierten Fällen deutlich rückläufig erscheint. Die dennoch innerhalb des Wirtschaftsstrafrechts immer noch relativ dominierende Stellung lässt sich mit der sehr allgemein gehaltenen Tatbestandsfassung erklären, die dazu führt, dass § 263 StGB bei nahezu jedem Sachverhalt einschlägig sein kann, bei dem eine Person manipulativ tätig wird, um sich auf Kosten anderer zu bereichern.[437]

203

§ 263 I StGB blieb seit seiner Einführung in das RStGB im Jahre 1871 unverändert.[438] Es verwundert daher nicht, dass der Betrug im Hinblick auf die fortlaufende Entwicklung des Wirtschaftsapparates, die Globalisierung und die fortschreitende Technisierung inzwischen „angestaubt" wirkt und nicht immer hinlänglichen Schutz gewährleisten kann (aus „aufgeschwatzten" Zeitschriftenabonnements vor der Haustür werden Abo- und Kostenfallen im Internet, im Kontext von Wettbetrügereien (Fall Hoyzer) wurde die „Abkehr von einem ontologischen Täuschungsbegriff" beklagt[439]). Dies führte in der Rechtsprechung dazu, dass die Tatbestandsmerkmale des § 263 StGB bei besonderen Fallgruppen „aufgeweicht" wurden, u.a. durch:

204

- ein normatives Verständnis der konkludenten Täuschung[440] (Rn. 214),
- die Anerkennung des sachgedanklichen Mitbewusstseins i.R.d. Irrtums bei alltäglichen Massengeschäften (Rn. 216),

---

436 *Tiedemann*, Rn. 546.
437 Vgl. auch *Brettel/Schneider* § 3 Rn. 1. Umso mehr gilt dies für den „zweiten Eckpfeiler" des Vermögensschutzes im StGB, die Untreue gem. § 266 StGB. Diese Vorschrift ist noch weiter gehalten als § 263 StGB, und ihre äußerst unbestimmte Fassung wird seit jeher in der Literatur kritisiert, siehe hierzu noch ausführlich Rn. 330 ff.
438 Zur Historie SSW/*Satzger* § 263 Rn. 1, 3 der auch die EU-rechtlichen Einflüsse zusammenfasst und hierbei andeutet, dass sich § 263 StGB zum erste großen Diskussionsforum für ein europäisches Strafrecht entwickelt; siehe hierzu schon *Hecker*, Strafbare Produktwerbung im Lichte des Gemeinschaftsrechts, 2001, S. 306 ff.
439 Vgl. auch Flohr/Wauschkuhn/*Ufer* 3. Teil Einleitung Rn. 8.
440 Vgl. hierzu *Jahn/Maier* JuS 2007, 215 (217), vgl. auch *Gaede*, HRRS 2007, 18.; zum sog. „Quoten-Schaden" in diesen Fällen zuletzt BGH NStZ 2013, 234; 281; hierzu auch *Kulhanek* NZWiSt 2013, 246.

- das Ausreichenlassen einer schadensgleichen Vermögens*gefährdung* (Rn. 227),
- die Annahme eines Schadens trotz Kompensation bei einem „personalen Schadenseinschlag".[441]

205 Trotz dieser Tatbestandsextension werden im Unwertgehalt entsprechende, teils sogar schwerwiegendere Verhaltensweisen nicht von § 263 I StGB erfasst. Statt den Vermögensschutz durch eine Neugestaltung des § 263 I StGB vollständig umzustrukturieren, hat der Gesetzgeber zahlreiche, betrugsähnliche (Auffang-) Tatbestände geschaffen, die sowohl im StGB als auch im Nebenstrafrecht ihren Platz fanden. Einige dieser Delikte, die man wegen ihrer Nähe zu § 263 StGB auch als „Betrugsderivate" bezeichnen kann[442], sind auf besondere Bereiche des Wirtschaftslebens (etwa den Kapitalmarkt oder das Subventions- und Kreditwesen) zugeschnitten, so dass sie erst im Zusammenhang mit ihrem spezifischen Anwendungsbereich näher dargestellt werden sollen.[443] Dieser Abschnitt dient lediglich dazu, einen Überblick zu den wirtschaftsstrafrechtlich relevanten Problembereichen des Betrugs zusammenzustellen, um im Anschluss die gerade beim Betrugtatbestand häufig diskutierte Frage der Reichweite einer Geschäftsherren- bzw. Unterlassungshaftung näher zu analysieren.

II. Grundzüge der Betrugsstrafbarkeit[444]

1. Rechtsnatur des § 263 I StGB

206 Der Betrug ist als Gegenstück zum Diebstahl gem. § 242 StGB ein sog. *Selbstschädigungsdelikt*,[445] d.h. die unmittelbare „Vermögensverschiebung" erfolgt durch das Opfer selbst. Während dies bei der Erpressung gem. § 253 StGB mittels Gewalt oder der Androhung eines empfindlichen Übels erreicht wird, veranlasst der Betrüger die Selbstschädigung durch ein täuschendes Verhalten. Die Mitverantwortung des Opfers kann dessen Schutzwürdigkeit im Einzelfall in Frage stellen: Daher muss bei § 263 I StGB kritisch überprüft werden, ob der Irrtum noch in der Risikosphäre des Opfers liegt (bzw. der Täter nur wirtschaftlich geschickt agiert, indem er seinen Wissensvorsprung ausnutzt).[446]

---

441 Vgl. hierzu den berühmten Melkmaschinenfall BGHSt 16, 321.
442 Diese Wendung stammt – soweit ersichtlich – von *Joerden*, in: GS-Blomeyer, 2004, S. 373 ff.
443 § 264 StGB (Subventionsbetrug) wird bspw. im anschließenden Abschnitt Subventions- und Vergabestrafrecht (§ 8) näher dargestellt, während der Kapitalanlagebetrug gem. § 264a StGB im Rahmen des Anlegerschutzes (§ 9) aufzugreifen sein wird.
444 Der Betrug gehört in jedem Bundesland zum Pflichtstoff im ersten Staatsexamen. Da im Folgenden die Grundzüge sowie die Tatbestandsmerkmale nur „im Lichte des Wirtschaftsstrafrechts" analysiert werden, wird unter Verweis auf die einschlägige Ausbildungsliteratur (z.B. *Rengier* BT I § 13; *Wessels/Hettinger/Engländer* Rn. 488; *Kudlich* PdW BT I, S. 81 ff.) dringend empfohlen, sich erforderlichenfalls noch einmal vertieft mit dem Tatbestand auseinanderzusetzen.
445 BGHSt 17, 205 (209); 41, 189; *Fischer* § 263 Rn. 70.
446 Zur Viktimodogmatik übersichtlich SSW/*Satzger* § 263 Rn. 10-11 sowie nochmals Rn. 214a.

2. Die Tatbestandsvoraussetzungen des § 263 I StGB im Einzelnen

Der Tatbestand des § 263 I StGB setzt sich aus vier Merkmalen zusammen, die „pyramidenartig" aufeinander aufbauen, also durch eine Kausalkette verbunden sein müssen. Durch eine *Täuschungshandlung* des Täters muss es zu einem (menschlichen) *Irrtum* gekommen sein, der das Opfer zu einer *Vermögensverfügung* veranlasst, die letztlich eine *Schädigung* seines Vermögens bedeutet.[447] Es ergibt sich folgendes Prüfungsschema:

207

> **Prüfungsschema zu § 263 I StGB**
>
> **I. Tatbestand**
>   1. Objektiver Tatbestand
>   - a) Täuschung (ausdrücklich, konkludent, durch Unterlassen gem. § 13 StGB)   ⎫
>   - b) Irrtum   ⎬ Kausalität
>   - c) Vermögensverfügung   ⎪
>   - d) Vermögensschaden   ⎭
>   2. Subjektiver Tatbestand
>   - a) Vorsatz
>   - b) Bereicherungsabsicht
>   - c) Rechtswidrigkeit der angestrebten Bereicherung
>   - aa) objektive Rechtswidrigkeit (kein fälliger und einredefreier Anspruch)
>   - bb) Vorsatz bezüglich der Rechtswidrigkeit der Bereicherung
>
> **II. Rechtswidrigkeit**
>
> **III. Schuld**
>
> **IV.** ggf. Strafzumessung, § 263 III
>
> **V.** ggf. Strafantrag gem. § 263 IV i.V.m. 247, 248a

208

a) Tathandlung: Täuschung

Tathandlung des § 263 I StGB ist eine Täuschung.

209

> **Tatsachen** sind konkrete Vorgänge oder Zustände der Vergangenheit oder Gegenwart, die dem Beweis zugänglich sind.

210

Erfasst sind zunächst *äußere* Tatsachen, die sinnlich wahrnehmbar und somit auch ohne Weiteres gerichtlich überprüfbar sind (aus dem Wirtschaftsleben sind hier insbesondere Täuschungen über Berechtigungen, berufliche Qualifikationen, die Zahlungsfähigkeit sowie sonstige finanzielle Verhältnisse, etwa Einkünfte oder Umsätze zu nennen[448]). Aber auch *innere* Tatsachen, wie z.B. Motive und besondere Kenntnisse des Täters, die im Wege des Indizienbeweises nachweisbar sind[449] (Vorstellung des Täters im Zeitpunkt der Eingehung eines Darlehensvertrages, bei Fälligkeit der Forderung zur Rückzahlung im Stande zu sein[450]), werden nach h.M. erfasst.

---

447 Zu den beim Betrug dabei erforderlichen Unmittelbarkeitszusammenhängen anschaulich *Jäger* JuS 2010, 761 ff.
448 Weitere Beispiele bei *Rengier* BT I § 13 Rn. 4 f.
449 *Fischer* § 263 Rn. 7; *Lackner/Kühl* § 263 Rn. 4.
450 BGHSt 15, 24 (26).

211 Tatsachen sind von bloßen *Meinungsäußerungen* bzw. *Werturteilen* zu unterscheiden. Vorzunehmen ist die Abgrenzung regelmäßig bei Handlungen, die der Vermarktung eines Produkts dienen, man denke an (irreführende) **Reklame**[451] oder den Bereich der **Vermögensanlageberatung**[452]. Im Bereich der Werbung hat der BGH klargestellt, dass offensichtlich übertriebene Anpreisungen des Unternehmers mangels Tatsachenbehauptung nicht unter § 263 I StGB fallen, es sei denn es lässt sich der Äußerung ein hinreichend bestimmter **Tatsachenkern** entnehmen (was regelmäßig angenommen werden kann).[453] Schwierigkeiten bereiten dagegen Prognoseempfehlungen von Anlageberatern, da diese notwendigerweise auf die Zukunft gerichtet sind. Soweit die Prognose allerdings auf gegenwärtig existierenden Tatsachen basiert, solche also die „Beurteilungsgrundlage für die Prognose bilden"[454], kommt eine Täuschung über Tatsachen in Betracht. Dies kann v.a. beim Warentermin- und Optionshandel angenommen werden.[455]

> **Hinweis:** Es handelt sich also regelmäßig um Sachverhalte mit „verbraucherschutzrechtlichem Einschlag". Dass gerade in diesen Fällen die Abgrenzung schwierig wird, überrascht im Hinblick auf die allgemeine Diskussion der Reichweite des Strafschutzes bei „exquisit dummen Opfern" nicht.[456] Die Abgrenzung zwischen Tatsachen und Werturteilen entfällt i.Ü. auch nicht bei § 16 UWG, da auch der Tatbestand der verbotenen Werbung eine „unwahre Angabe" voraussetzt, die dem Begriff der Tatsache entspricht.[457] Dagegen verzichtet § 16 UWG auf den Eintritt eines Irrtums sowie Vermögensschadens und hat insofern einen echten Auffangcharakter.

212 **Täuschung** ist jedes Verhalten, durch das im Wege einer Einwirkung auf das intellektuelle Vorstellungsbild eines anderen Menschen eine Fehlvorstellung über Tatsachen erregt werden soll.

Insofern sind subjektive Elemente (Bewusstsein im Hinblick auf die Unrichtigkeit der Tatsache) in den objektiven Begriff der Täuschung „integriert". Täuschungsadressat können nur natürliche Personen sein (deren Irrtum nicht selten zu einer Schädigung einer juristischen Person führt). Die Lücke, die dadurch entsteht, dass „Irren nur menschlich ist" und daher EDV-Anlagen nicht getäuscht werden können, schließt § 263a StGB.[458]

---

451 BGHSt 34, 199; *Müller-Christmann* JuS 1988, 109 f.; *Wessels/Hillenkamp/Schuhr* Rn. 496.
452 BGHSt 48, 331 (344 ff.).
453 BGH wistra 1992, 255.
454 SSW/*Satzger* § 263 Rn. 25.
455 Zum strafrechtlichen Umgang mit enttäuschten Zukunftserwartungen im Wirtschaftsverkehr *Isfen* FS-Roxin II, 2011, S. 989 ff.
456 Vgl. statt vieler nur *Bosch*, FS-Samson, 2010, S. 241 ff.
457 Zum Kartell- und Wettbewerbsstrafrecht etwas ausführlicher Rn. 408 ff.
458 Das „EDV"- bzw. Computerstrafrecht (insb. die §§ 263a, 202a, 202b, 202c, 303a, 269 StGB) kann durchaus als Wirtschaftsstrafrecht im weiteren Sinn verstanden werden, weil EDV-Anlagen ein *Instrument des Wirtschaftsverkehrs* darstellen, vgl. *Tiedemann*, Rn. 1195. Der „wirtschaftsspezifische" Bezug von Computerdelikten ergibt sich aber eben hauptsächlich nur aus der potentiellen Begehungsweise mit Computern bzw. manipulierten Daten (PC etc. als instrumentum sceleris). Dagegen haben sich keine besonderen wirtschaftsstrafrechtsspezifischen Fallgruppen gebildet, weshalb auf eine eigene Darstellung des Computerstrafrechts verzichtet wird, vgl. hierzu ausführlich *Hilgendorf/Valerius*, Computer- und Internetstrafrecht, 2. Aufl. 2012.

Eine Täuschung durch **aktives Tun** kann **ausdrücklich** „expressis verbis" (der Täter macht explizit wahrheitswidrige Angaben[459]) erfolgen, was regelmäßig keine Probleme bereitet. Wesentlich schwieriger sind Fälle zu beurteilen, in denen der Täter durch **konkludentes** bzw. schlüssiges Verhalten eine bestimmte Tatsache „miterklärt". Schließlich muss erst ermittelt werden, ob nach der allgemeinen Verkehrsanschauung dem jeweiligen Verhalten des Täters ein bestimmter Erklärungswert entnommen werden kann. Die konkludente Täuschung stellt eine besonders wichtige Schnittstelle des Betrugstatbestandes dar, da sie im Gegensatz zur Täuschung durch Unterlassen keine Garantenstellung des Täuschenden gem. § 13 StGB voraussetzt. Gerade im Wirtschaftsleben wird sich die typische Gefährdungslage des § 263 StGB (Betrug als **„Kommunikationsdelikt"**) aus einfachen Vertragsbeziehungen heraus entwickeln, so dass eine Garantenpflicht regelmäßig ausscheidet und eine strafrechtliche Haftung nur durch aktives Tun in Form der konkludenten Täuschung begründet werden kann.

213

Allerdings darf das Merkmal der konkludenten Täuschung nicht dazu dienen, gerade jenes Erfordernis der Garantenstellung zu unterlaufen. Daher muss sorgfältig überprüft werden, ob dem Verhalten des Täters nach den **Gesamtumständen** und dem **Empfängerhorizont** ein bestimmter Erklärungswert entnommen werden kann. Diese **„faktische"** Betrachtungsweise wird zu einer **„quasi-normativen"**, wenn man wie die h.M.[460] „Verhaltensnormen" (aus Vertrag, Gesetz, den Gepflogenheiten des Handelsverkehrs, EG-Recht, Verbraucherschutz etc.) in diese Gesamtschau einbeziehen will.[461] Bei rechtsgeschäftlichen Beziehungen sind hierbei v.a. diejenigen Faktoren zu berücksichtigen, die den jeweiligen Geschäftstyp bzw. die Grundlage des Vertragsschlusses ausmachen.

214

> **Hinweis**: Die Frage des Vorliegens einer konkludenten Täuschung stellt sich auch im Rahmen der „Abgas-Skandale", welche die Automobilindustrie beschäftigen.[462] Dabei erscheint es im Hinblick auf die dargestellten Grundsätze zumindest nicht selbstverständlich, dass die Mitarbeiter der jeweiligen Konzerne die Kunden bzgl. der Abgaswerte getäuscht haben, und zwar losgelöst von der Frage, inwiefern diese überhaupt von der Manipulation der Pkw wussten. Wollte man an den Verstoß gegen die Verordnung anknüpfen (EG Nr. 715/2007), welche die Schadstoffgrenzen bzw. den zulässigen NOx-Ausstoß zum Gegenstand hat, sieht man sich mit dem Problem konfrontiert, dass in den Verkaufsbroschüren keine exakten Angaben über den NOx-Ausstoß enthalten sein müssen.[463] Knüpft man dagegen an die schlüssige Erklärung mit dem Inhalt an, die manipulierten Kfz entsprächen den gesetzlichen Vorgaben, müsste man sich dem Einwand ausgesetzt sehen, man dehne den Erklärungswert eines Verkaufsangebots auf den Inhalt aus, das Fahrzeug entspreche allen gesetzlichen Vorgaben. Diese Hürde wird man – angesichts der bereits dargelegten Tendenzen einer „Normativierung des Täuschungsbegriffs" – überwinden und bemerken, dass die Annahme einer Täuschung neben der praktischen Feststellung eines „millionenfachen" Irrtums in Einzelfällen sowie der Feststellung eines Vermögensschadens (ein Mangel der Kaufsache bedeutet schließlich nicht, dass die übereignete Kaufsache nicht ihren Preis wert ist) noch das geringste Problem ist.

---

459 Nutzt der Täter dagegen „aktiv" einen bereits bestehenden Irrtum aus, täuscht er nicht, da eine aktive Täuschung ein „Mehr" als nur auf Verdeckung der Wahrheit gerichtetes Handeln voraussetzt, *Rengier* BT I § 13 Rn. 19 ff. Dies kann v.a. bei Fehlbuchungen sowie Fehlüberweisungen interessant werden, vgl. *Hefendehl* NStZ 2001, 281 ff.; *Krack* JR 2002, 25 ff.
460 BGHSt 47, 1 (3); *Rengier* BT I § 13 Rn. 13 f.; *Wessels/Hillenkamp/Schuhr* Rn. 499b.
461 Zum Auslegungsmaßstab *Kraatz*, FS-Geppert, 2011, S. 269 ff.
462 Einführend *Brand/Hotz* NZG 2017, 976; *Isfen* JA 2016, 1; *Fuhrmann* ZJS 2016, 124.
463 *Brand/Hotz* NZG 2017, 976 (977).

214a Maßgeblichen Einfluss hat auch die vertraglich bzw. gesetzlich normierte Pflichten- und Risikoverteilung. Scheidet eine konkludente Täuschung (mangels Erklärungswert) aus, bleibt eine Strafbarkeit wegen Betrugs durch Unterlassen gem. §§ 263, 13 StGB zu prüfen. Die sich hierbei ergebenden Fragen zur Garantenstellung werden gesondert dargestellt.[464]

214b Auch im Bereich des Wirtschaftsstrafrechts gilt, dass ein Betrugsschutz grundsätzlich auch dem leichtgläubigen und unaufmerksamen Opfer gewährt wird. § 263 StGB ist also nicht etwa dadurch ausgeschlossen, dass das Opfer auf eine Täuschung nur wegen seiner eigenen Gutgläubigkeit „hereinfällt". Insbesondere hat der BGH die Auffassung zurückgewiesen, dass mit Blick auf die Richtlinie 2005/29/EG über unlautere Geschäftspraktiken (auch) bei § 263 StGB das Leitbild des „durchschnittlich verständigen und aufmerksamen Verbrauchers" zu Grunde zu legen wäre und eine Täuschung nur angenommen werden könnte, wenn die im Geschäftsverkehr getätigte Aussage geeignet ist, eine informierte, aufmerksame und verständige Person zu täuschen.[465]

b) Irrtum

215 Durch die Täuschung muss ein Irrtum erregt, unterhalten oder intensiviert worden sein.

216 **Irrtum** ist jede unrichtige Vorstellung über Tatsachen.

Verfügt das Opfer also über Sonderwissen, kommt somit allenfalls ein (fehlgeschlagener bzw. untauglicher) Versuch des Betrugs in Betracht. Macht sich der Täuschungsadressat überhaupt keine Gedanken oder kennt die täuschungsrelevanten Tatsachen nicht (ignorantia facti), liegt kein Irrtum vor. Der unrichtige Gedanke muss dem Opfer allerdings nicht – auf die Täuschung hin – durch den Kopf gehen. Nach h.M. reicht ein „sachgedankliches Mitbewusstsein".[466] Strittig ist dagegen, ob bloße Zweifel des Opfers einen Irrtum ausschließen [426] (soweit sich andere Gründe für die Ver-

---

464 Vgl. Rn. 240.
465 Vgl. BGH NJW 2014, 2595 = wistra 2014, 394. Hierzu auch *Cornelius* NStZ 2015, 310; *Hoyer*, ZIS 2019, 412.
466 Das sachgedankliche Mitbewusstsein spielt vor allem bei alltäglichen Massengeschäften eine Rolle, bei denen sich die Getäuschten nicht weiter um den Erklärungswert der Täuschung Gedanken machen, sondern eben davon ausgehen, dass „alles in Ordnung" sei; so bspw. auch bei standardisierten Abrechnungsverfahren, BGH NStZ 2007, 213 (215). Der Anwendungsbereich der ignorantia facti wird somit auf Fälle beschränkt, in denen der Getäuschte sich überhaupt keine Gedanken machen *muss*, etwa weil ihn keine Prüfungspflichten treffen oder er keinen Schaden zu erwarten hat (Absicherung durch Garantien oder ohnehin zur Leistung verpflichtet), zum Ganzen krit. zum sachgedanklichen Mitbewusstsein *Schuhr* ZStW 123 (2011), 517 (520). Die Lehre vom sachgedanklichen Mitbewusstsein entlastet das erkennende Gericht also nicht hinsichtlich der grundsätzlichen Notwendigkeit einer Feststellung des Irrtums; bei betrügerischen Massengeschäften lässt es der BGH allerdings zu, dass Fragebögen im Ermittlungsverfahren verwendet werden, die in der Hauptverhandlung eingeführt werden, sodass die „exemplarische" Vernehmung einzelner Geschädigter ausreichen kann, um den Irrtumsnachweis zu führen, vgl. nur BGH wistra 2017, 495. Etwas anderes gilt allerdings dann, wenn die Vermögensverfügung des Opfers auf einer individuellen Motivation basiert (BGH wistra 2018, 124); zu diesen Fragen auch *Trüg*, HRRS 2015, 106.
426 BGH StV 2003, 276 (277); *Wessels/Hillenkamp/Schuhr* Rn. 510; *Scheinfeld* wistra 2008, 167 (172 f.); vgl. auch *Bung* GA 2012, 354 ff.; *Amelung*, FS-Krey, 2010, S. 1 ff.

mögensverfügungen – etwa eine Zahlung des Opfers, damit „Ruhe" einkehrt – aufdrängen, hat das Tatgericht dem nachzugehen[467]).

Bei größeren Unternehmen bzw. Personenvereinigungen, bei denen mehrere Täuschungsadressaten in Betracht kommen (deren etwaige Irrtümer wiederum zu schädlichen Vermögensverfügungen für das **Gesamtunternehmen** als juristische Person führen), ist es denkbar, dass bestimmte Personen auf den Irrtum „hereinfallen", er aber von einem Mitangestellten oder übergeordneten Angestellten durchschaut wird, bevor es zur schädigenden Vermögensverfügung kommt.[468] Der BGH hat diesbezüglich klargestellt, dass bei arbeitsteilig organisierten Unternehmen tatrichterlich festgestellt werden muss, wer letztlich die schädigende Verfügung vornimmt, ob er dazu befugt war und welche Vorstellungen er dabei hatte.[469] Bis dato weitgehend ungeklärt ist trotzdem die Frage, ob das Wissen der Angestellten bzw. der gesetzlichen Vertreter untereinander in Anlehnung an die zivilrechtlichen Vorschriften (vgl. §§ 166 ff., 278, 831 BGB) dem jeweils anderen zugerechnet werden kann und somit einen Irrtum ausschließt.[470] Für die richtige Behandlung derartiger Fälle muss danach differenziert werden, 217

1. wer letztlich dem Irrtum unterlegen ist (die Hilfsperson oder die übergeordnete Person?) **und**
2. wer die unmittelbare Vermögensverfügung vornimmt (der dem Irrtum Unterlegene oder derjenige, der den Irrtum durchschaut hat?).[471]

aa) Irrtum der Hilfsperson bzw. des „einfachen" Angestellten

Unterliegt die **Hilfsperson** bzw. der einfache Angestellte einem Irrtum und verfügt mit Zustimmung des zu dieser Vermögensverfügung befugten Vorgesetzten, könnte man der Überlegung nachgehen, dass ein Irrtum ausgeschlossen ist, wenn das **zuständige Organ** von den Täuschungshandlungen Kenntnis hatte. Solch eine Vorgehensweise läuft auf eine Wissenszurechnung von „oben nach unten" hinaus, die dem Strafrecht als solche fremd ist (insbesondere ist eine schlichte Übertragung der zivilrechtlichen Grundsätze nicht möglich). Sie basiert auf der Überlegung, dass das „Opfer" weniger schutzwürdig ist, hätte es doch durch eine bessere Organisation und Überwachung ihrer Mitarbeiter die irrtumsbedingte Vermögensverfügung verhindern können. Dieser „viktimodogmatische Ansatz" ändert aber nichts daran, dass sich der Angestellte *tatsächlich* geirrt hat. Wenn die unmittelbare Vermögensverfügung von der Zustimmung des wissenden Organs abhängt, bleibt es allerdings fraglich, ob der Getäuschte überhaupt als „Verfügender" angesehen werden kann (es sei denn er verfügt schlicht, ohne sich eine Zustimmung einzuholen). Hier muss in jedem Einzelfall genau über- 218

---

[467] BGH wistra 2017, 318.
[468] Verneinend BGH wistra 2018, 171. Zu dieser Problematik *Schuhr* ZStW 123 (2011), 517; *Ordner*, NZWiSt 2016, 228; vgl. auch *Weißer* GA 2011, 333.
[469] BGH NStZ 2006, 623 (624).
[470] Grundlegend *Eisele* ZStW 116 (2004), 15 (30 f.).
[471] Zu den Darstellungsanforderungen in derartigen Fällen vgl. BGH NStZ 2012, 699.

prüft werden, wer die Kompetenz über die jeweilige Verfügungsentscheidung hat.[472] Liegt die Verfügungsbefugnis bei einem Entscheidungsträger allein, schließt dessen Wissen eine Betrugsstrafbarkeit aus. Sobald dagegen mehr als nur eine Person entscheidungsbefugt ist, erscheint es fraglich, die Schutzwürdigkeit des gesamten Unternehmens wegen der Kenntnis eines einzigen (wenn auch hochrangigen) Organs wegfallen zu lassen. Dann dürfte ein Betrug nur abgelehnt werden, wenn alle kompetenzberechtigten Personen keinem Irrtum unterlegen sind.

219 Einige Stimmen in der Literatur wollen einen Betrug jedenfalls dann annehmen, wenn das zuständige Organ sich **kollusiv** mit dem Täter zusammenschließt, um das Unternehmen zu schädigen.[473] In solch einer Konstellation lasse sich unter Heranziehung des § 138 I BGB das Verhalten des zuständigen Organs nicht mehr als eigenes Handeln der juristischen Person begreifen. Die erhöhte Schutzbedürftigkeit ändert aber auch in diesen Fällen nichts daran, dass letztlich eine (u.U. wegen mangelnder Vertretungsmacht nicht mehr befugte) Person die Vermögensverfügung vornimmt, die keinem Irrtum unterlegen ist. Der bloße „Fremdschädigungscharakter" bzw. der Missbrauch der Vertretungsmacht durch das wissende Organ macht das Handeln nicht zu einem (mittäterschaftlichen) Betrug zu Lasten der juristischen Person, sondern führt zu einer Untreuestrafbarkeit gem. § 266 I StGB, an der sich der Initiator als Anstifter bzw. Gehilfe beteiligt.[474]

> **Hinweis:** In einem Beschluss vom 13.01.2010 schließt sich der BGH der Auffassung an, wonach es jedenfalls für die Beurteilung der Irrtumsfrage genauerer Feststellungen bedarf, wer die Verfügung trifft und welche Erkenntnisse der Verfügende hinsichtlich des finanzierten/betrügerischen Geschäfts hatte.[475]

bb) Irrtum des höherrangigen Organs bzw. Entscheidungsträgers

220 Im umgekehrten Fall, in dem die Hilfsperson die Täuschung erkennt und ihren Vorgesetzten nicht über den Irrtum aufklärt, müssen diese Überlegungen umso mehr gelten (wobei es auf eine Zurechnung natürlich nur dann ankommt, wenn die Vermögensverfügung durch den nach wie vor getäuschten Vorgesetzten vorgenommen wird[476]): Da die unmittelbar verfügende Person einem Irrtum unterliegt, wird die Zurechnung nicht durch das Wissen einer untergeordneten Person durchbrochen. Insofern bleibt es beim Grundsatz, dass getäuschte und verfügende Person (im tatsächlichen Sinn) identisch sein müssen.

---

472 Vgl. BGH NStZ 2008, 339 (340); vgl. auch *Rengier* BT I, § 13 Rn. 53, der richtigerweise hervorhebt, dass es sich letztlich nicht (nur) um eine Irrtumsfrage handelt, sondern analysiert werden muss, ob sich die juristische Person eigenverantwortlich selbst geschädigt hat.
473 *Brand/Vogt* wistra 2007, 412 ff. (415).
474 A.A. *Rengier* BT I, § 13 Rn. 56; ob der Gedanke der Kollusion auch bei bloßen „Anstifter"- bzw. „Gehilfs"-Repräsentanten Anwendung finden kann, ist umstritten, vgl. Sch/Sch/*Perron* § 263 Rn. 41a; *Otto* Jura 2002, 606 (611).
475 BGH NStZ-RR 2010, 146.
476 Nimmt die Hilfsperson trotz ihrer Kenntnis auch die Vermögensverfügung vor, kommt auf Seiten des „Betrügers" nur ein Versuch gem. § 263, 22 StGB in Betracht, während sich der Angestellte einer Untreue gem. § 266 StGB strafbar machen kann.

Hinweis: Aus diesen Formulierungen ergibt sich, dass sich das Problem „irgendwo" zwischen Irrtum und Vermögensschaden befindet, so dass es auch wegen der „Mehrpersonenkonstellation" beim nächsten Punkt „Vermögensverfügung" aufgegriffen werden kann.

c) Vermögensverfügung

Ein Irrtum allein kann noch keinen Vermögensschaden herbeiführen, weswegen es allgemein anerkannt ist, dass es zu einer „selbstschädigenden" Handlung des Getäuschten kommen muss. Dieses ungeschriebene Merkmal, das als Bindeglied zwischen Irrtum und Vermögensschaden fungiert, ist die Vermögensverfügung. 221

Vermögensverfügung ist jedes rechtliche oder tatsächliche Handeln, Dulden oder Unterlassen, das unmittelbar zu einer Vermögensminderung führt. 222

Hierzu zählen u.a. die Eigentumsübertragungen, Schuldanerkenntnisse, Vertragsabschlüsse, Arbeitsleistungen, das Verjährenlassen einer Forderung etc. Die Vermögensminderung muss unmittelbar durch die Handlung des Getäuschten eintreten, d.h. sie darf nicht erst durch weitere Zwischenschritte des Täters herbeigeführt worden sein. Während getäuschte und verfügende Person identisch sein müssen, dürfen verfügende und letztlich geschädigte Person auseinanderfallen. Dies ermöglicht das Konstrukt eines sog. Dreieckbetrugs (siehe bereits oben).[477]

Ein Verfügungsbewusstsein ist nur für die Fälle zu fordern, in denen der Sachbetrug zum Trickdiebstahl abgegrenzt werden muss.[478] Im Wirtschaftsleben käme es zu nicht hinnehmbaren Lücken im Bereich des Forderungsbetrugs bzw. des Betrugs durch Unterlassen, wenn man immer ein Verfügungsbewusstsein für notwendig erachtete.[479] 223

Hinweis: Die durch die Verfügung verursachte Vermögensminderung bildet erst die Grundlage für die davon strikt zu trennende Schadensberechnung. Streng genommen müsste man in der Klausurbearbeitung also die betroffene Vermögensposition (Eigentum, Besitz, Forderung, Arbeitsleistung) bereits an dieser Stelle konkret benennen[480], was auch die Zugrundelegung eines bestimmten – seit langem umstrittenen – Vermögensbegriffs[481] voraussetzt. Da Minderung und Saldierung unmittelbar miteinander verknüpft sind, dürfte es nach wie vor nicht als Fehler angesehen werden, wenn in der Klausur all diese Aspekte erst beim Vermögensschaden aufgegriffen werden.

---

477 Zum Dreiecksbetrug sowie der Streitfrage, wie das notwendige Näheverhältnis zwischen Verfügendem und Geschädigtem näher zu bestimmen ist, *Böse/Nehring* JA 2008, 110 (111); BGH wistra 2008, 147 (148).
478 Sch/Sch/*Perron* § 263 Rn. 60 m.w.N.
479 BGHSt 14, 170 (172), Lackner/*Kühl* § 263 Rn. 24; a.A. *Otto* JZ 1993, 652 (655).
480 *Rengier* BT I § 13 Rn. 73.
481 Wo sich der rein-wirtschaftliche Vermögensbegriff der Rechtsprechung und der juristisch-ökonomische Vermögensbegriff der wohl h.L. gegenüberstehen. Da sich hier im Bezug auf den „Wirtschaftsbetrug" keine Besonderheiten ergeben, sei auf die einschlägige Ausbildungsliteratur verwiesen; aus dem umfangreichen Schrifttum vgl. nur *Rengier BT I Rn. 121 ff.*; *Fischer* § 263 Rn. 89; zur Unterscheidung von juristischem und wirtschaftlichem Schaden vor dem Hintergrund der Diskussion rund um die Feststellung des Schadens *Saliger* HRRS 2012, 363.

d) Vermögensschaden

224 Zuletzt muss die Vermögensverfügung einen Vermögensschaden beim Getäuschten hervorrufen.[482] Bei der Berechnung des Schadens gilt das Prinzip der **Gesamtsaldierung**, d.h. etwaige Kompensationen, die auf Seiten des Opfers eingetreten sind, müssen in die Berechnung einfließen.[483] § 263 StGB schützt grundsätzlich ausschließlich das Vermögen, nicht dagegen die Dispositionsfreiheit.

225 Ein **Vermögensschaden** liegt vor, wenn sich auf Grundlage eines gesamtsaldierenden Vergleichs zwischen Vermögensstand vor und nach der Vermögensverfügung eine nachteilige Differenz (sprich negativer Saldo) ergibt.

Die Gesamtsaldierungsmethode passt nicht auf alle Fallgestaltungen des Alltags. So versagt sie bspw. bei einseitigen Rechtsgeschäften ohne „Leistungssynallagma" (Schenkungen, staatlichen Zuschüssen[484] o.Ä.), bei denen eine Gegenüberstellung von Leistung und Gegenleistung nicht möglich ist.[485] Im Übrigen führt solch eine starr wirtschaftliche Lösung dazu, dass die persönlichen Bedürfnisse (sozusagen die „individuelle Wirtschaftlichkeit" für das Opfer) keine Berücksichtigung finden.[486]

aa) Schadenskompensation

226 Im Wirtschaftsleben werden die betrügerischen Handlungen typischerweise im Rahmen etwaiger Austauschverhältnisse vorgenommen, so dass der Schadenskompensation eine wichtige Bedeutung zukommt. Der Wert der einzelnen Vermögenspositionen ist dabei **objektiv** nach dem jeweiligen **Marktwert** zum Zeitpunkt der Vermögensverfügung zu bestimmen (es sei denn die Parteien hatten bereits einen Vertrag abgeschlossen, bevor es zur Täuschungshandlung kam; dann überlagert der subjektive Parteiwille den objektiven Wertmaßstab, siehe unten Rn. 229 „Abgrenzung Eingehungs-/Erfüllungsbetrug").[487] Stets muss eine Minderung des vorhandenen Vermögenssaldos eintreten; das Ausbleiben einer Vermögens*vermehrung* reicht nicht aus.[488] Sobald die

---

482 Natürlich gelten die nachstehenden Überlegungen grundsätzlich auch für den in § 266 StGB und § 253 StGB notwendigen Vermögensnachteil, allerdings haben sich bei allen drei Delikten „tatbestandsspezifische" Schadenskonstellationen herausgebildet, die sich typischerweise nur in einem Betrugs- bzw. Untreue- oder Erpressungssachverhalt ergeben können.
483 *Lackner/Kühl* § 263 Rn. 36; *Wessels/Hillenkamp/Schuhr* Rn. 538; BGH wistra 1999, 263 (265).
484 Zum Subventionsbetrug ausführlich im nächsten Abschnitt, vgl. Rn. 259-270.
485 Insbesondere bei den Schenkungs- und Bettelbetrugsfällen muss dann auf die sog. „Zweckverfehlungslehre" zurückgegriffen werden, BGHSt 19, 37 (44 f.). Zu unterscheiden sind einfache Spendenbetrugs-Fälle von Sachverhalten, in denen das Opfer eine Vertragsverpflichtung in der Annahme abschließt, ein Teil des Preises fließe einem sozialen Zweck zu, vgl. hierzu *Küpper/Bode* JuS 1992, 642 ff.
486 Dieses manchmal unbefriedigende Ergebnis wird durch die eingangs genannte Lehre vom individuellen Schadenseinschlag relativiert, *Kudlich*, in: Fischer/Hoven/Huber/Raum/Rönnau/Saliger/Trüg (Hrsg.), Dogmatik und Praxis des strafrechtlichen Schadensbegriffs, 2015, S 123 ff.
487 Da in die Schadensberechnung die konkreten Einzelumstände (Art und Gegenstand des Geschäfts, örtliche, zeitliche Umstände etc.) mit einbezogen werden müssen, gestaltet sich die eigentliche Schadensberechnung in der Praxis besonders schwierig. Der objektiv individualisierende Maßstab versagt also, wenn für die jeweilige Leistung kein Markt existiert, so etwa bei der Auftragsvergabe im Wege der Ausschreibung. Zur Lösung derartiger Fälle früher und heute vgl. ausführlich im nächsten Abschnitt Rn. 289.
488 BGH NJW 2004, 2603 m. Anm. *Kudlich* JuS 2005, 81.

Leistung des Getäuschten den wirtschaftlichen Wert der Gegenleistung übersteigt (etwa weil er einen überhöhten Preis für minderwertige Ware zahlen muss), kann ein Schaden bejaht werden. Sind dem Betroffenen dagegen Gegenleistungen zugeflossen, welche die Hingabe vollständig und gleichwertig kompensieren, scheidet ein Vermögensschaden aus. Etwaige Sicherungsmittel (insb. gesetzliche Pfandrechte, vertragliche Sicherheiten) wirken hierbei nur kompensatorisch, wenn der Täter erfüllungswillig ist bzw. die Ansprüche hieraus unproblematisch realisierbar sind.[489] Die Kompensation muss unmittelbar erfolgen, d.h. bloße Gegenansprüche, die den Schaden „wieder gut machen" sollen (**reparatio damni**), führen nicht zu einer Kompensation.[490] Hierzu zählen z.B. Schadensersatzansprüche aus §§ 823, 826 BGB, bereicherungsrechtliche Ansprüche, die aus einer Anfechtung wegen arglistiger Täuschung erwachsen oder Versicherungsleistungen bzw. Schenkungen durch Dritte.[491]

bb) Schadensgleiche Vermögensgefährdung

Es galt seit geraumer Zeit als grundsätzlich anerkannt, dass bereits die Gefährdung einzelner Vermögenspositionen die Beurteilung des Vermögensstands negativ beeinflusst, oder anders gewendet: dass auch die bloße Vermögensgefährdung als Vermögensschaden i.S.d. § 263 StGB anzusehen sein kann.[492] Der Schaden konkretisiert bzw. vertieft sich in diesen Fällen nur, wenn es zum tatsächlichen Vermögensabfluss kommt. Eine konkrete Vermögensverfügung unterscheidet sich also nicht in qualitativer Hinsicht, wohl aber in quantitativer Hinsicht vom tatsächlichen Schaden.[493] Die Anerkennung der schadensgleichen Vermögensgefährdung wurde in der Literatur zwar zunächst kritisch beobachtet, weil sie eine Umwandlung des § 263 I StGB von einem Erfolgs- in ein Gefährdungsdelikt contra legem befürchten ließ. Die Rechtsprechung hat aber bei ihrem Rückgriff auf das Modell der schadensgleichen Gefährdung stets betont, dass sie in den einschlägigen Fällen letztlich von einem bereits eingetretenen Schaden (insbesondere zum Zeitpunkt der Eingehung des Rechtsgeschäfts, siehe sogleich) und nicht nur von einer „Schadensgefahr" ausgeht.[494] Somit handele es sich letztlich nur um ein terminologisches „Schein-Problem".[495]

227

> **Hinweis:** Eine einprägsames Bild für den Gefährdungsschaden ist eine Aktie, deren Wert aktuell dadurch sinkt, weil die Gesellschaft in allernächster Zeit erheblichen Zahlungsverpflichtungen nachkommen muss. Obwohl noch gar keine Zahlungen erfolgt sind, ist die Aktie u.U. weniger wert.

Diese Feststellung darf aber nicht darüber hinwegtäuschen, dass es dennoch Aufgabe der Rechtsprechung bleiben muss, an konkreteren Abgrenzungskriterien dafür zu feilen, ab welchem Zeitpunkt die wirtschaftliche Beeinträchtigung des Vermögens durch die Gefährdung eine tatsächliche Verschlechterung der konkreten Vermögenslage be-

228

---

489 SSW/*Satzger* § 263 Rn. 155.
490 So schon RGSt 41, 27 (29); BGH NJW 1985, 1563.
491 Vgl. *Lackner/Kühl* § 263 Rn. 36a; Sch/Sch/*Perron* § 263 Rn. 120 mit weiteren Beispielen.
492 BGHSt 21, 112 (113); 34, 394 (395); 51, 100 (113).
493 BGH wistra 1991, 307 (308).
494 BGH NStZ 2004, 264 (265).
495 BGH NJW 2008, 2451 (2452). Zusf. und instruktiv *Becker/Rönnau* JuS 2017, 499 (500).

deuten soll. Die mit Etablierung des Gefährdungsschadens nach und nach folgenden Abgrenzungsformeln („ernstlich mit wirtschaftlichen Nachteilen Rechnen-Müssen" bzw. „Herrschaft über Verlustgefahr", „Unmittelbarkeit"[496], konkrete Gefahren) waren überwiegend zu abstrakt gehalten und halfen kaum weiter. Es überrascht daher auch nicht, dass ein expliziter Rückgriff auf das Konstrukt des „Gefährdungsschadens" v.a. bei bereits anerkannten Fallgruppen erfolgt ist[497], nämlich

- bei der Preisgabe von Geheimzahlen o.ä. Zugangsdaten (PIN, TAN, Passwörter) zum Bankkonto,
- beim gutgläubigen Erwerb vom Nichtberechtigten,
- beim Scheck- und Wechselbetrug,
- beim Submissionsbetrug (vgl. hierzu ausführlich im folgenden Abschnitt).

228a Dabei war man bemüht, die Abgrenzungskriterien diesen Fallgruppen zu entnehmen bzw. die Begründungsformeln des BGH in den einzelnen Entscheidungen auf bestimmte Aspekte herunterzubrechen. Lange Zeit nachdem in der Strafrechtswissenschaft bereits der Überlegung nachgegangen wurde, inwiefern die Gefährdungsschaden **bilanzrechtlich** bestimmt werden kann,[498] griff auch die Rechtsprechung, insbesondere auch das BVerfG diesen Aspekt auf, zunächst im sog. Juni-Beschluss zu § 266 StGB[499] und schließlich auch in der Al-Quaida Entscheidung zu § 263 I StGB vgl. im Folgenden). Das BVerfG[500] hat dazu einerseits klargestellt, dass die Rechtsfigur einer schadensbegründenden Vermögensgefährdung mit dem Bestimmtheitsgebot des Art. 103 II GG grundsätzlich vereinbar ist, dass aber eine sorgfältige Abgrenzung zwischen einer solchen konkreten Vermögensgefährdung und nur abstrakten Gefährdungen zu erfolgen hat und dass die Gerichte dabei verpflichtet sind, auch Gefährdungsschäden in wirtschaftlich nachvollziehbarer Weise unter Berücksichtigung anerkannter **Bewertungsverfahren** (gegebenenfalls unter Hinzuziehung von Sachverständigen) festzustellen;[501] normative Gesichtspunkte zur **Schadensbewertung** (sind dabei zwar nicht generell untersagt, aber) dürften die wirtschaftliche Betrachtung nicht überlagern oder gar verdrängen.[502] Kurze Zeit später wurde klargestellt, dass der im Zusammenhang mit der Untreue zum Ausdruck gekommene Gedanke, dass der Nachteilsbegriff nicht in einer Weise „aufgeweicht" werden darf, dass der Untreuetatbestand von einem Verletzungs- zu einem Gefährdungsdelikt „degeneriert", in gleicher Weise auch für das Verletzungsdelikt des § 263 StGB gelten muss.[503]

---

496 Übersicht zu den einzelnen Ansätzen bei SSW/*Satzger* § 263 Rn. 249 sowie *Becker/Rönnau* JuS 2017, 499 (500).
497 Hierzu im Einzelnen instruktiv *Rengier* BT I, § 13 Rn. 196 ff.
498 Allen voran *Hefendehl*, Vermögensgefährdung und Expektanzen, 1994.
499 Vgl. BVerfGE 126, 170 sowie dazu noch näher unten Rn. 330 ff.
500 Vgl. BVerfGE 126, 170 sowie dazu noch näher unten Rn. 330 ff.
501 *Blassl*, wistra 2016, 425; Zusf. *Dannecker*, NStZ 2016, 318; MK/*Hefendehl* § 263 Rn. 540; *Zebisch/Kubik* NStZ 2017, 322.
502 Vgl. BVerfG NJW 2012, 907 (916); vgl. auch *Kudlich* JA 2012, 230 (in einer Entscheidung zum Betrug).
503 Zu den Auswirkungen der Bundesverfassungsgerichtsentscheidung für § 263 StGB vgl. *Schlösser* NStZ 2012, 473; *Sickor* JA 2011, 109; *Trück* ZWH 2012, 59. Zum Betrug durch Lieferung bei Plagiaten BGH NStZ 2012, 629 m. Anm. *Jäger* JA 2012, 952.

Hinweis: In der „**Al-Qaida-Entscheidung**"[504] hatte der BGH einen endgültigen Schaden in einem Fall angenommen, in dem der Täter mehrere Anträge auf Abschluss eines Lebensversicherungsvertrages in der Absicht gestellt hatte, daraufhin nach Ägypten zu reisen und dort mittels Bestechung örtlicher Amtspersonen falsche Todesbestätigungen zu erwirken, mit deren Hilfe die Auszahlung der Versicherungssumme an den Begünstigten erfolgen sollte. Die Versicherungsunternehmen seien hier über die Absicht der **zukünftigen Manipulation** getäuschten worden, und ein Schaden sei nicht erst mit Auszahlung der Versicherungssumme, sondern bereits mit Abschluss der Verträge eingetreten, da aufgrund der manipulativen Absicht des Angeklagten „die Leistungswahrscheinlichkeit gegenüber dem vertraglich vereinbarten Einstandsrisiko signifikant erhöht" worden sei. Das BVerfG[505] hat diese Entscheidung im Ergebnis zu Recht aufgehoben, weil – unabhängig von der Verwendung des Begriffs „Gefährdungsschaden" oder der Bezeichnung als bereits endgültigen Vermögensverlust – die **Verlustwahrscheinlichkeit** vorliegend noch zu niedrig bzw. **zu wenig präzisierbar** war, um von einem vollendeten Vermögensverlust auszugehen. Die Absicht, später einen Erfüllungsbetrug zu begehen, genügt eben noch nicht automatisch, um einen Eingehungsbetrug anzunehmen. Dass über diese hier vom BVerfG verfassungsrechtlich überprüfte Schadensbestimmung hinaus die Entscheidung auch Friktionen mit der Versuchsdogmatik mit sich bringt (da nach allgemeinen Grundsätzen eigentlich frühestens die Abgabe einer Schadensmeldung ein unmittelbares Ansetzen zum Betrug wäre[506]), steht auf einem anderen Blatt, passt aber ins Bild.

Diese beiden Entscheidungen und ihre schlagwortartige Verkürzung auf das Postulat „Notwendigkeit einer **Bezifferung des Gefährdungsschadens**" haben eine bis heute noch andauernde, lebhafte Diskussion darüber zur Folge, inwiefern sich die Schadensbestimmung materiell-rechtlich wie auch prozessual am Bilanzrecht zu orientieren hat.[507] Parallel dazu wird darüber diskutiert, welche v.a. normative geprägten Fallgruppen der Annahme eines Betrugsschadens infolge der Al-Quaida-Entscheidung überhaupt noch Geltung beanspruchen. Gerade diejenigen Vermögensschaden-Fallgruppen, die bereits vor der Entscheidung des Bundesverfassungsgerichts als problematisch erachtet wurden (vgl. noch Rn. 229 ff.), mussten infolge der Al-Quaida-Entscheidung besonders kritisch gewürdigt und überwiegend weitestgehend verworfen, jedenfalls „neu gedacht" werden.[508]

228b

Hinweis: Der BGH selbst hat die verfassungsrechtlichen Vorgaben zum Schadensbegriff in einer Entscheidung aufgegriffen, in der es um die Frage eines Vermögensschadens bei einem **gutgläubigen Erwerb** ging.[509] Im Streit um die sogenannte „Makeltheorie", d.h. also darüber, ob dem gutgläubig erworbenen Eigentum gleichwohl ein **„Makel"** anhaftet, der zu einer vermögenswerten Minderung führt,[510] hat der BGH ausgeführt, dass das einen Schaden allenfalls begründende **erhöhte Prozessrisiko** des gutgläubigen Erwerbers letztlich kaum wirtschaftlich tragfähig beziffert werden könne und daher regelmäßig ein Schaden ausscheiden müsse.

---

504 Vgl. BGHSt 54, 69.
505 BVerfG 130, 1 = NJW 2012, 907 m. Anm. *Kudlich* JA 2012, 230; hierzu und zu weiteren Problemen (etwa Friktionen mit der Versuchsdogmatik) auch *Kraatz* JR 2012, 329; *Waßmer* HRRS 2012, 368.
506 Vgl. zu den vergleichbaren Fällen des Betrugs an einer Brandversicherung BGH NStZ 2012, 39.
507 Krit. Würdigung bei *Becker/Rönnau* JuS 2017, 499 (500).
508 hierzu zählt etwa die Lehre vom individuellen Schadenseinschlag (vgl. nur *Ceffinato*, NZWiSt 2015, 90; *Texeira* ZIS 2016, 307), die Zweckverfehlungslehre (NK/*Kindhäuser* § 263 Rn. 292), die Annahme eines Schadens im Falle eines gutgläubigen, aber makelbehafteten Erwerbs (vgl. hierzu den Hinweiskasten im Folgenden sowie *Begemeier/Wölfel*, JuS 2015, 307) sowie die Frage eines Vermögensschadens beim Anstellungsbetrug, hierzu BGH, 21.08.2019 – 3 StR 221/18.
509 Vgl. BGH NStZ 2013, 37 m. Anm. *Kudlich* JA 2011, 790.
510 Vgl. zum Meinungsstand SSW/*Satzger*, § 263 Rn. 250.

cc) Abgrenzung Eingehungs- und Erfüllungsbetrug

229 Die Anerkennung der schadensgleichen Vermögensgefährdung bildet die Grundlage für das Konstrukt des Eingehungsbetrugs[511], bei dem die Deliktsvollendung auf die Stufe des Vertragsabschlusses vorverlegt wird und nicht erst die tatsächlich schädliche Abwicklung des Geschäfts (Erfüllungsbetrug) für die Annahme eines vollendeten § 263 I StGB notwendig ist. Man spricht dann auch vom sog. „Eingehungsschaden", wenn bereits zum Zeitpunkt des Vertragsschlusses feststeht, dass der Gegenanspruch wegen fehlender Leistungsfähigkeit bzw. -bereitschaft minderwertig ist. Ein (echter) Erfüllungsbetrug liegt dagegen vor, wenn der Täter erst nach Vertragsabschluss – also bei dessen Abwicklung – Täuschungshandlungen (Falschlieferung etc.) vornimmt bzw. verschleiert, dass die erbrachte Leistung gar nicht vertragsgemäß ist.[512] Ab dem Zeitpunkt der Abwicklung gilt allerdings das „vertraglich Vereinbarte", d.h. ob der Täter eine Leistung erbringt, die ihren Preis objektiv wert ist, spielt von nun an keine Rolle mehr, da der maßgebliche Wertmaßstab nun dem Vertrag entnommen werden muss.

e) Subjektiver Tatbestand

230 Der Täter muss hinsichtlich der genannten vier Tatbestandsmerkmale und des Kausalzusammenhangs vorsätzlich handeln. Als besonderes subjektives Merkmal (überschießende Innentendenz) setzt § 263 I StGB Bereicherungsabsicht voraus.

> Mit **Bereicherungsabsicht** handelt der Täter, wenn er sich oder einem Dritten einen stoffgleichen, rechtswidrigen Vermögensvorteil verschaffen will. Der erstrebte Vorteil muss „Kehrseite" des zugefügten Schadens sein.[513]

Die Bereicherung muss *rechtswidrig* sein, d.h. der Täter darf keinen fälligen und einredefreien Anspruch auf den Vorteil haben.[514] Auch im Hinblick auf die Rechtswidrigkeit des Vermögensvorteils muss der Täter vorsätzlich handeln.

3. Sonstiges

231 Rechtswidrigkeit und Schuld bereiten im Rahmen des § 263 I StGB keine spezifischen Probleme. Dagegen könnte die Versuchsstrafbarkeit nach § 263 II StGB in Zukunft mehr Bedeutung erfahren, wenn die erhöhten Anforderungen an den Eingehungsbetrug bzw. den Gefährdungsschaden ernst genommen werden.[515] Ferner dürfen in der Fallbearbeitung die Strafzumessungsregelungen des § 263 III StGB nicht übersehen werden. Praktische Relevanz hat hier wohl der „Vermögensverlust großen Ausmaßes" gem. § 263 II 2 Nr. 2 StGB (sowie §§ 264 II 2 Nr. 1, 335 II Nr. 1 StGB, § 370 III 2 Nr. 1

---

511 SSW/*Satzger* § 263 Rn. 257 ff.
512 Zur Differenzierung der lehrreiche Hosenfall BGHSt 16, 220 bei *Rengier* BT I, § 13 Rn. 168 ff.
513 Hierzu BGHSt 42, 268 (271); BGH wistra 1999, 378; MK-StGB/*Hefendehl* § 263 Rn. 880 ff.
514 Vgl. hierzu BGHSt 42, 268 (271) m. Anm. *Kudlich* NStZ 1997, 432 (433).
515 Zum versuchten Betrug durch Erwirken eines Mahnbescheids OLG Celle ZWH 2012, 28 m. krit. Anm. *Schuhr*; vgl. auch *Kudlich* JA 2012, 152.

AO), der nach BGHSt 48, 360 ab einem Betrag von 50 000 € anzunehmen ist.[516] Handelt der Täter sowohl gewerbs- als auch bandenmäßig, wird sein Verhalten zu einem Verbrechen qualifiziert, § 263 V StGB.

III. Betrug gem. § 263 I StGB durch überhöhte Rechnungsstellung? Die Lösung des BGH im Berliner Stadtreinigungsfall „Part 1"

Basierend auf diesen Grundlagen können in einem kurzen Zwischenfazit erste Vorüberlegungen zur Strafbarkeit des Tatbeteiligten A im eingangs geschilderten Berliner Stadtreinigungsfall gemacht werden. A war unmittelbar Verantwortlicher für die Rechnungsstellung, so dass er sich wegen Betrugs durch aktives Tun zu Lasten der Anlieger gem. § 263 I StGB strafbar gemacht haben könnte. Da er die Mitarbeiter der Rechnungsabteilung als gutgläubige Werkzeuge missbraucht, welche die potentielle Tathandlung (Täuschung durch Rechnungsstellung) vornehmen, ist eine Zurechnung als Alleintäter über die Regeln der mittelbaren Täterschaft kraft Wissensherrschaft möglich, § 25 I 2. Alt. StGB. Die Frage, ob sich A nicht schon als unmittelbarer Täter durch Täuschung gegenüber der Senatsverwaltung zu Lasten der Anlieger strafbar macht, lässt der Senat offen.

232

Hinweis: Die Strafbarkeit des B gestaltet sich etwas schwieriger, da er sowohl aus Tatherrschaftsaspekten als auch nach subjektiven Gesichtspunkten wohl nur als Teilnehmer einzustufen ist (er ist ja nicht für die eigentliche Rechnungsstellung verantwortlich). Hinzu tritt allerdings, dass B aktiv nichts tut, so dass allenfalls eine Unterlassungsstrafbarkeit gem. § 13 StGB konstruiert werden kann. Dessen Strafbarkeit wird also erst nach den Grundlagen zur Unterlassungsstrafbarkeit begutachtet. Diese Aufteilung kommt auch dem „echten Lebenssachverhalt" bzw. der tatsächlichen Vorgehensweise des BGH äußerst nahe, da auch der Senat dazu gezwungen war, wegen des besonders komplexen Sachverhalts (längerer Zeitraum, viele mitwissende Beteiligte) den Fall peu á peu zu lösen. In einem Beschluss vom 24.3.2009[517] geht es noch um die prozessuale Frage der rechtmäßigen Besetzung des Gerichts, da drei der zur Entscheidung berufenen Richter in Berlin ansässige Mieter und somit „verletzt" i.S.d. § 22 Nr. 1 StPO waren. Schulmäßig setzt sich der BGH in seinem nächsten Beschluss vom 9.6.2009[518] erst mit der Strafbarkeit des Hauptverantwortlichen und Haupttäters A auseinander, bevor er sich erst mehr als einen Monat später in seinem Leitsatzurteil vom 17.7.2009[519] zur Unterlassungsstrafbarkeit des B äußern kann.

1. Erklärungsinhalt bei überhöhter Rechnungsstellung

Bereits das Merkmal der Täuschung bereitet Probleme, da die Rechnung als solche „nur Zahlen", aber keine Tatsachen enthält. Kein Rechnungssteller erklärt ausdrücklich, dass die Forderung korrekt kalkuliert worden ist. Folglich kommt nur eine konkludente Täuschung in Betracht. Der BGH entnimmt in Anlehnung an seine bisherige Rechtsprechung

233

---
516 Krit. *Fischer* § 263 Rn. 215a.
517 BGH NStZ 2009, 342.
518 BGH NJW 2009, 2900.
519 BGHSt 55, 45.

„… dem Rechnungsschreiben der BSR die (konkludent miterklärte) Aussage, dass die Tarife unter Beachtung der für die Tarifbestimmung geltenden Rechtsvorschriften ermittelt und sie mithin auch auf einer zutreffenden Bemessungsgrundlage beruhen. Der Verkehr erwartet (…) eine wahrheitsgemäße Darstellung im Zusammenhang mit der Geltendmachung eines zivilrechtlichen Anspruchs, soweit die Tatsache wesentlich für die Beurteilung des Anspruchs ist und der Adressat sie aus seiner Situation nicht ohne weiteres überprüfen kann. Eine solche Möglichkeit … hat der Adressat der Rechnung praktisch nicht. Die BSR nimmt deshalb zwangsläufig das Vertrauen der Adressaten in Anspruch. Dies prägt wiederum deren Empfängerhorizont. Da die Eigentümer damit rechnen dürfen, dass die Tarife nicht manipulativ gebildet werden, erklärt der Rechnungssteller dies in seinem Anspruchsschreiben konkludent. Für die BSR gilt dies im besonderen Maße, weil sie als öffentlich-rechtlich verfasster Rechtsträger wegen ihrer besonderen Verpflichtung zur Gesetzmäßigkeit gegenüber ihren Kunden gehalten ist, eine rechtskonforme Tarifgestaltung vorzunehmen".[520]

234 Die Zusendung einer Rechnung enthält somit die konkludente Erklärung, dass die Forderung (in dieser Höhe) existiert. Dies kann aber, wie der Senat selbst anklingen lässt, nur dann gelten, wenn der Rechnungssteller an eine bestimmte Preisnorm bzw. Preisbildung gebunden ist.[521] Dann darf der Rechnungsadressat auch erwarten, dass der Preis korrekt bzw. „rechtmäßig" kalkuliert wird. Dies ist grundsätzlich zutreffend, allerdings berücksichtigt der BGH im konkreten Fall die **Zweistufigkeit** der Kalkulation nur bedingt: Auf erster Stufe werden abstrakte Tarife berechnet, die ihrerseits auf zweiter Stufe die Bemessungsgrundlage für die konkrete Rechnung jedes einzelnen Grundstücks bilden. Im vorliegenden Fall wurden die Rechnungen als solche tatsächlich korrekt berechnet, sie basierten bloß auf einem fehlerhaft festgesetzten Tarif, sprich auf einer fehlerhaften „Norm". Nun könnte man einwenden, dass es für den Adressaten letztlich nur darauf ankommt, was am Ende der Rechnung „herauskommt". Ob aber im Hinblick auf die konkludente Täuschung mit erklärt wird, dass die zugrunde gelegte Bemessungsnorm auch einwandfrei zustande kam, bleibt zweifelhaft, insbesondere wenn man sich vor Augen führt, dass festgesetzte Tarife – mögen sie auch fehlerhaft sein – publiziert werden, also in objektiver Hinsicht überprüfbar, z.B. online einsehbar sind.[522] Der zugrunde gelegte Tarif wird aber (wie bspw. ein Mietspiegel) vom Erklärungsempfänger bereits hingenommen, so dass er keine Erwartungen im Hinblick auf dessen Richtigkeit hegt.[523] Insofern könnte eine konkludente Täuschung nur dann angenommen werden, wenn Manipulationen bei der eigentlichen Berechnung erfolgten.

---

520 Diese Rechtsprechung überrascht nicht, nimmt der BGH doch schon eine konkludente Täuschung an, auch wenn sich aus den AGB bzw. sonstigen kleingedruckten Hinweisen ergibt, dass in Wirklichkeit keine Rechnung, sondern nur ein Angebot zum Vertragsabschluss vorliegt (Insertationsofferte BGHSt 41, 3); insofern ist selbst eine Täuschung mit „wahren Tatsachen" möglich. Vgl. auch BGH NStZ 1993, 388 (389); 1995, 85: Demnach erklärt ein Kassenarzt mit seiner Abrechnung gegenüber der Kasse nicht nur, dass die abgerechnete Leistung unter die Leistungsbeschreibung der Gebührennummer fällt, sondern auch, dass seine Leistung zu den kassenärztlichen Versorgungsleistungen gehört und nach dem allgemeinen Bewertungsmaßstab abgerechnet werden kann; zum Ganzen Spickhoff/*Schuhr* § 263 Rn. 16.
521 Vgl. OLG München JA 2010, 67 m. Anm. *Kudlich* (Scherenschleiferfall).
522 Siehe derzeitige Fassung ABl. Nr. 58 vom 30.12.2008, S. 2807; sowie http://www.bsr.de/bsr/download/aktuelle_Tarife.pdf (1.10.2009).
523 So auch *Heghmanns* ZJS 2009, 706 (708).

Hinweis: Denkt man die Überlegungen des BGH konsequent weiter, stellt sich die Frage, ob sie nicht auch für andere (bewusst) fehlerhafte – normgebundene – Rechnungsstellungen gelten müssen, etwa für Abwasser-, Strom- oder Gasgebühren sowie für Bauabrechnungen nach VOB oder Architektenrechnungen nach HOAI. Selbst fehlerhafte Nebenkostenabrechnungen des Vermieters können nach dieser Rechtsprechung unter § 263 StGB fallen, wobei gerade bei kleineren Kalkulationsfehlern der Vorsatz besonders genau überprüft werden müsste.[524] Dies würde zu einer erheblichen Ausweitung des Tatbestandes führen.

In systematischer Hinsicht scheint zudem die Existenz der §§ 352, 353 StGB gegen die Einschlägigkeit des § 263 I StGB zu sprechen, da diese Vorschriften die Gebühren- bzw. Abgabenüberhebung explizit als Tathandlung nennen. Zumindest dieses Argument lässt sich allerdings dadurch entkräften, dass es sich bei diesen Tatbeständen um echte Sonderdelikte handelt, deren Anwendungsbereich auf Amtsträger beschränkt ist. Insofern haben sie nur eine privilegierende Sperrwirkung, soweit der Tatbestand erfüllt ist. Im Übrigen schränken die Vorschriften allerdings nicht den Anwendungsbereich des § 263 I StGB ein. 235

Zur Vertiefung: Diesen Aspekt greift der BGH ebenfalls auf, nachdem er die Verwirklichung der (spezielleren) Amtsdelikte der Gebührenüberhebung bzw. Abgabenüberhebung gem. §§ 352, 353, 25 I 2. Alt. StGB zutreffend verneint. Zwar ist A als Vorstand der BSR als Organ einer öffentlich-rechtlichen Institution und somit als Amtsträger i.S.d. § 11 I Nr. 2 StGB einzustufen. § 352 StGB setzt aber überdies voraus, dass die Reinigungsgebühren *zu seinem Vorteil* zu erheben sein müssten. Die Einbeziehung von „Drittvorteilen" (also hier der BSR als Gläubiger der Vergütungsansprüche) kennt § 352 StGB nicht. § 353 StGB entfällt dagegen – vgl. Wortlaut –, weil die rechtswidrig überhöhten Gebühren von A „vollständig zur Kasse gebracht" wurden, so auch der BGH. Der Senat bestätigt aber in diesem Zusammenhang erneut, dass die §§ 352, 353 StGB als leges speciales dem § 263 StGB grundsätzlich vorgehen und wegen ihres privilegierenden Charakters eine „Sperrwirkung" entfalten, soweit sie einschlägig sind. Dies ist eine inzwischen rechtspolitisch fragwürdige Haltung, da es bei den abgerechneten Gebühren nicht immer um geringfügige Beträge gehen muss (so aber die Gesetzesbegründung) und die leichtere Deliktsdurchführung aufgrund der Amtsstellung – wie in sonstigen Fällen auch – eine strafschärfende und nicht strafmildernde Auswirkung haben sollte.[525]

Soweit man sich der Auffassung des BGH anschließt und auch die richtige Berechnung der Kalkulationsgrundlage als miterklärt ansieht, lässt sich eine Täuschung durch A im Ergebnis bejahen. Da sich die Rechnungsadressaten regelmäßig keine Gedanken über die Berechnung der Reinigungsentgelte machen, muss der Senat auf das Modell des sachgedanklichen Mitbewusstseins zurückgreifen, um zu einem *Irrtum* zu gelangen: 236

„Der im Rahmen der Täuschungshandlung maßgebliche Empfängerhorizont spiegelt sich regelmäßig in dem Vorstellungsbild auf Seiten der Empfänger wider. Entscheidend ist..., dass die Empfänger der Zahlungsaufforderungen sich jedenfalls in einer wenngleich allgemein gehaltenen Vorstellung befanden, dass die Tarifberechnung „in Ordnung" sei, zumal die Höhe der Tarife ihre eigenen finanziellen Interessen unmittelbar berührte. Damit gingen sie – jedenfalls in der Form des sachgedanklichen Mitbewusstseins – davon aus, dass die Bemessungsgrundlage zutreffend bestimmt und die Tarife nicht manipulativ zu ihren Lasten erhöht wurden."

---

524 *Bittmann* NJW 2009, 2903 weist zu Recht darauf hin, dass Kleinvermieter nach dem objektiven Empfängerhorizont schon nicht als Abrechnungsexperten angesehen werden können und somit auch kaum konkludent miterklären, es seien alle Kalkulationsregeln eingehalten worden.
525 Zutreffend SSW/*Satzger* § 352 Rn. 1, § 353 Rn. 1.

237 Da sich im Hinblick auf die Vermögensverfügung sowie auf den Schaden[526] keine weiteren Probleme ergeben[527] und A rechtswidrig sowie schuldhaft handelt, macht er sich gem. § 263 I StGB strafbar.

2. Zwischenergebnis

238 Der Fall belegt die These, dass v.a. im Wirtschaftsleben die Schwerpunkte (oder die „schwierigen Punkte"?) des Betrugs regelmäßig bei der Frage einer konkludenten Täuschung bzw. dem Erklärungswert eines evtl. wirtschaftsstrafrechtlich relevanten Verhaltens sowie beim Vermögensschaden liegen. Ob dem BGH zumindest bezogen auf den Berliner-Stadtreinigungs-Sachverhalt uneingeschränkt Recht gegeben werden kann, mag dahinstehen. Denkbar wäre jedenfalls auch eine Täuschung gegenüber der Senatsverwaltung gewesen, da die Erstellung richtiger Tarife zum Pflichtenkreis des A gehörte. Weil die Senatsverwaltung ermächtigt war, die Tarife einzufordern und die Höhe der zu erbringenden Leistung zu bestimmen, kann man auch vertreten, dass diese – was für ein Dreiecksbetrug notwendig wäre – „im Lager" der geschädigten Anleger stand. Das Begründungsmodell des BGH hätte schließlich auch eine Unterlassungshaftung kraft organschaftlicher Stellung ermöglicht (zumal eine Garantenstellung einer untergeordneten Person, nämlich B, letztlich bejaht wurde, **vgl. Rn. 247**). Die jedenfalls im Ergebnis nicht zu beanstandende Haupttäterstrafbarkeit des A gem. § 263 I StGB ermöglicht eine Teilnahme des B, die im Folgenden näher untersucht werden soll.

> **Hinweis:** Für Klausuren ist der Berliner Stadtreinigungsfall deswegen so interessant, weil er zahlreiche „Nebenkriegsschauplätze" bietet, die der BGH in seinem Urteil gar nicht oder nur sehr kurz anspricht. Für A kommt neben § 263 StGB und den exotischen §§ 353, 354 StGB noch eine Untreue gem. § 266 StGB in Betracht. Im Hinblick auf die Strafbarkeit des B müsste man im Gutachten natürlich nicht nur auf die Frage eingehen, ob eine Garantenstellung nicht schon wegen aktiven Tuns überflüssig ist, sondern überdies auch klären, weswegen B als Teilnehmer einzustufen ist. Der BGH schließt sich hier ohne weitere Ausführungen mit Hinweis auf den „animus socii" des B der Vorinstanz an. Gerade beim Unterlassungsdelikt ist aber die

---

526 In der Klausurbearbeitung sollte man trotz der endgültigen Vermögensschädigung noch eine zweite „Begründungsschiene" im Blick behalten (vgl. dazu auch *Heghmanns* ZJS 2009, 706 [708 f.] und *Rotsch* ZJS 2009, 712 [713]), die selbst dann zu einem vollendeten Betrug führen könnte, wenn der fehlerhafte Tarif „auffliegt", ohne dass es jemals zu Zahlungen kommt. Da eine schadensgleiche Gefährdung schon dann anzunehmen ist, wenn sie nach wirtschaftlichen Maßstäben zu einer geringeren Bewertung des Vermögens führt, könnte bereits die Tarifgenehmigung zu einer Vermögensreduzierung führen, was sich i.E. bejahen lässt: Der Tarif bestimmt schließlich die Höhe der Last, die auf dem Grundstück ruht. Bei der Wertbestimmung auf dem Immobilienmarkt wird man regelmäßig davon ausgehen, dass der Tarif rechtmäßig zustande kam, so dass man davon ausgehen wird, der Anlieger werde dem Tarif entsprechend zu zahlen haben. Eine schadensgleiche Vermögensgefährdung und somit eine Vorverlagerung der Tatbestandsvollendung ließe sich insofern konstruieren. Die erforderliche Verfügung würde in der Billigung des überhöhten Tarifs durch die Senatsverwaltung liegen, durch welche auf Grund der Tariffestsetzungsbefugnis unmittelbar auf das Vermögen der Anlieger zugegriffen wird (Dreiecksbetrug).

527 Die „Absicht" des A, seinen Fehler zu vertuschen, ist ein notwendiges Zwischenziel i.S.d. Drittbereicherungsabsicht; in der Klausur müsste man dies zumindest kurz aufgreifen, vgl. hierzu *Rengier* BT I, § 13 Rn. 237.

Abgrenzung von Täterschaft und Teilnahme (nach Garantenstellung? nach Tatherrschaft? nach dem subjektiven Willen?) besonders umstritten. All diese Gesichtspunkte betreffen Fragen des Allgemeinen Teils, weswegen auch hier auf eine ausführlichere Darstellung verzichtet wird.

IV. Betrug durch Unterlassen
Die Lösung des BGH im Berliner Stadtreinigungsfall „Part 2"

Der Betrug durch Unterlassen und die damit einhergehende Frage der Garantenstellung erfährt im Wirtschaftsstrafrecht eine besondere Bedeutung, weil sich – vgl. oben – nur selten eine ausdrückliche bzw. konkludente Täuschung durch aktives Tun annehmen lässt. Neben dieser ersten problematischen Fallgruppe (unterlassene Aufklärung trotz Kommunikation) gibt es auch solche, in denen der Täter nichts gegen betrügerische Handlungen anderer tut, obwohl er hierzu wegen seiner organschaftlichen Stellung verpflichtet wäre. § 263 I StGB eröffnet insofern v.a. den Betriebsleitern größerer Unternehmen die Möglichkeit, die strafrechtliche Verantwortung (trotz „Wissens und Wollens") auf Angestellte abzuwälzen. Dann bleibt eine Unterlassungshaftung meist der letzte Ausweg, die Verantwortlichen „aus den Chefetagen" strafrechtlich zu verfolgen.

239

1. Betrug durch Unterlassen – Grundlagen

Ein Betrug – genauer eine Täuschung – durch Unterlassen setzt gem. § 13 StGB eine Garantenpflicht voraus. Es muss eine Rechtspflicht bestehen, das unvollständige bzw. unrichtige Bild des Dritten durch eine Aufklärungshandlung zu korrigieren.[528] Hierbei muss man sich stets vor Augen halten, dass im Massengeschäftsverkehr jeder für sich selbst verantwortlich ist, also nicht von seinem Vertragspartner erwarten kann, dass dieser ihn stets vor vermögensrelevanten Irrtümern bewahrt.[529] Allgemein lässt sich festhalten, dass eine Garantenstellung nur dann in Betracht kommt, wenn der Täter unredlich handelt, indem er die sozial üblichen Gepflogenheiten des Geschäftsverkehrs missachtet und das ihm – berechtigterweise – entgegengebrachte **Vertrauen** zu seinen Gunsten missbraucht.[530] Man könnte insofern auch von der Notwendigkeit eines Subordinationsverhältnisses (zumindest im Hinblick auf einen bestimmten Aspekt zwischen den Beteiligten) sprechen. Diese normativ-restriktive Gesamtbetrachtung ist im Folgenden bei allen Fallgruppen der Garantenstellung gesondert vorzunehmen, wobei – den allgemeinen Regeln entsprechend – Bezugspunkt und Reichweite der Garantenpflicht stets konkret benannt werden müssen. Unter Berücksichtigung dieser Aspekte sind bis dato folgende Fallgruppen von Garantenstellungen anerkannt[531]:

240

---

528 OLG Saarbrücken NJW 2007, 2868 (2869).
529 SSW/*Satzger* § 263 Rn. 84.
530 *Kindhäuser*, in: FS-Tiedemann, 2008, S. 579 (583).
531 Fallgruppenübersicht bei SSW/*Satzger* § 263 Rn. 87 ff.

241
- aus **Gesetz**:
  - für Empfänger von Sozialleistungen, §§ 60 I SGB I,[532] 99 S. 2 SGB X (zum BAföG-Betrug § 46 III i.V.m. §§ 21, 27, 29 f BAföG[533])
  - für Ärzte gegenüber der Krankenkasse im Hinblick auf den Erhalt etwaiger Rückvergütungen, §§ 12 I, 72 I SGB V
  - für Versicherungsnehmer, §§ 19 I, 23 II, III VVG
  - für den anmeldepflichtigen Arbeitnehmer gem. § 28a I SGB IV
  - für den Wertpapierdienstleister
  - für den Vertragspartner, wenn gesetzliche Vorschriften bestimmte Auskunftspflichten statuieren, wie etwa §§ 666, 713 BGB
  - für den Beteiligten am Zivilprozess nach § 138 ZPO (str.[534])

242
- aus **Ingerenz**:
  - etwa, wenn der Täter die Unwahrheit seiner Behauptung erst nachträglich erkennt, aber sie dann nicht mehr korrigiert[535]
  - oder wenn er zunächst ohne Schädigungsabsicht handelt, dann aber den entstandenen Irrtum doch zu seiner Bereicherung ausnutzt[536]
  - wenn ein Notar nachträglich erkennt, dass es sich um einen betrügerischen Vertrag handelt („Schrottimmobilie")[537]
  - wenn das Vorverhalten eine strafbare Untreue darstellt, welche diejenigen vermögensrelevanten Umstände verändert, deren Fortbestehen Grundlage weiterer Vermögensverfügungen des Getäuschten ist[538]

243
- aus **Vertrag**: Hier gilt der Grundsatz der restriktiven Annahme von Garantenpflichten in besonders ausgeprägter Form; der bloße Abschluss des Vertrags kann niemals für sich allein eine Garantenstellung begründen. Auch floskelhafte Rückgriffe auf allgemeine Rechtsgrundsätze (wie etwa auf § 242 BGB, „Treu und Glauben") können keine Garantenstellung legitimieren. Vielmehr muss auch hier das besondere Vertrauensverhältnis aufgrund der besonderen Umstände des Einzelfalles deutlich zu Tage treten. Entschieden wurde dies etwa
  - für Mitglieder einer Gesellschaft, die von Anfang an einen gemeinsamen Zweck (als eine Art „Gefahrengemeinschaft") erreichen wollen
  - für Vertragspartner, die mit einem besonderen Fachwissen aufwarten, auf die der potentielle Kunde vertraut (Autohändler, Anlageberater, Immobilienmakler, Rechtsanwälte)

---

532 Siehe hierzu OLG Düsseldorf NStZ 2012, 703.
533 Zum BAföG-Betrug und seinem konkurrenzrechtlichen Verhältnis zu § 58 BAföG *Vogel* JZ 2005, 308.
534 Hierzu *Wessels/Hillenkamp/Schuhr* Rn. 505.
535 OLG Stuttgart NJW 1969, 1975 (Insertationsofferte I).
536 NK/*Kindhäuser* § 263 Rn. 155 m.w.N.
537 Wenn nicht bereits eine Beihilfe durch aktives Tun bejaht werden kann, etwa wenn der Notar trotz Verbots gem. § 14 II BNotO den Vertrag beurkundet, *Tiedemann*, Rn. 368 m.w.N.; zur möglichen beihilfeschaftlichen Verantwortung des Notars allgemein auch *Kudlich* Die Unterstützung fremder Straftaten durch berufsbedingtes Verhalten, 2004, S. 488 ff.
538 BGHSt 62, 62 = wistra 2017, 312 = NStZ 2017, 531 m. Anm. *Becker*.

□ für Vertragspartner, zu denen eine enge, persönliche Verbundenheit besteht, etwa aufgrund langjähriger Geschäftsbeziehungen
□ für Vertragspartner, zu denen ein erheblich soziales Abhängigkeitsverhältnis besteht (etwa Vermieter, Versicherer)

Diese genannten Fallgruppen betreffen allesamt Konstellationen, in denen sich das Unterlassen auf das *Täuschungsmerkmal* bezieht (der Täter es also in einem kommunikativen Zweipersonenverhältnis unterlässt, das Opfer aufzuklären). 244

Im beschriebenen Berliner Stadtreinigungsfall steht dagegen die Frage im Raum, ob man auch dazu verpflichtet sein kann, betrügerische Handlungen durch das Unternehmen gegenüber Dritten zu unterbinden. Es geht also um die allgemeine Frage, ob Direktoren sowie leitende Angestellte für betriebsbezogene Straftaten, hier insbesondere nach § 263 I StGB, zur Verantwortung gezogen werden können (sog. „Geschäftsherrenhaftung").[539] Bei den **Rn. 112 f.** wurden die verschiedenen Ansätze zur Begründung solch einer Geschäftsherrenhaftung sowie ihre Kritikpunkte schon angerissen. Sie ist aus mehrerlei Gründen äußerst problematisch und gilt bis heute als die „am wenigsten geklärte Frage" der Unterlassungsstrafbarkeit[540]: 245

■ Zum einen hat der Gesetzgeber in bestimmten hierarchischen Verhältnissen eine Überwachergarantenstellung explizit angeordnet, vgl. § 357 II StGB.[541] Aus systematischen Gründen bleibt daher fraglich, ob über diese Einzelfälle hinaus eine Garantenstellung konstruiert werden kann.

So lautet auch § 41 WStG: Wer es unterlässt, Untergebene pflichtgemäß zu beaufsichtigen oder beaufsichtigen zu lassen, und dadurch wenigstens fahrlässig eine schwerwiegende Folge (§ 2 Nr. 3) verursacht, wird mit Freiheitsstrafe bis zu drei Jahren bestraft.

■ Dazu kommt, dass bereits ein eigenständiger Aufsichtshaftungstatbestand für Straftaten im Unternehmen besteht, dieser allerdings als Ordnungswidrigkeit ausgestaltet ist, vgl. § 130 OWiG.[542]

■ Letztlich muss eine Haftung mit Blick auf den Grundsatz der **Personenautonomie** kritisch gesehen werden: Niemand sollte für das Verhalten einer anderen voll verantwortlich handelnden Person zur Verantwortung gezogen werden.[543]

Trotz dieser Bedenken bejaht die wohl h.M. eine Garantenstellung des Betriebsinhabers und bestimmter leitender Angestellten bezüglich betriebsbezogener Straftaten 246

---

539 Eingehend *Böse* NStZ 2003, 636 ff.; bejahend *Bock* wistra 2011, 201, der allerdings darauf aufmerksam macht, dass diese Pflicht noch nicht ausreichend konturiert ist.
540 Zwar wird dem Problem in der Praxis keine allzu große Bedeutung zugesprochen, weil der BGH mehr und mehr auf das Modell der mittelbaren Täterschaft kraft Organisationsherrschaft (auch im Betrieb) zurückgreife und – soweit man eine Unterlassungsstrafbarkeit anprüfe – selbst bei bejahter Garantenstellung nur selten eine Unterlassungskausalität bzw. der Vorsatz diesbezüglich angenommen werden könne, vgl. *Wittig* § 6 Rn. 59 m.w.N. Allerdings belegt der Berliner Stadtreinigungssachverhalt, dass man im Einzelfall doch auf das Modell der Geschäftsherrenhaftung zurückgreifen muss.
541 Oder zumindest ausdrücklich zivilrechtliche Überwachungspflichten statuiert, vgl. § 111 AktG.
542 Siehe hierzu Rn. 122.
543 *Tiedemann*, Rn. 352.

von Mitarbeitern, wobei das Direktionsrecht- bzw. die Organisationsherrschaft als tragende Stütze der Garantenstellung fungiert.⁵⁴⁴ Einschränken könnte man die u.U. allzu weitreichende Haftung dahingehend, dass nicht jeder normale Geschäftsbetrieb per se einen strafrechtlich relevanten „Gefahrenherd" für andere darstellen sollte, sondern besondere Umstände zur normalen Geschäftstätigkeit hinzukommen müssen, um eine solche Garantenstellung auf Grund **betriebstypischer** Gefahren zu begründen.⁵⁴⁵ Betriebsbezogen ist eine Tat dann, wenn sie einen inneren Zusammenhang mit der betrieblichen Tätigkeit des Begehungstäters oder mit der Art des Betriebes aufweist.

246a Diesem einschränkenden Ansatz hat sich der BGH in einer Konstellation, in der die Verantwortlichkeit eines Vorarbeiters für innerbetriebliche „Mobbing-Aktionen" und Körperverletzungen im Raum stand, angeschlossen.⁵⁴⁶ Während eine Beschützergarantenstellung mit Blick auf die Spezifika des konkreten Falles ohnehin abzulehnen war, machte der Vierte Senat darauf aufmerksam, dass eine Überwachergarantenpflicht des Betriebsinhabers bzw. Vorgesetzten – unabhängig von den tatsächlichen Umständen, die im Einzelfall für die Begründung der Garantenstellung maßgebend sind – auf die Verhinderung betriebsbezogener Straftaten beschränkt bleiben muss und nicht solche Taten umfasst, die der Mitarbeiter lediglich bei „Gelegenheit seiner Tätigkeit im Betrieb" begeht. Diese überzeugende Restriktion lässt von einer Geschäftsherrenhaftung qua unechtem Unterlassungsdelikt freilich nicht viel übrig,⁵⁴⁷ sondern beschränkt die Strafbarkeit auf Delikte, deren Verwirklichung erst die Betriebszugehörigkeit (bzw. die Räumlichkeiten, die dort vorgenommenen Tätigkeiten sowie die Infrastruktur) ermöglicht. Damit unterscheidet sie sich allerdings nicht von sonstigen Fällen der „Sphärenherrschaft";⁵⁴⁸ insofern bestehen Überschneidungen zur „Wohnungsrechtsprechung", wonach eine Unterlassungshaftung des Sphäreninhabers (Eigentümer, Vermieter) dann in Betracht kommt, wenn die zur Verfügung gestellte Sphäre, die Straftatbegehung erleichtert.⁵⁴⁹ Es erstaunt daher nicht, dass der Fünfte Senat unter Verweis auf diese Entscheidung die Verurteilung eines Ladeninhabers wegen Unterlassens im Hinblick auf die illegalen Geschäfte seines Bruders, der dort angestellt war und im Laden auch Drogen verkaufte, aufrechterhalten hat.

---

544 *Roxin* AT II, § 32 Rn. 137; *Lackner/Kühl* § 13 Rn. 14; ablehnend *Otto* Jura 1998, 409 (413); zusf. zur strafrechtlichen Geschäftsherrenhaftung *Lindemann/Sommer* JuS 2015, 1057; zum Ganzen auch im Hinblick auf den Compliance-Bereich *Rönnau/Schneider* ZIP 2010, 53 ff.
545 So auch *Bosch*, Organisationsverschulden im Unternehmen, 2003, S. 142 ff.; *Mosbacher/Dierlamm* NStZ 2009, 268 (269).
546 BGHSt 57, 42 (47) m. Anm. *Roxin* JR 2012, 303.
547 Vgl. *Kudlich* HRRS 2012, 177 (180).
548 Ähnlich schon *Jäger* JA 2012, 392 (394).
549 Vgl. dazu BGH NJW 1966, 1763 sowie BGHSt 27, 12.

2. Unterlassungshaftung im Unternehmen – § 263 StGB als Schauplatz für die sog. Geschäftsherrenhaftung

Der BGH ist mit einer generellen Betriebsleiterhaftung etwas zurückhaltender.[550] Er prüft im eingangs geschilderten Berliner Stadtreinigungsfall daher vorrangig, ob zunächst andere besondere Umstände eine Garantenstellung des B zu begründen vermögen. 247

a) Garantenstellung aus Ingerenz

Da der Fehler bereits zu einem Zeitpunkt zustande kam, in dem B noch die Tarifkommission leitete, könnte man an eine Rechtspflicht zum Handeln auf Grund pflichtwidrigen Vorverhaltens denken. Dafür muss das Vorverhalten aber eine nahe liegende Gefahr zum Eintritt des tatbestandsmäßigen Erfolgs begründen. Nur weil die vorherige Tariffestsetzung fehlerhaft war, musste dies nicht automatisch bedeuten, dass sich dieser Fehler in der nächste Periode fortsetzt.[551] 248

b) Garantenstellung durch Übernahme eines Pflichtenkreises

Für den BGH ist maßgeblich, dass B als Leiter der Rechtsabteilung und der Innenrevision besondere Pflichten übernahm und zwar nicht nur gegenüber seinem Unternehmen, sondern auch gegenüber den Dritten, die mit seinem Unternehmen in Beziehung treten: 249

Aus BGHSt 55, 45: „… Die Entstehung einer Garantenstellung hieraus folgt aus der Überlegung, dass denjenigen, dem Obhutspflichten für eine bestimmte Gefahrenquelle übertragen sind dann auch eine „Sonderverantwortlichkeit" für die Integrität des von ihm übernommenen Verantwortungsbereichs trifft … Die Übernahme entsprechender Überwachungs- und Schutzpflichten kann aber auch durch einen Dienstvertrag erfolgen… Der Inhalt und der Umfang der Garantenpflicht bestimmen sich aus dem konkreten Pflichtenkreis, den der Verantwortliche übernommen hat … Entscheidend kommt es auf die Zielrichtung der Beauftragung an, ob sich die Pflichtenstellung des Beauftragten allein darin erschöpft, die unternehmensinternen Prozesse zu optimieren und gegen das Unternehmen gerichtete Pflichtverstöße aufzudecken und zukünftig zu verhindern, oder ob der Beauftragte weitergehende Pflichten dergestalt hat, dass er auch vom Unternehmen ausgehende Rechtsverstöße zu beanstanden und zu unterbinden hat …
Im vorliegenden Fall bestehen indes zwei Besonderheiten: Das hier tätige Unternehmen ist eine Anstalt des öffentlichen Rechts und die vom Angeklagten nicht unterbundene Tätigkeit bezog sich auf den hoheitlichen Bereich des Unternehmens… Als Anstalt des öffentlichen Rechts war die BSR den Anliegern gegenüber zu gesetzmäßigen Gebührenberechnungen verpflichtet. Anders als ein privates Unternehmen… ist bei einer Anstalt des öffentlichen Rechts der Gesetzesvollzug das eigentliche Kernstück ihrer Tätigkeit… Dies wirkt sich auf die Auslegung der

---

550 Vgl. zur Anerkennung der Geschäftsherrenhaftung in der Rechtsprechung *Schlösser* NZWiSt 2012, 281; *Timpe* StraFo 2016, 237; zuletzt zur Verpflichtung des Betriebsinhabers, „Mobbingaktionen" seiner Mitarbeiter (§§ 223, 240 StGB) zu unterbinden, BGHSt 57, 42 = NJW 2012, 1237 m. Anm. *Kudlich* HRRS 2012, 177 und *Jäger* JA 2012, 392; zur Garantenstellung des Vorgesetzten vgl. auch *Kuhn* wistra 2012, 297.
551 Dies könnte man jedenfalls dann gewiss auch anders sehen, wenn die Erfahrung dafür spricht, dass die Tarifsetzung im Wesentlichen immer nur „fortgeschrieben" wird, ohne dass ihre Grundlagen ernsthaft überprüft werden.

Überwachungspflicht aus, weil das, was zu überwachen ist, im privaten und im hoheitlichen Bereich unterschiedlich ausgestaltet ist. Die Überwachungspflicht konzentriert sich auf die Einhaltung dessen, was Gegenstand der Tätigkeit des Dienstherrn ist, nämlich den gesetzmäßigen Vollzug der Straßenreinigung, der auch eine gesetzmäßige Abrechnung der angefallenen Kosten einschließt ..."

250 Kernstück der BGH-Argumentation ist somit die Organisationsform der BSR als **öffentlich-rechtliche Anstalt**, welche deren Verantwortliche nicht nur zur rechtmäßigen Abrechnung verpflichtet, sondern auch eine Schutzpflicht gegenüber den Anliegern statuiert.[552] Dies ist im Ergebnis nicht zu beanstanden, führt doch der Eingriffscharakter der Gebührenabrechnungen zum „klassischen Subordinationsverhältnis", woraus wiederum die erhöhte Schutzbedürftigkeit der Adressaten resultiert. Vorwerfen kann man dem BGH, dass er das Kind nicht beim Namen nennt, m.a.W. die Garantenstellung durch (s)eine Zuordnung nicht ausreichend konkretisiert.[553] Insofern ergibt sich aus den Ausführungen kaum, ob nun nach der inzwischen etablierten Zweiteilung[554] eine Überwachergarantenstellung (Bezugspunkt Unternehmen) oder eine Beschützergarantenstellung (Bezugspunkt geschädigte Anlieger) angenommen wird.

251 Möglicherweise ist die Wendung des BGH „Übernahme entsprechender Überwachungs- und Schutzpflichten" so zu verstehen, dass der Senat von einer doppelten Garantenpflicht ausgeht. Im Zeitalter der zunehmenden Aufgabenprivatisierung mag die Vertriebsform nicht immer ergiebiger Indikator für die Frage sein, ob den Angestellten eine Garantenpflicht trifft. Doch legt dies allein noch nicht die Befürchtung nahe, es könnte zu einer Ungleichbehandlung von privaten und öffentlichen Institutionen kommen[555] bzw. sogar eine „Flucht ins Privatrecht" forciert werden. Entscheidend muss über die gesetzlich bestimmte Garantenpflicht hinaus die Übernahme von bestimmten Funktionen sein. Soweit also das private Unternehmen öffentlichen Interessen nachkommt, werden sich auch dann etwaige Beschützergaranten konstruieren lassen.

252 Der Überwachergarant im Betrieb bzw. die Geschäftsherrenhaftung aber bleibt unabhängig von der Vertriebsform ein zweifelhaftes Konstrukt. Dies gilt insbesondere auch, wenn man die Garantenstellung (auf den ersten Blick naheliegend) mit der „Beschützerpflicht" für das Unternehmen begründen möchte, dem durch aus ihm heraus begangene Straftaten Vermögensverluste in Gestalt von Schadensersatzansprüchen drohen. Denn selbst soweit eine solche Garantenpflicht reicht, würde sie nach ihrem Schutzzweck nur eine Verantwortung für Taten zum Nachteil des Unternehmens (etwa eine Untreue) rechtfertigen, nicht aber eine Verantwortung für Taten, die sich gegen Vermögen, körperliche Unversehrtheit oder andere Rechtsgüter Dritter richten, da diese von vornherein außerhalb des Schutzbereichs der Garantenstellung liegen würden

---

552 Zur Garantenstellung durch Übernahme einer Schutzposition (in concreto: Stellung als Vertretungsorgan einer Fondgesellschaft) BGH wistra 2017, 312.
553 So auch *Rotsch* ZJS 2009, 712 (717).
554 Zum Ganzen *Kühl* AT § 18 Rn. 41 ff.
555 In diese Richtung wohl *Stoffers* BGH NJW 2009, 3173 (3177).

(es würde sich eben nur um einen „Beschützergaranten" zugunsten des Unternehmens handeln).[556]

c) Viel Lärm um nichts? Ein Exkurs zur Garantenstellung sog. „Compliance-Officer"

Die Ausführungen des BGH zur konkludenten Täuschung sowie zur Garantenstellung des Leiters der Innenrevision einer öffentlich-rechtlichen Anstalt gerieten durch eine knappe Nebenbemerkung des Senats vollständig in den Hintergrund. Obwohl B auch nach der Auffassung des Senats nicht als sog. „Compliance Officer" einzustufen ist, äußerte sich der BGH in einem obiter dictum zu deren Garantenstellung und sorgte damit für reichlich Aufruhr, v.a. in der betroffenen Branche:

253

> „… Deren Aufgabengebiet ist die Verhinderung von Rechtsverstößen, insbesondere auch von Straftaten, die aus dem Unternehmen heraus begangen werden und diesem erhebliche Nachteile durch Haftungsrisiken oder Ansehensverlust bringen können. Derartige Beauftragte wird regelmäßig strafrechtlich eine Garantenpflicht im Sinne des § 13 Abs. 1 StGB treffen, solche im Zusammenhang mit der Tätigkeit des Unternehmens stehende Straftaten von Unternehmensangehörigen zu verhindern. Dies ist die notwendige Kehrseite ihrer gegenüber der Unternehmensleitung übernommenen Pflicht, Rechtsverstöße und insbesondere Straftaten zu unterbinden…"

Unter **Compliance** ist die Einhaltung von Gesetzen und Richtlinien, aber auch freiwilligen sowie ungeschriebenen (ethischen?) Verhaltensnormen in Unternehmen zu verstehen (man könnte auch von einer Regelüberwachung sprechen).[557] Sie erfolgt durch organisatorische Maßnahmen wie die Einrichtung von Überwachungs-Abteilungen, die sich um die Erfüllung betriebsspezifischer Verhaltensvorschriften kümmern. Fast in allen Bereichen des Wirtschaftslebens richten Unternehmen zur effektiven Umsetzung dieser Ziele Compliance-Abteilungen (als Teil der Corporate Governance) ein.[558] Primäres Ziel ist hierbei die Effizienzsteigerung einerseits, Risikoverringerung durch Vermeidung von Kosten, insbesondere durch Schäden, Bußgelder bzw. sonstige Strafzahlungen, aber v.a. auch von Imageschäden andererseits. Umgesetzt wird dies durch die Schaffung eines eigenständigen Verantwortungsbereichs, den wiederum ein Compliance-Manager bzw. „Officer" leitet.

254

---

556 Zur Begrenzung einer Garantenstellung durch den jeweiligen Schutzzweck vgl. (wenngleich in einem ganz anderen Zusammenhang) anschaulich BGH NStZ-RR 2009, 366 m. Anm. *Kudlich* JA 2010, 151.
557 Zum zwischenzeitlich zum Modewort avancierten Begriff der „Compliance", der bereits eine eigene Zeitschrift gewidmet wurde (CCZ), aus der kaum mehr überschaubaren Literatur *Rotsch*, FS-Samson, 2010, S. 141 ff.; *Schött* JZ 2013, 771; *Fateh-Moghadam*, in: Steinberg/Valerius/Popp, 2011, S. 25 ff.; Hauschka/*Hauschka*, Corporate Compliance § 1 Rn. 1 ff.; *Kuhlen/Kudlich/Ortiz de Urbina*, Compliance und Strafrecht, 2013 sowie *Wittig*, § 6 Rn. 173 ff. (dort auch insbesondere zur gesetzlichen Verpflichtung zur Einrichtung von Compliance-Institutionen).
558 Exemplarisch zum Prozess der Steuerung von Compliance Risiken Momsen/Grützner/*Gilch/Schautes* 2. Kap. A Rn. 28 ff.

255 Aus diesen Ausführungen ergibt sich bereits, dass der Compliance-Beauftragte ausschließlich die Interessen des Unternehmens vertritt.[559] Dies gilt selbst dann, wenn es zu seinen Aufgaben gehört, Straftaten aus dem Unternehmen zu verhindern, denn letztlich soll auch damit nur eine Haftung des Unternehmens bzw. ein Imageschaden vermieden werden (vgl. auch oben),[560] insofern hat eine „privatisierte" Strafverfolgung[561] einen anderen Zweck. Pflichten übernimmt der Compliance-Beauftragte somit nur gegenüber dem Unternehmen. Anders als im Berliner-Stadtreinigungsfall hat der privatrechtlich beauftragte Officer auch keine besonderen öffentlich-rechtlichen Verpflichtungen, die eine Garantenstellung begründen könnten. Daher wurde die Feststellung des BGH – zumindest in dieser pauschalen Form – fast einhellig abgelehnt.[562]

256 Die Nebenbemerkung des Senats darf allerdings nicht überbewertet werden, wenn man bedenkt, dass eine grundsätzliche höchstrichterliche Entscheidung zur Existenz und Reichweite einer strafrechtlichen Geschäftsherrenhaftung noch aussteht,[563] auch wenn diese in neuerer Zeit Konturen erfahren hat (siehe oben). Denn streng genommen handelt es sich bei der Haftung des Compliance-Officer erst um eine Folgefrage, nämlich ob eine Delegation dieser Pflichten möglich ist.[564] Insofern könnte man dann von einer Überwachergarantenstellung des Compliance-Beauftragten als Derivat einer Garantenstellung der Geschäftsleitung sprechen.[565] Der BGH hätte aber statt der Wendung „wird regelmäßig" doch die Wendung „kann im Einzelfall" präferieren sollen. Selbst wenn man dem BGH die implizite Feststellung entnimmt, dass Unternehmensleiter stets für betriebsspezifische „Deliktsgefahren" durch Angestellte einzustehen haben, bedeutet dies nicht, dass diese Pflichten stets auf den Compliance-Beauftragten übertragen werden. Entscheidend müssen dann der Vertragsinhalt sowie die tatsächlichen Umstände (Auftreten nach außen, Pflichtenübernahme etc.) sein. Die lapidare Feststellung des BGH hat aber zum Guten, dass Problembewusstsein in diesem wirtschaftsrechtlich bedeutsamen Bereich geweckt wurde.[566]

256a Die Entwicklungen bis heute – insbesondere der Ausbau der Compliance zu einer eigenständigen Sparte eines jeden Unternehmens – lassen vermuten, dass eine strafrechtliche Haftung des Compliance Officers gerade aufgrund der Einrichtung Com-

---

559 Wobei diese Interessen je nach Unternehmen bzw. Institution und damit auch die Pflichten divergieren können; zur Compliance im Gesundheitswesen *Dannecker/Bülte* NZWiSt 2012, 1, 81; zur Compliance im Arbeitsrecht *Grimm/Freh* ZWH 2013, 45, 89 sowie *Stillahn/Bogner* ZWH 2012, 223; Zum Unternehmensanwalt als „Stützpfeiler" der Compliance *Jahn* ZWH 2012, 477, 2013, 1.
560 *Warneke* NStZ 2010, 312 (314).
561 Vgl. *Zabel* JZ 2011, 617 (621).
562 *Mosbacher/Dierlamm* NStZ 2009, 268 (271); *Schwarz* wistra 2012, 13; *Spring* GA 2010, 222; *Beulke*, FS-Geppert, 2011, S. 23 ff.; *Momsen*, FS-Puppe, 2011, S. 751 ff.
563 Vgl. zu dieser Frage auch *Berndt* StV 2009, 689 f.
564 Siehe hierzu bereits Rn. 114.
565 *Warneke* NStZ 2010, 312 (316). Vgl. auch *Brettel/Schneider* § 2 Rn. 99 ff.
566 So auch *Rotsch* ZJS 2010, 712 (716), der die „apodiktische Feststellung" des BGH als „Versuchsballon" deutet, „Reaktionen aus dem Schrifttum" zu provozieren (wenngleich mit dieser konkreten Interpretation vielleicht das Interesse der Rechtsprechung an Stellungnahmen aus der Literatur überschätzt wird). Der Versuch scheint im Hinblick auf die jetzt schon unüberschaubare Literatur geglückt.

pliance nur dort vorstellbar ist, wo diese „nur auf dem Papier" existiert. Wo es dagegen nur noch um qualitativ hoch- oder minderwertige Compliance geht, wird zumindest eine vorsätzliche Unterlassungsstrafbarkeit kaum mehr begründet werden können, sodass das Strafrecht nur noch vereinzelt, im Wesentlichen aber das Unternehmens-[567] und Haftungsrecht angesprochen sind. Dies gilt freilich nur, solange das Gesetz an objektive Verantwortungsmaßstäbe anknüpft bzw. die Compliance-Maßnahme selbst nicht in ein strafrechtlich abgesichertes Gebot ummodelliert wird. Umso achtsamer muss man bei strafbewehrten Verboten sein, deren Tatbestandsmerkmale („Pflichtverletzung" bei § 266 StGB und v.a. nunmehr auch § 299 I Nr. 2 StGB[568]) es ermöglichen, die marktübliche Compliance zum Maßstab des Unrechts zu machen. Denn dann kann es durch einen (auf den ersten Blick begrüßenswerten) Ausbau der Compliance-Mechanismen zu einer Verzerrung des strafrechtlichen Maßstabs kommen, was auch dazu führen kann, dass sich das strafrechtliche Risiko erhöht, je besser und weitreichender die Compliance (im Sinne einer „Best-Practice") durchgeführt wird.[569] Hier ist nicht nur der Gesetzgeber, sondern auch der Rechtsanwender gefragt, der einer wechselseitigen Aufschaukelung von Strafrecht und Compliance[570] mit einer restriktiven Auslegung des „Pflichtenkatalogs" begegnen kann.

256b Losgelöst hiervon stimmt der nach wie vor anhaltende „Boom" der Compliance aus einem viel grundlegenderen Blickwinkel nachdenklich: Dass derartige Bemühungen von den Mitgliedern der Rechtsgemeinschaft als „Rechtseinhaltungsstrategie" überhaupt für erforderlich erachtet werden, zeichnet ein etwas düsteres Bild von der präventiven Steuerungswirkung des Strafrechts.[571] So bleibt im Hintergrund die Frage offen, ob es die Compliance ist, die als „Plattitüde" bezeichnet werden darf[572] oder – zumindest im Wirtschaftsstrafrecht – die Strafzwecktheorien, wenn ihnen der grundsätzlich normkonforme Rechtsadressat und nicht die Gefahrenquelle „homo oeconomicus" zugrundeliegt.

> **Zur Vertiefung:** *Bock*, Criminal Compliance, 2011; *Budde*, Der Anstellungsbetrug: Täuschungen des Bewerbers im Arbeitsrecht, Beamtenrecht und Strafrecht, 2005; *Kuhlen/Kudlich/Ortiz de Urbina*, Compliance und Strafrecht, 2012; *Pawlik*, Das unerlaubte Verhalten beim Betrug, 1999; *Paschke*, Der Insertionsoffertenbetrug, 2007; *Wittig*, Das tatbestandsmäßige Verhalten des Betrugs, 2005; *Becker*, Gefährdungsschaden und betriebswirtschaftliche Vermögensbewertung, 2019; *Krainbring*, Spenden- und Bettelbetrug? 2015; *Wostry*, Schadensbezifferung und bilanzielle Berechnung des Vermögensschadens bei dem Tatbestand des Betruges (§ 263 StGB), 2016; *Dössinger*, Strafrechtliche Haftungsrisiken von Mitgliedern des Aufsichtsrats in Aktiengesellschaften bei Compliance-Pflichtverletzungen des Vorstands, 2018; *Günther*, Die Bedeutung von Criminal-Compliance-Maßnahmen für die strafrechtliche und ordnungswidrig-

---

567 *Kuhlen* NZWiSt 2015, 121, 161 (zum Verhältnis von strafrechtlicher und zivilrechtlicher Haftung für Compliance-Mängel). Im Hinblick auf die Sanktionierbarkeit (und v.a. auch weitere Fahrlässigkeitshaftung) bleibt die Compliance im Bereich des Ordnungswidrigkeitenrechts praktisch relevant, vgl. *I. Roxin* ZIS 2018, 341.
568 *Schünemann* GA 2013, 193 (198).
569 So bereits *Rotsch* ZIS 2010, 614 (616); vgl. auch *Theile* JuS 2017, 913.
570 *Michalke* ZIS 2018, 333 (338).
571 Vgl. hierzu etwa *Kölbel* ZStW 125 (2013), 499
572 So auch *Michalke* ZIS 2018, 333.

keitenrechtliche Ahndung, 2019; *Schwerdtfeger*, Strafrechtliche Pflicht der Mitglieder des Aufsichtsrats einer Aktiengesellschaft zur Verhinderung von Vorstandsstraftaten, 2016; *Utz*, Die personale Reichweite der strafrechtlichen Geschäftsherrenhaftung, 2016

Garantenstellung des Compliance Officers?

Begriff „Compliance": Einhaltung von Verhaltensmaßregeln, Gesetzen und Richtlinien im Unternehmen zum Zwecke der Vermeidung von rechtlichen Sanktionen jeglicher Art

Vorfrage 1: Möglichkeit, Inhalt und Reichweite eines **Betriebsleitergarantenstellung**?
Wertung der § 130 OWiG, § 357 II StGB; zudem Autonomieprinzip

Vorfrage 2: Möglichkeit, Inhalt, Reichweite einer haftungsbefreienden **Delegation** auf einen Compliance Officer?
Art.12 IV Corpus Juris Florenz

Danach Haftung des Compliance Officers zu diskutieren (anders BGH, der „regelmäßig" von Garantenstellung ausgehen will)
Aus **Vertrag** oder faktische Übernahme?

D. BGHSt 38, 186: Rheinausbau
Betrugsderivate und ihre Bedeutung
im Wirtschaftsrecht

Literatur: *Tiedemann*, Rn. 707-730; 747-750; *Hellmann*, Rn. 879 ff.; *Wittig*, § 17, § 19, § 25; A/R/R/ *Wattenberg*, 4. Teil, 2. Kap.; W/J/*Wimmer*, 7. Kap. Rn. 21.; *Rönnau* JuS 2002, 545 ff.; Einführung in das Subventionsrecht bei *Gusy*, JA 1991, 286 ff., 327 ff.; *Kramer/Andre*, JuS 2009, 906 ff.
Falllösungen: *Hellmann*, Fälle, Fall 4; *Eisele/Vogt* JuS 2011, 437

> **Sachverhalt**
>
> Die aus vier Baufirmen bestehende Bietergemeinschaft, die später als „Arbeitsgemeinschaft Rheinausbau" auftrat, erhielt am 7. und 27. Februar 1980 vom Wasser- und Schifffahrtsamt Bingen den Auftrag zum Ausbau einer Schifffahrtsrinne des Rheins zwischen St. Goar und Kestert (Bauvorhaben Ehrental). Der Auftragserteilung war eine öffentliche Ausschreibung der Arbeiten durch das Wasser- und Schifffahrtsamt Bingen vorausgegangen, an der sich unter anderem auch die Bietergemeinschaft Rheinregulierung sowie eine dritte Bietergemeinschaft beteiligt hatten. Die Vertreter des Unternehmens Rheinausbau hatten mit diesen anderen potentiellen Bietern eine Kartellvereinbarung getroffen, die einen sog. „Nullpreis" von 15 Mio. DM zugrunde legte und bestimmte, in welcher Höhe die anderen Gemeinschaften bieten sollten. Der Nullpreis basierte auf den von den Firmen intern berechneten Preisen, wobei das jeweils niedrigste und das höchste Gebot vernachlässigt wurden. Auf den Nullpreis von 15 Mio. DM mussten ca. 5 Mio. DM aufgeschlagen werden, weil diese als Präferenzvergütungen und Zahlungen an die sonstigen Bieter („als Gegenleistung") miteinkalkuliert werden mussten. In den Angeboten an das Wasser- und Schifffahrtsamt gaben die Bieter an, dass keine Preisabsprachen mit anderen Firmen getroffen worden seien. Man verpflichtete sich vertraglich zu einer Zahlung einer Vertragsstrafe für den Fall, dass doch eine wettbewerbsbeschränkende Abrede getroffen wurde. Mit einem Angebot von 19,8 Mio. erhielt die Arbeitsgemeinschaft Rheinausbau den Zuschlag. Ohne die Absprache hätten die Teilnehmer wohl niedrigere Angebote abgegeben. Als die Manipulation bekannt wurde, verklagte die Bundesrepublik Deutschland die Arbeitsgemeinschaft Rheinausbau auf Schadensersatz. Der Zivilrechtsstreit wurde durch Vergleich beendet. Strafbarkeit des Vertreters der Arbeitsgemeinschaft Rheinausbau?

257

I. § 263 StGB in der Wirtschaft – Immer einschlägig, aber nur selten verwirklicht?

Die Ausführungen im vorherigen Abschnitt haben deutlich gemacht, dass eine Betrugsstrafbarkeit gem. § 263 I StGB trotz der teils extensiven Auslegung durch die Rechtsprechung an enge und oft schwierig nachzuweisende Voraussetzungen geknüpft ist. Im Wirtschaftsleben bereiten v.a. bei Massengeschäften die Merkmale „Täuschung" und „Irrtum" Probleme. Häufig werden die betrügerischen Handlungen innerhalb eines Austauschverhältnisses vorgenommen, so dass der Schaden möglicherweise kompensiert wird oder eine Kompensation zumindest vom Täter ins Auge gefasst worden war. Damit ist zugleich das praktisch erhebliche Problem angesprochen, dass v.a. bei komplexeren Sachverhalten dem Täter der Vorsatz hinsichtlich der Vermögensschädigung kaum nachgewiesen werden kann. Hinzu tritt, dass § 263 I StGB ausschließlich das Vermögen schützt: Der Tatbestand kann damit nicht immer

258

das insgesamt verwirklichte Unrecht erfassen, man denke etwa an die Beeinträchtigung überindividueller Rechtsgüter durch die Schädigung von Einrichtungen, die Allgemeininteressen dienen. Für wirtschaftlich bzw. staatlich besonders wichtige Institutionen hat der Gesetzgeber den Strafschutz um einige betrugsähnliche Delikte erweitert, die auf den Eintritt eines Vermögensschadens verzichten. Somit wird einerseits signalisiert, dass es hier nicht (ausschließlich) um die fiskalischen bzw. privatvermögensrechtlichen Interessen der beeinträchtigten Institution geht. Andererseits wird die Strafverfolgung in diesem Bereich durch den Verzicht auf den Nachweis des Vermögensschadens (bzw. des diesbezüglichen Vorsatzes) erleichtert. Diese Tatbestände gelten als „Prototypen" für die eigentümliche Tatbestandsbildung im Wirtschaftsstrafrecht und waren Anlass dafür, dass die Deliktstrukturen im Nebenstrafrecht näher in den Fokus der Strafrechtswissenschaft gerückt sind.[573] Im Folgenden sollen die wirtschaftsstrafrechtlich wichtigsten „Betrugsderivate" näher dargestellt werden, um ihre typische Auffangfunktion anhand des eingangs geschilderten Sachverhalts zu illustrieren. Abschließend können alle wirtschaftsstrafrechtlich relevanten Fallgruppen des Betrugs sowie betrugsähnlicher Handlungen in einer Gesamtübersicht zusammengefasst werden.

II. Strafrechtlicher Schutz des staatlichen Subventionswesens

1. Staatliche Subventionen – Chancen und Risiken

259 Das staatliche Subventionswesen stellt eines der wichtigsten finanzwirtschaftlichen Steuerungsmittel der öffentlichen Hand dar. Unter Subventionen (von lat. subvenire = zu Hilfe kommen) sind Zuwendungen zu verstehen, die der Staat bestimmten Unternehmen oder Wirtschaftsbereichen (Bergbau, Landwirtschaft) ohne direkte marktwirtschaftliche Gegenleistung gewährt. Hierbei kann es sich um direkte Geldleistungen (Finanzhilfen in Form von Zuschüssen, niedrig verzinste Darlehen, Bürgschaft des Staates oder Förderungskapital bei Existenzgründungen) oder indirekte Subventionen in Form von steuerlichen Nachlässen (Steuervergünstigungen, Steuersubventionen) handeln. Der Staat kann durch Subventionen das staatliche Einkommen bzw. die Produktion fördern, wirtschaftspolitische Motive durchsetzen und Unternehmen im Inland den Anreiz geben, ihren Standort nicht ins Ausland zu verlegen. Zudem helfen sie bei der Modernisierung traditioneller und einst etablierter Firmen. Allerdings bringt das staatliche Subventionswesen auch Risiken mit sich: Weiterzahlungen, obwohl der politische Zweck bereits erreicht ist, Wettbewerbsverzerrungen durch Lobbyismus und negative Eingriffe in das natürliche Marktgeschehen lauten hier die typischen Schlagwörter. Der Gesetzgeber wollte bei solch einem starken Einfluss von Subventionen auf die gesamte Sozialwirtschaft und den damit einhergehenden Gefahren den Strafschutz möglichst effektiv ausgestalten.[574]

---

573 Allen voran *Tiedemann* JuS 1989, 689 ff.; zum Ganzen *Rengier* BT I, § 17 Rn. 1.
574 Zum Ganzen einführend auch *Kretschmer* ZWH 2013, 355.

2. Der Subventionsbetrug nach § 263 StGB

Nach Auffassung des Gesetzgebers erscheint es fraglich, ob § 263 StGB solch einen effektiven Strafschutz gewährleisten kann.[575] Regelmäßig muss eine Person manipulative Angaben machen, um in den Genuss unberechtigter Zuschüsse zu gelangen, so dass das Merkmal der Täuschung i.R.d. § 263 StGB keine Probleme bereitet. Da es sich aber nicht um ein Austauschverhältnis handelt, der Staat sich bei der Vermögensvergabe somit einseitig selbst schädigt, scheint das Merkmal der Vermögensschädigung Probleme zu bereiten. In diesen Fällen lässt sich auf den „Zweckverfehlungsgedanken" zurückgreifen. Zu berücksichtigen ist allerdings, dass es sich trotz der einseitigen Vermögensverschiebung nicht um den klassischen Fall eines „Schenkungsbetrugs" handelt, da die Vergabe „verwaltungsrechtsakzessorisch" ist, d.h. von der Erfüllung bestimmter Voraussetzungen nach dem SubvG bzw. den Landessubventionsgesetzen abhängt, also nicht in dem freien Ermessen der Behörde steht.[576] Liegen also die materiellen Vergabevoraussetzungen nicht vor, entfällt der Leistungsgrund, d.h. ein Rückgriff auf die Zweckverfehlungslehre ist nicht mehr notwendig.[577] Grundsätzlich erfasst § 263 I StGB somit auch die rechtswidrige Erschleichung staatlicher Subventionen.

260

Der Gesetzgeber wies aber darauf hin, die begrenzte Kontrollierbarkeit des Subventionsverfahrens führe dazu, dass der Nachweis eines Irrtums der zuständigen Behörde sowie des Vermögensschadens nur selten gelinge. Außerdem stünden die besonderen Interessen im Zusammenhang mit der Subventionsvergabe (insb. Wirtschaftsförderung) gleichrangig neben den fiskalischen Interessen, was durch eine Bestrafung nach § 263 StGB nicht ausreichend zum Ausdruck gebracht werden könne.

261

3. Die Subventionserschleichung gem. § 264 StGB

a) Rechtsnatur und kriminalpolitische Bedeutung

Daher hat der Gesetzgeber durch das 1. WiKG vom 29.7.1976 die bis heute umstrittene Vorschrift des Subventionsbetrugs gem. § 264 StGB eingefügt.[578] Ihre Verfassungsmäßigkeit wurde angezweifelt, insb. könnten „rein pragmatische Gründe"[579] der Beweiserleichterung kein Strafgesetz legitimieren.[580] Die amtliche Bezeichnung ist missglückt: Der Gesetzgeber hat sich für eine Ausgestaltung der Vorschrift als **Eignungsdelikt**[581] entschieden. Es wird bereits die schlichte Tätigkeit der Falschangabe

262

---

575 Zur Gesetzesbegründung BT-Drs. 7/5291, S. 3 ff.
576 Sch/Sch/*Perron* § 263 Rn. 105a.
577 BGHSt 31, 93 (95); BGH NJW 2003, 2179 (2180).
578 Es handelt sich um einen Sondertatbestand zu § 263 StGB, der bei Verwirklichung des § 264 StGB zurücktritt. Im Falle mangelnder Anwendbarkeit entfaltet § 264 StGB aber keine Sperrwirkung, BGHSt 44, 233 (243).
579 MK-StGB/*Ceffinato* § 264 Rn. 5.
580 Zur Diskussion rund um die Verfassungsmäßigkeit der Vorschrift *Fischer* § 264 Rn. 3. Das geschützte Rechtsgut dürfte das „öffentliche Vermögen" sein, vgl. G/J/W/*Straßer* Vor § 32 ff. StGB Rn. 2.
581 So zutreffend SSW/*Saliger* § 264 Rn. 2; *Fischer* Vor § 13 Rn. 19 m.w.N.; die h.M. deutet § 264 StGB als abstraktes Gefährdungsdelikt BGHSt 34, 265 (269); *Lackner/Kühl* § 264 Rn. 2.

sanktioniert, d.h. der Eintritt eines Schadens ist nicht notwendig. Streng genommen handelt es sich daher gerade nicht um einen „Subventionsbetrug", sondern es werden nur bestimmte Erschleichungshandlungen pönalisiert.[582]

b) Überblick und Systematik

263 Die Vorschrift des § 264 StGB hat acht Absätze. § 264 I StGB bildet den Grundtatbestand, auf den die Strafzumessungsregeln des § 264 II StGB sowie die Qualifikation des § 263 V StGB über den Verweis des § 264 III StGB folgen. Im vierten Absatz wird selbst die leichtfertige Begehung der Nummern 1-3 unter Strafe gestellt.[583] Im fünften Absatz trägt ein persönlicher Strafaufhebungsgrund dem frühen Vollendungszeitpunkt und der damit einhergehenden „Rücktrittssperre" Rechnung, während § 264 VI StGB den Begriff der Subvention strafrechtsautonom definiert. Schließlich wird der Bereich des strafrechtlich relevanten Verhaltens auf die Abgabe „subventionserheblicher Tatsachen" (§ 264 VII StGB) beschränkt.[584] Während § 264 I Nr. 1 und 3 StGB unrichtige Angaben sanktioniert und somit betrugsähnlich ist, erfasst § 264 I Nr. 2 StGB die zweckwidrige Verwendung, was eher untreueähnlichen Charakter hat. Mit dem Gesetz zur Stärkung des Schutzes der finanziellen Interessen der Europäischen Union (Rn. 33) hat der Gesetzgeber den Versuch der zweckwidrigen Verwendung nach § 264 I Nr. 2 StGB in § 264 IV StGB unter Strafe gestellt.

> **Hinweis:** Eine Untreue gem. § 266 I StGB scheidet im Falle einer zweckwidrigen Verwendung der Gelder regelmäßig aus, weil die Verfolgung der Subventionszwecke nicht dem Subventionsnehmer, sondern der Verwaltung obliegt. Insofern fehlt es schon an der qualifizierten Vermögensbetreuungspflicht.

264 **Prüfungsschema zu § 264 StGB**

I. Tatbestand
   1. Objektiver Tatbestand
      a) Tatobjekt: Subvention nach § 264 VII StGB
      b) Tathandlung
         Nr. 1: unrichtige/unvollständige Angaben; vorteilhaft für Täter oder Dritten; in einem Subventionsverfahren
         Nr. 2: Verwendung eines Gegenstands/einer Geldleistung; unter Verstoß gegen eine Verwendungsbeschränkung
         Nr. 3: In-Unkenntnis-Lassen über subventionserhebliche Tatsachen i.S.d. § 264 VIII StGB; entgegen den Rechtsvorschriften über die Subventionsvergabe
         Nr. 4: Gebrauch einer unrichtigen Bescheinigung
   2. Subjektiver Tatbestand
II. Rechtswidrigkeit
III. Schuld
IV. Strafzumessung, § 264 II StGB, tätige Reue gem. § 264 V StGB?

---

582 M-G/*Retemeyer* § 52 Rn. 1; zum Normzweck und zur praktischen Bedeutung der Vorschrift vgl. auch *Brettel/Schneider* § 3 Rn. 165.
583 Zur leichtfertigen Begehung BGH NStZ 2013, 406.
584 Vgl. hierzu anhand einer konkreten Entscheidung des OLG Celle *Groß/Lange*, ZWH 2017, 47.

c) Der Anwendungsbereich der Vorschrift – Zum Subventionsbegriff nach § 264 VII StGB

§ 264 StGB ist keine Blankettvorschrift. Der Subventionsbegriff ergibt sich also nicht aus den einschlägigen öffentlich-rechtlichen Gesetzestexten, sondern ist in § 264 VII StGB (**lesen**) legaldefiniert.[585] Man spricht daher auch vom **materiellen** Subventionsbegriff, der an folgende sechs Voraussetzungen geknüpft ist[586]:

265

(1) **Leistung**: § 264 I StGB erfasst nur **direkte** Subventionen, also geldwerte Zuwendungen mit dem Charakter einer Sonderunterstützung. Indirekte Subventionen, wie etwa Steuervergünstigungen oder Tarifermäßigungen, fallen nicht unter § 264 I StGB; ihre Erschleichung kann aber eine Steuerhinterziehung nach § 370 AO darstellen.[587]

(2) Aus **öffentlichen Mitteln**: D.h. die Zuwendung muss aus dem Etat einer juristischen Person des öffentlichen Rechts (Körperschaft, Anstalt, Stiftung) stammen; umstritten ist, ob auch Sonderfonds von Privaten mit öffentlich-rechtlicher Widmung hierunter fallen sollen.[588]

(3) Nach **Bundes-** oder **Landesrecht**: Gemeint sind formelle oder materielle Rechtsnormen, wobei auch auf einem Gesetz beruhende Haushaltsansätze von Gemeinden ausreichen.

(4) An **Betriebe** oder **Unternehmen, ggf. auch Privatpersonen**[589]: Es kommt nicht auf die Vertriebsform an, vgl. § 264 VII 2 StGB, zum Begriff des Betriebs **vgl. Rn. 83**.

(5) Ohne **marktmäßige Gegenleistung**: Hierzu zählt natürlich nicht der Förderungszweck als Voraussetzung für die Gewährung der Subvention.

(6) Zur wenigstens partiellen **Förderung der Wirtschaft**: Hierbei ist ein weites Verständnis vom Begriff der „Wirtschaft" zu Grunde zu legen, d.h. es sind alle unternehmerisch betriebenen Einrichtungen zur Erbringung von Leistungen erfasst. Entscheidend ist die Zweckwidmung, nicht die Wirkung der Leistung. Somit fallen „Sozial- und Kultursubventionen" (Kinder-, Wohngeld oder Sportförderung) nicht unter den Subventionsbegriff. Aus dem Raster fallen auch **Schadenssubventionen** nach Naturkatastrophen oder Notfällen, soweit sie der Erfüllung von Entschädigungsansprüchen dienen.

---

585 Diese Ausgestaltung mag bei einem Vergleich mit anderen wirtschaftsstrafrechtlichen Vorschriften überraschen, zumal ein verwaltungsrechtliches Subventionsgesetz existiert. Der Gesetzgeber hätte also auch einen einheitlichen Subventionsbegriff wählen können, um sodann an dessen Ende die Strafvorschrift zu platzieren. Im Hinblick auf die mit der Akzessorietät entstehenden verfassungsrechtlichen sowie strafrechtsmethodischen Probleme (vgl. Rn. 46 ff.) ist § 264 StGB das beste Beispiel dafür, dass es auch umgekehrt funktionieren kann. Freilich müsste man dann für jede Norm eigenständige Begriffsdefinitionen in das StGB platzieren oder viele normative Tatbestandsmerkmale verwenden, bei denen eine strafrechtsautonome Interpretation einfacher umsetzbar erscheint.
586 Zu den einzelnen Voraussetzungen ausführlich Sch/Sch/*Perron* § 264 Rn. 8 ff.; BeckOK/*Momsen/Laudien* § 264 StGB Rn. 11.
587 Zu beachten ist, dass § 370 AO auch bei direkten Subventionen basierend auf steuerrechtlichen Vorschriften dem § 264 StGB als lex specialis vorgeht, vgl. *Lackner/Kühl* § 264 Rn. 30.
588 NK/*Hellmann* § 264 Rn. 13 m.w.N.
589 Nach BGHSt 59, 244 = wistra 2014, 481 habe der Gesetzgeber mit der Einschränkung auf Betriebe und Unternehmen nach § 264 VII S. 1 StGB lediglich erreichen wollen, Sozialleistungen für unterstützungsbedürftige Einzelpersonen aus dem Anwendungsbereich der Vorschrift auszuschließen. Soweit dies nicht zutrifft, erfasst § 264 damit auch Privatpersonen, vgl. hierzu auch *Hellmann*, JZ 2015, 724.

266 Erst wenn diese Voraussetzungen des § 264 VII StGB erfüllt sind, ist eine Subvention i.S.d. § 264 StGB zu bejahen und der Anwendungsbereich der Vorschrift eröffnet.[590]

d) Die Tathandlungen des § 264 StGB

267 § 264 I Nr. 1 StGB erfasst unrichtige oder unvollständige Angaben durch „jedermann". § 264 I Nr. 1 StGB ist somit **kein Sonderdelikt**, d.h. auch Vertreter oder sonst nahestehende Personen des Subventionsnehmers kommen als taugliche Täter in Betracht.[591]

Da die Erklärung allerdings dem Subventionsgeber gegenüber gemacht werden muss, scheidet dieser (bspw. bei kollusivem Zusammenwirken mit dem Subventionsnehmer) schon gesetzestechnisch als Täter des § 264 I Nr. 1 StGB aus.[592] Allerdings kommt eine Beihilfe zur Tat des Subventionsnehmers in Betracht. Hinzu treten evtl. eine täterschaftlich verwirklichte Untreue gem. § 266 StGB sowie Bestechlichkeit gem. § 332 StGB.

268 **Unrichtig** ist die Angabe, wenn sie im Hinblick auf eine subventionserhebliche Tatsache nicht mit der Wirklichkeit übereinstimmt. **Unvollständig** ist sie, wenn durch das Weglassen für die Subventionserheblichkeit wesentlicher Tatsachen ein falsches Gesamtbild vermittelt wird.[593]

269 Entscheidendes Merkmal ist hierbei die Subventionserheblichkeit der Tatsache: Ist diese nicht „durch ein Gesetz" (vgl. § 264 VIII Nr. 1 StGB) konkretisiert, ergeben sich also die subventionserheblichen Tatsachen mangels hinreichend konkreter Bezeichnung nicht, kommt § 264 StGB nicht zur Anwendung,[594] es sei denn die Bewilligung, Gewährung, Rückforderung, Weitergewährung oder das Belassen einer Subvention oder eines Subventionsvorteils ist gesetzlich oder nach dem Subventionsvertrag von den mitgeteilten Tatsachen abhängig (§ 264 VIII Nr. 2 StGB)..[595]

Ob die Falschangabe durchschaut wird, spielt für § 264 StGB keine Rolle, da kein Irrtum des Erklärungsadressaten vorausgesetzt wird.[596] Notwendig ist aber, dass die Angaben vorteilhaft sind, d.h. die Aussichten auf Bewilligung der Subvention objektiv

---

590 Zu den Besonderheiten von Subventionen nach EG-Recht gem. § 264 VII 1 Nr. 2 StGB SSW/ *Saliger* § 264 Rn. 16; auch das Kurzarbeiterentgelt scheint unter diesen Begriff subsumierbar, so dass sich ein Arbeitgeber nach § 264 StGB strafbar machen kann, wenn er bewusst einen erheblichen Arbeitsausfall anzeigt und sodann die Erstattungen des von ihm berechneten und gezahlten Kurzarbeitergelds beantragt, obschon er die tatsächlich vorhandene Arbeit voll oder im Umfang des Kurzarbeitergelds abarbeiten ließ. Zu dieser Problematik vgl. *Gaede/Leydecker* NJW 2009, 3542 ff.
591 Vgl. dagegen § 264 I Nr. 3 StGB, zum Verhältnis der beiden Modalitäten BGH NJW 1981, 1744 m. Anm. *Tiedemann* JR 1981, 470 (Graupenexport).
592 OLG Hamburg NStZ 1984, 218.
593 BGHSt 34, 111 (115); *Lackner/Kühl* § 264 Rn. 17.
594 BGH NStZ-RR 2011, 82. Daran fehlt es schon, wenn und soweit der Antragsteller selbst aus den Unterlagen „herauslesen" muss, von welchen Tatsachen die Subventionsvergabe abhängt, hierzu *Adick* HRRS 2011, 408 (409).
595 Vgl. BGHSt 59, 244 = wistra 2014, 481 am Beispiel des Subventionierungsverbots des § 4 SubvG.
596 Mit Kenntnisnahme der Erklärung ist das Delikt damit vollendet. Zur Beendigung der Subventionserschleichung OLG Rostock NZWiSt 2012, 386.

verbessern.[597] Die Angaben müssen nach h.M. – als ungeschriebenes Tatbestandsmerkmal des § 264 StGB – **während** eines Subventionsverfahrens gegenüber dem Subventionsgeber gemacht werden, das mit dem Antrag auf Bewilligung beginnt und mit Bewilligung bzw. mit endgültiger Ablehnung der Subvention endet.[598]

Als spiegelbildliches, echtes Unterlassungsdelikt fungiert § 264 I Nr. 3 StGB, der das In-Unkenntnis-Lassen der Behörden über subventionserhebliche Tatsachen (ebenfalls legaldefiniert in § 264 VIII StGB[599]) pönalisiert. In Abweichung zu § 264 I Nr. 1 StGB handelt es sich hierbei um ein echtes **Sonderdelikt**, da nur der zur Aufklärung Verpflichtete tauglicher Täter sein kann. Wichtigste Bezugsvorschrift des § 264 I Nr. 3 StGB ist § 3 SubvG, der umfassende Mitteilungspflichten während und nach dem Subventionsverfahren statuiert. § 264 I Nr. 3 StGB scheidet allerdings aus, wenn der Erklärungsadressat die mitteilungspflichtige Tatsache bereits kennt.

270

Die zweckwidrige Verwendung von Subventionsleistungen erfasst schließlich § 264 II Nr. 2 StGB. Auf den ersten Blick scheint die Vorschrift obsolet, da zweckwidrige Verwendungen der Zuschüsse angemeldet werden müssen, d.h. eine Aufklärungspflicht nach § 3 II SubvG besteht und die Nichtanmeldung somit bereits über das echte Unterlassungsdelikt des § 264 I Nr. 3 StGB erfasst zu sein scheint. Da § 3 SubvG allerdings nicht für EG-Subventionen gilt, schließt § 264 I Nr. 2 StGB die Lücken in diesem Bereich, indem es auf die Verletzung von Aufklärungspflichten des Subventionsnehmers verzichtet. Praktisch kaum eine Bedeutung hat der Gebrauch unrechtmäßig erworbener Bescheinigungen gem. § 264 I Nr. 4 StGB.

III. Kreditbetrug gem. § 265b StGB

Neben dem staatlichen Subventionswesen existieren weitere auf das Wirtschaftsleben besonders einflussreiche Institutionen, wie das Finanz,- Anlage- und Kreditwesen. Diese Bereiche decken § 264a StGB und § 265b StGB ab. Für beide Vorschriften gelten die gleichen gesetzespolitischen Überlegungen, die bereits bei § 264 StGB dargelegt wurden, insbesondere werden fast alle schädlichen Verhaltensweisen der §§ 264a und 265b StGB bereits von § 263 StGB erfasst, allerdings mit dem Unterschied, dass ein Vermögensschaden bzw. der Vorsatz diesbezüglich nachgewiesen werden muss. Dies führt in der Praxis der Strafverfolgung auch zu dem Phänomen, dass die Staatsanwaltschaften die Betrugsderivate für den Start ihrer Ermittlungen aufgreifen und dann auf § 263 StGB übergehen, wenn sich ergibt, dass sich die komplexen Voraussetzungen des Betrugs doch nachweisen lassen.[600] V.a. im Bereich des Anlagebetrugs tritt das offen zu Tage, da der Wert der Beteiligung zum Zeitpunkt der schädigenden Handlung im Nachhinein kaum ermittelt werden kann. Dies ist für das Prinzip der Gesamtsaldierung allerdings von Nöten. Wegen seiner speziellen Schutzrichtung und

271

---

597 Wobei es nach h.M. keine Rolle spielt, ob die Subvention ohnehin hätte gewährt werden müssen bzw. die unrichtigen Angaben keine Verbesserung bezüglich der Bewilligung herbeiführen.
598 *Fischer* § 264 Rn. 19; NK/*Hellmann* § 264 Rn. 79.
599 Siehe hierzu SSW/*Saliger* § 264 Rn. 17 ff.
600 So *Tiedemann*, Rn. 995.

zahlreichen weiteren Auffangtatbeständen in Nebengesetzen wird § 264a StGB im nächsten Abschnitt „Anlegerschutz" gesondert dargestellt.

1. Rechtsgut und Anwendungsbereich

272 Die Vorschrift des § 265b StGB schützt nach wohl h.M. neben den Vermögensinteressen der Finanzdienstleister vorrangig die Funktionsfähigkeit der Kredit- und Volkswirtschaft insgesamt (man spricht daher auch von einem doppelten Rechtsgutsbezug).[601] Sie wird ihrer Charakterisierung als „Wirtschaftsdelikt" gerecht, da auf beiden Seiten des Kreditgeschäfts ein Betrieb oder ein Unternehmen stehen muss.[602] Auf Seiten des Kreditnehmers reicht ein vorgetäuschter Betrieb.[603] Diese Begriffe werden in § 265b III StGB legaldefiniert. Die weite Strafbarkeitsvorverlagerung wird eingeschränkt, indem die Tathandlung im Zusammenhang mit einem Kreditantrag erfolgen muss,[604] d.h. es muss eine zeitliche und sachliche Konnexität mit einem Kreditgeschäft vorliegen. Auch der Kreditbegriff ist in § 265b III Nr. 2 StGB gesetzlich definiert.

2. Die Tathandlungen des § 265b StGB im Überblick

273 Zur Deliktsverwirklichung nach § 265b I Nr. 1 StGB führen schriftliche Falschangaben sowie die Vorlage unvollständiger Unterlagen bzw. sonstiger Angaben. Insofern besteht hier Kongruenz zur Falschangabemodalität des § 264 StGB, doch muss die Falschangabe darüber hinaus erheblich für den Kreditantrag sein. Erheblich ist die Falschangabe, wenn sie bei einem objektiven ex ante Urteil eines verständigen, durchschnittlich vorsichtigen Kreditgebers dessen Entscheidung über den Antrag zu beeinflussen vermag.[605] Ähnlich wie § 264 I Nr. 3 StGB ist § 265b I Nr. 2 StGB als echtes Unterlassungsdelikt konzipiert, wenn es das Unterlassen nachträglicher Mitteilungen (insbesondere Verschlechterungen der Vermögenslage bis zur Vorlage des Antrags) unter Strafe stellt.

IV. Strafrechtlicher Schutz des öffentlichen Vergabewesens

1. Grundlagen: Das öffentliche Vergaberecht

274 Bedient sich der Staat zur Umsetzung seiner öffentlichen Aufgaben privater Unternehmen, muss im Interesse der steuerzahlenden Bürger gewährleistet sein, dass nicht bestimmte Firmen bei der Auftragsvergabe bevorzugt und dass die öffentlichen In-

---

601 SSW/*Saliger* § 265b Rn. 1 m.w.N.
602 Nach BGHSt 60, 15 = wistra 2915, 21 sollen auch ausländische Kreditgeber von der Vorschrift geschützt sein.
603 *Fischer* § 265b Rn. 9.
604 Eine teleologische Reduktion für Fälle, in denen ein Kreditausfallrisiko weitgehend ausgeschlossen werden kann, lehnt der Erste Strafsenat ab, vgl. BGH NStZ 2015, 344.
605 BGHSt 30, 285 (290); BGH NStZ 2002, 433.

vestitionen (Bau von Schulen, Flughäfen, Autobahn, Verwaltungsgebäuden und Infrastruktur) zu möglichst geringen Kosten durchgeführt werden. Umgekehrt ist der Staat ein sehr attraktiver Auftraggeber für Private, da er seine Schulden „pünktlich bezahlen" wird und das bei regelmäßig besonders aufwendigen und teuren Projekten. Schon im 19. Jahrhundert wurden daher Ausschreibungsverfahren eingeführt, die eine bestmögliche Verwendung des Steueraufkommens gewährleisten sollten.[606] Als Ausschreibung wird ein Verfahren bezeichnet, bei dem individuell oder durch eine öffentliche Bekanntmachung Interessenten aufgefordert werden, Angebote auf eine gewünschte Leistung einzureichen. Heute sind derartige Submissionen und das dazugehörige Verfahren Gegenstand des Vergaberechts. Das Vergaberecht ist die Gesamtheit der Normen, welche die Beschaffung durch staatliche oder staatsnahe Rechtsträger regeln. Die Regelungen sollen aber nicht nur die Wirtschaftlichkeit des fiskalischen Handelns absichern, sondern auch einen diskriminierungsfreien Zugang zu öffentlichen Auftraggebern für alle Anbieter am Markt ermöglichen (Gedanke des freien Wettbewerbs).[607]

Die Normierung des Vergaberechts ist in Deutschland etwas unübersichtlich geraten und auf mehreren Gesetzen verstreut: Im GWB als „Grundgesetz der Wirtschaft"[608] (insb. in den §§ 97 ff. GWB) sind die wesentlichen Grundsätze, der Anwendungsbereich und der Rechtsschutz im Vergaberecht normiert.[609]

275

§ 97 GWB lautet (Auszug):[610]

(1) Öffentliche Aufträge und Konzessionen werden im Wettbewerb und im Wege transparenter Verfahren vergeben. Dabei werden die Grundsätze der Wirtschaftlichkeit und der Verhältnismäßigkeit gewahrt.

(2) Die Teilnehmer an einem Vergabeverfahren sind gleich zu behandeln, es sei denn, eine Ungleichbehandlung ist aufgrund dieses Gesetzes ausdrücklich geboten oder gestattet.

(3) Bei der Vergabe werden Aspekte der Qualität und der Innovation sowie soziale und umweltbezogene Aspekte nach Maßgabe dieses Teils berücksichtigt.

(4) Mittelständische Interessen sind bei der Vergabe öffentlicher Aufträge vornehmlich zu berücksichtigen. Leistungen sind in der Menge aufgeteilt (Teillose) und getrennt nach Art oder Fachgebiet (Fachlose) zu vergeben. Mehrere Teil- oder Fachlose dürfen zusammen vergeben werden, wenn wirtschaftliche oder technische Gründe dies erfordern. Wird ein Unternehmen, das nicht öffentlicher Auftraggeber oder Sektorenauftraggeber ist, mit der Wahrnehmung oder Durchführung einer öffentlichen Aufgabe betraut, verpflichtet der öffentliche Auftraggeber oder Sektorenauftraggeber das Unternehmen, sofern es Unteraufträge vergibt, nach den Sätzen 1 bis 3 zu verfahren.

(5) Für das Senden, Empfangen, Weiterleiten und Speichern von Daten in einem Vergabeverfahren verwenden Auftraggeber und Unternehmen grundsätzlich elektronische Mittel nach Maßgabe der aufgrund des § 113 erlassenen Verordnungen.

(6) Unternehmen haben Anspruch darauf, dass die Bestimmungen über das Vergabeverfahren eingehalten werden.

---

606 Vgl. *Tiedemann*, Rn. 732.
607 Umfassend *Satzger*, Der Submissionsbetrug, 1994, S. 27 ff., 32 f.
608 *Bunte*, WuW 1994, 1 (8).
609 Zum Aufbau des GWB und seiner Rolle im Wettbewerbsstrafrecht *Tiedemann*, Rn. 766.
610 Neu gefasst durch das Vergaberechtsmodernisierungsgesetz (VergRModG), BGBl. I S. 203.

276 Welche der zahlreichen Vergabeverordnungen gem. § 97 VI GWB (VgV, VOB/A, VOL/A etc.) einschlägig ist, hängt von der jeweils ausgeschriebenen Leistung (Dienstleistung, Bauleistung etc.) ab. Die Verordnungen legen zudem fest, ab welchen Schwellenwerten strengere Vergabevoraussetzungen (im Hinblick auf Kundgabe, Transparenz etc.) gelten, insbesondere ob die Submission öffentlich, beschränkt öffentlich oder freihändig (nach „Gutdünken" des Fiskus) erfolgen darf/muss.

277 Die große wirtschaftliche Attraktivität der Auftragsvergabe hat eine hochgradig kriminogene Wirkung. Sie kann Unternehmen u.U. dazu veranlassen, den Zuschlag „um jeden Preis" zu erlangen. Dies kann mittels einer **vertikalen** Einflussnahme geschehen, bei der man die ausschreibende Behörde „schmiert" bzw. kollusiv zum Nachteil der anderen Bewerber das Verfahren manipuliert. Dann kommt eine Strafbarkeit der Beteiligten wegen etwaiger Bestechungsdelikte gem. §§ 331 ff. StGB in Betracht.[611] Denkbar ist allerdings auch eine **horizontale** Einflussnahme dadurch, dass man sich mit sonstigen Mitbewerbern vorher über die Angebote verständigt. Bei solch einer Bildung von **Submissionskartellen** verpflichten sich die am Ende „leer ausgehenden" Kartellmitglieder gegen Zahlung eines entsprechenden Betrags dazu, bloße „Scheinangebote" abzugeben.

278 Der Gesetzgeber war der Auffassung, dass die im GWB sowie sonstigen Vorschriften des Vergaberechts zu findenden Ordnungswidrigkeitsvorschriften (insb. § 38 I 1, 8 GWB a.F.) nicht ausreichten, um derartige die Volkswirtschaft schädigende sowie den Wettbewerb verzerrende Preisabsprachen (insbesondere in der Bauwirtschaft) zu unterbinden. § 263 StGB war nicht nur wegen seiner starren Schutzrichtung, sondern auch wegen seines schwer nachweisbaren Vermögensschadens (v.a. beim Submissionsbetrug, **vgl. Rn. 289**) eine stumpfe Waffe. Es bedurfte daher eines Deliktstatbestandes, der dem doppelten Zweck des Vergabewesens (fiskalische Interessen sowie Wettbewerbsschutz) ausreichend Rechnung tragen konnte.

278a Zudem hat der Gesetzgeber mit der Einführung eines bundeseinheitlichen „Wettbewerbsregisters"[612] im Jahre 2017 die bis dato in einzelnen Bundesländern vorhandenen Korruptionsregister durch ein bundeseinheitliches Register abgelöst, das ab 2020 beim Bundeskartellamt eingerichtet werden soll. Das Register soll es öffentlichen Auftraggebern in Zukunft erleichtern, Unternehmen von Vergabeverfahren auszuschließen, wenn ihnen Straftaten wie § 263 StGB oder – vgl. im Folgenden § 298 StGB – zuzurechnen sind, indem diese in das Wettbewerbsregister (ähnlich einem „Vorstrafenregister") eingetragen werden, vgl. § 1 II WregG.[613]

---

611 In diesem Fall kann außerdem ein mittäterschaftlicher Betrug bzw. ein Dreiecksbetrug zu Lasten der nicht einbezogenen Bewerber vorliegen.
612 BT-Drs. 18/12051.
613 Einführend *C. Wolters* KriPoZ 2017, 244.

2. Wettbewerbsbeschränkende Absprachen bei Ausschreibungen, § 298 StGB

a) Rechtsgut und Deliktscharakter

Diese Norm sollte § 298 StGB sein, eine Vorschrift, die auf der früheren Ordnungswidrigkeit des § 38 I 1 GWB beruht und mit dem Korruptionsbekämpfungsgesetz von 1997 in das StGB eingefügt wurde. Ihre systematische Stellung lässt sich damit erklären, dass die Vorschrift gerade nicht ausschließlich die Vermögensinteressen des Fiskus, sondern schwerpunktmäßig den freien Wettbewerb[614] im Auge hat (hinzu treten auch die Vermögensinteressen der potentiellen Mitbewerber).[615] Insofern hatte man sich entschlossen, einen eigenständigen Abschnitt für Delikte mit dieser Schutzrichtung zu kreieren. Dennoch weist § 298 StGB mit seiner Ausgestaltung als abstraktes Gefährdungsdelikt und seinem vergleichbar „diffusen" Rechtsgutskonzept die typischen Charakteristika eines „Betrugs-Derivats" auf. Der Tatbestand setzt zwar keine heimliche (sondern nur „rechtswidrige") Absprache voraus, so dass neben dem Vermögensschutzgesichtspunkt auch die Täuschungsähnlichkeit wegfällt. Dennoch liegt der Hauptanwendungsbereich des § 298 StGB in den Fällen der **horizontalen** Einflussnahme (also bei einer Absprache zwischen den Bietern), bei dem der Vorgang im Regelfall heimlich – also täuschungsäquivalent – erfolgt.[616]

279

b) Die Tatbestandsmerkmale des § 298 StGB im Einzelnen

aa) Ausschreibung

Der Tatbestand setzt für seine Anwendung eine Ausschreibung i.S.d. § 298 StGB voraus.

280

> Unter einer **Ausschreibung** ist ein Verfahren zu verstehen, mit dem von einem Veranstalter Angebote einer Mehrzahl von Anbietern für die Lieferung bestimmter Waren oder das Erbringen bestimmter Leistungen eingeholt werden.[617]

281

Hierunter fallen erst einmal alle Vergabeverfahren der öffentlichen Hand (insbesondere nach der VOB/A und VOL/A); aber auch das Vergabeverfahren nach den §§ 97 ff. GWB unter Überschreitung der Schwellenwerte fällt unter § 298 StGB.[618] Auch private Veranstalter werden von § 298 StGB erfasst, soweit das Verfahren an die Bestimmung der VOB/A angelehnt ist.[619] Zu beachten ist auch die Gleichstellungsklausel des § 298 II StGB.

---

614 Zum Wettbewerbsstrafrecht ausführlicher Rn. 408.
615 Zum umstrittenen Rechtsgut *Fischer* Rn. 2; SSW/*Bosch* § 298 Rn. 1.
616 Und insofern auch ein Submissionsbetrug zu Lasten des Ausschreibenden denkbar ist.
617 *Fischer* § 298 Rn. 4; SSW/*Bosch* § 298 Rn. 3 f.
618 Zu den unterschiedlichen Arten des Ausschreibungsverfahrens und der Unterscheidung „offene/nicht offene" Verfahren vgl. Flohr/Wauschkuhn/*Ufer* 3. Teil § 298 StGB Rn. 12.
619 BGH NStZ 2003, 548 m. Anm. *Greeve*.

bb) Tathandlung

282 Innerhalb dieses Verfahrens muss der Täter ein Angebot abgegeben haben, das auf einer rechtswidrigen Absprache beruht.

283 Ein **Angebot** ist eine dem Veranstalter zugegangene Erklärung, eine bestimmte Leistung gegen Entgelt unter Einhaltung festgelegter Bedingungen erbringen zu wollen.[620]

Nach Auffassung des BGH handelt es sich bei § 298 StGB weder um ein Sonder- noch um ein eigenhändiges Delikt, so dass Täter einer Submissionsabsprache i. S. des § 298 I StGB nicht nur derjenige sein kann, der selbst ein Angebot abgibt; als Täter kommen vielmehr auch auf der Veranstalterseite handelnde Personen in Betracht, sofern ihnen nach den allgemeinen Regeln der Abgrenzung von Täterschaft und Teilnahme die Abgabe des Submissionsangebots zurechenbar ist.[621] Die bloße Entäußerung reicht allerdings nicht aus. Das Angebot muss jedenfalls so beschaffen sein, dass der Veranstalter ohne wesentliche Nachverhandlungen das Angebot durch Erteilung des Zuschlags annehmen kann. Bloße schriftliche Vorfragen, Informationsaustausch etc. fallen nicht unter den Begriff des Angebots.

284 Dieses Angebot muss einer rechtswidrigen Absprache entspringen.

285 Eine **Absprache** ist ein Übereinkommen über das Verhalten in mindestens einem konkreten Ausschreibungsverfahren[622] und zwar mit dem Ziel, den Veranstalter zur Annahme eines bestimmten Angebots zu veranlassen.

Wie die Definition bereits vermuten lässt, ist strittig, ob der Absprachebegriff nur die horizontale Verständigung erfasst oder auch vertikale Abreden in den Schutzbereich des § 298 StGB fallen (m.a.W. der Täterkreis eine Beschränkung erfährt).[623] Da in den Fällen der kollusiven Zusammenarbeit von Anbieter und Ausschreibenden jedenfalls die §§ 331, 299 StGB verwirklicht sein dürften, darf der Streit nicht überbewertet werden. Für eine Anwendung des § 298 StGB spricht der Gesichtspunkt, dass durch die 7. GWB-Novelle vom 15.7.2005 auch vertikale Absprachen nach § 1 GWB kartellrechtswidrig sind. Dagegen wird eingewandt, dass die typische Gefahr der Wiederholung (durch „Ringvereinbarungen" und Bildung rechtswidriger Dauerkartelle) bei vertikalen Submissionsabsprachen nicht gegeben sei.[624] Eine Bestrafung nach § 299 bzw. §§ 331 ff. StGB reiche aus.[625]

286 Ob die Absprache rechtswidrig ist, richtet sich nach deutschem und europäischem Kartellrecht, §§ 1 ff. GWB, Art. 101, 102 AEUV (normatives Tatbestandsmerkmal[626]). Zwischen dem Angebot und der Absprache muss ein Ursachenzusammenhang bestehen. Dieser ist auch gegeben, wenn der Anbieter schon vor dem Vergabeverfahren aus dem Kartell ausgestiegen ist, aber seine Kenntnisse noch ausnutzt. Es ergibt sich folgendes Prüfungsschema:

---

620 *Lackner/Kühl* § 298 Rn. 7; *König* JR 1997, 397 (402) zur Straflosigkeit der bloß rechtswidrigen Absprache im Vorfeld allein. Zu denken ist aber in diesen Fällen an die Ordnungswidrigkeit des § 81 I Nr. 1 GWB.
621 BGH NJW 2012, 3318.
622 NK/*Dannecker* § 298 Rn. 44; SSW/*Bosch* § 298 Rn. 9 f.; zum Begriff der Bevorzugung vgl. aber BGH NJW 2006, 3290 (Allianz Arena).
623 Zum Täterkreis BGHSt 49, 201 (Jugendzentrum) m. Anm. *Dannecker* JZ 2005, 49 ff.; zuletzt für eine Einbeziehung vertikaler Absprachen *Stoffers/Möckel* NJW 2013, 3270 (3274).
624 *Rotsch* ZIS 2014, 579 (591 f.); vgl. auch BGH NStZ 2013, 41.
625 Krit. zur Einbeziehung vertikaler Absprachen G/J/W/*Böse* § 298 ff. StGB Rn. 24 a.E.
626 Auch hier hat man also auf einen „streng akzessorischen" Binnenverweis verzichtet.

> **Prüfungsschema zu § 298 StGB**
>
> I. Tatbestand
>   1. Objektiver Tatbestand
>   a) Anwendungsbereich: Ausschreibung i.S.d. § 298 StGB (beachte Absatz 2)
>   b) Tathandlung
>   - Abgabe eines Angebots
>   - Rechtswidrige Absprache
>   - Kausalität zwischen rechtswidriger Absprache und Angebot („Beruhen")
>   2. Subjektiver Tatbestand
> II. Rechtswidrigkeit und Schuld
> III. Strafzumessung, tätige Reue gem. § 298 III StGB

287

Prozessual ist zu berücksichtigen, dass die Kartellbehörde das Verfahren wegen der konkurrierenden Kartellordnungswidrigkeit nach § 81 I Nr. 1 GWB an die Staatsanwaltschaft abgeben muss, wenn Anhaltspunkte für eine Straftat nach § 298 StGB vorliegen.[627]

288

3. „Submissionsbetrug" – Die Lösung des Rheinausbau-Falles durch den BGH in einer Zeit vor § 298 StGB

Nach diesen Darstellungen zu § 298 StGB lässt sich der oben geschilderte Rheinausbau-Fall relativ einfach lösen. Es handelt sich um ein öffentlich-rechtliches Vergabeverfahren, bei dem der Verantwortliche der Gruppe Rheinausbau ein auf einer rechtswidrigen (Horizontal-)Absprache gem. § 1 GWB beruhendes Angebot abgegeben hat. Somit würde dieser sich nach § 298 StGB strafbar machen.

289

Der Rheinausbaufall wurde vom BGH allerdings im Jahre 1992, also vor der Existenz des § 298 StGB, entschieden und spielte sich nochmals etliche Jahre früher ab. Zu diesem Zeitpunkt kam als denkbarer Strafbarkeitsanknüpfungspunkt nur § 263 I StGB in Betracht. Unproblematisch lässt sich noch das Merkmal der **Täuschung** bejahen: Zwar ist das Angebot selbst ernst gemeint und stellt somit keine ausdrückliche Täuschung dar. Allerdings ist dem Verhalten der Kartellmitglieder, nacheinander zu bieten, der Erklärungswert zu entnehmen, dass diese Angebote nicht auf einer rechtswidrig getroffenen Absprache beruhen. Hierbei macht es keinen Unterschied, ob es sich um eine freihändige Vergabe oder öffentliche Ausschreibung handelt:

290

> **Aus BGHSt 47, 83:** „... Sowohl bei einer förmlichen öffentlichen Ausschreibung als auch bei einer freihändigen Vergabe mit Angebotsanfragen durch öffentliche oder private Auftraggeber an zumindest zwei Unternehmer enthält die Angebotsabgabe vor dem gesetzlichen Hintergrund der Regelung in § 1 GWB regelmäßig die schlüssige (konkludente) Erklärung, daß dieses Angebot ohne eine vorherige Preisabsprache zwischen den Bietern zustande gekommen ist. Denn die Abgabe voneinander abweichender Angebote erweckt regelmäßig den Eindruck, jeder Unternehmer habe selbständig und unabhängig von dem anderen kalkuliert."

---

627 Zum Ganzen *Tiedemann*, Rn. 803 ff. Zu den Besonderheiten im Hinblick auf § 444 StPO und das Verfahren nach § 30 OWiG siehe bereits Rn. 98 f.

291 Probleme bereitet vielmehr der **Vermögensschaden**. Diejenige Partei, die den Zuschlag erhält, ist dennoch leistungswillig, d.h. sie wird kompensatorisch wirkende Leistungen erbringen. So war auch im Originalfall nach den Berechnungen des Sachverständigen das Angebot der Rheinausbau „angemessen und auskömmlich", weswegen das LG Frankfurt die Angeklagten freisprach. Fraglich ist aber, welchem Preis die Leistungen der Rheinausbau gegenüberzustellen waren. Grundsätzlich fungiert hierbei in einem freien Markt der Wettbewerbspreis für die Leistung als Kalkulationsgrundlage. Bei derartigen einmaligen bzw. besonders zugeschnittenen Leistungen, welche die öffentliche Hand ausschreibt, existiert allerdings kein Markt; vielmehr soll das Submissionsverfahren gerade eine (rechtmäßige) Wettbewerbssituation herbeiführen, um der Vergabestelle bei der Ermittlung des sonst nicht feststellbaren Marktpreises die Möglichkeit zu verschaffen, unter den verschiedenen Angeboten das günstigste Angebot auszuwählen (schließlich ist sie hierzu, siehe oben, verpflichtet). Da nach allgemeinen Grundsätzen somit kein objektiv-individualisierter Maßstab besteht, muss nach Ansicht des BGH auf den **„hypothetischen Wettbewerbspreis"** zurückgegriffen werden. Dieser ist nicht mit einem „angemessenen" Preis gleichzusetzen, der auf die schlichten Lohn- und Materialkosten abstellt; vielmehr ist derjenige Betrag gemeint, der bei ungestörtem Wettbewerb im Rahmen der Ausschreibung erzielt worden wäre:

> **Aus BGHSt 38, 186 ff.:** „Die Bedeutung des freien Wettbewerbs für die Bestimmung der Preise und des Wertes von Leistungen ergibt sich nicht zuletzt auch aus der gesetzlichen Missbilligung einer Beschränkung oder Behinderung dieses Wettbewerbs durch marktbeherrschende Unternehmen oder Kartellabsprachen mit ihren Auswirkungen auf die Preisbildung (vgl. §§ 1, 22 GWB). Art und Umfang der beeinträchtigten Preisbildung wird nicht durch Vergleich des unter Ausschaltung oder Beschränkung des Wettbewerbs erzielten mit dem geschätzten „angemessenen" Preis festgestellt, sondern durch den Vergleich der geforderten Preise mit den Marktpreisen, die bei funktionsfähigem Wettbewerb erzielt worden wären…Geht man davon aus, daß der Auftraggeber einen Schaden erleidet, wenn er ein höheres Entgelt verspricht oder zahlt, als nach den Verhältnissen des Marktes erforderlich ist, dann ist die Feststellung eines Vermögensschadens – mit all ihren praktischen Schwierigkeiten – vor allem Sache der tatrichterlichen Beweiswürdigung des Einzelfalles. Ausreichend ist dabei die Überzeugung des Tatrichters auf der Grundlage von Indizien, aus denen sich mit hoher Wahrscheinlichkeit ergibt, daß der Auftraggeber ohne die Absprache und die Täuschung des Auftragnehmers ein nur geringeres Entgelt hätte versprechen und zahlen müssen … Hypothetische Wettbewerbspreise sind feststellbar…Das LG hätte sich mit den zahlreichen Indizien auseinandersetzen müssen, die dafür sprechen, daß die Bundesrepublik Deutschland die Arbeiten zu einem wesentlich geringeren Marktpreis (Wettbewerbspreis) hätte vergeben können. …"

292 Im Anschluss stellt der BGH einige Indizien bereit, die für das Vorliegen eines überhöhten Preises sprechen: Hierzu zähle allein schon die Existenz des Submissionskartells, weil dessen Sinn allein darin bestünde, höhere als die sonst erzielbaren Marktpreise zu erwirken; aber auch Schmiergeld- und Ausgleichszahlungen zwischen den Bietern sowie Angebote unter dem Zuschlagspreis bei einer intern erfolgten „Testausschreibung" weisen auf einen überhöhten Preis hin. Soweit derartige Indizien vorliegen, kann unter Berücksichtigung des in dubio pro reo-Grundsatzes ein Eingehungsbetrug bejaht werden, wenn der Wert der Leistung des kontrahierenden Kartellmitglieds hinter jenem ermittelten Wettbewerbspreis zurückbleibt.[628]

---

[628] Steht die Höhe der Schmiergeldzahlungen und ihre Berücksichtigung in der Angebotsgestaltung fest, sei der hypothetische Preis der erzielte Preis abzüglich der absprachebedingten Nebenzahlungen, vgl. BGHSt 47, 83 (88) m. Anm. *Rönnau* JuS 2002, 549 f.

Hinweis: In der Literatur wird darauf hingewiesen, dass die Berechnung dieses hypothetischen Wettbewerbspreises auf erhebliche Beweisschwierigkeiten stößt, weswegen es nur selten zur Verurteilung kommt.[629] Auch im Rheinausbau-Fall musste der BGH die Sache (zur Neukalkulation) zurückverweisen. Nachdem das LG Frankfurt die Angeklagten erneut freisprach, stellte der BGH das Verfahren wegen Überlänge nach § 153 II StPO ein.

Zweifelsohne erinnert das Vorgehen des 2. Strafsenats etwas an das Konstrukt der „generellen Kausalität", weil auch hier die letztlich nicht geklärte materiell-rechtliche Frage des Schadens auf die prozessuale Ebene der **Beweiswürdigung** (§ 261 StPO) verschoben wird.[630] Insofern erscheint es fraglich, ob eine Strafbarkeitsbegründung mittels eines hypothetisch festgestellten Schadens mit dem Schuldprinzip zu vereinbaren ist. Zudem ist fraglich, ob die bloße Erwerbsaussicht (günstigere Kontrahierungsmöglichkeit) überhaupt in den Schutzbereich, sprich Vermögensbegriff des § 263 StGB fällt.[631] **Expektanzen** als faktische Aussichten fallen nach umstrittener Ansicht nur unter den Vermögensbegriff, wenn ihnen der Geschäftsverkehr schon einen gewissen Wert beimisst bzw. der Inhaber der Expektanzen es in der Hand hat, den Vollwert herbeizuführen.[632] Zudem ist der Indizienkatalog des BGH unvollständig und einseitig, weil bestimmte preisbildende Aspekte unberücksichtigt bleiben (bzw. bleiben müssen, weil sie von Zeitpunkt und Ort der Auftragslage abhängen). Bestimmte Hinweise müssen auch nicht unbedingt so gedeutet werden, wie es der Senat tut: Jedenfalls bei langjährigen Kartellen können Absprachen auch dazu dienen, eine gleichmäßige Auslastung der beteiligten Firmen zu gewährleisten und diese auf diese Art vor dem Ruin zu bewahren.[633] Gleiches kann nach betriebswirtschaftlichen Gesichtspunkten nicht für die Ausgleichszahlungen gelten: Diese machen nur Sinn, wenn sie durch die Auftragsvergabe wieder in die Kasse fließen, was zu einer zwangsläufigen Erhöhung des Angebots führt. Damit ist aber noch nicht gesagt, ob dieser erhöhte Betrag nicht ohnehin ausgegeben worden wäre.[634]

293

Alles in allem bleiben der hypothetische Wettbewerbspreis, seine Heranziehung und seine Feststellung ein zweifelhaftes Konstrukt.[635] Weil die vom BGH aufgestellten Indizien nicht immer – wie beim Rheinausbau-Fall – „auf dem Silbertablett serviert" werden, sind es weniger die dogmatischen Ungereimtheiten, sondern eher Praktikabili-

294

---

629 *Wessels/Hillenkamp/Schuhr* BT 2 Rn. 698 m.w.N.
630 So *Hassemer* JuS 1992, 616.
631 *Cramer* NStZ 1993, 42; *Rönnau* JuS 2002, 545 (547).
632 SSW/*Satzger* § 263 Rn. 153, 290.
633 *Hohmann* NStZ 2001, 566 (569).
634 Ein hypothetisch niedrigerer Wettbewerbspreis wird somit nicht aufgrund bestimmter Indizien angenommen, sondern schlicht „fingiert", was zu einer kaum hinnehmbaren „Normativierung" des Schadensbegriffs führt, so zumindest *Rönnau* JuS 2002, 545 (550).
635 Der Senat hat seinen zweiten Lösungsweg – nämlich die Möglichkeit eines Erfüllungsbetrugs, vgl. BGH NJW 1992, 921 (923), in der amtlichen Sammlung nicht abgedruckt – nicht weiter konkretisiert. Soweit es um die Täuschung über die Werklohnforderung geht, ist dieser Lösungsweg seit Aufhebung der Baupreis VO PR I/72 ohnehin nicht mehr ergiebig; die Frage dagegen, ob ein Erfüllungsbetrug durch Verhinderung der Vertragsstrafe in Betracht kommt, bedarf noch näherer Untersuchung, vgl. SSW/*Satzger* § 263 Rn. 289. Ein pauschaler Hinweis auf den Grundsatz „reparatio damni non nocet" reicht jedenfalls nicht aus, da es hier nicht um die Einbeziehung der Vertragsstrafe als mittelbar kompensierende Folge in die Gesamtsaldierung geht.

tätserwägungen, welche Gerichte und Staatsanwaltschaften dazu bewegen werden, sich nunmehr auf § 298 StGB zu fokussieren, zumal der Strafrahmen der Vorschrift dem des Betrugs entspricht.

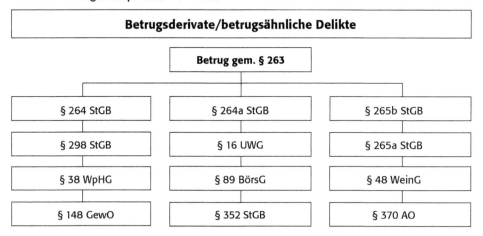

Zur Vertiefung: *Göbel*, Die strafrechtliche Bekämpfung der unseriösen Geschäftstätigkeit, 2007; *Grützner*, Die Sanktionierung von Submissionsabsprachen, 2003; *Jacobi*, Der Straftatbestand des Kapitalanlagebetrugs (§ 264a StGB), 1999; *Paschke*, Der Insertionsoffertenbetrug, 2007; *Satzger*, Der Submissionsbetrug, 1994; *Schultze*, Die Betrugsnatur des Subventionsbetrugs, 2005; *Wunderlich*, Akzessorietät des § 298 StGB zum Gesetz gegen Wettbewerbsbeschränkungen (GWB), 2009.

Anhang:
Übersicht zu den wichtigsten wirtschaftsstrafrechtlichen Fallgruppen des Betrugs[636]

295 Anstellungsbetrug

Def.: Bei einem Anstellungsbetrug erschleicht sich der Täter eine Beschäftigung, indem er falsche Angaben bei seiner Anstellung macht, beispielsweise eine bestimmte, tatsächlich fehlende Qualifikation vorspiegelt.

(P): Problematisch ist beim Anstellungsbetrug die *Schadensberechnung*, da der Täter trotz seiner Manipulation eine Arbeitsleistung erbringt, was eine Schadenskompensation bedeuten kann. Wenn der Täter seine Arbeit leistungsgerecht verrichtet, lässt sich kein Missverhältnis zwischen Leistung (Lohn) und Gegenleistung (Arbeit) feststellen.

Lösung: Ein Schaden soll nach h.M. dennoch anzunehmen sein, wenn sich die fehlende Qualifikation des Täters unabhängig von der geleisteten Tätigkeit auf die Höhe der Vergütung auswirkt (Dienstalter, Familienstand). Gleiches gilt, wenn die Tätigkeit eine bestimmte (leistungsunabhängige) Vertrauenswürdigkeit oder Qualifikation des Angestellten zwingend voraussetzt. Bei erschlichener Beamtenstellung soll nach BGH der Schaden unabhängig von der geleisteten Tätigkeit des Arbeitnehmers eintreten, da es sich hier um eine einseitige, vom Staat festgesetzte Leistung handelt, die immer ein besonderes Vertrauensverhältnis zugrunde legt und an feste Voraussetzungen geknüpft ist.

Lit: BGHSt 45, 1 (13 f.), *Duttge* JR 2002, 271; *Prittwitz* JuS 2000, 335 ff.

---

636 Umfangreicher Fallgruppenkatalog bei G/J/W/*Dannecker* § 263 StGB Rn. 173 ff.

Arbeitsbetrug bzw. Leistungsbetrug

Def.: Von einem Arbeits- bzw. Leistungsbetrug spricht man, wenn das Opfer eine Leistung erbringt, die nur gegen Entgelt erbracht wird und der Täter sich der Leistung trotz fehlenden Zahlungswillens bedient.

(P): Die typische Gefährdungslage des Leistungsbetruges besteht bei Massenleistungen (öffentliche Verkehrsmittel, Theater/Kino etc.), bei denen meist nur automatisierte Kontrollen im Hinblick auf die Entgeltzahlung eingerichtet werden. Mangels Täuschungsadressaten scheitert § 263 StGB dann regelmäßig am Irrtum des Geschädigten.

Lösung: Für derartige Fälle hat der Gesetzgeber § 265a StGB geschaffen, der bei bestimmten Leistungsarten ein „Erschleichen" der Leistung (ohne Irrtum des Geschädigten) ausreichen lässt. Soweit ein Irrtumsadressat (Kontrolleur o.Ä.) gegeben ist, bleibt § 263 StGB vorrangig, wobei mangels ausdrücklicher Kommunikationslage häufig auf das Modell des sachgedanklichen Mitbewusstseins zurückgegriffen werden muss. Ein Schaden ist jedenfalls nicht schon dadurch ausgeschlossen, dass die massenhaft erbrachte Leistung ohnehin erbracht worden wäre.

Lit: RGSt 42, 40 (42), *Exner* JuS 2009, 990 ff. (zum Schwarzfahren).

Abrechnungsbetrug

Def.: Bei einem Abrechnungsbetrug wird der Kostenträger durch das Stellen einer überhöhten Rechnung über den Umfang der erbrachten Leistung getäuscht.

(P): Rechnungen enthalten regelmäßig nur „Zahlen", keine Tatsachenbehauptungen. Somit muss das Merkmal der Täuschung eingehend erörtert werden. In standardisierten Verfahren kann zudem der Irrtum fraglich sein, weil sich der konkrete Abrechnungsadressat u.U. keine Gedanken über die Richtigkeit der Rechnung macht. Auch der Schaden kann Probleme bereiten, insbesondere wenn Leistungen erbracht wurden, die Rechnung aber den gestellten Abrechnungsrichtlinien nicht genügt und somit formal-juristisch betrachtet „wertlos" ist.

Lösung: Die Zusendung einer Rechnung enthält zwar nicht notwendig die konkludente Erklärung, dass der geforderte Rechnungsbetrag objektiv angemessen ist. Jedenfalls bei festen Preis- oder Gebührenordnungen wird man die Rechnungsstellung aber in diese Richtung auslegen können. Besondere, systemakzessorische Regeln gelten bei **kassenärztlichen Leistungen**: Hier kann der Erklärungswert wegen der zahlreichen sozialgesetzlichen Sonderbestimmungen weitreichender sein als sonst: Bspw. enthält die Abrechnung die konkludente Erklärung, dass die Untersuchung medizinisch indiziert ist und keine kostengünstigeren Methoden vorhanden sind (nach BGHSt 57, 95 sind diese Grundsätze auf den privat liquidierenden Arzt zu übertragen). Für den Irrtum reicht aus, dass der Kassenmitarbeiter annimmt, die ihm vorliegende Abrechnung sei insgesamt „in Ordnung". Auch beim Schaden wird bei kassenärztlichen Abrechnungen eine streng formale Betrachtungsweise zugrundegelegt, wonach trotz kompensierender Leistungen ein Schaden angenommen wird, wenn diese nicht den gestellten Abrechnungsrichtlinien genügen. Dies mit der Begründung, dass Behandlungen außerhalb des kassenärztlichen Abrechnungssystems als wertlos zu betrachten seien.

Lit: BGH wistra 2014, 478; zur speziellen, aber lehrreichen (und kontrovers beurteilten) Abrechnung von Zytostatika-Arzneimitteln vgl. BGHSt 57, 312 einerseits, BGH wistra 2015, 226 andererseits; aus der Literatur Spickhoff/*Schuhr* § 263 Rn. 16; *Idler* JuS 2004, 1037 ff.; *Mahler* wistra 2013, 44; *Mohammadi/Hampe* NZWiSt2012, 417; *Brand/Wostry* StV 2012, 619;, hierzu auch *Krüger/Burgert* ZWH 2012, 213; *Magnus*, NStZ 2017, 249; *Kudlich*, in: Kubiciel/Hoven (Hrsg.), Korruption im Gesundheitswesen, 2016, S. 111 ff.

Anlagebetrug bzw. Wertpapierbetrug

Def.: Unter den Anlagebetrug fallen Sachverhaltskonstellationen, in denen bei der Vermittlung von Anlagegeschäften über das Risiko der Anlageform getäuscht wird.

(P):	Häufig basieren die Behauptungen über die Anlage auf Prognosen, die auf die Zukunft gerichtet sind. Somit ist schon der Begriff der Tatsachenbehauptung problematisch. Hinzu tritt, dass der Anleger – wenn auch risikobehaftetes – Vermögen erhält, d.h. der Schaden saldiert sein könnte.
Lösung:	Erst wenn die Prognosen nicht mehr auf richtigen Bedingungen in der Gegenwart basieren, kann eine Täuschung bejaht werden. Kann im Einzelfall eine Täuschung bejaht werden, ergibt sich der Vermögensschaden aus der Differenz zwischen vereinbartem Preis und dem tatsächlichen Marktwert der Anlage. Da diese Feststellung nachträglich kaum gelingen wird, kommt dem Auffangtatbestand des § 264a StGB eine wichtige Bedeutung zu, dessen „Angabe"-Begriff weiter als der Tatsachenbegriff ist und daher auch Prognosen erfasst. Da er auf die Tatbestandsmerkmale Irrtum und Vermögensschaden verzichtet, stellen sich hier die geschilderten Probleme nicht. Der Anlegerschutz wird durch spezifische Vorfelddelikte insb. im WpHG (§ 38 ff.) flankiert.
Lit:	BGHSt 30, 177 (181); BGHSt 51, 10; BGH NStZ 2014, 318.

Darlehensbetrug bzw. Kreditbetrug

Def.:	*Beim Darlehens- oder Kreditbetrug nimmt der Täter einen Kredit bei einer Einzelperson bzw. einem Geld- oder Kreditinstitut auf, obwohl er nicht willens oder niemals in der Lage ist, diesen Kredit zurückzuzahlen.*
(P):	Soweit nicht die Vorlage bestimmter Dokumente verlangt wird bzw. die vorgelegten Dokumente nicht verfälscht wurden, kann eine Täuschung fraglich sein. Außerdem bedeutet die Auszahlung des Kredits für den Gläubiger noch nicht, dass er geschädigt ist, da sich durch den Darlehensvertragsabschluss unmittelbar ein Anspruch auf Rückzahlung ergibt.
Lösung:	Unbestritten ist, dass der Täter auch über innere Tatsachen (insbesondere über das Wissen um die Zahlungsunfähigkeit bzw. die Zahlungsunwilligkeit) täuschen kann. Mit Abschluss des Vertrages wird daher konkludent erklärt, bei Fälligkeit der Darlehensforderung nicht nur zahlungsfähig, sondern auch zahlungswillig zu sein. Besteht (wie dies bei Darlehen der Fall ist) die Gegenleistung in einem verzinsten Anspruch, führt bereits die Erfüllungsunwilligkeit bzw. -unfähigkeit des Täters zur Minderwertigkeit der Forderung. Andererseits dürfen trotz dieser „normativen" Betrachtung bestehende Sicherheiten (etwa Hypotheken, Pfandrechte oder aufrechnungsfähige Gegenansprüche) nicht unberücksichtigt bleiben. Bei einem zahlungsfähigen bzw. „abgesicherten" Darlehensnehmer spielt es dann auch keine Rolle mehr, ob er über das Bestehen von Sicherheiten getäuscht hat, falls nicht wegen des höheren Kreditrisikos ein höherer Zinssatz anzusetzen wäre. Diese im Grundsatz unbestrittene Saldierung durch Sicherheiten erschwert in der Praxis den Nachweis eines Vermögensschadens. Die hierbei entstehenden Lücken schließt § 265b StGB.
Lit:	BGHSt 15, 24; 30, 285; BGH NJW 2012, 2370 (LBS-Darlehen); NStZ 2013, 472; NStZ 2016, 343 ff.; *Rengier* JuS 2000, 644 ff.

Insertionsoffertenbetrug

Def.:	*Unter einer Insertionsofferte versteht man ein Angebotsformular zu einem Vertragsabschluss. In Betrugskonstellationen ähnelt dieses nach seiner Gesamtaufmachung einer Rechnung und soll diesen Eindruck auch beim Opfer erwecken.*
(P):	Streng genommen „täuscht" der Absender einer Insertionsofferte nicht, da der Adressat bei genauerer Lektüre erfassen kann, dass es sich nicht um eine Rechnung, sondern lediglich um ein Angebot handelt, das mit Bezahlung konkludent angenommen wird. Bei einer „normativen Gesamtbetrachtung" würde allerdings niemand bestreiten, dass dem Geschehen ein besonders listiger bzw. manipulativer Charakter innewohnt.
Lösung:	Der BGH bejaht eine konkludente Täuschung, wenn der Täter sein „Angebot" bewusst rechnungsähnlich ausgestaltet hat, auch wenn sich aus den AGB bzw. aus dem „Kleingedruckten" eindeutig ergibt, dass nur ein Angebot abgegeben wird. Indem betont wird, dass dies jedenfalls bei geschäftlich unerfahrenen Adressaten gelten müsse, wird teils angezweifelt, ob gleiche Grundsätze auch für den professionellen Unternehmer gelten.

Berücksichtigt man aber, dass die Rechnungen meist vom Büropersonal überprüft werden und Professionelle mit „Rechnungen" überschüttet werden, gibt es keinen Anlass für eine Ungleichbehandlung. Zuletzt hat der Zweite Strafsenat die Rechtsprechung zu Insertionsofferten auf rechnungsähnlich gestaltete Angebotsschreiben im Kontext der Anmeldung zum Handelsregister bzw. einer Markenanmeldung erweitert (hierzu BGH wistra 2014, 439). Um ein ähnliches Problem geht es bei sog. **„Lock- bzw. Ping"**-Anrufen: Hier wählt der Täter selbst (oder lässt anwählen) eine Mobilfunknummer an, beendet den Anruf aber sofort, um den Teilnehmer zu einem Rückruf herauszufordern. Gelingt der Plan, entstehen regelmäßig hohe Kosten, weil es sich um eine Mehrwertdienstnummer handelt. Insofern stellt sich auch hier die Frage, welcher Erklärungswert dem „Anklingelnlassen" zukommt und inwiefern sich das Opfer zu einem Rückruf herausgefordert fühlen darf. Da für das Opfer die Kostenpflichtigkeit jedenfalls bei genauer Recherche **erkennbar** ist, wurde in einschlägigen Fällen die Argumentation des BGH im Insertationsofferten-Fall auf die Konstellation des Ping-Anrufs übertragen und konnte die inhaltsarme, aber letztlich nicht falsche Erklärung als Täuschung qualifizieren: Der Adressat irre auf Grund der typischerweise durch die Situation bedingten mangelnden Aufmerksamkeit.

Lit: BGHSt 47, 1; *Baier* JA 2002, 364 ff.; zu Abo- und Kostenfallen im Internet ausführlich OLG Frankfurt NJW 2011, 398; *Hatz* JA 2012, 186; zu Ping-Anrufen BGH wistra 2014, 310; OLG Oldenburg wistra 2010, 453; außerdem *Kölbel* JuS 2013, 193; *Rönnau/Wegner* JZ 2014, 1064 ff.

Lastschriftbetrug bzw. Lastschriftreiterei

Def.: *Bei einem Lastschriftbetrug beauftragt der Täter seine Bank, von fremden Konten Geld einzuziehen. Dabei rechnet er damit, dass der betroffene Kontoinhaber der Belastung widersprechen wird. Den auf Grund des Lastschriftauftrages dem Täterkonto gutgeschriebenen Betrag lässt sich der Täter unmittelbar (also vor Widerruf) auszahlen. Erfolgt später der Widerruf durch den Kontoinhaber, wird dessen Konto die Belastung wieder gutgeschrieben, so dass den Schaden die Bank trägt. Das Lastschriftverfahren wird auf diesem Wege zur Kreditbeschaffung (ohne Sicherheiten) missbraucht.*

(P): Fraglich ist, welchen Erklärungswert man einer Lastschriftvorlage entnehmen kann, insbesondere ob nach dem objektiven Empfängerhorizont auch die Erklärung herausgelesen werden kann, dass kein Widerruf erfolgen werde. Außerdem bereitet der Vermögensschaden Probleme, da zum Zeitpunkt der Tathandlung die Bank einen Anspruch hat, aber dieser mit einem Widerrufsrisiko behaftet ist.

Lösung: Nach Auffassung des BGH wird mit Vorlage einer Lastschrift nicht nur erklärt, dass ein Anspruch gegenüber dem Zahlungspflichtigen besteht, sondern auch, dass nicht mit einem Widerruf der Lastschrift zu rechnen ist. Somit ist nicht nur, wenn die Forderung fingiert ist, sondern auch wenn sie tatsächlich besteht, das Widerrufsrisiko entscheidend.

Lit: BGHSt 50, 147 (153); BGH NStZ 2016, 154; OLG Hamm wistra 2012, 161; *Fahl* Jura 2006, 733 ff.

Scheckbetrug

Def.: *Bei einem Scheckbetrug fertigt der Täter im Zahlungsverkehr einen Scheck in dem Bewusstsein aus, dass bei Vorlage des Schecks ein entsprechender Deckungsbetrag nicht vorhanden ist, der Scheck also „platzt".*

(P): siehe Darlehensbetrug; der Scheck zögert die Realisierung der Forderung u.U. hinaus, die Gutschrift bedeutet für den Gläubiger noch nicht, dass er geschädigt ist, da er im Falle der Nichteinlösung des Schecks den Betrag dem Konto rückbelasten darf.

Lösung: Ein Gefährdungsschaden kann somit nur angenommen werden, wenn der gutgeschriebene Betrag (einschließlich der Kosten einer Befriedigung) nicht von hinreichenden Sicherheiten gedeckt ist. Vielfach wird hierbei auf die Deckung des Kontos abgestellt; problematisch an der dabei vorgenommenen Prognose ist die Unberechenbarkeit des Täterverhaltens, der die Sicherheit der Bank zu einem späteren (nicht maßgeblichen Zeitpunkt) willkürlich aufheben kann, dies aber nichts an der Deckung des Kontos zum maßgeblichen Zeitpunkt führt.

Lit: *Schuhr* ZWH 2012, 229; BGH wistra 2012, 267; BGH NJW 1983, 461.

Submissionsbetrug

Def.: *Bei einem Submissionsbetrug sprechen sich mehrere Personen bzw. Unternehmen untereinander im Rahmen einer Ausschreibung ab und manipulieren dadurch den „Marktpreis", der durch die Ausschreibung erst ermittelt werden soll.*

(P): Da diejenigen, die den Zuschlag erhalten, sich dazu verpflichten, die Leistung zu erbringen und auch dazu bereit sind, fragt es sich, ob die Zahlung nicht hierdurch kompensiert wird. Die Kalkulation beinhaltet nunmehr aber eine unbekannte Variable, da ein objektiver Marktwert, welcher der Saldierung zu Grunde gelegt werden muss, gerade nicht existiert.

Lösung: Der BGH stellt daher auf den „hypothetischen" Wettbewerbspreis ab, der sich bei ordnungsgemäßer Durchführung des Ausschreibungsverfahrens gebildet hätte. Für dessen Berechnung zieht er vorrangig das Indiz der Schmiergeldzahlung heran und lässt i.Ü. eine Schätzung durch den Tatrichter im Rahmen seiner freien Beweiswürdigung gem. § 261 StPO zu. Die dogmatischen Bedenken einerseits sowie die dennoch schwierige Ermittlung des hypothetischen Preises andererseits wiegen aber seit der Einfügung des § 298 StGB nicht mehr so schwer, der ausschließlich auf die Tathandlung der wettbewerbswidrigen Submissionsabsprache abstellt.

Lit: BGHSt 38, 186; 47, 83 (88); *Hohmann* NStZ 2001, 566 (569).

Subventionsbetrug

Def.: *Bei einem Subventionsbetrug macht der Täter fälschliche Angaben, um in den Genuss eines staatlichen Zuschusses zu kommen. Teilweise macht er vollständig richtige Angaben, verwendet aber nach der Bewilligung die Subvention zweckwidrig.*

(P): Der Täter muss bei seinem Antrag nicht unbedingt ausdrücklich täuschen bzw. Falschangaben machen, da sich aus seiner Stellung, aus dem Vermögensstand etc. tatsächlich ein Anspruch auf die Subvention ergeben kann. Außerdem erfolgt die Vermögenshingabe einseitig, so dass es sich um einen Fall der bewussten Selbstschädigung durch den Subventionsgeber handeln kann.

Lösung: Ein Subventionsbetrug nach § 263 StGB ließe sich zwar regelmäßig über die Zweckverfehlungslehre konstruieren, jedoch würde dies nichts an der praktisch schwierigen Nachweisbarkeit des Vermögensschadens ändern. In diese Lücke stößt § 264 StGB, der die bloße Subventionserschleichung unter Strafe stellt.

Lit: BGHSt 19, 37; *Tiedemann* ZStW 86 (1974), 903 ff.

E. BGHSt 59, 80: Matched Orders
Strafrecht des Kapitalmarkts und Anlegerschutz
(zugleich Grundbegriffe des Bilanzstrafrechts)

Literatur: *Tiedemann*, Rn. 1020-1079; *Hellmann*, Rn. 1 ff.; *Wittig*, § 18, § 28-30; A/R/R/*Hüls/Trüg*, 10. Teil; *Park*, JuS 2007, 621 ff. und 712 ff.; *Merkt/Binder*, Jura 2006, 683; Einführung ins Bilanzrecht bei *Lange/Pyschny*, Jura 2005, 768 ff.
Falllösungen: *Beck/Valerius*, Fall 14; *Hellmann*, Fälle, Fall 7.

> **Sachverhalt (vereinfacht)** 296
>
> A erteilte jeweils Verkaufs- und Kaufaufträge für die im Freiverkehr an der Frankfurter Börse gehandelten Aktien der Firma R-AG, die er zuvor mit dem Käufer bzw. Verkäufer abgesprochen hatte (sog. matched orders bzw. prearranged trades). Dabei ging er wie folgt vor: Zunächst gab er in der Absicht, sich finanzielle Liquidität für den Erwerb sonstiger Aktien zu verschaffen, einen Verkaufsauftrag über 22.000 Aktien der R-AG zu einem Verkaufslimit von 4,55 €. Ein Geschäftspartner A erteilte am selben Tag aufgrund einer zwischen beiden zuvor getroffenen Vereinbarung einen Kaufauftrag mit einem Kauflimit von 4,55 €, zunächst über 14.000 und unmittelbar darauf über weitere 8.000 Stück der betreffenden Aktien. Diese Aufträge wurden jeweils zu entsprechenden Geschäftsabschlüssen zusammengeführt. Ein zu einem nicht näher festgestellten vorherigen Zeitpunkt veröffentlichter Preis für die Aktie der R-AG betrug 4,12 € pro Aktie. Dabei handelte es sich aber um einen Kurs, zu dem noch keinerlei Umsatz stattfand, sondern nur eine Nachfrage bestand. Um die ihm gewährte Liquidität teilweise zurückfließen zu lassen, gab A dann vier Wochen später den Kauf von 10.000 Stück derselben Aktie zu einem Kauflimit von 4,55 € in Auftrag. Da sein Geschäftspartner zuvor zwei Verkaufsaufträge über je 5.000 Stück Aktien mit dem vereinbarten Verkaufslimit in gleicher Höhe erteilt hatte, kam es zu einem entsprechenden Geschäftsabschluss.[637]

I. Strafrechtlicher Schutz des Kapitalmarkts

Aktien, Anlagen und Börsen gehören bei vielen zu den ersten Assoziationen, die man mit dem abstrakten Terminus „Wirtschaft" in Verbindung bringt. Jene Begrifflichkeiten sind ihrerseits dem Oberbegriff des **Kapitalmarkts** zuzuordnen. Auf dem Kapitalmarkt werden Güter, Waren und Geld in anderes Kapital umgewandelt, sprich angelegt, etwa durch den Ankauf von Aktien oder die Investition in andere Währungen (einschließlich sog. Kryptowährungen, insb. sog. Bitcoins) oder Güter (Gold, Platin). Der **Kapitalmarkt** besteht aus der Gesamtheit aller Einrichtungen und Rechtshandlungen, die der Zusammenführung von Angebot und Nachfrage nach mittel- und langfristigem (Finanz-)Kapital dienen. Als zentrale Komponente des (erweiterten) Wirtschaftskreis- 297

---

637 Bis zur zweiten Auflage wurde an dieser Stelle (vgl. *Kudlich/Oğlakcıoğlu*, Wirtschaftsstrafrecht, 2. Aufl. 2014, Rn. 297 ff.) die Entscheidung BGHSt 49, 381 (EM.TV) besprochen. Die allgemeinen Ausführungen (Rn. 297 – 321) bleiben von diesem Austausch im Wesentlichen unberührt, haben sich teilweise aber auf Grund umfangreicher Änderungen des WpHG geändert. Zu den Spezifika der Entscheidung EM.TV (Strafbarkeit auf Grund einer unrichtigen ad-hoc-Mitteilung vgl. daher ausführlicher die 2. Auflage Rn. 322 ff.)

laufs ist es ein legitimes Anliegen, Manipulationen auf dem Kapitalmarkt vorzubeugen und Chancengleichheit zwischen den Anlegern sowie die bestmögliche Funktionsfähigkeit des Marktes zu bewahren. Dem Bundeslagebild „Wirtschaftskriminalität" 2018 zufolge handelt es sich um ein Gebiet, das – auch im Hinblick auf die Digitalisierung – einen spürbaren Wandel durchläuft;[638] Wirtschaftskriminelle können undurchsichtige Geschäftsmodelle und für den Kleinanleger viel zu komplexe Anlageinstrumente über das Internet vertreiben und sich mit digitalen Währungen bezahlen lassen. Dabei leisten die steigende Akzeptanz und das wachsende Vertrauen in Anbieter, die außerhalb und unabhängig der Strukturen der Kredit- und Finanzbranche Geldanlageoptionen bereitstellen (bzw. das wachsende Misstrauen gegenüber dem Bankensystem), auch kriminellen Angeboten Vorschub.[639]

298 Die Regulierung des Kapitalmarkts erfolgt durch ein Zusammenspiel von öffentlich-rechtlichen sowie privatrechtlichen Vorschriften: dem **Kapitalmarktrecht** als Gesamtheit aller Normen, die die Anleihe und den Handel mit Anlagen regeln und sowohl den Individualschutz der Kapitalanleger als auch den Funktionsschutz des Kapitalmarkts bzw. der Wirtschaft in ihrer Gesamtheit bezwecken. Es handelt sich – für das Wirtschafts(straf)recht typisch – um eine gebietsübergreifende Rechtsmaterie, die auf mehrere Gesetzesblöcke (etwa das WpHG, das WpÜG, das BörsG und das DepotG, aber letztlich auch das Kapitalgesellschaftsrecht, insbesondere AktG) verstreut ist. Die einschlägigen Strafvorschriften ähneln – das wird nicht überraschen – zumindest von ihrer grundsätzlichen Ausgestaltung vielfach den soeben dargestellten Betrugsderivaten[640] und weisen überdies auch die sonstigen Charakteristika von Wirtschaftsstraftatbeständen auf. Hierzu zählt insbesondere die Blanketttechnik.

299 Beim Kapitalmarktrecht handelt es sich in gesetzgeberischer Hinsicht um eine besonders dynamische Materie[641], was nicht nur auf den erheblichen Einfluss des internationalen Rechts (insbesondere des europäischen Kapitalmarktrechts[642]), sondern auch auf die ständigen Neuentwicklungen und Herausforderungen (etwa die Bewältigung der Finanzkrise im Jahre 2008[643]) zurückzuführen ist: Es liegt somit auf der Hand, dass sich die bereits dargestellten Probleme der mangelnden Bestimmtheit sowie der zeitlichen Geltung von Gesetzen im Kapitalmarktstrafrecht besonders häufig stellen können.

Zur Veranschaulichung und Vertiefung: Besonders deutlich wurde dies in der letztlich zur Entscheidung BGH 5 StR 532/16 führenden Diskussion darüber, ob es möglicherweise durch ein gesetzgeberisches Versehen zu einer unbeabsichtigen „Generalamnestie" im Kapitalmarktstrafrecht gekommen sei: Kurz nach dem Inkrafttreten umfangreicher Änderungen des WpHG

---

638 Bundeslagebild Wirtschaftskriminalität, S. 12.
639 Bundeslagebild Wirtschaftskriminalität, S. 13.
640 Vgl. Rn. 258 ff.; es handelt sich um „binnenspezifische" Täuschungshandlungen im Kapitalmarktverkehr, die u.U. konkreter als der Täuschungsbegriff des § 263 I StGB beschrieben sind, aber dafür (dem Umstand der schwierigen Nachweisbarkeit Rechnung tragend) auf den Eintritt eines Vermögensschadens verzichten.
641 Bereits zur neuen Rechtslage A/R/R/*Trüg*, 10. Teil, 2. Kap. Rn. 1.
642 Dies führt auch zu der bereits aufgeworfenen Frage der „unionsrechtskonformen" Auslegung, vgl. Rn. 77a f.
643 Zur Finanzkrise und ihrer strafrechtlichen Bewältigung vgl. bereits Rn. 201f ff.; näher *Schröder*, Kapitalmarktstrafrecht, Rn. 1080; vgl. auch *Jahn* wistra 2013, 41.

durch das Erste Finanzmarktnovellierungsgesetz vom 30.06.2016 (BGBl. I, 1514) war die Frage aufgeworfen worden, ob eine unglückliche Regelung über das Inkrafttreten der Änderungen auf Grund einer fehlerhaften Harmonisierung mit dem Inkrafttreten der in der Neufassung der Vorschrift in Bezug genommenen Marktmissbrauchsverordnung (Verordnung (EU) Nr. 596/2014 des Europäischen Parlaments des Rates vom 16.04.2014, Abl Nr. L 173 v. 12.6.2014, S. 1) nicht nur zu einer Strafbarkeitslücke für einen Tag, sondern – wegen des Günstigkeitsprinzips des § 2 III StGB – zu einer unbeabsichtigten Generalamnestie für alle früheren und noch nicht abgeurteilten Straftaten (und Ordnungswidrigkeiten[644]) nach dem WpHG geführt hat.[645]

Aus hier nicht zu vertiefenden Gründen[646] ist das Inkrafttreten des FiNaMoG hinsichtlich der Änderungen insbesondere der damals neu gefassten Straf- und Ordnungswidrigkeitenvorschriften der §§ 38, 398 WpHG a.F.[647] auf den 02.07.2016 gesetzt, während das in Bezug genommene Marktmissbrauchs-Verordnung (MAR) zwar bereits im Jahre 2014 in Kraft getreten ist, aber nach ihrem Art. 39 II in den hier relevanten Teilen erst ab dem 03.07.2016 „galt".

Daraus wurde in der Literatur mit durchaus gewichtigen Argumenten abgeleitet,[648] dass

a) der Verweis in § 38 III (Insidergeschäfte) bzw. in § 38 I Nr. 2 i.V.m. § 39 IIId Nr. 1 WpHG a.F. (Marktmanipulation), nach dem der Täter durch die dort näher beschriebenen Verhaltensweisen jeweils auch gegen die MAR verstoßen muss, für den 02.07.2016 „ins Leere gelaufen" ist, dass

b) dadurch am 02.07.2016 keine Strafbarkeit entsprechender Verstöße bestanden hat und dass

c) deshalb auf Grund dieser zwischenzeitig „maximal milden" Rechtslage die Straflosigkeit nach § 2 III StGB für alle vor dem 03.07.2016 begangenen und noch nicht sanktionierten Verstöße Geltung beansprucht.

Der 5. Strafsenat hat – kriminalpolitisch wenig überraschend, und letztlich auch dogmatisch vorzugswürdig – dieser Sichtweise eine Absage erteilt. Grob zusammengefasst weist er darauf hin, dass der Gesetzgeber die unionsrechtlichen Vorschriften ungeachtet ihrer unmittelbaren Anwendbarkeit im nationalen Recht in eine strafrechtliche Blankettnorm aufnehmen wollte und dabei mit seiner Formulierung „Wer gegen die Verordnung (EU) Nr. 596/2014 verstößt" nur die genaue Bezeichnung der Verordnung vor die Klammer wolle. Ein „Verstoß" gegen die MAR sei in diesem Kontext aber auch dann anzunehmen, wenn der Bundesgesetzgeber ihren Inhalt auch schon einen Tag vor dem in der Verordnung bestimmten Zeitpunkt für anwendbar erklärt.[649]

Dem ist zuzustimmen, denn dem (scheinbaren) Merkmal des „Verstoßes" gegen die MAR kommt kein eigenständiger Unrechtsgehalt zu, der erst ab ihrer Geltung bestehen und daher die Sanktionierung rechtfertigen würde. Die Sinnhaftigkeit des strafrechtlichen Normbefehls ist von dieser Geltung erst einmal unabhängig, weil trotz des akzessorischen Charakters des Kapitalmarktstrafrechts unstreitig sein dürfte, dass es sich nicht allein um strafrechtliche Sanktionen für Verwaltungsgehorsam oder um die Durchsetzung bestimmter formaler Ordnungsvorschriften handelt, sondern dass hier (auch durch die Strafvorschriften des WpHG a.F. anerkannte) Rechtsgüter existieren. Vielmehr wollte der Gesetzgeber gerade den Inhalt der europarecht-

---

644 § 4 III OWiG enthält insoweit eine parallele Vorschrift zu § 2 III StGB, die hier besonders brisant gewesen wäre, da die praktische Bedeutung von Ordnungswidrigkeitenverfahren in Kapitalmarkt-Sachen größer sein dürfte als die von Strafverfahren.
645 Vgl. dazu insbesondere *Rothenfußer/Jäger* NJW 2016, 2689; ferner etwa *Bülte/Müller* NZG 2017, 205; *Gaede* wistra 2017, 41; *Klöhn/Büttner* ZIP 2016, 1801; *Lorenz/Zierden* HRRS 2016, 443; *Rossi* ZIP 2016, 2437.
646 *Klöhn/Büttner* ZIP 2016, 1801 (1806 f.) verweisen insoweit auf Art. 30 I UAbs. 2 MAR, der sich mit der Umsetzungspflicht hinsichtlich verwaltungsrechtlicher Sanktionen beschäftigt, wenn zum Inkrafttreten der MAR bereits bestimmte strafrechtliche Sanktionen bestehen.
647 Vgl. nunmehr auf Grund schon wieder weiterer umfangreicher Änderungen §§ 119, 120 WpHG.
648 Vgl. nochmals *Rothenfußer/Jäger*, NJW 2016, 2689; im Ergebnis so auch *Bülte/Müller* NZG 2017, 205 (208 ff.); *Gaede* wistra 2017, 41 (43 ff.).
649 Vgl. BGHSt 62, 13 = wistra 2017, 160 m. Anm. *Kudlich* ZBB 2017, 72; *Rothenfußer* AG 2017, 149; *Rossi* NJW 2017, 969; *Pananis* NStZ 2017, 236.

lichen Vorgaben möglichst eng geführt auch bei der Auslegung der §§ 38, 39 WpHG a.F. berücksichtigt wissen – und gerade dafür ist die „Geltung" der schon lange existenten und in Kraft getretenen Verordnung eben nicht erforderlich, sondern es kommt allein auf den bekannten Inhalt der Regelung an.

Auch das in Bezug genommene Europarecht spricht natürlich nicht gegen ein solches Verständnis: Es wäre fast schon grotesk, einen Verstoß gegen den Willen des Verordnungsgebers zu konstruieren, wenn ein Mitgliedstaat den Harmonisierungsauftrag sozusagen „übererfüllt", indem er die europäisch gewünschten Regelungen schon (kurz!) erfüllt, bevor der Geltungsbeginn des europäischen Rechtsakts i.V.m. der gleichzeitigen Umsetzungsverpflichtung (vgl. Art. 13 I der Marktmissbrauchsrichtlinie[650] - MAD) dies verlangt. Für „qualitative" Überschreitungen der Mindeststandards ist diese Möglichkeit ganz unbestritten, und für zeitliche Übererfüllungen ergibt sie sich letztlich aus Art. 13 I MAD, der nicht von einer Umsetzung „zum" bzw. „am" 03.07.2016, sondern „bis zum 03.07.2016" spricht.

Zuletzt ist auf den Charakter der §§ 38, 39 WpHG a.F. als statische Verweisung auf die MAR hinzuweisen. Die Bezugnahmen auf Art. 14 und 15 MAR war als eine solche statische Verweisung in dem Sinne zu verstehen, dass gerade die bei Verabschiedung der Neufassung der §§ 38, 39 WpHG a.F. bereits in Kraft getretene Fassung der Verordnung in Bezug genommen wird.[651] Das wird regelungstechnisch daraus deutlich, dass die Vorschriften jeweils in einem Vollzitat auf die MAR Bezug nehmen, ohne dass auf die jeweilige Fassung der Verordnung verwiesen wird. Solche statischen Verweisungen sind jedoch letztlich gleichsam „Inkorporationen" anderer Norminhalte in die gesetzliche Vorschrift, d.h. der Inhalt der (konkreten und statisch) in Bezug genommenen Ausfüllungsnorm wird vollständig und dauerhaft zum Inhalt der Strafnorm, und es wird nur aus Gründen der Normvereinfachung darauf verzichtet, den Inhalt auch sprachlich komplett aufzunehmen, vgl. auch oben Rn. 47.

299a Die erhebliche Komplexität, Unübersichtlichkeit und ständige Weiterentwicklung der Materie hat zudem eine besonders kriminogene Wirkung, da professionelle Marktteilnehmer ständig auf der Suche nach Gesetzeslücken sind, um ein gerade noch rechtlich zulässiges, aber hochgradig risikobehaftetes Kredit- bzw. Anlagegeschäft abzuschließen. Hierbei können die Unerfahrenheit und Leichtgläubigkeit von Anfängern leicht ausgenutzt werden. Damit zeichnet sich ab, dass in Bezug auf Kapitalanlagegeschäfte auch die „klassischen" Wirtschaftsdelikte verwirklicht sein können: Zu denken ist hierbei an einen „Warenterminoptionsbetrug"[652] oder an das sog. „Churning".[653]

---

650 Richtlinie 2014/57/EU des Europäischen Parlaments und das Rates vom 16. April 2014 über strafrechtliche Sanktionen bei Marktmanipulation (Marktmissbrauchsrichtlinie), ABl Nr. L 173 v. 12.6.2014, S. 179.
651 So auch vgl. *Klöhn/Büttner* ZIP 2016, 1801 (1807); *Veil* ZGR 2016, 305 (312); insoweit sogar zustimmend *Rothenfußer/Jäger* NJW 2016, 2689 (2691).
652 Bei Warentermingeschäften vermittelt der Täter seinen Käufern („Optionsnehmern") einen Vertrag mit einem „Stillhalter". Es handelt sich um einen Vertrag, der über einen bestimmten Zeitraum andauert, wobei aber der Käufer immer nur den Preis zahlen muss, der beim Abschluss des Geschäfts bestand. Steigt der Preis während der Vertragslaufzeit, muss der Verkäufer „still halten" und bekommt also weiterhin nur den niedrigeren Kaufpreis, d.h. der Optionsnehmer macht Gewinn. Die Zahlung der Maklercourtage erfolgt hierbei durch ein hochgradig kriminogenes „Aufschlagssystem", bei dem durch den Einbehalt der Provisionen die dargestellten Gewinnchancen erheblich minimiert werden, ohne dass die Vermittler ihre Kunden hierüber aufklären. Dann kommt ein sog. „Warenterminoptionsbetrug" in Betracht, vgl. BGHSt 30, 177 (179) m. Anm. *Koch* JZ 1980, 704 ff.
653 Beim „Churning" (auch als Provisionsschneiderei bezeichnet) schichtet der Anlageberater/Vermögensverwalter das Wertpapierdepot seines Kunden ohne Rücksicht auf deren Zweckmäßigkeit um, nur um die durch die sinnlosen Umschichtungen fälligen Provisionen zu erhalten, vgl. hierzu *Park* JuS 2007, 621 (622). Insofern bewegt sich der Täter irgendwo zwischen Untreue

Beide Phänomene können u.U. unter den Betrugstatbestand des § 263 StGB subsumiert werden. Ähnliches gilt für die Untreue, wenn für die Bestimmung einer Vermögensbetreuungspflichtverletzung kapitalmarktrechtliche Verbotsvorschriften herangezogen werden müssen.[654]

Dies führt zu folgender Systematisierung: Differenzieren lässt sich zwischen den kapitalmarktspezifischen Strafvorschriften (vgl. bereits § 264a StGB und §§ 119 ff. WpHG – die grundsätzlich den §§ 38, 39 WpHG a.F. entsprechen – , ferner § 49 BörsG) sowie den allgemein gehaltenen Vorschriften, die (bzw. deren Tatbestandsmerkmale) einen „Kapitalmarktbezug" haben können, also bspw. §§ 263, 266 StGB. Darüber hinaus ist auch an die Bilanz- und Falschangabedelikte des Handels- und Gesellschaftsrechts zu denken (§§ 331 ff. HGB, § 82 I, II Nr. 1 GmbHG, § 399 AktG).[655] Zwar haben diese nicht unmittelbar den Schutz des Kapitalmarkts im Auge; oftmals stehen sie jedoch in engem Bezug zum Anlegerschutz, da die Bilanz bzw. der Vermögensbestand eines Unternehmens einen der wichtigsten Anhaltspunkte für die Investoren darstellt. Für viele Delikte des Kapitalmarktstrafrechts gilt, dass ihre praktische Bedeutung paradoxerweise mehr im **Zivilrecht** liegt.[656] Da sie **Schutzgesetze** i.S.d. § 823 II BGB darstellen, können sie die Grundlage für einen Schadensersatzanspruch der „geprellten" Anleger.[657]

300

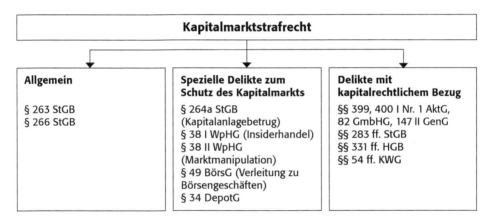

---

und Betrug, vgl. ausführlich *Nestler*, Churning: Strafbarkeit der Spesenschinderei nach deutschem Recht, 2008.
654 Zur Akzessorietät der Untreue vgl. Rn. 339.
655 Vgl. *Schröder*, Kapitalmarktstrafrecht Rn. 675.
656 So auch *Ransiek* JR 2005, 165 in seiner Anmerkung zur strafrechtlichen Entscheidung im Fall EM.TV: „Eigentlich geht es bei dem zu besprechenden Urteil des 1. Strafsenats nicht um Strafrecht (...) Die Verurteilung nach dieser Norm ebnet also den Weg für zivilrechtliche Ersatzansprüche."
657 Und unter Umständen vielleicht die einzige (vgl. etwa BGH ZWH 2015, 347): Der vertragliche Anspruch (aus Dienst- bzw. Werkvertrag oder Geschäftsbesorgung) könnte wegen eines Verstoßes gegen die Nichtigkeitsvorschriften gem. §§ 134, 138 ff. ins Leere laufen. § 823 I BGB schützt keine „Eingriffe" ins blanke Vermögen; § 826 BGB dagegen setzt eine *sittenwidrige* Schädigung voraus. Zumindest für den vorliegenden Fall wäre das Problem nach derzeitiger Rechtslage nicht derart gravierend, da spezifische Schadensersatzvorschriften für fehlerhafte ad-hoc-Mitteilungen existieren, vgl. §§ 97, 98 WpHG.

1. Ausgewählte Strafvorschriften zum Schutz des Kapitalmarkts im Überblick

a) Kapitalanlagebetrug, § 264a StGB

301 § 264a StGB erfasst den sog. **„Prospektbetrug"** und schützt neben dem Vermögen der Anleger das überindividuelle Rechtsgut der Funktionsfähigkeit des Kapitalmarkts.[658] Er verzichtet auf den Eintritt eines Irrtums und Vermögensschadens und „umschifft" somit die typischen Beweisschwierigkeiten, die § 263 StGB mit sich bringt.[659] Dies gilt v.a. im Hinblick auf den Schaden, da der Marktwert einer bestimmten Beteiligung/Anlage zum Tatzeitpunkt im Nachhinein kaum ermittelt werden kann, was aber nach dem Prinzip der Gesamtsaldierung notwendig wäre.[660] Es handelt sich um ein abstraktes Gefährdungsdelikt, das mit Verwenden der unrichtigen Prospekte bereits vollendet ist.[661]

302 Nach § 264a StGB macht sich strafbar, wer in bestimmten **Werbeträgern** gegenüber einem **unbestimmten** Personenkreis unrichtige Angaben[662] macht oder nachteilige Tatsachen verschweigt, die für die Anlageentscheidung erheblich sind (echtes Unterlassungsdelikt). Neben dem Emittenten kommen somit auch der Anlageberater oder Vermögensverwalter als Täter des **„Jedermannsdelikts"** in Betracht. Da der Tatbestand durch seine Ausgestaltung als schlichtes Tätigkeitsdelikt ohnehin zu einer deutlichen Strafbarkeitsvorverlagerung führt, hat der Gesetzgeber nur bestimmte, besonders täuschungsanfällige Anlageobjekte zum Tatbestandsbezugspunkt gemacht[663], nämlich Wertpapiere, Bezugsrechte sowie Unternehmensanteile.[664] Wichtige Hürde in der Praxis ist der Nachweis der **Erheblichkeit** der verschwiegenen oder manipulativen Angaben für die Anlageentscheidung: Die Erheblichkeitsschwelle ist nach der Gesetzesbegründung dann überschritten, wenn die Angaben nach dem Maßstab eines verständigen, durchschnittlich vorsichtigen Anlegers Einfluss auf Wert, Chancen und Risiken der Kapitalanlage haben.[665]

303 Die beschriebenen Tathandlungen müssen mittels eines **Werbeträgers** erfolgen[666]: Zu den Prospekten zählt jedes Schriftstück, das für die Beurteilung einer Anlage erhebli-

---

658 OLG Köln NJW 2000, 598 (600). Die Vorschrift wurde durch das 2. WiKG eingefügt und sollte der fortschreitenden Bedeutung des „grauen Kapitalmarkts" Rechnung tragen: Hierunter sind Märkte zu verstehen, die nicht der staatlichen Finanzaufsicht (BAFin) unterliegen. Siehe hierzu Park/*Park* § 264a Rn. 2.
659 MK-StGB/*Ceffinato* § 264a Rn. 2.
660 „Kupierter Betrug", A/R/R/*Hüls*, 10. Teil. 2. Kap. Rn. 4.
661 Falllösung bei *Seier/Justenhoven* JuS 2013, 229 (Schneeballsystem).
662 Vgl. hierzu Rn. 268.
663 Ein weiteres „Zugeständnis" findet sich in § 264a III StGB, der für die tätige Reue einen persönlichen Strafaufhebungsgrund bereitstellt und somit dem Umstand gerecht wird, dass aufgrund der früheren Tatvollendung kein Rücktritt gem. § 24 StGB möglich ist.
664 Vgl. im Einzelnen übersichtlich *Wittig* § 18 Rn. 10-23 (siehe hier auch die Sonderanlagen des § 264a I Nr. 2, II StGB: „Erhöhungsangebote" bzw. „Treuhandvermögen").
665 BT-Drs. 10/5058, S. 31; Vgl. auch BGH NJW 2005, 2242 (2245); krit. zur Vorschrift *Zieschang* GA 2012, 607.
666 Somit kann tateinheitlich der Tatbestand der verbotenen Werbung gem. §16 UWG verwirklicht sein, siehe Rn. 409.

che Angaben enthält oder zumindest diesen Eindruck erwecken soll.[667] Allerdings kann die Verbreitung auch über schlichte Übersichten bzw. Darstellungen über den Vermögensstand erfolgen, in denen Bilanzen, Gewinn- und Verlustrechnungen sowie weitere vermögensrelevante Informationen aufgelistet sind.[668] Dabei genügt es, wenn der Täter erst zwischenzeitlich unrichtig gewordene Prospekte weiterverwendet.[669] Bedingter Vorsatz bezüglich der geschilderten Tatbestandsmerkmale genügt.[670]

b) Straftaten nach dem WpHG

§ 119 WpHG bestraft u.a. den unzulässigen Insiderhandel bzw. die Insiderweitergabe (Abs. 3 i.V.m. Art. 14 Marktmissbrauchsverordnung[671]) sowie die verbotene Marktmanipulation (Abs. 1 i.V.m. § 120 II Nr. 3).[672] Die rechtliche Regelung ist zum einen durch ein komplexes und schwer durchschaubares Normengeflecht mit zahlreichen Verweisungen und einer häufigen Inbezugnahme der Europäischen Vorgaben, insbesondere der Marktmissbrauchsverordnung, geprägt.[673]

304

Unter **Insiderhandel** ist der Missbrauch von internen Informationen zum Zwecke von gewinnbringenden Börsengeschäften zu verstehen. Durch seinen Wissensvorsprung hat der Täter nicht nur einen nicht gewollten Wettbewerbsvorteil gegenüber anderen gleichrangigen Teilnehmern am Markt, sondern kann den Kurs bzw. den gesamten Markt durch sein Kaufverhalten erheblich beeinflussen. Zur Bekämpfung des kapitalmarktschädigenden Insiderhandels sind in Europa nationale Börsen- und Wertpapieraufsichtsbehörden tätig (in Deutschland: die Bundesanstalt für Finanzdienstleistungsaufsicht = BaFin), welche die Funktionsfähigkeit und Fairness auf den Börsen und die Wahrung der gesetzlichen Vorgaben absichern sollen. Dies geschieht beispielsweise durch eine stichprobenartige Überwachung mittels spezieller EDV-Programme, die auf besonders auffällige Kursbewegungen oder verdächtige Umsätze aufmerksam machen. Börsennotierte Unternehmen müssen nach Art. 17 Marktmissbrauchsverordnung Insiderinformationen zeitnah veröffentlichen (sog. **Ad-hoc-Publizität**), um einer mögli-

304a

---

667 MK-StGB/*Ceffinato* § 264a Rn. 50 m.w.N.
668 *Fischer* § 264a Rn. 12 m.w.N.
669 Instruktiv und die Anforderungen des § 264a StGB als Schutzgesetz konkretisierend die Ausführungen des 8. Zivilsenats, vgl. BGH ZWH 2015, 347.
670 Ausführlich hierzu Park/*Park* § 264a Rn. 1 ff.
671 Verordnung (EU) Nr. 596/2014 des Europäischen Parlaments und des Rates vom 16. April 2014 über Marktmissbrauch (Marktmissbrauchsverordnung) und zur Aufhebung der Richtlinie 2003/6/EG des Europäischen Parlaments und des Rates und der Richtlinien 2003/124/EG, 2003/125/EG und 2004/72/EG der Kommission (ABl. L 173 vom 12.6.2014, S. 1; L 287 vom 21.10.2016, S. 320; L 306 vom 15.11.2016, S. 43; L 348 vom 21.12.2016, S. 83).
672 Zusf. zu den Änderungen durch das 1. Finanzmarktmodernisierungsgesetz (das zwar nach der Bezifferung des Gesetzes schon wieder überholt worden ist, in dem die Straf- und Bußgeldvorschriften in die §§ 119 ff. WpHG verschoben worden sind, in dem aber die wesentlichen strukturellen Änderungen der Tatbestände erfolgt sind) *Göhler* ZIS 2016, 266; *Kudlich* AG 2016, 459; vgl. auch *Achenbach* wistra 2018, 13; *Poller* NZWiSt 2017, 430; *Zeder* NZWiSt 2017, 41.
673 Ausführlich (auch zu den gesetzgeberischen Entwicklungen, insbesondere zur Umsetzung der Marktmissbrauchsverordnung MK/*Pananis* § 119 WpHG Rn. 1 ff.; zur neuen Rechtslage vgl. auch *Achenbach* wistra 2018, 13; *Hefendehl* wistra 2019, 1 sowie *Poller* NZWiSt 2017, 430.

chen Weiterverbreitung der Insiderinformationen an Dritte zuvorzukommen; anderenfalls drohen Schadensersatzansprüche nach § 97 WpHG oder Bußgelder nach § 120 XV Nr. 6 WpHG.

aa) § 119 III Nr. 1-3 WpHG: Insiderhandel, Empfehlung und verbotene Offenlegung

305 § 119 III WpHG ist ein schlichtes Tätigkeitsdelikt und als mehrstufiges **Blankett** ausgestaltet, das zunächst auf die Verbote des Art. 14 Marktmissbrauchsrichtlinie verweist, deren Begrifflichkeiten in anderen Normen der Richtlinie (insb. Art. 7 und 9) konkretisiert werden.[674] So ergibt sich bei § 119 III WpHG (strafbarer Insiderhandel) folgendes Zusammenspiel:

306 **§ 119 III WpHG lautet:**

> Ebenso wird bestraft, wer gegen die Verordnung (EU) Nr. 596/2014 des Europäischen Parlaments und des Rates vom 16. April 2014 über Marktmissbrauch (Marktmissbrauchsverordnung) und zur Aufhebung der Richtlinie 2003/6/EG des Europäischen Parlaments und des Rates und der Richtlinien 2003/124/EG, 2003/125/EG und 2004/72/EG der Kommission (Abl. L 173 vom 12.6.2014, S. 1; L 287 vom 21.10.2016, S. 320; L 306 vom 15.11.2016, S. 43; L 348 vom 21.12.2016, S. 83), die zuletzt durch die Verordnung (EU) 2016/1033 (Abl. L 175 vom 30.6.2016, S. 1) geändert worden ist, verstößt, indem er
> 1. entgegen Artikel 14 Buchstabe a ein Insidergeschäft tätigt,
> 2. entgegen Artikel 14 Buchstabe b einem Dritten empfiehlt, ein Insidergeschäft zu tätigen, oder einen Dritten dazu verleitet oder
> 3. entgegen Artikel 14 Buchstabe c eine Insiderinformation offenlegt.

Art. 14 Marktmissbrauchsverordnung lautet:

> Folgende Handlungen sind verboten:
> a) das Tätigen von Insidergeschäften und der Versuch hierzu,
> b) Dritten zu empfehlen, Insidergeschäfte zu tätigen, oder Dritte anzustiften, Insidergeschäfte zu tätigen, oder
> c) die unrechtmäßige Offenlegung von Insiderinformationen.

Art. 8 Marktmissbrauchsverordnung lautet (auszugsweise):

> (1) Für die Zwecke dieser Verordnung liegt ein Insidergeschäft vor, wenn eine Person über Insiderinformationen verfügt und unter Nutzung derselben für eigene oder fremde Rechnung direkt oder indirekt Finanzinstrumente, auf die sich die Informationen beziehen, erwirbt oder veräußert. Die Nutzung von Insiderinformationen in Form der Stornierung oder Änderung eines Auftrags in Bezug auf ein Finanzinstrument, auf das sich die Informationen beziehen, gilt auch als Insidergeschäft, wenn der Auftrag vor Erlangen der Insiderinformationen erteilt wurde. In Bezug auf Versteigerungen von Emissionszertifikaten oder anderen darauf beruhenden Auktionsobjekten gemäß der Verordnung (EU) Nr. 1031/2010 schließt die Nutzung von Insiderinformationen auch die Übermittlung, Änderung oder Zurücknahme eines Gebots durch eine Person für eigene Rechnung oder für Rechnung eines Dritten ein.

---

674 Was – wie bereits erläutert (vgl. Rn. 46 ff.) – zu verfassungsrechtlichen Bedenken hinsichtlich der Normklarheit führt, hierzu auch (zur alten, insoweit aber durch Verweise im nationalen Recht vergleichbaren Gesetzeslage) *Park*, FS-Rissing-van Saan, 2011, S. 405 ff.

(2) Für die Zwecke dieser Verordnung liegt eine Empfehlung zum Tätigen von Insidergeschäften oder die Anstiftung Dritter hierzu vor, wenn eine Person über Insiderinformationen verfügt und
a) auf der Grundlage dieser Informationen Dritten empfiehlt, Finanzinstrumente, auf die sich die Informationen beziehen, zu erwerben oder zu veräußern, oder sie dazu anstiftet, einen solchen Erwerb oder eine solche Veräußerung vorzunehmen, oder
b) auf der Grundlage dieser Informationen Dritten empfiehlt, einen Auftrag, der ein Finanzinstrument betrifft, auf das sich die Informationen beziehen, zu stornieren oder zu ändern, oder sie dazu anstiftet, eine solche Stornierung oder Änderung vorzunehmen

(3) Die Nutzung von Empfehlungen oder Anstiftungen gemäß Absatz 2 erfüllt den Tatbestand des Insidergeschäfts im Sinne dieses Artikels, wenn die Person, die die Empfehlung nutzt oder der Anstiftung folgt, weiß oder wissen sollte, dass diese auf Insiderinformationen beruht.

(4) Dieser Artikel gilt für jede Person, die über Insiderinformationen verfügt, weil sie
a) dem Verwaltungs-, Leitungs- oder Aufsichtsorgan des Emittenten oder des Teilnehmers am Markt für Emissionszertifikate angehört;
b) am Kapital des Emittenten oder des Teilnehmers am Markt für Emissionszertifikate beteiligt ist;
c) aufgrund der Ausübung einer Arbeit oder eines Berufs oder der Erfüllung von Aufgaben Zugang zu den betreffenden Informationen hat oder
d) an kriminellen Handlungen beteiligt ist.

Art. 7 Marktmissbrauchsverordnung lautet (auszugsweise):

(1) Für die Zwecke dieser Verordnung umfasst der Begriff „Insiderinformationen" folgende Arten von Informationen:
a) nicht öffentlich bekannte präzise Informationen, die direkt oder indirekt einen oder mehrere Emittenten oder ein oder mehrere Finanzinstrumente betreffen und die, wenn sie öffentlich bekannt würden, geeignet wären, den Kurs dieser Finanzinstrumente oder den Kurs damit verbundener derivativer Finanzinstrumente erheblich zu beeinflussen;
b) in Bezug auf Warenderivate nicht öffentlich bekannte präzise Informationen, die direkt oder indirekt ein oder mehrere Derivate dieser Art oder direkt damit verbundene Waren-Spot-Kontrakte betreffen und die, wenn sie öffentlich bekannt würden, geeignet wären, den Kurs dieser Derivate oder damit verbundener Waren-Spot-Kontrakte erheblich zu beeinflussen, (...)
c) in Bezug auf Emissionszertifikate oder darauf beruhende Auktionsobjekte nicht öffentlich bekannte präzise Informationen, die (...)
d) für Personen, die mit der Ausführung von Aufträgen in Bezug auf Finanzinstrumente beauftragt sind, bezeichnet der Begriff auch Informationen, die von einem Kunden mitgeteilt wurden und sich auf die noch nicht ausgeführten Aufträge des Kunden in Bezug auf Finanzinstrumente beziehen, die präzise sind, (...)

(2) Für die Zwecke des Absatzes 1 sind Informationen dann als präzise anzusehen, wenn damit eine Reihe von Umständen gemeint ist, die bereits gegeben sind oder bei denen man vernünftigerweise erwarten kann, dass sie in Zukunft gegeben sein werden, oder ein Ereignis, das bereits eingetreten ist oder von den vernünftigerweise erwarten kann, dass es in Zukunft eintreten wird, und diese Informationen darüber hinaus spezifisch genug sind, um einen Schluss auf die mögliche Auswirkung dieser Reihe von Umständen oder dieses Ereignisses auf die Kurse der Finanzinstrumente oder des damit verbundenen derivativen Finanzinstruments, der damit verbundenen Waren-Spot-Kontrakte oder der auf den Emissionszertifikaten beruhenden Auktionsobjekte zuzulassen. (...)

Die Finanzinstrumente und anderen Objekte, auf die sich § 119 III WpHG bezieht, sind abschließend in Art. 2 Marktmissbrauchsrichtlinie legaldefiniert, ebenso der Begriff der Insiderinformation in Art. 7 Marktmissbrauchsrichtlinie. Wichtig ist hierbei, dass die Information konkret genug sein muss, um den Verlauf des Börsenkurses zu beeinflussen: Neben betriebswirtschaftlichen Daten (wie Umsatz, Ertrag etc.) ist hierbei an

307

Wirtschaftsanalysen bzw. Prognosen durch Spezialisten sowie bloße Absichten bzw. zukünftige Ereignisse (Übernahmen, Fusionen usw.) zu denken.[675] Der Umstand darf natürlich noch nicht öffentlich bekannt sein, wobei eine gewisse „Bereichsöffentlichkeit" (also in speziellen, professionellen Nachrichtensystemen) für die Annahme einer Bekanntmachung (und somit einer Verneinung des § 119 III WpHG) ausreicht, nicht dagegen bspw. auf einer internen Besprechung oder kurzfristigen Bekanntgabe im Rahmen einer Pressekonferenz. Nach früherer Rechtsprechung musste die Insiderinformation einen **Drittbezug** aufweisen, d.h. sie durfte nicht aus der eigenen Sphäre des Insiders stammen. An diesem Drittbezug fehlte es beispielsweise beim sog. „**Scalping**", bei welchem der Täter Papiere in der Absicht erwirbt, sie anderen zum Kauf zu empfehlen, um sie nach einem infolge der Empfehlung steigenden Kurs mit Gewinn wieder zu veräußern. Hier sollte keine Insiderinformation vorliegen, da der beeinträchtigende Faktor aus dem Kopf des „Insiders" selbst stammt und somit keinen Drittbezug aufweist.[676] Nach Art. 9 V Marktmissbrauchsrichtlinie stellt es (nur) für die Zwecke der Art. 8 und 14 an sich noch keine Nutzung von Insiderinformationen" dar, „dass eine Person ihr Wissen darüber, dass sie beschlossen hat, Finanzinstrumente zu erwerben oder zu veräußern, beim Erwerb oder der Veräußerung dieser Finanzinstrumente nutzt". Dies macht deutlich, dass nunmehr offenbar auch solche „inneren Tatsachen" Insiderinformationen sein können (wenngleich durch die Unanwendbarkeit des Art. 14 Marktmissbrauchsrichtlinie eine Insider-Strafbarkeit immer noch nicht darauf gestützt werden kann; zu denken ist aber an den Straftatbestand der Marktmanipulation).

308   Der Täter muss die Information **nutzen**, also bei seinem Handeln miteinbeziehen.[677] Insofern muss eine Kausalität zwischen Insiderinformation und dem fraglichen Geschäft festgestellt werden, wobei laut EuGH die Kausalität jedoch **vermutet** werden kann, wenn das Wissen um eine Insiderinformation und die Vornahme eines Geschäfts feststehen.[678]

> **Hinweis:** An dieser Stelle werden die Grenzen einer „unionsrechtskonformen" Auslegung deutlich (vgl. bereits Rn. 77a f.). Der EuGH konnte nur festhalten, wie er den früheren Begriff des „Verwendens" (jetzt: „Nutzens") verstehen will (wobei im Hinblick auf diese Interpretation ohnehin Konsens besteht[679]). Die Feststellung der Kausalität ist dagegen eine strafprozessuale Frage, deren Lösung er durch eine Neukonzipierung einer „Beweislastformel" im Hinblick auf die freie, tatrichterliche Beweiswürdigung sowie dem Grundsatz in dubio pro reo nicht einfach beiseiteschaffen kann.[680]

308a   Die Informationen müssen dazu geeignet sein, den Kurs **erheblich** zu beeinflussen.[681] Ähnlich wie bei § 264a StGB bereitet die Ermittlung der Erheblichkeitsschwelle prak-

---

675 Da bei bloßen zukünftigen Ereignissen der „Erfolgseintritt" hinreichend wahrscheinlich sein muss, ist es umstritten, ob bloße Gerüchte ebenfalls unter den Begriff der Insiderinformation fallen. Zum Begriff der Insiderinformation ausführlich auch EuGH NJW 2012, 2787.
676 BGHSt 48, 374 (376) „Sascha Opel" m. Anm. *Kudlich* JR 2004, 191; *Gaede/Mühlbauer* wistra 2005, 9 ff.
677 Vgl. auch *Langrock*, FS-Samson, 2010, S. 389 ff.
678 So in der Warren-Spector-Photo Group Entscheidung WM 2010, 65.
679 Vgl. nur A/S/*Assmann* § 14 Rn. 25; *Ransiek* wistra 2011, 1 (2).
680 zutreffend *Hegemeier* HRRS 2013, 179 (185).
681 A/S/*Assmann* § 13 Rn. 31.

tisch „erhebliche" Probleme, da die gesetzliche Konkretisierung nach Art. 7 IV Marktmissbrauchsrichtlinie – also der Verweis auf den „verständigen Anleger" – ihrerseits noch näher bestimmt werden muss.[682]

Im Hinblick auf die innere Tatseite des § 119 WpHG ist erwähnenswert, dass anders als in einer früheren Fassung des § 38 I WpHG a.F. die leichtfertige (also grob fahrlässige) Begehungsweise nur noch im Sonderfall des § 119 VII beim Handel mit Treibhausgasemissionszertifikaten unter Strafe steht. 309

bb) Kurs- und Marktmanipulation, § 119 I WpHG

Die Einwirkung auf den Börsenmarkt oder Aktienkurs durch manipulative oder täuschungsäquivalente Handlungen erfasst § 119 I WpHG: Hierzu zählt die Bekanntgabe von falschen Informationen über die Auftrags- bzw. Unternehmenslage (insofern kommt es zu der bereits geschilderten häufigen Überschneidung mit Bilanz- und Falschangabedelikten). Außerdem zu nennen ist die Verbreitung von Gerüchten bzw. Empfehlungen, um den Kurspreis hochzutreiben, bspw. durch das oben bereits erwähnte „Scalping"[683]. Als populäres Marktmanipulationsmittel hat sich auch das sog. „Aktienspam" etabliert: Hierunter versteht man den massenhaften Versand von E-Mails mit Empfehlungen für eine Aktie, um den Kurs in die Höhe zu treiben.[684] 310

> **Hinweis**: Die Digitalisierung ermöglicht ein bisher noch nie dagewesenes Ausmaß der Verbreitung von Falschinformationen unter Zuhilfenahme von sog. „social bots", etwa auf sozialen Netzwerken oder sonstigen Informationsplattformen. Hier können Computerprogramme dahingehend programmiert werden, eine menschliche Identität vorzutäuschen und – bspw. in Kommentarspalten zu etwaigen der Publizität unterliegenden Informationen – mit Dritten zu kommunizieren.[685] Auf diese Weise können Täter ihre Falschinformationstätigkeit bzw. die massive Beeinflussung des Marktpreises bzw. Interesses von Anlegern „auslagern". Das führt nicht nur zu einem rechtstatsächlichen Problem (Überforderung der Strafjustiz), sondern auch zu der Frage, inwiefern die Programmierer bzw. Verwender von social bots überhaupt zur Verantwortung gezogen werden können, wenn das Programm die Falschinformation vollkommen selbstständig generiert.[686]

Das Besondere an der Marktmanipulation (verwaltungsrechtliches Verbot nach Art. 15 Marktmissbrauchsrichtlinie, ggf. i.V.m. § 25 WpHG) ist nun, dass der bloße Verstoß (also die „Tätigkeit") lediglich eine Ordnungswidrigkeit bedeutet, vgl. §§ 120 II Nr. 3 WpHG. Erst wenn der Verstoß zu einem Außenwelt**erfolg** in Form der tatsächlichen **Einwirkung auf den Marktpreis** führt, qualifiziert sich die Ordnungswidrigkeit zu einem Straftatbestand nach § 119 I WpHG. Eine Einwirkung liegt vor, wenn der Preis künstlich erhöht, erniedrigt oder stabilisiert wird.[687] Wegen der zahlreichen Faktoren, die den Aktienkurs einer Börse beeinflussen können, wird der Kausalitätsnachweis 311

---

682 Krit. *Park* JuS 2007, 621 (623).
683 Das Wort stammt tatsächlich vom „skalpieren": Gemeint sind die Anleger, denen „das Fell über die Ohren gezogen" wird.
684 Womit noch nichts darüber gesagt, wann die Grenze der Strafbarkeit überschritten ist.
685 Bundeslagebild Wirtschaftskriminalität, S. 21.
686 Vgl. hierzu *Volkmann* MMR 2018, 58; *Kochheim*, Cybercrime und Strafrecht, 2. Aufl. 2018, Rdnr. 683 ff.
687 A/R/R/*Trüg*, 10. Teil 2. Kap., Rn. 51 ff.

selten gelingen. Allerdings bleibt der Rückgriff auf allgemeine Kausalitätserwägungen (kumulative, alternative Kausalität) möglich, zumal der BGH die Anforderungen an die tatrichterliche Feststellung nicht allzu hoch ansetzt,[688] da der Tatbestand ansonsten kaum greife.[689] Die einzelnen Täuschungshandlungen sind in der Definition des Art. 12 Marktmissbrauchsverordnung aufgeführt, bezüglich derer bedingter Vorsatz genügt; weitere Konturen erhalten erlaubtes und verbotenes Verhalten auch durch Art. 13 Marktmissbrauchsrichtlinie, der eine Aufzählung „zulässiger Marktpraktiken" (bzw. auch eine Ermächtigung an die BAFin, solche festzulegen) enthält.[690]

311a Ergänzend beinhaltet das Wertpapiererwerbs- und Übernahmegesetz (WpÜG) nur Ordnungswidrigkeiten, die einschlägig sind, wenn die dort aufgestellten Regeln für den Erwerb von Anteilen an Gesellschaften missachtet werden, vgl. § 60 WpÜG.

c) § 49 BörsG

312 § 49 BörsG sanktioniert i.V.m. § 26 BörsG die gewerbsmäßige Verleitung zu Börsengeschäften unter Ausnutzung der Unerfahrenheit des Geschäftspartners.

§ 49 BörsG lautet:

> Mit Freiheitsstrafe bis zu drei Jahren oder mit Geldstrafe wird bestraft, wer entgegen § 26 Abs. 1 andere zu Börsenspekulationsgeschäften oder zu einer Beteiligung an einem solchen Geschäft verleitet.

313 Als besonderes Vermögensdelikt[691] schließt § 49 BörsG die Lücken, die § 263 I StGB hinterlässt, da letzterer jedenfalls ein täuschendes Verhalten voraussetzt und die Strafbarkeit vom Eintritt eines Vermögensschadens abhängig macht. § 49 BörsG verzichtet dagegen auf beides, ist also selbst dann einschlägig, wenn die Spekulation zu Gewinn führt. Der Begriff des Börsenspekulationsgeschäfts ist in § 26 II BörsG legaldefiniert.[692] Unter **„Verleiten"** ist das Hervorrufen des Tatentschlusses zu verstehen (ein bereits zur Spekulation Entschlossener – omnimodo facturus – kann schon nach allgemeinen Grundsätzen somit nicht mehr verleitet werden[693]). **Unerfahren** ist der Spekulant dann, wenn er die Tragweite des konkreten Geschäfts nicht überblicken kann, wobei eine schlechte Erfahrung von früher oder die Inkaufnahme von Verlusten die Unerfahrenheit nicht von vornherein ausschließt.[694]

---

688 Auf Grund dieser Schwierigkeiten wird die Problematik – ähnlich wie i.R.d. Frage ungeklärter Wirkweisen im Produktstrafrecht – teilweise auch auf die prozessuale Ebene verlagert. Dies kann zu mehr oder weniger strengen Anforderungen an die tatrichterliche Beweiswürdigung führen, die letztlich dafür ausschlaggebend sind, wie es um den in dubio pro reo Grundsatz im Insiderstrafrecht bestellt ist, vgl. hierzu *Ransiek* wistra 2011, 1.
689 BGHSt 48, 374, (384), zu Recht krit. *Schröder* Kapitalmarktstrafrecht, Rn. 567.
690 Zu den Tatmodalitäten im Einzelnen *Park* JuS 2007, 621 (625 – zum alten Recht, aber weitgehend übertragbar).
691 G/J/W/*Waßmer* § 49 BörsG Rn. 3.
692 Zum Ganzen *Schröder* Kapitalmarktstrafrecht, Rn. 812.
693 SSW/*Murmann* § 26 Rn. 5.
694 BGH NStZ 2002, 84; G/J/W/*Waßmer* § 49 BörsG Rn. 45.

2. Falschangabedelikte und Bilanzstrafrecht

Das Bilanzstrafrecht ist in den §§ 331 ff. HGB geregelt und wird durch spezielle Falschangabedelikte des Gesellschaftsrechts (§§ 400 I Nr. 1 AktG, 147 II GenG sowie § 82 II GmbHG) ergänzt. Das „Frisieren" von Bilanzen ist für viele Unternehmensleiter ein verlockendes Mittel, das Unternehmen konkurrenzfähig und kreditwürdig (und somit solvent) zu erhalten. Die vermeintlich gute Lage der Gesellschaft kann gutgläubige Anleger dazu verleiten, in dieses Unternehmen zu investieren, woraus sich der eingangs genannte enge Bezug zum Kapitalmarktstrafrecht ergibt.[695]

314

> **Hinweis:** Dies soll bedeuten, dass Bilanzdelikte trotz dieses hergestellten Kontexts eigenständig sind und zu den Straftaten zum Schutze der privaten Kredit- und Finanzwirtschaft zählen. Es handelt sich typischerweise um Begleitdelikte des Insolvenzstrafrechts oder Vorfelddelikte zur Ermöglichung eines späteren Betrugs. Nicht unerwähnt bleiben soll diesbezüglich der strafbare Gründungsschwindel nach §§ 82 GmbHG,[696] 399 AktG. Diese stellen falsche Angaben über die Aufbringung des Gründungskapitals unter Strafe.[697]

Das Bilanzstrafrecht soll im Interesse der Rechtsordnung – bzgl. des Kapitalmarkts im Interesse der Anleger – die richtige Darstellung von Vermögensverhältnissen eines Unternehmens absichern.[698] Die Strafvorschriften schützen somit vorrangig alle Personen, die mit dem Konzern bzw. der Gesellschaft irgendwie wirtschaftlich in Beziehung stehen bzw. solch eine Beziehung beabsichtigen. Es handelt sich durchgehend um echte **Sonderdelikte**, da nur der „Bilanzverpflichtete" falsche Angaben machen kann.

315

a) §§ 331 ff. HGB

§ 331 HGB fungiert hierbei als zentrale Norm des Bilanzstrafrechts.[699]

316

§ 331 HGB lautet[700]:

> Mit Freiheitsstrafe bis zu drei Jahren oder mit Geldstrafe wird bestraft, wer
> 1. als Mitglied des vertretungsberechtigten Organs oder des Aufsichtsrats einer Kapitalgesellschaft die Verhältnisse der Kapitalgesellschaft in der Eröffnungsbilanz, im Jahresabschluss, im Lagebericht einschließlich der nichtfinanziellen Erklärung, im gesonderten nichtfinanziellen Bericht oder im Zwischenabschluß nach § 340a Abs. 3 unrichtig wiedergibt oder verschleiert,
> 1a. als Mitglied des vertretungsberechtigten Organs einer Kapitalgesellschaft zum Zwecke der Befreiung nach § 325 Abs. 2a Satz 1, Abs. 2b einen Einzelabschluss nach den in § 315e Abs. 1 genannten internationalen Rechnungslegungsstandards, in dem die Verhältnisse der Kapitalgesellschaft unrichtig wiedergegeben oder verschleiert worden sind, vorsätzlich oder leichtfertig offen legt,

---

695 So geschehen beim eingangs genannten Unternehmen der EM.TV-Kinderfilm AG, als weitere Beispiele seien die Ceyoniq AG, die Phenomedia AG sowie die Comroad AG genannt.
696 *Weiß*, wistra 2016, 9.
697 Näher G/J/W/*Temming* § 399 AktG Rn. 5 ff.
698 *Park* JuS 2007, 712 (714).
699 G/J/W/*Olbermann* § 331 HGB Rn. 1; M-G/*Wagenpfeil* § 40 Rn. 50 ff.; zur Schutzrichtung des Tatbestands *Krämer* NZWiSt 2013, 286.
700 Zuletzt abgeändert durch das Gesetz zur Stärkung der nichtfinanziellen Berichterstattung der Unternehmen in ihren Lage- und Konzernlageberichten (CSR-Richtlinie-Umsetzungsgesetz), vgl. G. v. 11.04.2017, BGBl. I S. 802; BT-Drs 18/9982.

2. als Mitglied des vertretungsberechtigten Organs oder des Aufsichtsrats einer Kapitalgesellschaft die Verhältnisse des Konzerns im Konzernabschluss, im Konzernlagebericht einschließlich der nichtfinanziellen Konzernerklärung, im gesonderten nichtfinanziellen Konzernbericht oder im Konzernzwischenabschluß nach § 340i Abs. 4 unrichtig wiedergibt oder verschleiert,
3. als Mitglied des vertretungsberechtigten Organs einer Kapitalgesellschaft zum Zwecke der Befreiung nach § 291 Abs. 1 und 2 oder einer nach den § 292 erlassenen Rechtsverordnung einen Konzernabschluss oder Konzernlagebericht, in dem die Verhältnisse des Konzerns unrichtig wiedergegeben oder verschleiert worden sind, vorsätzlich oder leichtfertig offenlegt,
3a. entgegen § 264 Abs. 2 Satz 3, § 289 Abs. 1 Satz 5, § 297 Abs. 2 Satz 4 oder § 315 Absatz 1 Satz 6 eine Versicherung nicht richtig abgibt,
4. als Mitglied des vertretungsberechtigten Organs einer Kapitalgesellschaft oder als Mitglied des vertretungsberechtigten Organs oder als vertretungsberechtigter Gesellschafter eines ihrer Tochterunternehmen (§ 290 Abs. 1, 2) in Aufklärungen oder Nachweisen, die nach § 320 einem Abschlussprüfer der Kapitalgesellschaft, eines verbundenen Unternehmens oder des Konzerns zu geben sind, unrichtige Angaben macht oder die Verhältnisse der Kapitalgesellschaft, eines Tochterunternehmens oder des Konzerns unrichtig wiedergibt oder verschleiert.

317 Die zentralen Bilanzfälschungsdelikte der § 331 I Nr. 1 und 2 HGB richten sich nur an die vertretungsberechtigten Organmitglieder einer Kapitalgesellschaft, wobei die Normen zumindest nach h.M. auch faktische Organe erfassen sollen.[701] Es gibt kein allgemeines Bilanzfälschungsdelikt, das sich an jeden bilanzverpflichteten Unternehmer richtet, was auf der Überlegung basiert, dass aufgrund der Haftungsbeschränkung bei Kapitalgesellschaften ein erhöhtes Risiko der Strafanfälligkeit besteht. Außerhalb von Kapitalgesellschaften sind Bilanzfälschungen nur als spezifische Insolvenzdelikte während einer unternehmerischen Krise strafbar, § 283 I Nr. 5-7 StGB.

318 Der Täter muss gem. § 331 I Nr. 1, 2 HGB Gesellschafts- und Konzernverhältnis unrichtig wiedergeben oder verschleiern. Unter „Verhältnissen" sind hierbei jegliche Tatsachen, Umstände oder Daten zu verstehen, die für die Beurteilung der Situation bzw. weiteren Entwicklung der Gesellschaft von Bedeutung sein können.[702] Der Begriff der unrichtigen Wiedergabe entspricht dem der unrichtigen Angabe.[703] Verschleiert werden die Verhältnisse, wenn sie zwar an sich zutreffend wiedergegeben werden, die tatsächliche Lage der Gesellschaft aber in einer Art dargestellt wird, dass ein unrichtiges Bild vermittelt wird.[704] Die Tathandlungen beziehen sich im Gegensatz zur Auffangvorschrift des § 400 Nr. 1 AktG abschließend nur auf bestimmte „Darstellungen" bzw. Bilanzen, wie sie im HGB konkretisiert sind[705]. Hierzu zählen:

- die Eröffnungsbilanz (§ 242 HGB),
- der Jahresabschluss (§§ 242 – 256 HGB),
- der Lagebericht (§§ 264, 289 HGB) Lagebericht einschließlich der nichtfinanziellen Erklärung,
- der gesonderte nichtfinanzielle Bericht,
- der Zwischenabschluss bei Kreditinstituten (§ 340a III HGB).

---

701 BGHSt 3, 32 (37); a.A. A/R/R/*Ransiek*, 8. Teil 1. Kap., Rn. 30.
702 Park/*Südbeck*, § 331 Rn. 23 m.w.N. Zur unzutreffenden Buchung von Eigenkapital im Jahresabschluss BGH wistra 2018, 171.
703 Vgl. Rn. 268; A/R/R/*Ransiek*, 8. Teil 1. Kap., Rn. 50.
704 So schon RGSt 37, 433; G/J/W/*Olbermann* § 331 HGB Rn. 18a.
705 Siehe hierzu *Tiedemann*, Rn. 1155 ff.

Die Verfälschung weiterer Sonder- und Zwischenbilanzen oder sonstiger „Darstellungen" über den Vermögensstand hat der Gesetzgeber nur bei besonders „publikumsträchtigen" Gesellschaftsformen als strafwürdig angesehen, so v.a. bei der Aktiengesellschaft (§ 400 AktG), bei der Genossenschaft (§ 147 II GenG) und bei der GmbH (§ 82 II Nr. 2 GmbHG). 319

b) § 400 I Nr. 1 AktG

Als speziellere, aber zugleich subsidiäre Vorschrift zu § 331 I Nr. 1 HGB verbleibt für die unrichtige Darstellung nach § 400 I Nr. 1 AktG[706] nicht mehr viel Raum.[707] 320

§ 400 I Nr. 1 AktG lautet:

> Mit Freiheitsstrafe bis zu drei Jahren oder mit Geldstrafe wird bestraft, wer als Mitglied des Vorstands oder des Aufsichtsrats oder als Abwickler die Verhältnisse der Gesellschaft einschließlich ihrer Beziehungen zu verbundenen Unternehmen im Vergütungsbericht nach § 162 Absatz 1 oder 2 in Darstellungen oder Übersichten über den Vermögensstand oder in Vorträgen oder Auskünften in der Hauptversammlung unrichtig wiedergibt oder verschleiert, **wenn die Tat nicht in § 331 Nr. 1 oder 1a des Handelsgesetzbuchs mit Strafe bedroht ist.**

Der zentrale Unterschied des § 400 I Nr. 1 AktG zum grundsätzlich vorrangigen § 331 I Nr. 1 HGB wurde soeben schon angedeutet: Der Tatbestand ist nicht auf den enumerativen Bilanzkatalog des § 331 I Nr. 1, 2 HGB beschränkt, sondern spricht allgemein von „Darstellungen und Übersichten" über den Vermögensstand. Dieser Unterschied lässt ihn kapitalmarktstrafrechtlich interessant werden, da Unternehmen mittels Ad-hoc-Mitteilungen häufiger „Informationen" über ihren Vermögensstand (wie etwa Quartalszahlen) an einen unbestimmten Personenkreis mittels eines Mediums preisgeben.[708] 321

II. Strafbarkeit durch matched orders, BGHSt 59, 80

Das Verhalten des A könnte den Tatbestand der **Marktmanipulation** gem. §§ 119 I, 120 II Nr. 3 WpHG i.V.m. Art. 15 Marktmissbrauchsrichtlinie erfüllen. Bei abgesprochenen Geschäften, bei denen einzelne Kauf- oder Verkaufsaufträge über Finanzinstrumente zu im Wesentlichen gleichen Stückzahlen und Preisen von verschiedenen Parteien erteilt werden, die sich insoweit abgesprochen haben, könnte man annehmen, 322

---

706 Modifiziert durch das Gesetz zur Umsetzung der zweiten Aktionärsrechterichtlinie (ARUG II) v. 12.12.2019, BGBl. I S. 2637. Die Regelung erfolgt als Folgeänderung zur Verlagerung handelsrechtlicher Vorschriften in den Vergütungsbericht. Dies führt dazu, dass die bisher dort vorgesehenen Angaben nunmehr im Vergütungsbericht und nicht mehr im Anhang zum Jahres- und Konzernabschluss gemacht werden müssen und daher der Strafnorm des § 331 HGB nicht mehr unterliegen, vgl. BT-Drs. 19/9739, S. 115.
707 Die hier angestellten Überlegungen sind auf die zwei weiteren zitierten Falschangabedelikte § 82 II GmbHG sowie § 147 II GenG weitgehend übertragbar.
708 Eine Auflistung „spektakulärer Fälle" aus neuerer Zeit, in denen auch der Vorwurf von Bilanzfälschungen im Raume steht, findet sich bei *Park/Eidam* § 400 AktG Rn. 6.

dass i.S. des Art. 12 I a (i) Marktmissbrauchsrichtlinie ein „falsches oder irreführendes Signal hinsichtlich des Angebots, der Nachfrage oder des Preises eines Finanzinstruments" hervorgerufen wird.[709] Die Legitimität der Pönalisierung derartiger „handelsgestützter Manipulationen" (im Unterschied zur Verbreitung unrichtiger Informationen) ist zumindest nicht selbstverständlich. Das auch für das Betrugsstrafrecht typische Abgrenzungsproblem zwischen strafbarem Betrug und sozialadäquater oder jedenfalls doch hinzunehmender Geschäftüchtigkeit stellt sich hier in besonderer Schärfe, handelt es sich doch (in der Betrugsterminologie gesprochen) gerade „nur" um Fälle konkludenter Täuschungen (vgl. o. Rn. 231) – und dabei um solche, bei denen die Geschäftsgrundlagen des Handelns im Einzelfall keineswegs so selbstverständlich sind, wie man sich dies für die Annahme einer konkludenten Täuschung nach allgemeinen Grundsätzen wünschen würde. Trotz der in der Literatur mitunter geäußerten verfassungsrechtlichen Bedenken[710] geht die Rechtspraxis in Übereinstimmung mit dem Europäischen Verordnungsgeber (vgl. o.) von der grundsätzlichen Strafbarkeit solcher Verhaltensweisen aus.

323 Damit es sich um eine Straftat (und nicht nur um eine Ordnungswidrigkeit) handelt, muss aber auch noch ein **Einwirkungserfolg** hinzukommen (vgl. o. Rn. 311). Die Manipulationsstraftatbestände sind also keine schlichten Tätigkeitsdelikte, sondern Erfolgsdelikte, für die nach allgemeinen Grundsätzen der Eintritt des Erfolges und seine Kausalität (sowie – auf Grund der Begrenzung auf ausgewählte Tathandlung wohl seltener ein Problem – auch die objektive Zurechenbarkeit des Erfolges) nachgewiesen werden müssen.[711] Hierzu wurde oben bereits erwähnt, dass zwar der Kausalitätsnachweis mit Blick auf einen bestimmten Kurs angesichts der unzähligen Einflussfaktoren auf den Kurspreis von z.B. Wertpapieren ausgesprochen schwierig ist;[712] nach der Rechtsprechung sind aber die Anforderungen an den Kausalitätsnachweis nicht zu überspannen, um die Strafnorm nicht völlig leer laufen zu lassen.[713]

323a Dagegen bilden Einwirkungserfolg bzw. Kausalität *scheinbar* kein nennenswertes Problem in bestimmten Konstellationen handelsgestützter Manipulationen, in denen die Manipulation gerade in der Durchführung eines Geschäftes besteht, das zu einem bestimmten Kurs abgeschlossen wird. Dies gilt etwa bei sog. wash-sales (hinter Kauf und Verkauf steht wirtschaftlich betrachtet die identische Person) oder – wie im vorliegenden Fall – matched orders (zwei oder mehr Personen stimmen ihr Kauf- und

---

709 § 3 Abs. 2 Nr. 2 der mittlerweile auf Grund der Orientierung unmittelbar an der Marktmissbrauchsrichtlinie aufgehobenen Verordnung zur Konkretisierung des Verbotes der Marktmanipulation (MaKonV) hatte diese Verhaltensweise sogar noch explizit erwähnt.
710 Vgl. nur *Eichelberger*, Das Verbot der Marktmanipulation, 2006, S. 171 ff.; *Maile*, Der Straftatbestand der Kurs- und Marktpreismanipulation nach dem Wertpapierhandelsgesetz, 2006; S. 41 ff.; *Trüstedt*, Das Verbot von Börsenmanipulationen, 2004, S. 161 ff. Ausführliche Argumentation für die Verfassungsgemäßheit der Strafnormen des WpHG a.F. in BGH NJW 2014, 1399 f.
711 Vgl. zu den Zurechnungsanforderungen bei Erfolgsdelikten statt vieler nur zusammenfassend SSW/*Kudlich*, vor § 13 Rn. 32 ff.
712 Vgl. ergänzend auch *Arlt*, Der strafrechtliche Anlegerschutz vor Kursmanipulation, 2004, S. 196; *Tripmaker* wistra 2002, 288 (292).
713 Vgl. BGHSt 48, 374 (384); LG München I wistra 2003, 437 (438); vgl. auch *Jahn* ZNER 2008, 297 (312 f.); eingehend zu den Möglichkeiten des Kausalitätsnachweises in verschiedenen Fallgruppen *Eichelberger*, Das Verbot der Marktmanipulation, 2006, S. 323 ff.

Verkaufsverhalten aufeinander ab). In solchen Fällen kann das Verhalten – jedenfalls in engen Märkten mit wenigen und nicht hochkapitalisierten Umsätzen – dazu führen, dass die Aufträge unmittelbar gegeneinander ausgeführt werden und eine entsprechende Preisfeststellung gerade zu dem Kurs erfolgt, der dem abgesprochenen Geschäft „entspricht". Somit wird also unmittelbar durch das manipulative Handeln eine Preisfeststellung hervorgerufen, so dass auf den ersten Blick damit die Einwirkung auf den Börsenpreis erfolgt zu sein scheint.

Auch der BGH lässt dies (in Übereinstimmung mit Teilen der Literatur[714]) genügen und führt aus: **323b**

> **Aus BGHSt 59, 80:** „... Der notwendige Einwirkungserfolg im Sinne der Vorschrift setzt jedoch nicht voraus, dass nach den konkreten Geschäften zwischen dem Angekl. und seinem Partner durch Dritte weitere Geschäfte getätigt wurden, bei denen die Preise kausal gerade auf dem durch die manipulativen Geschäfte hervorgerufenen Kursniveau beruhen. § 38 II WpHG a.F. [entspricht insoweit § 119 I WpHG] bestimmt nicht, welchen aus der Vielzahl von Börsen- und Marktpreisen, die für ein Finanzinstrument erzielt werden, der Täter herbeiführen muss; vielmehr genügt die Einwirkung auf irgendeinen Börsen- oder Marktpreis, demnach auch auf irgendeinen festgestellten Preis im laufenden Handel, der nicht notwendigerweise der Schlusskurs sein muss. Die Beeinflussung des weiteren Kursverlaufs nach einer bereits eingetretenen Beeinflussung ist ebenfalls nicht erforderlich ..."

Zwingend ist das jedoch nicht:[715] Denn die „Preisfeststellung" durch den Vollzug des manipulativen Geschäfts selbst ist letztlich nur Ausdruck gerade dieses Geschäftes und damit derjenigen Handlung, welche in § 120 III Nr. 2 WpHG als bloße Ordnungswidrigkeit eingestuft wird. Anders gewendet: Der Sprung von der bloßen Ordnungswidrigkeit (§ 120 WpHG) auf die Straftat (§ 119 I WpHG) wird gerade durch das zusätzliche Element eines tatsächlichen Einflusses auf den Börsen- oder Marktpreis gerechtfertigt. Diesem Merkmal kommt somit eine erhebliche Bedeutung zu, welche in der herausgehobenen Gefährdung der Funktionsfähigkeit des organisierten Kapitalmarkts liegt, die über das Unrecht der Ordnungswidrigkeit in einer eine Strafbarkeit legitimierenden Weise hinausgeht. Daraus ergibt sich aber zugleich, dass sich nach der Systematik des WpHG ein Geschehen, das insgesamt als Straftat bewertet werden soll, nicht allein in den Verhaltensweisen erschöpfen darf, die als solche auch gerade erst die Ordnungswidrigkeit begründen. **323c**

Zutreffender würde deshalb beim Erfolgsdelikt des § 119 I WpHG erscheinen, den Nachweis wenigstens *eines weiteren* Geschäftes zu verlangen, das zu einem Preis abgeschlossen wird, der kausal auf dem manipulierten Kursniveau beruht; der erhöhte Unrechtsgehalt des Straftatbestandes wird sonst durch nichts gestützt. Auch wird im Ergebnis – ebenso kontraintuitiv wie rechtspolitisch zweifelhaft – de facto der Anlegerschutz in üblicherweise allenfalls von „Experten" oder „Zockern" (nicht aber von „Laienanlegern") genutzten exotischen „Randsegmenten" stärker gewährt als derjenige beim Handel gängiger Aktien bekannter börsennotierter Unternehmen. Denn die fragliche Situation – Bewirkung eines konkreten Preises durch ein manipuliertes **323d**

---

714 Mit Nachdruck etwa *Woodtli* NZWiSt 2012, 51 (54 f.); aus der Rechtsprechung vorher auch bereits *OLG Stuttgart* NJW 2011, 3669.
715 Vgl. näher bereits *Kudlich* wistra 2011, 361 (363 f.).

Geschäft ohne Nachweisbarkeit eines späteren davon beeinflussten Geschäftes – kann realistischerweise allenfalls in solchen Nischensegmenten eintreten.

323e Etwas anderes gilt auch nicht etwa deshalb, weil auf Grund einer unmittelbaren Einwirkungsmöglichkeit eine erhöhte und daher eher strafwürdige und strafbedürftige Gefährdungslage vorliegen würde: Denn durch die zu einem „irrealen Kurs" abgeschlossenen manipulativen Geschäfte als solche ist gerade noch kein Schaden entstanden. Eine Beeinflussung des Orderverhaltens Dritter, die dadurch Gefahr laufen, Geschäfte zu nicht marktgerechten und damit für sie nachteiligen Kursen abgeschlossen zu haben,[716] zeigt sich vielmehr – insoweit wie bei der informationsgestützten Manipulation – erst, wenn solche Geschäfte getätigt worden sind.

Zur Vertiefung: *Arlt*, Der strafrechtliche Anlegerschutz vor Kursmanipulation, 2004; *Degoutrie*, „Scalping", 2007; *Eichelberger*, Das Verbot der Marktmanipulation (§ 20a WpHG), 2006; *Hienzsch*, Das deutsche Insiderhandelsverbot in der Rechtswirklichkeit, 2005; *Koch*, Due Diligence und Beteiligungserwerb aus Sicht des Insiderrechts, 2006; *Maile*, Der Straftatbestand der Kurs- und Marktpreismanipulation nach dem Wertpapierhandelsgesetz, 2006; *Nietsch*, Internationales Insiderrecht, 2004; *Papachristou*, Die strafrechtliche Behandlung von Börsen- und Marktpreismanipulationen, 2006; *Raabe*, Der Bestimmtheitsgrundsatz bei Blankettstrafgesetzen am Beispiel der unzulässigen Marktmanipulation, 2007; *Schönhöft*, Die Strafbarkeit der Marktmanipulation gemäß § 20a WpHG, 2006; *Soesters*, Die Insiderhandelsverbote des Wertpapierhandelsgesetzes, 2002; *Trüstedt*, Das Verbot von Börsenkursmanipulationen, 2004; *Wodsak*, Täuschung des Kapitalmarkts durch Unterlassen, 2006; *Ziouvas*, Das neue Kapitalmarktstrafrecht, 2005.

---

716 D.h. also: zu teuer gekauft oder zu billig verkauft zu haben.

F. BGHSt 50, 331: Der Fall Mannesmann
Die Untreue im Wirtschaftsstrafrecht

Literatur: *Tiedemann*, Rn. 562-574; Rn. 1080-1103; *Wittig*, § 20, Rn. 42-50; A/R/R/*Seier/Lindemann*, 5. Teil, Kap. 2; W/J/*Pelz*, 9. Kap. Rn. 240; *Jakobs*, NStZ 2005, 276 ff.; *Kudlich*, JA 2006, 171 ff.; *Jahn*, JuS 2006, 379 ff.; *Bosch/Lange* JZ 2009, 225 ff.; *Popp* Jura 2012, 618
Falllösung: *Hellmann*, Fälle, Fall 2, 3, 11
Aus der Reihe „Start ins Rechtsgebiet": *Klein-Blenkers*, Rechtsformen der Unternehmen.

Sachverhalt (vereinfacht)

Im Jahr 1999 entbrannte eine „Übernahmeschlacht" um die Mannesmann AG, an der das britische Telekommunikationsunternehmen Vodafone großes Interesse hatte. Obwohl diese „Schlacht" letztlich verloren ging, d.h. die Mannesmann AG von Vodafone „geschluckt" wurde, billigte nach dieser Entscheidung Anfang 2000 das sog. Präsidium von Mannesmann (als organisatorisch zuständiger Teil des Aufsichtsrates) dem Vorstandsvorsitzenden der Mannesmann AG E sowie vier weiteren Vorstandsmitgliedern und ferner dem Präsidiumsmitglied (und früheren Vorstandsmitglied) F für das große Engagement in der „Übernahme-Abwehrschlacht" und angesichts des damit einhergehenden enormen Wertgewinnes der AG an der Börse Anerkennungsprämien in Millionenhöhe zu, für die keine dienstvertragliche Grundlage bestand und die neben die durchaus nicht unbeachtlichen Fixgehälter sowie die weiteren leistungs- bzw. erfolgsbezogenen Bezüge der Prämienempfänger traten. Strafbarkeit der Präsidiumsmitglieder?

I. Renaissance der Untreue?

Bei der Lektüre des oben geschilderten Sachverhalts mag man sich zunächst die spontane Frage gestellt haben: Was soll daran strafbar sein? Warum ist es schlimm – möglicherweise sogar strafbares Unrecht – wenn die Aufsichtsratsmitglieder ihren Vorständen etwas Gutes tun und deren engagierte Arbeit belohnen? Das Problem wird aber rasch deutlich, wenn man sich vergegenwärtigt, dass die Belohnungen hier nicht aus dem Vermögen der Belohnenden (d.h. der Aufsichtsratsmitglieder), sondern aus dem Vermögen der AG und damit mittelbar aus demjenigen der Aktionäre stammen. Nicht jede Großzügigkeit gegenüber einem Dritten – und z.B. auch nicht jedes riskante Geschäft, das man mit seinem eigenen Vermögen einzugehen bereit ist – ist in gleicher Weise zulässig, wenn man die Großzügigkeiten bzw. die riskanten Zahlungen mit „fremder Leute Geld" finanziert. Wenn daraus am Ende dann noch ein Schaden für den Vermögensinhaber erwächst und der Handelnde an sich gerade die Aufgabe hatte, die Vermögensinteressen des anderen zu betreuen, kann das zu einer Strafbarkeit nach § 266 StGB wegen Untreue führen.

Anders gewendet: § 266 StGB gewährt also strafrechtlichen Schutz gegen die Aushöhlung des Vermögens „von innen heraus" durch Personen, denen man vertraut und zu deren Aufgabe es gerade gehört, das Vermögen zu schützen.[717] Als drittes wichtiges Delikt gegen das Vermögen als Ganzes – neben Betrug und Erpressung – besteht der „Angriffsweg", der zum Vermögensschaden als Taterfolg führt, hier also nicht in einer Täuschung (wie bei § 263 StGB) oder in einer Nötigung (wie bei §§ 253, 255 StGB), sondern in der Verletzung einer Vermögensbetreuungspflicht.

327 Im Bereich des Wirtschaftsstrafrechts und insbesondere in der Diskussion der vergangenen ca. zwanzig Jahre hat die Untreue gem. § 266 StGB eine überragende Bedeutung.[718] Dies verwundert nicht, da im Wirtschaftsleben vergleichsweise häufig auf fremdes Vermögen zugegriffen bzw. mit diesem gewirtschaftet wird: Anschaulich wird dies etwa, wenn es um die Anlage fremden Geldes oder aber um das Handeln für eine juristische Person durch ihre Organe geht. In typischen Fällen der Wirtschaftskriminalität steht dabei – anders als in Untreuekonstellationen der Allgemeinkriminalität – weniger die Frage im Vordergrund, ob eine den Anforderungen des § 266 StGB genügende Vermögensbetreuungspflicht vorliegt (vgl. dazu auch unten **Rn. 339**), sondern die dogmatischen Probleme liegen anderswo: Zum einen kann fraglich sein, wann eine bestimmte riskante oder auch nur im Nachhinein erfolglose Geschäftsführung bei der erforderlichen Beurteilung aus der ex ante-Perspektive eine Verletzung einer etwaigen Vermögensbetreuungspflicht darstellt, oder plakativer ausgedrückt: wann das Strafgericht sich im Nachhinein mehr wirtschaftlichen Weitblick anmaßen darf, als ihn der Teilnehmer am Geschäftsleben vorher hatte. Zum anderen stellt sich die Frage, wann ein tatbestandlicher Vermögensschaden eingetreten ist, wenn z.B. ein riskantes Geschäft abgeschlossen worden ist, dieses sich aber am Ende als wirtschaftlicher Erfolg darstellt.

328 Tendenziell sind die letzten Jahre nicht nur von einer zunehmenden Beschäftigung der Gerichte (und damit auch der die Rechtsprechung wissenschaftlich begleitenden Literatur) mit der Untreue geprägt[719], sondern auch von der Neigung zu einer weiteren Anwendung des Tatbestandes.[720] Dies mag im Einzelfall auch mit einer Veränderung des Geschäftslebens zu tun haben, in dem mittlerweile Verhaltensweisen auftreten, an die vielleicht vor zwei oder drei Jahrzehnten noch niemand gedacht hätte. Es liegt aber wohl auch an einer größeren Kontrolldichte: Die Strafverfolgungsbehörden scheinen eher bereit sein, auch das Verhalten von (mehr oder weniger „großen") „Wirtschaftslenkern" kritisch und damit aus strafrechtlicher Perspektive zu hinterfragen, welches in der Vergangenheit vielfach unantastbar erschien.[721] Insoweit dürfte sich auch in der strafrechtlichen Behandlung eine veränderte gesellschaftliche Einstellung

---

717 Vgl. auch *Mitsch* JuS 2011, 97.
718 Sie gilt als „zentrales Wirtschaftsdelikt der entwickelten Industriegesellschaft", vgl. *Schünemann*, FS-Frisch, 2013, S. 837 ff.
719 SSW/*Saliger* § 266 Rn. 5; *Volhard*, in: FS-Lüderssen, 2002, S. 763 („Untreuemode").
720 So schreibt auch *Ransiek* ZStW 116 (2004), 634: „§ 266 StGB passt immer. Insbesondere im Wirtschaftsstrafrecht ist das die Norm, die ganz unabhängig davon greift, um welche Spezialmaterie es sich auch immer handelt."
721 Das galt insbesondere dann, wenn der wirtschaftliche Erfolg „stimmte". Diese Rücksichtnahme war gewiss mitunter verfehlt. Nicht weniger verfehlt wäre aber auch der gegenteilige Reflex, dass bei einem wirtschaftlichen Misserfolg automatisch auf (zumal strafrechtlich relevante) Pflichtverletzungen geschlossen wird.

widerspiegeln.[722] Dies steht einer rechtsstaatlichen Strafjustiz sicher insoweit gut an, als erfolgreiche Manager nicht aufgrund ihrer exponierten Stellung jeder strafrechtlichen Kontrolle enthoben sein dürfen; andererseits muss auch der Versuchung widerstanden werden, über das Ziel hinauszuschießen und eine zu strenge Beurteilung in Kenntnis späterer Entwicklungen – d.h. aus einer ex post- statt aus der gebotenen ex ante-Perspektive – vorzunehmen bzw. Erwägungen über die bloße „Geschäftsmoral" zum Gegenstand strafrechtlicher Sanktionen zu machen.[723] Dies muss umso mehr gelten, als die Angeklagten in einer Reihe von einschlägigen Fällen nicht aus egoistischen Motiven, sondern zum jedenfalls vermeintlichen Wohl der Firma handeln.

II. Grundlagen der Untreuestrafbarkeit, § 266 StGB

1. Rechtsgut

Die hauptsächliche Funktion des § 266 StGB ist, das aus dem Auseinanderfallen von Vermögensinhaberschaft und Vermögensverwaltung resultierende Risiko für das Vermögen zu erfassen. § 266 StGB schützt dabei nur das individuelle **Vermögen** des Treugebers.[724] Dagegen stellt insbesondere die Dispositionsbefugnis kein Schutzgut des § 266 StGB dar. Die Abgrenzung zwischen reinem Vermögensschutz und **strafrechtlich irrelevantem Dispositionsschutz** wird aber durch die neuere Rechtsprechung des BGH zur Bildung schwarzer Kassen aufgeweicht, wonach die „Dispositionsmöglichkeit zum Kern der von § 266 StGB geschützten Rechtsposition" gehöre.[725]

329

2. Zur Verfassungsmäßigkeit des § 266 StGB

§ 266 StGB ist trotz seiner offenen Vertypung mit dem **verfassungsrechtlichen Bestimmtheitsgebot des Art. 103 II GG** vereinbar.[726] Zwar sei die Vorschrift an ihren Rändern durchaus unscharf formuliert, dafür gebe es aber mit Blick auf die Vielgestaltigkeit der zu erfassenden Fälle gute Gründe, zumal § 266 StGB ein anerkanntes und klar umrissenes Rechtsgut in Gestalt des Vermögens schütze. Die Normanwender sind allerdings dazu gehalten, die Vorschrift (präzisierend und dabei tendenziell) **restriktiv** auszulegen[727] – ein Gebot, das in Zeiten der Hochkonjunktur dieses Straftatbestandes

330

---

722 Zu den theoretischen und systematischen Grundlagen der Dogmatik des § 266 StGB im Rechtsstaat *Jahn/Ziemann*, ZIS 2016, 552.
723 Zur Bedeutung etwaiger Rückschaufehler für die Subsumtion von Risikogeschäften *Lindemann* RW 2019, 137; *Kudlich*, in: FS-Streng, 2017, S. 63.
724 *Fischer* § 266 Rn. 2.
725 Hierzu ausführlich Rn. 437.
726 Zur Verfassungsmäßigkeit zunächst BVerfG NStZ 2009, 560 sowie dann insbesondere BVerfGE 126, 170 ff. = NJW 2010, 3209 = m. Anm. *Kudlich* ZWH 2011, 1 ff.; *ders.* JA 2011, 66; *Fischer* ZStW 123 (2011), 816 ff.; *Schünemann* ZIS 2012, 183 ff.; *Wittig* ZIS 2011, 660; vgl. auch *Ransiek* ZStW 2004, 640 ff.; *Altvater* DRiZ 2004, 134; *Kraatz* JR 2011, 434.
727 BVerfG NJW 2009, 2370 (2371).

nicht ausreichend berücksichtigt zu werden scheint bzw. zumindest schien.[728] Die verfassungsrechtlich gebotene „Bestimmung" bzw. Konkretisierung des Tatbestandes durch die Rechtsprechung ist dabei Gefahren und Schwierigkeiten ausgesetzt. Als tatbestandliches Problem[729] ist hier zunächst die **„Verschleifung"** von Tathandlung und Taterfolg zu nennen:[730] Die Verletzung der Vermögensbetreuungspflicht selbst kann bereits in etlichen Fallgruppen den Schaden (oder zumindest die schadensgleiche Gefährdung) bedeuten bzw. diesen indizieren, so dass auf eine eigenständige Feststellung des Schadens mitunter verzichtet wurde.[731] So konnte sich auch die Schadensdogmatik erst gar nicht entfalten oder konkretisieren.

330a Zur „Abhilfe" fordert das BVerfG in seinem bereits zitierten „Juni-Beschluss" entsprechend, dass

- nur **evidente** bzw. gravierende Pflichtverletzungen unter § 266 StGB subsumiert werden können,
- im Sinne eines **„Verschleifungsverbotes"**[732] den einzelnen Tatbestandsmerkmalen jeweils eine eigenständige Bedeutung zukommen muss,
- der Vermögensschaden auch dann, wenn dies mit praktischen Schwierigkeiten verbunden ist, verlässlich **nachgewiesen** und **zahlenmäßig beziffert** wird und dass
- die Vorschrift aufgrund ihres Charakters als Vermögensdelikt auch **wirtschaftlich** (und nicht rein normativ etwa mit Blick auf per se verbotene Handlungsmodalitäten) ausgelegt wird.

330b In der Literatur ist die Entscheidung teils geradezu emphatisch,[733] teils deutlich verhaltener[734] aufgenommen worden. In der fachgerichtlichen Rechtsprechung[735] ist die Entscheidung – wie auch in den folgenden Kapiteln teilweise noch verdeutlicht werden wird – in unterschiedlicher Weise umgesetzt worden: Deutlich wurde, dass die Revisionsgerichte von den Tatgerichten offenbar erhöhte Anforderungen an die Darlegung und Bezifferung des Vermögensnachteils zu stellen bereit sind. Zumindest der 1. Strafsenat hat in seiner Siemens/AUB-Entscheidung darüber hinaus den verfassungsrechtlichen Hinweis auf eine stärker wirtschaftliche und weniger normative Bestimmung des Vermögensnachteils umgesetzt (vgl. unten Rn. 350). Hinsichtlich der Verletzung

---

728 *Bernsmann* GA 2007, 219; *Kargl* ZStW 113 (2001), 569; *Schünemann* NStZ 2005, 473; ders. NStZ 2006, 196.
729 Als prozessuales Problem tritt hinzu, dass gerade bei schwierigen und diskussionswürdigen Fallkonstellationen Gerichte und Staatsanwaltschaften oftmals auf das Mittel der Absprache zurückgreifen und materiell-rechtliche Probleme durch §§ 154, 154a und 257c StPO im Keim erstickt werden; krit. hierzu auch *Saliger* GA 2005, 155; ders./*Sinner* ZIS 2007, 476.
730 Vgl. *Bittmann* wistra 2013, 173 ff.
731 So geschehen beim Urteil zum Berliner Bankenskandal, welches durch das Bundesverfassungsgericht aufgehoben werden musste; vgl. bereits Fn. 425; zur zivilrechtlichen Schadensersatzklage KG Berlin WM 2005, 1570.
732 Vgl. grundlegend *Saliger*, ZStW 112 (2000), 563 (610). Vgl. auch *Wachter*, ZStW 2019, 286.
733 Vgl. *Saliger*, NJW 2010, 3195 (3196); sehr positiv letztlich auch *Kuhlen*, JR 2011, 246 (253).
734 Vgl. nochmals *Radtke*, GmbHR 2010, 1121 (1125); ferner *Beckemper*, ZJS 2011, 88 (91 f.).
735 Zur Rechtsprechung seit BVerfGE 126, 170 ff. vgl. – teils zu Einzelentscheidungen, teils zusammenfassend, aber jeweils m.w.N. – *Bittmann* ZWH 2012, 446; *Kudlich* ZWH 2011, 1; *Kuhlen* JR 2011, 246; *Peglau* , wistra 2012, 368; *Perron*, FS-Heinz, 2012, S. 796 ff.

einer Vermögensbetreuungspflicht scheint sich rasch der Standpunkt durchgesetzt zu haben, dass insoweit nur Pflichten mit **Vermögensbezug** in Betracht kommen (Rn. 590).[736] Nicht selten scheinen die Fachgerichte aber auch schon tradierte und allgemein anerkannte Restriktionsbemühungen zusätzlich mit den Anforderungen des BVerfG zu legitimieren.

3. Systematik des § 266 StGB

Die Untreue beinhaltet zwei Tatbestandsmodalitäten – den Missbrauchstatbestand und den Treuebruchstatbestand – deren Verhältnis zueinander seit jeher umstritten ist. Im Kern geht es um die Frage, ob der Missbrauchstatbestand nur ein „ausgestanzter Spezialfall des umfassenderen Treuebruchstatbestands" ist, also der Täter auch in der Missbrauchsvariante eine Vermögensbetreuungspflicht innehaben muss. Dagegen spricht, dass sich jeder Fall der Missbrauchsuntreue zugleich als Fall der Treubruchsuntreue darstellen würde und § 266 I Alt. 1 StGB dann keinen eigenständigen Anwendungsbereich mehr hätte.[737] Weiterhin wird für diese **„dualistische"** Theorie angeführt, dass sich die besondere Pflichtenstellung des Täters bei der Missbrauchsuntreue ausschließlich durch die Verpflichtungs- bzw. Verfügungsmacht ergebe.[738] Die inzwischen absolut h.M. geht diesen Weg nicht und verlangt auch für die Missbrauchsvariante eine Vermögensbetreuungspflicht (**„monistische Lehre"**).[739] Hierfür spricht insbesondere der Wortlaut der Vorschrift, da sich der Relativsatz „dem, dessen Vermögensinteressen er zu betreuen hat" auf beide Handlungsmodalitäten bezieht. Solch eine Einschränkung ist mit Blick auf die verfassungsrechtlichen Bedenken zu begrüßen, zumal auf diesem Wege auch Abgrenzungsschwierigkeiten zu sonstigen Tatbeständen wie 266b[740] StGB oder § 266a StGB vermieden werden.[741] Da die Norm sowohl in der Missbrauchsvariante als auch in der Pflichtverletzungsvariante also nur durch eine vermögensbetreuungspflichtige Person verwirklicht werden kann, handelt es sich um ein echtes **Sonderdelikt**.[742]

331

---

736 Hinsichtlich der Frage, inwieweit ein solcher Vermögensbezug mittelbar über gesellschaftsrechtliche Generalklauseln, vertragliche Vereinbarungen oder drohende finanzielle Sanktionen bei der Verletzung der Pflichten hergestellt werden kann, scheint teilweise noch eine (wenngleich nicht offen ausdiskutierte) Uneinigkeit zu bestehen.
737 „Dualistische Theorie" LK/*Schünemann* § 266 Rn. 17.
738 *Otto* § 57 Rn. 7 ff.
739 BGHSt 24, 386 (387); 47, 187 (192); 50, 331 (342); BGH NStZ 2006, 221 (222); *Lackner/Kühl* § 266 Rn. 4; *Wessels/Hillenkamp/Schuhr* Rn. 750.
740 Siehe hierzu die Gesetzesbegründung, die – weil sie die monistische Theorie zu Grunde legt – eine Gesetzeslücke sieht, BT-Drs. 10/5058, S. 31 (33).
741 Die Notwendigkeit der Vermögensbetreuungspflicht für beide Alternativen bedeutet allerdings nicht zugleich, dass sie für beide auch in gleicher Form bestimmt werden müsste. Zum Streitstand *Fischer* § 266 Rn. 6a f.; LK/*Schünemann* § 266 Rn. 21; SSW/*Saliger* § 266 Rn. 6.
742 In diesem Zusammenhang sei darauf hingewiesen, dass es sich bei § 266 I StGB auch deswegen um ein gekorenes Wirtschaftsdelikt handelt, weil es sich um eines der wenigen Delikte im StGB handelt, das sich bereits strukturell an die „mächtigen, reichen" Täter mit dem weißen Kragen wendet; man könnte insofern auch von einem umgekehrten „labeling approach" sprechen, vgl. hierzu *Rönnau* ZStW 119 (2007), 887 (891 f.).

4. Die Tatbestandsmerkmale des § 266 StGB im Einzelnen

a) Gemeinsamer Bezugspunkt: Vermögensbetreuungspflicht

332 Auf Basis der soeben genannten „monistischen Lehre" fungiert die Vermögensbetreuungspflicht als gemeinsames Tatbestandsmerkmal, dessen Darstellung daher vorangestellt werden kann.

333 Unter einer **Vermögensbetreuungspflicht** ist ein Pflichtenverhältnis zu verstehen, dessen wesentliche Aufgabe in der Betreuung fremden Vermögens liegt und das durch eine gewisse Eigenverantwortlichkeit und Selbstständigkeit geprägt ist.

Die allgemeine Pflicht, Verträge zu erfüllen, genügt also ebenso wenig, wie allgemeine Schutz- und Nebenpflichten aus schuldrechtlichen Austauschverträgen.[743] Auf der anderen Seite muss allerdings auch keine vollständige Bindung oder gar ein Abhängigkeitsverhältnis bestehen. Untergeordnete Botendienste oder rein mechanische Verrichtungen fallen mangels Eigenverantwortlichkeit von vornherein aus dem Raster.[744]

334 Die Rechtsprechung ermittelt die Vermögensbetreuungspflicht auf Basis einer umfassenden Gesamtwürdigung, die sie mittels eines Indizienkatalogs zu konkretisieren versucht.[745] Als drei wesentliche Anknüpfungspunkte, die für eine Vermögensbetreuungspflicht sprechen, hat sie die in der Definition genannte **Fremdnützigkeit** des Handelns, die **Betreuungspflicht als Hauptpflicht** des Treunehmers sowie das Vorhandensein von Spielräumen bzw. einer gewissen **Eigenverantwortlichkeit** des Treunehmers bei der Pflichtenerfüllung herausgearbeitet. Entstehungsgründe für die Vermögensbetreuungspflicht können gesetzlicher, behördlicher oder rechtsgeschäftlicher Natur sein. Im Wirtschaftsstrafrecht wird demjenigen, welcher den Zugriff auf das Vermögen hat, fast immer kraft Gesetzes[746] oder kraft unternehmerischer Organisationsstruktur die Vermögensbetreuung obliegen.[747] Daher bereitet die eigentliche Feststellung der Vermögensbetreuungspflicht zumindest im Wirtschaftsstrafrecht auch selten Probleme[748], weswegen auf eine weitere vertiefte Darstellung an dieser Stelle verzichtet wird.[749] Aus dem Wirtschaftssektor seien folgende Beispiele genannt, in denen die Rechtsprechung das Vorliegen einer Vermögensbetreuungspflicht bejaht:

---

743 BGHSt 1, 186 (188); 52; 182 (186); *Fischer* § 266 Rn. 36 f.
744 BGHSt 13, 315 (317); 41, 224 (229).
745 Grundlegend RGSt 69, 58 (62).
746 Zur Frage, ob § 1 BauFordSiG eine gesetzliche Vermögensbetreuungspflicht statuiert vgl. *Brand* wistra 2012, 92.
747 Vgl. auch *Wittig* § 20 Rn. 94, 124 f.
748 Vgl. hierzu im Unterschied die äußerst strittigen Fragen i.R.d. Allgemeinkriminalität, etwa die Vermögensbetreuungspflicht des Vermieters gegenüber seinem Mieter im Hinblick auf die Kaution BGHSt 41, 224; 52, 182; *Sowada* JR 1997, 26.
749 Siehe hierzu SSW/*Saliger* § 266 Rn. 12 ff.; „Fallgruppenorientierte Systematisierung" etwa bei *Fischer* § 266 Rn. 48 ff.; *Lackner/Kühl* § 266 Rn. 12 ff.; NK/*Kindhäuser* § 266 Rn. 56 ff.

- Insolvenzverwalter (§§ 56 ff. InsO), Zwangsverwalter (§§ 152, 154 ZVG)[750]
- Liquidatoren und Abwickler (§§ 48 f. BGB, §§ 146 II, 161 II HGB, § 66 GmbHG, § 265 III AktG),
- Lehrstuhlinhaber (insbesondere als ärztlicher Direktor eines Universitätsklinikums, **vgl. Rn. 401 ff.**),
- im öffentlich-rechtlichen Bereich: Kassenleiter, Finanzbeamte, Landräte sowie Minister,
- Anlageberater, Kreditsachbearbeiter[751]
- Bereichsvorstände, Vorstände der Kassenärztlichen Vereinigung,[752] Manager für einen abgetrennten Geschäftsbereich innerhalb einer Körperschaft,
- Aufsichtsratsmitglieder einer AG (siehe Rn. 352),
- GmbH-Geschäftsführer[753] (nicht dagegen die Gesellschafter selbst, da sie wirtschaftlicher Eigentümer der GmbH sind),
- Steuerberater, Hauptbuchhalter, Rechtsanwalt[754]
- Handelsvertreter,[755] Kommissionsagent,[756] Franchisenehmer[757]
- Kassenärzte.

b) Die Tatmodalitäten des § 266 I StGB

Die speziellere Missbrauchsvariante, § 266 I Alt. 1 StGB, erfasst Fälle, in denen dem Treuepflichtigen eine rechtliche Befugnis eingeräumt wurde, **rechtswirksam** den Treugeber zu verpflichten oder über dessen (also **fremdes**[758]) Vermögen zu verfügen (externe Rechtsmacht). 335

Ein **Missbrauch** ist dann anzunehmen, wenn der Täter im Rahmen seines rechtlichen Könnens im Außenverhältnis sein rechtliches Dürfen im Innenverhältnis überschreitet. 336

In Abgrenzung zur Treuebruchsvariante ist die Missbrauchsalternative nach h.M. auf zivil- oder öffentlich-rechtlich wirksames Verhalten beschränkt. Handlungen, die den gesetzlichen Nichtigkeitsgründen, etwa der §§ 117, 134, 138, 179 f., 181 BGB, unterliegen, unterfallen nicht der Missbrauchs-

---

750 BGH NJW 2011, 2819.
751 BGH NStZ 2013, 40.
752 KG wistra 2015, 71: jedoch nicht hinsichtlich von Entscheidungen, die im weitesten Sinne die Bezüge der Vorstandsmitglieder selbst betreffen; diesbezüglich komme nur eine Teilnahme in Betracht, bei der dann § 28 I StGB berücksichtigt werden müsste.
753 Zum director einer Limited und den zur Beurteilung einer Untreue erforderlichen Feststellungen vgl. BGH wistra 2010, 286, sowie dazu *Beckemper* ZJS 2010, 554 ff.; *Ladiges* wistra 2012, 170; *Radtke* NStZ 2011, 556; gerade bei ausländischen Unternehmen kann das Strafanwendungsrecht die Fremdrechtsprüfung erforderlich machen, so dass das erkennende Gericht neben den deutschen Strafvorschriften nicht nur außerstrafrechtliche (bspw. gesellschaftsrechtliche), sondern auch ausländische Vorschriften prüfen muss, vgl. hierzu *Kraatz* JR 2011, 58.
754 BGH NStZ 2013, 407.
755 Flohr/Wauschkuhn/*Ufer* 3. Teil § 266 StGB Rn. 48.
756 BGH NStZ 1998, 348.
757 Flohr/Wauschkuhn/*Ufer* 3. Teil § 266 StGB Rn. 146.
758 Zum Fremdvermögensbezug *Fischer* § 266 Rn. 11, 60; NK/*Kindhäuser* § 266 Rn. 30.

alternative (str.⁷⁵⁹). Typischer Fall des Missbrauchs ist der Abschluss von Risikogeschäften,⁷⁶⁰ etwa durch nicht ausreichend gesicherte Kreditbewilligungen.⁷⁶¹

337 Das Überschreiten des rechtlichen Dürfens stellt zugleich die Vermögensbetreuungspflichtverletzung dar, so dass die diesbezüglichen Fragen unter der Überschrift „Vermögensbetreuungspflichtverletzung" bzw. „Pflichtwidrigkeit" diskutiert werden (so auch hier im Folgenden); insb. in der höchstrichterlichen Rechtsprechung neigt man immer häufiger dazu, wegen des „gleichartigen Unrechts" und der einheitlich notwendigen Vermögensbetreuungspflichtverletzung die verwirklichte Untreuealternative dahinstehen zu lassen.⁷⁶² Insofern darf aufgrund dieses (auch terminologischen) Problems nicht der Eindruck entstehen, dass § 266 I 2. Alt. StGB die praktisch häufigere bzw. „generell wichtigere" Handlungsmodalität wäre. Im Gegenteil hat die Treuebruchsalternative gegenüber dem spezielleren Missbrauchstatbestand nur eine **Auffangfunktion** und greift in Sachverhaltskonstellationen, in denen

- der Täter nur eine rein tatsächliche, keine rechtliche Einwirkungsmöglichkeit auf das betreute Vermögen hat oder
- der Täter keine rechtlichen Befugnisse hat, aber die Überwachung des Vermögens zu seinem rechtlichen Pflichtenkreis gehört oder
- der Täter zwar rechtsgeschäftlich tätig wird, aber keine externe Rechtswirkung eintritt (bei rechtsunwirksamen, erloschenen Betreuungsverhältnissen oder gesetzes- bzw. sittenwidrigen Beziehungen).

338 Die Handlung muss aber unabhängig von der verwirklichten Untreuealternative jedenfalls **pflichtwidrig** sein. Die im Wirtschaftsstrafrecht besonders problematische Frage, inwiefern sich bei der Frage des Missbrauchs bzw. der allgemeinen Pflichtverletzung die Pflichtwidrigkeit an den zivilrechtlichen oder öffentlich-rechtlichen Normen zu orientieren hat, kann einheitlich erörtert werden.⁷⁶³

---

759 Vgl. insbesondere die Gegenauffassung von *Arzt*, in: FS-Bruns, 1978, S. 368 ff. (370), der darauf hinweist, dass der schärfste Fall des Missbrauchs in Form eines kollusiven Zusammenwirkens nicht von § 266 I Alt. 1 StGB erfasst wäre (weil nichtig nach § 138 BGB).
760 Hierzu *Zimmermann*, in: Steinberg/Valerius/Popp, 2011, S. 71 ff.
761 Die Finanzkrise in den Jahren 2008, 2009 dürfte den zu Grunde gelegten Maßstab für die Untreue erheblich beeinflussen, zur Untreue in Zeiten der Finanzkrise näher *Schröder* Kapitalmarktstrafrecht, Rn. 1148.
762 Das führt zur strafprozessualen Frage, ob Richter noch gem. § 265 I StPO dazu verpflichtet sind, bei einer unterschiedlichen Bewertung den Angeklagten hierauf hinzuweisen, vgl. hierzu SSW/ *Saliger* § 266 Rn. 7 a.E.; auch im eingangs geschilderten Mannesmann-Fall heißt es in der Urteilsbegründung des BGH wortwörtlich: „*... Dabei kann offen bleiben, welche der beiden Tatbestandsvarianten des § 266 Abs. 1 StGB – Missbrauchs- oder Treuebruchstatbestand – verwirklicht worden ist, was davon abhängt, ob die Zuwendungen zivilrechtlich wirksam sind oder nicht... Denn die verletzte Pflicht zur Betreuung fremden Vermögens ist für beide Tatbestandsalternativen identisch; der Missbrauchstatbestand ist lediglich ein Spezialfall des umfassenderen Treubruchs Tatbestandes.*"
763 BGH NJW 2006, 453 (454).

c) Insbesondere: Die Vermögensbetreuungspflichtverletzung

aa) Die Akzessorietät der Pflichtverletzung

Bei der Vermögensbetreuungspflichtverletzung handelt es sich um ein **normatives Tatbestandsmerkmal**. Zu seiner Ausfüllung müssen die jeweils einschlägigen Gesetze und Rechtsverhältnisse, welche die Pflichten des Treunehmers konkretisieren, herangezogen werden. Wenn genauere Richtlinien fehlen, wird auf allgemeine Sorgfaltsmaßstäbe („ordentlicher Kaufmann", § 347 HGB) zurückgegriffen.[764] Die i.R.d. Vermögensbetreuungspflichtverletzung zentrale Streitfrage lautet, welche Qualität die benannte Akzessorietät hat bzw. wie weit sie reicht. Unstreitig ist insofern nur eine **„negative"** Akzessorietät der Untreue[765]: Was zivilrechtlich erlaubt ist, kann strafrechtlich keine Konsequenzen nach sich ziehen.[766] Allerdings muss mit Blick auf den Ultima Ratio-Grundsatz umgekehrt nicht jede zivilrechtliche Pflichtverletzung eine Strafbarkeit bedeuten. Es ist also nicht von einer uneingeschränkt auch **„positiven"**, sondern von einer sog. **„asymmetrischen Akzessorietät"** des Strafrechts auszugehen.[767] Im Detail kommt es dabei aber auch darauf an, wie streng die Verantwortlichkeitsregelungen im Zivilrecht sind; soweit auch dort aufgrund einer weiten Einschätzungsprärogative (vgl. etwa § 93 I 2 AktG – lesen!) nur bei schwerwiegenden Pflichtverstößen gehaftet wird, sind diese eher geeignet, eine parallele strafrechtliche Bewertung zuzulassen.[768] Bei der Bezugnahme auf außerstrafrechtliche Normen darf man nicht aus den Augen verlieren, dass jedenfalls § 266 StGB ein Vermögensdelikt i.e.S. ist, d.h. die Verletzung eine Pflicht betreffen muss, die den **Vermögensschutz** bezweckt.[769] Die Frage der zivilrechtlichen Akzessorietät bildet sowohl in objektiver als auch in subjektiver Hinsicht den Schwerpunkt des eingangs geschilderten Mannesmann-Falles. Die verschiedenen

339

---

764 Zur Problematik rund um Generalklauseln und Maßstabsfiguren siehe bereits Rn. 72 ff.
765 *Saliger* HRRS 2006, 14; MK-StGB/*Dierlamm* § 266 Rn. 174.
766 Zur Frage einer akzessorischen Auslegung des Betrugs hinsichtlich leistungsbefreiender Normen des Zivilrechts vgl. *Brand* JR 2011, 96.
767 *Lüderssen*, in: FS-Lampe, 2003, S. 727 (729); MK-StGB/*Dierlamm* § 266 Rn. 174.
768 Aus neuerer Zeit vgl. etwa OLG Düsseldorf wistra 2015, 482 (unentgeltliche Zuwendungen an Dritte).
769 So hat der BGH im Kölner Parteispendenskandal (BGHSt 56, 203 = NJW 2011, 1747 m. Anm. *Brand* entschieden, dass ein Verstoß § 25 PartG für sich irrelevant sei, da diese Vorschrift (zustimmungswürdig) keinen Vermögensschutz bezwecke. Allerdings könnten die Parteien – z.B. durch Satzungen – bestimmen, dass die Beachtung der Vorschriften des PartG für die Funktionsträger der Partei eine selbstständige, das Parteivermögen schützende Hauptpflicht i.S. von § 266 I StGB darstelle; führt der Pflichtverstoß bzw. ein gesetzliches Verbot dazu, dass überhaupt keine Forderung mehr besteht, die beglichen werden müsste (§§ 134, 817 I S. 2 BGB), kann in der Begleichung einer nichtigen Forderung, also der rechtsgrundlosen Zahlung selbst die Pflichtverletzung gesehen werden, BGH NJW 2013, 401 („Telekom-Spitzelaffäre"); verneint hat der Dritte Senat einen Vermögensbezug europarechtlicher Vorschriften zur Gewährung von Beihilfen (Art. 107 AEUV ff.) im Nürburgring-Verfahren, BGHSt 61, 48 = wistra 2016, 314; in derselben Entscheidung bejaht der BGH allerdings einen Vermögensschutzcharakter der Vorschriften zum Vollzug der Landeshaushaltsordnung Rheinland-Pfalz (§ 39 Nr. 5 S. 2). vgl. zu einer fehlenden Vermögensbetreuungspflicht bei einem Verstoß gegen § 119 BetrVG auch unten Rn. 590. Krit. zur teils unklaren Einordnung der Rechtsprechung und der nicht ausreichenden Differenzierung zwischen „unmittelbar" und „mittelbar" fremdvermögensschützendem Charakter SSW/*Saliger* § 226 Rn. 36, 39 („grandioses Missverständnis", dort auch zur Telekomspitzelaffäre).

Lösungsmöglichkeiten werden daher erst im Zusammenhang mit der Darstellung der Entscheidung des BGH aufgegriffen.

bb) Zum Verhältnis von Vermögensbetreuungspflicht und deren Verletzung

340 Die festgestellte Vermögensbetreuungspflicht und die Pflichtverletzung sind strikt voneinander zu trennen. Nicht jede Pflichtverletzung eines Vermögensbetreuungspflichtigen muss zugleich eine Vermögensbetreuungspflichtverletzung bedeuten. Zwischen der Pflichtverletzung und der Betreuungspflicht muss ein **funktionaler**[770] bzw. **innerer**[771] **Zusammenhang** bestehen, d.h. der Täter muss die aus seiner besonderen Stellung entstehende Möglichkeit der Pflichtverletzung ausnutzen. Die fremdnützige Machtposition muss die Pflichtverletzung erst ermöglicht, diese erleichtert oder in sonstiger Weise maßgeblich gefördert haben.[772]

cc) Untreue als Gläubigerschutzvorschrift?
Zur Frage eines tatbestandsausschließenden Einverständnisses

341 Ein Einverständnis des Vermögensinhabers mit der Pflichtverletzung bzw. der Vermögensschädigung schließt bereits den Tatbestand aus.[773] Andere wollen die Rechtswidrigkeit entfallen lassen, was allerdings praktisch keine Auswirkungen hat, da in Abweichung von den allgemeinen Regeln i.R.d. § 266 StGB auch das Einverständnis – wie bei einer rechtfertigenden Einwilligung – frei von Willensmängeln sein muss. Zudem ist nur eine **vor der Tat** erklärte Zustimmung wirksam.[774]

342 Da das Einverständnis als „Realakt" nur von natürlichen Personen erklärt werden kann, fallen bei Kapitalgesellschaften zustimmende natürliche Personen und die tatsächlich beeinträchtigte juristische Person auseinander. Dies führt zu der Frage, inwieweit das rechtlich eigenständige Vermögen der Kapitalgesellschaft, das v.a. der Befriedigung der Gläubiger („im Notfall") dient,[775] der Disposition der Gesellschafter unterliegt bzw. diese überhaupt „einverständnisfähig" sind.[776] Für die GmbH gilt, dass die Gesellschafter gem. **§ 30 GmbHG** zur Erhaltung des Stammkapitals verpflichtet sind und eine Verletzung dieser Pflicht zu einer Haftung nach den §§ 823, 826 BGB im Innenverhältnis

---

770 Sch/Sch/*Perron* § 266 Rn. 36; *Eisele* GA 2001, 388; *Rönnau/Hohn* NStZ 2004, 114; *Kubiciel* NStZ 2005, 355; *Sax* JZ 1977, 703; *Burkhardt* NJW 1973, 2190; *Sternberg-Lieben* JA 1997, 126.
771 So die Rechtsprechung BGH NJW 1991, 1069; NJW 1992, 251; BGH StV 1995, 303; vgl. auch *Fischer* § 266 Rn. 50.
772 Vgl. hierzu auch *Bittmann* NStZ 2012, 57 (58).
773 Somit führt auch die irrtümliche Vorstellung, es liege ein Einverständnis vor, zu einem vorsatzausschließenden Tatbestandsirrtum gem. § 16 StGB, OLG Hamm NStZ-RR 2012, 374.
774 Zur Frage der Ablehnung eines Vermögensnachteils infolge der Annahme eines hypothetischen Einverständnisses *Dehne-Niemann*, ZStW 2019, 363.
775 Bei der KG ist zu beachten, dass das Gesamthandsvermögen einer Kommanditgesellschaft nur insoweit bedeutsam sein kann, als sie gleichzeitig das Vermögen der Gesellschafter berührt, vgl. BGH NStZ 2013, 38.
776 Vgl. zur Problematik anschaulich etwa *Beckemper* GmbHR 2005, 592 ff.; vgl. *Hohn*, FS-Samson, 2010, S. 315 ff.; zusf. auch *Brettel/Schneider* § 3 Rn. 381.

gegenüber ihrer Gesellschaft führen kann.[777] Allerdings bleibt es bei der rechtlichen Möglichkeit, dies zu tun; m.a.W. bleiben die Gesellschafter verfügungsbefugt – schließlich kann die GmbH selbst keinen „Willen" bilden und ein „hypothetischer Wille" kann auch nicht durch gesetzliche Verbote und Beschränkungen konkretisiert werden.

Basierend auf dem Schutzgut des § 266 StGB müsste man daher davon ausgehen, dass jedes Einverständnis der Gesellschafter zu einem Tatbestandsausschluss führt („**strenge Gesellschaftertheorie**"[778]). Demgegenüber vertrat das Reichsgericht noch die Auffassung, dass die Gesellschafter eine Schädigung des Gesellschaftsvermögens nicht gestatten können („**strenge Körperschaftstheorie**"[779]), ein Ansatz, der sich mit der Rechtswirklichkeit nicht verträgt, da das Gesellschaftervermögen dennoch durch natürliche Personen kontrolliert und durch den Gesellschafterwillen funktionalisiert wird. Abgesehen davon würde dann fast jeder Eingriff außerhalb der Gewinnentnahme zu einer strafbaren Untreue führen.   343

Der BGH sieht die Möglichkeit einer Zustimmung, schränkt die Dispositionsfreiheit aber zugleich wieder ein[780]: Demnach könne das Einverständnis wegen **Gesetzes- oder Pflichtwidrigkeit** unwirksam sein,[781] so dass trotz einer Zustimmung aller Gesellschafter eine Strafbarkeit (bspw. des Geschäftsführers) bejaht werden muss.[782] Solch eine Pflichtwidrigkeit sei dann zu bejahen, wenn   344

- die Verfügung zu einer **Beeinträchtigung des Stammkapitals** führe oder
- durch den Eingriff die **wirtschaftliche Existenz** der Gesellschaft in anderer Weise konkret und unmittelbar gefährdet wird (etwa durch die Herbeiführung einer Überschuldung).

Die zweite Fallgruppe bringt das Problem mangelnder Bestimmtheit mit sich.[783] Wesentlich schwerer wiegt an dieser Rechtsprechung jedoch der Gesichtspunkt, dass der Untreuetatbestand damit in ein Gläubigerschutzdelikt umgewandelt wird: Ungeachtet der freiwilligen Entscheidung der Gesellschafter, das Vermögen aufzubrauchen, werden der Disposition strafrechtliche Grenzen gesetzt, obwohl diese Grenzen bereits   345

---

777 BGH NJW 2007, 2689 (Trihotel-Entscheidung).
778 *Kasiske* wistra 2005, 85; *Arloth* NStZ 1990, 574 f.; *Labsch* JuS 1985, 602.
779 So noch RGSt 71, 353; noch sehr nah an der strengen Körperschaftstheorie BGHSt 34, 379: Das Einverständnis sei jedenfalls schon unwirksam, wenn die Verschleierung der Vermögensverschiebung unter Missachtung der Buchführungspflicht nach § 41 GmbHG und Erteilung der Zustimmung der Gesellschafter unter Missbrauch der Gesellschafterstellung erfolge.
780 BGHSt 35, 333; fortgesetzt bei BGHSt 49, 147 („Bremer Vulkan") m. Anm. *Fleischer* NJW 2004, 2867 ff.; vgl. auch BGH wistra 2011, 463; *Kasiske* wistra 2005, 81 ff.; *Kudlich* JuS 2004, 1117 ff.; *Kutzner* NStZ 2005, 271 f.; *Ransiek* wistra 2005, 121 ff.; *Saliger* NStZ 2005, 270 f.; *Tiedemann* JZ 2005, 45 ff.
781 BGH wistra 2013, 63. In seiner Entscheidung zur Wahlkampfspendenaffäre CDU Rheinland-Pfalz verneint der BGH unter Hinweis auf den Verstoß gegen § 2 I 2 RhPfFraktG die Möglichkeit der Parlamentsfraktion, ihrem Vorsitzenden ein wirksames Einverständnis dahingehend zu erteilen, für die Fraktion bestimmte Gelder an die Partei weiterzuleiten, vgl. BGHSt 60, 94 = wistra 2015, 311. Zum Ganzen *Bock*, ZIS 2016, 67; *Brand/Seeland*, ZWH 2015, 258.
782 Diese Grundsätze sind laut OLG Jena wistra 2011, 315 auch anwendbar, wenn es sich um eine kommunale GmbH mit einem fakultativen Aufsichtsrat handelt, deren Alleingesellschafterin eine Stadt ist.
783 Zu Konkretisierungsversuchen *Anders*, NZWiSt 2017, 13.

durch andere Delikte, insbesondere die §§ 283 ff. StGB, abgesteckt sind.[784] Die Ansicht der herrschenden Meinung ist daher durchaus gewissen Zweifeln ausgesetzt.

346 Noch problematischer wird die Frage des Einverständnisses bei einer AG, da sich die Überlegungen der h.M. aufgrund der strukturellen Unterschiede zur GmbH (u.a. wesentlich komplexere Organgefüge mit Vorstand, Aufsichtsrat, Hauptversammlung etc.) kaum auf die Aktiengesellschaft übertragen lassen. Grundsätzlich sollte man davon ausgehen, dass jedenfalls eine Zustimmung aller Anteilseigner tatbestandsausschließend wirkt, die man mittels Beschlusses der Hauptversammlung einholen kann.[785] In seiner Siemens-ENEL-Entscheidung (**Rn. 405 ff.**) ließ der BGH die Frage offen, ob auch der Vorstand allein im Rahmen seiner Geschäftsführungsbefugnisse gem. § 76 AktG dispositionsbefugt ist.[786]

d) Der Vermögensschaden und die nur im Grundsatz übertragbare Schadensdogmatik aus § 263 I StGB

347 Der Begriff des **Vermögensnachteils** entspricht weitgehend dem Schadensbegriff des Betrugs gem. § 263 I StGB. Die dort gemachten Ausführungen (**vgl. Rn. 224 ff.**) gelten somit im Grundsatz auch hier, insbesondere der juristisch-ökonomische Vermögensbegriff, das Prinzip der Gesamtsaldierung sowie die Unbeachtlichkeit einer reparatio damni. Ferner ist auch eine schadensgleiche Vermögensgefährdung i.R.d. Untreue im Grundsatz anerkannt.[787] Da die Untreue im Gegensatz zum Betrug allerdings im Übrigen noch unbestimmter ist, verschärft sich hier das Problem der Strafbarkeitsvorverlagerung, und die Untreue droht noch stärker in ein abstraktes Gefährdungsdelikt umgewandelt zu werden (was im Hinblick auf die Straflosigkeit der versuchten Untreue strafrechtsdogmatisch besonders bedenklich stimmt).[788] Insofern geht die Kasuistik (trotz des gleichen Oberbegriffs „schadensgleiche Vermögensgefährdung") schon aufgrund der tatbestandlichen Eigentümlichkeiten auseinander und es entwickelt sich ein eigener, untreuespezifischer Schadensfallgruppen-Katalog,[789] der an dieser Stelle nur angerissen werden kann[790]:

- **Kreditvergaben** (Eingehungsgeschäfte) sowie sonstige **Risikogeschäfte** sind mit Abschluss des Kreditvertrages vollendet, wenn der Täter „nach Art eines Spielers" bewusst gesteigerte Verlustgefahren in Kauf nimmt, obwohl nur höchst zweifelhafte Gewinnchancen bestehen[791] bzw. diese nicht ausreichend gesichert sind

---

784 *Fischer* § 266 Rn. 93 ff.; *Saliger* ZStW 2000, 570; *ders.* FS-Roxin II, 2011, S. 1053 ff.; A/R/R/Seier/Lindemann, 5. Teil 2. Kap. Rn. 319 f.
785 Wobei die Hauptversammlung dann ein eigenes Entscheidungsrecht haben müsste, vgl. § 119 I AktG.
786 Siehe hierzu *Ransiek* StV 2009, 321 (322); *Knauer* NStZ 2009, 151 (152).
787 Vgl. aber bereits oben Rn. 227 ff. und 350 ff.
788 *Saliger* HRRS 2006, 10 (12); *Fischer* § 266 Rn. 150 ff.
789 Weswegen man sich auch fragen kann, ob den beiden Vorschriften inzwischen per se ein anderer Vermögensbegriff zugrundegelegt wird, vgl. hierzu *Perron*, FS-Frisch, 2013, S. 857 ff.
790 Ausführlicher SSW/*Saliger* § 266 Rn. 90 ff.; *ders.* zur Nachteilsbestimmung im Fall von Aktienkäufen NJW 2019, 886.
791 BGHSt 46, 30; 47, 148; *Wessels/Hillenkamp/Schuhr* Rn. 777; zur vermögensgefährdende Kreditvergabe in Fällen von Scheckreiterei BGH wistra 2001, 218, und dazu *Bosch* wistra 2001, 257

(wobei i.R.v. Risikogeschäften schon die Annahme einer Vermögensbetreuungspflichtverletzung problematisch sein kann[792]).

- Eine **unordentliche Buchführung** soll für sich noch keine schadensgleiche Vermögensgefährdung bedeuten, sondern erst dann, wenn die Durchsetzung etwaiger Ansprüche erheblich erschwert wird.[793] Ebenso wenig kann bereits die Verwahrung von Fremdgeldern auf einem Geschäftskonto (statt auf einem Anderkonto) als Gefährdungsschaden bewertet werden.[794]
- Äußerst umstritten ist, ob der Täter allein durch die Auslösung **von Schadensersatzansprüchen und Sanktionen** den Untreuetatbestand verwirklicht[795] (eine Frage, die v.a. bei der unterlassenen Weiterleitung von Parteispenden aufgeworfen wurde, da diese die Gefahr von Sanktionen nach dem Parteiengesetz mit sich brachte[796]).
- Letztlich sind noch die **Bildung und Fortführung schwarzer Kassen** zu nennen, deren strafrechtliche Beurteilung durch den BGH im Rahmen des Siemens-ENEL-Falles unten nochmals genauer betrachtet wird (ausführlich Rn. 436).

Natürlich hilft die Aufstellung solch eines Katalogs nicht weiter, wenn den Fallgruppen kein „gemeinsamer Nenner" zu entnehmen ist und die einzelnen Einschränkungen oder Schadenskategorien nicht eingehalten, sondern in kürzester Zeit wieder vollständig „umgekrempelt" werden (wie dies etwa bei der Behandlung von schwarzen Kassen angenommen werden kann, vgl. im Folgenden).[797] Daher müssen Wissenschaft und Rechtsprechung bemüht sein, im Sinne der Rechtsklarheit eine einheitliche Linie anzustreben.[798] Dieser Versuch muss – soweit er unternommen wurde – bis dato als überwiegend gescheitert bezeichnet werden: Die Voraussetzungen für eine schadensgleiche Vermögensgefährdung sind nach wie vor strittig, wobei das bereits angesprochene terminologische Problem (Vermögensschaden = schadensgleiche Gefährdung?[799]) den Konsens erschwert und es mitunter zu Missverständlichkeiten und Fehldeutungen kommt.

348

Vorgeschlagen wurde u.a. beim Modell des Gefährdungsschadens auf subjektiver Ebene korrigierend einzugreifen und vom Täter nicht nur dolus eventualis hinsichtlich der konkreten Gefahr (die das Vermögen bereits „minderwertig macht"), sondern auch hinsichtlich ihrer Realisierung zu verlangen.[800] Gegen derartige subjektive Ansätze kann natürlich der klassische Vorwurf mangelnder Praktikabilität gemacht werden;

349

---

792 Übersichtlich *Wittig* § 20 Rn. 42.
793 BGHSt 20, 304; 47, 8 (11); *Saliger* JA 2007, 326 (332).
794 *Schmidt* NStZ 2013, 499; anders bei der Überweisung von Treuhandgeldern auf ein Konto, über das der Treuhänder nicht mehr (allein) verfügen kann, vgl. BGH NStZ 97, 124.
795 Zusf. Sch/Sch/Perron § 266 Rn. 45b; zur Verursachung der Verhängung von Sanktionen nach § 30 OWiG oder §§ 73 ff. StGB vgl. *Pastor Muñoz/Coca Vila* GA 2015, 284.
796 Ausführlich *Saliger* Parteiengesetz, 2005, S. 127 ff.; zu dieser Frage vgl. auch *Jäger*, in: FS-Otto, 2007, S. 601 ff.; *Perron* NStZ 2008, 517 (518).
797 Vgl. näher unten Rn. 436.
798 Vgl. etwa *Bittmann*, wistra 2017, 121.
799 Zu diesem terminologischen Problem vgl. Fn. 586 bei Rn. 436.
800 So der Zweite Senat noch im Fall Kanther BGHSt 51, 100, vgl. Fn. 590 bei Rn. 436.

hinzu tritt, dass der Gesetzgeber explizit auf besondere subjektive Voraussetzungen (wie etwa das Erfordernis einer Schädigungsabsicht) verzichtet und bis dato auch nicht korrigierend eingegriffen hat.[801] Andererseits könnte man in diesem subjektiven Korrektiv auch gerade den Ausgleich dafür sehen, dass – eben auch im subjektiven Tatbestand – § 266 StGB durch den Verzicht auf eine Bereicherungsabsicht gerade sehr weit gefasst ist.[802] Demgegenüber wird in der Literatur ein objektiver Ansatz i.S.e. **Unmittelbarkeitslösung vorgeschlagen**[803]: Eine schadensgleiche Vermögensgefahr ist danach nur bei solchen Gefährdungslagen zu bejahen, die unmittelbar durch die Untreuehandlung herbeigeführt werden, d.h. die Wertminderung muss einerseits unmittelbar durch die Pflichtverletzung eintreten, und darf andererseits nicht von weiteren Handlungen des Täters, Opfers oder eines Dritten abhängen.

349a Das Bundesverfassungsgericht hat in seinem bereits zitierten Beschluss betont, dass sich die Gerichte trotz eines grundsätzlich weiten Verständnisses von der Untreue bzw. des Vermögensschadens nicht dazu verleiten lassen dürfen, in ihren Urteilsbegründungen eine Schadensfeststellung vollständig auszulassen und diesen aufgrund der vorliegenden Pflichtverletzung zu vermuten. Selbst ein Gefährdungsschaden muss basierend auf nachvollziehbaren Schätzungen oder gutachterlich abgesegneten Prognosen so konkret wie möglich dargelegt werden.[804] Betriebswirtschaftlich anerkannte Bewertungsverfahren und -maßstäbe sind hierbei zu berücksichtigen (zur Bezifferbarkeit des Schadens und Bilanzierung[805] vgl. bereits Rn. 330a).

e) Vorsatz

350 Im subjektiven Tatbestand fordert § 266 StGB – wie eben erwähnt – keine Bereicherungsabsicht, sondern nur zumindest bedingten Vorsatz hinsichtlich der objektiven Tatbestandsmerkmale. Für die Fälle eines Vermögensschadens in Gestalt einer bloßen Vermögensgefährdung hat der 2. Strafsenat – vgl. ebenfalls bereits soeben Rn. 349 – in einer Entscheidung aus dem Jahre 2006 gefordert, dass dieser sich auch auf den endgültigen Eintritt eines Vermögensverlustes bezieht. Beim Vorsatz hinsichtlich der **„Pflichtwidrigkeit"** ergibt sich ein schwieriges Abgrenzungsproblem zwischen einem

---

801 *Perron* NStZ 2008, 518.
802 Eine ganze Reihe von prominenten Untreue-Entscheidungen – vom Fall Mannesmann über Siemens-ENEL bis zu Siemens-AUB – sind dadurch gekennzeichnet, dass der Täter sich zumindest nicht selbst bereichern wollte.
803 *Matt* NJW 2005, 391; *Albrecht*, GA 2017, 130.
804 Wobei dieser „Grundsatz" des BVerfG nichts Neues ist, sondern sowohl von der herrschenden Lehre stets gefordert wurde als auch in der Rechtsprechung schon seit längerer Zeit anerkannt war. So heißt es bspw. bei BGH 3 StR 576/08 in einem Urteil vom 13.08.2009: „Wird bei der Bewilligung eines Großkredits an ein Wirtschaftsunternehmen für die Verwirklichung des objektiven und subjektiven Untreuetatbestandes ein Zeitpunkt vor der Kreditauszahlung als maßgeblich erachtet, so bedarf dies im Urteil näherer Darlegung und Begründung." Mit der (noch zulässigen) weiten Auslegung des § 266 StGB scheinen die Gerichte vereinzelt aber auch dazu zu tendieren, bei den strafprozessualen Grundsätzen (wie Anforderungen an tatrichterliche Feststellungen, Urteilsbegründung nach § 261 StPO) weitere Grenzen zu ziehen.
805 Im Kontext des § 266 StGB vgl. *Becker* HRRS 2010, 391 f.; *Kraatz* JR 2011, 439; *Rönnau* StV 12, 760 allesamt kritisch, da das Bilanzrecht im Interesse des Gläubigerschutzes zu einer Überbetonung der Verlustrisiken tendiert; vgl. dagegen *Wohlers* ZStW 123, 811.

Tatbestandsirrtum über ein normatives Tatbestandsmerkmal (§ 16 I 1 StGB)und einem Verbotsirrtum (§ 17 StGB).[806]

> **In der vorliegenden Entscheidung führt der BGH (insoweit in BGHSt 50, 331 nicht abgedruckt) aus:** „Die Abgrenzung im Einzelnen dürfte sich als schwierig erweisen, wie dies bei Tatbeständen mit stark normativ geprägten objektiven Tatbestandsmerkmalen (hier in § 266 Abs. 1 StGB die Verletzung der Pflicht, die Vermögensinteressen wahrzunehmen) häufig der Fall ist und gerade für den zu beurteilenden Sachverhalt auch durch entgegen gesetzte Stellungnahmen in der Literatur belegt wird (…). Angesichts der (…) Vielgestaltigkeit der denkbaren Sachverhaltsgestaltungen, wäre ein Versuch, für alle in Betracht kommenden Vorstellungen und Motivationen Hinweise auf die – nach Auffassung des Senats – zutreffende rechtliche Einordnung zu geben, von vornherein verfehlt (…). Eine sachgerechte Einordnung etwaiger Fehlvorstellungen oder -bewertungen der Angeklagten wird sich nicht durch schlichte Anwendung einfacher Formeln ohne Rückgriff auf wertende Kriterien und differenzierende Betrachtungen erreichen lassen. Die Annahme etwa, dass jede (worin auch immer begründete) fehlerhafte Wertung, nicht pflichtwidrig zu handeln, stets zum Vorsatzausschluss führt, weil zum Vorsatz bei der Untreue auch das Bewusstsein des Täters gehöre, die ihm obliegende Vermögensfürsorgepflicht zu verletzen, kann nicht überzeugen. Umgekehrt könnte der Senat auch der Auffassung nicht folgen, dass es für die Bejahung vorsätzlichen Handelns ausreicht, wenn der Täter alle die objektive Pflichtwidrigkeit seines Handelns begründenden tatsächlichen Umstände kennt und dass seine in Kenntnis dieser Umstände aufgrund unzutreffender Bewertung gewonnene fehlerhafte Überzeugung, seine Vermögensbetreuungspflichten nicht zu verletzen, stets nur als Verbotsirrtum zu werten ist."

Nach alledem ergibt sich folgendes Prüfungsschema:

351

Prüfungsschema zu § 266 I StGB

I. **Tatbestand**
  1. Objektiver Tatbestand
     a) Tathandlung
        (1) Missbrauchstatbestand
            (a) Verfügungs- oder Verpflichtungsbefugnis für fremdes Vermögen aufgrund Gesetzes, behördlichen Auftrags oder Rechtsgeschäfts
            (b) Missbrauch der Befugnis
            (c) Vermögensbetreuungspflicht
        (2) Treuebruchstatbestand
            (a) Vermögensbetreuungspflicht aufgrund Gesetzes, behördlichen Auftrags, Rechtsgeschäfts oder Treueverhältnisses
            (b) Pflichtverletzung
     b) Tatererfolg: Vermögensnachteil beim Treugeber
     c) Kausalität zwischen a) und b)
  2. Subjektiver Tatbestand: Vorsatz
II. **Rechtswidrigkeit**
III. **Schuld**

---

806 Hierzu *Leite*, GA 2015, 517.

III. Akzessorietät der Untreue am Beispiel der Zahlung überhöhter Vorstandsvergütungen – Der Fall Mannesmann

352 Nach diesen Grundlagen sticht einem sofort ins Auge, dass man den Mannesmann-Fall zu den „wirtschaftsstrafrechtstypischen" Untreuekonstellationen zählen darf. Die grundsätzliche Annahme einer Vermögensbetreuungspflicht bereitet keine Schwierigkeiten. Sie korrespondiert mit der Befugnis des Präsidiums als Teil des Aufsichtsrates, Vermögen der AG auszugeben sowie Teile hiervon für die betriebliche Personalpolitik zu verwenden (dazu sogleich). Probleme bereitet dagegen die Pflichtverletzung. Einerseits wird man die Gewährung von Anerkennungsprämien intuitiv nicht per se als verboten bzw. pflichtwidrig erachten; umgekehrt müssen aber einer wahl- bzw. grenzenlosen Zahlung an Mitarbeiter Grenzen gesetzt sein, da diese stets das betreute Vermögen der Aktiengesellschaft schmälern.[807] Geht man davon aus, dass das Strafrecht zumindest **negativ** akzessorisch ist, müsste jedenfalls eine zivilrechtliche Pflichtverletzung vorliegen, d.h. die Ausschüttung der Anerkennungsprämien in dieser Höhe müsste aktienrechtlich untersagt sein. Für die exakte Beantwortung dieser Frage ist ein Blick auf den aktienrechtlichen Hintergrund unumgänglich.

1. Aktienrechtliche Grundlagen: Die Feststellung der aktienrechtlichen Pflichtverletzung

353 Die Leitung einer Aktiengesellschaft erfolgt durch den **Vorstand**, dem gem. §§ 76 ff. AktG kraft Gesetzes die Vertretung (§ 78 AktG) und die Geschäftsführung (§ 77 AktG) der AG übertragen sind. Als besonderes Kontrollorgan hat der **Aufsichtsrat** die Aufgabe, die Geschäftsführung durch den Vorstand zu überwachen, vgl. § 111 I AktG.[808] Daneben darf der Aufsichtsrat gem. § 87 AktG die Vergütung des Vorstandes festsetzen.

§ 87 I AktG lautet:

> Der Aufsichtsrat hat bei der Festsetzung der Gesamtbezüge des einzelnen Vorstandsmitglieds (Gehalt, Gewinnbeteiligungen, Aufwandsentschädigungen, Versicherungsentgelte, Provisionen, anreizorientierte Vergütungszusagen wie zum Beispiel Aktienbezugsrechte und Nebenleistungen jeder Art) dafür zu sorgen, dass diese in einem angemessenen Verhältnis zu den Aufgaben und Leistungen des Vorstandsmitglieds sowie zur Lage der Gesellschaft stehen und die übliche Vergütung nicht ohne besondere Gründe übersteigen. Die Vergütungsstruktur ist bei börsennotierten Gesellschaften auf eine nachhaltige langfristige Entwicklung der Gesellschaft auszurichten. Variable Vergütungsbestandteile sollen daher eine mehrjährige Bemessungsgrundlage haben; für außerordentliche Entwicklungen soll der Aufsichtsrat eine Begrenzungsmöglichkeit vereinbaren. Satz 1 gilt sinngemäß für Ruhegehalt, Hinterbliebenenbezüge und Leistungen verwandter Art.

354 Das im Sachverhalt handelnde **Präsidium** ist eine Art „Unterorgan" bzw. Ausschuss des Vorstandes. Diesem können nach § 107 III 1 AktG Aufgaben des Vorstandes übertragen werden, hier eben auch die Festsetzung von Vergütungen. Bei den Arten der

---

807 Vgl. auch *Zehetgruber*, wistra 2018, 489; *Wostry*, JuS 2018, 1138.
808 Strafrechtliche Haftung des Aufsichtsrats im Überblick bei *M. Krause* NStZ 2011, 57.

Vergütung ist zwischen den festen Vergütungsbestandteilen und variablen Vergütungsbestandteilen (insb. Gewinntantiemen, Aktienoptionen sowie Anerkennungsprämien) zu unterscheiden.

Bei der Vorstandsvergütung sind zunächst die formellen Verfahrensregelungen der §§ 107 ff. AktG zu beachten; diese haben unlängst mit dem Gesetz zur Umsetzung der zweiten Aktionärsrechterichtlinie eine äußerst umfassende Konkretisierung erfahren, indem speziell für die Vergütung der Aktionäre eine neue Vorschrift, namentlich 87a AktG eingefügt wurde,[809] welche formale (nicht materielle) Vorgaben für das Vergütungssystem börsennotierter Gesellschaften aufstellt. An die Einhaltung der dort aufgestellten Vorgaben knüpft das Gesetz keine Sanktionen; weil die Vorschrift in erster Linie der Transparenz dient,[810] liegt eine „Ausstrahlungswirkung" auf das Strafrecht fern; doch jedenfalls im Wechselspiel mit den materiellen Vorgaben zur Vergütung, die in § 87 AktG zu finden sind, kann sie auch im Rahmen der Frage einer Pflichtverletzung (bzw. ihrer Beweisbarkeit) nach § 266 StGB eine Rolle spielen. Danach sind bei der Vergütungsfestsetzung Aufgaben und Leistungen des Vorstandsmitgliedes (z.B. Umfang und Schwierigkeitsgrad seines Ressorts, Größe des Unternehmens, erforderliche Qualifikation, Marktumfeld, evtl. auch Anreizfunktion) sowie die (insbesondere finanzielle) Lage der Gesellschaft zu berücksichtigen. Nach dem neu eingefügten § 87 IV AktG kann die Hauptversammlung auf Antrag „die nach § 87a Absatz 1 Satz 2 Nummer 1 festgelegte Maximalvergütung herabsetzen." Jenseits der Fälle der laufenden Vergütung und Bestimmung einer Maximalvergütung, bleibt die konkrete Umsetzung jedoch schwierig, da bestimmte Kriterien durchaus auch in unterschiedliche Richtungen weisen können: 355

So kann sich ein florierendes Unternehmen (Lage der Gesellschaft) gewiss eher hohe Vorstandsvergütungen leisten; andererseits ist fraglich, ob dieses Unternehmen nicht so ein „Selbstläufer" ist, dass die Aufgaben des Vorstandsmitglieds sogar eher einfacher sind. Oder umgekehrt: In einer finanziellen Krise (Lage der Gesellschaft) erscheinen hohe Vorstandsvergütungen auf den ersten Blick problematisch; ein erfolgreicher Sanierer (Aufgabe des Vorstandes) ist aber im Einzelfall vielleicht nicht „billig zu haben" und bei erfolgreichem Arbeiten auch „seinen Preis wert". Jedenfalls sollten insbesondere die flexiblen Vergütungsbestandteile eine Anreizfunktion dafür bilden, dass die Gesellschaft angemessene Gewinne macht und zugleich ihre nachhaltige Kapital- und Ertragskraft gewährleistet ist; es sind also sowohl das Bestanderhaltungs- als auch das Rentabilitätsinteresse des Unternehmens zu berücksichtigen. Bei der konkreten Festsetzung der Vergütung muss die Sorgfalt eines ordentlichen und gewissenhaften Aufsichtsrates (vgl. § 116 i.V.m. § 93 I 1 AktG) angewandt werden, wobei zugleich ein großer Ermessensspielraum besteht (vgl. § 116 i.V.m. § 93 I 2 AktG: „Business Judgement Rule" für den Aufsichtsrat[811]), soweit die Vergütungsentscheidung auf der Grundlage sorgfältig eingeholter Informationen beruht. 356

---

809 G. v. 12.12.2019 BGBl. I S. 2637.
810 BT-Drs. 156/19, S. 78 ff.
811 Zum Begriff der „Business Judgement Rule" Hauschka/*Sieg*/*Zeidler* § 3 Rn. 1 ff.

Hinweis: Eine schon im Aktienrecht strittige Sonderfrage lautet, ob § 87 AktG eine Vergütungsmöglichkeit auch für bereits ausgeschiedene Vorstandsmitglieder eröffnet. Da die Vergütung zukunftsorientiert ist und wortlauttechnisch ein ehemaliges Vorstandsmitglied jedenfalls keine „Aufgabe" i.S.v. § 87 AktG mehr wahrnimmt, erscheint dies äußerst fragwürdig. Daher war im konkreten Fall für die Prämienausschüttung an das „frühere Vorstandsmitglied" F eine Pflichtverletzung besonders naheliegend.

357 Basierend auf diesen Abwägungskriterien spricht für einen Verstoß gegen § 87 AktG, dass zum Zeitpunkt der Ausschüttung die Übernahme der Mannesmann-Mobilfunksparte durch Vodafone bereits beschlossen und damit die einhergehende Steigerung des Aktienkurses erreicht war. Die Prämien konnten somit keine „Anreizfunktion" mehr entfalten, was für einen Verstoß gegen § 87 AktG spricht. Anderseits erscheint im Hinblick auf die großen Leistungen des Vorstands bei der totalen Umgestaltung des Konzerns die Begleichung einer „sittlichen Dankesschuld" nicht vollkommen willkürlich, auch wenn hierzu keine Pflicht besteht. Zudem ist daran zu denken, dass die Vorstandsmitglieder trotz drohenden Arbeitsplatzverlustes „loyal" gegenüber ihrer AG geblieben sind. Soweit man einen Verstoß gegen § 87 AktG annehmen will, bedeutet dies allerdings nicht automatisch, dass eine Vermögensbetreuungspflichtverletzung i.S.d. § 266 I StGB gegeben wäre (**Rn. 339**). Im Rahmen seines Ermessensspielraums bleibt dem Aufsichtsrat ein gewisser Bereich, welcher der gerichtlichen Kontrolle entzogen ist. Diesbezüglich wurde schon darauf hingewiesen, dass man bei Entscheidungen mit Einschätzungsprärogative eine restriktive Auslegung präferieren und zudem überprüfen muss, ob im Strafrecht ein unabhängiger Maßstab zu Grunde zu legen ist (asymmetrische Akzessorietät).

Zur Vertiefung: Ob dagegen ein Verstoß gegen die formellen Voraussetzungen der §§ 107 ff. AktG untreuerelevant ist, erscheint fraglich, da diese wohl keinen *unmittelbar* vermögensschützenden Charakter haben. Schließlich dient ihre Einhaltung auch nicht dem Vermögensschutz des Treugebers, sondern der Transparenz. Soweit diese verletzt werden, würde es an dem notwendigen funktionalen Zusammenhang von Pflichtverletzung und Vermögensbetreuungspflicht fehlen. Im konkreten Fall war dies deswegen von Interesse, weil das Aufsichtsratsmitglied F mitgestimmt hat, obwohl ihm die Stimmberechtigung (als unmittelbar aus der Abstimmung potentiell Begünstigter) nach § 34 BGB fehlte. Unabhängig davon, wie sich die fehlende Berechtigung auf die anderen Prämienkandidaten ausgewirkt hätte (insbesondere ob eine Teilnichtigkeit nach § 139 BGB analog abzulehnen wäre), war an eine „Heilung" durch einen späteren Beschluss in neuer Besetzung zu denken.

2. Die Beurteilung der Vermögensbetreuungspflichtverletzungen durch das LG Düsseldorf und den BGH im Mannesmann-Fall

a) Die Notwendigkeit einer gravierenden Pflichtverletzung und ihre Bestimmung nach dem LG Düsseldorf

358 Das LG Düsseldorf als Tatsacheninstanz im Mannesmann-Fall orientiert sich ebenfalls zunächst am Maßstab der §§ 87, 116 AktG und stellt fest, dass eine Vergütung nicht schon automatisch außerhalb der Unternehmensinteressen liegt, weil sie nachträglich und ohne eine entsprechende Rechtspflicht gezahlt bzw. festgesetzt wurde.[812] Aus-

---

812 LG Düsseldorf NJW 2004, 3275.

gehend vom Gedanken des § 612 BGB will es die Möglichkeit einer nachträglichen Anpassung der Vergütungsregeln anerkennen. Im Ergebnis sei aber dennoch kein Grund für diese Gewährung erkennbar: Die Aufgaben des Vorstands im Zusammenhang mit Fusionen (bzw. Übernahmen gleich in welcher Richtung) sind schon bei Abschluss des Dienstvertrags absehbar, so dass die diesbezüglichen Leistungen in der Vergütung des Vorstandsmitglieds miteinkalkuliert sind. Der baldig vorhersehbare Verlust der Selbständigkeit spreche neben der fehlenden Anreizfunktion ebenfalls gegen eine zusätzliche Vergütung. Das Fehlen weiterer erfolgsabhängiger Bonussysteme sei zwar vielleicht „aus Sicht des Vorstandsmitglieds bedauerlich", aber ein etwaiger Ausgleich würde nicht im Interesse der Gesellschaft erfolgen. Auch ein Vergleich mit evtl. höherer Vergütung bzw. Bonussystemen im Ausland sei nicht tragfähig, da die nachträgliche Anpassung zur „Konkurrenzfähigkeit" bei einer bald die Selbständigkeit verlierenden Gesellschaft keinen Sinn mache. Insgesamt sei somit ein aktienrechtlicher Verstoß anzunehmen.

Allerdings hebt das LG Düsseldorf nun hervor, dass nur **gravierende** Pflichtverletzungen und nicht jeder aktienrechtliche Verstoß zu einer Strafbarkeit führen. Es bezieht sich damit auf die Bankuntreue-[813] und Sponsoring-Rechtsprechung des BGH[814], der in den jeweiligen Fällen die Frage des Pflichtverstoßes – schon aufgrund der Forderung einer gravierenden Pflichtverletzung – **strafrechtsautonom** bestimmt[815], wenngleich er hierbei gesellschaftsrechtliche Pflichtverstöße als **Indiz** heranzieht.[816]

359

Ob der Pflichtverstoß i.E. gravierend sei, ergebe sich wiederum aus einer indiziellen **Gesamtschau**: Gegen eine besonders schwerwiegende Pflichtverletzung im konkreten Fall spreche die sehr gute wirtschaftliche Lage der Gesellschaft, der finanziell keine weiteren Belastungen drohten. Hinzu trete, dass man die innerbetriebliche Transparenz wahrte, also keine Verschleierungsversuche unternahm. Außerdem hätte das zuständige Gremium entschieden und sei nicht von „sachwidrigen Motiven" geleitet worden (wobei man gerade diesen zwei Gesichtspunkten „echte indizielle Kraft" eigentlich absprechen will). Im Ergebnis gelangt das LG Düsseldorf somit zu einer Straflosigkeit der Präsidiumsmitglieder im Hinblick auf die Prämien für die nicht ausgeschiedenen Vorstandsmitglieder.[817]

360

> **Hinweis:** In Bezug auf das bereits ausgeschiedene Vorstandsmitglied F konnte § 87 AktG schon gar keine Anwendung finden, da das Verlangen des F, ebenfalls noch im Nachhinein bedacht zu werden, nach Ansicht des LG Düsseldorf jedenfalls sachwidrig war. Allerdings sollte in-

---

813 BGHSt 47, 148 (Sparkasse Mannheim), wobei hier zunächst noch offen geblieben ist, ob sich das Merkmal „gravierend" auf den Umfang der Pflicht selbst bezieht oder die Schwere des Pflichtverstoßes gemeint ist.
814 BGHSt 47, 187 (195): Zum Sponsoring-Urteil (SSV Reutlingen) *Tiedemann*, Rn. 1090.
815 Zu den verschiedenen Ansichten der Begriffsbestimmung und ihrer Eingrenzung durch Merkmale wie „gravierend" übersichtlich SSW/*Saliger* § 266 Rn. 47 f.; *Wagner*, ZStW 2019, 319. Hier besteht sicherlich auch eine gewisse Fallgruppenabhängigkeit, vgl. daher die abschließende Tabelle bei Rn. 447.
816 Zu einer noch stärker strafrechtsautonomen (und somit „indizunabhängigen") Begriffsbestimmung scheint der erste Senat im Kinowelt-Urteil zu tendieren, BGH NJW 2006, 453 (454 f.) m. Anm. *Schünemann* NStZ 2006, 196 (197 ff.).
817 LG Düsseldorf NJW 2004, 3275 (3285).

soweit ein unvermeidbarer Verbotsirrtum nach § 17 StGB vorliegen, da nach Auffassung des LG eine verlässliche, unvoreingenommene und sachkundige Person die Auskunft gegeben hätte, dass eine Zahlung unbedenklich sei.

b) Die doppelte „Abkürzung" des BGH im Mannesmann-Fall

361   Der BGH macht seine Entscheidung letztlich gar nicht von den Grundsätzen des § 87 I AktG abhängig, da er die vorliegende Form der „Vergütung" in Gestalt von *nachträglichen* Anerkennungsprämien gar nicht an diesem Maßstab misst, sondern sie – jedenfalls in der speziellen vorliegenden Situation – als gewissermaßen a priori „außerhalb" des zulässigen aktienrechtlichen Vergütungssystems stehen sieht.

> **Aus BGHSt 50, 331:** „... Eine im Dienstvertrag nicht vereinbarte Sonderzahlung für eine geschuldete Leistung, die ausschließlich belohnenden Charakter hat und der Gesellschaft keinen zukunftsbezogenen Nutzen bringen kann (kompensationslose Anerkennungsprämie), ist demgegenüber als treupflichtwidrige Verschwendung des anvertrauten Gesellschaftsvermögens ... bereits dem Grunde nach unzulässig, ohne dass es auf die Frage ankommt, ob die Gesamtbezüge des begünstigten Vorstandsmitglieds unter Einschluss der Sonderzahlung nach den Grundsätzen des § 87 Abs. 1 Satz 1 AktG der Höhe nach noch als angemessen beurteilt werden könnten ... Die Zulässigkeit einer kompensationslosen Anerkennungsprämie kann auch nicht damit begründet werden, ihr liege eine einvernehmliche Abänderung des Dienstvertrages zugrunde. Die Verletzung der Vermögensbetreuungspflicht besteht bei diesem Ansatz nämlich gerade in der freiwilligen Änderung des Dienstvertrages ... Ebenso wenig lässt sich die Zulässigkeit einer kompensationslosen Anerkennungsprämie auf § 87 Abs. 1 Satz 1 AktG (Gehalt oder ... Nebenleistungen jeder Art) stützen. Denn diese Vorschrift regelt lediglich die Höhe der Bezüge (vgl. Baums aaO 3 ff.) und sagt nichts über die Zulässigkeit oder Unzulässigkeit der Sonderzahlung im Hinblick auf die Vermögensbetreuungspflicht der Präsidiumsmitglieder aus ..."

362   Entgegen der Ansicht der Vorinstanz ist also nach Auffassung des Senats die Feststellung einer darüber hinausgehenden „gravierenden Pflichtverletzung" nicht notwendig. Dieses Kriterium sei nur in Fällen maßgeblich, in denen dem Aufsichtsrat bzw. dem Präsidium ein Beurteilungsspielraum eröffnet ist. Bei *ausschließlich nachteiligen* Entscheidungen zu Lasten der Gesellschaft bestehe aber gar kein Ermessensspielraum mehr. Somit müsse im Ergebnis eine Strafbarkeit der Präsidiumsmitglieder gem. § 266 I StGB bejaht werden. Dieses Vorgehen beinhaltet natürlich das Manko, dass man dem § 87 AktG ein bestimmtes Verständnis zu Grunde legt (welches umstritten ist) und die Strafbarkeit der Präsidiumsmitglieder mit der aktienrechtlichen Vorfrage stehen und fallen soll. Ein **Vermögensnachteil** ist mit der Auszahlung der Prämien jedenfalls zu bejahen (und zwar unabhängig davon, dass die Aktienmehrheit bereits zu diesem Zeitpunkt von Vodafone gehalten wurde; die Mannesmann AG bleibt bis zur vollständigen Übernahme als juristische Person selbständig). Aus dem gleichen Grund schied auch ein **Tatbestandsausschluss** trotz des Einverständnisses der Vodafone AG mit den Anerkennungsprämien aus, da zum Tatzeitpunkt hierfür auch das Einverständnis aller Anteilseigner notwendig gewesen wäre.[818]

> **Hinweis:** Man mag sich die Frage stellen, wie eine Gesellschaft, deren „Tod" bereits beschlossene Sache ist, überhaupt noch geschädigt werden kann. Doch die verwendete Metapher macht deutlich: So lange sie noch „lebt" (also rechtlich eigenständig ist), ist der später eintretende endgültige „Schaden" nur eine hypothetische Reserveursache, deren Hinzudenken unzulässig ist.

---

818 Vgl. Rn. 341.

Problematisch blieb somit nur noch der **Vorsatz** der Beteiligten, da bei der Pflichtwid- 363
rigkeit als zivilrechtsakzessorisches normatives Tatbestandsmerkmal die Unkenntnis zu
einem Vorsatzausschluss nach § 16 I 1 StGB führen könnte. Nach Ansicht des BGH
war gleichfalls im konkreten Fall **kein** vorsatzrelevanter Irrtum gegeben, da die Kenntnis von der Vermögensverletzung als zentrales Bezugsobjekt der Vermögensbetreuungspflicht zugleich auch die Kenntnis von der Pflichtverletzung bedeuten sollte.

> Der BGH führt hier (insoweit in BGHSt 50, 331 nicht abgedruckt) aus: „Wer als Verwalter
> fremden Vermögens in Kenntnis seiner Vermögensfürsorgepflicht eine Maßnahme trifft, die
> dem Inhaber des betreuten Vermögens keinen Vorteil bringen kann und deswegen einen si-
> cheren Vermögensverlust bedeutet, kennt nicht nur die Tatsachen, die rechtlich als Verletzung
> der Vermögensfürsorgepflicht zu bewerten sind. Er weiß, weil das Verbot, alles das Vermögen
> sicher und ausnahmslos Schädigende zu unterlassen, zentraler Bestandteil der Vermögensfür-
> sorgepflicht ist, vielmehr zugleich auch, dass er diese seine Pflicht verletzt."

Entsprechend streng war der BGH (und hier gewiss zu Recht) auch bei der Beur- 363a
teilung des bereits genannten Verbotsirrtums im Hinblick auf die Zahlungen für das
bereits ausgeschiedene Mitglied F: „Angesichts der offensichtlichen Pflichtwidrigkeit
einer willkürlichen Zuwendung" sei jedenfalls kein unvermeidbarer Verbotsirrtum
gegeben.

> **Hinweis:** Im Kontext der Vergabe von Krediten orientiert sich der BGH an den Prüfungs- und
> Informationspflichten des Bankrechts, insbesondere an § 18 S. 1 KWG.[819] Auch hier dienen also
> außerstrafrechtliche Normen der ersten Orientierung,[820] wobei freilich durch eine mehr oder
> weniger stark akzentuierte Indizwirkung eines Verstoßes zu einer Verschärfung des Untreue-
> risikos führen kann.[821] Hält man auch in diesen Fällen an

c) Exkurs: Zur Strafbarkeit der Vorstandsmitglieder

Zudem äußerte sich der Senat zur Strafbarkeit der Vorstandsmitglieder. Eine eigene 364
täterschaftliche Untreuestrafbarkeit gem. § 266 I StGB war abzulehnen: Der Vorstand
ist zwar kraft Gesetzes zur Geschäftsführung und Vertretung der AG verpflichtet und
somit vermögensbetreuungspflichtig (vgl. §§ 76, 78, 93 AktG), allerdings lag die Vorstandsvergütung gerade außerhalb seines Zuständigkeitsbereichs. Das LG Düsseldorf
hat die Möglichkeit einer Beihilfestrafbarkeit gesehen, aber schon mangels vorsätzlicher, rechtswidriger Haupttat ablehnen müssen. Im Übrigen sei allerdings auch kein
hinreichender Beihilfevorsatz gegeben, da die Anforderungen an den subjektiven
Tatbestand nach den Grundsätzen der berufsbedingten Beihilfe angehoben werden
müssten.[822] Der **BGH** hat den Anwendungsbereich dieser Einschränkung abgelehnt.
Dies überzeugt: Schließlich erscheint es schon fragwürdig, von einer alltäglichen Situation zu sprechen, wenn es um die Vorbereitung von vertraglich nicht vorgesehenen
Prämienzahlungen im Rahmen einer Unternehmensfusion geht.

> **Zur Vertiefung:** *Anders*, Untreue zum Nachteil der GmbH: Versuch einer strafunrechtsbegrün-
> denden Rekonstruktion der Rechtspersonalität der Korporation, 2012; *Busch*, Konzernuntreue,
> 2004; *Dinter*, Der Pflichtwidrigkeitsvorsatz der Untreue: Zugleich ein Beitrag zur gesetzlichen

---

819 BGH wistra 2010, 21.
820 Instruktiv zur Bedeutung von „Drittnormen" für die Untreue *Krell* NStZ 2014, 62.
821 Krit. *Baur/Holle* JR 2019, 181.
822 LG Düsseldorf NJW 2004, 3275 (3286).

Bestimmtheit des § 266 StGB, 2012; *Hantschel*, Der Untreuevorsatz, 2010; *Hentschke*, Der Untreueschutz der Vor-GmbH vor einverständlichen Schädigungen, 2002; *Hoffmann*, Untreue und Unternehmensinteresse, 2010; *Nestler*, Churning, 2009; *Saliger*, Parteiengesetz und Strafrecht, 2005; *Schramm*, Untreue und Konsens, 2005; *Zech*, Untreue durch Aufsichtsratsmitglieder einer Aktiengesellschaft, 2007; *Ensenbach*, Der Prognoseschaden bei der Untreue, 2016; *Keindl*, Untreuestrafbarkeit im kirchlichen Bereich? 2019

Rechtsnatur und Systematik

- Ausschließlich Schutz des individuellen Vermögens (ob auch Dispositionsschutz, nunmehr zumindest str.)
- Verhältnis von 1. Alt. und zweiter 2. Alt. str. (h.M. Missbrauch als Unterfall der Vermögensbetreuungspflichtverletzung)
- Grundsatz restriktiver Interpretation, da äußerst unbestimmter Tatbestand

Vermögensbetreuungspflichtverletzung

- Zurückhaltung bei der Annahme einer Vermögensbetreuungspflicht: **Eigenverantwortlichkeit** und Vermögensbetreuungs**haupt**pflicht
- Asymmetrische BGB-Akzessorietät, somit Probleme u.a. bei Fragen:
  - Aktienrechtlicher PV durch überhöhte Vergütungen
  - Bankrechtlicher PV durch Kreditvergabe

Untreue

Speziell: Konzern- bzw. gesellschaftsrechtliche Untreue

- Bei Kapitalgesellschaften fraglich, ob Zustimmung aller Gesellschafter Tatbestandsmäßigkeit ausschließt (tatbestandsausschließendes Einverständnis) oder Gesetz den „zustimmungsfähigen" Rahmen vorgibt (bspw. § 30 GmbHG)
- Bei Handlungen des Geschäftsführers in der Krisenzeit zudem regelmäßig Abgrenzung der Untreue zum Bankrott notwendig (früher „Interessenstheorie", nun aber Abkehr?)

Vermögensschaden

- Grundsätzlich *nach* Saldierungsmethode und auch im Übrigen Überlegungen zu § 263 übertragbar
- Anerkennung der Fallgruppe der *schadensgleichen* Vermögensgefährdung in Kumulation mit weitem Verständnis der Vermögensbetreuungspflichtverletzung führt zu bedenklicher Vorverlagerung der Strafbarkeit
- Besondere *Schadenskasuistik*
  - Schwarze Kassen
  - Kreditvergaben
  - Haushaltsuntreue

G. BGHSt 47, 295: Die Drittmittelentscheidung Korruption und Untreue im öffentlichen Sektor

Literatur: *Wittig*, § 27; A/R/R/*Rönnau*, 3. Teil, 2. Kap.; W/J/*Bannenberg*, 12. Kap.; *Hellmann*, Rn. 843 ff.; zu BGHSt 47, 295 die Anmerkungen von *Ambos*, JZ 2003, 345 ff.; *Kindhäuser/Goy*, NStZ 2003, 291 ff.; allgemein zur Amtsträgerbestechung *Bock*, JA 2008, 199 ff.
Falllösung: *Hellmann*, Fall 9.

Sachverhalt (vereinfacht) — 365

A war Professor und Ärztlicher Direktor der Abteilung Herzchirurgie eines Universitätsklinikums. Er hatte die damit verbundenen Aufgaben in Forschung und Lehre zu erfüllen und war im Rahmen seiner Abteilung für die Krankenversorgung verantwortlich. In seinen Pflichtenkreis fielen auch Entscheidungen über Auswahl und Einsatz der dort implantierten Herzklappen und Herzschrittmacher. Deren eigentliche Bestellung sowie der Abschluss entsprechender Rahmenverträge mit den Lieferanten oblag der Materialverwaltung der Universität, die auf der Grundlage der Vorgaben der medizinischen Abteilungen bestmögliche Konditionen mit den Lieferanten auszuhandeln hatte. A schloss 1988 mit Mitarbeitern der medizintechnischen Firma M-GmbH eine Drittmittelvereinbarung. Danach wurden ihm von der Firma 5% ihres Umsatzes mit der Klinik als „Boni" auf einem bei dem Unternehmen geführten „Bonuskonto" zu Forschungszwecken zur Verfügung gestellt. Das Geld musste der Universität selbst oder einer ihr zugehörigen Institution zugutekommen, mochte auch A über die nähere Verwendung bestimmen. Die aufgelaufenen „Boni" ließ A später dem Konto des gemeinnützigen Fördervereins „Freunde und Förderer der Herzchirurgie Heidelberg" (FFHH) gutschreiben, den er mit seinen Mitarbeitern gegründet hatte, um die von ihm als ineffizient eingestufte Drittmittelverwaltung der Universität zu umgehen. Die Gelder, über die A als Vorsitzender des Vereins faktisch allein verfügen konnte, verwendete er ausschließlich für seine Forschungstätigkeit. So wurden davon etwa büro- und medizintechnische Geräte angeschafft und Mitarbeitern der Herzchirurgie Auslagen für Kongressreisen sowie Aushilfslöhne für geringfügig Beschäftigte bezahlt, die in Forschungsprojekten tätig waren. Strafbarkeit des A?

I. Korruption als wirtschafts(straf)rechtliches Phänomen

366 Neben der Untreue gehört die Korruption zu den Delikten, die in der Bevölkerung als wichtigste Wirtschaftsstraftat wahrgenommen werden. Dieses Empfinden mag zum Teil auf spektakuläre Einzelfall-Medienberichterstattungen zurückzuführen sein, lässt sich aber auch damit erklären, dass Bestechungssachverhalte das öffentliche Interesse (v.a. bei Aufgaben der öffentlichen Hand, die mit Geldern der Steuerzahler finanziert werden[823]) in besonders hohem Maße tangieren. Überdies passt die Bestechlichkeit auf das Bild des typischen Wirtschaftsstraftäters besonders gut (Stichwort „white-collar-/ occupational crime"). In neuerer Zeit wurde in den Medien mehrfach über Korruptionssachverhalte – zumindest i.w.S. – berichtet; exemplarisch seien nur der

---

[823] Wobei die Bestechung im privaten Sektor die Öffentlichkeit ebenfalls interessieren sollte, da die entstehende Wettbewerbsverzerrung letztlich den Geldbeutel des Endverbrauchers treffen kann.

Lustreisenskandal bei Volkswagen[824], die „prominent" gewordenen Korruptionsfälle bei Siemens[825], die Geschehnisse rund um den Bau der Allianz Arena[826] sowie das Problem der Bestechung von Kassenärzten durch Pharmaunternehmen genannt.[827] Häufig wird davor gewarnt, durch eine zunehmende Dramatisierung und Skandalisierung ein verzerrtes Bild über die Korruptionslage in der Bundesrepublik zu vermitteln.[828]

367 Nach dem **„Bundeslagebild Korruption"** des Bundeskriminalamtes wurden im Jahre 2018 insgesamt 3.804 Korruptionsstraftaten polizeilich festgestellt (zum Vergleich: im Jahre 2008 waren es noch 8.569[829]), wobei nach wie vor die öffentliche Verwaltung das bevorzugte Ziel darstellt (73 % der Korruption betrifft den Bereich der allgemeinen öffentlichen Verwaltung, während lediglich 18 % der Korruption die Wirtschaft betreffen).[830] Dabei lässt dieses starke Gefälle keine zwingenden Rückschlüsse auf eine die tatsächliche Korruptionslage zu. Zwar dürften auch die zunehmende **Sensibilität** und Aufklärungsbereitschaft der Privatwirtschaft sowie die Einführung von Compliance Strukturen in vielen Unternehmen korruptionspräventiv wirken. Dabei müssen die „erfassten Fälle" im Lichte des **„Goldgrubencharakters"** von Korruptionssachverhalten gesehen werden: Die Aufdeckung eines Korruptionskomplexes bringt nicht selten eine Vielzahl von Taten und Tätern und damit auch hunderte, wenn nicht tausende von Verfahren mit sich.[831]

367a Die Statistik betrifft vorrangig die pönalisierten Verhaltensformen, innerhalb der Strafverfolgung und Korruptionsprävention legt man aber auch einige grundlegende Merkmale für das Phänomen Korruption zugrunde, die für eine abstrakte Begriffsdefinition herangezogen werden können[832]:

- Missbrauch eines öffentlichen Amtes, einer Funktion in der Wirtschaft oder Politik
- zugunsten eines anderen
- auf dessen Veranlassung oder aus Eigeninitiative
- zur Erlangung eines Vorteils für sich oder einen Dritten,
- mit Eintritt oder in Erwartung eines Schadens oder Nachteils
- für die Allgemeinheit (in amtlicher, politischer Funktion) oder
- für ein Unternehmen (in wirtschaftlicher Funktion).

---

824 BGH NStZ 2009, 694.
825 Wozu nicht nur der viel diskutierte und bei Rn. 405 näher dargestellte „Siemens-ENEL"-Fall, sondern auch die Siemens-AUB-Entscheidung zu zählen ist, vgl. BGH wistra 2010, 484, dazu auch *Kudlich*, in: FS-Stöckel, 2010, S. 93 ff.
826 BGH NJW 2006, 3290.
827 Siehe Rn. 421.
828 So *Claussen/Ostendorf*, Korruption im öffentlichen Dienst, 2. Aufl. 2002, Rn. 25, die zugleich aber auch auf die Unverzichtbarkeit medialer Aufklärung zur Korruptionsbekämpfung hinweisen.
829 Schon damals war ein deutlicher Rückgang der Korruption im Bereich „allgemeine öffentliche Verwaltung" festzustellen, während es zu einem erheblichen Anstieg im Bereich „Wirtschaft" kam. Möglicherweise könnte diese Entwicklung in einer zunehmenden Sensibilität und Aufklärungsbereitschaft der Privatwirtschaft als Folge der in der Vergangenheit geführten öffentlichkeitswirksamen Korruptionsverfahren begründet sein.
830 Bundeslagebild Korruption 2018, S. 3 ff.
831 So schon Bundeslagebild Korruption 2011, S. 20.
832 Zum Phänomen der Korruption allgemein auch W/J/*Bannenberg*, 12. Kap. Rn. 1-43.

Die Straftatbestände des StGB erfüllen weitgehend diese Kriterien: So wird insbesondere zwischen der Bestechung im öffentlichen (§§ 331 ff. StGB) und privaten Sektor (§ 299 StGB) differenziert. Hinzu tritt die (für das Wirtschaftsstrafrecht unbedeutende) Wählerbestechung nach § 108e StGB. Der Eintritt eines etwaigen wirtschaftlichen Schadens ist, wie dies oben genannte Definitionsmerkmale vermuten lassen, dagegen nicht notwendig.[833] Die §§ 331 ff. StGB erfuhren im Laufe der Jahre eine ständige Weiterentwicklung und Ausdehnung, was v.a. durch internationale Abkommen (u.a. das EUBestG) forciert wurde. Als besonders bedeutsame Beispiele der zunehmenden Internationalisierung der Korruptionsstrafbarkeit lassen sich der US-amerikanische **Foreign Corrupt Practices Act (FCPA)**[834] und der **UK Bribery Act** nennen, die unter bestimmten Voraussetzungen eine strafrechtlich „grenzenlose" Verfolgung ermöglichen.[835] Zur Ausweitung des Anwendungsbereichs der §§ 331 ff. auf ausländische Amtsträger vgl. näher **unten Rn. 491a**.

368

Ähnliches gilt für die ursprünglich im Nebenstrafrecht verortete Korruption im privaten Sektor (§ 12 UWG a.F.), welche erst im Jahre 1997 durch das Korruptionsbekämpfungsgesetz in das StGB übertragen wurde (§ 299 StGB). Kriminologisch wird zwischen sog. „situativer" (also nicht geplanter) Korruption und „struktureller" (auf Kooperation und Wiederholung angelegter) Korruption differenziert.[836] Rechtlich dagegen sind, wie bereits angedeutet wurde, die Unterscheidung zwischen aktiver und passiver Seite sowie die konkrete Position des Vorteilsnehmers (öffentlich-rechtlich oder privatrechtlich) maßgeblich.

369

Mitunter treffen die Korruptionstatbestände (wie in den hier behandelten Fällen auch) mit der bereits dargestellten Untreue gem. § 266 StGB zusammen: Dies lässt sich nicht nur auf die bereits beschriebene Weitläufigkeit des Untreuetatbestands zurückführen, sondern auch darauf, dass für beide Delikte der Missbrauch einer Machtposition zur Verschaffung unzulässiger Vorteile kennzeichnend ist. Insofern kann die Untreue bzw. die veruntreuende Unterschlagung gem. § 246 II StGB als „Korruption im weiteren Sinne" verstanden werden.[837] Dass sie rechtlich dennoch streng voneinander zu unterscheiden sind, ergibt sich schon aus ihren divergierenden Schutzrichtungen (siehe sogleich), was eine tateinheitliche Verwirklichung bzw. eine Untreue als „Begleittat" nicht ausschließt. Die Komplexität etwaiger Korruptionssachverhalte sowie die häufigen internationalen Verflechtungen führen zu spezifischen Problemen der Untreue- sowie Korruptionsdelikte, die in den folgenden zwei Abschnitten genauer dargestellt werden sollen. Dies erfordert einen kurzen Überblick zu den §§ 331 ff. StGB.[838]

370

---

833 Zu den durch Korruption verursachten Schäden können keine genauen Aussagen getroffen werden, da die durch Erlangung von Genehmigungen oder Aufträgen erzielten monetären Vorteile in der Regel nur unzureichend beziffert werden können. Die im Lagebild angegebenen Summen stellen daher lediglich einen Anhaltspunkt für das tatsächliche Ausmaß der verursachten Schäden dar, Bundeslagebild Korruption 2018, S. 13.
834 Zum FCPA ausführlich *Rübenstahl/Skoupil* wistra 2013, 209.
835 Hierzu *Lagodny/Kappel* StV 2012, 695; *Kappel/Ehling* BB 2011, 2115.
836 *Dölling* Handbuch der Korruptionsprävention, 2007, 1. Kap. Rn. 14.
837 Zu diesem zu weiten Oberbegriff der Korruption *Dölling*, a.a.O., 1. Kap. Rn. 2.
838 Da die Struktur des § 299 StGB wiederum der §§ 331 ff. StGB entspricht, sind die hier angestellten Vorüberlegungen und Tathandlungsdefinitionen auch im Abschnitt „Korruption im privaten Sektor" (Rn. 415) weitestgehend übertragbar.

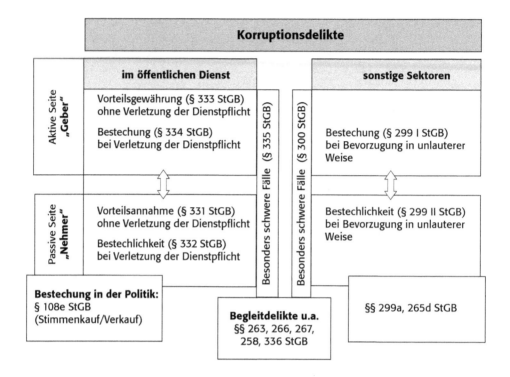

II. Grundzüge und Systematik der Korruptionsdelikte nach §§ 331 ff. StGB

371 Die §§ 331 ff. StGB schützen das Vertrauen der Allgemeinheit in die Unkäuflichkeit von Amtsträgern und Sachlichkeit staatlichen Handelns.[839] Die Strafbewehrung soll die grundlegenden Pflichten im öffentlichen Dienst (§§ 60, 61 BBG) absichern, wonach die Aufgabenerfüllung stets unparteiisch und gerecht durchgeführt werden soll. Jede Beeinflussung des Amtsträgers durch einen vorteilsbedachten Dritten, materieller oder immaterieller Natur (sei es für eine konkrete Gegenleistung, sei es auch nur für das „Gut-Gesonnen-Sein" des Amtsträgers), soll unterbunden werden; auch der „böse" Anschein der Käuflichkeit reicht somit für eine Tatbestandsverwirklichung aus. Auf *Nehmer*seite sind die Vorschriften als **echte Amtsdelikte** ausgestaltet, auf *Geber*seite kann dagegen jede natürliche Person stehen.[840]

372 Das wechselseitige Geben und Nehmen führt letztlich auch zu der Tatbestandsstruktur der §§ 333, 334 StGB, die auf der aktiven Seite typische Teilnahmehandlungen zu

---

[839] BGHSt 15, 88 (96); zum äußerst umstrittenen Rechtsgut vgl. auch SSW/*Rosenau* § 331 Rn. 6 f.; allgemein zu einer Theorie der Korruption *Greco* GA 2016, 249; monographisch *T. Zimmermann*, Das Unrecht der Korruption, 2018.
[840] Instruktiv *Kuhlen* JuS 2011, 673.

einem täterschaftlichen Handeln verselbstständigt. Dieses „**Spiegelbildlichkeitsprinzip**" macht die Systematik der Korruptionsdelikte relativ eingängig. Es muss auf zweiter Stufe lediglich danach differenziert werden, ob der Vorteil „nur" für die **allgemeine Dienstausübung** gewährt wird – dann Vorteilsannahme bzw. Vorteilsgewährung – oder ob die Zuwendung im Hinblick auf eine **bestimmte Diensthandlung** erfolgt bzw. angenommen wird, die ihrerseits **pflichtwidrig** ist. Diese Pflicht- bzw. Rechtswidrigkeit der Diensthandlung ist das unrechtserhöhende Moment, welches das Verhalten zu einer Bestechung bzw. Bestechlichkeit gem. §§ 332, 334 StGB qualifiziert und damit zum erhöhten Strafrahmen führt.[841] Beim Fordern/Sich-versprechen-Lassen/Annehmen von Vorteilen als Gegenleistung **für zukünftige Handlungen** genügt dabei für den Amtsträger nach § 332 III Nr. 2 StGB bei **Ermessensentscheidungen** bereits das Signal, sich durch den Vorteil in seiner Ermessensausübung leiten zu lassen – selbst, wenn die konkret zu treffende Entscheidung als solche sachlich zu rechtfertigen wäre.[842]

Die §§ 331 ff. StGB enthalten drei gemeinsame objektive Deliktsmerkmale, die bei jedem Täter zu prüfen sind. Erst bei der Tathandlung und der damit einhergehenden „Unrechtsvereinbarung" kristallisiert sich heraus, welcher Tatbestand konkret verwirklicht wurde (wobei die Zuordnung in einer Prüfung natürlich bereits beim Obersatz erfolgt sein sollte). Hierbei ist es ratsam, wegen des Teilnahmecharakters der §§ 333, 334 StGB stets mit dem Amtsträger („Tatnächster" im weiteren Sinn) zu beginnen. Es ergibt sich folgendes Prüfungsschema:

Prüfungsschema zu den §§ 331 ff. StGB

I. Tatbestand
  1. Objektiver Tatbestand
    a) Amtsträger auf passiver Seite
    b) Diensthandlung/Dienstausübung   } bei jedem Täter zu prüfen
    c) Vorteil
    d) Tathandlung (hier erste Abgrenzung zwischen § 331 und § 333)
        Amtsträger: Fordern, sich versprechen lassen, annehmen § 331
        Zuwendender: Anbieten, versprechen, gewähren § 333
    e) Unrechtsvereinbarung (hier zweite Abgrenzung: Qualifikation der §§ 332, 334?)
      ■ ohne Bezug auf konkrete Diensthandlung (Anfüttern, Klimapflege) verbleibt es beim Grundtatbestand
      ■ bei Bezug auf konkrete, pflichtwidrige Diensthandlung Bestechung/Bestechlichkeit
        Qualifikation nach § 332 (auf Amtsträgerseite) bzw. § 334 (auf Zuwenderseite)
      ■ bei zukünftiger Diensthandlung § 332 III
  2. Subjektiver Tatbestand
II. Rechtswidrigkeit
keine Genehmigung nach § 331 III (str., ob Genehmigung rechtfertigend wirkt oder bereits den Tatbestand ausschließt)
III. Schuld

---

841 Zum Ermessen der Amtsträger bzw. Beamten vgl. *Bernsmann*, FS-Rissing-van Saan, 2011, S. 75 ff.
842 *Fischer* § 332 Rn. 14.

1. Die Tatbestandsmerkmale der §§ 331 ff. StGB im Einzelnen

a) Amtsträgereigenschaft

375 Der objektive Tatbestand setzt bei allen Tatbeständen der §§ 331 ff. StGB **Amtsträgereigenschaft** auf Nehmerseite voraus. Der Begriff des Amtsträgers ist in § 11 I Nr. 2 StGB legaldefiniert: Hierunter fallen insbesondere Beamte, Richter sowie sonst für den öffentlichen Dienst Verpflichtete. Gem. § 11 I Nr. 2 lit. c StGB muss die Vertriebsform allerdings nicht öffentlich-rechtlicher Natur sein, d.h. Angestellte privatisierter Unternehmen kommen als „Amtsträger" in Betracht, soweit öffentliche Aufgaben wahrgenommen werden.[843] Bei Richtern und Schiedsrichtern sind die §§ 331 II, 332 II StGB leges speciales.

b) Diensthandlung oder Dienstausübung

376 Zudem muss eine **Diensthandlung** oder eine **Dienstausübung** vorgenommen werden:

377 Unter einer **Diensthandlung** ist jede Handlung zu verstehen, die zu den dienstlichen Obliegenheiten des Amtsträgers gehört und von ihm in dienstlicher Eigenschaft vorgenommen wird.[844]

378 Hierzu zählen bspw. das Bearbeiten von Anträgen, Genehmigungserteilungen, die Erhebung von Gebühren[845] und die Bewachung von Gefangenen. Ob der jeweilige Amtsträger nach der Geschäftsverteilung konkret zuständig ist, spielt ebenso wenig eine Rolle, wie die Tatsache, ob eine pflichtgemäße Handlung vorliegt oder nicht (arg. §§ 332, 334 StGB). Zumindest muss aber ein funktionaler Zusammenhang zum amtlich übertragenen Aufgabenkreis gegeben sein.

379 Unter **Dienstausübung** versteht man die dienstliche Tätigkeit des Amtsträgers im Allgemeinen, ohne dass eine konkrete Diensthandlung vorliegen muss.[846]

380 Die Tätigkeit muss aber zu den Obliegenheiten des Amtsträgers gehören. Der Begriff erfasst sowohl vergangene als auch künftige Amtstätigkeiten. Die Begrifflichkeiten der Diensthandlung und -ausübung werden (da auch pflichtwidrige Handlungen erfasst sind) regelmäßig keine größeren Schwierigkeiten bereiten. In Einzelfällen muss eine Abgrenzung zu bloßen **Privathandlungen** vorgenommen werden. Problematisch sind auch die Fallgruppen der **vorgetäuschten Diensthandlung**.[847]

---

843 Die hiermit verbundenen Auslegungsschwierigkeiten und die Gefahr einer Extension des Amtsträgerbegriffs werden in § 13 (Rn. 448 ff.) ausführlich dargestellt.
844 SSW/*Rosenau* § 332 Rn. 5.
845 Vgl. BGHSt 63, 107 = wistra 2018, 346: Wird ein Notar im Gegenzug für eine pflichtwidrige Gebührenunterschreitung mit einer Beurkundung beauftragt, ohne dass er hierauf einen Anspruch hat, stellt dies einen Vorteil im Sinne der §§ 331 ff. StGB dar. Krit. hierzu Hoven NJW 2018, 1767 (1768).
846 BGHSt 31, 264 (280); 48, 213 (219 ff.).
847 BGHSt 29, 300; a.A. *Lackner/Kühl* § 331 Rn. 11 m.w.N.

c) Vorteil

Zudem muss der Amtsträger einen Vorteil erlangen.

> **Vorteil** im Sinne der §§ 331 ff. StGB ist jede Leistung, welche den Amtsträger oder einen Dritten materiell oder immateriell in seiner wirtschaftlichen, rechtlichen oder persönlichen Lage objektiv besser stellt und auf den kein Anspruch besteht.[848]

Somit sind nicht nur **Dritt**vorteile erfasst (man denke an die Besserstellung von Familienmitgliedern oder guten Freunden des Amtsträgers), sondern auch Vorteile ideeller Art. Gemeint sind insbesondere *soziale* Besserstellungen, wie berufliches Ansehen, Beförderungs- und Karrierechancen. Die Rechtsprechung verlangt aber, dass der ideelle Vorteil zumindest einen „messbaren Inhalt" haben müsse.[849] Auch ein Unterlassen kann einen Vorteil darstellen (bspw. die Nichtgeltendmachung einer Forderung oder das Nicht-Preisgeben kompromittierender Sachlagen).[850]

d) Tathandlungen

Die **Tathandlungen** sind auf Amtsträgerseite das Fordern, Sich-Versprechen-Lassen oder das Annehmen, während der Zuwendende den Vorteil gegenläufig anbieten, versprechen oder gewähren muss. Der Gesetzgeber hat sich für ein „Stufenverhältnis" entschieden (1. Stufe: Fordern; 2. Stufe: Versprechen-Lassen; 3. Stufe: Annehmen[851]). Dies führt zu dem Phänomen, dass die Handlungsmodalität des „Forderns" tatbestandlich ein Verhalten erfasst, das dogmatisch gesehen als **Handlung im Versuchsstadium** zu qualifizieren wäre. Gleiches gilt auf der anderen Seite für das „Anbieten". Bei diesen Tatbestandsvarianten kommt es nicht darauf an, ob die Gegenseite auf die Forderung bzw. auf das Angebot eingeht; der nach außen hin kundgetane Wille muss lediglich zugegangen sein, der bloße „Versuch" der Vorteilsannahme/Vorteilsgewährung führt in diesen Fällen zur Tatbestandsvollendung.

> **Fordern** ist das einseitige Verlangen einer Leistung, auch in nur versteckter Form.[852]
>
> **Sich-Versprechen-Lassen** ist das Annehmen eines Angebots einer noch ausstehenden Vorteilsgewährung.[853]
>
> **Annehmen** ist die tatsächliche Entgegennahme eines geforderten oder angebotenen Vorteils mit dem Willen, darüber eigennützig zu verfügen.[854]

---

848 Die Differenzierung zwischen Eigen- und Drittvorteilen spielt eine Rolle für die Strafzumessung, vgl. Kuhlen JR 2003, S. 231 (233).
849 Zu dieser problematischen Restriktion Fischer § 331 Rn. 11c.
850 So bereits RGSt 64, 374.
851 Zu diesem Stufenverhältnis und zur Frage, wie sich die Tathandlungen zur Einbeziehung des Drittvorteils verhalten, Oğlakcıoğlu HRRS 2011, 275 ff.
852 SK-StGB/*Rudolphi/Stein* § 331 Rn. 25; Sch/Sch/*Heine/Eisele* § 331 Rn. 22.
853 NK/*Kuhlen* § 331 Rn. 24; Fischer § 331 Rn. 19 m.w.N.
854 BGH GA 1963, 147 (148); BGHSt 15, 88 (97).

386 Zentrales, aber ungeschriebenes Merkmal des § 331 StGB ist die **Unrechtsvereinbarung**: Zwischen Amtshandlung und Tatbestandshandlung muss ein Beziehungs-/Äquivalenzverhältnis bestehen, d.h. dem Amtsträger muss der Vorteil **für** eine Dienstausübung/Diensthandlung zufließen. Ist der Vorteil als *Gegenleistung* für eine konkrete und rechtswidrige Amts*handlung* zugeflossen, liegt der „klassische" Fall einer Bestechung bzw. Bestechlichkeit vor, vgl. §§ 331 II, 332, 333 II und 334 StGB. Dagegen erfassen die §§ 331 I, 333 I StGB jeden Vorteil für die einfache „Dienst*ausübung*". Diese **Lockerung der Unrechtsvereinbarung** ändert zwar nichts daran, dass der Vorteil auch hier in einem weiteren Sinne „Gegenleistungscharakter" haben muss.[855] Die davon betroffene Dienstausübung muss aber nach den Vorstellungen der Beteiligten nicht – noch nicht einmal in groben Umrissen – konkretisiert sein. Damit genügt es, wenn der Wille des Vorteilsgebers auf ein generelles Wohlwollen hinsichtlich künftiger Fachentscheidungen gerichtet ist, das bei Gelegenheit aktiviert werden kann.[856] In diesem Sinne ist häufig (vergröbernd) davon die Rede, dass auch das bloße „Anfüttern" bzw. die sog. „Klimapflege" strafbar sei.[857] Derart pauschale Beschreibungen können aber die konkrete Beurteilung des Sachverhalts niemals ersetzen.[858] Ist die konkrete Handlung des Dienstverpflichteten nicht von der zuständigen Stelle genehmigt worden (§ 331 III StGB), handeln die Beteiligten rechtswidrig.[859]

> **Zur Vertiefung:** Die Bestechungstatbestände beschreiben damit einen mehrstufigen Prozess, der zur Frage führt, wann dieser als **„beendet"** zu betrachten ist. Schließlich ist dies der Anknüpfungspunkt für die Verjährung dieser Taten. Im Fall des Staatssekretärs und ehemaligen Waffenlobbyisten Schreiber präsentiert der Erste Strafsenat zunächst die bisherige Rechtsprechung, wonach die Verjährung der Bestechlichkeit spätestens mit dem Ausscheiden des Täters als Beamter beginnt, was auch gilt, wenn der Amtsträger noch später Vorteile für seine frühere Bestechlichkeit erhält und annimmt. Im Anschluss lässt der BGH offen, ob an er dieser Rechtsprechung festhält, sie sei aber jedenfalls nicht auf den Tatbestand der Bestechung – also auf die „Geberseite" zu übertragen. Bei **sukzessiver Zahlung des Bestechungslohns** ist somit jedenfalls, soweit ein von vornherein feststehender Betrag dem Bestochenen zugewendet werden soll, die Bestechung erst mit der Zahlung des letzten Teils des Bestechungslohns beendet, auch wenn der Bestochene zuvor aus dem Amt ausgeschieden ist.[860] Ein solches Konstrukt erscheint insofern mit Art. 103 II GG vereinbar, als tatbestandlich nicht auf die „Annahme" (als Nichtamtsträger), sondern auf das Sichversprechenlassen (als Amtsträger) abgestellt wird.

---

855 Vgl. MK-StGB/*Korte* § 331 Rn. 105; ferner BT-Drucks. 13/8079 S. 15, in Anlehnung an *Dölling*, Gutachten C für den 61. DJT, 1996, S. 64 f.
856 BGHSt 53, 6 (16).
857 Im Ergebnis auch BGHSt 49, 275 (281); BGH NStZ 2008, 216 (217).
858 Nochmals BGHSt 53, 6 (16).
859 Zur umstrittenen Rechtsnatur des in seiner konkreten Fassung etwas missglückten § 331 III StGB Sch/Sch/*Heine/Eisele* § 331 Rn. 42 ff.; *Schneider*, FS-Küper, 2013, S. 477 ff.
860 BGH NStZ 2012, 511. Für eine Übertragung dieser Grundsätze auf §§ 299 ff. StGB BGH wistra 2018, 35, allerdings offenlassend, ob nachfolgende Handlungen des Bestechenden ebenso für die Beendigung des Delikts ohne Belang sind, weil sei außerhalb der Erfüllung der Unrechtsvereinbarung liegen.

2. Restriktionsbemühungen

a) Einschränkungen nach dem Grundsatz der Sozialadäquanz bei kleineren Zuwendungen?

Die §§ 331 ff. StGB waren vor der Änderung des Korruptionsbekämpfungsgesetzes vom 20.8.1997 nicht so weitreichend, wie sie es jetzt sind: Die Einbeziehung von Drittvorteilen und die beschriebene „Lockerung der Unrechtsvereinbarung" waren den Bestechungsdelikten vor der Reform noch fremd. Die gesetzgeberische Intention, materiell-rechtlich effektiven Schutz des beschriebenen Rechtsguts zu gewährleisten und zugleich die Beweisschwierigkeiten in der Praxis zu vermeiden, mag rechtspolitisch nicht zu beanstanden sein; allerdings führt die sehr weit geratene Regelung (zumindest scheinbar) dazu, dass kleinere Aufmerksamkeiten und Zuwendungen, die aus Höflichkeit (ohne „böse Hintergedanken") angenommen bzw. offeriert werden, dem Tatbestand der §§ 331 ff. StGB unterfallen.

387

Um das „Ende der Höflichkeit" nicht endgültig zu besiegeln,[861] ist man in Literatur und Rechtsprechung[862] bemüht, den Tatbestand **restriktiv** auszulegen und v.a. unter dem Aspekt der **Sozialadäquanz** einzuschränken.[863] Dementsprechend sollen bestimmte Vorteilszuwendungen, die nicht ohne Verstoß gegen die Regeln der Höflichkeit zurückgewiesen werden können (z.B. Einladung zum Kaffee, kleiner Kugelschreiber etc.) aus dem Tatbestand herauszunehmen sein.[864] Sicherlich lassen jene offenen Begrifflichkeiten, wie Vorteil und Dienstausübung, die gerade zur weitreichenden Strafbarkeit führen, eine restriktive Auslegung zu, allerdings ist noch unklar, wie die Abgrenzung jeweils im Einzelfall erfolgen soll. Denkbar wäre, vorrangig **objektive** Kriterien (wie Stellung, Dienstaufgaben des Amtsträgers und die Nähe zwischen den dienstlichen Aufgaben und dem Anlass der Zuwendung) als maßgeblich zu erachten. Umgekehrt könnte man die Lösung auch auf der **subjektiven** Ebene suchen, indem man bei Zuwendungen von geringem Wert ein „Mehr" an Vorsatz (Absicht, sicheres Wissen) verlangt.

388

---

861 Vgl. *Gropp*, FS-Wolter, 2013, S. 575 ff.
862 So schon BGH NJW 1961, 469 (472).
863 *Lüderssen* JZ 1997, 112 (116); *Knauer/Kaspar* GA 2005, 385 (391); *Ambos* JZ 2003, 345 (348); ferner sind die §§ 331 ff. häufiger Gegenstand von Reformüberlegungen, vgl. nur *Friedhoff* ZWH 2013, 51; zur Frage der Bekämpfung der Korruption über das Ordnungswidrigkeitenrecht *Groß/Reichling* wistra 2013, 89. Die damit entstehenden Unsicherheiten bezüglich der Frage, wann Höflichkeit in strafrechtlich relevantes Unrecht „umschlägt", führten auch dazu, dass die „Korruptionsprävention" zu den wichtigsten Bereichen der Compliance zählt, vgl. auch *Löw* JA 2013, 88.
864 Zur Frage, ob Schmiergeldzahlungen im Einzelfall nach § 34 StGB (Notstand) gerechtfertigt werden können, *Dann* wistra 2011, 127.

b) Sponsoring, Fundraising und Co: Zwischen begrüßenswerter Kooperation und illegaler Korruption

389 In komplexeren Sachverhalten stößt eine derart simple Tatbestandsrestriktion schnell an ihre Grenzen.[865] Gemeint sind Fallgruppen der Förderung öffentlicher Institutionen, in denen ein tatbestandsmäßiges Verhalten zu bejahen wäre, obwohl es sich um sozial gebilligte bzw. sogar verdienstliche Förderungen handelt, und bei denen u.U. auch weitaus höhere Geldbeträge im Spiel sind, man denke an „organisierte Gastfreundschaft" („Catering" und „Hospitality"[866]) oder professionelles Spendensammeln im Bereich öffentlich-rechtlicher Institutionen („Fundraising"[867]). Ferner zählen hierzu noch:

- **Parteispenden:** Zuwendungen an politische Parteien werden als Parteispenden bezeichnet. Diese bilden neben den öffentlichen Zuschüssen sowie den Mitgliedsbeiträgen die finanzielle Existenzgrundlage einer jeden Partei. Einzelfälle wie die berühmte „Flick-Affäre" demonstrieren, dass stets eine zweckwidrige Beeinflussung der Politiker durch den Geldfluss im Raum steht. Anderseits handelt es sich um Zuschüsse, die gesellschaftspolitisch wünschenswert sind, weil sie die Chancengleichheit unter den Parteien als demokratische Grundvoraussetzung garantieren. Daher ist es nicht sachgerecht, per se eine Strafbarkeit nach den §§ 331 ff. StGB anzunehmen.[868]

- **Sponsoring**[869]**:** Hierunter sind finanzielle Zuwendungen von Einzelpersonen oder Organisationen zu verstehen in der Erwartung, hierdurch Werbung für das eigene Unternehmen zu machen. Das allgegenwärtige und in der Gesellschaft schon längst akzeptierte Sponsoring darf natürlich nicht stets zu einer Strafbarkeit nach den §§ 331 ff. StGB führen; vielmehr ist stets im Einzelfall zu prüfen, ob eine Unrechtsvereinbarung zwischen dem Werbeunternehmen und dem Amtsträger besteht, was regelmäßig zu verneinen ist.[870] Schließlich geht es bei den meisten Werbeaktionen nur um die Person des prominenten Amtsträgers und nicht um deren Dienstausübung.[871]

- **Drittmittelforschung:** Unter Drittmitteln versteht man in der universitären Forschungstätigkeit Zuschüsse für konkrete Forschungsprojekte, die nicht aus dem Etat des zuständigen Bildungs- bzw. Hochschulministeriums, sondern meist aus

---

865 Wobei Sachverhaltskonstellationen von vornherein aus dem Raster fallen, die gesetzlich erlaubt sind, mögen sie auch einen wechselseitigen bzw. „erkauften" Charakter haben, so bspw. die Einstellung eines Verfahrens nach § 154 StPO bei Zahlung einer Geldauflage oder die Strafmilderung nach § 46b StGB, § 31 BtMG bei Aufklärungs- und Präventionshilfe.
866 Zur „Hospitality" *Peters* ZWH 2012, 262; *Saliger,* FS-Küper, 2013, S. 443 ff.
867 Zum Public Fundraising (Mittelakquisition im Bereich öffentlicher Einrichtungen) vgl. den Schulfotografenfall BGH wistra 2011, 391, hierzu *Schlösser* NZWiSt 2013, 11; *Jahn* JuS 2012, 655; *Beulke,* FS-Frisch, 2013, S. 965 ff.; *Kuhlen* FS-Frisch, 2013, S. 949 ff.
868 Zum Ganzen ausführlich BGHSt 49, 275 (Parteispende); *Korte* NStZ 2008, 341; *Kargl* JZ 2005, 503; *Zöller* GA 2008, 151.
869 Zum Ganzen *Höltkemeier,* Sponsoring als Straftat, 2005; *Lung* NZWiSt 2017, 100; zum speziellen Fall der Bestechung von und durch Sportverbände vgl. etwa *Hoven/Kubiciel/Waßmer,* NZWiSt 2016, 121 sowie *Pieth/Zerbes* ZIS 2016, 619.
870 SSW/*Rosenau* § 331 Rn. 39.
871 LG Karlsruhe NStZ 2008, 407; *Schünemann,* in: FS Otto, 2007, S. 777 (787).

der Privatwirtschaft oder auch aus öffentlichen Forschungsförderungsstiftungen stammen. Drittmittel bilden inzwischen schon 20 % des Gesamtetats an deutschen Hochschulen. Im Unterschied zum bloßen Sponsoring haben die Unterstützer meist ein eigenes Forschungsinteresse, weswegen auch die Gefahr besteht, dass die Geldgeber in unzulässiger bzw. manipulativer Weise Einfluss auf die Forschungstätigkeit nehmen.

In derartigen Fällen befindet man sich stets auf dem schmalen Grat zwischen erlaubter Kooperation und illegaler Korruption.[872] Eine einfach (und für den Rechtsadressaten viel zu ungenaue) Restriktion des Vorteils- bzw. Unrechtsvereinbarungsbegriffs reicht hier nicht mehr aus. Vielmehr ist eine wesentlich konkretere teleologische Reduktion des Tatbestands von Nöten. Mit dieser Aufgabe musste sich der BGH in seiner viel diskutierten Entscheidung zur universitären **Drittmittelforschung** befassen: 390

Einerseits stellt die Drittmitteleinwerbung einen üblichen Vorgang in der universitären Forschungstätigkeit dar, was sich in einigen Hochschulgesetzen sogar in einer Pflicht niederschlägt, vorrangig Drittmittel einzuwerben.[873] Andererseits ist Forschung eine Kernaufgabe universitärer Amtsträger und gehört damit zur Dienstausübung i.S.d. §§ 331 ff. StGB. 391

III. Das Problem der Drittmitteleinwerbung und die Entscheidung des BGH im Herzklappenfall, BGHSt 47, 295 ff.[874]

1. Problemaufriss

Subsumiert man den eingangs beschriebenen Sachverhalt unbefangen unter die Strafnorm der Vorteilsannahme, scheint der Tatbestand des § 331 StGB unproblematisch verwirklicht: Universitätsprofessoren sind Amtsträger i.S.d. § 11 I Nr. 2 lit. a StGB. Die gutgeschriebenen Boni stellen Vorteile dar, die Professor A für seine Dienstausübung erlangt. Der „Gegenleistungscharakter" ergibt sich aus dem Umstand, dass die Fördermittel nicht als Spende o.Ä. dienen, sondern im Zusammenhang mit der Beschaffung etwaiger Produkte des Drittmittelunternehmens stehen. Dies ist – wie bereits erörtert – der wesentliche Unterschied zu den Sponsoring-Fällen, die regelmäßig aus dem Raster der §§ 331 ff. StGB fallen. Zu berücksichtigen ist außerdem, dass A die hochschulrechtlich vorgesehene Drittmittelverwaltung „umgehen wollte", so dass man ihm in gewisser Weise ein manipulatives Verhalten vorwerfen kann. Andererseits wurde das Geld letztlich in die Forschung investiert, d.h. die Boni wurden zweckmäßig verwendet. Daher kann jedenfalls die pauschale Bejahung der Strafbarkeit von Drittmit- 392

---

872 *Mertel*, Drittmitteleinwerbung zwischen Kooperation und Korruption, 2009.
873 Im konkreten Fall die §§ 8 II, 119 II, III Nr. 5 UniversitätsG BaWü, Art. 8 BayHochschulG, vgl. auch § 25 HRG; zudem ist auch die gesetzlich vorgeschriebene Forschungsnotwendigkeit nach den §§ 22 II Nr. 3, 25 II Nr. 1 AMG; 19 MPG zu berücksichtigen.
874 Zum weitestgehend vergleichbaren Fall BGHSt 48, 44.

telakquisen nicht richtig sein,[875] weil man so den Besonderheiten des Einzelfalles nicht gerecht würde. Umgekehrt ist auch ein genereller Ausschluss der Drittmittelforschung aus dem Anwendungsbereich der §§ 331 ff. StGB nach dem Grundsatz der **Sozialadäquanz** abzulehnen, da solch eine Generalisierung missbrauchsanfällig ist und ebenfalls keinen Spielraum für Differenzierungsmöglichkeiten zulässt. Ähnliches gilt i.Ü. für eine denkbare Anwendung des **Art. 5 III GG**, dessen Ausstrahlungswirkung bei Wissenschafts- und Kunstprojekten allenfalls innerhalb konkreterer Einschränkungen berücksichtigt werden sollte, wegen seiner Weitläufigkeit aber nicht als allgemeine, in allen Fällen geltende Rechtfertigungs- bzw. Tatbestandsausschlussnorm herangezogen werden kann.

2. Anknüpfung an den Vorteilsbegriff

393 Man könnte aber der Überlegung nachgehen, ob eine Strafbarkeit der Universitätsprofessoren bzw. Drittmittelbeauftragten (im eingangs geschilderten Fall des A) nicht bereits am Merkmal des Vorteils scheitert. Nicht diese selbst, sondern die Forschungsinfrastruktur der Institution profitierte von den Zuwendungen. Der BGH sah sich diesem Einwand ausgesetzt, weil nach der alten Fassung des § 331 StGB der **Drittvorteil** nicht einbezogen war. Doch selbst nach der alten Rechtslage konnte ein Vorteil i.S.d. der Korruptionsdelikte bejaht werden. Zwar hätten die „Befriedigung des Ehrgeizes" oder die Verbesserung der Karrierechancen als ideelle (und damit kaum messbare) Werte nicht ausgereicht, allerdings musste bzw. konnte der BGH mit dem Rückgriff auf das Modell des mittelbaren Nutzens (in Form einer „Verbesserung der Arbeits- und Forschungsbedingungen" für den Professor) letztlich einen Vorteil bejahen.

394 Ebenso wenig überzeugt es, den Vorteil schon aufgrund der Tatsache abzulehnen, dass A bzw. die Universität und das Drittmittelunternehmen einen Vertrag schließen und im wechselseitigen Synallagma schon begrifflich nicht von Vorteilen die Rede sein könne, weil aus dem Vertrag ein Anspruch auf die Besserstellung besteht. Solch eine Auffassung würde faktisch dazu führen, dass bei jedem korrupten Geschäft mit „Rechtsgrund" eine Strafbarkeit ausgeschlossen wäre.[876] In diesen Konstellationen ist eben im Vertragsabschluss selbst der Vorteil zu sehen.[877] Der Vorteilsbegriff ist zumindest in den Drittmittelfällen kein ergiebiger Anknüpfungspunkt für eine Restriktion.

---

875 Zur fehlenden „Passgenauigkeit" des Korruptionsstrafrechts für den Bereich der Drittmitteleinwerbung vgl. auch *Kudlich* Forschung und Lehre 2014, 106 (107).
876 Solch eine Restriktion kann nur dort überzeugen, wo die Dienstausübung des Zuwendungsempfängers unmittelbar und hauptsächlich auf den Abschluss und die Erfüllung von Verträgen gerichtet ist, bspw. bei einem städtischen Beamten, der für den Abschluss von Versorgungsverträgen (Wasser/Energie) zuständig ist, vgl. *Fischer* § 331 Rn. 12.
877 BGH StV 2007, 637 (638); OLG Celle StV 2008, 251 (252); *Busch* NJW 2006, 1101.

3. Lösung des BGH: Anknüpfung an das ungeschriebene Merkmal der Unrechtsvereinbarung

Der BGH verortet das Problem beim ungeschriebenen Merkmal der Unrechtsvereinbarung. Dessen normativer Charakter („Unrecht"?) ist am ehesten etwaigen Einschränkungen zugänglich. Vor allem im Hinblick auf die sich mehrende Zusammenarbeit von Privatwirtschaft und öffentlicher Hand, in denen in *deskriptiver* Hinsicht eine „Verbindung" stets gegeben ist, erscheint eine wertende Betrachtung notwendig. Nach Auffassung des BGH sollen potentiell korruptionsanfällige Beziehungsverhältnisse, wozu auch Beziehungen zwischen Universitätsprofessoren und Drittmittelgebern gehörten, unter den Begriff der Unrechtsvereinbarung subsumierbar sein. Allerdings sei eine Einschränkung des Anwendungsbereichs der Strafvorschrift geboten, wenn und soweit das betroffene Äquivalenzverhältnis nicht „regelwidrig" bzw. die „unrechte" Beschaffenheit der Verbindung widerlegt ist:

395

> **Aus BGHSt 47, 295:** „Die Würdigung des Handelns des Angeklagten als Vorteilsannahme begegnet hingegen im Ergebnis keinen durchgreifenden rechtlichen Bedenken… Allerdings muß der Tatbestand im Blick auf die hochschulrechtlich verankerte Dienstaufgabe eines Hochschullehrers zur Einwerbung von Drittmitteln einschränkend ausgelegt werden, um Wertungswidersprüche zu vermeiden. Regelt wie hier das Landeshochschulrecht und damit eine spezielle gesetzliche Vorschrift die Einwerbung von zweckbestimmten Mitteln durch einen Amtsträger, die sich i.S.d. § 331 Abs. 1 StGB als Vorteil darstellen und bei denen ein Beziehungsverhältnis zu einer Diensthandlung besteht, so ist das durch den Straftatbestand geschützte Rechtsgut, das Vertrauen in die Sachgerechtigkeit und „Nicht-Käuflichkeit" dienstlichen Handelns, dann nicht in dem vom Gesetzgeber vorausgesetzten Maße strafrechtlich schutzbedürftig, wenn das in jenem Gesetz vorgesehene Verfahren eingehalten wird, namentlich die Annahme der Mittel angezeigt und genehmigt wird. Auf diese Weise wird die Durchschaubarkeit (Transparenz) des Vorgangs hinreichend sichergestellt, den Kontroll- und Aufsichtsorganen eine Überwachung ermöglicht und so der Notwendigkeit des Schutzes vor dem Anschein der „Käuflichkeit" von Entscheidungen des Amtsträgers angemessen Rechnung getragen. Zudem werden Strafrecht und Hochschulrecht so auf der Tatbestandsebene in einen systematischen Einklang gebracht und ein Wertungsbruch vermieden …"

Der BGH lehnt somit eine Strafbarkeit nach den §§ 331 ff. StGB ab, wenn

396

- in der Sache eine Forschungsförderung durch Drittmittel vorliegt (und nicht z.B. rein private Vorteile überlassen werden) und
- **formal** das hochschulrechtlich vorgeschriebene Verfahren eingehalten wird.

Einwenden könnte man gegen die Lösung des BGH, dass er materielle Kriterien weitgehend durch formelle Aspekte ersetzt, also ein bloßer Verfahrensverstoß gegen das Hochschulrecht über die Frage der Strafbarkeit entscheiden könne.[878] Daher wird teilweise vorgeschlagen, nicht auf das Vorliegen einer Genehmigung, sondern auf die materielle Genehmigungsfähigkeit abzustellen.[879] Damit wird aber zugleich unterstellt, dass der BGH bei kleineren Verstößen stets eine Strafbarkeit annehmen würde, was jedoch mit den ursprünglichen Motiven des Senats nicht im Einklang steht: Die „prozedurale Lösung" des BGH soll zum einen eine sachlich-gerichtlich überprüfbare Grundlage für die Gerichte bereitstellen. Und zum anderen – als wesentlich wichtige-

397

---

878 *Bruns* ArztR 2003, 93 (94); *Michalke* NJW 2002, 3381 (Verwaltungsrechtsakzessorietät).
879 *Maiwald* JuS 1977, 353 (357).

rer Aspekt – tritt der rechtsgutsbezogene Gedanke hinzu, dass eine Erschütterung des Vertrauens der Allgemeinheit in Lauterkeit bzw. Unbestechlichkeit des öffentlichen Dienstes weitgehend ausgeschlossen ist, wenn das offizielle Verfahren eingehalten wird. Auch nach Auffassung der Rechtsprechung dürften kleinere Verfahrensmängel nicht zu einer Strafbarkeit führen, da bei „Anstreben" des Hochschulverfahrens jedenfalls der Vorsatz hinsichtlich einer Unrechtsvereinbarung fehlen wird.

398 Das Manko, dass die Einhaltung der hochschulrechtlichen Pflichten für die Drittmittelgeber im Einzelfall kaum durchschaubar ist, lässt sich in der Praxis durch die Miteinbeziehung der Geldgeber in das Verfahren vielfach beheben. Der BGH lässt lediglich offen, wie vergleichbare Fälle zu lösen sind, in denen etwaige Verfahrensvorschriften (also v.a. außerhalb des Hochschulrechts) gar nicht existieren. Regelmäßig werden aber (zumindest ungeschriebene) Normen existieren, die ein „unrechtes" bzw. unlauteres Vorgehen ausschließen, auf die letztlich zurückgegriffen werden kann. Zudem stellt die Drittmittelakquise eine Besonderheit des Hochschulrechts dar, weswegen vergleichbare Fälle kaum konstruierbar sind, sondern eher in den Bereich des „Sponsoring" fallen werden.

4. Rechtfertigung der Drittmittelannahme durch Genehmigung, § 331 III StGB?

399 Das soeben beschriebene prozedurale Modell indiziert bereits, dass der BGH – zu Recht – eine Lösung über die Vorschrift des § 331 III StGB ablehnt. Eine Anwendung dieser im Einzelnen ohnehin umstrittenen Vorschrift ist unzweckmäßig, da der Wortlaut des § 331 III StGB die Fälle des „Einforderns" nicht erfasst, so dass eine aktive Drittmittelakquise niemals möglich wäre bzw. man doch gezwungen wäre, auf die beschriebene Tatbestandsrestriktion zurückzugreifen.

5. Zwischenergebnis

400 Der BGH lässt in den Fällen der Drittmittelforschung eine teleologische Reduktion zu, greift aber hierbei weder auf die Sozialadäquanz oder Wissenschaftsfreiheit nach Art. 5 III GG noch auf § 331 III StGB zurück. Da er in den Fördermitteln einen Vorteil sieht, muss er die Einschränkung auf dem normativen Moment der Unrechtsvereinbarung vornehmen: Dementsprechend verlangt er für eine Straffreiheit, dass die Drittmitteleinwerbung zum Zuständigkeitsbereich des Amtsträgers gehört, die Fördermittel der Forschung zugutekommen und das hochschulrechtlich vorgesehene Verfahren eingehalten wird. Im konkreten Fall führte dies dazu, dass der Vorwurf der Vorteilsannahme gegen A letztlich aufrecht erhalten blieb, weil er das hochschulrechtliche Verfahren bzw. die zuständigen Institutionen umgehen wollte.[880]

---

880 Zur Frage einer Bestechlichkeit nach § 332 StGB ausführlicher BGHSt 44, 48.

IV. Untreue gem. § 266 StGB durch Drittmittelakquise?

Neben § 331 StGB musste sich der Senat mit der Frage befassen, ob A sich einer Untreue gem. § 266 StGB zum Nachteil der Universität strafbar gemacht hat.

401

1. Untreue durch Nichtabführung der Drittmittel an die Universität?

Diesbezüglich könnte man A vorwerfen, dass er die Drittmittel nicht an die Universität abgeführt, sondern die Zuwendungen an den von ihm gegründeten Förderverein weiterleitete und dort investierte. Die Verwirklichung des § 266 StGB setzt indessen die Verletzung einer qualifizierten Vermögensbetreuungspflicht voraus. Jedenfalls stellt die zivilrechtlich statuierte Pflicht, Provisionen oder Schmiergelder herauszugeben (vgl. § 667 BGB), keine qualifizierte Vermögensbetreuungspflicht dar. Die Pflicht wird nach Auffassung des BGH erst dann zu einer i.S.d. § 266 I StGB, wenn die Zahlungen nach dem Willen des Zahlenden gerade dem Treugeber (d.h. hier also der Universität) zustehen sollten. Zwar wurde laut Sachverhalt eine „generelle Zweckbestimmung" dahingehend getroffen, als dass sie der „Universität oder einer ihr zugehörigen Institution" gewidmet waren, allerdings sollte nach dem Willen der Parteien gerade auch eine personenbezogene Zuwendung (A als Entscheidungsträger) erfolgen. Die Mittel waren also nicht für die Universität bestimmt, so dass die Verletzung einer qualifizierten Vermögensbetreuungspflicht durch die Nichtabführung ausscheidet.

402

2. Untreue durch überteuerten Produktkauf (sog. Kick-back-Phänomen)?

Etwas schwieriger zu erkennen ist der Vorwurf, dass die von der Universität bestellten Produkte eventuell auch wegen der an A ausbezahlten Drittmittel überteuert sind und A somit als Mitverantwortlicher mittelbar an einer überteuerten Bestellung mitwirkt, obwohl er hiervon weiß bzw. sogar die Ursache für die Überteuerung setzt. Die Auszahlung der Boni wäre somit nur eine „Rückerstattung" der von der Uni erfolgten Überbezahlung „in die eigene Tasche" des A. Derartige Rückzahlungen bei Geschäften zwischen mehreren Beteiligten werden als **„kick-back"** bezeichnet. Meist werden diese geheim gehalten, um die Schädigung des Drittbeteiligten bzw. korrupt vorgenommene Handlungen zu verschleiern.

403

> **Hinweis:** Kick-backs können somit praktisch in jedem Geschäft vorkommen, populär sind sie im Bereich der Finanzdienstleistungen. Die Vertriebsorganisationen (also insb. Banken und Makler) erhalten Provisionen von Produktanbietern wie Fondgesellschaften für den erfolgreichen Vertragsabschluss mit Anlegern. Allerdings werden diese Vergütungen/Provisionen regelmäßig aus den Gebühren der Anleger bezahlt. Der BGH hat entschieden, dass die Banken und Makler dazu verpflichtet sind, ihre Kunden über diesen Zahlungsvorgang (sprich das „kick-back"-Phänomen) aufzuklären.[881] Ansonsten machen sie sich schadensersatzpflichtig. Schließlich muss der Kunde beurteilen können, ob die Anlageempfehlung allein im Kundeninteresse bzw. nach den Kriterien anleger- und objektgerechter Beratung erfolgt ist.

---

881 BGHZ 170, 226.

404 Die Entgegennahme solcher kick-backs kann nicht nur zu einer Verwirklichung der Korruptionstatbestände führen, sondern v.a. im Fall der Drittbeteiligung grundsätzlich auch den Tatbestand der Untreue erfüllen.[882] Allerdings fehlen im konkreten Sachverhalt bereits Feststellungen bezüglich überhöhter Preise, d.h. es ist nicht dargelegt, dass ohne die Zahlungen ein billigerer Erwerb möglich gewesen wäre (insofern könnte man von einer fehlenden Kausalität der Vermögensbetreuungspflichtverletzung sprechen). Die ausbezahlten Drittmittel wurden im konkreten Fall firmenintern vom Budget der jeweiligen Abteilung des Lieferanten abgezogen, m.a.W. war nicht die Universität Geschädigte, sondern es wurden letztlich die jeweiligen Firmenmitarbeiter belastet.[883] Eine Untreuestrafbarkeit gem. § 266 StGB scheidet somit aus.

> **Hinweis:** In der Fallbearbeitung müssen also Kick-Backs beim Schaden aufgegriffen werden, da überprüft werden muss, ob ein von § 266 StGB nicht geschütztes Ausbleiben einer Vermögensmehrung gegeben ist oder zu einem von Anfang an überteuerten Vertrag führt. In der Praxis ist der Nachweis von Kick-Backs schwierig, da man die Überteuerung schon aufgrund der Gefahr, dass der Schwindel sich bemerkbar könnte, niedrig ansetzt.
>
> **Zur Vertiefung:** Zur Korruption im öffentlichen Sektor: *Androulakis*, Die Globalisierung der Korruptionsbekämpfung, 2007; *Dölling*, Handbuch der Korruptionsprävention, 2007; *Durynek*, Korruptionsdelikte, 2008; *Friedhoff*, Die straflose Vorteilnahme: Zu den Grenzen der Strafwürdigkeit in § 331 StGB – mit vergleichender Darstellung der entsprechenden Normen in Österreich, 2013; *Höltkemeier*, Sponsoring als Straftat, 2005; *Köhler*, Die Reform der Bestechungsdelikte, 2005; *Nagel*, Entwicklung und Effektivität internationaler Maßnahmen zur Korruptionsbekämpfung, 2007; *Strehlow*, Einschränkungsmodelle zum Anwendungsbereich der Vorteilsannahme gemäß § 331 StGB

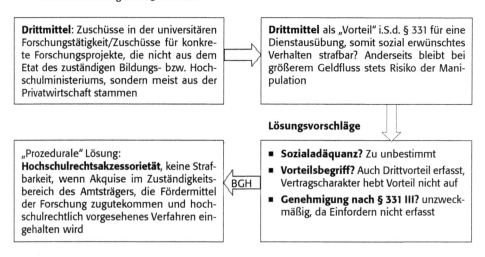

---

[882] Bei Drittbezug und Anbahnung des Geschäfts kommt zudem ein Betrug in Betracht, BGH NStZ 2012, 698; BGH wistra 2017, 48; zu Betrugskonstellationen bei Rückvergütungen Flohr/Wauschkuhn/*Ufer* 3. Teil § 263 StGB Rn. 93 ff.; vgl. auch zu verschleierten Kick-Back-Zahlungen bei Immobilienfinanzierungen *Cornelius* NZWiSt 2012, 259.
[883] Dem BGH zustimmend *Kuhlen* JR 2003, 232.

H. BGHSt 52, 323: Siemens-ENEL
Korruption und Untreue im privaten Sektor (einschließlich einiger Hinweise zum Wettbewerbsstrafrecht)

Literatur: *Tiedemann*, Rn. 753-894; *Hellmann*, Rn. 784 ff.; Rn. 442 ff.; *Wittig*, § 20 Rn. 159-162, § 26, § 33; A/R/R/*Rönnau/Wegner/Ebert-Weidenfeller/Achenbach*, 3. Teil; W/J/*Möhrenschlager/ Solf/Dannecker/N. Müller*, 14. Kap., 15. Kap., 18. Kap.; zu BGHSt 52, 323 die Anmerkungen von *Becker* HRRS 2012, 237; *Knauer*, NStZ 2009, 151 ff.; siehe auch *Saliger/Gaede*, HRRS 2008, 57 ff.; Einführung in das Kartellrecht bei *Büdenbender*, JA 2008, 481 ff.

Falllösung: *Hellmann*, Fälle, Fall 1; *Rotsch* JA 2013, 278.

Aus der Reihe „Start ins Rechtsgebiet: *Ekey*, Grundriss des Wettbewerbs- und Kartellrechts.

Sachverhalt (vereinfacht)

Die beiden angeklagten Manager aus dem Geschäftsbereich „Power Generation" der Siemens AG (Siemens-PG) hatten im Jahr 2000 zwei leitende Angestellte des italienischen ENEL-Konzerns mit Millionenbeträgen bestochen, um die Vergabe von Aufträgen in Höhe von insgesamt 338 Mio. Euro an die Siemens AG zu erreichen. Die Schmiergeldzahlungen leisteten die Angeklagten aus sog. „schwarzen Kassen". Die Existenz dieser verdeckten Kassen war neben einem Bereichsvorstand der Siemens-PG mehreren Mitarbeitern dieses Geschäftsbereiches bekannt, nicht jedoch, so die Feststellungen des Gerichts, dem Zentralvorstand der Siemens AG. Zur Durchführung und Verschleierung der Zahlungen bedienten die Siemens-Manager sich unter anderem eines Geflechts aus liechtensteinischen Konten von Briefkastenfirmen. Die Gelder stammten aus zuvor durchgeführten Projekten, bei denen sie nicht aufgebraucht worden waren. Des Weiteren gab es eine verdeckte Kasse in der Schweiz. Diese Gelder stammten aus der Übernahme der in den Geschäftsbereich der Siemens-PG integrierten KWU-AG. Der ursprüngliche Verwalter der verdeckten Kasse in der Schweiz, der als einziger von deren Existenz wusste, hatte vor seiner Pensionierung den Hauptangeklagten K über die Existenz dieser Kasse informiert. Der Angeklagte K handelte jeweils die Bestechungszahlungen mit den ENEL-Angestellten aus und wies dann den Mitangeklagten V zur Auszahlung der Gelder an. Strafbarkeit des K?

I. Der freie Wettbewerb als „Motor" der freien Marktwirtschaft

In einer freien Marktwirtschaft ist der **freie Wettbewerb** das wichtigste Steuerungsinstrument des gesamten Wirtschaftssystems. Im freien Wettbewerb stehen sich verschiedene Unternehmen auf unterschiedlichen Marktsektoren gegenüber und versuchen, ihre einzelwirtschaftlichen Ziele mit Hilfe überlegener Leistung durchzusetzen. Verbrauchern sowie Lieferanten wird durch die Schaffung eines Markts die Möglichkeit eröffnet, jederzeit zwischen verschiedenen Unternehmen mit vergleichbaren (aber u.U. besseren oder günstigeren) Produkten bzw. Dienstleistungen zu wählen (Vertragsfreiheit). Hierdurch entsteht ein Druck, Preise zu senken, die Qualität der Produkte zu sichern und zu verbessern. Ein gesunder Wettbewerb mit einer Vielzahl von Konkurrenten verhindert die Entstehung oder Verfestigung von Wirtschaftsmonopolen (und damit einhergehender gesellschaftlicher und politischer Machtstellungen). Durch einen freien Wettbewerb wird idealtypisch das eigennützige Gewinnstreben der

Unternehmer zu einem Handeln funktionalisiert, das der optimalen Güterversorgung für Verbraucher dient. Die Teilnehmer werden gezwungen, ihr Angebot qualitativ bzw. auch quantitativ zu verbessern und sparsam bei den Produktionskosten und dem Ressourcenverbrauch zu sein. Der Rechtsordnung kommt nun die Aufgabe zu, diese Funktionen des freien Wettbewerbs abzusichern, ohne zugleich den Wettbewerb selber zu regulieren (wie dies etwa in einer Planwirtschaft der Fall wäre).

407 Dies erfolgt durch das **Wettbewerbsrecht** als umfassender Oberbegriff für das Recht zur Bekämpfung unlauterer Wettbewerbshandlungen. Das Wettbewerbsrecht ist auf mehrere Gesetze verstreut, wobei als zentrale Regelwerke das UWG sowie das im Rahmen des Vergaberechts bereits kurz vorgestellte GWB zu nennen sind. Während das UWG die „Qualität" des Wettbewerbs regelt, sichert das GWB die grundsätzliche Existenz des freien Wettbewerbs.[884] Ohne derartige feste Spielregeln könnte sich der freie Wettbewerb in einen „**ruinösen** Wettbewerb" umwandeln und würde sich für Verbraucher in Gestalt von höheren Preisen bei gleicher bzw. sogar schlechterer Qualität auswirken. Wettbewerbsrecht ist insofern auch Verbraucherschutzrecht. Wegen seiner wirtschaftlichen sowie gesellschaftlichen Bedeutung wurde der **freie Wettbewerb** zu einem strafrechtlichen **Rechtsgut** erhoben, so dass sich die Unternehmen bei besonders schwerwiegenden Verstößen nicht nur kartell- bzw. zivilrechtlich (v.a. in Form von Unterlassungs- und Schadensersatzklagen) verantworten müssen, sondern die handelnden Personen sich auch strafbar machen bzw. wegen Ordnungswidrigkeiten geahndet werden können.

407a Dem Schutz des freien Wettbewerbs hat der Gesetzgeber mit dem Korruptionsbekämpfungsgesetz von 1997 sogar einen eigenen Abschnitt im StGB gewidmet, der sich allerdings nur aus vier Straftatbeständen zusammensetzt: Dem bereits besprochenen **§ 298 StGB** (Submissionsabsprachen),[885] der Vorschrift des § 299 StGB (Bestechlichkeit und Bestechung im privaten Verkehr) sowie den neu eingefügten §§ 299a, 299b StGB. Dabei dürfen die im Verhältnis zur Korruption im öffentlichen Sektor niedrigeren Fallzahlen nicht den Eindruck vermitteln, dass Bestechung und Bestechlichkeit im Wirtschaftsleben nur eine Randerscheinung seien. Die Ermittlungsdefizite im privaten Sektor (Betriebsgeheimnisse, Verhindern von Image-Schäden etc.) dürften zu einer hohen Dunkelziffer führen; die „prominent" gewordenen Schmiergeldaffären spielten sich fast durchweg in privaten Unternehmen ab.[886] Dieser rechtstatsächlichen Bedeutung scheint sich der Gesetzgeber spätestens mit der Erhebung des § 299 StGB zu einem Straftatbestand und dessen Verortung im StGB (anders § 12 UWG a.F. bis 1997) bewusst geworden zu sein. Offenbar hat die Verlegung ins Kernstrafrecht ihre rechtspolitisch gewünschte Signalwirkung nicht verfehlt:[887] Die bereits angesprochene zunehmende Sensibilität und Aufklärungsbereitschaft in der Privatwirtschaft mag auch auf diesen gesetzgeberischen Schritt zurückzuführen sein. In wirtschaftsstrafrechtlichen Ermittlungsakten hat § 299 StGB inzwischen „Konjunktur". Für den speziellen

---

884 *Eisenmann/Jautz*, Gewerblicher Rechtsschutz, 10. Aufl. 2015, Rn. 347.
885 Vgl. Rn. 289.
886 Zum Phänomen „Korruption" allgemein siehe bereits Rn. 366.
887 BT-Drs. 13/5584, S. 15; NK/*Dannecker* § 299 Rn. 1.

Sektor des Gesundheitswesens hat der Gesetzgeber 2016 mit den **§§ 299a, 299b** vergleichbare Regelungen für die Bestechung von bzw. Bestechlichkeit von Angehörigen von Heilberufen im Zusammenhang mit der Verordnung oder dem Bezug von Arzneimitteln sowie bei der Zuführung von Patienten oder Untersuchungsmaterial geschaffen;[888] diese gehören nicht zum Wettbewerbsstrafrecht i.e.S., sollen aber auf Grund der strukturellen Verwandtschaft mit und der gesetzlichen Nähe zu § 299 StGB in diesem Kapitel ebenfalls kurz angesprochen werden.

II. Grundzüge des Wettbewerbsstrafrechts

1. Überblick

Das **„Wettbewerbsstrafrecht"** erschöpft sich nicht in den Vorschriften des 28. Abschnitts des StGB. Der Schutz des freien und unverfälschten Wettbewerbs auf der Mikroebene wird durch die Ordnungswidrigkeiten des GWB (§§ 81 ff. unter der missverständlichen Überschrift „Bußgeldverfahren"[889]) und UWG (§ 20) ergänzt. Die Strafvorschrift des § 16 UWG (strafbare Werbung) hat zumindest auch wettbewerbsschützenden Charakter; das gilt auch teilweise für die an die Stelle von § 17 UWG a.F. getretene Vorschrift des § 23 GeschGehG (Gesetz zum Schutz von Geschäftsgeheimnissen). Nur mittelbar mit dem Wettbewerbsstrafrecht verknüpft dagegen sind die Vorschriften, die den individuellen Schutz von Immaterialgüterrechten gewährleisten sollen, also insbesondere die Strafvorschriften des Urheberrechtsgesetzes, des Patentgesetzes oder Markengesetzes. Mögen diese Regelungsmaterien (also v.a. der gewerbliche Rechtsschutz in seiner Gesamtheit) zum Wettbewerbsrecht im weiteren Sinne zählen, dürften diese aufgrund ihrer individuellen Schutzrichtung nicht mehr dem Wettbewerbsstrafrecht i.e.S. unterfallen.

408

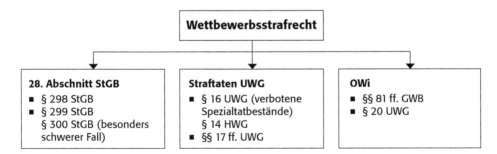

---

888 Siehe hierzu *Fischer* § 299 Rn. 10a; zu der diese Reformen anstoßenden Diskussion *Pragal* NStZ 2005, 133; *Schmidl* wistra 2006, 268 (288).
889 Die Normen wenden sich meist an das Unternehmen, so dass sich hier die in § 4 behandelten Fragen besonders häufig stellen können. Da für die Ahndung der Ordnungswidrigkeiten das Bundeskartellamt oder die EU-Kommission zuständig sind, können sich Zuständigkeitsüberschneidungen ergeben, siehe Rn. 99.

2. Verbotene Werbung: § 16 UWG

409 § 16 UWG sanktioniert die strafbare irreführende Werbung und wird als spezieller Auffangtatbestand zu § 263 StGB charakterisiert, da er sowohl auf einen Irrtum als auch auf einen Vermögensschaden des Werbeadressaten verzichtet.[890] Der Tatbestand schützt nach h.M. die wettbewerbsrechtlichen Mitbewerber sowie die Dispositionsfreiheit der Verbraucher.[891] In § 16 II UWG ist die **progressive** Kundenwerbung geregelt.[892]

§ 16 UWG lautet:

> (1) Wer in der **Absicht**, den Anschein eines besonders günstigen Angebots hervorzurufen, in **öffentlichen Bekanntmachungen** oder in **Mitteilungen**, die für einen größeren Kreis von Personen bestimmt sind, durch **unwahre Angaben irreführend wirbt**, wird mit Freiheitsstrafe bis zu zwei Jahren oder mit Geldstrafe bestraft.
>
> (2) Wer es im geschäftlichen Verkehr unternimmt, Verbraucher zur Abnahme von Waren, Dienstleistungen oder Rechten durch das Versprechen zu veranlassen, sie würden entweder vom Veranstalter selbst oder von einem Dritten besondere Vorteile erlangen, wenn sie andere zum Abschluss gleichartiger Geschäfte veranlassen, die ihrerseits nach der Art dieser Werbung derartige Vorteile für eine entsprechende Werbung weiterer Abnehmer erlangen sollen, wird mit Freiheitsstrafe bis zu zwei Jahren oder mit Geldstrafe bestraft.

410 Tathandlung des § 16 I UWG ist die Werbung mit unwahren Angaben gegenüber einem Verbraucher.[893] Der Begriff der Angabe entspricht hierbei dem der Tatsache des § 263 StGB.[894] Unwahr ist die Angabe, wenn sie aus objektiver Sicht nicht mit der Wirklichkeit übereinstimmt.[895] Die Werbung muss **irreführend**, d.h. lediglich dazu geeignet sein, einen falschen Eindruck zu vermitteln[896] (wobei die Unrichtigkeit wohl den irreführenden Charakter indiziert).

> **Hinweis:** Irreführend sind auch sog. „Lockvogelangebote", bei denen mit Niedrigpreisen geworben wird, obwohl der Werbende nur eine äußerst geringe Menge zur Verfügung stehen hat. Daher ist in vielen Sonderangebotsprospekten häufig (wenn auch kleingedruckt) zu lesen, dass es sich nur um einen „Restposten" handelt und der Verkauf der Ware nicht gewährleistet werden kann.[897]

411 Die *individuelle* irreführende Werbung ist zumindest nicht im Hinblick auf § 16 UWG relevant (vgl. aber § 5 UWG), die Werbung muss sich also an eine **unbestimmte** Anzahl von Personen richten oder mittels Plakaten, Prospekten oder Kurzfilmen öffentlich bekannt gemacht worden sein. Subjektiv tritt neben den allgemeinen Tat-

---

[890] Der berühmte Hosenfall (BGHSt 16, 220, Rn. 229, Fn. 280) könnte also zumindest mit § 16 UWG erfasst werden.
[891] A.A. *Hellmann* Rn. 453 (ausschließlicher Schutz des Vermögens der Verbraucher).
[892] Siehe hierzu *Finger* ZRP 2006, 159 ff.
[893] Zum Begriff des Verbrauchers in der „Existenzgründungsphase" BGHSt 56, 174.
[894] Bei der Abgrenzung zu Werturteilen spielt das Verbraucherleitbild – siehe Schutzgut – allerdings eine weitaus erheblichere Rolle, als bei § 263 StGB, siehe hierzu A/R/R/*Ebert-Weidenfeller*, 3. Teil 4. Kap., Rn. 18 ff.
[895] Dies ist bis heute noch umstritten: Nach früher h.M. sollte die Verkehrsauffassung darüber entscheiden, was wahr und was unwahr ist, siehe hierzu M-G/*Gruhl* § 60 Rn. 19.
[896] Ohly/Sosnitza/*Ohly* § 16 Rn. 8.
[897] BGHZ 52, 302 (306); zur strafbaren Werbung in den Fällen der Zusendung von Gewinnmitteilungen *Soyka* HRRS 2008, 418.

bestandsvorsatz die besondere **Absicht**, den Anschein eines besonders günstigen Angebots erwecken zu wollen (dolus directus 1. Grades).[898] Die strafbare Werbung wird ihrerseits durch speziellere Straftatbestände verdrängt (insbesondere dem § 144 MarkenG oder dem § 14 Heilmittelwerbegesetz).

3. Geheimnisverrat: § 23 GeschGehG

Bis April 2019 fanden sich neben § 16 UWG weitere wesentliche Strafvorschriften in den §§ 17 bis 19 UWG a.F., welche das „Wirtschaftsgeheimnisstrafrecht" enthielten.[899] Im Fokus stand dabei § 17 UWG,[900] der drei Grundvarianten enthielt: den Verrat von Geheimnissen durch Beschäftigte im Unternehmen, die „Betriebsspionage"[901] durch Außenstehende und die Verwertung oder Mitteilung eines auf diese Weise erlangten Geheimnisses („Geheimnishehlerei"[902]). Durch das Umsetzungsgesetz zur RL (EU) 2016/943[903] wurden die §§ 17 – 19 UWG a.F. gestrichen und die Strafnormen im Wesentlichen in das GeschGehG überführt.[904] Vielfach kann insoweit auf die bekannten Grundsätze zu den §§ 17 – 19 UWG zurückgegriffen werden, soweit der Gesetzgeber nicht bewusst Abweichungen vorgesehen hat.

411a

§ 23 GeschGehG schützt das Geheimhaltungsinteresse von Unternehmen.[905] Die Vorschrift stellt trotz ihrer partiellen Ausgestaltung als echtes **Sonderdelikt** (§ 23 I Nr. 3 GeschGehG: nur Beschäftigte eines Unternehmens als taugliche Täter) eine erhebliche Erweiterung des Geheimnisschutzes dar, da die sonstigen Vorschriften, die das Kern- und Nebenstrafrecht zum Geheimnisschutz bieten, einen wesentlich engeren Anwendungsbereich haben.

412

> **Hinweis:** Die meisten Vorschriften sind entweder persönlich (etwa die zentrale Geheimnisschutznorm des § 203 StGB[906], der nur bei bestimmten Berufsgruppen einschlägig ist) oder sachlich (wie z.B. §§ 55a, 55b KWG, der nur auf Mitteilungen der Bundesbank Anwendung findet[907]) deutlich beschränkt.

Zentrales Angriffsobjekt der Vorschrift ist das Geheimnis, welches bereits nach dem Wortlaut der Norm in jeder Tatbestandsvariante enthalten ist. Nach § 2 Nr. 1 GeschGehG handelt es sich hierbei um eine Information, die „a) die weder insgesamt noch

412a

---

898 Siehe hierzu BGH NJW 2002, 3415 (Kaffeefahrt).
899 Weitere Vorschriften zur Sanktionierung der Weitergabe etc. von Wirtschaftsgeheimnissen sind insbesondere §§ 120 BetrVG, 155 SGB IX, sowie zum Beispiel § 404 AktG, § 151 GenG oder § 85 GmbHG, vgl. zu dieser Aufzählung und mit weiteren Beispielen, MK-UWG/*Brammsen* Vorb. § 17 Rn. 16 mwN.
900 Zur Historie der Vorschrift siehe ausführlich MK-UWG/*Brammsen* § 17 Rn. 1 f.; Erbs/Kohlhaas/*Diemer* UWG § 17 Rn. 1.
901 MK-UWG/*Brammsen* Vorb.§ 17 Rn. 15.
902 MK-UWG/*Brammsen* Vorb. § 17 Rn. 15.
903 BGBl. 2019 I, S. 466.
904 Vgl. BT-Drs, 19/4724, S. 40.
905 BGH NJW 2006, 830 (838); zu Geheimnisverletzung im Unternehmen umfassend M-G/*Dittrich* § 33 Rn. 1 ff.
906 Siehe hierzu SSW/*Bosch* § 203 Rn. 1 ff.; von BeckOK/*Weidemann* § 203 Rn. 1 ff.
907 Vgl. hierzu Rn. 201.

in der genauen Anordnung und Zusammensetzung ihrer Bestandteile den Personen in den Kreisen, die üblicherweise mit dieser Art von Informationen umgehen, allgemein bekannt oder ohne Weiteres zugänglich ist und daher von wirtschaftlichem Wert ist und b) die Gegenstand von den Umständen nach angemessenen Geheimhaltungsmaßnahmen durch ihren rechtmäßigen Inhaber ist und c) bei der ein berechtigtes Interesse an der Geheimhaltung besteht".

413 Da solche Geheimnisse – wie neue Erfindungen, innovative Programme oder Kundenlisten – tragende Stütze der Wettbewerbsfähigkeit von Unternehmen sind, muss § 23 GeschGehG (wie auch schon die §§ 17 ff. UWG a.F. nur wegen ihrer systematischen Stellung) dem Wettbewerbsstrafrecht zugeordnet werden.[908] § 23 I Nr. 1 GeschGehG regelt die **Betriebsspionage**, während § 23 I Nr. 2 GeschGehG die Geheimnis**verwertung** und schließlich § 23 I Nr. 3 GeschGehG den Geheimnis**verrat** durch den Betriebsangehörigen (Angriffe von „innen") unter Strafe stellt.[909] Ergänzt wird der Schutz insbesondere durch die Absätze 2 (Geheimnishehlerei), 4 (Qualifikationen) und 5 (Versuchsstrafbarkeit) der Vorschrift.

§ 23 I GeschGehG lautet:

(1) Mit Freiheitsstrafe bis zu drei Jahren oder mit Geldstrafe wird bestraft, wer zur Förderung des eigenen oder fremden Wettbewerbs, aus Eigennutz, zugunsten eines Dritten oder in der Absicht, dem Inhaber eines Unternehmens Schaden zuzufügen,
1. entgegen § 4 Absatz 1 Nummer 1 ein Geschäftsgeheimnis **erlangt**,
2. entgegen § 4 Absatz 2 Nummer 1 Buchstabe a ein Geschäftsgeheimnis **nutzt** oder offenlegt oder
3. entgegen § 4 Absatz 2 Nummer 3 als eine **bei einem Unternehmen beschäftigte Person** ein Geschäftsgeheimnis, das ihr im Rahmen des Beschäftigungsverhältnisses anvertraut worden oder zugänglich geworden ist, während der Geltungsdauer des Beschäftigungsverhältnisses **offenlegt**.

414 Zur praktischen Bedeutung von § 23 GeschGehG lassen sich bislang noch keine belastbaren Aussagen treffen. Die Vorläufervorschrift des § 17 UWG freilich spielte trotz der hohen Schäden, die vielen Branchen durch die Verletzung und Verwertung von Betriebsgeheimnissen sowie Wirtschaftsspionage entstehen[910], in der Praxis nur eine untergeordnete Rolle. Dies kann damit erklärt werden, dass die „verratenen" Unternehmen um eine Schadensbegrenzung bemüht sind und daher von einem Publikmachen des Verrats durch die Einleitung eines Strafverfahrens absehen.[911]

---

908 A/R/R/*Ebert-Weidenfeller*, 3. Teil 3.Kap., Rn. 61 ff.
909 Zu den einzelnen Tatbestandsmerkmalen ausführlicher Minkoff/Sahan/*Wittig*/Kudlich/Koch, Konzernstrafrecht, 2019, § 26 Rn. 39 ff.
910 *Hohmann/Kiethe* NStZ 2006, 185.
911 Zu den präventiven Maßnahmen eingehend W/J/*Möhrenschlager*, 15. Kap. Rn. 49.

III. Bestechung und Bestechlichkeit im privaten Sektor, § 299 StGB (Fall Siemens-ENEL)

Im oben geschilderten Sachverhalt sticht als erstes die mögliche Strafbarkeit der Angeklagten wegen einer Bestechung der ENEL-Mitarbeiter ins Auge. Problematisch ist hierbei nicht nur der Auslandsbezug der Tat, sondern auch der Umstand, dass die italienischen Gerichte von einer Amtsträgereigenschaft der ENEL-Mitarbeiter ausgegangen sind. Bestünde nun im Hinblick auf die Feststellung der Amtsträgereigenschaft eine Bindungswirkung, müsste die Strafbarkeit der Siemens-Mitarbeiter nach § 334 StGB beurteilt werden. Allerdings galt zur Tatzeit die Regelung des § 335a StGB (vgl. unten 491a), nach der auch die Bestechung eines ausländischen Amtsträger tatbestandlich sein kann, noch nicht.[912]

415

> **Hinweis:** Wenn sich das Wirtschaftsstrafrecht durch **internationale Verflechtungen** und Beziehungen zur organisierten Kriminalität, die stets global agiert, auszeichnet,[913] ist für den Wirtschaftsstrafrechtler zumindest ein Grundverständnis des Internationalen Strafrechts und Strafanwendungsrechts unverzichtbar.[914]

Somit konnte bzw. musste der Senat selbst subsumieren, ob die Angestellten der ENEL AG nach deutschem Strafrecht als Amtsträger i.S.d. § 11 StGB einzustufen sind. Hiergegen spricht noch nicht die privatrechtliche Ausgestaltung als Aktiengesellschaft (vgl. § 11 I Nr. 2 lit. c StGB: „unbeschadet der Vertriebsform", **hierzu ausführlich Rn. 468 ff.**). Doch die Tatsache, dass die ENEL AG in Konkurrenz mit anderen Unternehmen in ihrem Geschäftszweig stand, keine Monopolstellung hatte und ausschließlich auf Gewinnerzielung ausgerichtet war, schließt nach zutreffender Ansicht des Senats die Amtsträgereigenschaft der Angestellten (jedenfalls nach deutschem Verständnis) und somit die Einschlägigkeit der §§ 331 ff. StGB aus. Insofern kommt im Hinblick auf die Bestechung nur noch § 299 I Nr. 1 StGB in Frage.

416

1. Zur Wiederholung: Gemeinsamkeiten und Unterschiede des § 299 I Nr. 1, II Nr. 1 StGB zu den §§ 331 ff. StGB

§ 299 StGB schützt in der jeweiligen Nummer 1 seiner beiden Absätze (zur 2015 eingeführten jeweiligen Nummer 2 vgl. unten Rn. 423a ff.) nach h.M. ausschließlich den freien, lauteren Wettbewerb.[915] Die Tatbestandsstruktur des § 299 StGB entspricht in seiner Grundgestaltung dem der §§ 331 ff. StGB („Spiegelbildlichkeitsprinzip"), wobei Absatz 1 die Nehmer-, Absatz 2 die Geberseite mit Strafe bedroht. Die Tathandlungen

417

---

912 Auch der Amtsträgerbegriff nach Art. 2 § 1 Nr. 2 IntBestG führte im damaligen Fall nicht weiter, da dieser ist nicht im Sinne der jeweiligen nationalen Rechtsordnung, sondern autonom auf der Grundlage des OECD-Übereinkommens über die Bekämpfung der Bestechung ausländischer Amtsträger im internationalen Geschäftsverkehr vom 17. Dezember 1997 auszulegen sei; zu diesen Fragen *Rübenstahl* ZWH 2012, 179.
913 Siehe Rn. 15.
914 Zur vertiefenden Lektüre *Satzger*, Internationales und Europäisches Strafrecht, 8. Aufl. 2018 sowie *Ambos*, Internationales Strafrecht, 5. Aufl. 2018.
915 BGH NJW 2006, 3290 (3298).

sind mit denen der Amtsträgerkorruption identisch, und zwar nicht nur in ihrem Wortlaut, sondern auch in ihrer Auslegung. Auch im Rahmen des § 299 StGB dürfte die Hingabe kleinerer, „sozialadäquater" Vorteile nicht dem Tatbestand unterfallen. Insofern gelten grundsätzlich die Ausführungen **bei Rn. 387 f.**. Doch sollte man im Blick behalten, dass die Grenzen im privaten Bereich im Einzelfall etwas höher angesetzt werden können, soweit im betroffenen Sektor höherwertigere Zuwendungen als sozialadäquat qualifiziert werden können, ohne freilich in ein „Luxus-Sonderstrafrecht" zu verfallen.[916]

418 Unterschiede bestehen (neben dem unterschiedlichen Täterkreis) im Hinblick auf die andersgearteten Rechtsgüter. Da es bei § 299 StGB nicht um das öffentliche Interesse an der Nichtkäuflichkeit von Unternehmen geht, reicht der bloße Anschein der Käuflichkeit nicht aus. § 299 StGB kennt daher keine „gelockerte Unrechtsvereinbarung", so dass ein bloßes „Anfüttern" straflos bleibt.[917] In der Praxis führt dies zu erheblichen Nachweisschwierigkeiten. Hinzu tritt, dass nur Zuwendungen für **künftige** Bevorzugungen vom Tatbestand erfasst sind, also solche Vorteile, die in der Vergangenheit gewährt wurden, aus dem Raster fallen,[918] es sei denn die Zuwendung ist als **Vollzug** einer früheren Unrechtsvereinbarung anzusehen.

> **Hinweis:** Unterschiede ergeben sich auch bei den Rechtsfolgen und Verfolgungsvoraussetzungen. Der Strafrahmen des § 299 StGB ist geringer als die der Amtsträgerbestechung bzw. Bestechlichkeit (3 Jahre Höchststrafe anstatt 5 Jahre bei den §§ 332 I, 334 I StGB), allerdings ordnet § 300 StGB (anders als die §§ 331 ff.) einen besonders schweren Fall für den Fall eines Vorteils großen Ausmaßes[919] oder für die gewerbsmäßige Begehung an). Außerdem handelt es sich bei § 299 StGB um ein relatives **Antragsdelikt** gem. § 301 I StGB, während die §§ 331 ff. StGB Offizialdelikte sind.

2. Die Tatbestandsmerkmale des § 299 I Nr. 1, II Nr. 1 StGB im Übrigen

a) Täterkreis

419 Auf Nehmerseite muss bei § 299 StGB ein Angestellter oder Beauftragter eines geschäftlichen Betriebs stehen (d.h. die Bestechlichkeit nach § 299 I Nr. 1 StGB ist ein echtes Sonderdelikt, so dass § 28 I StGB Anwendung findet).

420 **Angestellter** ist, wer in einem mindestens faktischen Vertragsverhältnis zum Geschäftsinhaber steht und dessen Weisungen unterworfen ist, aber dennoch eigene Entscheidungsbefugnisse hat.[920]

---

916 Doch dürften selbstverständlich besondere Fallgruppen existieren, die hauptsächlich bzw. vorrangig den privaten Sektor betreffen, man denke an Gewährung von Verkaufsprämien, Rabatten, Provisionen und Bonusprogrammen, zusf. Flohr/Wauschkuhn/*Ufer* § 299 StGB Rn. 66 ff.
917 Speziell zum Erfordernis der Unrechtsvereinbarung in § 299 StGB *Pfaffendorf* NZWiSt 2016, 8.
918 BGH NJW 1968, 1572 (1573); *Wittig* wistra 1998, 7 (8) m.w.N.
919 BGH wistra 2015, 435 offen lassend, ob eine Untergrenze für den Vorteil großen Ausmaßes zu ziehen ist.
920 SSW/*Bosch* § 299 Rn. 7; *Kienle/Kappel* NJW 2007, 3530 (3531).

Hierzu zählen leitende Angestellte, der GmbH-Geschäftsführer oder der Prokurist. Bloße Hilfskräfte ohne Entscheidungsbefugnisse unterfallen nicht dem Angestelltenbegriff.[921] Auch ein Beamter kann als „Angestellter" i.S.d. § 299 I Nr. 1 StGB gesehen werden, wenn die öffentlich-rechtliche Körperschaft ausschließlich fiskalisch tätig wird.[922] Dagegen fällt der Geschäftsinhaber selbst nicht unter § 299 StGB.[923] Daher ist auch umstritten, ob der geschäftsführende Alleingesellschafter von § 299 StGB erfasst wird.[924]

> **Beauftragter** ist, wer kraft seiner Stellung im Betrieb berechtigt und verpflichtet ist, für diesen geschäftlich zu handeln bzw. wesentlichen Einfluss auf betriebliche Entscheidungen zu nehmen.[925]

421

Hierzu zählen u.a. der Insolvenzverwalter, die Vorstände einer AG, eines Vereins oder einer Genossenschaft, der Unternehmensberater, der Buchprüfer oder der Testamentsvollstrecker.

Heftig umstritten war die Eigenschaft des niedergelassenen **Vertragsarztes** als Amtsträger oder Beauftragter der Krankenkasse.[926] Weil er zumindest mittelbar auf den Bezug von Pharmaprodukten Einfluss hat und damit die Krankenkasse zur Zahlung veranlasst, wurde er von manchen als Vertreter bzw. eben als Beauftragter der Krankenkasse eingestuft.[927] Dagegen wendeten sich Stimmen in der Literatur, wonach der Arzt nicht unmittelbar mit den Krankenkassen, sondern nur mit den Kassenärztlichen Vereinigungen verbunden sei und er daher nicht als Interessensvertreter der Krankenkassen qualifiziert werden könne.[928] Mit einer Entscheidung des Großen Senats für Strafsachen (**BGHSt 57, 202**) war diese Frage *im Sinne einer* Straflosigkeit geklärt worden: Demnach handelt „ein niedergelassener, für die vertragsärztliche Versorgung zugelassener Arzt bei der Wahrnehmung der ihm in diesem Rahmen übertragenen Aufgaben (§ 73 II SGB V; hier: Verordnung von Arzneimitteln) **weder als Amtsträger** i.S. des § 11 I Nr. 2 lit. c StGB **noch als Beauftragter** der gesetzlichen Krankenkassen i.S. des § 299 StGB."[929]

421a

> **Hinweis:** Die Begründung des Großen Senats ähnelt hierbei einer Klausurlösung, in der jedes Tatbestandsmerkmal der im Raum stehenden Delikte *peu à peu* – ggf. auch „hilfsgutachterlich" – abgearbeitet wird.[930] Was die §§ 331 ff. StGB als „Amtsdelikte" angeht, stellt man im Hinblick auf § 11 I Nr. 2 lit. c StGB fest, dass die gesetzlichen Krankenkassen aufgrund ihrer

---

921 BayObLG wistra 1996, 28 (30).
922 *Fischer* § 299 Rn. 14.
923 H.M.: *Lackner/Kühl* § 299 Rn. 2; MK-StGB/*Krick* § 299 Rn. 20; *Bürger* wistra 2003, 130 (131); zur Frage der Beachtlichkeit einer Einwilligung des Geschäftsinhabers vgl. RGSt 48, 291 (Korkengeld); zum Begriff des Betriebsinhabers vgl. *Grützner/Momsen/Behr* NZWiSt 2013, 88.
924 Hierzu NK/*Dannecker* § 299 Rn. 21; abgelehnt von LG Frankfurt a.M. NStZ-RR 2015, 215.
925 BGHSt 2, 396 (401).
926 Vgl. hierzu *Pragal* NStZ 2005, 133; zum Ganzen *Bülte* NZWiSt 2013, 346; *Kölbel* StV 2012, 592; *Krüger/Burgert* ZWH 2012, 213; *Leimenstoll* wistra 2013, 121.; *Rübenstahl* HRRS 2012, 324; *Sturm* ZWH 2011, 41; *Wengenroth/Meyer* JA 2012, 646; *Wostry* JR 2011, 163; G/J/W/*Sahan* § 299 StGB Rn. 13.
927 So noch zur alten Rechtslage *Pragal* NStZ 2005, 133; vgl. auch OLG Braunschweig wistra 2010, 234.
928 *Schmidl* wistra 2006, 268 (288); *Lackner/Kühl* § 299 Rn. 2. Zum Ganzen eingehend Spickhoff/*Schuhr* § 299 Rn. 17-24; *ders.* NStZ 2012, 11; vgl. auch *Schneider* HRRS 2010, 241 ff., 484 ff.
929 BGHSt 57, 202 = NJW 2012, 2530.
930 Zusammenfassend *Geiger* CCZ 2012, 172 (174 ff.).

behördenähnlichen Struktur (Gesetzesbindung, Rechtsaufsicht, Verbandsstruktur, Behördenaufbau) zwar zu den „sonstigen Stellen" zählen (vgl. Rn. 468 ff.), doch nehmen Vertragsärzte nicht die **Aufgaben** der öffentlichen Verwaltung wahr. Auch wenn Krankenkassen grundsätzlich die Gesundheitsversorgung der Gesamtbevölkerung sicherstellen sollen, könne dieser Umstand nicht den **freiberuflichen Charakter** der konkreten Tätigkeit des Arztes nehmen.[931]

Indessen ließ der BGH den § 299 StGB nicht schon am Merkmal des geschäftlichen Betriebs scheitern, doch handle der niedergelassene Vertragsarzt bei der Verordnung von Arzneimitteln nicht als „Beauftragter" der gesetzlichen Krankenkassen. Dabei sei weniger das Problem, dass zwischen den gesetzlichen Krankenkassen und Vertragsärzten keine unmittelbaren Rechtsbeziehungen bestünden (insb. ist die Zulassung zur vertragsärztlichen Versorgung eine Entscheidung des rechtlich und organisatorisch selbständigen Zulassungsausschusses). Auch die Betriebsinhaberschaft stünde einer Strafbarkeit nicht entgegen, da es im Falle des § 299 StGB durch den Vertragsarzt ohnehin nicht um die eigene Praxis gehe, sondern um den fremden Betrieb der gesetzlichen Krankenkassen. Doch: Allerdings erfordere der Terminus der „Beauftragung" schon begrifflich die Übernahme einer Aufgabe im Interesse des Auftraggebers, also eine Art **„Vertretergeschäft"**. Vertragsarzt und Krankenkassen bzw. kassenärztliche Vereinigungen befänden sich im Rahmen des **Kollektivvertragssystems** des SGB V jedoch auf gleicher Ebene.[932] Hinzu trete, dass die Krankenkasse aufgrund des Prinzips der freien Arztwahl die Wahl des Patienten – also das Zustandekommen des Behandlungsverhältnisses – nicht beeinflussen könne.[933]

421b Gleichsam als „Auftrag an den Gesetzgeber" brachte der Große Senat zum Ausdruck, dass es an diesem liege, diese Strafbarkeitslücke zu schließen. Dem ist der Gesetzgeber durch Einführung der §§ 299a, 299b StGB nachgekommen (**vgl. u. Rn. 446b**).

422 Ein **geschäftlicher Betrieb** liegt vor, wenn das Unternehmen – unabhängig davon, ob eine Gewinnerzielungsabsicht vorhanden ist – auf Dauer dazu angelegt ist, regelmäßig durch den Austausch von Waren und Dienstleistungen am Wirtschaftsverkehr teilzunehmen.[934]

Kein Betrieb liegt vor, wenn es sich um eine illegale Tätigkeit handelt, so dass eine rechtmäßige Teilnahme am Wirtschaftsverkehr ausgeschlossen ist.

b) Tathandlungen

423 Bezüglich der Tathandlung ergeben sich gegenüber den §§ 331 ff. StGB keine weiteren Besonderheiten. Die Unrechtsvereinbarung muss allerdings auf eine **unlautere Bevorzugung** im **inländischen oder ausländischen Wettbewerb** gegenüber den Mitbewerbern gerichtet sein, was zu bejahen ist, wenn die Entscheidung des Bestochenen nicht auf sachliche Erwägungen zurückzuführen, sondern ausschließlich durch den Vorteil motiviert ist.[935] Eine Unlauterkeit scheidet nur dann aus, wenn der Vorteils-

---

931 BGH NJW 2012, 2530 (2531).
932 BGH NJW 2012, 2530 (2532).
933 BGH NJW 2012, 2530 (2532).
934 BGHSt 10, 359 (366).
935 *Tiedemann*, FS-Rissing-van Saan, 2011, S. 685 ff.; BGHSt 2, 396 (401); 49, 214 (228); zum Begriff der Unlauterkeit ausführlich auch *v. Tippelskirch* GA 2012, 574, die von einer Unlauterkeit einerseits dann ausgeht, wenn Angestellte oder Beauftragte bei Bevorzugungen (vorteilsveranlasst) Entscheidungskriterien missachten, die von ihren Geschäftsherren aufgestellt wurden; andererseits, wenn (vorteilsveranlasst) normierte bzw. übernommene Informations-, Beratungs- oder Neutralitätspflichten gegenüber Kunden verletzt werden.

geber ohnehin eine Monopolstellung hat[936] oder die Handlung mangels „Wettbewerbs" überhaupt nicht dazu geeignet ist, andere zu beeinträchtigen.[937]

3. Das „Geschäftsherrenmodell" in § 299 I Nr. 2 und 299 II Nr. 2 StGB

In seiner geltenden Fassung ist § 299 StGB aber nicht allein auf Wettbewerbsverletzungen beschränkt: Mit den 2015 neu eingeführten jeweiligen Nummern 2 des Absatzes 1 und Absatzes 2 ist das sog. **Geschäftsherrenmodell** Gesetz geworden. Die Leistung bzw. Entgegennahme des Vorteils muss danach nicht notwendig erfolgen, damit ein anderer „bei dem Bezug von Waren oder Dienstleistungen (...) im inländischen oder ausländischen Wettbewerb in unlauterer Weise bevorzug(t) werde", sondern als Gegenleistung dafür, dass der Angestellte oder Beauftragte „dadurch seine Pflichten gegenüber dem Unternehmen verletze". Während also § 299 a.F. ebenso wie jetzt die jeweiligen Nummern 1 der beiden Absätze den Geschäftsherrn des Nehmenden allenfalls reflexartig schützten und vorrangig den lauteren Wettbewerb vor Augen hatten, geht es in den jeweiligen Nummern 2 zentral um den Schutz des Geschäftsherrn.

423a

Mit der Vorschrift, mit der internationale Vorgaben umgesetzt wurden,[938] sollten Lücken bei als „strafbedürftig" empfundenen Schmiergeldzahlungen auch außerhalb von Wettbewerbslagen erfasst werden. Der Gesetzgeber hat das Interesse des Geschäftsherrn „an der loyalen und unbeeinflussten Erfüllung der Pflichten durch seine Angestellten und Beauftragten" im Blick.[939] In der Sache wird damit der Untreuetatbestand des § 266 StGB ein Stück weit vorverlagert und erweitert, weil weder eine qualifizierte Vermögensbetreuungspflicht verletzt werden muss (und damit der Täterkreis deutlich erweitert wird) noch ein Vermögensschaden nachgewiesen werden muss. Im Ergebnis wird über Abs. 2 Nr. 2 auch die versuchte Anstiftung zur Untreue pönalisiert.[940] Diese Ausweitung und auch die Verwischung der Grenzen der Untreue mag man kriminalpolitisch mit guten Gründen kritisieren; dogmatisch ist aber zuzugestehen, dass § 266 StGB dadurch nicht unterlaufen wird, weil mit dem „korruptiven Element" (Bezahlung an den Täter der „kleinen Untreue") nur bestimmte Fallgruppen mit einem dadurch erhöhten Unrechtsgehalt und einer gesteigerten Motivation zur Pflichtverletzung erfasst werden.

423b

Da keine Verletzung einer (qualifizierten) Vermögensbetreuungspflicht gefordert wird und damit auch die Verletzung unbedeutenderer Nebenpflichten grundsätzlich ausreichen könnte,[941] stellt sich die Frage, ob nicht andere Einschränkungen der tauglichen Tathandlung gefunden werden müssen. Teils wird verlangt, dass das unscharfe Merkmal der Pflichtverletzung gleichwohl auf Grund der Einbeziehung in § 299 StGB

423c

---

936 NK/*Dannecker* § 299 Rn. 43.
937 Vgl. LG Bochum bei *Tiedemann*, Rn. 829 ff.
938 Vgl. Schönke/Schröder/*Eisele*, § 299 Rn. 36.
939 Vgl. BT-Drs. 18/4350 S. 21, 18/6389 S. 15.
940 Vgl. Schönke/Schröder/*Eisele*, § 299 Rn. 36; zur Kritik *Hoven* NStZ 2015, 557; *Kubiciel* ZIS 145, 670; *Grützner/Helms/Momsen*, ZIS 2018, 299.
941 Krit. insoweit *Walther* NZWiSt 2015, 257.

wettbewerbsbezogen ausgelegt werden muss, so dass die Handlung zumindest die Eignung aufweisen muss, den Wettbewerb zu beeinträchtigen.[942] Freilich hat der Gesetzgeber in Abgrenzung zur jeweiligen Nummer 1 gerade auf einen engeren Wettbewerbsbezug verzichtet, weshalb diese Einschränkung – obgleich rechtspolitisch erwägenswert – nicht naheliegend ist.[943] Überzeugender ist es, im Einklang mit den europäischen Vorgaben auf das Merkmal „im Rahmen von Geschäftsvorgängen" abzustellen. Fordert man dies, kann nur tatbestandsgemäß gehandelt werden, wenn der Täter überhaupt auf das Geschäft Einfluss nehmen kann und auch die Pflicht selbst einen geschäftlichen Bezug aufweist, nicht aber nur bloßen ideellen, sozialen oder kulturellen Zwecken außerhalb des Unternehmenszwecks dient.

4. Das Problem der Auslandsbestechung unter Geltung des § 299 a.F. und die Lösung des BGH im Fall Siemens-ENEL, BGHSt 52, 323

424 Zurück zum Fall Siemens-ENEL: Nach den Ausführungen in Rn. 419 ff. scheint eine Verurteilung nach § 299 II Nr. 1 StGB nicht weiter problematisch. Allein – die gegenwärtige Fassung, die auf den inländischen und (hier einschlägigen) **ausländischen Wettbewerb** abstellt, ist erst 2015 Gesetz geworden. Und auch der mit dem „Gesetz zur Ausführung der (...) gemeinsamen Maßnahme betreffend die Bestechung im privaten Sektor" vom 30.8.2002[944] **nachträglich eingeführte § 299 III StGB, welcher** anordnet (oder **klarstellt**? Vgl. näher im Anschluss), dass eine Strafbarkeit „auch für Handlungen im **ausländischen** Wettbewerb" einschlägig ist, hatte zur Tatzeit noch keine Geltung erlangt. Hiermit ist man an einem problematischen Punkt des eingangs geschilderten Sachverhalts angelangt.

425 Der Fall Siemens-ENEL spielte sich im Jahre 2000 ab. Somit musste sich der Senat mit der Frage befassen, ob sich der Schutzbereich des § 299 StGB bereits **vor** Einfügung des zwischenzeitlichen § 299 III StGB a.F. (und natürlich erst recht lange vor der gegenwärtigen Gesetzesfassung) auf den ausländischen Wettbewerb bezog. Andernfalls wäre eine Verurteilung mangels Einschlägigkeit der Norm nicht möglich.

426 Die Anwendbarkeit deutschen Strafrechts auf ausländische Sachverhalte setzt nicht nur voraus, dass die deutsche Strafgewalt sich überhaupt auf den entsprechenden Vorgang erstreckt (Strafanwendungsrecht im engeren Sinn, auch „internationales Strafrecht" genannt, vgl. §§ 3 ff. StGB[945]), sondern zusätzlich auch, dass die entsprechende Norm gewissermaßen „thematisch einschlägig" ist.[946] Dies ist bei Individualrechtsgütern (Leben, Leib, Freiheit, Eigentum) kein Problem, da Mensch i.S.d. § 212 StGB selbstverständlich auch ein Ausländer oder fremd i.S.d. §§ 242, 303 StGB ebenso selbstverständlich auch eine Sache ist, die einem Ausländer gehört. Zumindest bei bestimmten überindividuellen Rechtsgütern ist dies dagegen fraglich, da etwa nicht

---

942 Dafür etwa *Kubiciel* ZIS 2014, 671 f. und *Hoven* NStZ 2014, 558 ff.
943 Näher zur Gegenargumentation auch Schönke/Schröder/*Eisele*, § 299 Rn. 38.
944 BGBl. I S. 3387; siehe auch Lackner/*Kühl* § 299 Rn. 1; SSW/*Rosenau* § 299 Rn. 3 f.
945 Überblick bei *Rath* JA 2006, 435.
946 Zu dieser Problematik auch *Schmidt/Fuhrmann*, FS-Rissing-van Saan, 2011, S. 585 ff.

selbstverständlich ist, warum der deutsche Gesetzgeber die Zuverlässigkeit der ausländischen Strafrechtspflege gegen Falschaussagen schützen sollte.

Der BGH weist in seiner Entscheidung BGHSt 52, 323 zunächst auf die Gesetzeshistorie hin: So schützte auch § 12 UWG a.F., der fast ohne Änderungen (nur sprachlich korrigiert und Drittvorteile einbeziehend) in das StGB übernommen wurde, nach h.M. ausschließlich den deutschen Wettbewerb und seine Teilnehmer. Inländische Gewerbetreibende hatten demnach auch im Ausland inländische Rechtsvorschriften über unlauteren Wettbewerb zu beachten, aber auch nur, wenn der betroffene Gewerbetreibende im Inland eine gewerbliche Niederlassung hatte.[947] Eine allgemeine Pflicht inländischer Gewerbetreibender, sich auch gegenüber Mitbewerbern mit Sitz im Ausland nach deutschen Wettbewerbsregeln auszurichten, obwohl sich der Wettbewerb ausschließlich im Ausland vollzog, existierte dagegen nicht und war deutschen Unternehmen im Übrigen auch nicht zuzumuten.[948]

427

Das LG Darmstadt als Vorinstanz in der Siemens-ENEL-Entscheidung wollte aber dennoch den Schutzbereich der Vorschrift auf den ausländischen Wettbewerb erweitern und zwar durch eine **europarechtskonforme** Auslegung des § 299 StGB a.F. (also bereits ohne die Anordnung des § 299 III StGB). Für die Ausweitung des Schutzbereichs spreche neben gemeinschaftsrechtlichen Gesichtspunkten die Gesetzesbegründung des Gesetzes vom 22.8.2002, welches lediglich zur **„Klärung"** diene, dass § 299 StGB „den Wettbewerb generell, d.h. weltweit schütze".

428

Der Senat lehnt auch unter Hinweis auf das Bestimmtheitsgebot des Art. 103 II GG solch eine Extension – insbesondere eine „europarechtskonforme Auslegung" – ab (vgl. hierzu bereits Rn. 77a f.):

429

Aus BGHSt 52, 323: „… Demgegenüber hat der Angeklagte entgegen der Rechtsansicht des Landgerichts den Tatbestand des § 299 Abs. 2 StGB nicht verwirklicht. Schmiergeldzahlungen im ausländischen Wettbewerb, durch die deutsche Mitbewerber nicht benachteiligt wurden, wurden im Tatzeitraum von Januar 2000 bis Januar 2002 von § 299 Abs. 2 StGB a.F. nicht erfasst … An der beschränkten Anwendbarkeit des § 299 Abs. 2 StGB auf Taten, die sich gegen den inländischen Wettbewerb richteten, änderte auch das Inkrafttreten der Gemeinsamen Maßnahme 98/742/JI des Rates der Europäischen Union betreffend die Bestechung im privaten Sektor vom 22. Dezember 1998 nichts … Die Gemeinsame Maßnahme, die später durch den Rahmenbeschluss 2003/568/JI des Rates der Europäischen Union zur Bekämpfung der Bestechung im Privaten Sektor vom 22. Juli 2003 abgelöst wurde, erforderte keine andere Auslegung des § 299 Abs. 2 StGB durch die nationalen Gerichte. Das vom Europäischen Gerichtshof aufgestellte Gebot gemeinschaftsrechtskonformer Auslegung nationalen Rechts ist jedenfalls auf die hier maßgebliche Gemeinsame Maßnahme 98/742/JI nicht übertragbar … Aus dem Vergleich zwischen den Umsetzungsregelungen in Art. 9 Abs. 3 des Rahmenbeschlusses 2003/568/JI einerseits und Art. 8 der Gemeinsamen Maßnahme 98/742/JI andererseits folgt, dass letzterer keine Bindungswirkung zukam, die über eine Verpflichtung der Regierungen der Mitgliedstaaten zur Einbringung in das nationale Gesetzgebungsverfahren hinausgegangen wäre: Art. 9 Abs. 3 des Rahmenbeschlusses gab den Mitgliedstaaten auf, die erforderlichen Maßnahmen zu seiner Umsetzung vor dem 22. Juli 2005 zu treffen und bis zu diesem Zeit-

---

947 So bereits RGZ 140, 25 (29); 150, 265 (270); später BGH GRUR 1958, 189 (197).
948 BGH NJW 1968, 1572, 1574 f.; OLG Karlsruhe BB 2000, 635 f.; *Haft/Schwoerer*, in: FS-Weber, 2004, S. 367 (374 f.); *Vormbaum*, in: FS-Schroeder, 2006, S. 649 (656); *Saliger/Gaede* HRRS 2008, 57, 62 Fn. 24.

punkt den Wortlaut der Umsetzungsbestimmungen ihres nationalen Rechts den zuständigen Organen der EU mitzuteilen, eine Verpflichtung, die ggf. auch eine gesetzgeberische Tätigkeit der nationalen Parlamente umfassen musste. Nach Art. 8 Abs. 1 der Gemeinsamen Maßnahme hingegen oblag es den Mitgliedstaaten lediglich, innerhalb von zwei Jahren geeignete Vorschläge zur Umsetzung zu unterbreiten, die von den zuständigen Stellen der Union im Hinblick auf ihre Annahme geprüft werden sollten, eine Verpflichtung, die gesetzgeberische Tätigkeiten der einzelnen Mitgliedstaaten vor der Prüfung durch die zuständigen Stellen der Union also gerade ausschloss und sich mithin zunächst an die Regierungen der Mitgliedstaaten richtete ..."

430 Auf den Punkt gebracht: Die Gemeinsame Maßnahme kann den Mitgliedsstaaten nach ihrem Art. 8 I nur Bemühungen im gesetzgeberischen Bereich auferlegen, hat aber **keine verpflichtende Bindungswirkung** bei der Auslegung nationaler Strafgesetze. Insofern ist die Gemeinsame Maßnahme nicht mit einem EU-rechtlich verbindlichen Rechtsakt (etwa den früheren Rahmenbeschlüssen) gleichzusetzen. Hinzu tritt, dass die „Überlegungs- und Vorschlagsfristen" zum Tatzeitpunkt noch nicht einmal abgelaufen waren, so dass dem BGH absolut zuzustimmen ist, wenn er eine Schutzbereichsausdehnung des § 299 a.F. StGB auf den ausländischen Wettbewerb ablehnt.[949] Insbesondere muss eine „Klärung" (in Bezug auf die Gesetzesbegründung) gerade nicht bedeuten, dass bereits vorher die Norm europarechtskonform auszulegen war, sondern dass sie zum Tatzeitpunkt gerade eben nicht so ausgelegt wurde. Im Hinblick auf den Bestimmtheitsgrundsatz wäre eine Einbeziehung besonders problematisch, weil vor der Auslandseinbeziehung nach § 299 III StGB a.F. Bestechungszahlungen im Ausland lange Zeit steuerlich sogar abzugsfähig waren.[950]

> **Zur Vertiefung:** Unabhängig von der Frage, ob § 299 StGB tatbestandlich verwirklicht wurde bzw. der Schutzbereich sich auch auf den ausländischen Wettbewerb erstreckt, muss bei Sachverhalten mit Auslandsbezug (hier wohl jedenfalls, da die Bestechungszahlungen in Mailand vereinbart wurden und über ausländische Konten abgewickelt wurden) stets geprüft werden, ob das deutsche Strafrecht nach den **§§ 3 ff. StGB anwendbar** ist. Der Territorialitätsgrundsatz des § 3 StGB erfasst zunächst nur Inlandstaten, wobei der Tatortbegriff des § 9 StGB sowohl den Erfolgsort als auch den Handlungsort erfasst. Soweit es sich um eine Auslandstat nach § 7 I, II Nr. 1 StGB handelt, kann diese nur in der Bundesrepublik Deutschland abgeurteilt werden, wenn die Tat auch am Tatort mit Strafe bedroht ist. Insofern würden aber untreueähnliche Straftatbestände genügen, das Gericht müsste zumindest deren Verwirklichung jedoch hypothetisch prüfen. Weder die erstinstanzliche Strafkammer noch der BGH sahen dies allerdings als problematisch an.[951]

431 Im Ergebnis musste somit nach dem zur Tatzeit geltenden Recht (es gilt das Rückwirkungsverbot!) eine Strafbarkeit der Angeklagten nach § 299 II StGB a.F. (entspricht heute: § 299 II Nr. 1 StGB) abgelehnt werden. Das war für den BGH allerdings kein Problem, da er bereits die Errichtung und Unterhaltung der schwarzen Kassen als strafbares Unrecht sanktionieren konnte. Und zwar mit einem Rückgriff auf § 266 StGB.

---

949 *Satzger* NStZ 2009, 297 (305); siehe dazu auch NK-*Dannecker* § 299 Rn. 74.
950 Siehe hierzu *Tiedemann*, in: FS-Lampe, 2003, S. 765 ff.
951 Krit. *Satzger* NStZ 2009, 297 (305); vgl. zu diesen Fragen auch SSW/*Satzger* Vor § 3 ff. Rn. 8 f.

IV. Eine „Zugabe" vom BGH mit Folgen: Strafbare Untreue durch Bildung und Fortführung schwarzer Kassen?

Zwar kam also nach dem oben Ausgeführten eine Strafbarkeit nach § 299 StGB zum damaligen Zeitpunkt nicht in Betracht. Im Rahmen des Kapitels zum Fall Mannesmann wurde aber bereits knapp angedeutet, dass sich die Einrichtung schwarzer Kassen schon als besondere Schadens-Fallgruppe und „strittige Konstellation" des Untreuetatbestandes in Lehrbüchern und Kommentaren etabliert hat.[952] Denkbar ist die Einrichtung von geheimen Sammelkonten **im öffentlich-rechtlichen** Bereich zum Nachteil des Staates, aber auch die Ansammlung von **Parteispenden**, wie in den Fällen Kohl[953] und Kanther.[954] Im Fall Siemens-ENEL ging es um die Frage, ob die Einrichtung von schwarzen Konten in der **Privatwirtschaft** ebenfalls zu einer Untreuestrafbarkeit führt, worüber – wie schon im Kanther-Urteil – erneut der Zweite Senat zu entscheiden hatte.

432

1. Zum Begriff der schwarzen Kasse

Unter einer schwarzen Kasse (bzw. einem schwarzen Konto) ist ein Bestand von Geldern zu verstehen, der unter Verletzung von Pflichten (v.a. öffentlich-rechtlicher, gesellschaftsrechtlicher oder handels- bzw. buchführungsrechtlicher Natur) gebildet, vor dem Geschäftsherren verheimlicht und hauptsächlich von der Absicht getragen wird, die Gelder zugunsten des Geschäftsherren zu verwenden.[955]

433

> **Zur Vertiefung:** *Saliger/Gaede* sprechen von „Schattenkassen",[956] wenn die Konten zwar pflichtwidrig bzw. in verbotener Weise, aber in Kenntnis der zentralen Leitungsorgane bzw. des Geschäftsherren errichtet wurden (was natürlich v.a. im Hinblick auf die Pflichtwidrigkeit des Tuns/Unterlassens eine Rolle spielt, da dann an ein tatbestandsausschließendes Einverständnis zu denken ist[957]).

Die Motive für die Geheimhaltung sind mannigfaltig: Neben steuerrechtlichen Gründen kann die beabsichtigte Verwendung der Gelder – mag sie auch nicht unbedingt einen Straftatbestand erfüllen – sozial missbilligt sein, so dass aus Imagegründen ein Geheimhaltungsinteresse besteht. Außerdem könnte die Verwendung der Gelder (auch zum „Guten") gesellschaftsrechtlich oder gesellschaftsvertraglich untersagt sein, weswegen man gezwungen ist, die Zahlungen und den Bestand der Geldsummen ge-

434

---

952 Aus der früheren Rechtsprechung siehe bereits BGH wistra 1992, 266 f.; OLG Celle GmbHR 2006, 377.
953 LG Bonn NJW 2001, 1738 f.
954 BGHSt 51,100 m. Anm. *Ransiek* NJW 2007, 1727: Der frühere Bundesinnenminister Kanther hatte nach eigenem Eingeständnis (gemeinsam mit dem früheren Finanzberater der Union Weyrauch) Ende 1983 das Vermögen der hessischen CDU in Höhe von mehr als 22 Millionen Mark heimlich in die Schweiz und später in eine Stiftung in Liechtenstein transferiert. Das über die Jahre angelegte System von schwarzen Kassen der hessischen CDU war Anfang 2000 im Zuge der Spendenaffäre der Bundespartei „aufgeflogen".
955 SSW/*Saliger* § 266 Rn. 95.
956 *Saliger/Gaede* HRRS 2008, 57 (67 ff.).
957 Zum Einverständnis siehe Rn. 341.

heim abzuwickeln. In der Privatwirtschaft ist die Einrichtung schwarzer Kassen typischerweise als Vorfeldhandlung für systematische Korruption konzipiert, die eine Verfolgung und Entdeckung der tatsächlich erfolgten (inzwischen nach § 299 III StGB auch im Ausland strafbaren) Bestechung wesentlich erschweren soll. Hieraus ergibt sich das rechtspolitische sowie wirtschaftsethische Interesse, bereits diese Vorfeldhandlung strafrechtlich zu erfassen.[958] Dass bei den Bestechungsdelikten insofern ohnehin vielerlei Ermittlungsdefizite bestehen und der Nachweis der Unrechtsvereinbarung nur schwierig gelingt, wurde schon aufgezeigt (zumal Bestechender und Kassenführer auch häufig auseinanderfallen können).

Hinweis: Methodisch wäre aber nun nicht ein Rückgriff auf einen weiten Tatbestand wie § 266 I StGB die richtige Lösung, da dessen weite Fassung mit Blick auf Art. 103 II GG– Stichwort „Verhältnismäßigkeits- und Bestimmtheitsgrundsatz" – eine restriktive Interpretation verlangt. Vielmehr müsste der Gesetzgeber überlegen, ob es kriminalpolitisch erwünscht und zweckmäßig ist, einen spezifischen und wesentlich genauer umschriebenen Korruptionsvorfeldtatbestand zu schaffen (wie dies in anderen Bereichen des Wirtschaftsstrafrechts bereits erfolgt ist). Dies gilt umso mehr, als bei einem beabsichtigten (und später dann auch erfolgreich durchgeführten) Handeln im Interesse des Vermögensinhabers der Schutzzweck des § 266 StGB (Vermögensdelikt!) nicht recht passt und auch das Tatbestandsmerkmal des Schadens teilweise nur mit weit reichenden Gefährdungskonstruktionen begründbar ist.

2. Die Verletzung einer qualifizierten Vermögensbetreuungspflicht

435 Die Diskussion konzentriert sich bei den schwarzen Kassen hauptsächlich auf die Frage des Eintritts eines Vermögensnachteils. Denn die Feststellung einer Verletzung einer qualifizierten Vermögensbetreuungspflicht bereitet an sich keine Schwierigkeiten: K war schließlich als Bereichsvorstand für die Buchführung und für das Controlling zuständig, so dass eine qualifizierte Vermögensbetreuungspflicht bejaht werden kann. Die Verletzung dieser wird sich bei der Bildung von schwarzen Kassen häufig aus Compliance Regelungen (soweit man diese dafür genügen lässt), handels- bzw. gesellschaftsrechtlichen Normen (spezifischer Natur oder aus Maßstabsfiguren) ergeben. Problematisch wird die Tathandlung erst dadurch, dass K die schwarze Kasse nicht selbst gebildet hat, sondern lediglich übernahm. Daher muss der Senat auf ein Unterlassen abstellen, da

> „... das Schwergewicht der Pflichtwidrigkeit nicht bei einzelnen Verwaltungs- oder Verschleierungshandlungen ..., sondern schon in dem Unterlassen der Offenbarung durch ordnungsgemäße Verbuchung der Geldmittel ..."

gelegen haben soll. Gegen dieses Unterlassungskonstrukt ist – da sich eine entsprechende Garantenstellung sicherlich bejahen lässt – grundsätzlich nichts einzuwenden; aber in Kumulation mit dem Schadensmodell, auf das der Senat zurückgreift, ergeben sich erhebliche dogmatische Bedenken: Denn im Folgenden wird sich zeigen, dass der Senat bereits in der Bildung der schwarzen Kassen einen endgültigen Vermögensnachteil sieht. Wenn aber K nun die Kassen nur übernimmt, wäre der Schaden

---

958 *Satzger* NStZ 2009, 297 (298).

und somit der Erfolg bereits eingetreten, bevor es zur unterlassenen Tathandlung des K kommt.[959] Eine Schadensvertiefung durch das Unterlassen anzunehmen, erscheint ebenso fraglich wie das Modell einer sukzessiven Billigung im Nachhinein. Schließlich kann man die Untreue auch nicht in eine Art „Dauerschadensdelikt" umwandeln, das bereits verwirklicht ist, wenn man den schädigenden Umstand aufrechterhält (zumal die Tat dann faktisch nicht verjähren und sich konkurrenzrechtlich erhebliche Schwierigkeiten ergeben würden[960]). Schon im Hinblick auf die Tathandlung bleiben also einige Fragen offen.

> **Zur Vertiefung:** Der BGH übernahm die Würdigung des LG Darmstadt, dass der Zentralvorstand – siehe Sachverhalt – nichts von den Vorgängen wusste, obwohl vielfach behauptet wurde, dass die Bestechungspraxis „betriebsüblich" bei Siemens sei.[961] Daher musste er sich nicht zusätzlich mit der Frage beschäftigen, ob die Pflichtwidrigkeit des Handelns durch ein konkludentes Einverständnis ausgeschlossen ist. Speziell bei der AG stellt sich die Frage, ob die Grundsätze zur GmbH-Untreue[962] überhaupt auf die Aktiengesellschaft übertragbar sind und der Vorstand die Kompetenz für solch eine Zustimmung hätte (vgl. § 93 AktG: zu pflichtgemäßem Handeln verpflichtet).

3. Streitpunkt Vermögensschaden – Ein neues Verständnis von der Untreue?

a) Bisherige Bewertung schwarzer Kassen

Kernproblem der Untreuestrafbarkeit im Siemens-ENEL-Fall ist die schadensrechtliche Bewertung verdeckter Kassen. Der BGH hat schon in seiner Kanther-Entscheidung eine umstrittene Dogmatik zu dieser Frage entwickelt:[963] Dort war der 2. Senat der Auffassung, dass die Bildung und das Führen verdeckter Kassen eine **schadensgleiche Vermögensgefährdung** begründen, da man dem Vermögensinhaber jegliche Kontrollmöglichkeit nehme.[964] Ähnlich wie in den sonstigen Fällen der schadensgleichen Vermögensgefährdung (vgl. hierzu auch die parallele Betrugsdogmatik) hat man dann in **objektiver** Hinsicht zunächst die Anforderungen an die Feststellung des Schadens hochgeschraubt. Aber v.a. **subjektiv** galten strengere Voraussetzungen, da nicht nur die Kenntnis des Täters von der konkreten Möglichkeit eines Schadenseintritts und Inkaufnahme dieser konkreten Gefahr notwendig war, sondern er darüber hinaus die **Realisierung** dieser Gefahr billigen musste. Dagegen sollte es bereits nach der Kanther-Entscheidung nicht auf den Verwendungszweck des Täters ankommen (dazu siehe im Folgenden). Bereits diese Entscheidung wurde in der Literatur kritisiert, da in

436

---

959 So auch *Satzger* NStZ 2009, 301; soweit man nur auf das Aufrechterhalten der schwarzen Kasse abstellt, wird überdies wieder die grundsätzliche Begründung einer Pflichtverletzung schwierig.
960 Zutreffend *Bosch* JA 2009, 233 (235).
961 Vgl. *Saliger/Gaede* HRRS 2008, 67 ff.
962 Siehe hierzu bereits Rn. 346.
963 BGHSt 51, 100 (113): Vgl. zum Sachverhalt bereits knapp Fn. 581. Zusf. *Saam*, HRRS 2015, 345.
964 BGHSt 51, 100 (113) unter Bezugnahme auf BGHSt 40, 287 (296): „Mittelverwaltung nach eigenem Gutdünken".

der Führung von verdeckten Kassen als solcher keine schadensgleiche Vermögensgefährdung gesehen werden könne.[965]

b) Das Schadensmodell des 2. Senats – Entziehen der Dispositionsmöglichkeit als Vermögensnachteil

437 Doch der 2. Senat geht in seiner Siemens-Entscheidung sogar noch einen Schritt weiter und sieht in der dauerhaften Führung von verdeckten Kassen einen Nachteil in Form eines **endgültigen** Vermögensschadens. Damit versperrt er den Instanzgerichten Restriktionsansätze bzw. normative Korrekturen auf objektiver oder subjektiver Ebene.[966]

> **Aus BGHSt 53, 323:** „... Indem der Angeklagte Geldvermögen der Siemens AG in den verdeckten Kassen führte und der Treugeberin auf Dauer vorenthielt, entzog er diese Vermögensteile seiner Arbeitgeberin endgültig. Diese konnte auf die verborgenen Vermögenswerte keinen Zugriff nehmen. Die Absicht, die Geldmittel – ganz oder jedenfalls überwiegend – bei späterer Gelegenheit im Interesse der Treugeberin einzusetzen, insbesondere um durch verdeckte Bestechungszahlungen Aufträge für sie zu akquirieren und ihr so mittelbar zu einem Vermögensgewinn zu verhelfen, ist hierfür ohne Belang. Dass die Mittel in der verdeckten Kasse zunächst noch vorhanden sind, ist mit Fällen nicht vergleichbar, in denen ein Treupflichtiger eigene Mittel jederzeit bereit hält, um einen pflichtwidrig verursachten Schaden auszugleichen... Die dauerhafte Entziehung der Verfügungsmöglichkeit über die veruntreuten Vermögensteile stellt für den Treugeber daher nicht nur eine („schadensgleiche") Gefährdung des Bestands seines Vermögens dar, sondern einen endgültigen Vermögensverlust, der, wenn er vorsätzlich verursacht wurde, zur Vollendung des Tatbestands der Untreue und zu einem Vermögensnachteil in Höhe der in der verdeckten Kasse vorenthaltenen Mittel führt. Die Verwendung der entzogenen und auf verdeckten Konten geführten Geldmittel ist nur eine Schadensvertiefung; das Erlangen von durch spätere Geschäfte letztlich erzielten Vermögensvorteilen durch den Treugeber ist, nicht anders als eine Rückführung der entzogenen Mittel, allenfalls eine Schadenswiedergutmachung. Soweit der Senat in BGHSt 51, 100, 113 f. das „bloße" Führen einer verdeckten Kasse nur als schadensgleiche Vermögensgefährdung angesehen hat, hält er hieran nicht fest ..."

438 Der BGH sieht also den Vermögensnachteil darin, dass die Siemens AG **faktisch** keinen Zugriff mehr auf die verborgenen Vermögenswerte hatte und stützt diese Auslegung auf **normative** Erwägungen, wonach die **Möglichkeit** des Vermögensinhabers, über die Verwendung seines Vermögens selbst bestimmen zu können, auch zum Rechtsgut des § 266 I StGB gehöre. Im konkreten Fall sei die Bildung von schwarzen Kassen nicht als (nach wie vor unbeachtliche) Beeinträchtigung der bloßen Dispositionsfreiheit, sondern als Entziehung der Dispositions**möglichkeit** überhaupt zu sehen, die zum Kernbereich des Vermögensschutzes zähle. Diesem Nachteil stehe auch keine schadensverhindernde unmittelbare Kompensation gegenüber, da der Schadensersatzanspruch gegen die Mitarbeiter aus dem Angestelltenverhältnis (und dies ist sicher zutreffend) keine kompensatorische Wirkung entfaltet. Aber auch die vage Chance oder Absicht des Täters, aufgrund der Bestechungszahlungen später einen im Ergebnis wirtschaftlich vorteilhaften Vertrag abzuschließen, soll nicht genügen, da

---

[965] *Saliger* NStZ 2007, 545; *Bernsmann* GA 2007, 229 ff.; *Kempf*, in: FS-Tiedemann, 2008, S. 265 f.
[966] Natürlich wäre es besser gewesen, wenn der Senat zugleich klargestellt hätte, ob man allgemein schlicht nur von der „Terminologie" schadensgleiche Vermögensgefährdung Abstand nehmen will, da dann etwaige Restriktionsansätze nicht unbedingt von vornherein ausgeschlossen wären.

diese auch allenfalls als Schadenswiedergutmachung angesehen werden könnten.[967] Nachdem das Bundesverfassungsgericht die Siemens-Entscheidung bestätigt hat, wiederholte der Zweite Senat seine Rechtsprechung in einem Fall eines alleinvertretungsberechtigten GmbH-Geschäftsführers, der eine verdeckte Kasse eingerichtet und geführt hatte.[968]

c) Kritik in der Literatur

Diese Rechtsprechung wurde von weiten Teilen in der Literatur scharf kritisiert, weil sie sich mit der allgemein über Jahre hinweg entwickelten Schadensdogmatik zur Untreue kaum vereinbaren lasse.[969] § 266 I StGB beim Entzug der Dispositionsmöglichkeit als vollendet anzusehen, verforme die Untreue zu einem Vorfelddelikt, das bereits die bloß abstrakte Vermögensgefahr kriminalisiere.[970] Die mit der Verwendung der Gelder unmittelbar erlangbaren Aufträge müssten bei der vermögensrechtlichen Beurteilung berücksichtigt werden. Schließlich würden verdeckte Kassen mit dem Ziel geführt, die darin enthaltenen Geldwerte für den Vermögensinhaber zu „investieren": Ein dauerhafter Ausschluss des Vermögensinhabers von der Dispositionsmöglichkeit und dessen Bestimmungsrecht läge nur vor, wenn die „Investition" scheitere. Gelinge die „Investition" dagegen, komme es zu einem wirtschaftlich vorteilhaften Vertragsschluss, und der Vermögensinhaber erlange seine vollständige Rechtsposition zurück.[971]

439

Soweit man die frühe Vollendung mit einem modifizierten Schutzzweck der Norm (in Richtung auf „Schutz der Dispositionsmöglichkeit") begründen will, ist bereits diese Neubestimmung an sich fraglich.[972] Denn es gehört gerade zum Wesen der Untreue, dass dem Treuepflichtigen die Dispositionsmöglichkeit über einzelne Vermögenspositionen überlassen wird.[973] Im modernen Wirtschaftsleben ist diese Delegation notwendig, um das Vermögen in seiner Gesamtheit zu erhalten.

440

Vor diesem Hintergrund wird man in der Einrichtung der schwarzen Kasse (solange diese tatsächlich im Interesse des Geschäftsherrn verwendet werden soll[974]) jedenfalls dann nur eine Gefährdung, noch nicht jedoch eine endgültige Verletzung des Vermögens sehen können, wenn der Geschäftsherr eine tatsächliche Zugriffsmöglichkeit auf

441

---

967 Zust. *Fischer* § 266 Rn. 75 ff.; *Perron* NStZ 2008, 517; *Ransiek* NJW 2007, 1727 ff.; *ders*. NJW 2009, 95 f.; *Selle/Wietz* ZIS 2008, 472 f.; *Beukelmann* NJW-Spezial 2008, 600.
968 BGHSt 55, 266 (Trienekens) m. Anm. *Brand* NJW 2010, 2464; im Anschluss hieran wiederum BGH NStZ 2014, 646 (Gleisbau) m. Anm. *Becker* NZWiSt 2015, 38.
969 *Jahn* JuS 2009, 173; *Knauer* NStZ 2009, 151; *Rönnau* StV 2009, 246; *Satzger* NStZ 2009, 297; *Schlösser* NRRS 2009, 19; BeckOK/*Wittig* § 266 StGB Rn. 57.
970 SSW/*Saliger* § 266 Rn. 97.
971 Die Siemens AG erzielte durch Bestechungszahlungen in Höhe von ca. 6 Mio. € einen Gesamtgewinn vor Steuern von 103,8 Mio. €, vgl. BGHSt 52, 323 (329).
972 Wenn es zu einem allgemeinen Grundsatz zählt, dass Vermögensdelikte nicht die Dispositionsfreiheit schützen, so bedarf dies einer Präzisierung, da das Rechtsgut schon begrifflich die Disposition beinhaltet (etwas „vermögen"); vgl. hierzu auch *Becker* HRRS 2012, 327 (342).
973 *Satzger* NStZ 2009, 297 (302).
974 Dann müsste man freilich dogmatisch begründen, dass eine Untreue in dem Moment vorliegt, in welchem das Geld entgegen dem ursprünglichen Plan doch für eigene Zwecke des Täters verwendet wird.

das Vermögen hat.⁹⁷⁵ Dafür spricht auch, dass die Zahlungsvorgänge selbst – also die Handlungen, bei denen das Vermögen (etwa durch die Zahlung des Bestechungsgeldes) tatsächlich abfließt – letztlich untreuedogmatisch ein Risikogeschäft und damit nur eine Schadensgefährdung darstellen, da sie unmittelbar zur Erlangung vorteilhafter Aufträge führen können.

442 Diese Chance besteht aber natürlich schon zum Zeitpunkt der Bildung schwarzer Kassen. Mit anderen Worten: Wenn riskiertes Vermögen kein verlorenes, sondern allenfalls ein gefährdetes Vermögen darstellt, gilt dies erst recht für Vermögen, das noch nicht riskant eingesetzt, sondern nur für einen solchen Einsatz „zurückgelegt" wurde. In einer neueren Entscheidung spricht der Dritte Senat insofern auch von „**Schwarzbeständen**", die für sich jedenfalls dann keine relevante Vermögensminderung darstellen, wenn sich die Gremien die Kenntnis (etwa durch eine Inventur) verschaffen können.⁹⁷⁶

443 Inwiefern dies eine endgültige Abkehr von der äußerst extensiven Rechtsprechung zur Untreue durch Bildung schwarzer Kassen bedeutet, bleibt abzuwarten.⁹⁷⁷ Der Vollendungsdogmatik des 2. Senats bleibt zumindest vorzuwerfen, dass sie sich auch nicht mit den entwickelten Fallgruppen und Restriktionsbemühungen verträgt, mit denen bis dato ein Vermögensschaden abgelehnt werden konnte: etwa, wenn

- der Täter eigene Mittel bereithält, um einen Schaden auszugleichen,⁹⁷⁸
- der Mitteleinsatz zur Befreiung von einer Verbindlichkeit des Geschäftsherren dient,⁹⁷⁹
- die Verwendung des Schwarzgeldes dringend erforderlich gewesen ist und eine nachträgliche Bewilligung mit Sicherheit zu erwarten war⁹⁸⁰
- oder die Verwendung ohnehin aus anderen Mitteln hätte vorgenommen werden müssen.⁹⁸¹

---

975 Insoweit ist dem 2. Strafsenat im Fall Siemens zuzugestehen, dass es sich hier durchaus um einen Grenzfall handelt: Wenn die Organe des Vermögensinhabers überhaupt nichts mehr von dem Geld in den schwarzen Kassen wissen (und man muss wohl ergänzen: auch durch Rückgriff auf ihren Personalapparat und interne Dokumentationen keine Möglichkeit haben, sich davon Kenntnis zu verschaffen – dass ein Vorstandsmitglied eines Weltkonzerns nicht jedes einzelne Konto des Konzerns „präsent im Kopf hat", auf dem ein paar Millionen Euro liegen, liegt auf der Hand!), ist das doch ein gewichtiges Argument für einen Vermögensverlust. Nach dem vom Tatgericht festgestellten Sachverhalt waren die der Siemens AG entzogenen Geldmittel nicht etwa auf eigenen Bankkonten der AG „verborgen" und dieser daher im Grundsatz zugänglich; vielmehr wurden sie auf speziell zu diesem Zweck eingerichteten Konten Dritter „geparkt", von denen kein Mitglied des Zentralvorstandes mehr Kenntnis gehabt haben soll; aus diesem Grund versucht man in der Literatur zwischen tatsächlicher Kenntnis, potentieller Kenntnis und Unkenntnis bzgl. des Verbleibs der Gelder zu differenzieren, vgl. *Becker* HRRS 237 (242) sowie *Saliger*, FS-Samson, 2011, S. 455, 462 f.
976 BGH wistra 2018, 209; bereits *Becker* hatte sich in HRRS 2011, 237 (243) dafür ausgesprochen, auf die Möglichkeit der Kenntniserlangung abzustellen.
977 So auch BeckOK/*Wittig* § 266 StGB Rn. 57.2.
978 BGHSt 15, 342 (344); BGH NJW 1977, 443 (444); NStZ 1995, 233; NJW 2008, 1827 (1829).
979 RGSt 227 (229).
980 BGH wistra 1985, 69 (71).
981 BGHSt 40, 287 (294 f.).

Diese Fallgruppen werden – wenn sie aufrechterhalten bleiben sollen – zu diffusen, **444**
dogmatisch kaum mehr begründbaren Einzelfällen, in denen man eine Strafbarkeit
„gefühlsmäßig" verneinen will. Zur Erläuterung soll die erste Fallgruppe dienen: So
konnte man dort eine Strafbarkeit **auf Basis der objektiven Zurechnungslehre** ablehnen, wie es die h.M. tut. Demnach fehlt es bereits an einer rechtlich missbilligten
Gefahrschaffung für das Vermögen, wenn der Täter jederzeit ausgleichsbereit und -fähig ist. Sieht man aber die „Gefahr" nicht erst im tatsächlichen Vermögensabfluss,
sondern im Entzug der Dispositionsmöglichkeit, wird die Gefahr unabhängig davon
geschaffen, ob dem Täter ausgleichende Mittel bereit stehen. Dieser normative Einschlag beim Schadensbegriff führt so zu einer umso stärkeren Normativierung und
damit Unvorhersehbarkeit des Tatbestandsausschlusses.

Dies spricht dafür, beim Modell der **schadensgleichen Vermögensgefährdung** zu verbleiben (bzw. die terminologische Unterscheidung zwischen tatsächlichem Vermögensabfluss und wirtschaftlich in irgendwie gearteter Form geringwertigerem Vermögen aufrechtzuerhalten) und in jedem Fall eine **wirtschaftliche Betrachtungsweise**
vorzunehmen[982]: Im Rahmen der Prognose müssen – wie dies die herrschende Lehre
bereits beim Kanther-Urteil forderte – die **Verwendungsabsichten** des Kassiers mitberücksichtigt werden. Demnach sollte eine Strafbarkeit ausscheiden, wenn der Angestellte die Schwarzgelder allein zum Wohle des Geschäftsherrens einsetzen will.[983]
Fehlen solche Motive oder wird der Zugriff auf das Geld bereits durch die Einzahlung
auf fremden Konten ermöglicht[984], kann dagegen regelmäßig eine schadensgleiche
Vermögensgefährdung angenommen werden. **445**

> **Hinweis:** Gegen diese Forderung einer Verwendungsabsicht könnte man das Argument ins
> Feld führen, dass der Gesetzgeber bei den übrigen Vermögensdelikten die subjektiven Absichten des Täters im Tatbestand kodifiziert und bei § 266 StGB auf eine Schädigungs- oder
> Bereicherungsabsicht o.Ä. gerade verzichtet hat. Aber zum Zeitpunkt der Entstehung des § 266
> StGB lag ihm ja auch nicht solch ein weites Verständnis zu Grunde. Außerdem könnte man
> auch anführen, dass es sich um eine spezielle Voraussetzung bei der Bildung schwarzer Kassen
> handelt, da das verwirklichte Unrecht in dieser Fallgruppe gerade von der subjektiven Zwecksetzung abhängt.

Insbesondere die Ausführungen zur Pflichtverletzung (Rn. 435) machen deutlich, dass **446**
die dogmatische Entwicklung zum Schadensbegriff bei der Untreue durch Bildung
oder Fortführung „schwarzer Kassen" noch nicht abgeschlossen ist.[985]

> **Zur Vertiefung:** Zur Bildung schwarzer Kassen: *Strelczyk*, Die Strafbarkeit der Bildung schwarzer Kassen, 2008.
>
> Zur Korruption im privaten Sektor: *Köpsel*, Bestechlichkeit und Bestechung im geschäftlichen
> Verkehr (§ 299 StGB), 2006; *Mölders*, Bestechung und Bestechlichkeit im internationalen geschäftlichen Verkehr, 2009; *Pragal*, Die Korruption innerhalb des privaten Sektors und ihre
> strafrechtliche Kontrolle durch § 299 StGB, 2006; *Tron*, Kassenärzte als Beauftragte der Krankenkassen im Sinne von § 299 Abs. 1 StGB, 2007.

---
982 *Satzger* NStZ 2009, 297 (303).
983 *Saliger/Gaede* HRRS 2008, 70 f.; *Rönnau*, in: FS-Tiedemann, 2008, S. 729.
984 SSW/*Saliger* § 266 Rn. 97 m.w.N.
985 Die weite Vorverlagerung und das neue Schutzgutkonzept könnten zu einem Auseinanderfallen von Schadensdogmatik bei Betrug und Untreue führen.

Zum UWG: *Hecker*, Strafbare Produktwerbung im Lichte des Gemeinschaftsrechts, 2001; *Ruhs*, Strafbare Werbung, 2006.

Schwarze Kassen: Bestand von Geldern, der unter Verletzung von Pflichten gebildet, vor dem Geschäftsherren verheimlicht und hauptsächlich von der Absicht getragen wird, die Gelder zugunsten des Geschäftsherren zu verwenden	
BGH: Entziehung der Dispositionsmöglichkeit, Mittelverwendung nach Gutdünken? Vollendeter Schaden mit Einrichtung der Kasse	**Lit:** Allenfalls Gefährdungsschaden, somit Tatbestandsrestriktionen (insb. Unmittelbarkeitslösung) heranzuziehen (überdies terminologisches Problem bzgl. Begriff „Gefährdungsschaden)

Auch Frage der Tatsachenfeststellung dahingehend, ob nur „graue" bzw. „Schattenkasse" oder ob außer dem Vermögensbetreuungspflichtigen niemand im Betrieb vom Verbleib der Kasse weiß

V. Exkurs: Weitere Fälle der Strafbarkeit korruptiven Verhaltens im privaten Sektor

446a Für den wohl wichtigsten und häufigsten Fall korruptiven Verhaltens im privaten Sektor enthält der oben dargestellte § 299 StGB hinreichende Regelungen, indem Fälle mit Wettbewerbs-, aber auch mit sonstigem Wirtschaftsbezug im Unternehmenskontext in weitem Umfang erfasst werden. In den vergangenen Jahren hat der Gesetzgeber indes parallele Regelungen in zwei weiteren Bereichen eingeführt, in denen korruptives Verhalten auch als schädlich erachtet wird, die Subsumtion unter § 299 StGB aber nicht möglich erscheint: den Gesundheitssektor und den Bereich sportlicher Wettkämpfe.

1. Bestechlichkeit und Bestechung im Gesundheitswesen: §§ 299a, 299b StGB

446b Wie einleitend bereits erörtert (vgl. Rn. 421a), hatte sich seit ca. 2005 eine intensive Diskussion entsponnen, ob insbesondere Kassenärzte, die für die gesetzlichen Krankenkassen an der Gesundheitsfürsorge teilnehmen, indem sie entsprechende Verschreibungen vornehmen, als zumindest Beauftragte der Kassen angesehen werden können. Der Große Strafsenat hatte dies abgelehnt, den Gesetzgeber aber zu einer Schließung der Strafbarkeitslücke in Fällen aufgerufen, in denen insbesondere durch die Pharmaindustrie Einfluss auf das Verschreibungsverhalten der Ärzte genommen werden soll. Dieser Aufforderung ist der Gesetzgeber durch die §§ 299a (Strafbarkeit der Nehmerseite) und 299b StGB (Strafbarkeit der Geberseite nachgekommen).[986]

---

[986] Einführend *Braun* JA 2019, 115; *Damas* wistra 2017, 128; *Dann* KriPoz 2016, 169.

Nach ihrer systematischen Stellung und auch mit Blick auf das in beiden Tatbeständen enthaltene Merkmal der unlauteren Bevorzugung im Wettbewerb haben die Normen zumindest primär den Wettbewerb im Gesundheitswesen im Blick. Nach dem Willen des Gesetzgebers sollen aber auch das Vertrauen des Patienten in die Integrität heilberuflicher Entscheidungen sowie – mittelbar – die Vermögensinteressen der Wettbewerber, der Patienten und der Krankenkassen sein geschützt sein.[987] Da freilich das Bild eines freien Wettbewerbs (wie bei § 299 StGB) nicht passt und das Gesundheitswesen in weiten Teilen staatlich reguliert ist, ist das Ziel auf den Schutz des Wettbewerbs in seiner vom Gesetzgeber und den Akteuren des Gesundheitswesens geordneten Form zu präzisieren.[988]

446c

Strukturell sind die Vorschriften § 299 StGB (in der jeweiligen Nummer 1 seiner beiden Absätze) nachgebildet und regeln die passive Bestechlichkeit wie die aktive Bestechung. Erforderlich ist stets eine „Unrechtsvereinbarung", die auf eine unlautere Bevorzugung im Wettbewerb abzielt. Erfasst werden aber nur die in den jeweiligen Nummer 1 bis 3 enumerativ genannten Handlungen von Angehörigen der Heilberufe.[989]

446d

Anders als noch in einem früheren Entwurfsstadium vorgesehen, enthalten die §§ 299a, 299b StGB keine zwingende Voraussetzung der Verletzung der berufsrechtlichen Pflicht zur Wahrung der heilberuflichen Unabhängigkeit. Auch wenn damit auf eine Akzessorietät zum Berufsrecht verzichtet wurde, sind sozial- und berufsrechtliche Regelungen für die Auslegung der Vorschrift von Bedeutung, da sie insbesondere als speziellere Verhaltensnormen Erlaubnisse (etwa durch die Statuierung bestimmter Formen der Zusammenarbeit) enthalten können, die dem sehr pauschalen Verbot der §§ 299a, 299b StGB im Einzelfall vorgehen müssen.[990] Demgegenüber können berufs- oder sozialrechtliche Verbote, welche die Voraussetzungen der Vorschriften nicht erfüllen, per se erst einmal nicht zur Strafbarkeit führen. Im Detail gibt es – außerhalb von sehr klassischen und mehr oder weniger „plumpen" Bestechungshandlungen – hier noch viele ungeklärte Streitfragen, die vorliegend den Rahmen sprengen würden.

446e

2. Manipulation von berufssportlichen Wettbewerben: § 265d StGB

Als weiterer manipulationsanfälliger Lebensbereich haben sich in den letzten Jahren Sportwettbewerbe erwiesen – insbesondere solche, die ihrerseits mit hohen Siegesprämien verbunden sind und/oder auf deren Ausgang Wetten platziert werden können. Die ersten prominenten Entscheidungen der 2000er Jahre sind denn auch zu Manipulationen ergangen, welche die Grundlage für „Wettbetrügereien" gewesen sind (vgl. dazu oben Rn. 204). Die entsprechenden Fälle mit § 263 StGB zu erfassen, hat sich freilich als schwierig und auch nicht zweifelsfrei erwiesen, insbesondere mit Blick auf die (hinreichend bestimmte) Bestimmung des Schadens.

446f

---

[987] Vgl. BT-Drs. 18/6446 S. 12 f., BT-Drs. 18/8106 S. 1, 14; ferner etwa *Schröder* NZWiSt 2015, 325.
[988] Vgl. *Brettel/Duttge/Schuhr* JZ 2015, 933.
[989] Etwas ausführlicher *Brettel/Schneider* § 2 Rn. 538 ff., dort auch zu „toxischen Altverträgen im Lichte des Rückwirkungsverbots (Rn. 549).
[990] Vgl. Schönke/Schröder/*Eisele*, § 299a Rn. 6; *Jäger* MedR 2017, 698.

446g Um hier Strafbarkeitslücken zu schließen, hat der Gesetzgeber im Jahr 2017 zum einen den Tatbestand des **Sportwettbetrugs in § 265c StGB** eingeführt.[991] Auch dieser enthält als Tathandlungen „korruptives" Verhalten – nämlich das Sich-versprechen-Lassen, Fordern oder Annehmen (Abs. 1, 3) bzw. das Anbieten, Versprechen oder Gewähren (Abs. 2, 4) als Gegenleistung für die Beeinflussung des Verlaufs oder Ergebnisses eines berufssportlichen Wettbewerbs, wobei als Nehmer insoweit Sportler und Trainer, aber auch Schieds-, Wertungs- oder Kampfrichter in Betracht kommt. Freilich wird in § 265c durchgehend subjektiv zusätzlich verlangt, dass durch die Tathandlung „ein rechtswidriger Vermögensvorteil durch eine auf diesen Wettbewerb bezogene öffentliche Sportwette erlangt" werden soll, d.h. die Manipulation bildet subjektiv die Grundlage eines späteren „Wettbetrugs! (unabhängig davon, ob man diesen dann unter § 263 StGB subsumieren kann oder nicht). Von daher schließt § 265c StGB – wenn auch durch eine Verschiebung der Tathandlung – v.a. mögliche Lücken im Bereich der Betrugsstrafbarkeit.

446h Näher an „nur-korruptiven" Verhaltensformen, bei denen es nicht um Einnahmen aus Wetten, sondern „nur" um den Ausgang der sportlichen Ereignisse an sich geht, liegt daher § 265d StGB. Er enthält die identischen Tathandlungen, verzichtet aber auf einen Bezug zu Sportwetten und soll damit auch rein sportimmanente Ziele erfassen, wobei ein wettbewerbswidriges Verhalten nur vorliegt, wenn die Manipulationen allein dem Gegner und nicht zugleich dem eigenen wettbewerbsimmanenten Vorteil dienen.[992]

Anhang:
Übersicht zu den wirtschaftsstrafrechtlich wichtigsten Fallgruppen der Untreue[447]

447 **Amtsuntreue, Haushaltsuntreue**

Def.: *Untreue durch Hoheits- und Amtsträger zu Lasten der Staatskasse, bspw. durch Gewährung von Subventionen, Zuschüssen, die materiell-rechtlich nicht gewährt werden dürften. Einstellung von vollkommen ungeeigneten Personen aus sachfremden Gründen, „Verschwendung" von Steuergeldern oder persönliche Bereicherung*

(P): Es besteht die Gefahr, dass ein Verstoß gegen Haushaltsvorschriften als Untreue gewertet wird, obwohl die Auszahlung durch eine Gegenleistung saldiert wird. Eine streng wirtschaftliche Betrachtungsweise wird allerdings nicht der Zweckgebundenheit des staatlichen Finanzaufkommens gerecht; daher kann trotz einer Kompensation die Annahme eines Schadens geboten sein.

Lösung: Die Rechtsprechung behilft sich hierbei mit einem Rückgriff auf die Lehre vom individuellen Schadenseinschlag bzw. der Zweckverfehlung: Demnach sei eine Untreue dann

---

991 Vgl. statt vieler *Dittrich* ZWH 2017, 189; *Feltes/Kabuth* NK 2017, 91; *Gienger/Fiedler* DRiZ 2016, 16; *Krack* wistra 2017, 289; 540; *Momsen* KriPoZ 2018, 21; *Pfister* StraFo 2016, 441; *Rübenstahl* JR 2017, 264; 3333; *Satzger* Jura 2016, 1142; *Stam* NZWiSt 2018, 41; *Tsambikakis* StV 2018, 319; *Valerius* Jura 2018, 777: speziell zum „e-sport" *Kubiciel* ZRP 2019, 200 und *Schörner* HRRS 2017, 407.
992 So etwa bei einem abgesprochenen Unentschieden, wenn dieses beiden Mannschaften gleichermaßen zum Weiterkommen im Wettbewerb genügt oder beim „taktischen" Einsatz schwächerer Spieler, um die die stärkeren für wichtigere Aufgaben zu schonen, vgl. Schönke/Schröder/*Perron*, § 265d Rn. 8.

anzunehmen, wenn durch die Überziehung eine gewichtige Kreditaufnahme notwendig wird oder der Haushaltsgesetzgeber durch den Mittelaufwand in seiner politischen Gestaltungsbefugnis beschnitten wird. Problematisch an diesem Ansatz ist, dass durch die „Personalisierung" letztlich doch ein Dispositionsschutz erreicht wird, den § 266 I StGB so nicht erfasst. Dies erscheint vor dem Hintergrund der bundesverfassungsgerichtlichen Rechtsprechung zur Bezifferbarkeit des Schadens nunmehr umso problematischer. Im Übrigen bleibt fraglich, wie der Zweckverstoß näher zu bestimmen ist, insbesondere ob der Verstoß gegen formelle Haushaltsgrundsätze die Zweckwidrigkeit und somit die Strafbarkeit indiziert. Außerdem ist bis heute noch umstritten, ob mit dem haushaltsrechtlichen Grundsatz der Wirtschaftlichkeit und Sparsamkeit ein Vermögensnachteil begründet werden kann.

Lit: BGHSt 43, 293 (Intendantenfall), BGHSt 40, 287 (BND); BGH wistra 2011, 263; zum kommunalrechtlichen Spekulationsverbot zuletzt BGHSt 62, 144; *Noltensmeier*, Public Private Partnership und Korruption, 2008, S. 305; *Jahn* JA 1999, 630; *v. Selle* JZ 2008, 181 ff.; *LK/ Schünemann* § 266 Rn. 143; *SSW/Saliger* § 266 Rn. 95; *Soyka* JA 2011, 561.

Kick-Back Zahlungen

Def.: *Kick-Backs sind „Rückvergütungsrabatte" ohne Kenntnis des Geschäftsherren: Der Treuepflichtige schließt einen nachteiligen Vertrag (bspw. Kauf von Gegenständen zu einem überhöhten Preis), um das vom Geschäftsherren überschüssig Bezahlte als „Schmiergeld" in die eigene Tasche zu stecken.*

(P): Häufig wird die Überteuerung (bzw. wirtschaftlich nicht äquivalente Gegenleistung) rechtlich nicht nachweisbar sein, wie in der Drittmittel-Entscheidung, vielleicht aber die Annahme der Provision bzw. des Rabatts. Dann muss stets überprüft werden, ob eine nicht untreuerelevante Nichtherausgabe personengebundener Vorteile gegeben ist oder ob der Treunehmer eine bereits bestehende konkrete, vermögenswerte Expektanz seines Geschäftsherren vernichtet hat.

Lösung: Soweit ein prozentualer Preisaufschlag nachgewiesen ist, kann ein Vermögensnachteil bejaht werden, da der Rabatt sicherlich auch dem Geschäftsherren hätte gewährt werden können; allerdings müssen die Motive des Gebers und die Zahlungsumstände mit in die Beurteilung fließen. Sind dagegen die Leistungen wirtschaftlich ausgeglichen, soll ein Vermögensnachteil gegeben sein, wenn der Geschäftspartner bereit gewesen wäre, die Leistung auch um einen um das Schmiergeld gekürzten Betrag zu erbringen.

Lit: Vgl. BGHSt 49, 317 (Schreiber); BGHSt 47, 295 (Drittmittel); BGHSt 50, 299 (Kölner Müllskandal); aus neuerer Zeit BGH wistra 2019, 190 sowie BGH wistra 2017, 486; *Rönnau*, in: FS-Kohlmann, S. 258 ff.; *Bernsmann* StV 2005, 577 ff.; *Klengel/Rübenstahl* HRRS 2007, 52 ff.

Kredituntreue

Def.: *Untreuestrafbarkeit von Bankmitarbeitern zu Lasten ihrer Bank durch Kreditvergaben trotz fehlender ausreichender Absicherung.*

(P): Kreditgeschäfte sind Risikogeschäfte, so dass sich hier die klassische Frage auftut, wann eine bankinterne, zivilrechtlich jedenfalls beachtliche Pflichtverletzung als strafrechtlich relevante Tathandlung zu werten ist. Zudem muss stets berücksichtigt werden, dass bei nicht ausreichender Sicherung der Tatbestand schon mit Eingehung des Darlehensvertrages vollendet ist.

Lösung: Die Rechtsprechung stellt bei Kreditgeschäften richtigerweise nicht darauf ab, ob der Kreditnehmer später nicht mehr zahlungsfähig war oder nicht, sondern ob zum Zeitpunkt der Kreditvergabe Informationspflichten (konkretisiert in § 18 KWG) berücksichtigt, Befugnisse eingehalten (Beachtung von Höchstkreditgrenzen) und Aufklärungspflichten gegenüber Kontrollorganen nachgekommen wurden. Die Pflichtverstöße müssten im Hinblick auf die asymmetrische Akzessorietät des Strafrechts gravierender Natur sein.

Lit: Vgl. BGHSt 46, 30 (34); 47, 148 (149 f.); BGH NStZ 2017, 227 m. Anm. *Becker* (HSH-Nordbank); *Otto* JR 2000, 517 ff.; *Kühne* StV 2002, 198 ff.; *Dahs* NJW 2002, 273 ff.

Gesellschafteruntreue (Kapitalgesellschaften)

Def.: *Untreue zu Lasten einer GmbH oder AG.*

(P): Da ein Einverständnis in die Pflichtverletzung auch i.R.d. § 266 StGB die Strafbarkeit ausschließt, stellt sich die Frage, inwiefern die Gesellschafter über das Kapital der juristisch eigenständigen Person verfügen können, indem sie das Handeln des (auch faktischen!) Geschäftsführers gestatten. Gleiche Fragen stellen sich auch bei einer AG, bei der ebenfalls das Vermögen der Gesellschaft und das der Anteilseigner auseinanderfallen (beachte bei sonstigen Personenmehrheiten wie GbR oder KG: Diese sind nicht eigenständige Träger von Fremdvermögen, d.h. eine Untreue ist nur zu Lasten aller Gesellschafter durch Schädigung des Gesamthandsvermögens denkbar).

Lösung: Nach Auffassung des BGH ist die Dispositionsbefugnis auf Erhaltung des Stammkapitals einer GmbH begrenzt, im Übrigen aber möglich. Dieser Ansatz ist insoweit gewissen Bedenken ausgesetzt, als er die Dispositionsmöglichkeiten der Gesellschafter zugunsten von Gläubigerinteressen beschränkt. Im Rahmen der AG ist ebenfalls noch nicht geklärt, inwiefern Zustimmungen der Anteilseigner (oder auch nur des Vorstands?) einer Pflichtverletzung entgegenstehen.

Lit: Vgl. BGHSt 49, 147 (Bremer Vulkan); BGH NJW 1997, 66 (Sachsenbau); *Tiedemann* JZ 2005, 47 ff.; *Ransiek* wistra 2005, 122 ff.; *Lindemann* Jura 2005, 311 ff.; *Soyka/Voß* ZWH 2012, 348.

Sponsoring, Investitionen (Organuntreue)

Def.: *Untreue durch Werbeverträge, Sponsoring und Sonderinvestitionen (wie Zahlungsprämien etc.), die durch Organe einer juristischen Person mittels Gesellschafts- bzw. Treugebervermögen finanziert werden.*

(P): Werbung, Sponsoring, Investitionen und Sondervergütungen (wie etwa Anerkennungsprämien) kommen dem Treugeber zumindest immateriell stets zu gute; anderseits darf auch nicht ohne jeglichen Sinn- und Sachbezug Geld ausgegeben werden. Der Treunehmer hat aber einen weiten unternehmerischen Ermessenspielraum. Neben den Kreditgeschäften ist dies die zweite wichtige Fallgruppe, bei der sich die Frage stellt, wann die Überschreitung der gesellschaftsrechtlich eingeräumten Einschätzungsprärogative zu einer Strafbarkeit führt.

Lösung: Die Frage, inwieweit der strafrechtliche Maßstab sich am zivilrechtlich eingeräumten Ermessensspielraum zu orientieren hat, ist im Einzelnen umstritten: Unabhängig davon, ob man strafrechtsautonome (indizienbasierte) oder eher bereichsspezifisch zivilrechtsakzessorische Lösungsansätze präferiert, sollte im Grundsatz wohl ein strengerer Maßstab im Strafrecht zu Grunde gelegt werden, weswegen das vom BGH in bestimmten Fallgruppen erwähnte Erfordernis einer gravierenden Pflichtverletzung zu begrüßen ist.

Lit: Vgl. BGHSt 47, 187 (SSV Reutlingen, Offenburger Spenden); BGHSt 50, 331 (Mannesmann).

Schwarze Kassen

Def.: *Bildung von schwarzen Kassen als Bestand von Geldern, der vor dem Geschäftsherren verheimlicht und hauptsächlich von der Absicht getragen wird, die Gelder zugunsten des Geschäftsherren zu verwenden.*

(P): Da die schwarze Kasse sich noch in der Sphäre des Treunehmers befindet und es somit noch nicht zu einem tatsächlichen Vermögensabfluss gekommen ist, ist fraglich, worin der Vermögensschaden gesehen werden soll.

Lösung: Der BGH sieht den (endgültig eingetretenen) Vermögensnachteil darin, dass der Treugeber faktisch keinen Zugriff mehr auf die verborgenen Vermögenswerte hat und ihm somit die grundsätzliche Dispositionsmöglichkeit als Kern des Vermögensschutzes entzogen wird.

Lit: Vgl. BGHSt 51, 100 (Kanther/Weyrauch); 52, 323 (Siemens-ENEL); BGH wistra 2018, 209; zum Schadensbegriff allgemein *Becker*, HRRS 2009, 334 ff. (Schadensbegriff bei Untreue).

I. BGHSt 50, 299 ff.: Kölner Müllverbrennungsskandal
Der strafrechtliche Amtsträgerbegriff

Literatur: *Wittig*, § 27 Rn. 15-29; *Hellmann*, Rn. 843 ff.; *Bernsmann* StV 2003, 521 ff.; zur Public Private Partnership *Bauer* HRRS 2011, 410; *Noltensmeier* StV 2006, 132 ff.; *Radtke* NStZ 2007, S. 57 ff.; *Rönnau/Wegner*, JuS 2015, 505
Fälle: *Hellmann*, Fälle, Fall 9

Sachverhalt (vereinfacht)

Im Jahr 1990 beschloss der Rat der Stadt Köln die Gründung einer Abfallverwertungsgesellschaft in Form einer städtisch beherrschten Mischgesellschaft unter maßgeblicher Beteiligung der Privatwirtschaft. Die Einbeziehung eines privaten Unternehmers sollte dessen Fachwissen und wirtschaftliche Erfahrung nutzbar machen sowie zur Kostenersparnis beitragen. Als Mitgesellschafter wurde der T gewonnen, der mit seiner T-Entsorgungs-GmbH eine beherrschende Stellung auf dem Abfallsektor im Rheinland besaß. Die Stadt Köln (Anteil am Stammkapital 50,1 %), die Stadtwerke Köln GmbH (Anteil 24,8 %) und die T-Entsorgungs GmbH (Anteil 25,1 %) gründeten 1992 die „AVG". Der Zusammenschluss sollte die Errichtung und den Betrieb von Anlagen für die thermische Behandlung und die Kompostierung von Abfällen sowie das Baustellen- und Gewerbeabfallrecycling unter Beachtung der Leitlinien des Abfallwirtschaftskonzepts der Stadt Köln ermöglichen. Der Gesellschaftsvertrag sah bei wichtigen Entscheidungen die Notwendigkeit einer Dreiviertel-Mehrheit vor. Die Stadt Köln schloss mit der AVG einen langfristigen Entsorgungsvertrag, wonach sie die AVG als sog. „Dritte" mit der Wahrnehmung der Abfallentsorgungsaufgaben in Bereichen des Recyclings und der thermischen Behandlung beauftragte. Alleiniger Geschäftsführer der AVG wurde der Angeklagte E. Die Stadt Köln regelte die Müllentsorgung weiterhin durch Abfallsatzungen, nach denen die Abfallwirtschaft als öffentliche Einrichtung im Sinne einer rechtlichen, wirtschaftlichen und organisatorischen Einheit betrieben wurde. Eine der zentralen Aufgaben der AVG war in den folgenden Jahren der Bau einer Restmüllverbrennungsanlage in Köln. Bereits vor der Ausschreibung der Aufträge zur Planung und zum Bau der RMVA vereinbarten E und T mit dem Geschäftsführer des späteren Mitwettbewerbers LCS, dass im Falle der Auftragsvergabe an die LCS von dieser ein Schmiergeld in Höhe von insgesamt 3 % des Auftragswerts in gleichen Teilen an E, T und an einen maßgeblich an den Gesprächen mitwirkenden W gezahlt werde. E und T manipulierten daher die Ausschreibung, so dass die LCS nach Kenntnis der anderen Angebote als günstigster Bieter schließlich den Zuschlag erhielt. Strafbarkeit von E und T?

448

I. Der strafrechtliche Amtsträgerbegriff im Wirtschaftsstrafrecht

Bereits im vorletzten Kapitel wurde darauf hingewiesen, dass die Amtsträgereigenschaft i.R.d. §§ 331 ff. StGB eine strafbarkeitsbegründende Wirkung hat. Derartige Strafnormen, die sich nur an Amtsträger richten, werden als **echte** Amtsdelikte bezeichnet. Allerdings kann die Amtsträgereigenschaft auch als nur strafschärfendes Merkmal fungieren, so bspw. bei der Strafvereitelung oder der Körperverletzung im Amt, §§ 258a, 340 StGB (sog. **unechte** Amtsdelikte).

449

> **Hinweis:** Die Abgrenzung zwischen echten und unechten Amtsdelikten wirkt sich also vor allem auf die Teilnehmerstrafbarkeit aus: Während bei den echten Amtsdelikten das Fehlen des Merkmals beim Teilnehmer zur fakultativen Strafmilderung führt, kommt bei unechten Amtsdelikten eine „**Akzessorietätsdurchbrechung**" über § 28 II StGB in Betracht. Im wichtigen Be-

reich der Korruptionsdelikte handelt es sich dabei freilich trotz des Teilnahmecharakters um täterschaftlich ausgestaltete Handlungen des Vorteilsgebers. Eine Milderung nach § 28 I StGB ist hier logischerweise ausgeschlossen.

450 Da die **§§ 331 ff. StGB** neben der Körperverletzung im Amt gem. § 340 StGB statistisch gesehen den Großteil der **Amtskriminalität** ausmachen, liegt die Bedeutung der Amtsträgerdefinition für das Wirtschafts-, insbesondere für das Korruptionsstrafrecht auf der Hand. Zwar können sich auch Nichtamtsträger wegen Bestechlichkeit nach § 299 StGB strafbar machen. Die strukturellen Unterschiede – insbesondere die Tatsache, dass im geschäftlichen Verkehr die bloße „Klimapflege" gerade nicht strafbar ist – sowie der erheblich abweichende **Strafrahmen** machen eine genaue Abgrenzung jedoch unerlässlich. Das deutsche Strafrecht stellt im § 11 I Nr. 2 StGB eine Legaldefinition bereit,[993] deren Lektüre schon einmal zu der Erkenntnis führt, dass die Begrifflichkeiten „Amtsträger" und „Beamter" nicht notwendig bedeutungsgleich sind.

> **Hinweis:** Das war ein Manko vor der Einfügung des Amtsbegriffs ins StGB. Da früher bestimmte Strafvorschriften auf die Eigenschaft als „Beamter" abstellten, der verwaltungsrechtliche Beamtenbegriff allerdings zu eng war, musste ein eigenständiger (strafrechtlicher) Beamtenbegriff konstruiert werden.

451 Man kann sich vorstellen, dass mit „Amtsträgern" i.S.e. Strafgesetzes insbesondere Personen erfasst werden sollen, die wegen ihrer übergeordneten Stellung in einer öffentlich-rechtlichen Institution eine besondere Verantwortung gegenüber der Allgemeinheit haben und bei denen eine Verletzung der ihnen auferlegten Pflichten bzw. ein Missbrauch ihrer hoheitlichen Stellung besonders verwerflich ist. Die konkrete Qualifizierung des Täters als Amtsträger im Einzelfall wird sich aber nicht immer so einfach gestalten wie im oben (Rn. 365 ff.) besprochenen Fall der Drittmittelforschung. Hochschullehrer und Richter, aber auch Minister und selbst Notare treten bereits bei ihrer Aufgabenerfüllung öffentlich-rechtlich auf, so dass selbst Laien diese Personen als „Amtsträger" einstufen würden. Aber damit hat man nur einen Teilausschnitt aus der umfangreichen Palette des § 11 I Nr. 2 StGB erfasst. Wie sieht es mit Personen aus, die nach außen hin als „normale" Angestellte eines privatrechtlichen Unternehmens auftreten, allerdings öffentlich-rechtliche Interessen wahrnehmen? Wegen der immer häufigeren Zusammenarbeit von öffentlicher Hand und Unternehmen sind solche Sachverhalte, in denen die Grenzen zwischen hoheitlichem Entscheidungsträger und einfachem Privatmann fließend sind, keine Seltenheit mehr.

II. Die Legaldefinition des § 11 I Nr. 2 StGB

1. Beamte und Richter

452 § 11 I Nr. 2 lit. a StGB fasst zunächst die „unproblematischen Fälle", nämlich Beamte sowie Richter unter den strafrechtlichen Amtsträgerbegriff:

---

993 Umfassend zum Amtsträgerbegriff MK-StGB/*Radtke* § 11 Rn. 1 ff.

> **Beamter** ist jede natürliche Person, die unter Aushändigung einer Ernennungsurkunde formell zum Beamten ernannt worden ist (Beamter im staatsrechtlichen Sinne).

453

> **Hinweis:** § 11 I Nr. 2 lit. a StGB (also der Buchstabe „a" als Unterfall der Nummer 2) ist von § 11 I Nr. 2a StGB (also einer eingeschobenen Nummer zwischen den Nummern 2 und 3) zu unterscheiden! § 11 I Nr. 2a enthält eine Legaldefinition für sog. Europäische Amtsträger. Diese sind kein Unterfall des „allgemeinen Amtsträgers", sondern eine Legaldefinition für Normen des BT, in denen auf den Europäischen Amtsträger verwiesen wird wie insb. bei den Bestechungsdelikten. Inhaltlich handelt es sich hier nicht um Amtsträger in anderen europäischen Ländern, sondern um Personen, die bestimmte Funktionen bei Europäischen Institutionen wahrnehmen.

Der Beamtenbegriff ist verwaltungsakzessorisch, m.a.W. ist eine verwaltungsrechtlich wirksame Ernennung durch die zuständige Stelle sowie die Wahrung der im BBG, BRRG und den Landesgesetzen statuierten Förmlichkeiten erforderlich.[994] Die Dauer des Beamtenverhältnisses ist unerheblich, auch Beamte „auf Probe" sind erfasst.[995] Ebenso wenig kommt es auf die Art der konkreten Tätigkeit an, solange sie als dienstliche Aufgabe zugewiesen ist. Etwas anderes kann aber gelten, wenn die vorgenommene Handlung vollkommen außerhalb des behördlichen Aufgabenbereichs liegt.[996]

454

Ein beurlaubter Beamter behält grundsätzlich auch für die Zeit der Beurlaubung seine Beamteneigenschaft. Allerdings ist von diesem Grundsatz eine *Ausnahme* zu machen, wenn er während seiner Beurlaubung ein Angestelltenverhältnis bei einem Privatunternehmen eingeht (diese Konstellation betrifft v.a. ehemalige Bundesbeamte, deren Arbeitgeber privatisiert worden ist, wie die Deutsche Bahn AG,[997] Telekom AG oder die Postbank).

455

§ 11 I Nr. 3 StGB nennt den Richter nochmals explizit, obwohl dieser bereits unter den Amtsträgerbegriff nach § 11 I Nr. 2 lit. a (2. Alt.) StGB fallen würde. § 11 I Nr. 3 StGB hat somit im Wesentlichen nur eine klarstellende Funktion. Deklaratorisch wirkt die Vorschrift allein hinsichtlich **ehrenamtlicher** Richter:[998]

456

> **Richter** ist jeder Träger der rechtsprechenden Gewalt i.S.v. Art. 92 ff. GG

457

Erfasst sind nur Richter nach deutschem Recht, wobei es auch hier nicht darauf ankommt, ob das Richteramt auf Lebenszeit, Zeit, auf Probe oder kraft Auftrags ausgeübt wird.

458

---

994 NK/*Saliger* § 11 Rn. 20; SSW/*Satzger* § 11 Rn. 19.
995 Allerdings gilt der Grundsatz, dass beamtenrechtlich statuierte Rückwirkungsfiktionen – bspw. bei einer Rücknahme der Ernennung nach § 9 BRRG, § 14 BBG – im Strafrecht keine Berücksichtigung finden dürfen, arg. §§ 8, 16 StGB.
996 BGHSt 49, 214 (217) m.w.N.
997 BGH StV 2004, 648 ff.
998 *Walther* Jura 2009, 421 (423).

2. Sonst öffentlich-rechtliches Rechtsverhältnis gem. § 11 I Nr. 2 lit. b StGB

459 Weiterhin erfasst § 11 I Nr. 2 lit. b StGB Personen, die in einem Amtsverhältnis stehen und auf dem Gebiet der vollziehenden Gewalt tätig sind, ohne in einem Beamtenverhältnis zu stehen. Man könnte auch von **einem öffentlich-rechtlichen Dienst- und Treueverhältnis** sprechen, das auf die beamtenrechtliche Stellung des Bediensteten verzichtet. Gemeint sind bspw. Notare und Notarassessoren,[999] Minister, Staatssekretäre, Parlaments- und Wehrbeauftragte. Dagegen fallen Parlamentarier aus dem Raster, da sie in der Legislative tätig und wegen der Freiheit ihres Mandats (Art. 38 GG) keiner übergeordneten Institution unterworfen sind.[1000] Gleiches gilt für Rechtsanwälte, da sie trotz ihrer Stellung als „Organ der Rechtspflege" einen freien Beruf ausüben.[1001]

3. Für den öffentlichen Dienst besonders Verpflichtete gem. § 11 I Nr. 4 StGB

460 Relativ unproblematisch ist auch § 11 I Nr. 4 StGB, der dem Umstand Rechnung trägt, dass bei manchen Amtsdelikten nicht nur Amtsträger nach § 11 I Nr. 2 StGB, sondern auch für den öffentlichen Dienst besonders Verpflichtete als taugliche Täter in Betracht kommen (vgl. insbes. §§ 331, 332 und §§ 133 III, 203 II Nr. 2 StGB). Die Vorschrift erfasst Nicht-Amtsträger, die bei einer Behörde oder sonstigen Stelle Aufgaben der öffentlichen Verwaltung wahrnehmen (z.B. als Bote, Schreibkraft, Praktikant etc.) Da eine offizielle Verpflichtung nach dem Verpflichtungsgesetz i.d.F. von Art. 42 EGStGB erfolgen muss, ergeben sich hier regelmäßig keine Abgrenzungsschwierigkeiten.[1002]

4. Sonstige Bestellung zur Wahrnehmung öffentlicher Aufgaben gem. § 11 I Nr. 2 lit. c StGB

461 Besondere Auslegungsschwierigkeiten ergeben sich bei § 11 I Nr. 2 lit. c StGB: Diese Vorschrift erfasst nach ihrem Wortlaut Personen, die sonst dazu bestellt wurden, Aufgaben der öffentlichen Verwaltung *bei* einer Behörde oder sonstigen Stelle oder *in deren Auftrag* **unbeschadet der zur Aufgabenerfüllung gewählten Organisationsform** wahrzunehmen. Es ergibt sich folgendes Schema für die Prüfung einer Amtsträgerstellung:

Prüfungsschema nach § 11 I Nr. 2 lit. C StGB
1. Bei Behörde/sonstiger Stelle oder in deren Auftrag
2. Bestellung
3. Aufgaben der öffentlichen Verwaltung
4. Wahrnehmung

---

999 Dagegen *nicht* die badischen Amts- und württembergischen Bezirksnotare.
1000 *Lackner/Kühl* § 11 Rn. 9a.
1001 SSW/*Satzger* § 11 Rn. 21.
1002 Siehe hierzu *Joecks/Jäger* § 11 Rn. 6.

Die Wendung „unbeschadet der Organisationsform", die 1997 mit dem Korruptionsbekämpfungsgesetz eingefügt wurde, soll klarstellen, dass die Art der **Aufgabe** und nicht die **Organisationsform** maßgeblich ist. Sie legt dem Amtsträgerbegriff somit eine **funktionale Betrachtungsweise** zu Grunde.

Die **Aufgabe muss aus dem Bereich der öffentlichen Verwaltung** stammen. Hierzu zählen alle Dienstverrichtungen, die aus der Staatsgewalt abgeleitet sind und staatlichen Interessen dienen. Neben der klassischen Eingriffsverwaltung ist also auch die Leistungsverwaltung zu nennen, wozu wiederum insbesondere der Bereich der **öffentlichen Daseinsvorsorge** zählt (exemplarisch seien Versorgungs- und Verkehrsunternehmen genannt). Rein erwerbswirtschaftliche Betätigungen des Staates außerhalb der Daseinsvorsorge bzw. Beschaffungsverwaltung stehen damit einer Amtsträgereigenschaft entgegen. Nach Auffassung des BGH bestehe jedoch zwischen der Durchführung des öffentlichen Personennahverkehrs und der Generierung von Einnahmen durch Verkehrsflächenwerbung ein so enger Zusammenhang, dass auch diese als Teil der Wahrnehmung einer öffentlichen Aufgabe anzusehen sei.[1003] Die Tätigkeit kann **bei** oder **im Auftrag** einer Behörde oder sonstigen Stelle vorgenommen werden. 462

> Unter einer **Behörde** ist ein ständiges, personenunabhängiges Organ der Staatsgewalt zu verstehen, das unter öffentlicher Autorität zur Erreichung von Staatszwecken tätig ist. 463

Auch Gerichte können Behörden sein, soweit sie mit materiellen Verwaltungsaufgaben betreut sind, vgl. § 11 I Nr. 7 StGB. 464

> **Sonstige Stellen** sind Institutionen, die keine Behörden darstellen, aber rechtlich befugt sind, bei der Ausführung von Gesetzen mitzuwirken. 465

Als sonstige Stellen kommen Körperschaften und Anstalten des öffentlichen Rechts (z.B. öffentliche Sparkassen, Staats- und Kommunalbanken), aber eben auch staatlich gesteuerte, jedoch **privatrechtlich organisierte Unternehmen** in Betracht. Durch diese gesetzgeberische Ausgestaltung *könnte fast jede privatrechtliche Tätigkeit mit öffentlich-rechtlichem Hintergrund zu einer Amtsträgereigenschaft führen*, etwa die freiberufliche Tätigkeit als Bau- und Planungsingenieur für ein öffentlich-rechtliches Gebäude.[1004] Um einen allzu weitreichenden Amtsträgerbegriff (und somit eine Strafschärfung bei Personen, die letztlich keine hoheitliche Position innehaben) zu vermeiden, wird daher *häufig eine* **restriktive Interpretation** *der Vorschrift angemahnt*.[1005] 466

1003 BGH wistra 2019, 22 m. Anm. *Hecker* JuS 2019, 75.
1004 Nach BGHSt 43, 96 (105) ist dies möglich, wenn eine über den Einzelauftrag hinausgehende längerfristige Tätigkeit oder Eingliederung in die Behördenstruktur vorliegt, wobei im Einzelnen unklar bleibt, durch *was* genau und *ab wann* eine Amtsträgereigenschaft begründet wird.
1005 LK/*Hilgendorf* § 11 Rn. 33, vgl. auch BGHSt 43, 96.

467 Das Problem ließe sich dadurch entschärfen, dass man den Begriff der „Bestellung" i.S.d. § 11 I Nr. 2 lit. c StGB besonders strikt interpretiert und stets einen **formellen und offiziellen Bestellungsakt öffentlich-rechtlicher** Natur für notwendig erachtet. Durch diesen Akt würde die hoheitliche Stellung des Beauftragten nochmals hervorgehoben bzw. „objektiv manifestiert". Solch eine grundlegende Einschränkung hat sich jedoch zumindest bis dato nicht in der Praxis durchsetzen können, weil die einzelnen Anforderungen an Art und Umfang des Bestellungsaktes äußerst umstritten sind.[1006] Die Rechtsprechung lässt vielmehr etwa auch den Abschluss eines privatrechtlichen Vertrages für eine **konkludente** Bestellung genügen, wenn der Privatmann als Repräsentant der öffentlichen Interessen erkennbar[1007] und **längerfristig** in die Behördenstruktur eingebunden ist.[1008] Im Übrigen setzt sie auf eine umfassende Einzelfallbetrachtung. Hierbei haben sich im Laufe der Zeit einige maßgebliche Kriterien für die Annahme des § 11 I Nr. 2 lit. c StGB sowie für den geforderten Bestellungsakt herauskristallisiert. Dass eine solche Einzelfallbetrachtung stets die Gefahr erheblicher Rechtsunsicherheit und Inkonsistenz in sich birgt, soll im Folgenden anhand der Darstellung einzelner Leitentscheidungen des BGH nachgezeichnet und näher illustriert werden.

III. Das „Sorgenkind" § 11 I Nr. 2 lit. c StGB und seine Auslegung in der Rechtsprechung – Ein kurzer Rückblick anhand ausgewählter Entscheidungen

468 Wie bereits dargelegt, ergibt sich das Auslegungsproblem aufgrund der fortschreitenden (sog. organisatorischen) Privatisierung von Unternehmen der öffentlichen Hand, die in Form einer AG oder GmbH öffentlichen Aufgaben nachkommen. Das Problem kann sich also nur dort stellen, wo es sich bei den vorgenommenen Tätigkeiten letztlich (s.o.) um öffentliche Aufgaben handelt.[1009] Dass die Durchführung dieser Handlungen durch Private erfolgt, ändert zunächst nichts an dem Umstand, dass die Aufgabenerfüllung bzw. das **„Ob"** der öffentlichen Daseinsvorsorge in der öffentlichen Hand liegt bzw. die privaten Organisationsformen nur als **„verlängerter Arm"** des Staates fungieren. Dies muss allerdings nicht immer der Fall sein, insbesondere kann die Zusammenarbeit auch so ausgestaltet sein, dass die Unternehmen weitgehend souverän sind.

1006 Zum Ganzen *Fischer* § 11 Rn. 20 ff.
1007 BGH NStZ 2008, 87.
1008 BGHSt 43, 96; krit. *Lackner/Kühl* § 11 Rn. 6, da auch nur einmalig Tätige vom § 11 StGB erfasst sein müssen.
1009 Bei rein fiskalisch-erwerbswirtschaftlichen Tätigkeiten scheidet eine Amtsträgereigenschaft somit von vornherein aus, so auch *Knauer/Kaspar* GA 2005, 385 (390).

1. Vor dem Korruptionsbekämpfungsgesetz: Maßgeblichkeit der Vertriebsform

In einem Urteil des BGH aus dem Jahre 1992 finden diese Aspekte (noch) keine Berücksichtigung, wenn der Senat wegen der damals noch nicht gesetzlich angeordneten funktionalen Betrachtungsweise im § 11 I Nr. 2 lit. c StGB vorrangig auf die **Vertriebsform** abstellt:[1010]

469

> **BGHSt 38, 199:** G ist Geschäftsführer einer landeseigenen auf dem Gebiet des sozialen Wohnungsbaus geführten GmbH. Das Land Berlin hält das gesamte Stammkapital der Gesellschaft. Der Dienstvertrag des A ist privatrechtlich ausgestaltet und nimmt an verschiedenen Stellen auf Regelungen des BAT (Bundes-Angestellten-Tarifvertrag) Bezug.

Der BGH stellt in diesem Zusammenhang fest, dass der soziale Wohnungsbau zwar Aufgabe der Leistungsverwaltung (§ 1 II 1 WoBauG) sei, aber die Vertriebsform als GmbH regelmäßig gegen die Annahme einer Amtsträgereigenschaft des G gem. § 11 I Nr. 2 lit. c StGB spreche. Die GmbH sei keine „sonstige Stelle", weil die Gesellschaft aus Sicht des Bürgers nicht als „Behörde" wahrgenommen werde. Eine Ausnahme sei nur denkbar, wenn die Gesellschaft aus der Sicht des Bürgers einer Verwaltungsbehörde so nahe stehen würde, dass sie als sonstige Behörde aufgefasst werden könne. Dies sei nur dann anzunehmen, wenn die GmbH eine Monopolstellung hätte oder ein öffentlich-rechtlicher Anschluss- bzw. Benutzungszwang statuiert worden wäre. Solch eine Pauschalisierung bzw. alleinige Bezugnahme auf die Vertriebsform ist spätestens seit der Einfügung der Worte „unbeschadet der Organisationsform" mit dem Korruptionsbekämpfungsgesetz von 1997 nicht mehr vertretbar.

470

2. „Unbeschadet der Organisationsform" – Die Entwicklung der Gesamtbewertungslehre

Der BGH hatte bereits Ende 1997 – also kurz nach Änderung des § 11 I Nr. 2 lit. c StGB – die Chance erlangt, sich von seinem ursprünglichen Konzept zu distanzieren und nutzte diese für die Entwicklung der sog. **„Gesamtbewertungslehre"**:

471

> **BGHSt 43, 370:** A arbeitet bei der von der Bundesrepublik gegründeten Gesellschaft für Technische Zusammenarbeit GmbH (GTZ). Die Bundesrepublik, die sämtliche Geschäftsanteile hält, gründete sie zur Unterstützung ihrer entwicklungspolitischen Ziele. Dafür muss die GTZ nach § 2 des Gesellschaftsvertrages im Auftrag der Bundesregierung Maßnahmen im Bereich der staatlich-technischen Entwicklungszusammenarbeit durchführen.

Der BGH hat trotz der privatrechtlichen Ausgestaltung der GTZ eine Amtsträgereigenschaft von zwei Angestellten der Gesellschaft bejaht und zugleich Leitlinien zur Bestimmung entwickelt, ob ein privatrechtliches Unternehmen eine „sonstige Stelle" i.S.v. § 11 I Nr. 2 lit. c StGB ist. Eine sonstige Stelle liegt danach vor, wenn

472

1010 Zur Entwicklung des Begriffs des Amtsträgers vgl. auch *Heinrich*, wistra 2016, 471.

- **Aufgaben der öffentlichen Verwaltung** wahrgenommen werden
- und das privatrechtlich organisierte Rechtssubjekt nach einer **Gesamtbewertung** mit einer Behörde gleichzusetzen ist (es also einer staatlichen Steuerung unterliegt bzw. als „verlängerter Arm" des Staates anzusehen ist); als mögliche Kriterien, die **nicht notwendig kumulativ** vorliegen müssen, nennt der BGH:
  - ☐ haushaltsrechtliche Kontroll- und Prüfungsrechte der Verwaltung,
  - ☐ gesetzlicher Anschluss- und Benutzungszwang,
  - ☐ die nicht ausschließliche Ausrichtung auf Gewinnerzielung bzw. auf Wettbewerb mit Privaten,
  - ☐ eine monopolartige Stellung, die den Bürger abhängig von der Gesellschaft macht, ähnlich wie von einer Behörde,
  - ☐ gesetzliche Regelungen, die rein private Unternehmen nicht binden,
  - ☐ speziell bei Aktiengesellschaften der Abschluss eines sog. **Beherrschungsvertrags** gem. § 291 AktG.[1011]

473 Die nachfolgenden Entscheidungen orientieren sich weitgehend an diesen Leitlinien:

BGHSt 45, 16: A ist Angestellter der früheren Frankfurter Flughafen AG (nunmehr fraport) und Sachbearbeiter in der Abteilung Kommunikations- und Informationstechnik. Die FAG, deren Aktien im Tatzeitraum zu 45,2 % vom Land Hessen und im Übrigen zu jeweils mehr als 25 % von der Bundesrepublik und der Stadt Frankfurt gehalten wurden, betreibt den Verkehrsflughafen Frankfurt am Main.

474 Trotz des Anschluss- und Benutzungszwangs sowie haushaltsrechtlicher Kontrollrechte ist die FAG, so der BGH nach einer umfassenden Gesamtbewertung, keine „sonstige Stelle", da es sich um ein gewinnorientiertes Unternehmen handelt und die Beleihung einzelner Angestellter mit Aufgaben der öffentlichen Verwaltung nicht auf das gesamte Unternehmen durchschlägt. Da das Luftverkehrsgesetz auch für private Flughafenbetreiber gelte, handele es sich um „normale" Verwaltungsnormen, die nicht eine staatliche Kontrolle eines bestimmten Unternehmens bezweckten. Angestellte der FAG seien somit keine Amtsträger. Ähnliche Überlegungen gelten nach BGHSt 49, 214 für die Deutsche Bahn AG als Gesamtkonzern.[1012]

475 Zum gleichen Ergebnis kommt der BGH bei Geschäftsführern einer Blutspendedienst GmbH, die voll und ganz in den Händen des Bayr. Rotes Kreuz liegt:

BGHSt 46, 310: G ist Geschäftsführer der Blutspendedienst GmbH, deren einziger Gesellschafter das Bayr. Rote Kreuz ist. Dem BRK wurde mit Landesgesetz der Status einer öffentlich-rechtlichen Körperschaft verliehen. Aufgrund seiner Tradition und seines humanitären Engagements sollte durch diesen Akt das BRK aus der Vielzahl privatrechtlicher Vereinigungen hervorgehoben werden.

476 Handel mit Spenderblut ist auch durch Private erbringbar, so dass es an der hoheitlichen/monopolartigen Stellung der Blutspendedienst GmbH fehlt (wobei es bereits fraglich erscheint, ob in der verwirklichten Tätigkeit eine öffentliche Aufgabe gesehen

---

1011 Vgl. BGH StV 2004, 648, 650.
1012 Siehe auch BGHSt 52, 290; BGH StV 2009, 71 m. abl. Besprechung *Zieschang* (Fortführung von BGHSt 49, 214).

werden kann bzw. muss). Für § 11 I Nr. 2 lit. c StGB müsse die Tätigkeit inhaltlich Elemente aufweisen, die sie mit behördlichen Aufgaben vergleichbar macht (es müsste sich um Aufgaben handeln, die „typischerweise dem Staat vorbehalten sind"), was auf Blutspenden kaum zutrifft.

Überdies greift der Senat auf, dass das Bayr. Rote Kreuz seinerseits nicht ausreichend in die Staatsverwaltung integriert sei, so dass seine formale Stellung als Körperschaft des öffentlichen Rechts sowie als Alleingesellschafter der Blutspendedienst GmbH die Annahme einer „sonstigen Stelle" nicht legitimieren könne. Insbesondere hätte die formale Repräsentationsfunktion bzw. Anerkennung als öffentliches Institut – insbesondere wenn sie wie hier aus rein „immateriellen" Motiven erfolgt – noch keine ausreichende Indizwirkung. Im Ergebnis führt die Gesamtbewertung somit zu einer Ablehnung der Amtsträgerstellung des G. 477

In der Folgezeit hat der BGH dagegen bei Redakteuren einer Rundfunkanstalt eine Amtsträgereigenschaft bejaht: 478

> **BGHSt 54, 39**[1013]**:** E ist Redakteur und Leiter der Sportredaktion des Hessischen Rundfunks, einer Anstalt des öffentlichen Rechts. Er entscheidet über die Auswahl der Sportveranstaltungen, über die in den verschiedenen Fernseh- und Hörfunkprogrammen berichtet wird, und über den näheren Inhalt der Sportsendungen.

Der BGH betont, dass die öffentlich-rechtliche Organisationsform der betreffenden Stelle (Hessischer Rundfunk) allein nicht ausschlaggebend sein kann, aber eine **erhebliche indizielle Bedeutung** für das Vorliegen des Tatbestandsmerkmals „sonstige Stelle" habe. Hervorzuheben ist, dass nach der Auffassung des Senats auch eine weitgehende Souveränität des öffentlich-rechtlichen Instituts vom Staat (wie dies die Pressefreiheit gem. Art. 5 I GG und das Demokratieprinzip auch für öffentlich-rechtliche Sender voraussetzen) nichts daran ändere, dass es sich um Amtsträger handelt. Die Unabhängigkeit der Medienberichterstattung stehe also einer Amtsträgereigenschaft nicht entgegen, m.a.W. sei staatliche Kontrolle (man denke an die Metapher der sonstigen Stelle „als verlängerter Arm des Staates") bei öffentlich-rechtlichen Institutionen nicht notwendig, um § 11 I Nr. 2 lit. c StGB zu bejahen. 479

3. Gesamtbewertungslehre vs. Art. 103 II GG

Schon die wenigen geschilderten Sachverhalte zeigen, dass die Gesamtbewertungslehre zu einer kaum prognostizierbaren Einzelfallrechtsprechung führt, die nicht auf einen gemeinsamen Nenner gebracht werden kann. Um das noch weiter zu verdeutlichen: 480

> **BGH NJW 2001, 3062:** P ist Prokurist der Treuhand-Liegenschaftsgesellschaft mbH, deren alleiniger Gesellschafter die Bundesrepublik ist. Nach § 2 Abs. 2 des Gesellschaftsvertrages vom 19. Dezember 1994 hatte die TLG unter anderem „die auf das Bundesministerium der Finanzen übertragenen liegenschaftsbezogenen Aufgaben der Treuhandanstalt zu erfüllen und hierbei in den neuen Ländern Liegenschaften nach dem Prinzip der sozialen Marktwirtschaft zu privatisieren, zu verwalten, zu entwickeln und zu verwerten."

1013 BGH NJW 2009, 3248 (Fall Emig).

481 Wegen der monopolartigen Stellung sowie der erheblichen Einflussnahme des Bundes bzw. Finanzministeriums durch aufgestellte Verkaufsrichtlinien ist die Liegenschaftsgesellschaft nach Auffassung des BGH als sonstige Stelle i.S.d. § 11 I Nr. 2 lit. c StGB einzustufen. Zu der Frage, wie es sich verhält, dass der Angeklagte „nur" Prokurist dieser Gesellschaft war und somit keine leitende Position in der Liegenschaftsgesellschaft innehatte, enthält das Urteil keine Feststellungen. Dieses Problem ergibt sich bei Geschäftsführern einer privaten Fernwärme GmbH nicht:

> **BGH NJW 2004, 693:** G ist Geschäftsführer der Fernwärme Gotha GmbH, deren alleiniger Gesellschafter die Stadt Gotha ist. Aufgabe der GmbH ist nach dem Gesellschaftsvertrag die Erzeugung von Fernwärme und die Energieversorgung der Stadt. Im Gesellschaftsvertrag waren zahlreiche Zustimmungserfordernisse des Aufsichtsrates normiert, u.a. auch für die Änderung der allgemeinen Versorgungsbedingungen, die ihrerseits einer AVB Fernwärmeverordnung unterliegen. Zudem ist die GmbH auf dem Gebiet des Heizungsbaus tätig.

482 Der BGH bejahte die Amtsträgereigenschaft nach § 11 I Nr. 2 lit. c StGB mit der Begründung, dass die Versorgung mit Fernwärme eine Aufgabe der öffentlichen Daseinsvorsorge und somit eine öffentliche Aufgabe ist. Die GmbH sei eine „sonstige Stelle", da weitgehende, staatliche Eingriffsbefugnisse existierten, die im Gesellschaftsvertrag festgelegt seien (insbesondere die Befugnisse des Aufsichtsrates): Zudem spreche für eine sonstige Stelle der in der Fernwärmesatzung der Stadt festgelegte Anschluss- und Benutzungszwang. Im Unterschied zum Frankfurter Flughafenfall richte sich dieser an die Öffentlichkeit und nicht an das Unternehmen.

483 Dies macht deutlich, dass bereits kleinere Unterschiede, die als mehr oder weniger bedeutsam interpretiert werden können, maßgeblich die Abwägung bzw. Gesamtbewertung beeinflussen. Für den Rechtsadressaten ist es indessen schwierig zu beurteilen, welche Indizien der Richter bzw. die Staatsanwaltschaft als ermittelnde Behörde als besonders gewichtig empfindet. Dies war und ist vor allem auf den Umstand zurückzuführen, dass der BGH in seiner Grundsatzentscheidung (siehe oben) einzelne Kriterien genannt, aber nicht geklärt hat, wie jene Gesamtbewertungsaspekte zueinander stehen. Jedem Richter bzw. Senat bleibt selbst überlassen, wie er das Für und Wider des Vorliegens einer „sonstige Stelle" wertet. Das Ergebnis der Gesamtbewertung ist somit **kaum vorhersehbar**, weswegen bereits kurz nach der Etablierung des Gesamtbewertungsmodells erste Kritik laut wurde: Die Einzelfallbetrachtung führe in der Praxis zu einer erheblichen **Rechtsunsicherheit**, die mit dem Grundsatz nulla poena sine lege certa (Art. 103 II GG, **Bestimmtheitsgrundsatz**) nicht zu vereinbaren sei. Insbesondere bleibt – wie die beiden zuletzt dargestellten Beispiele demonstrieren – auch unklar, ob die bisherige Rechtsprechung nur für leitende Angestellte bzw. Geschäftsführer oder für alle Angestellten eines privatrechtlich organisierten Unternehmens der öffentlichen Hand gilt.[1014]

1014 Auch im Fall Emig offen gelassen, siehe BGH NJW 2009, 3248 ff.

4. „Bestellung" und Wahrnehmung als (zusätzliche) Korrektive?

Allen Urteilen ist gemeinsam, dass sich ihre „Begründung" im Wesentlichen auf das Merkmal der **„sonstigen Stelle"** fokussiert, während Ausführungen zum **Bestellungsakt** (der als wichtiges Restriktionsmerkmal fungieren kann, s.o.) nur selten erfolgen. Soweit öffentliche Aufgaben erfüllt werden, werden sich im Einzelfall stets Aspekte (v.a. im Gesellschaftsvertrag) finden, die für eine Kontrolle durch die öffentliche Hand sprechen. Die Gesamtbewertung mit dem Ergebnis, dass das Privatunternehmen dennoch als „sonstige Stelle" einzustufen ist, sagt aber noch nichts darüber aus, ob der konkret betroffene Angestellte öffentliche Aufgaben tätigt bzw. sich der Wahrnehmung öffentlicher Aufgaben bewusst ist. Nur wenn der Angestellte weiß bzw. wissen musste, dass er öffentliche Interessen repräsentiert, ist eine Behandlung als Amtsträger und somit eine etwaige Strafbarkeitsbegründung bzw. Strafrahmenverschiebung gerechtfertigt. Gerade auch deswegen verlangt § 11 I Nr. 2 lit. c StGB für beide Alternativen, dass der Betroffene „bestellt", also auf seine Tätigkeit in einer sonstigen Stelle aufmerksam gemacht wurde. Der Bestellungsakt hat insofern auch eine **Warnfunktion**.

484

> **Hinweis:** Die Formulierungsweise „der Angestellte weiß bzw. wissen musste" soll also nicht dahingehend missverstanden werden, als dass der Angestellte vorsätzlich bzw. fahrlässig bezüglich der Bestellung handeln müsste; schließlich handelt es sich bei § 11 StGB um eine tatbestandsunabhängige Legaldefinition. Gemeint ist vielmehr, dass der Telos des Bestellungsaktes dies wohl voraussetzt.

Dennoch hat sich der BGH nur in seiner GTZ-Leitentscheidung explizit mit dem Merkmal der Bestellung auseinandergesetzt: Demnach sei bei „sonstigen Stellen" das Merkmal erfüllt, wenn der Betroffene in **nicht ganz untergeordneter Funktion** beschäftigt sei. Erfolge die Aufgabenwahrnehmung eigenverantwortlich, sei kein unmittelbar auf die Person bezogener Bestellungsakt erforderlich, da der Betroffene wisse, dass er öffentliche Aufgaben wahrnehme. Dabei muss bereits die Vermengung der Frage eines Bestellungsakts mit derjenigen der **Wahrnehmung** einer öffentlichen Aufgabe für sich kritisch gesehen werden. Denn auch dieses Merkmal wird eher extensiv ausgelegt denn als einschränkendes Kriterium herangezogen. Ausreichend ist, dass die Person allein oder zusammen mit anderen das Ergebnis der Aufgabenerfüllung mitbestimmen oder zumindest beeinflussen kann. Der BGH legt diesbezüglich eine faktische Betrachtung dahingehend fest, dass der Entscheidungsträger nicht nach außen auftreten muss, sondern es für eine Amtsträgerstellung ausreicht, dass er nur tatsächlich die für die Amtstätigkeit maßgeblichen Entscheidungen trifft.[1015] Verzichtet man einerseits auf einen konkreten Bestellungsakt und lässt andererseits ein Handeln im „Innenverhältnis" genügen, erscheint es zumindest nicht selbstverständlich, dass jeder Angestellte „in nicht ganz untergeordneter Funktion" bereits um seine besondere Funktion weiß.

485

Auch im Übrigen erscheint es bedenklich, auf einen ausdrücklichen Bestellungsakt zu verzichten: Ein Verzicht erscheint weder mit dem Wortlaut des § 11 Nr. 2 lit. c StGB, noch mit der Systematik des § 11 StGB vereinbar. Wäre jeder Angestellte einer „sonsti-

485a

1015 BGHSt 61, 135 = wistra 2016, 187.

gen Stelle" schon Amtsträger nach § 11 I Nr. 2 lit. c StGB, bliebe niemand übrig, der „sonst" nach **§ 11 I Nr. 4 StGB** noch besonders verpflichtet werden könnte bzw. müsste. Hinzu kommt, dass eine etwaige Amtsträgereigenschaft auf Grund des Anstellungsvertrages für den Betroffenen nicht hinreichend erkennbar ist, zumal die zahlreichen Fallbeispiele deutlich gemacht haben, dass die Abgrenzung zwischen öffentlicher Aufgabe und rein privatrechtlichem Handeln nicht immer ganz eindeutig sein wird (vgl. nur das Beispiel des BRK, das trotz seines formellen Status als öffentlich-rechtliche Körperschaft keine öffentlichen Aufgaben wahrnimmt). Zudem gibt es zahlreiche „Mischunternehmen", in denen dem Angestellten klargemacht werden muss, ob er sich jetzt in einer Abteilung befindet, in der öffentlich-rechtliche Aufgaben wahrgenommen werden.

> **Zur Vertiefung:** An dieser Stelle tut sich im Übrigen die Frage auf, ob nicht derartige Überschneidungen von rein privaten Tätigkeiten und öffentlichen Aufgaben zu einer „handlungsakzessorischen" Amtsträgereigenschaft führen, m.a.W. § 11 I Nr. 2 lit. c StGB nur bei der Erfüllung bestimmter Tätigkeiten bejaht werden kann.

486 Daher erscheint es vorzugswürdig, im Interesse der Rechtssicherheit von einer rein funktionalen Betrachtungsweise Abstand zu nehmen und in der konkreten Einzelfallprüfung dem Merkmal des Bestellungsakts eine genauso hohe Bedeutung beizumessen, wie der (davon strikt zu trennenden) Gesamtbewertung. Hierbei können die in der Rechtsprechung konstruierten Restriktionsbemühungen (wie die Notwendigkeit einer Eingliederung in die Behördenstruktur bzw. eine längerfristige Tätigkeit) nicht genügen. Vielmehr sollte dem Rechtsadressaten seine Position als Amtsträger durch eine unmittelbar auf die Person bezogene Bestellung – also in Form eines objektiv gesonderten Akts – deutlich gemacht werden.[1016]

> **Hinweis:** Bis dato ebenfalls kaum ausreichend vom BGH erörtert ist das Merkmal **der öffentlichen Aufgabe**. Denn eine Gesamtbewertung müsste gar nicht vorgenommen werden, wenn das Unternehmen schon gar keine öffentliche Aufgabe wahrnimmt. Gerade bei dieser „Vorfrage" existieren bis heute noch Streitpunkte, die der BGH klären müsste; als Beispiel sei nur die Frage genannt, ob auch erwerbswirtschaftliche bzw. ausschließlich fiskalische Tätigkeiten unter den Begriff der öffentlichen Aufgabe subsumiert werden können.[1017]

IV. Das Sonderproblem der Kooperation von Privaten und öffentlicher Hand und die Lösung des BGH im Kölner Müllverbrennungsskandal, BGHSt 50, 299 ff.

487 In den bisher geschilderten Fallkonstellationen ging es ausschließlich um öffentliche Einrichtungen oder um private Unternehmen, die **vollumfänglich** in der Hand von öffentlichen Institutionen (Gemeinden, Bund und Länder) lagen. Im eingangs geschilderten Sachverhalt liegt der Fall aber anders. Bei der AVG handelt es sich um ein

---

1016 Was bei gemischten Organisationsformen (vgl. im Folgenden) erst Recht gelten dürfte, vgl. *Bauer* HRRS 2011, 410 (424) zur PPP.
1017 Zum Ganzen *Lackner/Kühl* § 11 Rn. 9a; SSW/*Satzger* § 11 Rn. 20.

gemischtwirtschaftliches Unternehmen, das sich **teils** in öffentlicher Hand (Stadt Köln sowie der Stadtwerke Köln, die zwar privatisiert, aber ihrerseits von der Gemeinde Köln kontrolliert werden) und **teils** in privater Hand (T-Entsorgungs-GmbH) befindet. Solch eine Kooperation zwischen Privaten und öffentlicher Hand zur effektiveren Verwirklichung eines gemeinsamen Ziels ist bekannt unter dem Sammelbegriff der **Public Private Partnership**.[1018] Eine „PPP"-Kooperation muss nicht immer in der Form einer gemeinsam gegründeten GmbH erfolgen;[1019] ist sie dies allerdings wie hier, verschärft sich das Problem rund um den Amtsträgerbegriff bzw. die sonstige Stelle nach § 11 I Nr. 2 lit. c StGB: Schließlich ist in diesen Fällen – in Anlehnung an die aus dem Verwaltungsrecht bekannte Zwei-Stufen-Lehre – nicht nur das „**Wie**" der Aufgabenwahrnehmung betroffen (Organisationsprivatisierung), vielmehr liegt bereits das „**Ob**" zumindest partiell in den Händen Privater (Aufgabenprivatisierung). Da schon die Alleininhaberschaft der öffentlichen Hand bei Unternehmen auf dem Gebiet der Daseinsvorsorge kein hinreichendes Kriterium zur Annahme behördenähnlicher staatlicher Steuerung ist, muss dies erst recht gelten, wenn Private an einem Unternehmen beteiligt sind, das sich lediglich im **Mehrheitsbesitz** der öffentlichen Hand befindet.

Der BGH bezieht bei der Lösung des eingangs geschilderten Falles diese Überlegungen in sein „Gesamtbewertungsmodell" ein und stellt darauf ab, ob der private Kooperationspartner bei wesentlichen Entscheidungen mitbestimmen kann, indem ihm durch die Einräumung einer „**Sperrminorität**" eine entscheidende Einflussmöglichkeit auf wesentliche Unternehmensentscheidungen ermöglicht wird. 488

> **Aus BGHSt 50, 299:** „... Unabhängig von der Frage, ob jede Beteiligung von Privaten an öffentlich beherrschten Unternehmen schon die Anwendung von § 11 Abs. 1 Nr. 2 Buchst. c StGB hindert, liegt die Gleichstellung eines Unternehmens mit einer Behörde jedenfalls dann fern, wenn der Private durch seine Beteiligung über derart weitgehende Einflussmöglichkeiten verfügt, dass er wesentliche unternehmerische Entscheidungen mitbestimmen kann... Räumt der Gesellschaftsvertrag dem Privaten aufgrund der Höhe seiner Beteiligung eine Sperrminorität für wesentliche unternehmerische Entscheidungen ein, kann das Unternehmen nicht mehr als „verlängerter Arm" des Staates und sein Handeln damit nicht mehr als unmittelbar staatliches Handeln verstanden werden ... Nach diesen Kriterien ist die AVG nicht als „sonstige Stelle" im Sinne von § 11 Abs. 1 Nr. 2 Buchst. c StGB anzusehen: Die Gesellschafterin T besaß aufgrund ihrer Beteiligung in Höhe von 25,1 % eine Sperrminorität für wesentliche unternehmerische Entscheidungen der AVG: Der Gesellschaftsvertrag der AVG sah vor, dass wesentliche Angelegenheiten der Gesellschaft nur mit Dreiviertel-Mehrheit beschlossen werden können. Dazu zählten neben der Veräußerung eines Gesellschaftsanteils, der Änderung des Gesellschaftsvertrages und der Abberufung des Geschäftsführers insbesondere die Investitions- und Darlehensaufnahme, der Abschluss und die Kündigung von Unternehmensverträgen, die Bestellung eines Abschlussprüfers und die Feststellung des Wirtschaftsplans ..."

Nach Auffassung des BGH ist im konkreten Fall daher eine Amtsträgereigenschaft ausgeschlossen, so dass nur die Bestechlichkeit im geschäftlichen Verkehr gem. § 299 489

1018 Auch wenn der BGH diese Begrifflichkeit in seiner Leitentscheidung BGHSt 50, 299 nicht benutzt.
1019 Zu den verschiedenen Modellen der PPP ausführlich *Dreher* NZ 2002, 245 ff. (zu öffentlich-rechtlichen PPP) und *Bernsmann* StV 2005, 685 ff. (zu gemischtwirtschaftlichen PPP); zusf. *Bauer* HRRS 2011, 410 ff. Monographisch *Noltensmeier*, Public Private Partnership und Korruption, 2008.

StGB bzw. die Untreue nach § 266 StGB greifen kann.[1020] Die (schein)restriktive Lösung des Senats ist im Ergebnis nicht zu beanstanden.[1021] Insbesondere darf die potentielle Möglichkeit der Flucht in das Privatrecht (und somit einer „Flucht" vor strafrechtlicher Amtshaftung) durch PPP nicht als Argument für eine Amtsträgereigenschaft fungieren.[1022]

490 Da sich der Senat allerdings allzu sehr auf das tragende Argument der „Sperrminorität" fokussiert, fehlen erneut „greifbare" Aspekte für eine Gesamtbewertung; im Gegenteil wird durch die Statuierung dieses Prinzips der Eindruck erweckt, dies sei der alleinige Grund für eine Verneinung der sonstigen Stelle gewesen, obwohl man wegen der vorrangig fiskalischen Interessen des Staates bereits eine öffentlich-rechtliche Aufgabenerfüllung anzweifeln könnte.[1023] Eine nicht vorhandene Sperrminorität würde die Gerichte aber im Einzelfall nicht von der Prüfung entbinden, ob öffentliche Aufgaben verfolgt werden und eine konkrete Bestellung der Angestellten erfolgt ist.

491 Solch ein Modell führt im Ergebnis dazu, dass Kooperationsgesellschaften zwischen Staat und Privaten grundsätzlich dem § 11 I Nr. 2 lit. c StGB unterfallen, was die befürchtete Ausdehnung des Amtsträgerbegriffs nur forciert. Daher müssen Wissenschaft und Rechtsprechung darum bemüht sein, konkretere Gesichts- bzw. Oberpunkte (und nicht einzelne Regelungen aus dem Gesellschaftsvertrag) herauszufiltern, um die Anwendung des § 11 I Nr. 2 lit. c StGB vorhersehbarer zu machen. Zu diesen zählen insbesondere die Begrifflichkeiten der **öffentlichen Aufgabe** sowie des **konkreten Bestellungsakts**. Zwar geht der BGH (zu Recht) davon aus, dass die Müllentsorgung zur öffentlichen Daseinsvorsorge zählt; allerdings geht aus seinen Ausführungen nicht eindeutig hervor, wie die Öffnung dieser Gebiete auch für Private zu bewerten ist. Vor allem bei Mischunternehmen bleibt die Frage offen, wie die Grenzziehung zwischen Wahrnehmung öffentlicher Aufgaben und der Verfolgung rein erwerbswirtschaftlicher Zwecke zu erfolgen hat.[1024] Ist es bereits bei „rein" öffentlichen Institutionen strittig, wie fiskalische Tätigkeiten zu bewerten sind, liegt es auf der Hand, dass bei Mischunternehmen konkretere Ausführungen nötig gewesen wären. Denkbar wäre bspw. eine **gesellschaftsrechtsorientierte Betrachtungsweise**, die zwischen aktiver/passiver bzw. typischer/atypischer Beteiligung differenziert und anhand formeller sowie materieller Kriterien überprüft, ob es sich lediglich um eine „formelle Privatisierung" handelt.[1025] Entscheidende Indizwirkung kann hierbei der Gesellschaftsform (GmbH oder AG) sowie der Satzung der Gesellschaft zukommen,[1026] da der Grad an Einflussmög-

---

1020 Die spezifischen Probleme zu den §§ 266, 299 StGB betreffen nicht den Amtsträgerbegriff und werden an dieser Stelle daher ausgeblendet.
1021 Zustimmend *Noltensmeier* BGH StV 2006, 126 ff.; vgl. auch *Saliger* NJW 2006, 3377 ff.; *ders.* FS-Puppe, 2011, S. 933 ff.; *Radtke* NStZ 2007, 57 ff.
1022 *Noltensmeier* StV 2006, 132 (135); krit. dagegen *Radtke* NStZ 2007, 57 (62), der allerdings die Gesamtbewertungslehre insgesamt ablehnt und ausschließlich darauf abstellen will, ob die sonstige Stelle (noch) öffentliche Aufgaben wahrnimmt.
1023 *Noltensmeier* StV 2006, 132 (134).
1024 So auch *Saliger* NJW 2006, 3377 (3379).
1025 *Noltensmeier*, PPP, S. 204 ff.
1026 *Noltensmeier*, PPP, S. 213 ff.; grundsätzlich zust. *Bauer* HRRS 2011, 410 (423).

lichkeiten und die Körperschaftsstruktur maßgeblich hiervon abhängen. Dem Urteil zum Kölner Müllverbrennungsskandal fehlen dagegen diesbezügliche Hinweise.

V. Korruptionsstrafrecht und ausländische Amtsträger sowie internationale Bedienstete, § 335a StGB

Streng genommen keine allgemeine Frage des Amtsträgerbegriffs, sondern speziell der Korruptionsdelikte ist die Ausweitung ihres Anwendungsbereichs auf ausländische und internationale Bedienstete durch § 335a StGB im Jahre 2015.[1027] Da indes im Wirtschaftsstrafrecht die Amtsträger am im Zusammenhang mit den Korruptionsdelikten „interessieren", soll § 335a StGB hier in diesem Zusammenhang vorgestellt werden.

491a

Ursprünglich war der tatbestandliche Anwendungsbereich der Korruptionsdelikte – was von der Anwendbarkeit deutschen Strafrechts nach den §§ 3 ff. StGB zu unterscheiden ist – auf deutsche Amtsträger als Nehmer beschränkt. Grund dafür war schlicht, dass deutsches Strafrecht (und zwar ganz unabhängig von der Frage nach Inlands- oder Auslandstat, also insbesondere von Tatort und Handlungsort) nur die Funktionsfähigkeit und Lauterkeit der deutschen öffentlichen Verwaltung bzw. das Vertrauen in ebendiese zum Gegenstand hatte.[1028] Auf Grund einer zunehmenden Internationalisierung des Rechtsverkehrs, aber insbesondere auch mit Blick auf den Wunsch (und auch völkerrechtlichen bzw. europarechtlichen Verpflichtungen) zur Verfolgung grenzüberschreitender Korruption wurde dieser Grundsatz durch spezialgesetzliche Regelungen zunehmend aufgeweicht. Einen Abschluss hat diese Entwicklung in § 335a StGB gefunden,[1029] der für weite Bereiche den deutschen „tauglichen Nehmern" nicht nur die Bediensteten internationaler Institutionen, sondern auch ausländische Richter und Bedienstete eines ausländischen Staates, die für diesen öffentliche Aufgaben wahrnehmen, gleichstellt.

491b

§ 335a StGB lautet:

(1) Für die **Anwendung des § 331 Absatz 2 und des § 333 Absatz 2 sowie der §§ 332 und 334**, diese jeweils auch in Verbindung mit § 335, auf eine Tat, die sich auf eine künftige richterliche Handlung oder eine **künftige Diensthandlung bezieht**, stehen gleich:
1. einem Richter:
   ein Mitglied eines ausländischen und eines internationalen Gerichts;
2. **einem sonstigen Amtsträger:**
   a) **ein Bediensteter eines ausländischen Staates und eine Person, die beauftragt ist, öffentliche Aufgaben für einen ausländischen Staat wahrzunehmen;**
   b) **ein Bediensteter einer internationalen Organisation und eine Person, die beauftragt ist, Aufgaben einer internationalen Organisation wahrzunehmen;**

1027 Zum Rechtsgut der Auslandskorruption *Böse* ZIS 2018, 119; krit. *Isfen*, JZ 2016, 228.
1028 Instruktiv *Kappel/Junkers*, NZWiSt 2016, 382; vgl. auch *Papathanasiou* wistra 2016, 175.
1029 Die letzte (nochmals erweiterte) Fassung des § 335a geht auf das bei Rn. 33 dargestellte Gesetz zur Umsetzung der Richtlinie (EU) 2017/1371 über die strafrechtliche Bekämpfung von gegen die finanziellen Interessen der Union gerichtetem Betrug zurück.

c) ein Soldat eines ausländischen Staates und ein Soldat, der beauftragt ist, Aufgaben einer internationalen Organisation wahrzunehmen.

(2) Für die Anwendung des **§ 331 Absatz 1 und 3 sowie des § 333 Absatz 1 und 3** auf eine Tat, die sich auf eine **künftige Diensthandlung** bezieht, stehen gleich:
1. einem Richter:
ein Mitglied des Internationalen Strafgerichtshofes;
2. **einem sonstigen Amtsträger:**
ein Bediensteter des Internationalen Strafgerichtshofes.

(3) Für die Anwendung des **§ 333 Absatz 1 und 3** auf eine Tat, die sich auf eine **künftige Diensthandlung bezieht,** stehen gleich:
1. einem Soldaten der Bundeswehr:
ein Soldat der in der Bundesrepublik Deutschland stationierten Truppen der nichtdeutschen Vertragsstaaten des Nordatlantikpaktes, die sich zur Zeit der Tat im Inland aufhalten;
2. **einem sonstigen Amtsträger:**
ein Bediensteter dieser Truppen;
3. **einem für den öffentlichen Dienst besonders Verpflichteten:**
eine Person, die bei den Truppen beschäftigt oder für sie tätig und auf Grund einer allgemeinen oder besonderen Anweisung einer höheren Dienststelle der Truppen zur gewissenhaften Erfüllung ihrer Obliegenheiten förmlich verpflichtet worden ist.

491c Das bedeutet etwa: Wenn ein deutscher Staatsbürger zur Erlangung einer Genehmigung in Spanien, die er für seinen dortigen Betrieb benötigt, einen Bediensteten der spanischen Bau- oder Gewerbeverwaltung besticht, damit dieser eine pflichtwidrige Diensthandlung vornimmt, erfüllt das den Tatbestand des § 334 I StGB i.V.m. § 335a I Nr. 2 lit. a StGB. Nun würde dies allein nach allgemeinen Grundsätzen noch nicht zu einer Verurteilung in Deutschland führen, wenn die Bestechung allein in Spanien stattgefunden hat, weil dann Tathandlung und Taterfolg in Spanien liegen würde, so dass nach §§ 3, 9 StGB deutsches Strafrecht nicht anwendbar wäre. Doch auch daran hat der Gesetzgeber gedacht und eine Anwendbarkeit deutschen Strafrechts auch auf Inlandstaten angeordnet, wenn der Täter Deutscher ist, vgl. § 5 Nr. 15 lit. a StGB.

491d Mag dieses Ergebnis im soeben geschilderten Fall noch – mehr oder weniger – überzeugend (wenn auch gewiss nicht unverzichtbar) sein, so zeigt sich die überbordende Reichweite des neuen Korruptionsstrafrechts, wenn man den Fall etwas abwandelt: Ein deutscher Staatsbürger ist nach Bolivien ausgewandert und hat – ohne seine Staatsbürgerschaft aufzugeben – eine Anstellung in der öffentlichen Verwaltung gefunden. Ein chinesischer Investor besticht ihn, um eine Genehmigung für ein Bauvorhaben in Bolivien zu erhalten. Nach § 332 I i.V.m. § 335a I Nr. 2 lit. a StGB ist auch diese Bestechung nach deutschem Strafrecht tatbestandsmäßig, und auf die Tat des ausgewanderten Deutschen ist nach § 5 Nr. 15a StGB deutsches Strafrecht anwendbar, obwohl er „nur" – und zwar ohne jeden sonstigen Bezug zu Deutschland – das Vertrauen in die bolivianische Verwaltung erschüttert hat. Dass von der Verfolgung dieser Auslandstat nach § 153c StPO aus Opportunitätsgründen abgesehen werden kann, ist hier nur ein schwacher Trost.

Zur Vertiefung: *Heinrich*, Der Amtsträgerbegriff im Strafrecht, 2001; *Leimbrock*, Strafrechtliche Amtsträger: Eine Analyse der Legaldefinition in § 11 Abs. 1 Nr. 2 StGB, 2009; *Noltensmeier*, Public Private Partnership und Korruption, 2008; *v. Treskow*, Die Anwendung der Bestechungsdelikte auf die Funktionsträger der Kommunen, 2008.

Überblick zum strafrechtlichen Amtsträgerbegriff

Legaldefinition in § 11 I Nr.2 StGB, Bedeutung im AT in §§ 5 Nr. 12 -14; 77a StGB; im BT sowie Nebenstrafrecht opferbeschreibendes (§§ 113 I, 194 III 1, 230 II 1 StGB) bzw. täterbeschreibendes strafbarkeitsbegründendes oder strafschärfendes Merkmal, vgl. §§ 133 II, 258a, 331 ff., 340 StGB.

Nicht erfasst sind: „Amtsträger ausländischer Staaten und internationaler Organisationen (aber Regelung für Europäische Amtsträger in § 11 I Nr. 2a StGB und für Korruptionsdelikte in § 335a StGB weitreichende Gleichstellung ausländischer Amtsträger); kirchliche Amtsträger im Bezug auf kirchliche Tätigkeit; Soldaten (vgl. aber § 48 WStG).

§ 11 I Nr. 2a	**Beamte und Richter** (Beamte im staatsrechtlichen Sinne Verwaltungsrechtsakzessorietät nach BBG), für Richter gilt bereits § 11 I Nr.3 StGB.
§ 11 I Nr. 2b	**Sonst öffentlich-rechtliches Rechtsverhältnis** (z.B. Notare, Minister, Staatssekretäre)
§ 11 I Nr. 2c	**Sonstige Bestellung zur Wahrnehmung öffentlicher Aufgaben.** Wortlaut: „unbeschadet der zur Aufgabenerfüllung gewählten Organisationsform", d.h. auch privatrechtliche Ausgestaltung der Aufgabenstätte denkbar; (P): Gefahr der Ausweitung des Amtsträgerbegriffs auf einfache Angestellte, daher zurückhaltende Interpretation: jedenfalls **öffentlich-rechtliche Aufgabe** notwendig (Def. im Einzelnen umstritten), dann zwei entscheidende Restriktionsmerkmale:

Notwendigkeit eines formellen Bestellungsakts?	**BGH: Rechtliche Klassifizierung des Unternehmens nach Vornahme einer „Gesamtbewertung"?**
BGH: keine Formbindung, konkludent durch Vertrag möglich, dafür längerfristige Tätigkeit erforderlich? a.A.: auch einmalige Tätigkeit ausreichend, dafür konkret wahrgenommene Aufgabe maßgeblich (zudem ausdrücklicher Bestellungsakt notwendig?)	§ 11 I Nr. 2 c (+), wenn Unternehmen nach einer **Gesamtbewertung** mit einer Behörde gleichzusetzen sind (bei Kontroll- und Prüfungsrechten, monopolartiger Stellung, gesetzlichem Anschluss- und Benutzungszwang) **Kritik:** Gewichtung und Verhältnis der einzelnen Merkmale zueinander noch weitgehend ungeklärt

§ 11 I Nr. 2d	Für den **öffentlichen Dienst besonders Verpflichtete** nach Art. 42 EGStGB

J. BGHSt 31, 118: Der GmbH-„Boss"
Grundzüge des Insolvenzstrafrechts –
zugleich Fragen des faktischen Geschäftsführers

Literatur: *Tiedemann*, Rn. 1104-1179; *Hellmann*, Rn. 243 ff.; *Wittig*, § 23; A/R/R/*Himmelreich*, 7. Teil; W/J/*Beck/Pelz*, 8. Kap., 9. Kap.; *Rönnau* NStZ 2003, 526 ff; Übersicht zum Insolvenz(straf)recht bei *Wegner*, HRRS 2009, 32 ff.; *Lindemann*, Jura 2005, 305 ff.
Falllösung: *Hellmann*, Fall 3, 5; Ceffinato Jura 2016, 1394; *Eisele/Vogt* JuS 2017, 943; *Seier/Löhr* JuS 2006, 241
Aus der Reihe „Start ins Rechtsgebiet": *Zimmermann*, Grundriss des Insolvenzrechts.

492 **Sachverhalt (vereinfacht)**

Der Angeklagte A wurde insolvent und ließ daher seine Ehefrau als alleinige Geschäftsführerin einer GmbH eintragen. Jedoch betrieb A ganz maßgeblich die Geschäftseröffnung und hatte einen nicht unmaßgeblichen Anteil an der tatsächlichen Führung des Unternehmens. Er betraute den Steuerberater und später die Steuerbevollmächtigte mit der Führung der Geschäftsbücher und erteilte Buchungsanweisungen. Außerdem hatte er die geschäftlichen Kontakte geknüpft und die wesentlichen Gespräche über Zahlungsmodalitäten etc. geführt. Gegenüber seinen Geschäftspartnern galt er als „der Boss". Als die Geschäfte wieder nicht so gut liefen und die GmbH insolvent wurde, stellte A keinen Antrag auf Eröffnung des Insolvenzverfahrens. Strafbarkeit des A?

I. Strafrechtliche Risiken in der wirtschaftlichen Krise

493 Insbesondere in Zeiten von Wirtschaftskrisen und Konjunkturflauten ist der Zusammenbruch eines Unternehmens kein seltenes Phänomen. Ein „kränkelnder" Betrieb mag durch Finanzspritzen, Umstrukturierung und neues Management in Einzelfällen noch zu retten sein, doch können derartige Maßnahmen ein Unternehmen auch noch tiefer in die Krise stürzen und letztendlich die Schließung des Betriebs bzw. die Auflösung (**Liquidation**) des Unternehmens bewirken. Zu letzterer „Ultima-Ratio-Maßnahme" kommt es meist dann, wenn das Unternehmen über keinerlei finanzielle Ressourcen mehr verfügt, also nicht mehr im Stande ist, den Forderungen seiner Gläubiger nachzukommen. Ist dieses Stadium der *fehlenden Zahlungsfähigkeit* erreicht, spricht man von **Insolvenz**, vgl. §§ 17, 19 InsO. Bei durchschnittlich ca. 20 000 Unternehmensinsolvenzen im Jahr[1030] und Schäden in Milliardenhöhe liegt die Bedeutung der Insolvenz im (Volks-)Wirtschaftsleben auf der Hand.[1031] Die Ursachen für den wirtschaftlichen Fall eines Betriebs sind vielfältig: Fehler im Management (falsche Markt-

---

1030 https://de.statista.com/statistik/daten/studie/75215/umfrage/unternehmensinsolvenzen-in-deutschland-seit-2000/.
1031 *Becker* Insolvenzrecht, 3. Aufl. 2010, Rn. 83, weist auf die wichtige Funktion der Insolvenzen als Indikatoren für die gesamtwirtschaftliche Situation hin und bemerkt, dass das Insolvenzwesen „den einzig verlässlich wachsenden Geschäftszweig in Deutschland darstellt".

einschätzung, verspätete Reaktion auf Marktänderungen, Unterschätzung der Kostenentwicklung), eine nachteilige Unternehmensfusion bzw. -übernahme, Konjunktureinbrüche oder besondere Schicksalsschläge (Verlust von Dauerkunden, Zerstörung des Betriebsanwesens durch höhere Gewalt).[1032] Ein besonderes Problem stellt auch die niedrige **Eigenkapitalquote** dar, die bei Unternehmen mit 100-1000 Mitarbeitern meist unter 20 % liegt.[1033] Viele Existenzgründer sind somit auf **Fremdfinanzierung** angewiesen, so dass schon von Anfang an hohe finanzielle Belastungen für Unternehmer bestehen.

II. Grundzüge des Insolvenz(straf)rechts

Ein insolventes Unternehmen hat zumeist zahlreiche Gläubiger, die daran interessiert sind, zumindest auf das übriggebliebene Vermögen ihres Schuldners mittels Zwangsvollstreckung zuzugreifen.[1034] Nach dem grundsätzlich geltenden **„Prioritätsprinzip"** wären diejenigen Gläubiger im Vorteil, die als erstes auf die restliche Vermögensmasse mittels Vollstreckungstitel zugreifen („Wer zuerst kommt, mahlt zuerst"). Wenn ein Gläubiger also noch keinen Titel hat bzw. noch nicht einmal von der Insolvenz seines Schuldners weiß, könnte er am Ende leer ausgehen. Auf der anderen Seite würden diejenigen Gläubiger bevorzugt, die einen besonders „guten Draht" zum Schuldner haben. Der Gesetzgeber wollte einen so drohenden **„Wettlauf der Gläubiger"** verhindern und hat für den insolventen Schuldner eine eigenständige Abwicklung geschaffen, das sog. Insolvenzverfahren. Durch dieses „Vollstreckungsrecht eigener Art" soll die **gemeinschaftliche und gerechte Verteilung des Schuldnervermögens** erreicht werden, § 1 InsO. Voraussetzung dafür, dass es zu einer gerechten Verteilung nach den Regeln des Insolvenzrechts kommen kann, ist zum einen, dass noch eine gewisse Verteilungsmasse vorhanden ist, und zum anderen, dass es überhaupt zum Insolvenzverfahren kommt.

494

Insoweit greift der strafrechtliche Schutz konsequenter Weise auf drei verschiedenen Ebenen ein: Bei der sog. Insolvenz(antrags)verschleppung dahingehend, dass das Organ einer Gesellschaft sich strafbar machen kann, wenn es trotz einer entsprechenden Verpflichtung die Stellung eines Insolvenzantrags unterlässt (§ 15a InsO); des Weiteren wenn die Insolvenzmasse unzulässig geschmälert („verschleudert") wird (insb. § 283 StGB); und schließlich wenn die Befriedigung der Gläubiger nicht gleichmäßig (inkongruent) erfolgt (§ 283c StGB). Das in den § 15a InsO und §§ 283 ff. StGB geregelte sog. „Insolvenzstrafrecht im engeren Sinne" (vgl. zur Abgrenzung vom Insolvenzstrafrecht im weiteren Sinn auch nochmals unten Rn. 498) weist zahlreiche für das Wirtschaftsstrafrecht typische Charakteristika auf. Auch das Phänomen der faktisch-wirtschaftlichen Auslegung lässt sich am Beispiel des Insolvenzstrafrechts gut illustrieren.

494a

1032 *Foerste*, Insolvenzrecht, 7. Aufl. 2018, Rn. 3 f.
1033 Siehe hierzu MK-StGB/*Petermann* Vor § 263 Rn.1 mwN.
1034 Daher wird die Insolvenz auch als Konkurs bezeichnet (vom lat. concurrere = zusammenlaufen, gemeint ist also das Zusammenlaufen der Gläubiger vor der Tür des Schuldners).

1. Zweck des Insolvenz(straf)rechts

495 Rechtsgrundlage des Insolvenzverfahrens ist die Insolvenzordnung (InsO), die am 1.1.1999 in Kraft getreten ist und die Konkursordnung (KO) von 1877 ersetzte. Die letzte wichtige Änderung der InsO erfolgte am 1.12.2001 (Einführung der Privatinsolvenz). Mit dem am 1.3.2012 in Kraft getretenen Gesetz zur weiteren Erleichterung der Sanierung von Unternehmen (ESUG),[1035] das im Hinblick auf den „Insolvenztourismus"[1036] und das zunehmende Phänomen illegaler „Firmenbestattungen"[1037] vornehmlich dazu dienen sollte, die Sanierung im deutschen Insolvenzrecht zu vereinfachen, wurden auch die Anforderungen an den Insolvenzantrag verschärft, was auch Auswirkungen auf die Strafbarkeit wegen Insolvenzverschleppung gem. § 15a InsO hat. Weitere – auch für das Insolvenzstrafrecht relevante – Änderungen brachte das Gesetz zur Durchführung der Verordnung (EU) 2015/848 über Insolvenzverfahren mit sich (vgl. Rn. 519 ff.).[1038]

495a Wie bereits erwähnt, verfolgt die InsO das hauptsächliche Ziel, eine gemeinschaftliche Befriedigung der Gläubiger zu gewährleisten, vgl. § 1 InsO (par conditio creditorum). Das Schuldnervermögen soll in einem geordneten, staatlich – durch den Insolvenzverwalter – beaufsichtigten Verfahren möglichst erhalten und dann gleichmäßig verteilt werden. Sekundär bezweckt man auch den Schutz des Schuldners vor weiteren Schulden, wobei durch eine Entschuldung und Neuordnung auch der Erhalt des Betriebes und damit auch Arbeitsplätze gesichert werden sollen.

2. Überblick und Systematik der Strafvorschriften

496 Die praktische Bedeutung der Insolvenzdelikte ist nicht zu unterschätzen. Schätzungen zufolge sollen in 50-80 % aller Unternehmenszusammenbrüche auch Insolvenzstraftaten begangen werden; es wird hier ein relativ großes Dunkelfeld vermutet.[1039] Strafbewehrt sind die Herbeiführung der Überschuldung durch eine Bankrotthandlung (§ 283 II StGB),[1040] die „Verschleuderung" der Insolvenzmasse bzw. sonstige wirtschaftlich gefährliche Handlungen während einer **wirtschaftlichen Krise** (§ 283 I

1035 BGBl I S. 2582.
1036 Mit „Insolvenztourismus" ist gemeint, dass Unternehmen beschließen, im Hinblick auf die (subjektiv empfundenen) Unzulänglichkeiten des deutschen Insolvenzrechts auszuwandern und auf Grundlage anderer Rechtsordnungen ihr Unternehmen zu sanieren, vgl. hierzu *Hergenröder* DZWIR 2009, 309; *Römermann* NJW 2012, 645.
1037 Zum Begriff der Firmenbestattung und ihren strafrechtlichen Konsequenzen BGH NJW 2013, 1982; zur strafrechtlichen Einordnung dieses Phänomens *Kümmel* wistra 2012, 165; *Hagemeier*, in: Steinberg/Valerius/Popp, 2011, S. 129 ff.; vgl. auch *Schütz*, wistra 2016, 53.
1038 G. v. 05.06.2017 BGBl. I S. 1476.
1039 Zum „Boom" des Insolvenzstrafrechts vgl. *Rönnau* NStZ 2003, 525: ca. 50 %; Wabnitz/Janovsky/*Beck* Kap. 6 Rn. 53.
1040 Diesem Erfolgsdelikt kommt in der Praxis nur eine geringe Bedeutung zu, da der Nachweis der (Mit-)Ursächlichkeit für die Krise nur in den seltensten Fällen gelingen wird, vgl. BT-Drs. 7/3441, S. 20, 36 f.

StGB) oder eine den gesetzlichen Vorgaben widersprechende Bevorzugung einzelner Gläubiger (**inkongruente Befriedigung**, § 283c StGB). *Außerhalb* der Krise sind die Verletzung der Buchführungspflicht (§ 283b StGB) sowie der Aufschub des Verfahrens strafbewehrt (Insolvenzverschleppung gem. § 15a InsO).

Den Insolvenzdelikten **des StGB** ist hierbei gemeinsam, dass es für eine Tatbestandsverwirklichung zu einer Zahlungseinstellung, zur Eröffnung des Insolvenzverfahrens oder zur Ablehnung des Eröffnungsantrags mangels Masse (bei Zusammenbruch des Unternehmens) gekommen sein muss.[1041] Hierbei handelt es sich um **objektive Bedingungen der Strafbarkeit**, deren Eintritt vom Vorsatz des Täters nicht umfasst sein muss. Außerdem handelt es sich (bis auf die Schuldnerbegünstigung gem. § 283d StGB) stets um **Sonderdelikte**, da tauglicher Täter nur der **Schuldner**[1042] bzw. bei den Buchdelikten – mittelbar über das Handelsrecht – nur ein **Kaufmann**[1043] sein kann.[1044]

497

Die Straftatbestände lassen sich somit nach den Koordinaten „Täterkreis" und „Handlungszeitpunkt" systematisieren, wobei grundsätzlich zwischen sog. Insolvenzstraftaten im engeren Sinn (Straftaten des 24. Abschnitts des StGB sowie die früher in speziellen Normen des Gesellschaftsrechts und nunmehr in der InsO normierten Straftatbestände der Insolvenzverschleppung) und Insolvenzstraftaten im weiteren Sinn (Straftatbestände, die im Zusammenhang mit einer bevorstehenden oder eingetretenen Insolvenz begangen werden, also typische Begleittaten, wie § 263[1045] oder § 266a StGB) unterschieden wird.

498

Wurde der Schuldner wegen eines Insolvenzdelikts verurteilt, bleibt es nicht bei der Kriminalstrafe: Als mitunter noch einschneidendere „Nebenfolge" wird er die gesellschaftsrechtlichen Sperrwirkungen (vgl. etwa § 6 II Nr. 3 GmbHG, § 76 III AktG) empfinden, neben welche die Versagung der Restschuldbefreiung nach §§ 290 I Nr. 1, 297 I InsO treten.

499

1041 Übersicht zum Insolvenzstrafrecht bei *Ogiermann/Weber* wistra 2011, 206.
1042 Zuletzt BGH NJW 2013, 949.
1043 Vgl. § 283 I Nr. 6, 7 sowie § 283b StGB, die vom „zur Buchführung Verpflichteten" sprechen, dies sind allerdings nach deutschem Handelsrecht nur Kaufleute, vgl. §§ 238, 242 HGB.
1044 Zur Frage, ob nach Einführung der Verbraucherinsolvenz nun auch der Verbraucher in die § 283 ff. StGB einbezogen ist, *Rönnau* NStZ 2003, 529 sowie *Radtke*, FS-Achenbach, 2011, S. 341 ff m.w.N., sowie ausführlich *Dohmen*, Verbraucherinsolvenz und Strafrecht, 2007, passim.
1045 Für eine zurückhaltende Anwendung des § 263 StGB in diesen Fällen *Bosch* wistra 1999, 410 ff.

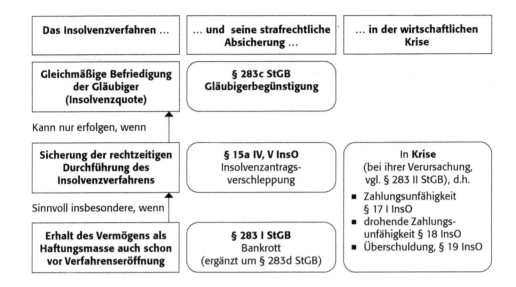

a) Der Krisenbegriff nach den §§ 283 ff. StGB und die Legaldefinitionen der InsO

500 Die wirtschaftliche Krise und die objektive Bedingung der Strafbarkeit sind gemeinsame Merkmale der §§ 283 ff. StGB, deren Darstellung hier „vor die Klammer gezogen werden" kann. Die zur Beschreibung der Krise in den §§ 283 ff. StGB verwendeten Begriffe (Überschuldung, eingetretene oder drohende Zahlungsunfähigkeit) sind in der InsO legaldefiniert, was zu der Frage führt, ob diese Definitionen ohne Einschränkungen auf das Strafrecht bzw. auf das StGB übertragen werden können.[1046] Ihre Beantwortung erfordert eine genauere Auseinandersetzung mit diesen Grundbegriffen der Insolvenzordnung.[1047]

aa) Zahlungsunfähigkeit, § 17 InsO

501 Die „stärkste" Form der in § 283 StGB benannten Krisen ist die eingetretene Zahlungsunfähigkeit. Diese ist in **§ 17 II InsO** näher beschrieben:

§ 17 InsO lautet:

(1) Allgemeiner Eröffnungsgrund ist die Zahlungsunfähigkeit.

(2) Der Schuldner ist zahlungsunfähig, wenn er nicht in der Lage ist, die fälligen Zahlungspflichten zu erfüllen. Zahlungsunfähigkeit ist in der Regel anzunehmen, wenn der Schuldner seine Zahlungen eingestellt hat.

502 Gemeint ist also schlicht die Unfähigkeit, fällige Zahlungsverpflichtungen zu erfüllen (sei es auch mittels eines aufgenommenen Kredits), die i.d.R. bei Zahlungs**einstellung**

1046 Eingehend zum materiellen Insolvenzrecht W/J/*Beck*, 8. Kap. Rn. 68 ff.; zur Insolvenzrechtsakzessorietät auch MK-StGB/*Petermann* Vor §§ 283 ff. Rn. 8 ff.
1047 Übersichtlich SSW/*Bosch*, Vor §§ 283 ff., Rn. 8 ff.

vorliegt. Eine bloß vorübergehende Zahlungs**stockung** (sprich der kurzfristig behebbare Mangel an flüssigen Mitteln[1048]) reicht für die Annahme des § 17 InsO nicht aus. Umstritten ist, ab welchem Zeitpunkt eine bloße Zahlungsstockung in eine Zahlungsunfähigkeit umschlägt: Während Teile der Rechtsprechung und Literatur eine Frist von 2-3 Wochen vorschlagen,[1049] lehnt der BGH eine starre Fristenlösung ab[1050] und ist auch etwas „gnädiger", wenn er in Einzelfällen den Ablauf eines Monats für die Annahme einer Zahlungsunfähigkeit fordert.[1051] Die fehlende Liquidität muss nicht wesentlich sein, d.h. es reicht, wenn auch nur ein Teil der Gläubiger nicht befriedigt werden kann. Nach h.M. ist unter Zugrundelegung der 4-Wochen-Frist eine Unterdeckung von 10 % der Gesamtschulden nötig.[1052] Die Feststellung der Zahlungsunfähigkeit erfolgt mittels einer exakten betriebswirtschaftlichen Bewertung des Liquiditätsstatus. Diese kann allerdings bei Vorliegen **wirtschaftskriminalistischer Beweisanzeichen** (also insbesondere dann, wenn die Unfähigkeit, Verbindlichkeiten zu erfüllen, nach außen in Erscheinung tritt) entfallen, weil die Zahlungsunfähigkeit dann zumindest widerlegbar vermutet wird, beispielsweise bei

- Erklärungen des Schuldners, nicht zahlen zu können,
- Einstellung des Betriebes,
- Nichtzahlung von Arbeitnehmergehältern, Telefon- oder Stromkosten,
- Flucht des Schuldners vor Gläubigern und
- Steuer- und Sozialversicherungsrückständen.

Die nach § 17 InsO angestellten Überlegungen (insbesondere festgelegten Fristen) dürften auf den strafrechtlichen Krisenbegriff – Stichwort restriktive, aber dennoch wirtschaftliche Auslegung – weitestgehend übertragbar sein. Es erscheint nicht notwendig einen eigenen Begriff der „Zahlungsunfähigkeit" zu bilden, da derjenige des Insolvenzrechts selbst bereits flexibel genug ist. Insofern droht keine allzu weite Vorverlagerung der Strafbarkeit. Jedenfalls sollte man im Strafrecht eher dazu bereit sein, Überschreitungen im aufgezeigten Rahmen (4-6 Wochen) zuzulassen.[1053]

bb) Drohende Zahlungsunfähigkeit, § 18 InsO

Mitunter erhalten Unternehmen und natürliche Personen Kredite, obwohl sie hoch verschuldet sind bzw. niemals im Stande sein werden, die gewährten Darlehen jemals wieder zurück zu bezahlen. Die eingetretene Zahlungsunfähigkeit gilt daher als äußerst spät einsetzender, träger „Insolvenz-Indikator".[1054] Daher verlegt § 18 InsO den Zeitpunkt der Antragsmöglichkeit auf den Zeitpunkt der drohenden Zahlungsunfähigkeit vor:

1048 BGH wistra 2007, 312.
1049 BGHZ 163, 134 (139); BGH wistra 2007, 312; OLG Köln NStZ-RR 2005, 378; orientiert an der Schonfrist des § 64 GmbHG krit. *Penzlin* Jura 1999, 56; *Lackner/Kühl* Vor § 283 Rn. 7.
1050 Vgl. BGH AZ: IX ZR 228/03.
1051 BGH wistra 2017, 495; BGH ZIP 1995, 929 (931); BGH NJW 2002, 515.
1052 BGHZ 163, 134, 144 ff.
1053 *Baumert* NJW 2019, 1486.
1054 *Foerste*, Insolvenzrecht, 7. Aufl. 2018, Rn. 111.

§ 18 InsO lautet:

(1) Beantragt **der Schuldner** die Eröffnung des Insolvenzverfahrens, so ist auch die drohende Zahlungsunfähigkeit Eröffnungsgrund.

(2) Der Schuldner droht zahlungsunfähig zu werden, wenn er **voraussichtlich** nicht in der Lage sein wird, die bestehenden Zahlungspflichten im Zeitpunkt der Fälligkeit zu erfüllen.

(3) Wird bei einer juristischen Person oder einer Gesellschaft ohne Rechtspersönlichkeit der Antrag nicht von allen Mitgliedern des Vertretungsorgans, allen persönlich haftenden Gesellschaftern oder allen Abwicklern gestellt, so ist Absatz 1 nur anzuwenden, wenn der oder die Antragsteller zur Vertretung der juristischen Person oder der Gesellschaft berechtigt sind.

505 Ob der Schuldner „voraussichtlich nicht in der Lage sein wird, seine Verbindlichkeiten zu erfüllen", ist – ähnlich wie die eingetretene Zahlungsunfähigkeit – anhand eines vom Schuldner aufzustellenden Finanzplans festzustellen:[1055] Hierbei muss ein Vergleich zwischen den mit an Sicherheit grenzender Wahrscheinlichkeit eintretenden **Verbindlichkeiten** mit den voraussichtlichen **Einnahmen** erfolgen (sog. **Cashflow**). Eine drohende Zahlungsunfähigkeit liegt demnach vor, wenn die Einnahmen die Verbindlichkeiten (höchst)wahrscheinlich nicht decken werden.[1056] Der Prognosezeitraum ist vom Gesetzgeber nicht vorgegeben, sollte aber (um den ohnehin schwierigen Nachweis nicht weiter zu verkomplizieren) nicht mehr als 3-6 Monate umfassen.[1057] Der Insolvenzgrund soll den Schuldner dazu veranlassen, zum frühestmöglichen Zeitpunkt den Insolvenzantrag zu stellen.[1058] Auch hier gilt der Grundsatz der restriktiven Interpretation, d.h. die Prognose muss im Strafrecht – evtl. im Gegensatz zum Insolvenzrecht – einen besonders hohen Gewissheitsgrad erreichen.

cc) Überschuldung, § 19 InsO

506 Eine *Überschuldung* liegt vor, wenn das Vermögen des Schuldners bestehende Verbindlichkeiten nicht mehr deckt, m.a.W. wenn die Passiva die Aktiva übersteigen.[1059] § 19 InsO ist auf juristische Personen beschränkt. Bei seiner Anwendung kommt es auf die konkrete Liquidität des Unternehmens nicht an.[1060] Diese „Verschärfung" (im Sinne einer **früheren Insolvenzindikation**) für juristische Personen ist sachgerecht, da die Mitglieder einer Kapitalgesellschaft nicht persönlich haften, also eher bereit sind, riskante Entscheidungen (Aufnahme eines Kredits und somit weiterhin bestehende Liquidität) zu treffen.[1061]

1055 LK/*Tiedemann* Vor § 283 Rn. 137.
1056 Zu den Parallelen zum Begriff der Überschuldung nach § 19 InsO *Röhm* NZI 2000, 467.
1057 *Bittmann* wistra 1998, 325.
1058 Was im Hinblick darauf, dass der Schuldner durch den Antrag die objektive Bedingung (s) einer (potentiellen) Strafbarkeit „aktiviert", nicht unproblematisch ist, vgl. SSW/*Bosch*, Vor §§ 283 ff., Rn. 14.
1059 BGH wistra 2003, 232; *Bittmann* wistra 1999, 10.
1060 Zum Begriff Überschuldung im Insolvenzrecht *Lauscher*, Jura 2009, 886 ff.
1061 Vgl. *Foerste*, Insolvenzrecht, 7. Aufl. 2018, Rn. 114.

§ 19 InsO lautet:

(1) Bei einer **juristischen Person** ist auch die **Überschuldung** Eröffnungsgrund.

(2) Überschuldung liegt vor, wenn das Vermögen des Schuldners die bestehenden Verbindlichkeiten nicht mehr deckt, es sei denn, die Fortführung des Unternehmens ist nach den Umständen überwiegend wahrscheinlich ...

Der Überschuldungsbegriff und dessen Ermittlung sind im Einzelnen bereits im Insolvenzrecht selbst höchst umstritten, wobei die Problematik durch die Einführung befristeter Änderungsgesetze ständig aktuell bleibt.[1062] Einigkeit besteht dahingehend, dass eine alleinige Handels- und Steuerbilanz nicht ausreichen kann, sondern dass eine sog. **Überschuldungsbilanz**[1063] aufgestellt werden muss, in der sich – im Unterschied zu einer normalen Jahresbilanz – der allgemeine Vermögensstand des Unternehmens deutlicher ergibt.[1064] Wegen der Formulierung des § 19 II InsO bleibt aber die Frage offen, ob in der Überschuldungsbilanz das Vermögen mit den Zerschlagungswerten seiner Bestandteile oder zu den regelmäßig höheren Werten in einem fortbestehenden Zusammenhang (weitergeführtes Unternehmen) anzusetzen ist. § 19 II InsO macht dies eben von einer Prognose der weiteren Funktionsfähigkeit des Unternehmens abhängig. Er lässt offen, wie streng diese Bewertung zu erfolgen hat.

507

Unabhängig davon, ob man im Insolvenzrecht eine extensive oder restriktive Interpretation bevorzugt (restriktiv dahingehend, dass bereits ein nicht ganz unwahrscheinlicher Fortbestand des Unternehmens für eine Ablehnung des § 19 II InsO ausreicht[1065]) und welche Posten diesbezüglich berücksichtigt werden müssen,[1066] sollte im Strafrecht ein „schuldnerfreundlicher"[1067] ex-ante-Beurteilungsmaßstab Geltung beanspruchen.[1068] Während § 19 InsO (auch zum Schutz des Schuldners) eine möglichst frühe Einleitung des Insolvenzverfahrens bezweckt, geht es im Strafrecht nur um die Frage, ob das Verhalten des Schuldners strafwürdig ist, er also in einer wirtschaftlich aussichtslosen Situation des Unternehmens die Masse beeinträchtigende Handlungen vornimmt. Eine Überschuldung ist dementsprechend nur dann anzunehmen, wenn alle ernsthaft vertretenen Schätzungsmethoden zu einer Überschuldung kommen.[1069] In der Praxis erfordert dies eine äußerst genaue Dokumentenauswertung und eine

508

1062 Vgl. hierzu Art. 5 FMStG und zum Problem SSW/*Bosch*, Vor § 283 Rn. 10.
1063 BGH NStZ 2006, 106; zur Überschuldungsbilanz M-G/*Richter* § 79 Rn. 5 ff.
1064 Dies wird dadurch erreicht, dass die „vorsichtigen" Bilanzierungsmaximen der §§ 243 ff. HGB (die ihrerseits in gewissem Grade auch Vertrauensschutz bezwecken) bei der Überschuldungsbilanz nicht gelten und bspw. auch stille Reserven berücksichtigt werden müssen. Außerdem sind Aktivposten nicht nach ihrem sog. Buchwert, sondern nach ihrem tatsächlichen Wert einzustellen.
1065 *Achenbach*, in: FG-BGH, S. 593, 599; a.A. *Bieneck* StV 1999, 43, 44.
1066 Die einzelnen Schätzungsmethoden (konkursrechtliche Betrachtungsweise, zweistufig modifizierte Prüfungsmethode) erfordern vertiefte Kenntnisse aus dem Bilanzrecht und können hier nicht im Einzelnen dargestellt werden, siehe hierzu A/R/R/*Himmelreich*, 7. Teil 1. Kap. Rn. 19 ff.
1067 *Tiedemann*, Rn. 1116.
1068 *Lackner/Kühl* § 286 Rn. 6; *Wessels/Hillenkamp/Schuhr* Rn. 461.
1069 Zur restriktiven Interpretation und asymmetrischen Akzessorietät vgl. bereits Rn. 76, 339; vgl. auch BGH JZ 1979, 75 (Reifen-Konz).

Analyse der unternehmerischen Konzepte, was natürlich nur von ausgebildeten Wirtschaftsreferenten und Gutachtern vorgenommen werden kann, die im Ermittlungsverfahren bzw. in der Hauptverhandlung zu Rate gezogen werden müssen.

b) Objektive Bedingung der Strafbarkeit

509 Weiteres gemeinsames Merkmal der §§ 283 ff. StGB ist die objektive Bedingung der Strafbarkeit nach § 283 VI StGB: Demnach kommt eine Strafbarkeit nach §§ 283, 283b und 283c StGB nur in Betracht, wenn der Schuldner seine Zahlungen eingestellt hat (vgl. § 17 II InsO), gegen den Schuldner das Insolvenzverfahren eröffnet wurde *oder* die Eröffnung des Insolvenzverfahrens mangels Masse abgelehnt wurde. Der Begriff der **Zahlungseinstellung** wurde bereits **bei Rn. 502** erläutert. Die Eröffnung des Insolvenzverfahrens erfolgt durch Gerichtsbeschluss gem. § 27 InsO, die Ablehnung mangels Masse nach § 26 InsO (Fälle, in denen das Vermögen des Schuldners nicht einmal ausreicht, um die Kosten des Verfahrens zu decken). Wegen der Ausgestaltung als objektive Strafbarkeitsbedingung ist zwischen den Tathandlungen und dem Unternehmenszusammenbruch weder ein Kausalzusammenhang erforderlich, noch muss sich der Vorsatz auf den Unternehmenszusammenbruch erstrecken. Eine Strafbarkeit soll nach h.M. allerdings entfallen, wenn die Krise zwischenzeitlich nachhaltig überwunden war,[1070] insofern ist also doch zumindest ein tatsächlicher bzw. zeitlicher Zusammenhang zu fordern.[1071]

III. Die Straftatbestände im Einzelnen

1. Der Bankrott, § 283 StGB

510 Der Bankrott ist die **zentrale Vorschrift des Insolvenzstrafrechts**. Während § 283 II StGB als Erfolgsdelikt ausgestaltet ist und die Verursachung der Krise sanktioniert, handelt es sich beim praktisch bedeutsameren „zweiten" Grundtatbestand, § 283 I StGB, um ein abstraktes Gefährdungsdelikt, dessen versuchte Begehung ebenso strafbar ist (§ 283 III StGB) wie seine fahrlässige (§ 283 IV, V StGB). Die gemeinsamen Deliktsmerkmale (wirtschaftliche Krise, Sonderdeliktscharakter etc.) wurden bereits oben dargestellt. Zu den Tathandlungen des § 283 I StGB (lesen!) im Einzelnen:

511 Unter **Vermögensbestandteilen** nach § 283 I Nr. 1 StGB sind alle beweglichen und unbeweglichen geldwerten Gegenstände zu verstehen, die im Falle der Insolvenzeröffnung zur Masse gehören (vgl. § 35 InsO).

Auszuschließen ist also insbesondere die Firma (der kaufmännische Name, § 15 HGB), die Arbeitskraft des Schuldners oder die im Eigentumsvorbehalt des Verkäufers befindlichen Gegenstände (Aussonderungsrecht des Eigentümers nach § 47 InsO).

1070 BGHSt 1, 186 (191); 28, 231 (234); *Wilhelm* NStZ 2003, 511 ff.
1071 SSW/*Bosch*, Vor § 283 Rn. 18.

> **Beiseiteschaffen** nach § 283 I Nr. 1 StGB bedeutet, dem Gläubiger den Zugriff auf die Vermögensbestandteile unmöglich machen oder wesentlich erschweren.[1072]

512

Z.B. durch Überweisung von Beträgen von Geschäfts- auf Privatkonten, Scheinveräußerungen, Verschenken und Verstecken.

> **Verheimlichen** i.S.d. 283 I Nr. 1 StGB ist jedes Verhalten, welches den Gläubigern oder Insolvenzverwaltern die Kenntnis über einen Vermögensbestandteil entzieht.

513

Z.B. das Leugnen des Besitzes von Vermögensstücken oder das Vorspiegeln eines den Gläubigerzugriff hindernden Rechtsverhältnisses.

Im Übrigen zählt § 283 I Nr. 2-4 StGB weitere Verlustgeschäfte (Spekulation, Spiel, Wette, Schleuderverkauf) auf, die allesamt **in einer den Anforderungen einer ordnungsgemäßen Wirtschaft widersprechenden Weise** erfolgen müssen.[1073] Die Maßstabsfigur wiederholt sich in äußerst abstrakt gehaltener Form im allgemeinen Auffangtatbestand des § 283 I Nr. 8 StGB, wonach **grob wirtschaftswidrige** Handlungen strafbewehrt sind. Da diese Handlungen in ihrem Unwertgehalt den sonstigen Tathandlungen entsprechen müssen, bleiben in der Praxis kaum Fallkonstellationen denkbar, die nicht bereits durch die restlichen Handlungsmodalitäten des § 283 I StGB erfasst wären.[1074] Die Buchführungsdelikte nach §§ 283 I Nr. 5-7, 283b[1075] StGB wurden bereits im Rahmen der Bilanzdelikte kurz erwähnt.[1076]

514

In allen Varianten des § 283 I StGB ist zu berücksichtigen, dass Schuldner auch eine juristische Person sein kann und insofern die Zurechnungsnorm des § 14 StGB herangezogen werden muss, wenn Geschäftsführer oder sonstige Organe handeln. Daraus können sich zwei weitere Folgeprobleme ergeben:

515

- Zum einen ist zu prüfen, ob der Täter tatsächlich in seiner Eigenschaft „als" Organ i.S.d. § 14 StGB handelt oder ob nicht vielmehr ein Zugriff auf das Gesellschaftsvermögen im eigenen Interesse vorliegt. An sich ist nur der erste Fall mit der typischen Interessenlage des § 283 StGB (Handeln im Schuldnerinteresse) vergleichbar, während im zweiten Fall eine Untreue zu Lasten der Gesellschaft näher liegen könnte. Die Rechtsprechung traf diese Abgrenzung traditionell danach, ob ein Handeln „im Interesse der Gesellschaft" oder „im eigenen Interesse" (sog. Interessentheorie) vorliegt; diese, in der Literatur vielfach kritisierte Interessentheorie ist allerdings von der neueren Rechtsprechung selbst in Zweifel gezogen worden, vgl. hierzu näher Rn. 535.
- Zum anderen ist hinsichtlich der objektiven Bedingungen der Strafbarkeit nach § 283 VI StGB zu beachten, dass die dort verwendete Formulierung „wenn der

---

1072 Hierzu *Bosch* JA 2011, 151.
1073 Allgemein zur Auslegung derartiger Maßstabsfiguren vgl. bereits Rn. 72 ff.
1074 *Tiedemann*, Rn. 1139.
1075 Zum Anwendungsbereich von § 283 I Nr. 7b und seiner Abgrenzung zur Verletzung einer Buchführungspflicht nach § 283b StGB zuletzt OLG Stuttgart NStZ-RR 2011, 277.
1076 Vgl. Rn. 317; Zur Unmöglichkeit der Erfüllung der Pflichten zur Buchführung und Bilanzaufstellung nach § 283 Abs. 1 Nrn. 5 und 7b StGB *Hagemeier* NZWiSt 2012, 105.

Täter seine Zahlungen eingestellt hat ..." in Fällen einer juristischen Person berichtigend als „wenn der Schuldner seine Zahlungen eingestellt hat ..." gelesen werden muss, denn ob das Organ (das der Täter des § 283 StGB ist!) als Privatperson seine Zahlungen einstellt, muss ersichtlich unbeachtlich sein.

516 Der Tatbestand ist mit Ausführung der Bankrotthandlung vollendet.[1077] Eine Teilnahme ist nach den allgemeinen Regeln möglich, wobei die Strafe nach § 28 I StGB zu mildern ist; mangels Vorsatztat scheiden Anstiftung/Beihilfe bei § 283 IV Nr. 1 StGB aus.

2. Gläubiger- und Schuldnerbegünstigung, §§ 283c, 283d StGB

517 Die **Gläubigerbegünstigung** nach § 283c StGB stellt unter Strafe, einem Gläubiger einen **inkongruenten** Vorteil zu gewähren und hierdurch eine Bevorzugung gegenüber anderen Gläubigern herbeizuführen.[1078] Der Strafrahmen ist im Vergleich zu § 283 StGB von bis zu fünf Jahre auf max. zwei Jahre Freiheitsstrafe herabgesenkt. Dies erscheint konsequent, da § 283c StGB Fälle betrifft, in denen der Schuldner sich seinen Verpflichtungen nicht hinsichtlich der betroffenen Vermögensgegenstände gänzlich entziehen möchte, sondern „nur" die insolvenzrechtliche Verteilung zwischen den Gläubigern „unterläuft".[1079] Insoweit ist § 283c StGB eine Privilegierung zu § 283 StGB, deren Unrecht weniger schwer wiegt, da die Gläubigerbefriedigung als solche ja durchaus der ursprünglich „gesollten" materiellen Rechtslage entspricht.

518 Die **Schuldnerbegünstigung** nach § 283d StGB erweitert den Täterkreises auf Dritte (Jedermannsdelikt) und schließt die Lücke, die durch die Sonderdeliktseigenschaft der übrigen Tatbestände entsteht. Aufgenommen wurden die Tathandlungen des Beiseiteschaffens, Verheimlichens, Zerstörens oder Beschädigens nach § 283 I Nr. 1 StGB, wobei der Täter zeitlich „während die Zahlungsunfähigkeit droht" (nach h.M. somit erst recht bei Zahlungsunfähigkeit) (Abs. 1 Nr. 1), nach Zahlungseinstellung (Abs. 1 Nr. 2) oder während eines laufenden Insolvenz- oder Insolvenzeröffnungsverfahrens (Abs. 1 Nr. 2) handeln muss.

1077 Zur Beendigung als relevanter Zeitpunkt für die Frage einer Verjährung des Bankrotts im Falle eines Verfahrens der Restschuldbefreiung BGH NJW 2016, 1525 m. Anm. *Brand* wistra 2016, 277.
1078 Zum Schutzgut des § 283c StGB und einer Strafbarkeitsausweitung auf Gläubiger de lege ferenda *Gallandi* wistra 1992, 10 (13).
1079 Dies ist wiederum nicht der Fall, wenn der Täter zugleich „Gläubiger" der von ihm kontrollierten Gesellschaft ist, hier besteht nach zutreffender Ansicht des BGH kein Raum für die privilegierende Wirkung des § 283c StGB; vielmehr bleibt § 283 I Nr. 1 StGB einschlägig, vgl. BGH wistra 2017, 351.

3. Insolvenzverschleppung gem. § 15a InsO am Beispiel der GmbH

a) Überblick

§ 15a InsO ahndet (nach dem MoMiG[1080] nunmehr einheitlich für die meisten Gesellschaftsformen) Verstöße gegen die gesetzlich geregelte Handlungspflicht zur Stellung eines Insolvenzantrags für juristische Personen. 519

§ 15a InsO lautet:

> (1) Wird eine juristische Person zahlungsunfähig oder überschuldet, haben die Mitglieder des **Vertretungsorgans** oder die Abwickler **ohne schuldhaftes Zögern**, spätestens aber **drei Wochen nach Eintritt der Zahlungsunfähigkeit oder Überschuldung**, einen Insolvenzantrag zu stellen. Das Gleiche gilt für die organschaftlichen Vertreter der zur Vertretung der Gesellschaft ermächtigten Gesellschafter oder die Abwickler bei einer Gesellschaft ohne Rechtspersönlichkeit, bei der kein persönlich haftender Gesellschafter eine natürliche Person ist; dies gilt nicht, wenn zu den persönlich haftenden Gesellschaftern eine andere Gesellschaft gehört, bei der ein persönlich haftender Gesellschafter eine natürliche Person ist.
>
> (2) Bei einer Gesellschaft im Sinne des Absatzes 1 Satz 2 gilt Absatz 1 sinngemäß, wenn die organschaftlichen Vertreter der zur Vertretung der Gesellschaft ermächtigten Gesellschafter ihrerseits Gesellschaften sind, bei denen kein Gesellschafter eine natürliche Person ist, oder sich die Verbindung von Gesellschaften in dieser Art fortsetzt.
>
> (3) Im Fall der Führungslosigkeit einer Gesellschaft mit beschränkter Haftung ist auch jeder Gesellschafter, im Fall der Führungslosigkeit einer Aktiengesellschaft oder einer Genossenschaft ist auch jedes Mitglied des Aufsichtsrats zur Stellung des Antrags verpflichtet, es sei denn, diese Person hat von der Zahlungsunfähigkeit und der Überschuldung oder der Führungslosigkeit keine Kenntnis.
>
> (4) Mit Freiheitsstrafe bis zu drei Jahren oder mit Geldstrafe wird bestraft, wer entgegen Absatz 1 Satz 1, auch in Verbindung mit Satz 2 oder Absatz 2 oder Absatz 3, einen Eröffnungsantrag
> 1. nicht oder nicht rechtzeitig stellt oder
> 2. nicht richtig stellt.
>
> (5) Handelt der Täter in den Fällen des Absatzes 4 fahrlässig, ist die Strafe Freiheitsstrafe bis zu einem Jahr oder Geldstrafe.
>
> (6) Im Falle des Absatzes 4 Nummer 2, auch in Verbindung mit Absatz 5, ist die Tat nur strafbar, wenn der Eröffnungsantrag rechtskräftig als unzulässig zurückgewiesen wurde.
>
> (7) Auf Vereine und Stiftungen, für die § 42 Absatz 2 des Bürgerlichen Gesetzbuchs gilt, sind die Absätze 1 bis 6 nicht anzuwenden.

Betroffen sind also die GmbH – als Hauptanwendungsfall in der Praxis[1081] – sowie die AG, OHG, KG oder GmbH & Co. KG. Der zwischenzeitlich eingefügte[1082] § 15a VII InsO stellt klar, dass die Privilegierung der genannten juristischen Personen nach § 42 II BGB auch in der InsO Geltung beansprucht. Damit sollte ausweislich der Gesetzesbegründung auf das Verhalten von Staatsanwaltschaften reagiert werden, die nach Berichten aus der Praxis auch **Vereins- und Stiftungsvorstände** wegen Verdachts der Verwirklichung des § 15a InsO verfolgten (der Wortlaut „juristische Person" stand dem 520

1080 Zum MoMiG eingehend *Schürnbrand* JA 2009, 81 ff.
1081 *Tiedemann*, Rn. 1148.
1082 G. v. 15.07.2013 BGBl. I S. 2379 (Gesetz zur Verkürzung des Restschuldbefreiungsverfahrens und zur Stärkung der Gläubigerrechte).

nicht entgegen, wohl aber der gesetzgeberische Wille).[1083] Bei § 15a InsO handelt es sich um ein **echtes Unterlassungsdelikt**, das sich aus dem Handlungsgebot zur Stellung des Insolvenzantrags nach Absatz I-III und der eigentlichen Strafnorm nach § 15a IV InsO zusammensetzt. Ein besonderer Schadenseintritt ist nicht erforderlich. Auch § 15a InsO bezweckt den Schutz der Vermögensinteressen der Gläubiger.[1084] Der vorverlagerte Schutz lässt sich mit den typischen Gefahren der beschränkten Haftung in der Kapitalgesellschaft erklären. Weil bereits die bloße Nichtantragsstellung für eine Strafbarkeit genügt, fungiert § 15a InsO im Hinblick auf die weitaus schwieriger nachweisbaren Betrugs- und Insolvenzdelikte als Auffangtatbestand.[1085] § 15a V InsO lässt die fahrlässige Begehung genügen, zu der man vor allem auch bei Irrtümern (über die Zahlungsunfähigkeit, nicht jedoch über die Antragspflicht) gelangen kann. Als Teilnehmer an der Tat sind insbesondere Rechtsanwälte, Steuerberater, Wirtschaftsprüfer und Unternehmensberater denkbar.

b) Die Insolvenzantragspflicht

521 Die Insolvenzantragspflicht ist vor dem Hintergrund zu sehen, dass das deutsche Insolvenzrecht keine Eröffnung des Verfahrens von Amts wegen kennt. Das Verfahren erfolgt gem. § 13 InsO nur auf Antrag des Schuldners oder Gläubigers.[1086] Erfolgt der Antrag, überprüft das zuständige Gericht die Zulässigkeit und Begründetheit des Insolvenzantrags, wobei bis zur Entscheidung eine Anordnung von *Sicherungsmaßnahmen* zur Erhaltung des Haftungsvermögens nach § 21 InsO möglich ist (etwa in Gestalt von Verfügungsverboten über einzelne Vermögensgegenstände, vgl. § 21 I InsO, bzw. gar über das gesamte Vermögen des Schuldners nach § 21 II Nr. 2 InsO oder der Einstellung einzelner Vollstreckungsmaßnahmen in das bewegliche Vermögen des Schuldners nach § 21 II Nr. 3 InsO). Denkbar ist auch, dass bereits ein *vorläufiger Insolvenzverwalter* nach § 21 II Nr. 1 InsO bestellt wird, um masseschmälernde Handlungen des Schuldners zu unterbinden.

522 Das Insolvenzgericht entscheidet nach Antragsstellung, ob das Verfahren gem. § 27 InsO zu eröffnen und somit die Insolvenzmasse zu beschlagnahmen ist (arg. e § 80 I 1 InsO) oder ob mangels Masse kein Verfahren eröffnet werden kann, § 26 I 1 InsO. Der Verpflichtete hat nach § 15a I 1 InsO den Antrag ohne schuldhaftes Zögern, spätestens aber bis Ablauf von drei Wochen zu stellen. Die Frist beginnt mit Eintritt der Insolvenzreife,[1087] d.h. mit eingetretener **Zahlungsunfähigkeit oder Überschuldung**: Im Fall der drohenden Zahlungsunfähigkeit hat der Schuldner zwar ein Insolvenzantrags*recht*, aber keine Insolvenzantrags*pflicht* (vgl. bereits oben), insofern lässt sich von einem

---

1083 BR-Drs. 467/12, S. 30: „Insbesondere erscheint aus Sicht eines ehrenamtlich tätigen Vereinsvorstands die strafrechtliche Sanktion für eine Insolvenzverschleppung übermäßig."
1084 BGHSt 9, 84 (86); *Canaris* JZ 1993, 649 (650).
1085 Zum Zweck des Tatbestands vgl. auch M-G/*Richter* § 80 Rn. 3.
1086 Die wahrheitswidrige Behauptung gegenüber dem Insolvenzgericht, ein Schuldner sei zahlungsunfähig, kann den Tatbestand der falschen Verdächtigung erfüllen, vgl. OLG Koblenz NStZ-RR 2013, 44.
1087 Die positive Kenntnis des Verpflichteten ist für den Fristbeginn nicht maßgebend, so *Tiedemann*, Rn. 1153; a.A. A/R/R/*Himmelreich*, 7. Teil 2. Kap. Rn. 47 f.

fakultativen Insolvenzgrund sprechen;[1088] bei lediglich drohender Zahlungsunfähigkeit scheidet somit eine strafbewehrte Insolvenzverschleppung aus.

Die Antragspflicht entfällt, sobald ein *zulässiger* Antrag gestellt wurde.[1089] Bei mehreren Geschäftsführern entfällt die Pflicht nach h.M. bereits durch die ordnungsgemäße Antragsstellung durch einen Geschäftsführer.[1090] Da das ESUG (vgl. Rn. 495) die Anforderungen an einen richtigen Antrag erhöht hat, insb. nicht der „Zweizeiler"-Antrag genügt, sondern der Antragsteller jedenfalls bei **„größeren"** Unternehmen ein Verzeichnis der Gläubiger und ihrer Forderungen anfügen muss, sollte dies für § 15a IV InsO bedeuten, dass dieser auch die **„nicht richtige"** Antragsstellung erfasst, wobei freilich darüber diskutiert wurde, inwiefern – auch vor dem Hintergrund der Fahrlässigkeitsstrafbarkeit – überhaupt von einem „nicht richtigen" Antrag die Rede sein kann. Der Gesetzgeber hat mit dem Gesetz zur Durchführung der Verordnung (EU) 2015/848 über Insolvenzverfahren auf diese unbefriedigende (weil unklare) Rechtslage reagiert und die Strafbarkeit der nicht richtigen Antragsstellung klarstellend (§ 15a IV Nr. 2 InsO) an eine objektive Bedingung der Strafbarkeit, § 15a VI InsO, nämlich an die Abweisung des Antrags als unzulässig, geknüpft.[1091]

523

Strittig ist, ob die Antragspflicht entfällt, wenn der Gläubiger den Insolvenzantrag stellt. Nach Auffassung des BGH soll dies erst der Fall sein, sobald auf Antrag des Gläubigers tatsächlich über die Eröffnung des Insolvenzverfahrens entschieden wurde.[1092] Die Antragspflicht lebt nicht etwa dadurch wieder auf, dass im Falle eines Liquidationsverfahrens (nach Ablehnung der Insolvenzeröffnung mangels Masse) nunmehr wieder Vermögensmittel vorhanden sind, welche die Kosten decken würden.

523a

c) Täterkreis des § 15a InsO

Der Täter der Insolvenzverschleppung muss zur Stellung des Insolvenzantrags verpflichtet sein, insofern handelt es sich also auch bei diesem Tatbestand um ein **Sonderdelikt**.[1093] Bei der GmbH ist dies gem. § 35 I GmbHG der Geschäftsführer oder nach § 15a I 1 InsO i.V.m. § 70 S. 1 GmbHG der Liquidator. Vorsicht: Da der Geschäfts-

524

1088 Vgl. auch *Foerste*, Insolvenzrecht, 7. Aufl. 2018, Rn. 113.
1089 A/R/R/*Himmelreich*, 7. Teil 2. Kap. Rn. 51. Zur Frage des Wiederauflebens einer Antragspflicht bei Rücknahme des Gläubigerantrags vgl. *Beckemper* HRRS 2009, 64 ff.
1090 Rowedder/*Schmidt-Leithoff*, GmbHG, § 64 Rn. 22.
1091 Der Gesetzgeber hatte geplant, den „nicht richtigen" Antrag vollständig aus dem Bereich strafrechtlicher Relevanz herauszunehmen, ist jedoch diesen Weg letztlich doch nicht gegangen (BR-Drs. 654/16, S.25). Durch die Lösung über den Weg einer objektiven Bedingung der Strafbarkeit kann der Antragspflichtige nun bei einem rechtzeitigen aber unzulässigen Insolvenzantrag innerhalb einer vom Insolvenzgericht gemäß § 13 Abs. 3 InsO gesetzten Frist den bestehenden Mangel beheben, vgl. auch *Klose* NZWiSt 2020, 59 (61).
1092 BGHSt 28, 371, 380.
1093 Zu der (auf Grund von realen Fällen auch ins Interesse der Literatur geratenen) Frage der Tätereigenschaft des directors einer englischen limited vgl. *Hinderer*, Insolvenzstrafrecht und EU-Niederlassungsfreiheit am Beispiel der englischen private company limited by shares, 2010; *Labinski*, Zur strafrechtlichen Verantwortlichkeit des directors einer englischen Limited, 2010; *Worm*, Die Strafbarkeit eines directors einer englischen Limited nach deutschem Recht, 2009.

führer Adressat der Vorschrift ist, bedarf es hier – im Gegensatz zu den §§ 283 ff. StGB – keiner Merkmalsüberwälzung nach § 14 StGB. Somit ist auch der Rechtsgedanke des § 14 III StGB, wonach auch auf fehlerhaft bestellte Organe die Zurechnungsnorm des § 14 I StGB Anwendung findet, schwerlich übertragbar. Damit kommt man zu einem viel diskutierten Rechtsproblem des Wirtschaftsstrafrechts, das seinen zentralen Schauplatz v.a. im Bereich der Insolvenz- sowie Untreuedelikte hat: dem faktischen Geschäftsführer. Es kann sich (freilich nicht in derart ausgeprägtem Maße) auch stellen, wenn der Geschäftsführer seine Befugnis zwischenzeitlich – kraft gesetzlicher Anordnung, sog. **„Inhabilität"** gem. § 6 GmbHG[1094] – verloren hat.

IV. Der faktische Geschäftsführer und die Lösung des BGH (BGHSt 31, 118)

525 Ruft man sich den oben geschilderten Sachverhalt in Erinnerung, wird man feststellen, dass der Angeklagte durch die Nichtvornahme der Anzeige tatbestandlich gehandelt zu haben scheint. Allerdings ist er schon gar **nicht tauglicher Täter** nach § 15a InsO, da nicht **er**, sondern seine Frau Geschäftsführer der insolventen GmbH war. Sollte er zum Zeitpunkt der Krise etwaige Bankrotthandlungen vorgenommen haben, würde § 283 I StGB ebenfalls an der **Schuldner**eigenschaft scheitern: Schließlich können besondere persönliche Merkmale gem. § 14 StGB nur den bestellten Organen, also ebenfalls nur seiner Frau zugerechnet werden.

526 Die Rechtsprechung ist der Auffassung, dass sich solch ein Ergebnis nicht mit dem **faktischen** Umstand, dass A den Betrieb tatsächlich leitete (also als „Boss" galt), vereinbaren lässt: Der BGH will daher auch den faktischen Geschäftsführer in den Anwendungsbereich des § 14 StGB einbeziehen bzw. auch diesen als „Geschäftsführer" im Sinne des Strafrechts qualifizieren.[1095] Entsprechend dem Rechtsgedanken des § 14 III StGB sei dies sachgerecht, wenn dieser die Geschicke der Gesellschaft maßgeblich bestimme oder gegenüber einem eingetragenen Geschäftsführer eine überragende Stellung einnehme.[1096] Gegen diese Argumentation wird vorgebracht, dass § 14 III StGB eine abschließende Regelung zum faktischen Geschäftsführer beinhalte und insofern zumindest einen nichtigen Bestellungsakt fordere. Insofern sei es nicht sachgerecht, vom „Rechtsgedanken des § 14 III StGB" zu sprechen; vielmehr müsse der sich aufdrängende Umkehrschluss vorgenommen werden.[1097] Eine Ausweitung auf Sachverhalte, bei denen der Täter schlicht selbst das Ruder in die Hand nehme (also nicht einmal tatsächlich bzw. konkludent zum Geschäftsführer ernannt werde), sei mit Blick auf das Analogieverbot gem. Art. 103 II GG bedenklich. Der BGH hat aber auch in

---

1094 Siehe auch *Ebner* wistra 2013, 86.
1095 BGHSt 21, 101 (103); 46, 62 (64 ff.); 47 (318 ff.); BGH StV 1984, 461. Zusf. *Mayr*, ZJS 2018, 221.
1096 Wobei hier im Einzelnen umstritten ist, wie weitreichend jene „überragende Stellung" ausgestaltet sein muss; zum Ganzen *Lindemann* Jura 2005, 305.
1097 Sch/Sch/*Perron/Eisele*, § 14, Rn. 118.; *Ransiek*, Unternehmensstrafrecht, 1996, S. 94 f.; für eine Lösung über § 14 I Nr. 2 StGB G/J/W/*Merz* § 14 StGB Rn. 53.

neuerer Rechtsprechung – und zwar gerade auch bei § 15 IV InsO – die taugliche Täterschaft eines faktischen Geschäftsführers offenbar als unproblematisch erachtet.[1098]

Im konkreten Sachverhalt dagegen kann – wie der BGH ebenfalls zutreffend feststellt – die Argumentation rund um § 14 StGB (jedenfalls mit Blick auf die Insolvenzverschleppung) ausgeblendet werden, da dessen Anwendungsbereich gar nicht eröffnet ist. Dennoch gelangt der Senat i.E. durch eine faktische Betrachtungsweise zu einer Verurteilung des A wegen Insolvenzverschleppung: 527

> **Aus BGHSt 31, 118:** „Die genannten Umstände vermitteln im Zusammenhang mit den übrigen Urteilsfeststellungen ein Bild von der Tätigkeit und der Stellung des Angeklagten in dem Unternehmen, das auf ihn als einen alle wichtigen Entscheidungen treffenden Geschäftsführer hinweist. Ihm kam nach den bisherigen Feststellungen und der zutreffenden Wertung der Strafkammer, was die Führung der Geschäfte der Gesellschaft betrifft, im Verhältnis zu seiner Ehefrau als der einzig eingetragenen Geschäftsführerin eine überragende Stellung zu ... Jedenfalls eine solche Stellung führt dazu, dass der in erster Linie die Führung der Geschäfte Bestimmende auch die Pflichten erfüllen muss, die den Geschäftsführer treffen, und dass er bei deren Verletzung die strafrechtlichen Folgen zu tragen hat, die das Gesetz an eine solche Pflichtverletzung durch den Geschäftsführer knüpft ..."

Solch eine pauschal faktische Betrachtungsweise ist nicht immer sachgerecht. Richtigerweise ist zu differenzieren. Bei Straftatbeständen, die von ihrer Zielrichtung her auf die tatsächliche Täterqualifikation abstellen und die faktische Zugriffsmöglichkeit auf konkrete Handlungsobjekte die Beeinträchtigung der von diesen Tatbeständen geschützten Rechtsgüter erst ermöglicht (wie bei den §§ 246, 283, 266 StGB[1099]), dürfte eine eigenständige Begriffsbildung bzw. Extension auf den faktischen Geschäftsführer zulässig sein.[1100] Problematisch wird es aber, wenn sich der Tatbestand auf konkrete Pflichten eines wirksam bestellten Geschäftsführers bezieht.[1101] Adressat der Vorschrift (also der Antragspflicht nach § 15a InsO) bleibt nach wie vor die Ehefrau des A. Da in solchen Fällen, in denen sich die Rechtspflicht unmittelbar auf den Geschäftsführer (oder auf ein anderes Organ) bezieht, § 14 StGB nicht angewendet werden muss, ist zwar zuzugestehen, dass eine weitreichende (und insbesondere über Fälle in § 14 III StGB hinausgehende) Anerkennung des faktischen Geschäftsführers nicht gegen § 14 StGB verstößt. Auch jenseits dessen wird man jedoch den Begriff des „Geschäftsführers" durchaus im rechtlichen Sinn zu verstehen haben und darunter nicht alle Personen fassen können, die in einem rein tatsächlichen Sinn „die Geschäfte führen" – mit Blick auf Art. 103 II GG ist die Anerkennung des „faktischen Geschäftsführers" daher auch und gerade hier nicht unproblematisch.[1102] Auch der Gesetzgeber hat im Übrigen 528

1098 Vgl. BGH NJW 2015, 712 m. Anm. *Kudlich* ZWH 2015, 63; BGH NStZ 2014, 107 m. Anm. *Kudlich*: Im konkreten Fall hebt der BGH zwar die Verurteilung auf, begründet dies aber mit Überlegungen zur vergleichsweise komplizierteren Vorschrift des § 17 II InsO, ohne die im Sachverhalt explizit angesprochene faktische Geschäftsführerschaft zu problematisieren. Das spricht deutlich dafür, dass nach Auffassung des BGH eine Strafbarkeit daran nicht scheitern würde.
1099 Zum faktischen Geschäftsführer bei der Untreue *Schneider* HRRS 2013, 297.
1100 *Tiedemann*, Rn. 273 ff.
1101 Krit. insofern auch *Hellmann* Rn. 356 und 359.
1102 Abl. G/J/W/*Reinhart* § 15a InsO Rn. 24. Eine andere Frage ist, wie im umgekehrten Fall eines faktischen „Nicht-Geschäftsführers" vorzugehen ist, insbesondere ob hier eine faktische Betrachtung zur Straflosigkeit führen kann, hierzu *Sahan/Altenburg*, NZWiSt 2018, 161.

die Problematik des faktischen Geschäftsführers bei Schaffung des § 15a InsO im Auge und hielt gleichwohl am Erfordernis einer wirksamen Bestellung fest. Insofern spricht hier mehr dafür, keine Strafbarkeit des A anzunehmen.

> **Zur Vertiefung:** Für die Feststellung einer faktischen Position, welche die Strafbarkeit begründete, gibt der BGH kein starres Prüfprogramm vor, insb. sieht er davon ab, den Begriff des faktischen Geschäftsführers durch einen Indizienkatalog weiter zu konkretisieren. Im Gegenteil erteilt er derartigen Ansätzen (insb. dem **„6 von 8-Modell"** des BayObLG, vgl. NJW 1997, 1936) eine Absage, da die Eigenschaft als „faktischer Geschäftsführer" nicht durch starre „Fakten" zugeschrieben werden kann, sondern eine umfassende Würdigung im Einzelfall erfordert.[1103] Umso mehr neigen Revisionsgerichte bei **„normativen Gesamtbetrachtungen"** (so auch bzgl. des Vorliegens eines Aufklärungserfolgs i.S.d. § 46b StGB oder bei der Abgrenzung von Täterschaft und Teilnahme) dazu, zumindest „Beweiswürdigungsregeln" aufzustellen und damit die Anforderungen an die tatrichterlichen Darstellungsanforderungen im Urteil hochzuschrauben. Damit wird der Tatrichter gezwungen, von seiner Einschätzungsprärogative nicht nur Gebrauch zu machen, sondern auch „darzulegen", dass er dies tat. Floskelhafte Ausführungen sind ihm verwehrt, dies gilt im Negativen (also etwa bei der Feststellung der Angeklagte sei kein faktischer Geschäftsführer gewesen) ebenso wie im Positiven (wenn nicht sogar umso mehr, weswegen eine Bemerkung, wonach der wahre Geschäftsführer **„nicht die treibende Kraft"** gewesen sei, nicht genügt).[1104]

V. Exkurs: Die Abgrenzung von Bankrott zur Untreue

1. Problemaufriss

529 In der Rechtspraxis ergibt sich sehr häufig die Konstellation, dass die Schuldnerin (die später gegebenenfalls auch in Insolvenz fällt) keine natürliche, sondern eine juristische Person ist. Dies mag auch daran liegen, dass geschäftliches Handeln für juristische Personen, das nicht zu Haftungsrisiken mit dem Privatvermögen führt, im Einzelfall etwas sorgloser bzw. risikofreudiger erfolgt (**vgl. bereits Rn. 520**) – ganz abgesehen davon lässt es sich aber schon statistisch damit erklären, dass im Wirtschaftsleben viele Betriebe als juristische Personen strukturiert sind, wobei praktische Relevanz insbesondere die leicht zu gründende und weit verbreitete GmbH hat.

530 Für die Frage nach einer Strafbarkeit gem. § 283 I StGB ist nun die Tatsache, dass Schuldnerin eine juristische Person ist, als solches nicht weiter problematisch. Eine individuelle strafrechtliche Verantwortlichkeit kann sich hier aus § 14 StGB ergeben, der eine Zurechnungsnorm für die Organe juristischer Personen (d.h. insbesondere bei der GmbH: für die Geschäftsführer) statuiert (**vgl. oben Rn. 118 f.**).

531 Bei genauerem Hinsehen und jedenfalls bei einem hinreichend engen Verständnis ist indes eine solche Strafbarkeitsbegründung über § 14 StGB doch nicht ganz unproble-

---

1103 Dies macht schließlich auch ein Geständnis i.R.d. § 257c StPO in Form einer rechtlichen Subsumtion à la „ich war faktischer Geschäftsführer" unzulässig. Den Obergerichten bleibt es untersagt (§ 261 StPO!), feste Regeln für das Vorliegen einer faktischen Geschäftsführerstellung zu konzipieren.
1104 BGH wistra 2013, 272; weitestgehend bereits BGH NStZ 2013, 529.

matisch: Die Ratio der Vorschrift hat eigentlich vor Augen, dass das Organ gewissermaßen anstelle der bzw. für die juristische Person handelt, die selbst nicht handlungsfähig ist. Dies könnte als Argument für ein enges Verständnis dahingehend herangezogen werden, dass § 14 StGB überhaupt nur einschlägig ist, wenn das Organ nicht nur „formal", sondern auch „materiell" in einer Weise „für" die juristische Person handelt, wie eine Privatperson für sich selbst handeln würde.

2. Frühere Rechtsprechung: „Interessentheorie"

In diesem Sinn hat die Rechtsprechung lange Zeit ein Handeln „als" Organ i.S.d. § 14 I StGB nur angenommen, wenn dieses Handeln ausschließlich im Interesse der juristischen Person (und nicht vorrangig im Interesse des Organs selbst) erfolgte.[1105] Diese sog. Interessentheorie führt für Fälle des § 283 StGB zu einem sehr engen Anwendungsbereich bei einer juristischen Person als Schuldnerin, da die Organe in der von § 283 StGB vorausgesetzten wirtschaftlichen Krisensituation sehr häufig nicht vorrangig handeln werden, um das entzogene Vermögen der Gesellschaft später wieder zuzuführen, sondern um nach dem Zusammenbruch der Gesellschaft für sich selbst „zu retten, was zu retten ist".[1106] Häufig wird daher die Interessentheorie dazu führen, dass § 283 StGB für das Organ nicht eingreift.[1107]

532

Die dadurch entstehende **Strafbarkeitslücke** wird freilich bei einem Zugriff der Organe auf das Vermögen im Eigeninteresse zumindest teilweise **durch § 266 StGB geschlossen**: Denn das Beiseiteschaffen des Vermögens im eigenen Interesse kann formal das Gesellschaftsvermögen bei bestehender Vermögensbetreuungspflicht des Organs schädigen. Dieses Bild ist zwar sehr formal und insbesondere bei „Gesellschafter-Geschäftsführern", denen die GmbH wirtschaftlich gehört, etwas schief und hat zur Folge, dass § 266 StGB in gewisser Weise von einem Delikt zum Schutz des Gesellschaftsvermögens zu einer Gläubigerschutzvorschrift mutiert.[1108] Ungeachtet dessen ist zu konstatieren, dass die Rechtsprechung lange Zeit nach folgender Kurzformel judizierte: Erfolgt die Tathandlung nach § 283 StGB im ausschließlichen Interesse der Gesellschaft, kann dies zu einer Strafbarkeit wegen Bankrotts führen; erfolgt die Handlung dagegen im eigenen Interesse, kommt (unter weiteren Bedingungen) eine Strafbarkeit wegen Untreue in Betracht.[1109]

533

Diese sog. Interessentheorie ist nicht nur wegen der Verkürzung des Anwendungsbereichs des § 283 StGB und wegen der „Umdeutung" des § 266 StGB in eine Gläubigerschutzvorschrift in die Kritik geraten,[1110] sondern auch aufgrund gewisser **Wertungswidersprüche** zwischen der Behandlung von Tätern nach § 266 StGB und nach § 283 StGB: Die Interessentheorie führt nämlich dazu, dass der an sich „altruistische", d.h.

534

1105 BGHSt 28, 371 (373 f.), 30, 127 (129); BGH NJW 1969, 1494; NStZ 2000, 206 (207).
1106 *Labsch* Jura 1985, 59; *Arloth* NStZ 1990, 570.
1107 Zusf. *Wittig* § 6 Rn. 100a-100c; *Nestler*, in: Steinberg/Valerius/Popp, 2011, S. 139 ff.
1108 *Kasiske* wistra 2005, 81 (85 f.); *Winkelbauer* wistra 1986, 17.
1109 NK/*Kindhäuser* Vor § 283 Rn. 52; MK-StGB/*Petermann* Vor § 283 Rn. 57.
1110 Allen voran *Tiedemann* NJW 1986, 1842.

ausschließlich im Gesellschaftsinteresse handelnde Täter einer insgesamt schneidigeren Strafdrohung nach § 283 StGB unterfällt als der egoistisch Handelnde: Zwar ist der Strafrahmen bei beiden Vorschriften identisch; § 283 StGB kennt aber im Unterschied zu § 266 StGB eine Versuchsstrafbarkeit (vgl. § 283 III StGB) und auch die Möglichkeit von Vorsatz-Fahrlässigkeitskombinationen (vgl. § 283 IV StGB); ferner besteht in Fällen des § 283 StGB grundsätzlich keine Möglichkeit eines tatbestandsausschließenden Einverständnisses, was für Fälle des § 266 StGB zumindest denkbar ist (**vgl. bereits Rn. 341**).

3. Abkehr von der Interessentheorie, BGHSt 57, 229

535 Diese Kritik greift der BGH in seiner **neueren Rechtsprechung**[1111] auf und fasst unter Rückgriff auf die „Flut von literarischen Stellungnahmen"[1112] diese folgendermaßen zusammen:

> „So lässt die Interessentheorie für die Insolvenzdelikte nur einen geringen Anwendungsbereich, wenn Schuldner i.S. des § 283 StGB eine Handelsgesellschaft ist (...), denn die in § 283 StGB aufgezählten Bankrotthandlungen widersprechen ganz überwiegend dem wirtschaftlichen Interesse der Gesellschaft. Damit läuft bei Anwendung der Interessentheorie der vom Gesetzgeber intendierte Gläubigerschutz in der wirtschaftlichen Krise insbesondere von Kapitalgesellschaften bei Anwendung der Interessentheorie weitgehend leer. Während Einzelkaufleute in vergleichbaren Fällen regelmäßig wegen Bankrotts strafbar sind, entstehen so Strafbarkeitslücken für Vertreter oder Organe von Kapitalgesellschaften. Dies lässt sich nicht mit der Intention des Gesetzgebers vereinbaren, durch die Regelung des § 14 StGB Strafbarkeitslücken zu schließen. Zudem wird angesichts der besonderen Insolvenzanfälligkeit von in der Rechtsform der GmbH betriebenen Unternehmen der Schutzzweck der Insolvenzdelikte konterkariert. Über die nicht gerechtfertigte Privilegierung von GmbH-Geschäftsführern gegenüber Einzelkaufleuten hinaus wird der Zweck der §§ 283 I Nrn. 5-8, 283 b StGB unterlaufen, der Verstöße gegen Buchführungs- und Bilanzierungsvorschriften wegen der besonderen Gefahr von Fehleinschätzungen mit schwerwiegenden wirtschaftlichen Folgen als eigenständiges Unrecht erfassen will (...). Angesichts der genannten objektiven Anforderungen wäre kaum verständlich, dass daneben noch auf ein – zudem oft schwerlich zu ermittelndes – subjektives Interesse abzustellen sein soll. Überdies erscheint es problematisch, bei Fahrlässigkeits- und Unterlassungstaten die Zurechnung davon abhängig zu machen, in wessen Interesse der Vertreter handelte oder untätig blieb (...). Ähnliches gilt bei nicht eigennützigem Verhalten, etwa bei der Zerstörung von Vermögensbestandteilen, da ein solches bei einer wirtschaftlichen Betrachtungsweise (...) weder im Interesse des Vertreters noch des Vertretenen liegt (vgl. *Brand*, NStZ 2010, 9 [11])..."

535a Damit schließt er sich einem erweiterten Verständnis des § 14 StGB an, wonach ein Handeln „als" Organ schon vorliegen kann, wenn der Vertreter **„im Geschäftskreis des Vertretenen"** tätig geworden ist, was bei einem Handeln im Namen der Gesellschaft bzw. einer Wirkung des Handelns für die Gesellschaft regelmäßig angenommen

---

1111 Vgl. zunächst BGH NStZ 2009, 437 (439) m. Anm. *Bittmann* wistra 2010, 8; *Brandt* NStZ 2010, 9 ff.; *Link* NJW 2009, 2228; *Valerius* NZWiSt 2012, 65; *Radtke* GmbHR 2009, 875; Aufgabe des Ersten Strafsenats in BGH wistra 2012, 113; dann auch BGH wistra 2012, 149 (zu Bilanzdelikten); im Anschluss BGHSt 57, 229 = NJW 2012, 2366.
1112 Vgl. *Brand* NJW 2013, 2370.

werden kann.¹¹¹³ Handelt er dagegen bloß „bei Gelegenheit", dürfte eine Anwendung des § 14 StGB ausscheiden. Dabei will auch der BGH – wie schon in der Literatur vorgeschlagen¹¹¹⁴ – zwischen **rechtsgeschäftlichem** und sonstigem Handeln differenzieren. Handelt ein Organwalter rechtsgeschäftlich, ist ein organschaftliches Tätigwerden jedenfalls dann naheliegend gegeben, wenn er im Namen der juristischen Person auftritt oder für diese auf Grund der bestehenden Vertretungsmacht bindende Rechtsfolgen zumindest im Außenverhältnis herbeiführt. Bei sonstigem Handeln kommt eine Zurechnung der Schuldnereigenschaft in Betracht, wenn der Vertretungsberechtigte auf Grund seiner Stellung außerstrafrechtliche, aber gleichwohl **strafbewehrte Pflichten** des Vertretenen zu erfüllen hat.¹¹¹⁵

Damit wird für viele bisher nicht erfasste Fälle die Möglichkeit einer Strafbarkeit nach §§ 283 I, 14 StGB geschaffen. Nicht ausdrücklich vom BGH angesprochen wird dabei die Frage, ob sich ein solches verändertes Verständnis der §§ 283, 14 StGB auch auf die Interpretation des § 266 StGB auswirkt.¹¹¹⁶ Konsequent wäre es wohl vom Standpunkt der bisherigen Rechtsprechung aus, insoweit eine Idealkonkurrenz zwischen beiden Vorschriften für möglich zu halten, da auch – gewissermaßen zeitlich gestuft – sowohl das Gesellschafts- als auch das Gläubigervermögen als zwei unterschiedliche Schutzgüter betroffen sind. Freilich erscheint es vorzugswürdig, § 266 StGB möglichst restriktiv auszulegen, um die Vorschrift jedenfalls dann nicht anzuwenden, wenn in der Sache letztlich nur der Gläubigerschutz in der Insolvenz in Rede steht.¹¹¹⁷

535b

> **Zur Vertiefung:** Soweit – wie bei kleineren GmbHs gar nicht selten – der bzw. die Gegenstände beiseiteschaffende(n) Geschäftsführer zugleich beherrschende(r) Gesellschafter ist bzw. sind, ist freilich zu beachten, dass § 266 StGB durch eine Einwilligung des Vermögensinhabers tatbestandlich ausgeschlossen wird. Formal ist Vermögensinhaber hierbei zwar die juristische Person; freilich ist anerkannt, dass die Gesellschafter dem Geschäftsführer insoweit Weisungen zur Handlung erteilen können bzw. auch mit Schmälerungen des Gesellschaftsvermögens einverstanden sein können, solange durch den Vermögenszugriff nicht das Stammkapital angetastet oder eine Existenzgefährdung herbeigeführt werde, vgl. bereits Rn. 341.

1113 *Schwarz* HRRS 2009, 341 (zur Aufgabe der Interessensformel); ferner *Brand/Kanzler* ZWH 2012, 1.
1114 MK-StGB/*Radtke* § 14 Rn. 59 ff.; Sch/Sch/*Perron/Eisele*, § 14 Rn. 26.
1115 So BGH NJW 2013, 2366 (2369); NK-StGB/*Kindhäuser* Vorb. §§ 283–283 d Rn. 54. Hierzu *Habetha/Klatt*, NStZ 2015, 671.
1116 Hierzu – schon in der „Entstehungsphase" des Rechtsprechungswandels *Bittmann* wistra 2010, 8.
1117 Gerade auch im vorliegenden Zusammenhang krit. zur Rechtsprechung, welche der Einwilligung der Gesellschafter im Rahmen der Untreue in manchen Konstellationen (Existenzgefährdung; Verstoß gegen das Gebot der Stammkapitalerhaltung) die Wirksamkeit versagt, SSW/*Bosch*, § 14 Rn. 10.

536 | **Prüfungsschema zu § 15a InsO**

I. **Objektiver Tatbestand**
1. Tauglicher Täter (Antragsverpflichteter)
   - Mitglieder des Vertretungsorgans (Geschäftsführer, Vorstand)
   - str. beim faktischen Geschäftsführer
2. Überschuldung oder Zahlungsunfähigkeit der juristischen Person
3. Handlung: Unterlassen des Antrags (echtes Unterlassungsdelikt)
   - Ablauf der 3-Wochen-Frist
   - bereits vorher, wenn sich Insolvenzgrund aufdrängt
   - kein Entfallen der Antragspflicht

II. **Subjektiver Tatbestand**

III. **Rechtswidrigkeit**

IV. **Schuld**

Zur Vertiefung: *Brandt*, Untreue und Bankrott in der KG und GmbH & Co KG: Zugleich ein Beitrag zum Gesamthandsprinzip, 2010; *Pohl*, Der Vertretungsbezug der Handlung i.S.d. § 14 StGB: Unter Berücksichtigung des Tatbestands des Bankrotts (§ 283 StGB), 2013; *Steinbeck*, Die vorsätzliche Insolvenzverschleppung: Eine normentheoretische Untersuchung zu § 15a Abs. 1 i.V.m. Abs. 4 InsO, 2013; *Bauer*, Die Neuregelung der Strafbarkeit des Jahresabschlussprüfers – Ein Vorschlag de lege ferenda zur Erfassung der strafwürdigen und strafbedürftigen Konstellationen von beruflichem Fehlverhalten des Jahresabschlussprüfers, 2017; *Reschke*, Untreue, Bankrott und Insolvenzverschleppung im eingetragenen Verein, 2015; *Ressmann*, Die insolvenzstrafrechtlichen Krisenbegriffe und bestrittene Verbindlichkeiten, 2015

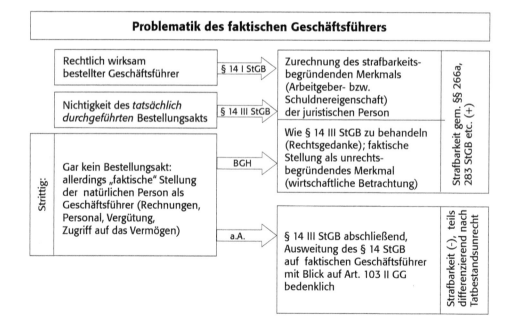

K. BGHSt 48, 307: Der Geschäftsführer in der Zwickmühle
Grundrisse des Arbeitsstrafrechts

Literatur: *Tiedemann*, Rn. 1272-1327; *Hellmann*, Rn. 911 ff.; *Wittig*, § 22, § 34; A/R/R/*Achenbach/ Gercke/Kaul/Mosbacher/Erdmann*, 12. Teil; W/J/*Richtarsky/Pflaum*, 19. Kap. Rn. 15-16.*Waszczynski*, ZJS 2009, 596 ff.; zur Entscheidung BGHSt 48, 307 vgl. *Bittmann*, wistra 2004, 327 ff.; *Radtke*, NStZ 2004, 562 ff.; *Rönnau*, NJW 2004, 976 ff.; Grundfragen des Sozialversicherungsrechts bei *Oberrath*, JA 2004, 839 ff.
Übungsklausur: *Luther/Zivanic*, JuS 2017, 943, *Hellmann*, Fälle, Fall 5

Sachverhalt (vereinfacht) — 537

P war Gesellschafter und Mitgeschäftsführer der P-GmbH, deren Geschäftsgegenstand die Durchführung von Zimmerer- und Bautischlerarbeiten war. Im Zuge der allgemeinen Wirtschaftskrise im Baugewerbe geriet das Unternehmen im Jahr 1997 in wirtschaftliche Schwierigkeiten; es war spätestens mit Ablauf des 30.9.1997 zahlungsunfähig und erheblich überschuldet. Obwohl P die Zahlungsunfähigkeit erkannte, stellte er keinen Insolvenzantrag, sondern veräußerte am 5.12.1997 seine Geschäftsanteile an die Om., die von einem sog. Firmenbeerdiger beherrscht wurde. Dessen Funktion bestand im Wesentlichen darin, durch Sitz- und Firmenänderungen die Gläubiger der Gesellschaft faktisch abzuschütteln und sie zur Aufgabe der Verfolgung ihrer Ansprüche zu veranlassen. Im Notartermin am 5.12.1997 wurde P als Geschäftsführer abberufen. P hatte es gegenüber jeweils unterschiedlichen gesetzlichen Krankenkassen unterlassen, die Arbeitnehmerbeiträge für Oktober 1997 bis Dezember 1997 abzuführen. Die P-GmbH hat dadurch Beitragsrückstände in Höhe von etwa 23 000 DM auflaufen lassen. Nach den Feststellungen des LG verfügte sie jedenfalls bis 17.12.1997 auf ihrem Geschäftskonto über einen Betrag i.H. von 18 000 DM (bevor ein Mitgeschäftsführer O diese Summe auf das Konto eines anderen, von ihm beherrschten Unternehmens überwies).

I. Der Unternehmer im Arbeitsmarkt

Das Unternehmen bildet als Arbeitgeber die Existenzgrundlage für knapp 29 Millionen Angestellte in der Bundesrepublik Deutschland. Ein gesunder Arbeitsmarkt wirkt sich positiv auf die Wirtschaft aus und umgekehrt. Die Inhaber eines Unternehmens stehen somit doppelt in der Pflicht: Einerseits obliegt ihnen der individuelle Schutz ihrer Angestellten, d.h. der Unternehmer hat für sichere und zumutbare Arbeitsbedingungen zu sorgen, und ihr Wirken berührt die Vermögensinteressen der Arbeitnehmer als Haupteinkommensfaktor in einem wesentlichen Maße. Andererseits ist der Unternehmer dazu verpflichtet, die Institution des „Arbeitsmarktes" und dessen Bestandteile (Sozialversicherungswesen, Organe wie die Bundesagentur für Arbeit) nicht negativ zu beeinträchtigen, was durch Schwarzarbeit, Umgehung von Kontrollen und illegale Arbeitnehmerüberlassung geschehen kann. Die Schäden, welche durch Nicht-Einhaltung dieser Obliegenheiten entstehen, sind enorm: Allein die Schwarzarbeit führt nach Angaben des Bundesfinanzministeriums zu Schäden bis zu 370 Mrd. € pro Jahr.

538

II. Arbeitsstrafrecht – Begriff und Überblick

539 Daher ist es ein legitimes Anliegen, die Einhaltung der beschriebenen Arbeitgeberpflichten strafrechtlich abzusichern. Dies erfolgt durch das sog. **„Arbeitsstrafrecht"**,[1118] das wegen seiner vorrangigen Zielrichtung auch als **„Arbeitgeberstrafrecht"** bezeichnet werden kann.[1119]

> **Hinweis:** In einem weiteren Sinn ließen sich auch Vorschriften unter den Begriff fassen, die in einer irgendwie gearteten Beziehung zur Arbeitswelt stehen, also auch den Schutz des Arbeit*gebers* bezwecken oder das Verhältnis der Arbeitnehmer untereinander regeln (bspw. Strafbarkeit des „Mobbing" gem. §§ 240, 185 StGB?[1120]). Ferner ist an Straftaten gegen Betriebsverfassungsorgane (§§ 119 ff. BetrVG)[1121] sowie an die – ggf. strafbewehrte – Verletzung des Arbeitnehmerdatenschutzes zu denken.

1. Schutz des Arbeitnehmers

540 Die Vorschriften, die hierbei die Individualinteressen des Arbeitnehmers, insbesondere dessen Gesundheit im Auge haben, lassen sich als **„Arbeitsschutzstrafrecht"** bezeichnen. Verursacht der Unternehmer durch sein pflichtwidriges Verhalten einen Arbeitsunfall, kommt eine strafrechtliche Haftung wegen vorsätzlicher bzw. fahrlässiger Körperverletzung gem. §§ 223 ff., 229 StGB in Betracht.[1122] Häufig ist es allerdings so, dass die Verletzung des Angestellten nicht auf einem singulären Ereignis beruht, sondern die „Verletzung" Ergebnis eines langwierigen Prozesses ist (unzumutbare Arbeitsbedingungen, schädliche Auswirkungen durch Bestrahlung, Vergiftung etc., Überlastung und Übermüdung). Nur in seltenen Fällen wird man nachweisen können, dass der Unternehmer für jene **Langzeitexpositionen** verantwortlich ist. Auch deswegen bietet das Arbeitsstrafrecht zahlreiche (konkrete) Gefährdungsdelikte, die auf den Eintritt eines Verletzungserfolges verzichten.[1123]

§ 319 I StGB (Baugefährdung) lautet:

> Wer bei der Planung, Leitung oder Ausführung eines Baues oder des Abbruchs eines Bauwerks gegen die allgemein anerkannten Regeln der Technik verstößt und dadurch Leib oder Leben eines anderen Menschen gefährdet, wird mit Freiheitsstrafe bis zu fünf Jahren oder mit Geldstrafe bestraft ...

541 Da Art und Intensität der Gefahren sowie die auferlegten Schutzpflichten von Betrieb zu Betrieb verschieden sind, gibt es eine Fülle von betriebsspezifischen Vorschriften, die hier nicht abschließend aufgezählt werden können. Strafvorschriften, die dagegen

---

1118 Zum Begriff des Arbeitsstrafrechts GKR/*Gercke* 1. Kap. Rn. 4 ff.
1119 A/R/R/*Achenbach*, 12. Kap. 1. Teil Rn. 1 ff.
1120 Zur Pflicht des Arbeitgebers „Mobbingaktionen" von Mitarbeitern gegenüber einem bestimmten Arbeitnehmer zu unterbinden *Kudlich* HRRS 2012, 177; zur Geschäftsherrenhaftung vgl. bereits Rn. 247 ff.
1121 GKR/*Kraft* 2. Kap. Rn. 958 ff.; M-G/*Thul* § 35 Rn. 1 ff.
1122 GKR/*Richter* 2. Kap. Rn. 1023 ff.; M-G/*Henzler* § 34 Rn. 1 ff.; *Summerer* ZStW 2015, 1136.
1123 Vergleiche insofern auch die Ausführungen zum Produktstrafrecht bei Rn. 125 f.

nicht betriebsspezifisch sind, finden sich u.a. im Arbeitszeitgesetz (Schutz vor Überlastung und Übermüdung), im Jugendarbeitsschutzgesetz und im Mutterschutzgesetz.[1124]

Hinweis: Merken sollte man sich die Systematik des Strafschutzes. Häufig handelt es sich um Blankettvorschriften, die auf Verstöße gegen Verwaltungsvorschriften verweisen. Da der bloße Verstoß nicht immer ausreicht, strafbarkeitsbegründend zu wirken (ultima-ratio-Charakter!), sind schlichte Verstöße als Ordnungswidrigkeiten ausgestaltet, die zu Straftatbeständen erhoben werden, wenn eine konkrete bzw. abstrakte Gefahr für Leib und Leben entsteht.

Im StGB ist neben § 319 StGB der (2016 nochmals umfassend reformierte[1125]) Tatbestand des Menschenhandels zum Zwecke der Ausbeutung der Arbeitskraft gem. § 233 StGB zu nennen, der aber – wie die systematische Stellung vermuten lässt – die Freiheit der Person und auch das Vermögen schützt.[1126] Der Vermögensschutz des Arbeitnehmers gestaltet sich im Übrigen übersichtlicher: Die Ausbeutung der Arbeitskraft durch Zahlung eines unangemessenen Niedriglohns, ist in § 291 StGB als sog. „**Lohnwucher**" unter Strafe gestellt.[1127] Weiteren Vermögensschutz erfährt der Arbeitnehmer über § 263 StGB: Denkbar ist insofern ein „Arbeitsbetrug", bei dem der Unternehmer Arbeitsleistungen annimmt, obwohl er von Anfang an weiß, dass er (bspw. wegen Insolvenz) niemals im Stande sein wird, die Vergütung zu erbringen. Kleinere Verstöße gegen arbeitsrechtliche Schutzvorschriften (v.a. im Hinblick auf besonders geschützte Personengruppen oder gegen überlange Arbeitszeit) werden in verschiedenen Nebengesetzen (wie dem MuSchG, ArbZG oder dem BetrVG) als Ordnungswidrigkeit geahndet.

542

Hinweis: Umgekehrt ist auch eine Schädigung des Arbeitgebers denkbar, indem falsche Angaben bei der Anstellung gemacht werden (Vorlage falscher Zeugnisse, keine Aufklärung über Vorstrafen, sog. „Anstellungsbetrug"[1128]) oder überhöhte Spesen geltend gemacht werden („Spesenbetrug"). Auch ein umgekehrter Fall des Lohnwuchers ist denkbar, nämlich dann, wenn der Leistende unter Ausnutzung seiner Monopolstellung ein viel zu hohes Entgelt verlangt.

Einen besonderen Vermögensschutz erfährt der Arbeitnehmer schließlich über die Vorschrift des § 266a III StGB. Da diese Vorschrift als „untreueähnliches" Delikt die Nichtabführung von Sozialversicherungsbeiträgen durch den Arbeitgeber sanktioniert, hat sie in ihren ersten zwei Absätzen allerdings den Schutz der Sozialversicherungsträger und somit ein Universalrechtsgut im Auge.

543

2. Schutz des Arbeitsmarkts

Auch die Institutionen des Arbeitslebens sowie der Arbeitsmarkt als solcher genießen strafrechtlichen Schutz. Genannt wurde soeben der § 266a StGB, der das System der

544

1124 Relativ umfassend hierzu *Brüssow/Petri* D. Rn. 65 ff.
1125 Hierzu krit. *Kudlich/Renzikowski* ZRP 2015, 45 ff.
1126 Hierzu BeckOK/*Valerius* § 233 StGB Rn. 1 ff.; LK/*Kudlich* § 233 Rn. 1 ff.; GKR/*Gercke* 2. Kap. Rn. 718 ff.
1127 Zum Lohnwucher BGHSt 43, 53 (Lohndumping); 30, 280 (Mietwucher gegenüber Asylbewerbern). Zur Vorschrift GKR/*Gercke* 2. Kap. Rn. 695 ff. m.w.N.
1128 Zum Anstellungsbetrug vgl. bereits Rn. 295.

Sozialversicherung schützt. Als zentrale Regelung des Arbeitsstrafrechts und typisches Wirtschaftsdelikt gilt es, diesen Tatbestand noch ausführlicher darzustellen (vgl. III.). Hinzutreten die Strafvorschriften des AÜG (im Folgenden a) sowie des SchwarzArbG (sodann b).

a) Illegale Arbeitnehmerüberlassung und illegale Ausländerbeschäftigung

545 Der Institutionenschutz wird durch die Vorschriften des Arbeitnehmerüberlassungsgesetzes (**AÜG**) und des Aufenthaltsgesetzes (**AufenthaltG**) erweitert, die die illegale Beschäftigung von Arbeitnehmern vorrangig mit Bußgeldern sanktionieren. Die Reform des AÜG zum 1.12.2011 brachte keine erheblichen Änderungen im Hinblick auf die strafrechtlichen Vorschriften mit sich.[1129] Handelt es sich bei den verliehenen Arbeitnehmern um solche, die eine Arbeitsgenehmigung benötigen (also EU- bzw. EWR-Ausländer), wird der illegale Verleih zu einer Straftat erhoben, §§ 15, 15a AÜG (**illegale Arbeitnehmerüberlassung**).[1130]

§ 1 I 1 AÜG lautet:

„(1) Arbeitgeber, die als Verleiher Dritten (Entleihern) Arbeitnehmer (Leiharbeitnehmer) im Rahmen ihrer wirtschaftlichen Tätigkeit zur Arbeitsleistung überlassen (Arbeitnehmerüberlassung) wollen, bedürfen der Erlaubnis[1131].

§ 15 I AÜG lautet:

Wer als Verleiher einen Ausländer, der einen erforderlichen Aufenthaltstitel nach § 4 Abs. 3 des Aufenthaltsgesetzes, eine Aufenthaltsgestattung oder eine Duldung, die zur Ausübung der Beschäftigung berechtigen, oder eine Genehmigung nach § 284 Abs. 1 des Dritten Buches Sozialgesetzbuch nicht besitzt, entgegen § 1 einem Dritten ohne Erlaubnis überlässt, wird mit Freiheitsstrafe bis zu drei Jahren oder mit Geldstrafe bestraft.

546 Unter Arbeitnehmerüberlassung ist der unerlaubte „Verleih" von Arbeitskräften an Dritte zu verstehen, um arbeitsrechtliche Mindeststandards und Kontrollen durch die Arbeitsagentur zu unterlaufen.[1132] Die Einrichtung von Dauerarbeitsplätzen ist ein wichtiges sozialpolitisches Anliegen in der Bundesrepublik, weswegen die Entleihung einer behördlichen Genehmigung bedarf (Ausnahmen von der Erlaubnispflicht finden sich in § 1 III AÜG; i.Ü. hat der Arbeitnehmer grundsätzlich einen Anspruch auf Erteilung einer Erlaubnis, sofern kein Versagungsgrund nach § 3 AÜG vorliegt). Sofern der Arbeitnehmer im Rahmen eines zusätzlichen Werk- bzw. Dienstvertrages von dem Unternehmer entsandt worden ist oder nur als Erfüllungsgehilfe tätig wird, liegt keine Arbeitnehmerüberlassung vor. In der Praxis eröffnen sich hier Missbrauchsmöglichkei-

---

1129 Hierzu *Thüsing/Kudlich* ZWH 2011, 90.
1130 Zu den zentralen Strafvorschriften des AÜG Thüsing/*Kudlich* § 15 Rn. 1 ff.
1131 Neu gefasst durch das Gesetz zur Änderung des Arbeitnehmerüberlassungsgesetzes 2017, BGBl. I S. 258; das Änderungsgesetz ließ die strafrechtlichen Vorschriften unberührt; Auswirkungen ergeben sich freilich dennoch insofern, als § 15 AÜG an die reformierten Voraussetzungen einer erlaubnispflichtigen Arbeitnehmerüberlassung anknüpft. Zu den „mittelbaren" Folgen des AÜG 2017 auf die §§ 15, 15a AÜG vgl. auch *Reuker/Pannenborg*, wistra 2017, 430.
1132 Vgl. hierzu GKR/*Kraft* 2. Kap Rn. 337 ff.

ten, da die Abgrenzung zwischen illegaler Überlassung und bloßer (tatbestandsloser) Umgehungshandlung nicht immer einfach ist.[1133]

Die illegale Beschäftigung von Ausländern, die wegen fehlender Perspektiven in der BRD eher dazu bereit sind, die Bedingungen des illegalen Arbeitsmarkts anzunehmen, kann von den Vorschriften im SGB III sowie von den **§§ 95, 96 Aufenthaltsgesetz** erfasst sein. Schwierigkeiten in der Praxis tun sich meist auf der verwaltungsrechtlichen Ebene auf, wenn es um spezielle Fragen, wie unrechtmäßig zurückgewiesene Genehmigungen, abgelaufene Aufenthaltserlaubnisse oder Anerkennung etwaiger EU-Assoziationsabkommen geht.[1134]

b) Illegale Beschäftigung von Ausländern, § 404 II Nr. 3 SGB III, §§ 10, 11 SchwarzArbG

Für die „**Schwarzarbeit**" an sich, wie sie in § 1 des Gesetzes zur Bekämpfung der Schwarzarbeit beschrieben ist, braucht es keines spezifischen bzw. eigenständigen Straftatbestandes, da Schwarzarbeit sich dadurch auszeichnet, dass man unter Verstoß gegen gesetzlich normierte Mitteilungspflichten (nach Steuerrecht oder Sozialrecht) Leistungen erschleichen oder Zahlungsverpflichtungen entgehen will.[1135] Der Verstoß gegen die Mitteilungspflichten ist aber bereits in den jeweils einschlägigen Nebengesetzen selbst unter Strafe gestellt oder wird zumindest als Ordnungswidrigkeit geahndet (§§ 370 AO,[1136] 117 I Nr. 1 HwO). Die Straftatbestände des SchwarzArbG beinhalten also entweder nur Auffangtatbestände (wie § 9 SchwarzArbG[1137]) oder Begehungsweisen mit einem eigenständigen Unrechtsgehalt, die über die Leistungserschleichung bzw. Steuerhinterziehung hinausgehen: § 10 SchwarzArbG stellt die vorsätzliche nicht genehmigte Beschäftigung von Ausländern unter Strafe, allerdings nur, wenn diese **in einem auffälligen Missverhältnis** zu deutschen Arbeitsbedingungen erfolgt. Geschützt werden also nicht nur der Arbeitsmarkt, sondern auch die Interessen der ausländischen Arbeitnehmer. § 10 SchwarzArbG baut somit auf § 404 II Nr. 3 SGB III auf, der als „Grundtatbestand" die bloße Beschäftigung (ohne Missverhältnis) nur als Ordnungswidrigkeit ahndet. Erfolgt die Beschäftigung nach § 10 SchwarzArbG in „großem Stil", verschiebt sich der Strafrahmen nach § 11 SchwarzArbG (nach Nr. 1 ab sechs Ausländern, nach Nr. 2 bei einer „beharrlichen" Wiederholung der vorsätzlichen Beschäftigung, nach Absatz 2 bei Handeln aus grobem Eigennutz).[1138]

547

1133 Zur Abgrenzung vgl. BGH NStZ 2003, 552; *Brüssow/Petri* D. Rn. 119 ff.
1134 Zur illegalen Ausländerbeschäftigung, *Brüssow/Petri* D. Rn. 235 ff.
1135 Zum Begriff der Schwarzarbeit und kriminalistische Grundlagen bei W/J/*Richtarsky*, 19. Kap. Zum Umgang mit der Strafbarkeit des Arbeitgebers *Thum/Selzer* wistra 2011, 290 sowie *Kretschmer* ZWH 2016, 341.
1136 Zur Verwirklichung des § 370 AO, insb. zur Beteiligung von Arbeitnehmer und Arbeitgeber i.R.e. „Schwarzlohnabrede" BGHSt 56, 153 = NJW 2011, 2526.
1137 Hierzu GKR/*Gercke* 2. Kap. Rn. 283 ff.; M-G/*Henzler* § 37 Rn. 110 ff.
1138 Zu dieser Vorschrift im Einzelnen GKR/*Gercke* 2. Kap. Rn. 143 ff.

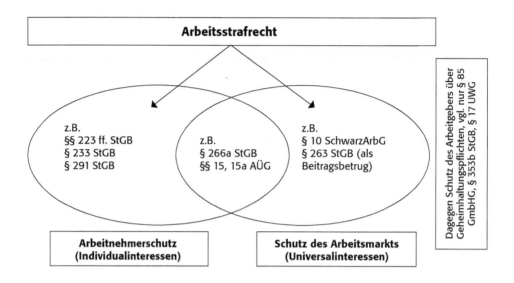

III. § 266a StGB – Vorenthalten und Veruntreuen von Arbeitsentgelt

548 § 266a StGB wurde durch das 2. WiKG in das StGB eingefügt und erfasst in seinem zentralen Abs. I den Arbeit*geber* (Sonderdeliktscharakter), der Beitragsteile nicht an die Sozialversicherung abführt, die der Arbeit*nehmer* kraft gesetzlicher Verpflichtung zu entrichten hat. Hierzu zählen die Kranken,- Pflege- und Rentenversicherung als Bestandteile des Bruttolohns.[1139] Bei den §§ 266a I sowie II Nr. 2 handelt es sich um echte Unterlassungsdelikte,[1140] deren praktische Relevanz mit 10 964 Fällen im Jahr 2012 (bei 18.385 gemeldeten Veruntreuungen insgesamt)[1141] und verursachten Schäden von bis zu 100 Mio. € nicht zu unterschätzen ist. Die kriminalpolitische Notwendigkeit eines eigenen Straftatbestandes ergibt sich spätestens aus dem Umstand, dass der für die Untreue gem. § 266 StGB notwendige Nachweis eines Vermögensschadens nicht gelingen wird (der Arbeitnehmer erleidet durch die Nichtzahlung keinen Nachteil im Bezug auf seine sozialversicherungsrechtlichen Ansprüche), soweit man nicht bereits darauf abstellt, dass bzgl. der Sozialversicherungsabgaben schon kein Treuepflichtverhältnis zwischen Arbeitnehmer und Arbeitgeber angenommen werden kann.[1142] Dennoch muss § 266a StGB als **„untreueähnlich"** bezeichnet werden, weil der Arbeitgeber hinsichtlich der Beiträge doch eine Art treuhänderische Stellung inne hat. Der Tatbestand ist **sozialrechtsakzessorisch**, d.h. die Beitragsforderung des

---

1139 Die Geschichte des § 266a StGB ist mit derjenigen des § 15a InsO vergleichbar: Vor Schaffung des § 266a StGB waren die Strafvorschriften in den verschiedenen Sozialgesetzen (je nach der Art des abzugebenden Anteils) geregelt.
1140 BGHSt 47, 318 (320); BGH StV 2009, 188 (190).
1141 Vgl. PKS 2017, S. 108.
1142 Zur Vermögensbetreuungspflicht zwischen Arbeitnehmer und Arbeitgeber BGHSt 3, 289 ff.; 6, 314 ff; OLG Köln NJW 1967, 836.

Arbeitnehmers ist im Hinblick auf Umfang, Fälligkeit und Verjährung abhängig von den Vorschriften des Sozialgesetzbuchs. Daher setzt § 266a StGB sozialversicherungsrechtliche Grundkenntnisse voraus.

> **Hinweis:** Eine streng sozialrechtsakzessorische Betrachtung hatte bis dato auch die atypische Konsequenz einer „Verjährungsakzessorietät" des § 266a StGB zur Folge: Da nämlich der Beginn der strafrechtlichen Verjährung nach § 78a StGB an die Beendigung der Tat knüpft und diese bei echten Unterlassungsdelikten eintritt, sobald die Pflicht zum Handeln entfällt, nahm die absolut h.M. bis dato an, dass die Verjährungsfrist erst mit dem Erlöschen der Beitragspflicht beginnt.[1143] Soweit als Erlöschensgrund wiederum nur die Verjährung des Beitragsanspruchs (§ 25 I S. 2 SGB IV) in Betracht käme, müsste der Täter als erst einmal 30 Jahren „warten", damit überhaupt die Verjährung anläuft (während ein Totschlag gem. § 212 I StGB bereits nach 20 Jahren verjährt, § 78 III Nr. 2 StGB); diese widersprüchliche Ausgestaltung wurde im Schrifttum seit geraumer Zeit beklagt.[1144] Der Erste Strafsenat hat diese Kritik in einem einschlägigen Fall nunmehr aufgegriffen und in einem Anfragebeschluss seine Absicht bekundet, von der ständigen Rechtsprechung abrücken und für den Beginn der Verjährungsfrist stattdessen an das Verstreichenlassen des Fälligkeitszeitpunkts der Sozialversicherungsbeiträge anknüpfen zu wollen.[1145]

1. Sozialversicherungsrechtliche Grundlagen

Eine wesentliche Staatszielbestimmung der Bundesrepublik ist das **Sozialstaatsprinzip**, Art. 20 I, 28 I 2 GG. Die staatliche Gewalt wird zur Herstellung und Erhaltung sozialer Gerechtigkeit verpflichtet und muss für entsprechende Einrichtungen sorgen, die im Falle des Fehlens eigener Ressourcen (wegen etwaiger Schicksalsschläge wie Arbeitslosigkeit, Krankheit oder Obdachlosigkeit) die notwendigen Mindestvoraussetzungen für ein menschenwürdiges Dasein sichern.[1146]

549

Ein besonders prägnanter Ausdruck des Sozialstaatsprinzips ist das System der Sozialversicherung.[1147] Es handelt sich um eine staatlich eng geregelte Vorsorge für wichtige Risiken des Daseins und setzt sich aus der Kranken-, Unfall-, Renten-, Pflege- und Arbeitslosenversicherung zusammen. Die staatlich kontrollierte Sozialversicherung soll es Personen, die bei privaten Versicherungen nicht oder nur zu sehr hohen Tarifen aufgenommen würden, ermöglichen, ebenfalls versichert zu sein. Zur Sicherung des Beitragsaufkommens besteht überwiegend eine **Pflicht** zur Versicherung, vgl. § 5 SGB V, §§ 20 f. SGB XI etc. Die Pflicht entsteht, sobald eine natürliche Person in ein entgeltliches Beschäftigungsverhältnis innerhalb des räumlichen Geltungsbereichs des SGB (also der Bundesrepublik, vgl. § 3 I SGB IV) eintritt.[1148] Es entspricht ständiger Recht-

550

1143 BGHSt 53, 24 (31); BGH NJW 2011, 3047; BGH wistra 2012, 235.
1144 *Bachmann*, FS Samson, 2010, S. 233; *Hüls/Reichling* StraFo 2011, 305; *Hüls* ZWH 2012, 233.
1145 BGH NStZ 2020, 159 m. Anm. *Lanzinner*.
1146 Zum Sozialstaatsprinzip *Degenhart*, Staatsrecht I, 35. Aufl. 2019, Rn. 354; wesentliche Ausprägungen des Sozialstaatsprinzips sind etwa die Berufsausbildungsförderung, die Schutzvorschriften im Mietrecht oder das Kündigungsschutzgesetz.
1147 Zur Sozialversicherung Schmidt-Bleibtreu/Hofmann/Hopfauf/*Hofmann*, Kommentar zum Grundgesetz, 14. Aufl. 2017, Art. 20 Rn. 31.
1148 Das Beschäftigungsverhältnis muss nicht als Arbeitsverhältnis benannt sein, entscheidend sind insofern die tatsächlichen Umstände; dies gilt auch nach Sozialrecht, vgl. § 22 I i.V.m. § 2 II Nr. 1, 7 I SGB IV.

sprechung des Bundesverfassungsgerichts, dass die gesetzliche Pflichtversicherung (auch bei bestimmten Gruppen von Selbstständigen) verfassungsgemäß ist.[1149] Die Höhe der Beiträge bemisst sich nach dem Bruttolohn. Die Beiträge des sozialversicherungspflichtigen Arbeitnehmers werden **paritätisch**, also hälftig von Arbeitnehmer und Arbeitgeber getragen:

§ 249 I SGB V (Tragung der Beiträge bei versicherungspflichtiger Beschäftigung) **lautet:**

> (1) Beschäftigte, die nach § 5 Absatz 1 Nummer 1 oder Nummer 13 versicherungspflichtig sind, und ihre Arbeitgeber tragen die nach dem Arbeitsentgelt zu bemessenden Beiträge jeweils zur Hälfte.

551 § 249 I SGB V bezieht sich auf die Beiträge für die Krankenversicherung. Für die sonstigen Versicherungsarten finden sich in den § 346 I SGB III, § 168 I Nr. 1 SGB VI, § 58 SGB XI entsprechende Vorschriften. In bestimmten Bereichen kann das Zahlungsverhältnis anders ausgestaltet sein (so bspw. im Niedriglohnsektor, vgl. § 249 I 2 SGB V).

552 Die typische Gefahr des Einbehaltens der Beträge entsteht allerdings erst durch das **Zahlungsverfahren**: Der Lohnaufwand eines „gesetzestreuen, redlichen Arbeitgebers", beträgt damit in der Regel mehr als das Doppelte des ausbezahlten Nettolohnes.[1150] Der Anteil des Arbeitnehmers wird nämlich vom Arbeitgeber bereits einbehalten, weil dieser gem. § 28a-g SGB IV als Einzugsstelle für die zuständige Krankenkasse gilt und er (also der Arbeit**geber**) allein den vollständigen Beitrag anzumelden und abzuführen hat, so dass er der alleinige **Schuldner** der Krankenkasse ist, vgl. § 28e SGB IV. Daher hat er im Innenverhältnis einen Anspruch gegen den Arbeitnehmer und wird durch § 28g S. 2 SGB IV dazu ermächtigt, diesen Anspruch durch Abzug vom Bruttolohn durchzusetzen.[1151] Bis zum Zeitpunkt der Fälligkeit hat der Arbeitgeber also freie Verfügung über das Geld. Aus diesem Umstand ergibt sich der „fiduziarische" Charakter des Sachverhalts bzw. die „untreuetypische" Gefährdungslage.

2. Die Tatbestände des § 266a I – III StGB im Überblick

553 § 266a StGB enthält drei eigenständige Tatbestände (Absatz 1-3), die bezüglich konkreter Tathandlung und Schutzrichtung auseinanderfallen, im Übrigen aber ähnlich strukturiert sind. § 266a I StGB regelt das Vorenthalten von Arbeit**nehmer**beiträgen,[1152] während § 266a II StGB (eingefügt im Jahre 2004) auch das Vorenthalten von Arbeit**geber**beiträgen zur Sozialversicherung sanktioniert, allerdings nur bei bestimmten Handlungsmodalitäten.[1153]

> **Hinweis:** Ein Blick ins Gesetz verrät, dass diese Handlungsvarianten typische betrugsäquivalente Modalitäten darstellen, deren Täuschungsgehalt durch die sozialgesetzliche Meldepflicht nach § 28a SGB IV manifestiert wird. Nur eine manipulative Begehungsweise rechtfertigt

---

1149 BVerfGE 28, 348; 45, 387; 51, 121.
1150 Vgl. auch M-G/*Thul*/*Büttner* § 38 Rn. 5.
1151 Zur im Außenverhältnis unwirksamen Nettolohnabrede vgl. SSW/*Saliger*, § 266a Rn. 14.
1152 Instruktiv zur Prüfung des § 266a in der Revision *ders.* wistra 2012, 211.
1153 Speziell hierzu *Krack*, wistra 2015, 121.

die Kriminalisierung der bloßen Nichtzahlung einer eigenen Schuld. Durch die Einfügung des § 266a II StGB ist das in seinen Einzelheiten äußerst problematische und umstrittene Konstrukt des **Beitragsbetrugs** nach § 263 I StGB nunmehr obsolet und wird nach dem Willen des Gesetzgebers auch von § 266a II StGB als lex specialis verdrängt.[1154] Nichtsdestotrotz erscheint der Wortlaut im Hinblick auf seine Tatbestandsstruktur (der sich an § 370 AO anlehnt) missglückt, wenn er dennoch den Begriff des Vorenthaltens rekurriert und damit auf § 266a Abs. 1 StGB Bezug nimmt.[1155]

§ 266a III StGB regelt schließlich die Einbehaltung und Nicht-Weiter-Leitung sonstiger Lohnbestandteile (z.B. vermögenswirksame Leistungen, gepfändete/abgetretene Lohnbestandteile, *nicht* dagegen die einbehaltene **Lohnsteuer**, vgl. § 266 II 2 StGB, da deren Nichtabführung bereits von § 370 AO erfasst wird). Absatz IV enthält eine Strafzumessungsvorschrift, die ursprünglich drei Regelbeispiele enthielt, jedoch mit dem Gesetz „zur Erleichterung der Bekämpfung von illegaler Beschäftigung und Schwarzarbeit"[1156] nochmals um zwei ergänzt wurde, welche insbesondere organisierte Formen der Beitragshinterziehungen erfassen sollen, nachdem beklagt wurde, dass der Strafrahmen v.a. das Unrecht einer gezielten Einschaltung von weiteren Unternehmen und die professionelle Verschleierung der Beschäftigungsverhältnisse mit Hilfe der von diesen ausgestellten unrichtigen Rechnungen nicht ausreichend sanktioniere.[1157] § 266a V StGB stellt bestimmte Personengruppen – insbesondere bei besonderen Formen der Heimarbeit – Arbeitgebern gleich. In § 266a VI StGB findet sich ein dem § 371 AO vergleichbarer, persönlicher Strafaufhebungsgrund (Selbstanzeige).[1158]

554

3. Insbesondere § 266a I StGB

a) Tauglicher Täterkreis

Täter des § 266a I StGB kann (wie auch in den übrigen Absätzen) nur der **Arbeitgeber** sein, d.h. der nach §§ 611 ff. BGB Dienstberechtigte. Der Begriff des Arbeitgebers richtet sich nach dem des **Sozialrechts**, der sich wiederum am Arbeitsrecht orientiert. Arbeitgeber ist somit derjenige, dem der Arbeitnehmer nicht selbständige Dienste gegen Entgelt leistet und zu dem er in einem Verhältnis **persönlicher Abhängigkeit** steht, das sich vornehmlich in seiner regelmäßig mit einem **Weisungsrecht** des Arbeitgebers verbundenen Eingliederung in den Betrieb des Arbeitgebers äußert.[1159] Dies ist im Wege einer wertenden Gesamtbetrachtung zu ermitteln.[1160] Als echtes Sonderdelikt ausgestaltet gilt für Teilnehmer § 28 I StGB. Ist der Arbeitgeber eine juristische Person,

555

1154 Zum Ganzen *Brüssow/Petri* C. Rn. 38 ff.; zum Beitragsbetrug BGH NJW 2003, 1821 (1823).
1155 Zur Auslegung dieses „missglückten Tatbestands" vgl. *Wittig* HRRS 2012, 63.
1156 BGBl. I S. 2787 ff.
1157 BT-Drs. 18/11272, S. 1; vgl. hierzu auch MK-StGB/*Radtke* § 266a Rn. 112a – c.
1158 Siehe hierzu Rn. 180 ff.
1159 BGH NStZ 2013, 587.; *Krumm* NZWiSt 2015, 102; zur Scheinselbstständigkeit von „Busfahrern ohne eigenen Bus" *Kudlich* ZIS 2011, 482 ff.
1160 Die denkbaren Indizien für und wider die Annahme einer Arbeitgeberstellung werden in der Rechtsprechung freilich unterschiedlich akzentuiert, vgl. etwa BGH NStZ 2014, 699; wistra 2016, 153; eher restriktiv BGH wistra 2015, 393 m. Anm. *Trüg*.

kommt § 14 StGB zur Anwendung, insofern kann hier das bereits dargestellte Problem des faktischen Geschäftsführers ebenfalls auftreten.[1161]

> **Hinweis:** Praktisch wichtig ist das Zusammenspiel zwischen §§ 14, 266a StGB und § 823 II BGB, wenn es um die Haftung des GmbH-Geschäftsführers geht: Da § 266a StGB nach h.A. ein Schutzgesetz i.S.d. § 823 II BGB darstellt, wird über die Zurechnungsnorm des § 14 StGB eine deliktische Haftung begründet.[1162] Das kann für den Sozialversicherungsträger, der eine Nachzahlung zu fordern hat, attraktiv sein, da bei der juristischen Person selbst möglicherweise „nichts mehr zu holen" ist, wenn die Tat – wie häufig – in einer manifesten Krisensituation begangen wurde, während der Geschäftsführer als Privatperson möglicherweise noch solvent ist.

556 Soweit es der Zurechnungsvorschrift des § 14 StGB allerdings nicht bedarf, können auch keine Friktionen mit § 14 III StGB entstehen, mithin steht einer faktischen Betrachtungsweise nichts entgegen. Somit sind auch verdeckte Arbeitsverhältnisse erfasst, d.h. der Auftraggeber eines **Schein**selbstständigen kann als sozialversicherungspflichtiger Arbeitgeber qualifiziert werden.[1163]

b) Tatobjekt und Tathandlung

557 Tatobjekt des § 266a I StGB sind Arbeit*nehmer*beiträge zur *Sozialversicherung*, d.h. Arbeit*geber*beiträge sind nicht von Abs. 1 erfasst.

558 Unter **Vorenthalten** ist das Unterlassen des Abführens spätestens am Fälligkeitstag zu verstehen.[1164]

559 Die Fälligkeit richtet sich nach § 23 SGB IV (Satzung der Krankenkasse). Nach § 23 I 2 SGB IV ist die Forderung spätestens am *„drittletzten Bankarbeitstag des Monats fällig, in dem die Beschäftigung oder Tätigkeit, mit der das Arbeitsentgelt oder Arbeitseinkommen erzielt wird, ausgeübt worden ist oder als ausgeübt gilt".*

560 Durch das gesetzlich vorgesehene „Zahlungssystem" können sich Abgrenzungsschwierigkeiten ergeben, wenn der Arbeitgeber nur *Teilzahlungen*, aber keine Tilgungsbestimmung vornimmt. Nach § 4 der Beitragsverfahrensordnung sollen Teilzahlungen gleichmäßig auf fällige Beträge angerechnet werden.

1161 Öffentlich-rechtliche Pflichten der Gesellschaft gehören zu dessen Aufgabenkreis.
1162 Exemplarisch aus der umfangreichen Zivilrechtsprechung BGHZ NJW 2005, 2546 ff.
1163 Zur mitunter schwierigen Abgrenzung zwischen legaler Vermittlungstätigkeit von Selbstständigen und illegaler Vermittlung LG-Marburg NStZ-RR 2007, 172 f.; *Schulz* NJW 2006, 183. Für die Beurteilung, ob ein sozialversicherungs- und lohnsteuerpflichtiges Arbeitsverhältnis vorliegt, sind allein die tatsächlichen Gegebenheiten maßgeblich, nicht eine zur Verschleierung gewählte Rechtsform. Dementsprechend können die Vertragsparteien die sich aus einem Arbeitsverhältnis ergebenden Beitragspflichten nicht durch eine abweichende vertragliche Gestaltung beseitigen, so BGH NJW 2012, 471.
1164 Da es sich um ein (echtes) Unterlassungsdelikt handelt, ist die Tat erst beendet, wenn die Beitragspflicht erloschen ist, vgl. BGH NStZ 2012, 510. Somit beginnt die Verjährungsfrist erst auch ab diesem Zeitpunkt, § 78a StGB.

§ 4 BVV lautet:

Schuldet der Arbeitgeber oder ein sonstiger Zahlungspflichtiger Auslagen der Einzugsstelle, Gesamtsozialversicherungsbeiträge, Säumniszuschläge, Zinsen, Geldbußen oder Zwangsgelder, kann er bei der Zahlung bestimmen, welche Schuld getilgt werden soll; der Arbeitgeber kann hinsichtlich der Beiträge bestimmen, dass vorrangig die Arbeitnehmeranteile getilgt werden sollen. Trifft der Arbeitgeber keine Bestimmung, werden die Schulden in der in Satz 1 genannten Reihenfolge getilgt. Innerhalb der gleichen Schuldenart werden die einzelnen Schulden nach ihrer Fälligkeit, bei gleichzeitiger Fälligkeit anteilmäßig getilgt.

Im Sinne einer täterfreundlichen Auslegung („in dubio pro reo") erscheint es jedoch wohl sachgerechter, eine vorrangige Tilgung der Arbeitnehmerbeträge zu unterstellen, soweit objektiv keine gegenteiligen Anhaltspunkte vorliegen.[1165]

561

c) Veruntreuen in „Krisenzeiten": Das Sonderproblem der Zahlungsunfähigkeit

Typischerweise wird sich der Arbeitgeber zu solch „unlauteren" Methoden v.a. in Krisenzeiten verlockt fühlen. Da es sich um ein typisches „Kontrolldelikt" handelt, dessen Verwirklichung von den Sozialversicherungsträgern regelmäßig bemerkt werden wird, kann der Täter kaum darauf hoffen, damit „auf Dauer durchzukommen" oder auch nur nicht nachträglich noch zur Rechenschaft gezogen zu werden. In einer massiven Krisensituation mag aber die Verlockung groß sein, lieber „erst einmal die Krankenkassen warten zu lassen", bevor etwa kein Lohn bezahlt wird (mit der Folge, dass die Arbeitnehmer nicht mehr weiterarbeiten werden) oder keine Lieferantenrechnungen beglichen werden (mit der Folge, dass keine neuen Rohstoffe mehr geliefert werden). Denn für die unmittelbare Fortführung des Betriebs ist in der Krisensituation die „Zufriedenheit" der Sozialversicherungsträger für den Unternehmer wesentlich weniger wichtig als diejenige von Belegschaft und Lieferanten. Eine Strafbarkeit wegen Vorenthaltens als echtes Unterlassungsdelikt kommt allerdings nur in Betracht, soweit eine Zahlung *möglich* und *zumutbar* ist.[1166]

562

aa) Vollständige Zahlungsunfähigkeit

Ist der Arbeitgeber vollkommen zahlungsunfähig, gibt es schon rein „tatsächlich" nichts abzuführen, d.h. ein „Vorenthalten" scheitert bereits am Vorhandensein etwaiger Geldmittel. Eine andere Frage ist, ob der Täter diesen Zustand nicht vorsätzlich bzw. fahrlässig herbeigeführt hat und somit nach den Grundsätzen der **omissio libera in causa** haftbar gemacht werden kann: Der BGH erkennt die Möglichkeit eines strafbaren Vorverschuldens grundsätzlich an, betont aber, dass dieses Vorverschulden positiv festgestellt werden müsse. Der bloße Eintritt der Zahlungsunfähigkeit zum Fälligkeitszeitpunkt reiche nicht aus, vielmehr müsse mittels einer Liquiditätsprognose analysiert

563

1165 So auch das BayObLG wistra 1999, 119; Sch/Sch/*Perron* § 266a Rn. 10a.
1166 Die Einschränkungsmöglichkeit ist also nur im Rahmen eines Unterlassungsdelikts wie § 266a I StGB gegeben. Bei illegaler Beschäftigung und damit einhergehender „aktiver Täuschungshandlung" (also i.R.d. § 266a II Nr. 1 StGB) kann die Krise bzw. Unmöglichkeit der Beitragsentrichtung nicht tatbestandsausschließend wirken, vgl. BGH NJW 2011, 3047, in der diese Überlegungen auf den Fall übertragen werden, in der zugleich § 266a I StGB verwirklicht wird.

werden, ob finanztechnisch zulässige Maßnahmen die Zahlung der Sozialversicherungsbeiträge ermöglicht hätten.[1167] Die offene Wendung **„Liquiditätsprognose"** sollte allerdings täterfreundlich ausgelegt werden, m.a.W. dürfen die Anforderungen an den Arbeitgeber in Krisenzeiten nicht überspannt werden,[1168] bspw. durch die Forderung, neue Kreditmittel zu beschaffen,[1169] die Löhne zu kürzen[1170] oder sogar Arbeitnehmer zu entlassen, um die Sozialversicherungsansprüche zum Erlöschen zu bringen.[1171] Selbst wenn man die rechtliche Möglichkeit durch die Anknüpfung an einen früheren Zeitpunkt und eine negative Liquiditätsprognose letztlich bejaht, muss hier das Kriterium der Zumutbarkeit einen hohen Stellenwert genießen.[1172]

bb) Kollision von Zahlungspflichten

564 Ist dagegen zwar noch eine gewisse Liquidität vorhanden, reicht diese jedoch nicht aus, um laufende Kosten, Lohnkosten und Lieferanten etc. **und** Sozialversicherungsbeiträge zu bezahlen, setzt eine Strafbarkeit wegen unterlassener Zahlungen trotz Unmöglichkeit der vollständigen Begleichung aller Rechnungen voraus, dass die sozialversicherungsrechtliche Zahlungspflicht gegenüber sonstigen Verbindlichkeiten des Schuldners vorrangig ist. Hat der Arbeitgeber nur unzureichende Mittel **insgesamt** (kann er also nicht alle Verpflichtungen zugleich erfüllen), geht nach Ansicht des BGH die Zahlungspflicht der Sozialversicherungsbeiträge vor. Trotz späterer Anfechtbarkeit der Zahlungen im Insolvenzverfahren nach § 129 I InsO genießt nach Ansicht der Rechtsprechung die Abführung der Sozialversicherungsbeiträge Vorrang gegenüber sonstigen Zahlungspflichten.[1173] Begründet wird dies mit dem Umstand, dass nur diese Zahlungspflichten strafrechtlich abgesichert sind und somit eine gesetzgeberische Wertentscheidung die sozialversicherungsrechtlichen Ansprüche höherwertiger mache. Außerdem sei § 266a VI StGB solch ein Vorrang bereits immanent.[1174]

565 Einige Stimmen in der Literatur sehen in dieser Argumentation einen **Zirkelschluss**;[1175] aus der Strafbewehrung allein lasse sich keine „Höherwertigkeit" annehmen. Daher sollen die Zahlungspflichten gleich zu behandeln sein, da sonst ein (zumindest latenter) Widerspruch gegen den Grundsatz der Gleichbehandlung der Gläubiger im Insolvenzverfahren drohe.[1176] Das Strafrecht soll nicht die Abführung von Beiträgen schützen, die den Sozialversicherungsträgern anschließend insolvenzrechtlich wieder entzogen werden können. Dieser Einwand ändert allerdings nichts daran, dass **vor** dem Insolvenzverfahren de facto eine Benachteiligung der Sozialversicherungsträger droht. Denn gerade weil – wie oben ausgeführt – in der Krisensituation die Nichtzah-

---

1167 BGHSt 47, 318.
1168 SSW/*Saliger* § 266a Rn. 20; Sch/Sch/*Perron* § 266a Rn. 10.
1169 Noch weiter BGH NJW 1997, 133 (134).
1170 So BGHZ 134, 304 (309).
1171 BGHZ NJW 2002, 1125 f.
1172 *Lackner/Kühl* § 266a Rn. 10.
1173 BGHSt 47, 319.
1174 BGH NJW 1997, 1237.
1175 NK/*Tag* § 266a Rn. 71 ff.
1176 Zu diesem Grundsatz siehe bereits Rn. 494.

lung etwa von Lieferanten und Personal auf den ersten Blick „weniger attraktiv" ist, besteht eine umso größere Gefahr, dass die Sozialversicherungsträger das schwächste Glied in der Kette darstellen. **Während** des eigentlichen Insolvenzverfahrens bleibt dann eine gerechte Verteilung nach formellen Gesichtspunkten gewährleistet.

d) Die Kollision von strafrechtlicher Zahlungspflicht und gesellschaftsrechtlichem Zahlungsverbot

aa) Problemaufriss

Die schwierige Situation des Geschäftsführers bzw. sonstigen leitenden Organs (etwa Vorstand einer AG) in wirtschaftlichen Krisensituationen wird durch gesellschaftsrechtliche Pflichten, die ihm bei drohender Insolvenz durch das einschlägige Recht auferlegt werden, noch weiter verschärft. § 15a InsO (vor dem MoMiG § 64 I GmbHG i.V.m. § 84 I Nr. 2 GmbHG, § 92 II i.V.m. § 401 I Nr. 1 AktG, § 99 I i.V.m. § 148 I Nr. 2 GenG) verpflichtet das Organ (im praktisch wichtigen Fall der GmbH also den Geschäftsführer) bei eingetretener Zahlungsunfähigkeit[1177] zur Beantragung der Eröffnung des Insolvenzverfahrens **binnen drei Wochen**. Zahlt er nach Eintritt der Zahlungsunfähigkeit Beträge an Dritte aus, kann er nach § 64 S. 1 GmbHG haftbar gemacht werden.   566

§ 64 GmbHG (Haftung für Zahlungen nach Zahlungsunfähigkeit oder Überschuldung) **lautet:**

> Die Geschäftsführer sind der Gesellschaft zum Ersatz von Zahlungen verpflichtet, die nach Eintritt der Zahlungsunfähigkeit der Gesellschaft oder nach Feststellung ihrer Überschuldung geleistet werden. Dies gilt nicht für Zahlungen, die auch nach diesem Zeitpunkt mit der Sorgfalt eines ordentlichen Geschäftsmanns vereinbar sind. Die gleiche Verpflichtung trifft die Geschäftsführer für Zahlungen an Gesellschafter, soweit diese zur Zahlungsunfähigkeit der Gesellschaft führen mussten, es sei denn, dies war auch bei Beachtung der in Satz 2 bezeichneten Sorgfalt nicht erkennbar. Auf den Ersatzanspruch finden die Bestimmungen in § 43 Abs. 3 und 4 entsprechende Anwendung.

Der Geschäftsführer *darf* also nach Eintritt der Zahlungsunfähigkeit keine Verpflichtungen mehr erfüllen.[1178] Es geht also nicht mehr nur um das „Rangverhältnis" zweier **Pflichten**, sondern um die Kollision der Zahlungs**pflicht** gegenüber der Sozialversicherung einerseits und einem (mittelbaren) Zahlungs**verbot** nach § 64 S. 1 GmbHG andererseits. Genau dieser Konflikt beherrscht den eingangs geschilderten Sachverhalt. Der Geschäftsführer befindet sich insofern in einer Zwickmühle: Während § 15a InsO i.V.m. § 64 S. 1 GmbHG androht, dass er für Zahlungen nach Eintritt der Zahlungsunfähigkeit haften muss, stellt § 266a StGB die Nichtzahlung der Arbeitnehmerbeträge unter Strafe.   567

1177 Siehe hierzu Rn. 501.
1178 Zur Haftung des Geschäftsführers nach § 64 GmbHG *Bunnemann* ZWH 2012, 389.

bb) Der Geschäftsführer in der Zwickmühle und die Lösung des BGH

568 Der BGH hatte also zu entscheiden, ob die strafrechtlich sanktionierte Pflicht zur Zahlung der Sozialversicherungsbeiträge oder aber das gesellschaftsrechtliche „Zahlungsverbot" Vorrang genießen soll. Oder anders gewendet: Die Kollision zwischen Zahlungspflicht und Zahlungsverbot muss entweder zu Lasten des Gesellschaftsrechts oder zu Lasten des Strafrechts (und Sozialversicherungsrechts) aufgelöst werden.

569 Der Senat entscheidet sich hierbei für einen Mittelweg, indem er eine Ausstrahlungswirkung des Zahlungsverbots auf § 266a StGB annimmt und den absoluten Schutz der Sozialversicherungen einschränkt, aber nicht dauerhaft aufhebt. Vertretbar, aber keineswegs zwingend schließt der Senat in BGHSt 48, 107 ff. eine Strafbarkeit nach § 266a solange aus, bis die Antragsstellungsfrist nach § 15a InsO (also drei Wochen) abgelaufen ist:

> **Aus BGHSt 48, 107 ff. (mit angepassten Vorschriften):** „... Während des Laufs der Drei-Wochen-Frist des § 15a InsO ist – wie sich aus dem besonderen Zweck der Schutzvorschrift des § 64 GmbHG ergibt – die verteilungsfähige Vermögensmasse einer insolvenzreifen GmbH im Interesse der Gesamtheit der Gläubiger zu erhalten und eine zu ihrem Nachteil gehende bevorzugte Befriedigung einzelner Gläubiger zu verhindern. Dementsprechend hat der Gesetzgeber, um den Schutz der Massesicherung zu verstärken, in § 64 Satz 1 GmbHG eine persönliche Haftung der Geschäftsführer für den Fall angeordnet, dass nach Eintritt der Insolvenzreife Zahlungen der Gesellschaft geleistet werden. Die Ersatzpflicht des Geschäftsführers hat Auswirkungen auf die Auslegung des § 266a Abs. 1 StGB. Der Gedanke der Sicherung der Masse ist im Rahmen der den Geschäftsführern eingeräumten zeitlichen Zwischenphase für Sanierungsbemühungen im Hinblick auf Sozialversicherungsbeiträge zu beachten...Dazu stünde aber die strafbewehrte Pflicht zur Zahlung von Arbeitnehmerbeiträgen in Widerspruch. Dieser ist nach dem auch hier geltenden Grundsatz der Einheitlichkeit der Rechtsordnung dadurch aufzulösen, dass die Regelung des § 64 Satz 1 GmbHG während des Laufs der Drei-Wochen-Frist die Nichtabführung der Arbeitnehmerbeiträge rechtfertigt ..."

570 § 64 S. 1 GmbHG soll also nach Auffassung des BGH als **„temporärer Rechtfertigungsgrund"** fungieren. Da die Nichtzahlung zu diesem Zeitpunkt gerechtfertigt sei, scheide eine Strafbarkeit nach § 266a StGB aus. Nach Ablauf der Frist fällt die Rechtfertigung allerdings wieder weg, und der Vorrang des § 266a StGB lebt wieder auf. Diesem „Mittelweg" liegt, wie sich den Urteilsgründen schon entnehmen lässt, der **doppelte** Schutzzweck des § 15a InsO zugrunde:

- **Antragspflicht: Zweck = Abwenden der Masseschmälerung**: Wenn sich der von 15a InsO bezweckte Schutz der Masseschmälerung nicht realisieren kann, weil der Täter den Antrag nicht stellt, gerät der vorrangige Anspruch gegen die Sozialversicherung wieder in Gefahr. Daher soll die Zahlungspflicht aus § 266a StGB nur für jene drei Wochen suspendiert werden.
- **3-Wochen-Frist: Zweck = Sanierungsschonfrist**: Die Schonfrist dient den Sanierungsbemühungen des potentiellen Insolvenzschuldners; diese Frist muss sich der Effektivität halber auf alle Ansprüche beziehen.

571 In der Praxis führt dies zu einem „Schutz" des Arbeitgebers, der nur drei Wochen andauert und das auch nur, wenn er den Insolvenzantrag stellt. Die Lösung entspricht aber der grundsätzlichen Auffassung der Rechtsprechung vom Vorrang des Sozialversicherungsanspruchs.

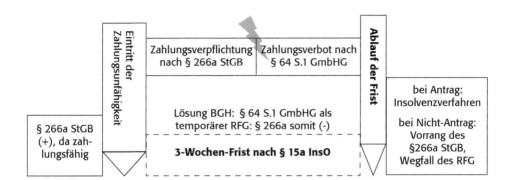

Der „**Kompromiss**" des BGH ist nicht frei von Kritik geblieben.[1179] Selbst wenn man nicht schon das Primat des § 266a StGB anzweifelt, bleibt es dennoch fraglich, warum der BGH – wenn er schon für einen Vorrang der Sozialversicherungsansprüche plädiert – nicht den „einfacheren Weg" geht und die Zahlung an die Sozialversicherung als solch eine qualifiziert, die mit der Sorgfalt eines ordentlichen Geschäftsmannes vereinbart werden kann. Dann läge nämlich **keine Ersatzpflicht nach § 64 S. 1 GmbHG** und somit auch keine Pflichtenkollision vor, und man könnte bei Unterlassen der Zahlung eine Strafbarkeit nach § 266a StGB ohne Weiteres bejahen. Außerdem kann der undeutlichen Formulierung auch nicht entnommen werden, ob ein Tatbestandsausschluss angenommen wird, eine eigenständige Rechtfertigung nach § 64 S. 1 GmbHG erfolgt oder in der Sache § 34 StGB Anwendung findet.

572

> **Hinweis:** Im konkreten Fall kam dazu, dass bereits die Tätereigenschaft des Geschäftsführers P hinsichtlich der Beiträge für November und Dezember (Fälligkeit nach damaliger Rechtslage: 15.12. und 15.1.[1180]) fraglich erscheint, da er abberufen wurde. Selbst bei einer Annahme dahingehend, dass die Abberufung nicht wirksam wäre, deutet die Niederlegung des Postens auf einen fehlenden Vorsatz bezüglich der Zahlungspflicht hin.

Dem um Harmonisierung bemühten BGH kann aber jedenfalls nicht zum Vorwurf gemacht werden, dass das Gesellschafts- bzw. Insolvenzrecht nicht mit dem strafrechtlich geschützten Interesse der Sozialkassen abgestimmt worden ist. Jüngst hat es der Gesetzgeber erneut verpasst, durch das MoMiG korrigierend einzugreifen und das Verhältnis festzulegen. Als „**Übergangslösung**" für die Praxis ist die Lösung des BGH somit jedenfalls nicht zu beanstanden. Die Arbeitgeber machen sich im Falle der Zahlungsunfähigkeit die ersten drei Wochen ab Kenntnis nicht strafbar. Danach greift § 266a StGB wieder, es sei denn der Arbeitgeber hat das Insolvenzverfahren eingeleitet. Dann tritt rechtliche Unmöglichkeit wegen mangelnder Verfügungsbefugnis, vgl. § 80 InsO, ein.

573

1179 Zum Streitstand SSW/*Saliger* § 266a, Rn. 20 ff.; MK-StGB/*Radtke* § 266a Rn. 68 ff.; *Sinn* NStZ 2007, 155; *Rönnau* wistra 1997, 17; *Kutzner* NJW 2006, 415.
1180 Vgl. BGHSt 48, 307 (312).

e) Subjektiver Tatbestand

573a § 266a StGB setzt voraus, dass der Täter in Kenntnis der Verwirklichung aller objektiven Tatbestandsmerkmale handelt. Dabei genügen das Bewusstsein und der Wille, die Abführung der Beiträge bei Fälligkeit zu unterlassen.[1181] Wie auch im Steuerrecht (nämlich hinsichtlich des Bestehens des Steueranspruchs) kann sich hier die Frage stellen, wie sich Irrtümer über außerstrafrechtliche Vorfragen – hier über die Arbeitgebereigenschaft – auf die Strafbarkeit des Täters auswirken. Nach bisheriger Rechtsprechung musste sich der Vorsatz nur auf die den Status als Arbeitgeber begründenden Tatsachen beziehen, sodass die Vorstellung kein Arbeitgeber zu sein, bei Kenntnis aller Tatumstände einen für den Vorsatz irrelevanten Subsumtionsirrtum darstellt.[1182] Der Erste Strafsenat hat gerade im Hinblick auf die Andersbehandlung im Steuerstrafrecht (und der Verknüpfung von Steuer- und Beitragshinterziehung) angedeutet, an dieser Rechtsprechung nicht länger festhalten zu wollen, da für eine Differenzierung „kein sachlicher Grund" erkennbar sei. Dementsprechend erwäge er, „zukünftig auch die Fehlvorstellung über die Arbeitgebereigenschaft in § 266a StGB und die daraus folgende Abführungspflicht insgesamt als (vorsatzausschließenden) Tatbestandsirrtum zu behandeln."[1183]

574

Prüfungsschema zu § 266a StGB

I. Objektiver Tatbestand
1. Tauglicher Täter: Arbeitgeber (Sonderdelikt), berücksichtige Gleichstellungsklausel in § 266a V StGB
2. Materielles Sozialversicherungsverhältnis
3. Tathandlung
   a) **Abs. I**: Vorenthalten von Arbeitnehmerbeiträgen trotz Fälligkeit
      beachte hier Problematik der Tilgungsbestimmung)
      Möglichkeit bzw. Zumutbarkeit (Problematik der Zahlungspflichtenkollision)
   b) **Abs. II**: Vorenthalten von Arbeitgeberbeiträgen durch besondere Handlungsmodalitäten, insb. Falschangaben
   c) **Abs. III**: Einbehalten von Arbeitsentgelt

II. Subjektiver Tatbestand (bedingter Vorsatz genügt)

III. Rechtswidrigkeit (3-Wochen-Frist nach § 15a InsO i.V.m. § 64 GmbHG als temporärer Rechtfertigungsgrund?)

IV. Schuld

V. Strafzumessung, § 266a IV StGB

VI. Persönliche Strafaufhebungsgründe, Selbstanzeige gem. § 266a VI StGB

Zur Vertiefung: *Ischebeck*, Vorenthalten von Sozialversicherungsbeiträgen i.S.v. § 266a Abs. 1 StGB während der materiellen Insolvenz der GmbH, 2009; *Wüchner*, Die Vorenthaltung von Sozialversicherungsbeiträgen des Arbeitnehmers: Eine Betrachtung des § 266a Abs. 1 StGB unter besonderer Berücksichtigung der wirtschaftlichen Unternehmenskrise und der insolvenzrechtlichen Einflüsse, 2010; *Loose*, Das Vorenthalten von Arbeitgeberbeiträgen zur Sozialversicherung gemäß § 266a Abs. 2 StGB, 2017

1181 *Wittig*, § 22 Rn. 51; zur inneren Tatseite bei § 266a vgl. auch *Mayer*, NZWiSt 2015, 169.
1182 BGH NJW 2003, 3787 (3790).
1183 BGH wistra 2018, 339; vgl. auch *Bürger*, wistra 2016, 169; *Bollacher*, NZWiSt 2019, 59. Eingehend auch *Lanzinner*, Scheinselbständigkeit als Straftat, 2014, S. 64 ff.

L. BGHSt 55, 288 ff.: Siemens – AUB
Schutz der betrieblichen Mitbestimmung und Grenzen der Untreuestrafbarkeit

Literatur: zu BGHSt 55, 288 ff. die Anmerkungen von *Brand* JR 2011, 394; *Kraatz* wistra 2011, 447; *Kudlich* in: FS-Stöckel 2010, S. 93 ff; *Jahn* JuS 2011, 183; *Schünemann* in: FS-Gauweiler, 2009, S. 520 ff.; zu § 119 BetrVG *Gercke/Kraft/Richter* 2. Kap. O.; vgl. auch BGHSt 54, 148 ff. (VW/Volkert), hierzu *Zwiehoff* in FS-Puppe 2011, S. 1337 ff.

Sachverhalt (vereinfacht) 575

Der spätere Angeklagte S. war ein ehemaliger Mitarbeiter der Firma Siemens, der aus dem Unternehmen ausgeschieden war und sich als Unternehmensberater selbständig gemacht hatte. Daneben war S aber auch als leitendes Mitglied der Arbeitnehmervereinigung „AUB" tätig. Der spätere Angeklagte F verlängerte in seiner damaligen Eigenschaft als Bereichsvorstand (d.h. nicht zum Vorstand im aktienrechtlichen Sinne zählende, aber dennoch exponierte Führungskraft des Unternehmens) einen schon über einige Jahre vorher mehrfach in ähnlicher Form von anderen Führungskräften mit S geschlossenen Vertrag, dessen – wenngleich im Vertragstext selbst unausgesprochener – Zweck neben anderen Schulungs- und Beratungsleistungen vorrangig auch in einer Förderung der AUB lag. Dabei ging es (nach dem übereinstimmenden Eindruck von Staatsanwaltschaft und Tatgericht) nicht etwa darum, dass durch die Geldzahlungen unmittelbar Einfluss auf einzelne Betriebsangehörige mit Blick auf die Ausübung ihres Wahlrechts oder aber auf etwaige Funktionäre der AUB mit Blick auf die Ausübung ihres Stimmverhaltens in eventuellen Gremien genommen werden sollte. Man bezweckte vielmehr, dass die AUB durch die (nach außen streng verdeckte) Förderung durch Siemens in der Lage war, umfangreich und aufwendig zu werben, Schulungsangebote zu machen etc. und auf diese Art und Weise auch solche Mitarbeiter potentiell für eine Arbeit in der betrieblichen Mitbestimmung anzusprechen, die nicht in der IG-Metall organisiert waren. Grund für dieses Vorgehen war die Hoffnung, dass solche Mitarbeiter, die sich nicht allein aus dem Bereich der IG-Metall heraus für die Arbeit in der betrieblichen Mitbestimmung interessieren, tendenziell weniger an übergeordneten Verbandsinteressen als vielmehr an den konkreten Unternehmens- und Standortinteressen orientiert handeln würden. Dies scheint sich auch bestätigt zu haben. Denn in einem späteren Prozess gegen F und S blieb letztlich unwidersprochen, dass betriebliche Entscheidungen, die in Teilen des Unternehmens mit Betriebsräten der AUB getroffen werden konnten oder die durch den mittelbaren Druck einer starken Präsenz der AUB später auch mit Vertretern der IG Metall herbeigeführt werden konnten, der Siemens AG Vermögensvorteile erbrachten, die über das an den ausgeschiedenen Unternehmensberater gezahlte Gehalt hinausgingen. Strafbarkeit von F und S?

I. Die betriebliche Mitbestimmung und ihr strafrechtlicher Schutz im Allgemeinen

Die betriebliche Wirklichkeit ist sowohl hinsichtlich des Inhalts der arbeitsrechtlichen 576
Pflichten als auch (mittelbar dadurch) hinsichtlich der wirtschaftlichen Lage eines Betriebes maßgeblich durch **kollektiv- arbeitsrechtliche Vorgaben** geprägt. Es geht dabei um die Rechte und Pflichten von Arbeitnehmer bzw. Arbeitgeber, die nicht individualvertraglich festgesetzt sind, sondern durch kollektive Vereinbarungen für eine Vielzahl von Arbeitnehmern gelten. Im kollektiven Arbeitsrecht ist dabei zwischen **dem**

Tarifvertragsrecht – also den zwischen Gewerkschaften und Arbeitgebern bzw. Arbeitgebervereinigungen ausgehandelten Regelungen (vgl. §§ 1, 2 TVG) und der sog. **betrieblichen Mitbestimmung** (vgl. § 2 BetrVG) zu unterscheiden.[1184] Während es im Tarifvertragsrecht idealtypisch darum geht, dass Gewerkschaften und Arbeitgeberverbände Regelungen für Arbeiter bzw. Angestellte ganzer Branchen in einem Tarifgebiet möglichst betriebsübergreifend einheitlich regeln,[1185] ist der sog. Betriebsrat (neben anderen Zuständigkeiten) für den Abschluss von Betriebsvereinbarungen zuständig, die mit einem bestimmten Arbeitgeber für seine Arbeitnehmer gelten sollen.[1186] Gerade weil diese Regelungen Auswirkungen auf eine große Zahl von Arbeitsverträgen haben, ist ihre wirtschaftliche Breitenwirkung groß.

577 Für einen Arbeitgeber könnte es daher eine Verlockung darstellen, **Einfluss** auf den Betriebsrat, und zwar gleichermaßen auf seine Zusammensetzung wie auf seine Arbeit, zu nehmen. Um dem entgegenzuwirken, wird betriebsverfassungsrechtlich daher ein spezieller Schutz in § 20 BetrVG angeordnet:

§ 20 BetrVG

(1) Niemand darf die Wahl des Betriebsrats behindern. Insbesondere darf kein Arbeitnehmer in der Ausübung des aktiven und passiven Wahlrechts beschränkt werden.

(2) Niemand darf die Wahl des Betriebsrats durch Zufügung oder Androhung von Nachteilen oder durch Gewährung oder Versprechen von Vorteilen beeinflussen.

(3) [Vorschriften zur Kostentragung]

578 Wird gleichwohl Einfluss genommen, so ist dies für bestimmte Handlungsmodalitäten in § 119 BetrVG unter Strafe gestellt.[1187] Für die leitenden Angestellten findet sich ein ähnliches Verbot die Wahl des Sprecherausschusses zu beeinflussen, §§ 34-36 Sprecherausschussgesetz.[1188]

§ 119 Straftaten gegen Betriebsverfassungsorgane und ihre Mitglieder

(1) Mit Freiheitsstrafe bis zu einem Jahr oder mit Geldstrafe wird bestraft, wer
1. eine Wahl des Betriebsrats, der Jugend- und Auszubildendenvertretung, der Bordvertretung, des Seebetriebsrats oder der in § 3 Abs. 1 Nr. 1 bis 3 oder 5 bezeichneten Vertretungen der Arbeitnehmer behindert oder durch Zufügung oder Androhung von Nachteilen oder durch Gewährung oder Versprechen von Vorteilen beeinflusst,
2. [Störung der Tätigkeit des Betriebsrats und anderer Organe][1189]

1184 Vgl. zum Ganzen im Überblick *Dütz/Thüsing*, Arbeitsrecht, 24. Aufl. 2019, § 1 Rn. 3.
1185 *Löwisch/Caspers/Klumpp*, Arbeitsrecht, 12. Aufl. 2019, Rn. 55, 961 ff.
1186 Vgl. *Dütz/Thüsing*, Arbeitsrecht, 24. Aufl. 2019, § 14 Rn. 809; *Löwisch/Caspers/Klump*, Arbeitsrecht, 12. Aufl. 2019, Rn. 1163 ff.
1187 Zu weiteren Vorschriften des „Arbeitsstrafrechts", die allerdings vorrangig die individualvertragliche Gestaltung der Arbeitsverträge betrifft, vgl. bereits § 15.
1188 M-G/*Thul* § 35 Rn. 2. (dort werden auch weitere gleich lautende Vorschriften aufgezählt); G/J/W/*Valerius* § 34 SprecherAusschussG Rn. 1 ff.
1189 Da es sich beim Betriebsrat sozusagen um die „Verkörperung eines sozialen Arbeitsrechts" erweitert man den strafrechtlichen Schutz auf sein möglichst „reibungsloses" Tätigwerden, so dass auch die generalklauselartig gefasste Betriebsratsbehinderung erfasst ist, vgl. hierzu M-G/*Thul* § 35 Rn. 13 ff.; Die Verletzung der Geheimhaltungspflichten der an betriebsverfassungsrechtlichen Tätigkeiten befassten Personen (sozusagen als lex specialis zu §§ 203 StGB, 17 UWG) unterfällt § 120 BetrVG.

3. ein Mitglied oder ein Ersatzmitglied des Betriebsrats, des Gesamtbetriebsrats, des Konzernbetriebsrats, der Jugend- und Auszubildendenvertretung, der Gesamt-Jugend- und Auszubildendenvertretung, der Konzern-Jugend- und Auszubildendenvertretung, der Bordvertretung, des Seebetriebsrats, der in § 3 Abs. 1 bezeichneten Vertretungen der Arbeitnehmer, der Einigungsstelle, der in § 76 Abs. 8 bezeichneten Schlichtungsstelle, der in § 86 bezeichneten betrieblichen Beschwerdestelle oder des Wirtschaftsausschusses um seiner Tätigkeit willen oder eine Auskunftsperson nach § 80 Abs. 2 Satz 4 um ihrer Tätigkeit willen benachteiligt oder begünstigt.

(2) Die Tat wird nur auf Antrag des Betriebsrats, des Gesamtbetriebsrats, des Konzernbetriebsrats, der Bordvertretung, des Seebetriebsrats, einer der in § 3 Abs. 1 bezeichneten Vertretungen der Arbeitnehmer, des Wahlvorstands, des Unternehmers oder einer im Betrieb vertretenen Gewerkschaft verfolgt

Im Verfahren Siemens – AUB war während der Phase der Aufarbeitung des Sachverhalts (Bekanntwerden des Ermittlungsverfahrens; Zeitraum des Hauptverfahrens) die „öffentliche Empörung" auch in erster Linie darüber entstanden, dass der Konzern sich (vermeintlich? vgl. auch näher unten Rn. 583 ff.) „seine eigene Gewerkschaft" (auch wenn die AUB gar keine Gewerkschaft, sondern nur eine nicht tariffähige Arbeitnehmervereinigung ist) „gekauft" habe. Ein Aspekt, dessen strafrechtliche Abbildung im Strafverfahren dann keine (unmittelbare) Rolle mehr gespielt hat (vgl. sogleich Rn. 580). Das ist im Hinterkopf zu behalten, soweit es „an den Rändern" des Anwendungsbereichs einer Vorschrift letztlich auch oft um **„Strafwürdigkeitserwägungen"** geht. Die Anwendbarkeit kann jedenfalls für Vorschriften, die nichts mit der betrieblichen Mitbestimmung zu tun haben, letztlich auch nicht mit der Verwerflichkeit einer Manipulation derselben überzeugend begründet werden. 579

II. Die konkreten strafrechtlichen Fragestellungen

Da zwar nach den Ergebnissen der Ermittlungen keine unmittelbare Einflussnahme auf das Wahlverhalten der Mitarbeiter oder auf das Abstimmungsverhalten etwaiger Betriebsräte erfolgen sollte, sehr wohl aber die infrastrukturellen Rahmenbedingungen beeinflusst werden sollten, die sich in Richtung auf ein bestimmtes Wahlergebnis (etwa durch großflächigere Werbung oder besser geschulte Kandidaten) auswirken könnten, scheint auf den ersten Blick (auch) eine Strafbarkeit wegen **Beeinflussung der Betriebsratswahl nach § 119 I Nr. 1 BetrVG** nahe zu liegen. Diese Vorschrift, die letztlich die o.g. „Empörung" strafrechtlich abbilden würde, wurde nicht angeklagt. 580

Hinweis: Die Vorschrift rückte erstmals im **„Volkswagen"-Prozess** (BGHSt 54, 148 ff.) in den Fokus der Strafrechtspraxis, wobei der BGH im konkreten Fall das Verfahren – jedenfalls im Hinblick auf § 119 BetrVG – wegen eines endgültigen Prozesshindernisses einstellen musste. Wie sich aus § 119 II BetrVG ergibt, handelt es sich bei der Vorschrift um ein **absolutes Antragsdelikt.** Unternehmer i.S.d. Vorschrift wäre die das Unternehmen betreibende AG, die durch den Vorstand organschaftlich vertreten wird. Diese können wiederum bestimmte Angelegenheiten rechtsgeschäftlich an Dritte delegieren bzw. bevollmächtigen, wozu auch das Stellen eines Strafantrags zählen dürfte. Im Volkswagen-Fall hatten aber Prokuristen des Unternehmens den **Strafantrag** gestellt: Da die Einleitung eines Strafverfahrens keinen übertragbaren, gewöhnlichen Geschäftsvorfall darstellt, sondern als Leitungsentscheidung zu qualifizieren ist, scheitert der Antrag im Hinblick auf den gesetzlich festgelegten **Umfang der Prokura** (§§ 49 ff. HGB) somit bereits an der Berechtigung.[1190]

581 Angesichts des **niedrigen Strafrahmens** mit maximal einem Jahr Freiheitsstrafe als Höchststrafe hatte sich die Staatsanwaltschaft für eine Beschränkung der Verfolgung nach § 154 StPO auf zwei weitere (nach Auffassung dieser verwirklichte) Straftatbestände mit höherem Strafrahmen entschieden: Zum einen die (man mag fast sagen: in Wirtschaftsstrafverfahren unvermeidliche) Untreue (§ 266 StGB[1191]), zum anderen die Steuerhinterziehung nach § 370 AO. Bei der Prüfung beider Vorschriften könnte freilich auf den ersten Blick ein etwaiger Verstoß gegen § 119 BetrVG zumindest mittelbar von Bedeutung sein. Bei der Untreue, weil der Verstoß eine Pflichtverletzung begründen könnte, bei der Steuerhinterziehung wegen des sog. Abzugsverbots nach den §§ 8 I 1 KStG, 4 V Nr. 10 EStG.

III. Steuerhinterziehung durch Abzug der (mittelbaren) AUB-Unterstützung als Betriebsausgaben

1. Das Abzugsverbot des § 4 V Nr. 10 EStG als Brückennorm

582 Im Zentrum der steuerstrafrechtlichen Überlegungen soll der Vorwurf der Hinterziehung der **Körperschaftssteuer** nach § 370 AO stehen.[1192] Danach wird u.a. bestraft, wer durch unrichtige Angaben in der Steuererklärung die Steuer verkürzt.[1193] Entscheidend ist also, ob eine Steuer, die materiell eigentlich zu erheben wäre, nicht (in voller Höhe) festgesetzt wird. Dies kann durch unrichtige Angaben zu den erzielten Einnahmen bewirkt werden, aber auch dadurch, dass gewinnmindernde Betriebsausgaben angegeben werden, die nicht wirklich erfolgt sind bzw. zumindest nicht in Abzug gebracht werden durften. Hier gibt es nun den o.g. unmittelbaren Bezug zum Vorwurf der Beeinflussung der Betriebsratswahl nach § 119 BetrVG: Brückennormen sind dabei die §§ 8 I 1 KStG (der die Anwendbarkeit des § 4 EStG auch auf das Körperschaftssteuerrecht anordnet) und 4 V Nr. 10 EStG: § 4 V Nr. 10 EStG begründet ein sog. **Abzugsverbot** für solche Zahlungen, die „den Tatbestand eines Strafgesetzes" verwirklichen, auch wenn sie – wie hier – an sich der Gewinnerzielung dienen. Wäre nun also eine Strafbarkeit nach § 119 BetrVG begründet, so würde die Berücksichtigung der Zahlungen als Betriebsausgaben für Beratungs- und Schulungsleistungen seitens der – über den Vorgang und seine Hintergründe im Originalfall wohl schon seit Jahren informier-

---

1190 BGH NJW 2010, 92 (97).
1191 Vgl. hierzu in diesem Buch bereits die §§ 10-12.
1192 Dagegen soll auf die Hinterziehung der Umsatzsteuer hier nicht näher eingegangen werden. Diese wurde vorliegend auf einen rein formalen Verstoß gegen die Anforderungen an die Rechnungsstellung nach §§ 14 I, IV, 15 I 1 Nr. 1 UStG begründet und stellte in der Höhe des Schadens den am wenigsten schwerwiegenden Vorwurf dar.
1193 Vgl. näher zur Steuerhinterziehung und ihren Tathandlungen bereits oben Rn. 157 ff.

ten[1194] – Zentralen Finanzabteilung zu einer Verkürzung von Steuern führen und könnte deshalb mit Blick auf § 370 AO bedeutsam sein. Damit kommt es nun „durch die Hintertür" doch zu einer Prüfung des § 119 I Nr. 1 BetrVG. Der BGH hat einen solchen Verstoß (inzident) **bejaht** und entsprechend auch eine Strafbarkeit des F wegen Steuerhinterziehung sowie eine solche des S wegen Beihilfe dazu angenommen.[1195] Unproblematisch ist das freilich bei einer sorgfältigen Auslegung der Vorschrift nicht.

> **Hinweis:** Die nachfolgenden, relativ breiten Ausführungen zu § 119 I Nr. 1 BetrVG dürfen keinen falschen Eindruck von der (praktisch außerordentlich geringen) Bedeutung der Vorschrift vermitteln. Es geht vielmehr darum, gerade an einer unbekannteren Vorschrift, zu der relativ wenig Rechtsprechung existiert, einmal zu exemplifizieren, wie eine ausführliche Auseinandersetzung mit einer noch wenig erschlossenen Vorschrift anhand allgemeiner Auslegungskriterien im Wirtschaftsstrafrecht aussehen kann.

2. Auslegung des § 119 I Nr. 1 BetrVG

a) Der Regelungsgehalt des § 119 I Nr. 1 BetrVG – ein spontaner Zugriff

§ 119 I Nr. 1 BetrVG droht eine Strafe für denjenigen an, der „eine Wahl des Betriebsrats (…) durch Zufügung oder Androhung von Nachteilen oder durch Gewährung oder Versprechen von Vorteilen beeinflusst".[1196] Betrachtet man den Wortlaut der Vorschrift im Sinn einer „isolierten **grammatischen Auslegung**", so legt dieser zwar nicht explizit nahe, lässt aber doch zu, dass jede Gewährung eines Vorteiles an irgendeine beliebige Person, die auf irgendeine Weise kausal auf das Ergebnis von Betriebsratswahlen Einfluss zu nehmen geeignet ist, eine Strafbarkeit begründet. Jedenfalls lässt sich der alleinstehenden Wendung **„Wahl"** noch nicht eine Einschränkung dahingehend entnehmen, als nur der eigentliche Abstimmungsvorgang, sozusagen Manipulationen „vor der Wahlurne" erfasst seien.[1197] Dennoch hat man bei einem ersten spontanen Zugriff auf die Vorschrift ein etwas spezifischeres Bild der Tathandlung vor Augen, nach dem § 119 I Nr. 1 BetrVG den Einfluss auf (aktiv wie passiv) Wahlberechtigte bei ihrer Entscheidung über das Ob und Wie der Willensbildung bei der Ausübung ihres Wahlrechts erfasst.[1198] Danach würde § 119 I Nr. 1 BetrVG die Fälle der sog. Wählernötigung

583

1194 Eine solche Kenntnis „vom System AUB" in den höheren Führungskreisen der Siemens AG war im Prozess zumindest letztlich unwiderlegt thematisiert und von einigen Prozessbeteiligten als nahe liegend erachtet worden.
1195 Zur Begründung des BGH vgl. BGHSt 55, 288 (309 ff., Rn. 55 ff.). Die nachfolgende (im Ergebnis abweichende) Argumentation findet sich in ausführlicherer Form bereits bei *Kudlich*, in: Jahn/Kudlich/Streng (Hrsg.), Stöckel-FS, 2010, S. 93 (106 ff.). Dieser Beitrag wird auch vom BGH zitiert, aber nicht wirklich inhaltlich verarbeitet, was sich schon daran zeigt, dass der Senat die verfassungsrechtliche Betrachtung auf die Bestimmtheit des § 119 BetrVG fokussiert, die in der nachfolgenden Kritik nicht wirklich das Problem darstellt.
1196 Zu den Tatbestandsmerkmalen des § 119 I Nr.1 BetrVG im Einzelnen *Pasewaldt* ZIS 2007, 75 (76 f.).
1197 *Pasewaldt* ZIS 2007, 75 (76).
1198 In den Worten der (soweit ersichtlich) einzigen Spezialmonographie zu dieser Vorschrift aus spezifisch strafrechtlicher Sicht könnte man auch formulieren: „Der Angriff auf die Wahl vollzieht sich über den Angriff auf die Wähler". Vgl. *Sax* Die Strafbestimmungen des Betriebsverfassungsrechts, 1975, S. 162; vgl. auch a.a.O.: die Wählerbeeinflussung sei eine „notwendige (…) Durchgangsstufe der (…) Wahlbeeinflussung".

oder Wählerbestechung bei Betriebsratswahlen regeln. Eine solche Art der Einflussnahme war vorliegend aber gerade nicht nachgewiesen. Etwas Anderes würde sich nur dann ergeben, wenn entgegen dem spontanen Zugriff doch jede Bevorzugung von „Irgendjemandem" ohne Beeinflussung des freien Wählerwillens für ausreichend erachtet wird. Dann nämlich könnte man subsumieren, dass durch die Zahlungen der Firma Siemens der S bzw. die AUB, Vorteile erreicht haben und dass diese verbesserte Infrastruktur sich mittelbar auf ein Wahlergebnis ausgewirkt haben könnte.

b) Der Jedermanns-Charakter der Vorschrift als entscheidendes Argument

584 Dass freilich nicht jedes Verhalten, das irgendwie geeignet ist eine Wahl zu beeinflussen, sondern nur eine Einflussnahme auf die freie Willensbildung der (aktiven und passiven) Wahlberechtigten für eine Strafbarkeit genügen kann,[1199] erhellt am deutlichsten aus der Struktur der Vorschrift als **Jedermannsdelikt**. § 119 I Nr. 1 BetrVG richtet sich nämlich nicht etwa nur an den Arbeitgeber, sondern hat jedermann zum Adressaten.[1200] Daraus folgt aber zugleich, dass nur solche Handlungen erfasst werden können bzw. sollen (und auch überhaupt nur strafwürdig sind), die *für jeden unterschiedslos* verboten und strafbar sein sollen. Jedwede derartige infrastrukturelle Unterstützung von betriebsverfassungsrechtlichen Wahllisten durch jedermann unter Strafe stellen zu wollen, wäre aber schlechterdings absurd und dürfte auch von niemandem gewollt werden, wie man sich leicht anhand des Beispiels einer Spende an eine Gewerkschaft oder ein ihr nahestehendes Hilfswerk deutlich machen kann. Diesem **argumentum ad absurdum** kann man auch nicht vorschnell mit dem Hinweis auf Art. 9 III GG entgegentreten. Denn von der Frage der Aussagekraft **des Art. 9 III GG** und des aus dem Koalitionsrecht bekannten Freund-Feind-Schemas für das gerade durch ein Zusammenwirken von Arbeitgeber und Arbeitnehmer geprägte Betriebsverfassungsrecht einmal abgesehen,[1201] sollte das Verfassungsrecht das BetrVG nicht einschränken, sondern das BetrVG das Verfassungsrecht ausfüllen. Von daher ist § 119 I Nr. 1 StGB – wenn man denn verfassungsrechtlich argumentieren will – in einer Weise auszulegen, welche verfassungsrechtlich geschützte Betätigungen schon **gar nicht erfasst**.

c) Argumente aus der Entstehungsgeschichte

585 Ein solches Verständnis des Jedermanns-Delikts entspricht auch dem **Willen des Gesetzgebers**. In den Materialien zum BetrVG 1952, in dem die frühere Vorschrift zum heutigen § 119 BetrVG geschaffen wurde,[1202] wird eine Diskussion geschildert, die gerade durch die in diesem Gesetz erfolgte Erweiterung von einer bloßen Arbeitgeberstrafbarkeit auf ein Jedermanns-Delikt geführt wurde. Dabei wird vom Gesetzgeber die Jedermannsstrafbarkeit mit dem Argument begründet, dass die Vorschrift nunmehr Tathandlungen beschreibe, die strafwürdig seien, „von wem sie auch kommen

---

1199 Vgl. hierzu auch *Sax* Strafbestimmungen des Betriebsverfassungsrechts, 1975, S. 133, 161.
1200 Zur Eigenschaft des § 119 I BetrVG als Jedermanns-Delikt M-G/*Thul* § 35 Rn. 17a.
1201 Vgl. § 2 I BetrVG: „Arbeitgeber und Betriebsrat arbeiten (...) vertrauensvoll (...) zum Wohl der Arbeitnehmer und des Betriebs zusammen".
1202 Vgl. § 78 BetrVG 1952; näher zum Regelungsgehalt *Schnorr von Carolsfeld* RdA 1962, 400 ff.

mögen".[1203] Der Gesetzgeber hatte also **nur** Handlungen vor Augen, die in dieser Form für jedermann und dabei also auch für „gewerkschaftsnahe" Unterstützer strafbar wären. Denn dass gerade im Zusammenhang mit der Regelung des Betriebsverfassungsrechts vom Gesetzgeber an die Möglichkeit von Handlungen durch Gewerkschaftsmitglieder bzw. gewerkschaftsnahe Personen im Zusammenhang mit der Vorbereitung der Betriebsratswahlen nicht gedacht wurde, erscheint doch mehr als unwahrscheinlich. Diese Überlegung wird auch dadurch bestätigt, dass es in der Begründung zum Entwurf des BetrVG 1952 (neben der bereits erwähnten Ausweitung auf ein Jedermanns-Delikt) lapidar heißt,[1204] dass die Strafnorm im Übrigen „im wesentlichen (sc. den Strafvorschriften) des Betriebsräte-Gesetzes von 1920 angepasst" worden sei. Die dortigen §§ 95 und 99 stellten aber unter Strafe, „Arbeitnehmer in der Ausübung des Wahlrechts zu beschränken oder sie deswegen zu benachteiligen". Auch hier war also die Strafbarkeit offenbar schon auf solche Handlungen beschränkt, die einen Bezug zur Ausübung der Wahlfreiheit haben.

d) Systematische Argumente mit Blick auf §§ 108 ff. StGB

In systematischer Hinsicht sind schließlich die **§§ 108 ff. StGB** zu beachten. Diese stellen für Wahlen zu den Parlamenten (und im Übrigen auch zu einer Reihe anderer Organe) ausschließlich Wählernötigung oder Wählerbestechung unter Strafe. Eine Wählertäuschung im Übrigen, d.h. die Erregung eines Motivirrtums darüber, was bestimmte Kandidaten wollen, wem sie sich zugehörig fühlen etc., wird dagegen gerade nicht erfasst.[1205] Dass aber die betriebliche Mitbestimmung **stärkeren** und deutlich weitergehenden strafrechtlichen Schutz genießen soll als die parlamentarische Demokratie, wäre schlechterdings nicht nachvollziehbar.

586

> **Hinweis:** Dies führt auch zur Überlegung, ob die im Rahmen vergleichbarer „Beeinflussungsdelikte" teils tatbestandlich angelegten, teils schlicht vorgeschlagenen Restriktionsmodelle nicht erst Recht auf § 119 BetrVG übertragen werden müssten. Zum einen ist an das Erfordernis einer „Unrechtsvereinbarung" (vgl. Rn. 386) bzw. einer „Täter-Begünstigten-Beziehung" zu denken, die zumindest die Feststellung einer irgendwie gearteten Erwartungshaltung voraussetzt.[1206] Zum anderen käme es auf diese Fragen womöglich nicht an, wenn man im Tatbestand der „Beeinflussung" ein Erfolgsdelikt sieht und damit eine modifizierte Stimmabgabe bzw. veränderte Kandidatur bezüglich eines konkreten Wahlergebnisses fordert.[1207]

e) Der „Geist der betrieblichen Mitbestimmung" als teleologisches Super-Gegenargument?

Etwas anders könnte sich allenfalls daraus ergeben, dass man in dem vorliegend vorgeworfenen Verhalten gleichsam eine noch viel stärkere Form der latenten Einflussnahme auf Betriebsratswahlen und Betriebsratsarbeit und mithin einen „**Verstoß gegen den Geist des BetrVG**" bzw. gegen „elementare Grundsätze des Bestimmungsrechts" sieht. Solche Überlegungen könnten auf den ersten Blick als Argumente im

587

1203 Vgl. BT-Drucks. I/3585, S. 18.
1204 Vgl. BT-Drucks. I/3585, S. 18.
1205 Vgl. *Lackner/Kühl* § 108a Rn. 1; Sch/Sch/*Eser*, § 108a Rn. 2.
1206 *Dannecker* in FS-Gitter, 1995, S. 167 (180).
1207 *Pasewaldt* ZIS 2007, 75 (78).

Rahmen einer teleologischen Auslegung herangezogen werden oder aber einen Hinweis auf eine Gesetzesumgehung des § 119 I Nr. 1 BetrVG enthalten. Aber schon ganz unabhängig von der Frage, ob man tatsächlich von einer Erschütterung der „Grundfesten" der Mitbestimmung sprechen oder die Metapher eines „Trojanischen Pferdes" bemühen kann, da das spätere Abstimmungsverhalten der Gewählten ja gerade nicht beeinflusst werden sollte, ist es keinesfalls Aufgabe der teleologischen Auslegung, als gleichsam „punitiv wirkendes Superargument" eine unspezifische und konturlose Ausdehnung des Anwendungsbereichs der Vorschrift zu postulieren, nur weil ein weiterer Anwendungsbereich potentiell auch mehr strafrechtlichen Schutz bieten kann. Das BVerfG hat in anderem Zusammenhang überzeugend klargestellt, dass Art. 103 II GG gerade das Ziel hat, einer „teleologischen Argumentation zur Füllung empfundener Strafbarkeitslücken entgegenzuwirken",[1208] und zwar auch dann, „wenn (...) besonders gelagerte Einzelfälle aus dem Anwendungsbereich eines Strafgesetzes herausfallen, obwohl sie ähnlich strafwürdig erscheinen mögen wie das pönalisierte Verhalten. Es ist dann Sache des Gesetzgebers zu entscheiden, ob er diese Strafbarkeitslücke bestehen lassen oder durch eine neue Regelung schließen will".[1209] Wendet man dies auf unseren Sachverhalt an, scheint das Ergebnis klar: Das BetrVG gebietet ein **Minimum an Zusammenarbeit**. Es verbietet bestimmte Formen der Einflussnahme, die im konkreten Fall nicht vorlagen; darüber hinaus enthält es keine Aussagen, so dass eine teleologische Überdehnung der bestehenden Strafvorschriften *lege artis* nicht möglich ist. Die in der arbeitsrechtlichen Literatur als Referenzfundstelle für ein weites Verständnis der Verbote des § 119 I Nr. 1 BetrVG herangezogene Entscheidung des LAG Hamburg hat (in einem Fall zur Finanzierung von Wahlkampfwerbung) ausdrücklich betont, dass das Gericht dem Arbeitgeber **spezielle Neutralitätspflichten** „über die speziellen Verbote des § 20 BetrVG hinaus" auferlegen will.[1210] Eine solche Anwendung des Gesetzes über seine „speziellen Verbote" hinaus, mag vielleicht im Arbeitsrecht möglich sein – nicht jedoch im Strafrecht.[1211] Dort „muss alles Verhalten, das, mag es noch so rechtswidrig und schuldhaft sein, nicht in die gesetzlich geprägten Typen einreihbar ist – das Atypische –, ein nicht strafbares Verhalten bleiben".[1212]

3. Ergebnis und ergänzende steuerstrafrechtliche Bewertung

588 Im Ergebnis sprechen daher die deutlich besseren Gründe dafür, die infrastrukturelle Unterstützung der AUB nicht unter § 119 I Nr. 1 BetrVG zu subsumieren. Mangels Abzugsverbotes hat F auch keine Strafbarkeit nach § 370 AO begangen. Offen bleiben können dann zwei weitere Fragen, die zeigen, auf welch tönernen Füßen eine Strafbarkeit wegen Steuerhinterziehung hier steht: Zum ersten ist letztlich unklar, wie für

---

1208 Vgl. BVerfG NJW 2008, 3627 (3629) – Rn. 27.
1209 Vgl. BVerfG NJW 2007, 1666 (Rn. 12).
1210 Vgl. LAG Hamburg AiB 1998, 701 f.
1211 Vgl. auch *Rieble* ZfA 2003, 283 (295): eine etwaige arbeitsrechtlich begründete generelle Neutralitätspflicht sei jedenfalls nicht durch § 119 BetrVG strafrechtlich sanktioniert. Insofern wäre auch hier das Phänomen der Normspaltung zu beobachten, vgl. allgemein oben Rn. 50.
1212 Vgl. *Stöckel* Gesetzesumgehung, 1966, S. 106 f. unter Zitat von *Beling* Die Lehre vom Tatbestand, 1930, S. 2.

den F ein täterschaftliches Verhalten einer Steuerhinterziehung konstruiert werden soll, obwohl er an der Erstellung der Steuererklärung **selbst nicht beteiligt** gewesen ist und auch gegenüber der diese vorbereitenden Zentralen Finanzabteilung sowie gegenüber dem die Erklärung unterzeichnenden Finanzvorstand gerade kein überlegenes Wissen hatte (was eine mittelbare Täterschaft hätte begründen können); es ist bezeichnend, dass sich das Tatgericht ebenso wie der BGH zur dogmatischen Konstruktion ausschweigen. Zum zweiten wäre bei F und S auch der Vorsatz fraglich. Dieser setzt bei der Steuerhinterziehung nach h.M. auch die Kenntnis der entsprechenden **Steuerrechtslage nach Laienart** voraus.[1213] Vergegenwärtigt man sich die oben nachgezeichnete **Komplexität der betriebsverfassungsstrafrechtlichen Rechtslage** (die ja gerade Voraussetzung für das Abzugsverbot und damit auch für den Steueranspruch ist!), kann man leicht erahnen wie schwierig es ist, die Kenntnis des Abzugsverbots in einer solch atypischen Konstellation – zumal bei zwei Nicht-Juristen – zu unterstellen.

IV. Untreue durch Unterstützung einer Arbeitnehmervereinigung bei ungewissem Ertrag?

Der zweite gegen F erhobene Vorwurf betraf die Untreue nach § 266 StGB. Gedanklicher Ausgangspunkt war hier, dass durch die Zahlungen an S und damit mittelbar an die AUB der Siemens-AG (insoweit unstreitig und unproblematisch) Geld entzogen wurde und dass dies in vermögensbetreuungspflichtwidriger Weise erfolgte. Dabei wurden als Anknüpfungspunkte für den Pflichtwidrigkeitsvorwurf insbesondere[1214] auf den Verstoß gegen § 119 I Nr. 1 BetrVG sowie auf das allgemeine Schädigungsverbot abgestellt, da bei Vertragsschluss bekannt gewesen sei, dass die im (schriftlichen) Vertrag genannten Schulungs- und Beratungsleistungen nicht in einem Umfang erfolgen würden, der die festgesetzte Vergütung rechtfertigen würde.

589

1. Verstoß gegen § 119 I Nr. 1 BetrVG als Verletzung einer Vermögensbetreuungspflicht

Oben wurde bereits erwähnt, dass die besseren Gründe dafür sprechen, gar keinen Verstoß gegen § 119 I Nr. 1 BetrVG durch die verdeckten infrastrukturellen Unterstützungsmaßnahmen anzunehmen, dass der BGH aber gleichwohl einen solchen angenommen hat. Dennoch kommt er überzeugend zum Ergebnis, dass darin keine zu § 266 StGB führende Verletzung einer Vermögensbetreuungspflicht liegen könne. Die Begründung ist über den konkreten Fall hinaus von Interesse, wenn sie betont, dass nur solche Pflichtverstöße für § 266 StGB relevant sein können, die **Vermögensbezug**

590

1213 Vgl. dazu bereits oben Rn. 176.
1214 Im Originalfall wurden noch die Vorwürfe formaler Verstöße erhoben (z.B. gegen das Erfordernis einer zweiten Unterschrift unter dem Vertrag), die freilich eher „zufällig" und unspezifisch sind, weshalb vorliegend nicht näher darauf eingegangen werden muss.

haben.¹²¹⁵ Auch ein bloß mittelbarer Vermögensbezug gleichsam über die Brücke des § 93 AktG genügt hierfür ausdrücklich nicht, wenn die primär verletzte Rechtsnorm nicht das betreute Vermögen schützt (sondern „nur" zugleich auch eine Verletzung aktienrechtlicher Vorschriften darstellt).¹²¹⁶ Man kann dies durchaus als (freilich auch schon vorher eigentlich selbstverständlichen) Teil des vom BVerfG betonten **„Konkretisierungsauftrag"** der fachgerichtlichen Rechtsprechung zur Konturierung des Untreuetatbestandes¹²¹⁷ verstehen.

BGHSt 55, 288 (299 ff.): „Der Senat hat jedenfalls Bedenken, dass die Annahme des Landgerichts zutrifft, der Mitangeklagte F habe die ihn treffende Vermögensbetreuungspflicht auch deshalb verletzt, weil die Zahlungen an das Unternehmen des Angeklagten S gegen die Strafvorschrift des § 119 I Nr. 1 BetrVG verstoßen. Denn bei dieser Norm handelt es sich nicht um eine das zu betreuende Vermögen (…) schützende Vorschrift. Schutzzweck dieser Strafvorschrift ist vielmehr – allein – die Integrität der Wahl des Betriebsrats, namentlich die Freiheit der Willensbetätigung der Wahlbeteiligten i.S.d § 20 BetrVG.

(1) § 266 StGB ist ein Vermögensdelikt; die Norm schützt das zu betreuende Vermögen im Sinne der Gesamtheit der geldwerten Güter einer Person (…). Umfang und Grenzen der im Rahmen von § 266 I StGB strafrechtlich relevanten Pflichten richten sich nach dem zugrunde liegenden Rechtsverhältnis. (…) Bei (…) Auslegung (erg.: des Pflichtwidrigkeitsmerkmals) ist es von Verfassungs wegen geboten, die Anwendung des Untreuetatbestands auf Fälle klarer und deutlicher (evidenter) Fälle pflichtwidrigen Handelns zu beschränken, Wertungswidersprüche zur Ausgestaltung spezifischer Sanktionsregelungen zu vermeiden und – was hier ausschlaggebend ist – den Charakter des Untreuetatbestands als eines Vermögensdelikts zu bewahren (…). Im Hinblick auf die tatbestandliche Weite des § 266 I StGB kann daher nicht in jedem (strafbewehrten) Verstoß gegen die Rechtsordnung auch eine i.S.v. § 266 I StGB strafrechtlich relevante Pflichtverletzung erblickt werden. Das folgt aus dem Schutzzweck des § 266 I StGB, der das zu betreuende Vermögen schützt. (…) Nur dann, wenn die unmittelbar verletzte Rechtsnorm selbst vermögensschützenden Charakter hat, liegt der untreuespezifische Zusammenhang zwischen Pflichtverletzung und geschütztem Rechtsgut i.S.v. § 266 I StGB vor. Fehlt es daran, kann der Gesetzesverstoß, soweit er für sich sanktionsbewehrt ist, nach Maßgabe des diesbezüglichen Sanktionstatbestands geahndet werden. (…)

(2) (…) Die Vorschrift des § 119 BetrVG dient allein dem Schutz der Wahl und der Funktionsfähigkeit der im Gesetz aufgeführten betriebsverfassungsrechtlichen Organe (…). Der Verstoß gegen § 119 I Nr. 1 Alt. 2 BetrVG ist daher für sich allein nicht geeignet, eine Pflichtwidrigkeit der Handlungen des Mitangeklagten Fe. i.S.v. § 266 I StGB zu begründen. Das dadurch verwirklichte Unrecht kann im vorliegenden Fall strafrechtlich allein nach Maßgabe des § 119 I Nr. 1 Alt. 2 BetrVG geahndet werden."

2. Verstoß gegen ein allgemeines Schädigungsverbot als Verletzung einer Vermögensbetreuungspflicht

591 Zwar gehört zu den zentralen Forderungen des BVerfG an die Konkretisierung des Untreuetatbestandes durch die strafgerichtliche Rechtsprechung¹²¹⁸ das „Verschleifungsverbot", also das Postulat, dass die einzelnen Tatbestandsmerkmale des § 266 StGB eigenständig geprüft und so ausgelegt werden müssen, dass nicht aus dem Vor-

---

1215 Hierzu bereits Rn. 339 sowie Fn. 767.
1216 Vgl. BGHSt 55, 288 (301 f.). Nochmals bestätigt im Kölner Parteispenden-Skandal BGHSt 56, 203.
1217 Vgl. BVerfGE 126, 170 (208 ff.), sowie dazu bereits oben Rn. 330 ff.
1218 Vgl. BVerfGE 126, 170 (211).

liegen eines Merkmals automatisch auf das Vorliegen eines anderen geschlossen wird. Dennoch kommen als Verletzung von Vermögensbetreuungspflichten nicht nur Verhaltensweisen in Betracht, die gegen eigenständige, in Sondernormen niedergelegte Verhaltensnormen verstoßen. Vielmehr zeitigt der Vermögensschaden als zu vermeidender Taterfolg insoweit **„Vorwirkungen"**, dass eine Verletzung der Vermögenbetreuungspflicht (zwar nicht bei jedem Handeln, dass sich ex post als kausal für einen Schaden darstellt, sehr wohl aber) angenommen werden kann, wenn ein Verhalten bei objektiver ex ante-Prognose in einer nicht mehr hinnehmbaren, die Grenzen des erlaubten Risikos überschreitenden Weise geeignet ist, das Vermögen zu schädigen. Wenn sich dieses Risiko dann realisiert und ein Vermögensschaden daraus entwächst, ist der objektive Tatbestand erfüllt.

Eine solche Pflichtverletzung und auch einen dadurch eingetretenen Schaden hatte das Tatgericht in den Zahlungen an S gesehen, da die erbrachten Schulungs- und Beratungsleistungen (allein) insoweit nicht werthaltig waren. Die letztlich nicht bestrittenen (und auch nicht näher untersuchten) positiven wirtschaftlichen Konsequenzen aus der Förderung einer unabhängigen Arbeitnehmervertretung seien nicht kompensierend zu berücksichtigen. Zentrale Argumente dafür waren zum einen die **„fehlende Unmittelbarkeit"** eines etwaigen Vermögensvorteils und zum anderen die Behauptung, es fehle an der Kompensation schon deswegen, weil die bloße stärkere Vertretung der AUB in Mitbestimmungsgremien dafür nicht ausreichend sei. Unausgesprochen mag im Hintergrund auch die Überlegung gestanden haben, dass man Vorteile aus dem „Kauf einer Arbeitnehmerorganisation" nicht berücksichtigen dürfe.

592

Gerade solche Überlegungen berücksichtigen aber nicht hinreichend, dass § 266 StGB auch nach der ausdrücklichen Anordnung des BVerfG (dessen Entscheidung allerdings erst nach dem erstinstanzlichen Urteil in dieser Sache ergangen war) aufgrund ihres Charakters als Vermögensdelikt auch wirtschaftlich (und nicht rein normativ etwa mit Blick auf per se verbotene Handlungsmodalitäten) ausgelegt werden muss.[1219] Tut man dies, sprechen die besseren Gründe gegen eine Strafbarkeit: Selbstverständlich wird eine **„Monokausalität"** der AUB-Förderung für die Vertretung der AUB in den Betriebsräten ebenso wenig nachweisbar sein wie die einer AUB-Beteiligung für die letztlich gefundenen Abschlüsse. Die mit einer starken AUB in den Mitbestimmungsgremien verbundenen Chancen auf betriebsnahe und damit im Ergebnis wirtschaftlich vorteilhafte Entscheidungen dürften allerdings deutlich greifbarer sein als etwa die Amortisierung von Ausgaben, welche für Werbung, Kultursponsoring[1220] oder die Einrichtung einer Compliance-Abteilung getätigt werden. Auf die größere „soziale Erwünschtheit" solcher Ausgaben kommt es hingegen nicht an, da die Untreue ein Vermögensdelikt ist und ihr Schutzzweck gerade nur das Vermögen des Treugebers und nicht darüber hinausgehende sozialpolitische Ziele sind.

593

Auch mit einer etwa **„fehlenden Unmittelbarkeit"** kann nicht überzeugend argumentiert werden: Vorliegend handelt es sich um einen Austauschvertrag, bei welchem

594

1219 Vgl. BVerfGE 126, 170 (212).
1220 Vgl. etwa zum weiten Spielraum derartiger Ausgaben *sub specie* § 266 StGB *Nuß*, Untreue durch Marketingkommunikation, 2006, passim.

ganz konkret die bezahlten Leistungen sogar als Vorleistung erbracht und erst nachträglich quartalsweise abgerechnet worden sind.[1221] Ungewiss ist also nicht, was der Leistungsempfänger des Austauschvertrages zukünftig tut, sondern wie die von ihm erbrachten Leistungen im zukünftigen Verlauf wirken und zu bewerten sind. Aber auch diese Ungewissheit ist keine Besonderheit des vorliegenden Vertrages, sondern besteht in den o.g. Fällen der Ausgaben für Werbung oder Sponsoring in vergleichbarer Weise, da sich auch dort **mittelfristige wirtschaftliche Auswirkungen** erst später zeigen. Auch der Vermögensschutz fordert ein so enges Verständnis der Unmittelbarkeit nicht, wenn die Vorschrift nicht jede Investitionsentscheidung in die Zukunft unmöglich machen soll.

595 Schließlich unterscheidet sich der Fall auch signifikant von der Siemens-ENEL-Entscheidung, so dass aus diesem auch dann kein Argument abgeleitet werden kann, wenn man ihr in Grundzügen folgt: Vorliegend ist das Geld nämlich dem Unternehmen nicht etwa **entzogen** (und in eine Schwarze Kasse transferiert worden), um für ungewisse zukünftige Leistungen ausgegeben zu werden, sondern es wurde **für bereits erfolgte Gegenleistungen gezahlt** (bei denen allein die zukünftige Wertentwicklung fraglich ist, was aber keine Besonderheit ist, vgl. oben). In diesen Fällen, in denen es gerade um keine Entziehung des Vermögens ohne Gegenleistung geht, würde das Abstellen auf das Fehlen einer anders lautenden Entscheidung des Treuegebers tatsächlich dazu führen, dass allein die **Dispositionsfreiheit** über das Vermögen (und nicht mehr der Bestand des Vermögens selbst!) zum Schutzgegenstand des § 266 StGB würde, was (ausweislich seines Senatsmitglieds *Fischer*[1222]) in dieser extremen Form nicht einmal vom 2. Strafsenat in der Siemens-ENEL-Entscheidung gewollt war.

3. Prozessuale Lösung des BGH

596 All dies sieht letztlich auch der BGH ganz ähnlich, wenn er etwa rügt, das Tatgericht habe „nicht hinreichend bedacht, dass ein unmittelbarer, den Vermögensnachteil kompensierender Vermögensvorteil nicht nur dann gegeben ist, wenn die schadensausschließende Kompensation in engem zeitlichen Zusammenhang mit der Pflichtverletzung steht. Denn ‚unmittelbar' heißt insoweit nicht zeitgleich bzw. sofort oder auch nur bald."[1223] Und auch der Senat betont, dass der vorliegende Fall nicht mit Konstellationen verglichen werden könne, in denen „durch Einsatz von Bestechungsgeldern in nicht konkretisierten zukünftigen Fällen dem Vermögensinhaber günstige Vertragsabschlüsse erreicht werden sollen."[1224] Letztlich veranlasste ihn das (in dem allein von S geführten Revisionsverfahren) aber nicht zu einem Freispruch, sondern „nur" zu einer **Verfolgungsbeschränkung nach § 154a StPO**, da die bisherigen Feststellungen eine Untreue nicht tragen würden und bei weiteren Ermittlungen ungewiss (aber nicht

---

1221 Wobei sich auch bei einer zeitlichen moderaten Vorleistung der Siemens AG nichts geändert hätte, wenn nicht jede Bestellung eines Bleistifts gegen Vorkasse eine Untreue darstellen soll.
1222 Vgl. *Fischer*, NStZ-Sonderheft für Miebach, 2009, 8, 17.
1223 Vgl. BGHSt 55, 288 (305).
1224 Vgl. BGHSt 55, 288 (306).

ausgeschlossen) sei, ob dies bei neuen Feststellungen anders würde, so dass die **Verfahrensökonomie eine solche Beschränkung** rechtfertige.[1225] Ganz glücklich ist eine solche „prozessuale Lösung" mit Blick auf den Konkretisierungsauftrag des BGH natürlich nicht.[1226] Möglicherweise wollte der Senat, der hier die Vorgaben des BVerfG relativ konsequent umsetzt, dies aber – neben den verfahrensökonomischen Erwägungen – auch erst einmal in einer nicht tragenden Weise tun, um das **Risiko eines Vorlegungserfordernisses** an den Großen Strafsenat nach § 132 II GVG zu bannen.

V. Ausblick: Die Effektivität der Einflussnahme zwischen Skylla der BetrVG-Straftaten und Charybdis der Untreue

Betrachtet man die vorangegangenen Überlegungen noch einmal zusammenfassend „prozesstaktisch" und macht man sich Gedanken darüber, wie man als Verteidiger (der drohende Strafbarkeit „wegargumentieren" möchte) bzw. wie man als Staatsanwalt (der – auch als Vertreter der vermeintlich objektivsten Behörde der Welt – erst einmal viele Gründe für eine Strafbarkeit suchen wird) jeweils argumentieren würde, so wird schnell klar: Die Interessenlage im „Tatsächlichen" ist bei den beiden zentral in Betracht kommenden Straftatbeständen des § 370 AO einerseits und des § 266 StGB andererseits genau **gegenläufig**: Versucht man in die eine Richtung gegen eine Strafbarkeit zu argumentieren, so droht dies die Wahrscheinlichkeit zu erhöhen, dass der Tatbestand in der anderen Richtung umso eher erfüllt ist, und umgekehrt. Konkret: Während es mit Blick auf die Untreue („lohnende Investition des Geldes") **positiv** ist,[1227] wenn durch die Zahlungen auf die AUB möglichst viel Einfluss genommen werden kann, ist dies mit Blick auf die Steuerhinterziehung gerade **schädlich** (drohendes Abzugsverbot der Betriebsausgaben nach § 4 V Nr. 10 EStG, wenn der Tatbestand des § 119 I Nr. 1 BetrVG erfüllt ist).

597

Im konkreten Fall spiegelt sich dies in der Frage wieder, welche Tatbestände bzw. Tatbestandsmerkmale restriktiv bzw. extensiv ausgelegt werden sollten: Die Staatsanwaltschaft hatte in ihrer Argumentation vergleichsweise geringe Anforderungen daran gestellt, dass eine „Betriebsratswahl als beeinflusst" gilt, während vergleichsweise hohe Anforderungen daran gestellt werden, dass durch den Grad des Einflusses die schädigenden Ausgaben als kompensiert betrachtet werden können; Ausdruck dieses Verständnisses ist die sehr starke Betonung eines strikten Unmittelbarkeitserfordernisses zwischen Ausgabe und Nutzen. Im Ergebnis führt dies dazu, dass sowohl der Anwendungsbereich des § 119 I Nr. 1 BetrVG als auch derjenige des § 266 StGB aus-

598

1225 Dabei ist mit Blick auf S zu beachten, dass ihm neben einer Beihilfe zu den Taten des F auch ein Betrug zum Nachteil der Siemens-AG vorgeworfen wurde, da er überhöhte Rechnungen gestellt haben soll.
1226 Im konkreten Fall war sie es ferner deshalb nicht, weil dem nicht revidierenden F auf diese Weise die Erstreckungswirkung eines insoweit berichtigten Schuldspruchs nach § 357 StPO „genommen" wurde, die ihm anderenfalls zu Gute gekommen wäre.
1227 Dies gilt jedenfalls unter der überzeugenden und auch vom BGH geteilten Prämisse, dass auch ein Verstoß gegen § 119 BetrVG jedenfalls als solcher keine Untreue begründen könnte.

gedehnt werden. Aus Verteidigersicht dagegen würde man etwas höhere Anforderungen an die „Beeinflussung der Betriebsratswahl" stellen und dafür etwas niedrigere an die Kompensation der Zahlung mit Blick auf die Untreue. Dies führt im Ergebnis zu einer restriktiveren Handhabung beider Straftatbestände.

599 Selbstverständlich sind Konstellationen denkbar (und auch Auslegungen möglich), in bzw. nach denen entweder nur eine Beeinflussung der Betriebsratswahl oder aber nur eine Untreue vorliegen. Eine „kombiniert-positive" Konstellation für eine der beiden Seiten (also Strafbarkeit nach beiden Straftatbeständen oder Straflosigkeit insgesamt) scheint dagegen eher für das Anliegen der Verteidigung vorstellbar: Denn von einer irgendwie gearteten Einflussnahme auf die Betriebsratswahl im Interesse des Arbeitgebers auszugehen, ohne den dafür geleisteten Zahlungen (zumindest dem Grunde nach) einen Vermögenswert zuzusprechen, erscheint inkonsistent; es ist schlechterdings nicht erklärbar, warum ein rational ökonomisch handelnder Arbeitgeber überhaupt Geldmittel für die Beeinflussung der Wahl auffinden sollte, wenn er sich nicht seinerseits einen wirtschaftlichen Vorteil durch die Abstimmungs- bzw. Beschlusslage versprechen würde. Umgekehrt ist aber aufgrund des fragmentarischen Charakters des Strafrechts und der formalen Bindungen durch den Grundsatz „nulla poena sine lege" durchaus vorstellbar, dass sich ein kompensatorisch wirkender Vorteil einstellt, ohne dass eine der konkreten, in § 119 I Nr. 1 BetrVG genannten Verhaltensweisen vorliegt. Oder anders gewendet: Wenn ein bestimmter Umstand (hier Grad des Einflusses bzw. Einflussnahme) bei zwei Tatbeständen tendenziell gegenläufig wirkt, ist es viel wahrscheinlicher, dass keiner der beiden Tatbestände erfüllt ist, als dass alle beide erfüllt sind, da das Strafrecht eben keine lückenlose Strafbarkeit von sozial als problematisch empfundenen Verhaltensweisen anordnet; auf diese Weise ist leicht vorstellbar, dass eine bestimmte Konstellation nach beiden Vorschriften „durch das Raster fällt".

M. BGHSt 57, 79: Sanktionen im Wirtschaftsstrafrecht – zugleich Einführung in das Außenwirtschaftsstrafrecht

Literatur: *Tiedemann*, Rn. 491-540; *Hellmann*, Rn. 983 ff.; *Wittig*, § 8-12; A/R/R/*Junck/Kirch-Heim/Retemeyer*, 4. Teil 3. Kap., 14. Teil; W/J/*Harder*, 23. Kap.; zu BGHSt 55, 288 ff. die Anmerkung *Krezer/Rönnau* NZWiSt 2012, 144; einführend zum Außenwirtschaftsstrafrecht *Oehmichen* NZWiSt 2013, 339

Sachverhalt 600

Nach den Feststellungen war die Angeklagte A im Tatzeitraum die alleinige, einzelvertretungsberechtigte Geschäftsführerin und faktische Alleingesellschafterin der N. Gegenstand deren Unternehmens ist unter anderem der Im- und Export sowie der Groß- und Einzelhandel mit Jagd- und Sportwaffen sowie Munition. N wird regelmäßig als Zwischenhändlerin tätig und beliefert insbesondere Kunden im Ausland vor allem mit Jagd- und Sportwaffen sowie Jagdzubehör. Zwischen August 2007 und Mai 2008 wurden in 47 Fällen Jagd- und Sportselbstladeflinten in Drittländer ausgeführt; die Verkaufserlöse betrugen insgesamt 1 157 020,11 Euro. Die Magazine der Waffen waren zuvor von den Herstellern mit Reduzierungen versehen worden, welche die ursprünglich größere Kapazität auf zwei Schuss neben einer im Lauf befindlichen Patrone beschränken sollten. Diese Reduzierungen konnten jedoch innerhalb kurzer Zeit mit einfachen Mitteln rückgängig gemacht werden. Die A verließ sich auf die Herstellerangaben und überprüfte die Wirksamkeit der Magazinbeschränkungen nicht; sie kannte deshalb die Beschaffenheit der Waffen und die fehlende Nachhaltigkeit der Magazinbeschränkungen nicht. Sie hatte kein wirtschaftliches Interesse daran, Waffen ohne wirksame Beschränkung zu verkaufen. Sowohl im Einkauf als auch im Verkauf hatte sie die Lieferung von Waffen vereinbart, deren Kapazität entsprechend den deutschen Vorschriften auf „2+1" (eine Patrone im Lauf und zwei Patronen im Magazin) beschränkt war. A holte in keinem Fall eine Ausfuhrgenehmigung des Bundesamts für Wirtschaft und Ausfuhrkontrolle (im Folgenden: BAFA) ein. Hätte sie die Waffen dort zur Prüfung vorgelegt, hätte sie die Auskunft erhalten, dass die Ausfuhr genehmigungspflichtig sei. In den Fällen III 3/1-36 und 38-47 der Urteilsgründe hätte das BAFA die Ausfuhrgenehmigung erteilen müssen. Lediglich im Fall III 3/37 der Urteilsgründe wäre die Genehmigung wegen eines gegen das Empfängerland gerichteten Embargos verweigert worden.

I. Achtung Kontrolle! Der (nicht) freie Warenverkehr

Die typische Tätigkeit eines Unternehmers ist der Umsatz von Waren. Erfolgt dieser ins Ausland, enthält das **Außenwirtschaftsgesetz** Regularien, die ein Unternehmer zu beachten hat, wenn er mit anderen Rechtsordnungen bzw. ausländischen Wirtschaftsgebieten in Beziehung tritt. Dies betrifft insb. die Ein-, Durch- und Ausfuhr von Waren innerhalb oder außerhalb eines Binnenmarkts. Bei Binnenmärkten handelt es sich um abgegrenzte Wirtschaftsgebiete, die sich durch den freien Verkehr von Waren auszeichnen. Insofern ist die Europäische Union – zählt doch die **Warenverkehrsfreiheit** bzw. der „freie Warenverkehr" zu einer der vier Grundfreiheiten (Art. 28 ff. AEUV) – der größte Binnenmarkt, auf den die USA und China folgen. „Warenverkehrsfreiheit" bedeutet **„offene Grenzen"**. Sie geht mit einer Zollunion und dem Verbot mengenmäßiger Ein- und Ausfuhrbeschränkungen einher. Die Grundausrichtung „freier Warenverkehr" (die auch nach der umfassenden Novellierung im Jahre 2013 gleich geblieben ist) wird in § 1 AWG zementiert: 601

(1) ¹Der Güter-, Dienstleistungs-, Kapital-, Zahlungs- und sonstige Wirtschaftsverkehr mit dem Ausland sowie der Verkehr mit Auslandswerten und Gold zwischen Inländern (Außenwirtschaftsverkehr) ist grundsätzlich frei. ²Er unterliegt den Einschränkungen, die dieses Gesetz enthält oder die durch Rechtsverordnung auf Grund dieses Gesetzes vorgeschrieben werden.

602 Auf diesen § 1 I 1 AWG folgen nun zahlreiche Vorschriften i.S.d. § 1 I 2 AWG, die eine Einschränkung des „generell freien" Imports und Exports ermöglichen; der Grundsatz kehrt sich auf diese Weise im Hinblick auf Umfang und Reichweite der Verbote um.[1228] In der Folge muss der Unternehmer u.U. den Transport der Ware beim **Bundesamt für Wirtschaft und Ausfuhrkontrolle (BAFA)** genehmigen lassen.

603 Das AWG ist wirtschaftspolitisch geprägt und damit auf den „**Vertrieb**" von Waren – sprich: auf Unternehmer[1229] – gemünzt. Es hat lediglich die Regulierung des grenzüberschreitenden Transports von Waren zum Gegenstand und schützt damit einerseits innerstaatliche Interessen (Einschränkung der Außenwirtschaft für den Bestand der Wirtschaftsordnung), andererseits auch den „Weltfrieden" sowie humanitäre Ziele des Menschenrechtsschutzes.[1230] Das AWG ist damit einerseits „**Handelsstrafrecht**", andererseits auch „**Embargostrafrecht**" (von spanisch „embargo" für „Beschlagnahme, Pfändung")[1231] und damit in hohem Maße innen- sowie außenpolitisch „aufgeladen". Es kann als rechtshistorisches Spiegelbild für ein bestimmtes gesellschaftliches Klima zum Zeitpunkt der jeweiligen Fassung herangezogen werden.[1232] Im europäischen Binnenmarkt hat die EU die ausschließliche Kompetenz des Außenhandels und ist auch befugt, im Rahmen der gemeinsamen Außen- und Sicherheitspolitik Embargos zu beschließen, Art. 215 AEUV. Insofern ergibt sich aus den einschlägigen Verordnungen, ob sich eine außenwirtschaftliche Beschränkung auf den EU-Binnenmarkt insgesamt oder auf die EU-Staaten untereinander bezieht.

> **Hinweis:** Ziel eines Embargos kann es sein, ein Land für Völkerrechtsverstöße zu sanktionieren, indem man dieses von der Weltwirtschaft abspaltet. Embargobestimmungen werden daher meist von supranationalen Bündnissen wie etwa der UNO (Resolutionen) oder der Europäischen Union erlassen, genannt seien das „gelockerte Irak-Embargo" (Oil for food), Maßnahmen gegen das Al Quaida Netzwerk oder das Teilembargo gegen die Demokratische Volksrepublik Korea.

604 Man kann leicht erahnen, dass die Vorschriften des AWG insofern nur einen Teilausschnitt innerhalb von Umgangsverboten und Transferbeschränkungen bilden, die über das wirtschaftspolitische Lenkungsinteresse hinaus andere Rechtsgüter schützen sollen,

---

1228 *Hellmann/Beckemper* Rn. 983.
1229 Dies bedeutet allerdings nicht, dass es sich um Sonderdelikte handelt, welche für eine Strafbarkeit an die Unternehmereigenschaft anknüpfen. Im Regelfall werden die Verbote aber den „einfachen Verbraucher" nicht betreffen. Ausnahmen bestätigen allerdings auch hier die Regel: Eine Genehmigungspflicht besteht nach § 11 der AWV auch für Privatpersonen, bei Reisen innerhalb der Europäischen Union (Verbringen) für Waren, die in Teil I Abschnitt A der Anlage 1 zur Außenwirtschaftsverordnung (Ausfuhrliste) genannt sind; hierbei handelt es sich insb. um Waffen und Munition von Jägern oder Sportschützen.
1230 Etwa durch Beschränkung des Handels mit Folterinstrumenten, vgl. *Oehmichen* NZWiSt 2013, 339; zum Strafrecht als Mittel der Wirtschaftslenkung *Achenbach* ZStW 119 (2007), 789 ff.
1231 *Tiedemann* Rn. 586 spricht daher von Außenwirtschaftsstrafrecht im engeren und weiteren Sinne.
1232 Vgl. G/J/W/*Cornelius* Vor §§ 17 ff. AWG Rn. 2: strategische Überlegungen während dem Kalten Krieg; danach Eindämmung der Proliferation (Nachfrage bzgl. Massenvernichtungswaffen in Drittweltstaaten); hierzu zusf. auch *Oehmichen* NZWiSt 2013, 339.

etwa den Fiskus, privates Vermögen, Leib und Leben des Einzelnen oder die „Volksgesundheit". Solche weitergehenden Beschränkungen gelten daher im Regelfall auch unabhängig von bestimmten „Binnenmärkten" bzw. supranationalen Bündnissen (vgl. Skizze). Neben **Mengenbeschränkungen** (etwa für Zigaretten und Alkohol), ist hierbei vornehmlich an die unerlaubte Ein-, Durch- und Ausfuhr von **„illegalen" Gegenständen** zu denken. Exemplarisch können hier etwa Betäubungsmittel und nicht verschreibungsfähige Arzneimittel, Feuerwerkskörper, Waffen, gestopfte aussterbende Tiere, Pelze und Krokodilledertaschen oder kopierte Werke bzw. gefälschte Markenbekleidung (die Louis Vuitton Tasche aus dem Strandurlaub an der Ägäis) genannt werden. Selbst das Beisichführen bzw. das „Ausführen" größerer Bargeldbeträge oder von Luxusschmuck ist u.U. „genehmigungs-" bzw. anzeigepflichtig. Verbote und Genehmigungspflichten nach dem AWG können sich mithin häufig mit denen anderer Regelungsgefüge überschneiden; eine **„Konzentrationswirkung"**, wonach die Erlaubnis der BAFA alle weiteren Gestattungsakte sonstiger Ministerien ersetzt, gibt es allerdings nicht.

> **Zur Vertiefung:** Für das AWG, das hauptsächlich auch Waffenembargos beinhaltet, ist insofern auch das Kriegswaffenkontrollgesetz (KrWaffKontrG) sowie das Chemiewaffenübereinkommen (CWÜ) von besonderer Bedeutung. Ein Teil der von den das AWG ausfüllenden Ausfuhrlisten erfassten Güter – eben die Kriegswaffen – unterliegen zusätzlichen Verboten und Genehmigungspflichten nach dem KrWaffKontrG. Dann muss der Unternehmer u.U. neben der Genehmigung des Transports eine Erlaubnis für die Herstellung, Beförderung und das Inverkehrbringen von Kriegswaffen beantragen. Die Zuständigkeit für die Erteilung dieser Genehmigungen liegt allerdings nicht bei der BAFA, sondern beim Bundesministerium für Wirtschaft und Technologie.

In TV-Formaten wie „Achtung Kontrolle" oder „Der Zoll" wird eindringlich zur Schau gestellt, dass gerade im Bereich der Ordnungswidrigkeiten die damit einhergehenden „Nebensanktionen" (etwa die Beschlagnahme und das darauffolgende Entsorgen des im Ausland eingekauften Ziegenkäses) als mindestens genauso harte, wenn nicht sogar schwerere „Strafe" empfunden wird. Es liegt damit in der Natur des Außenwirtschaftsstrafrechts als „Warenstrafrecht", dass die **Nebenfolgen** der Strafe – also der Umgang mit der „inkriminierten Sache" – eine verhältnismäßig hohe Bedeutung haben und viele Grundsatzfragen rund um die Vorschriften zur Einziehung bzw. zum früheren Verfall (§§ 73 ff. StGB a.F.) in diesem Zusammenhang geklärt wurden. So zuletzt in dem eingangs dargestellten Sachverhalt. Nach einer knappen Übersicht zu den Vorschriften des AWG (II.), soll dieser Abschnitt dazu genutzt werden, die Nebenfolgen im Wirtschaftsstrafrecht zu skizzieren (III.), um schließlich auf die Besonderheiten des vorliegenden Falles einzugehen (IV). Indessen haben die sonstigen „Ein- und Ausfuhrbeschränkungen" aufgrund ihrer divergierenden Schutzrichtung geringen bzw. allenfalls mittelbaren wirtschaftlichen Bezug, weswegen sie in der folgenden Tabelle zwar aufgeführt, aber im Übrigen (als „Neben"- nicht jedoch als „Wirtschaftsstrafrecht") nicht vertieft dargestellt werden.

II. Die Strafvorschriften des AWG

1. Die Reform des AWG durch das Außenwirtschaftsmodernisierungsgesetz

Mit dem Gesetz zur **Modernisierung des Außenwirtschaftsrechts** vom 13.6.2013 wurde das zentrale Regelwerk des Außenwirtschaftsrechts – das AWG von 1961 – umfassend reformiert.¹²³³ Erklärtes und mehrmals betontes Ziel des Gesetzgebers war eine **„Entschlackung"**¹²³⁴ und bessere Verständlichkeit gegenüber der als unzulänglich sowie unnötig kompliziert geltenden Vorgängerregelung. Zudem sollten Sondervorschriften, die deutsche Exporteure gegenüber ihren europäischen Konkurrenten benachteiligen, beseitigt werden.¹²³⁵ Insofern brachte das Änderungsgesetz in seinem verwaltungsrechtlichen Teil lediglich „Paragraphenverschiebungen" (die ihrerseits Ergebnis des „Straffungsprozesses" sind – aus ursprünglich 52 Paragraphen wurden 28) mit sich.

> **Zur Vertiefung:** Manche Vorschriften des AWG waren auch schlicht überholt und hatten als protektionistische **„Relikte des Wirtschaftswunders"** nichts mehr in einem modernisierten EU-Binnenmarkts-Regelungsgefüge zu suchen. Als Beispiel hierfür ließe sich § 6 I AWG a.F. nennen, der eine Beschränkung für Rechtsgeschäfte und Handlungen im Außenwirtschaftsverkehr ermöglichte, wenn damit schädliche Folgen für die deutsche Wirtschaft oder einzelne Wirtschaftszweige vermieden werden sollten.¹²³⁶ Teilweise wurden vorher **unklare Rechtsbegrifflichkeiten** schlicht **näher definiert**, etwa derjenige der „Gemeinschaftsfremdheit", vgl. § 2 XXV AWG, wonach sich dieses auf das Gebiet der EU und nicht auf das Zollgebiet bezieht.

607 Im Bereich der Strafvorschriften kam es neben neuen Paragraphennummern (**§§ 17, 18 AWG** statt §§ 33, 34 AWG a.F.) auch zu wichtigen materiell-rechtlichen Änderungen, insb. zur Streichung von Vorschriften bzw. Tatbestandsmerkmalen, die mit Blick auf Art. 103 II GG bedenklich waren (bzw. vom BGH sogar zum Teil als **„unbestimmt"** deklariert wurden). Hierzu zählt der tatbestandliche Zwischenerfolg in Form der Eignung des Verstoßes bzw. des Exportvorgangs, das friedliche Zusammenleben der Völker oder die auswärtigen Beziehungen der Bundesrepublik erheblich zu gefährden. Wie bei zahlreichen Äußerungsdelikten gegen den öffentlichen Frieden des StGB, stellte sich schließlich auch hier die Frage, wann von solch einer Eignung auszugehen sein soll bzw. inwiefern dies objektiv festgestellt werden kann. Würde man dies von „Protestaktionen" der beeinträchtigten Länder abhängig machen, hinge die Strafbarkeit des Täters an der Reaktion ausländischer Regierungen.¹²³⁷ Daher ist die Abschaffung derartiger Formulierung sicherlich zu begrüßen.

608 Der „Förderungstatbestand", welcher typische Teilnahmehandlungen zu einem eigenständigen (sprich nicht akzessorischen) Delikt erhob, wurde abgeschafft. Darüber hinaus wurde – entgegen dem allgemeinen Trend im Wirtschaftsstrafrecht – die Fahrlässigkeitsstrafbarkeit eingeschränkt, vgl. § 34 VII AWG a.F. **„Bloße Arbeitsfehler"** will man nicht mehr als strafbar bewerten.¹²³⁸ Die Neuregelung wurde im Hinblick auf die klareren und nunmehr übersichtlich in § 2 AWG zusammengefassten Definitionen überwiegend positiv aufgenommen.

609 Die Vereinheitlichung bedeutet nicht bloß **„terminologische Auffrischung"** („Rüstungsgut" anstelle von „Kriegsgerät"¹²³⁹); vielmehr drifteten mit zunehmender Zahl

---

1233 BGBl. I 2013, S. 1482; zusf. *Alexander/Winkelbauer* ZWH 2013, 341.
1234 BT-Drs. 17/11127, S. 1, 19, 22.
1235 Wie etwa § 5c AWG a.F., der neben den europäischen Verboten den deutschen Exporteur mit weiteren Beschränkungen belastete, vgl. *Oehmichen* NZWiSt 2013, 339 (340).
1236 Weitere Beispiele bei *Voland* GWR 2013, 264 (265).
1237 *Alexander/Winkelbauer* ZWH 2013, 341 (348).
1238 Doch bleibt die Ahndung als OWi möglich, § 19 AWG.
1239 *Voland* GWR 2013, 264 (265).

europäischer Vorschriften die verwendeten Begrifflichkeiten auseinander, was zu Unklarheiten und Widersprüchen führen konnte. Diese wurden durch den Harmonisierungsprozess wieder beseitigt, wobei man sich an den in der praktisch bedeutsamen dual-use-Verordnung der EG verwendeten Begrifflichkeiten orientierte.

> **Zur Vertiefung:** In der **dual-use-Verordnung** vom 5.5.2009 sind genehmigungspflichtige Waren aufgeführt, die aufgrund ihrer technischen Eigenschaften oder Beschaffenheit nicht nur im zivilen Bereich genutzt, sondern auch einem militärischen Zweck zugeführt werden können.[1240] Hierunter fallen insbesondere auch Güter aus dem Bereich der sensitiven Elektronik, Telekommunikation, IT-Technik, aber auch Datenverarbeitungsprogramme (Software).

2. Überblick und Systematik

Im Gegensatz zum alten Recht beginnt das AWG nun mit den schwerwiegenderen Waffenembargo-Verstößen in § 17 AWG (**Verbrechen**) und geht dann auf sonstige Zuwiderhandlungen (u.a. gegen die Außenwirtschaftsverordnung) nach § 18 AWG (**Vergehen**) über.[1241] Fahrlässige Verstöße werden als Ordnungswidrigkeiten im § 19 I AWG zusammengefasst, weitere Verstöße gegen Anzeige- und Meldepflichten in § 19 II-VI AWG. Die Verfolgung der Ordnungswidrigkeit unterbleibt gem. § 22 IV AWG jedoch, „wenn der Verstoß im Wege der Eigenkontrolle aufgedeckt und der zuständigen Behörde angezeigt wurde sowie angemessene Maßnahmen zur Verhinderung eines Verstoßes aus gleichem Grund getroffen werden". In der Sache handelt sich um eine Aufforderung zu Compliance-Maßnahmen,[1242] da die Belohnung der Nichtahndung nicht nur von der Anzeige, sondern von der Einrichtung interner Kontrollsysteme abhängig gemacht wird.[1243]

610

Das Konzept **mehrstufiger Blankette** (vgl. hierzu bereits Rn. 59 ff.) bleibt erhalten. Zu beachten ist jedoch, dass die Vorschriften durch unterschiedliche Rechtssetzungsakte ausgefüllt werden, teils unmittelbar durch **EU-Verordnungen**, teils durch die Außenwirtschaftsverordnung, die ihrerseits (z.T.) der Umsetzung von UN-Resolutionen, EU-Verordnungen und Richtlinien dient (die Ermächtigungsgrundlagen für die einzelnen Verordnungsakte finden sich in § 4 ff. AWG). Dies erfordert – vor dem Hintergrund der bereits dargestellten bundesverfassungsgerichtlichen Rechtsprechung zu dynamischen

611

1240 Die dual-use-Definition taucht im Recht häufiger auf, wenn es um die Privilegierung des Umgangs aus privaten Zwecken und nicht um des Geldes wegen geht. Den Studierenden dürfte der Begriff aus dem Allgemeinen Teil des BGB bekannt sein, wo sich die Frage stellen kann, ob die privilegierenden Verbraucherschutzvorschriften über § 13 BGB zur Anwendung kommen, wenn der gekaufte Gegenstand sowohl privat als auch gewerblich genutzt wird.
1241 Da es sich um eigenständige Tatbestände mit divergierendem Unrechtsgehalt handelt, ist solch eine „hierarchische Systematik" nachvollziehbar, vgl. BT-Drs. 17/12101, S. 5. Zu den wichtigsten Merkmalen beider Vorschriften vgl. Minkoff/Sahan/Wittig/*Kudlich/Koch*, Konzernstrafrecht, 2019, § 19 Rn. 8 ff.; zur Strafbarkeit von Verstößen gegen Verfügungsverbote über eingefrorene Gelder nach § 18 AWG *N. Nestler* NZWiSt 2015, 81.
1242 Vgl. auch die Gesetzesbegründung, in der das Ziel, Unternehmen zu einer besseren Compliance- und Transparenzkultur anzuhalten hervorgehoben wird, BT-Drs. 17/12101, S. 11.
1243 Zur dogmatischen Einordnung des § 22 IV AWG als persönlicher oder sachlicher Strafausschließungsgrund *Oehmichen* NZWiSt 2013, 339 (342); zu weiteren offenen Fragen im Umgang mit der Vorschrift *Volland* GWR 2013, 264 (267).

Blanketttatbeständen eine kontinuierliche Anpassung des Wortlauts (insbesondere des § 18 AWG, der mehrmals auf EU-rechtliche Rechtsakte Bezug nimmt, vgl. im Folgenden). Dem Embargo-Tatbestand des § 17 I AWG folgen in § 17 II AWG drei Qualifikationsmerkmale, wobei die Kombination aus Gewerbsmäßigkeit und bandenmäßiger Begehung zu einer nochmaligen Erhöhung der Strafuntergrenze nach § 17 III AWG führt. Neben dem minder schweren Fall in § 17 IV AWG findet sich in § 17 V AWG ein Leichtfertigkeitstatbestand. Abschließend sind in § 17 VI, VII AWG eine (wohl deklaratorische) Gleichstellungsklausel sowie eine Erweiterung des Strafanwendungsrechts (**aktives Personalitätsprinzip**) enthalten.

Zur Vertiefung: Dieses strenge aktive Personalitätsprinzip kann zu Auslegungsschwierigkeiten führen. Wenn etwa ein deutscher Staatsbürger Organ einer russischen Bank ist und im Rahmen einer Maßnahme i.S. des § 18 I 1 Nr. 1 lit. b AWG durch einen Rechtsakt der Europäischen Union ein „Verfügungsverbot über eingefrorene Gelder und wirtschaftliche Ressourcen ausgesprochen wird, droht hier eine Strafbarkeit, für die nach § 18 X AWG ebenfalls ein strenges aktives Personalitätsprinzip gilt. Das könnte dazu führen, dass für das deutsche Organ ein Strafbarkeitsrisiko entsteht, obwohl die russische Gesellschaft, für die es tätig wird, gar kein Adressat des Rechtsakts ist. Es spricht wohl viel dafür, hier gleichsam eine Art „umgekehrtes Sonderdelikt" anzunehmen und bei einem Organ keine Tätereigenschaft anzunehmen, wenn diese bei der vertretenen juristischen Person nicht vorliegt – der Fall bleibt problematisch.[1244]

§ 17 AWG lautet:

(1) Mit Freiheitsstrafe von einem Jahr bis zu zehn Jahren wird bestraft, wer einer Rechtsverordnung nach § 4 Absatz 1, die der Durchführung

1. einer vom Sicherheitsrat der Vereinten Nationen nach Kapitel VII der Charta der Vereinten Nationen oder
2. einer vom Rat der Europäischen Union im Bereich der Gemeinsamen Außen- und Sicherheitspolitik

beschlossenen wirtschaftlichen Sanktionsmaßnahme dient, oder einer vollziehbaren Anordnung auf Grund einer solchen Rechtsverordnung zuwiderhandelt, soweit die Rechtsverordnung sich auf Güter des Teils I Abschnitt A der Ausfuhrliste bezieht und für einen bestimmten Tatbestand auf diese Strafvorschrift verweist.

(2) Mit Freiheitsstrafe nicht unter einem Jahr wird bestraft, wer in den Fällen des Absatzes 1

1. für den Geheimdienst einer fremden Macht handelt oder
2. gewerbsmäßig oder als Mitglied einer Bande handelt, die sich zur fortgesetzten Begehung solcher Taten verbunden hat.

(3) Mit Freiheitsstrafe nicht unter zwei Jahren wird bestraft, wer in den Fällen des Absatzes 1 als Mitglied einer Bande, die sich zur fortgesetzten Begehung solcher Taten verbunden hat, gewerbsmäßig handelt.

(4) In minder schweren Fällen des Absatzes 1 ist die Strafe Freiheitsstrafe von drei Monaten bis zu fünf Jahren.

(5) Handelt der Täter in den Fällen des Absatzes 1 leichtfertig, so ist die Strafe Freiheitsstrafe bis zu drei Jahren oder Geldstrafe.

(6) In den Fällen des Absatzes 1 steht einem Handeln ohne Genehmigung ein Handeln auf Grund einer durch Drohung, Bestechung oder Kollusion erwirkten oder durch unrichtige oder unvollständige Angaben erschlichenen Genehmigung gleich.

(7) Die Absätze 1 bis 6 gelten, unabhängig vom Recht des Tatorts, auch für Taten, die im Ausland begangen werden, wenn der Täter Deutscher ist.

1244 Vgl. zur Vertiefung *Kudlich* ZWH 2016, 1 ff.

Es ergibt sich folgender **Überblick**:

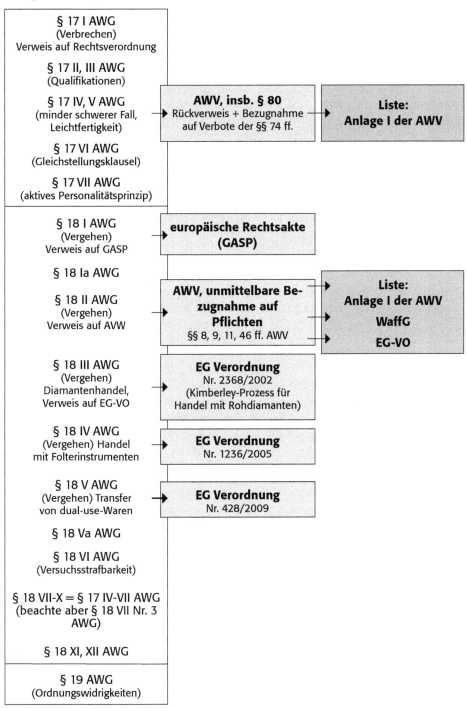

612 Der wesentlich umfangreichere § 18 AWG (auf dessen vollständigen Abdruck hier verzichtet wird) enthält inzwischen **sieben selbstständige Tatbestände**, die sich in ihrer „Ausfüllung" grundlegend unterscheiden. Während § 18 I AWG auf Rechtssetzungsakte der EU Bezug nimmt, werden vom zwischenzeitlich eingefügten § 18 Ia AWG Zuwiderhandlungen gegen vollziehbare Anordnungen nach § 6 I 2 AWG erfasst.[1245] § 18 II AWG sanktioniert Verstöße gegen die AWV. Die relativ speziellen §§ 18 III und IV und der zwischenzeitlich eingefügte § 18 Va AWG bilden den „humanitären Part" des AWG, indem sie explizit den **Roh- bzw. „Blutdiamantenhandel"**, den **Umgang mit Folterinstrumenten** sowie den Handel mit bestimmten Gütern, die zur Vollstreckung der Todesstrafe verwendet werden, erfassen.[1246] § 18 V AWG hat (wie zum Teil bereits § 18 II AWG) hingegen die bereits angesprochenen dual-use-Gegenstände zum Inhalt. Gleichsam für alle Delikte wird in § 18 VI AWG die Versuchsstrafbarkeit angeordnet, bevor zwei mit § 17 AWG wortgleiche Absätze folgen (Qualifikation und Gleichstellungsklausel). § 18 X AWG enthält eine besondere Strafanwendungsrechtsregelung. In den letzten zwei Absätzen sind indessen Strafausschließungsgründe enthalten, die letztlich darauf hinauslaufen, dass bei Änderungen durch EU-Verordnung, die gem. § 18 I Nr. 1, 2 AWG bereits mit Bekanntgabe im Amtsblatt der EG oder der EU zu beachten sind (während nach alter Rechtslage die Bekanntgabe im Bundesanzeiger erforderlich war), eine **„Schonfrist" von zwei Tagen** gilt.[1247] Ob diese kurze Zeitspanne gerade in mittelständischen Unternehmen ausreicht, um die entsprechenden „Compliance-Maßnahmen" durchzuführen, wird zu Recht angezweifelt.[1248]

3. Einordnung des Ausgangsfalles

613 Im eingangs beschriebenen Fall hat die Angeklagte den Transport der genannten Waren (ohne Magazinbeschränkung) in Drittländer veranlasst. Unter Zugrundelegung einer organisationsbezogenen Betrachtungsweise der Ausfuhr, wie sie § 2 II AWG zugrunde liegt, hätte sie – soweit diese Waren in Anlage I der AWV aufgeführt sind – den objektiven Tatbestand des § 18 II AWG erfüllt (ein Verstoß gegen ein Embargo nach § 80 AWV lässt sich dem Sachverhalt nicht entnehmen). Darüber hinaus wäre die Geschäftsführerin der GmbH als **„Transporteur"** bzw. Organisator des Transports grundsätzlich auch als taugliche Täterin zu qualifizieren, § 14 I StGB. Doch müsste man sehen, dass sie von einer qualitativ anderen Beschaffenheit der Magazine ausging (und sich insofern auf die Beschränkung 2+1 verließ). Insofern basierte ihre Annahme, sie brauche keine Genehmigung, nicht auf einer **fälschlichen Subsumtion** des korrekt erfassten Sachverhalts. Vielmehr unterlag sie einem **Tatsachenirrtum**, der jedenfalls zu einem vorsatzausschließenden Tatbestandsirrtum führte. Nach heutigem

---

1245 G. v. 12.12.2019 BGBl. I S. 2602 (Nr. 50).
1246 Aufgrund einer Änderungsverordnung ([EU] 2016/2134, ABl. L 338 vom 13.12.2016, S. 1), welche die der Vorschrift zugrundeliegende Richtlinie betraf, erfuhr insbesondere § 18 IV AWG durch das Gesetz v. 20.07.2017, BGBl. I S. 2789, umfassende Änderungen im Wortlaut (mithin Modifikationen des terminus technicus), aber auch Erweiterungen.
1247 *Alexander/Winkelbauer* ZWH 2013, 341 (344): „kodifizierter Fall eines unvermeidbaren Verbotsirrtums".
1248 *Oehmichen* NZWiSt 2013, 339 (345).

Recht könnte das Verhalten der Angeklagten daher nur als Ordnungswidrigkeit gem. § 19 I OWiG geahndet werden. Nach früherem Recht dagegen verblieb es bei einer Fahrlässigkeitsstrafbarkeit nach § 34 VII AWG. Das Folgeproblem – nämlich wie mit dem Gewinn aus dem Vertrieb umzugehen ist – stellt sich in beiden Situationen, da Nebenfolgen nicht nur Straftaten, sondern auch Ordnungswidrigkeiten betreffen können, **vgl. § 20 AWG**.

§ 20 AWG lautet:

> (1) Ist eine Straftat nach § 17 oder § 18 oder eine Ordnungswidrigkeit nach § 19 begangen worden, so können folgende Gegenstände eingezogen werden:
> 1. Gegenstände, auf die sich die Straftat oder die Ordnungswidrigkeit bezieht, und
> 2. Gegenstände, die zu ihrer Begehung oder Vorbereitung gebraucht worden oder bestimmt gewesen sind.
>
> (2) § 74a des Strafgesetzbuches und § 23 des Gesetzes über Ordnungswidrigkeiten sind anzuwenden.

III. Sanktionen im Wirtschaftsstrafrecht, insb. die Einziehung

1. Überblick

Kommt es im wirtschaftsstrafrechtlichen Verfahren zu einer Verurteilung, so können als Strafen selbstverständlich zunächst einmal die allgemeinen (Haupt-) Strafen des StGB, d.h. **Geldstrafe und Freiheitsstrafe** festgesetzt werden. Als Nebenfolgen eigener Art kommt darüber hinaus aber auch noch die in §§ 73 ff. StGB geregelte **Einziehung** in Betracht.[1249] Hierbei kann – in Fortführung der früheren terminologischen Unterscheidung zwischen Verfall und Einziehung – auch nach der umfangreichen Reform der Vermögensabschöpfung im Jahr 2017[1250] weiterhin zwischen der **Einziehung von Taterträgen** (§ 73 StGB) und der **Einziehung von Tatprodukten, Tatmitteln und Tatobjekten** (§ 74 StGB) unterschieden werden.[1251] In beiden Fällen geht es darum, ergänzend zur Auferlegung des Strafübels auf Vermögensbestandteile oder Güter des Verurteilten zurückzugreifen. Die Einziehung der **instrumenta et producta sceleris (§§ 74 ff. StGB)**, mithin also von Tatmitteln oder solche Gegenständen, die durch die Tat hervorgebracht worden sind (zum Beispiel die erstellten unechten Urkunden) soll **präventiv wirken**, indem diejenigen Gegenstände, deren Entstehung oder Beschaffenheit auf die Straftat zurückzuführen ist bzw. zu ihrer Begehung verwendet worden sind, aus dem Machtbereich des Täters entfernt werden.

614

Dagegen geht es bei der **Einziehung von Taterträgen** (also dem früheren **Verfall, §§ 73 ff. StGB)** darum, dass die vom Täter erlangten rechtswidrigen Vermögensvorteile aus der rechtswidrigen Tat diesem nicht verbleiben sollen; „Verbrechen" dürfen sich

615

1249 Einführend *Theile/Petermann* JuS 2011, 496; *T. Walter* JA 2011, 481 (jeweils noch zum alten Recht); bereits zum neuen Recht *Kett-Straub/Kudlich*, Sanktionenrecht, 2017, § 14.
1250 Zusf. *Korte* NZWiSt 2018, 231; *Trüg* NJW 2017, 1913.
1251 Zur Anwendung des neuen Einziehungsrechts auf Altfälle BGH NStZ 2018, 400 (dort auch zu einem potentiellen Verstoß gegen Art. 7 I 2 EMRK).

also auch finanziell **"nicht lohnen"**. Da gerade Wirtschaftskriminalität typischerweise „lohnende Kriminalität" ist (bzw. zumindest nach dem Willen der Täter sein soll), liegt es nahe, dass die Einziehung von Taterträgen hier von besonderer Bedeutung ist.

> **Hinweis:** Besondere Bedeutung hat die Einziehung von Taterträgen auch im Ordnungswidrigkeitenrecht, wo sie in allgemeiner Form in § 29a OWiG geregelt ist (und dort die Regelung des § 17 IV 2 OWiG ergänzt, nach der die wegen der Ordnungswidrigkeit verhängte Geldbuße auch über die jeweils angeordneten Höchstbeträge hinausgehen kann, wenn dieses nicht ausreicht, den wirtschaftlichen Vorteil, den der Täter aus der Ordnungswidrigkeit gezogen hat, abzuschöpfen). Die folgenden Ausführungen – insbesondere auch diejenigen zur unter 3. beschriebenen Problematik des Bruttoprinzips[1252] – gelten hier mutatis mutandis entsprechend, während beim Abschöpfungsanteil einer Geldbuße das Nettoprinzip gilt.

2. Insbesondere Voraussetzungen und Folgen der der Einziehung von Taterträgen

616 Allgemeine Voraussetzung der Einziehung von Taterträgen nach § 73 I 1 StGB ist als sog. **Anlasstat** zunächst eine rechtswidrige Tat, d.h. nach der Legaldefinition des § 11 I Nr. 5 StGB eine Tat, die den Tatbestand eines Strafgesetzes verwirklicht, ohne dass eine schuldhafte Begehung vorausgesetzt wäre. Hat ein Täter oder Teilnehmer aus einer solchen Tat etwas erlangt, so ordnet das Gericht den Verfall des erlangten Etwas an. Die Formulierung „so ordnet an" zeigt, dass diese Entscheidung nicht im Ermessen des Gerichts steht. Anders als in § 73 I 1 StGB a.F. für den früheren Verfall ist die Anordnung der Einziehung von Taterträgen auch nicht mehr ausgeschlossen, wenn dem Verletzten aus der Tat ein Anspruch erwachsen ist, dessen Erfüllung dem Täter oder Teilnehmer den Wert des aus der Tat Erlangten entziehen würde. Diese frühere **Subsidiaritätsklausel** des § 73 I 2 StGB sollte vermeiden, dass der Verfall die Ersatzansprüche des Opfers gefährdet, führte im Ergebnis aber dazu, dass bei zahlreichen (und insbesondere ausschließlich individualschützenden) Vermögensdelikten eine Verfallsanordnung unterblieb, weshalb die Regelung auch als „Sargnagel" des (früheren) Verfallsrechts bezeichnet wurde.

617 Nach § 73 II und III StGB erfasst die Anordnung der Einziehung von Taterträgen zwingend etwa gezogene **Nutzungen** sowie fakultativ auch **Surrogate**. Ferner kann sich die Anordnung nach § 73b StGB auch gegen tatunbeteiligte **Dritte** richten, wenn der Täter oder Teilnehmer für diese[1253] gehandelt hat und sie dadurch etwas erlangt haben oder wenn die Dritten das Erlangte unentgeltlich oder ohne rechtlichen Grund, bösgläubig oder nach erbrechtlichen Grundsätzen erhalten haben. Schließlich kann nach § 73c StGB die Einziehung des Wertersatzes angeordnet werden, wenn die Einziehung des ursprünglich Erlangten aufgrund von dessen Beschaffenheit nicht möglich ist (so etwa bei der Ersparnis von Aufwendungen, bei Gebrauchsvorteilen, in Fällen der Vermischung, Verbindung oder Verarbeitung sowie in Konstellationen des Verbrauchs, der Unauffindbarkeit oder der rechtswirksamen Übereignung), ohne dass ein Fall von § 73b StGB vorliegt.

1252 Vgl. zur Geltung des Bruttoprinzips im Ordnungswidrigkeitenrecht *Göhler/Gürtler*, OWiG, § 29a Rn. 6.
1253 Das Handeln „für diese" bestimmt sich nach den Wertungen der §§ 164 BGB, 14 StGB.

Besonders weit geht § 73a StGB, nach welchem als sog. „**erweiterte Einziehung**" — anders als beim früheren Verfall nicht mehr auf bestimmte Delikte beschränkt — die Einziehung von solchen Gegenständen angeordnet werden kann, bei denen nach Überzeugung des Gerichts feststeht, dass sie für rechtswidrige Taten oder aus ihnen erlangt worden sind.[1254]

618

Die in § 73c StGB a.F. noch enthaltene Härteklausel, um die aus dem früheren Verfall im Allgemeinen sowie aus dem erweiterten Verfall im Besonderen potentiell erwachsenden Härten ausgleichen zu können, hat der Gesetzgeber 2017 gestrichen.

619

3. Das Bruttoprinzip und seine Einschränkungen

Gegenstand der Einziehung von Taterträgen ist das durch oder für die Straftat erlangte Etwas. Dieses ist nach h.M. grundsätzlich nach dem **sog. Bruttoprinzip** zu bestimmen. Danach sollen alle wirtschaftlichen Werte, die in irgendeiner Phase des Tatablaufs unmittelbar erlangt wurden, in ihrer Gesamtheit abgeschöpft werden, ohne dass **Gegenleistungen** bzw. Unkosten der Tatbeteiligten (z.B. die bei Drogengeschäften bezahlten Einkaufspreise) abgezogen werden können. Die **Aufwendungen** der Tat sollen für den Täter also nutzlos verloren gehen, so dass die Tat für ihn nicht „risikofrei" durchführbar ist, sondern er im Falle der Entdeckung und Verurteilung gerade mehr verliert, als ihm als „Gewinn" bleibt.

620

Bei diesem scharfen Schwert des Bruttoprinzips wird deutlich, dass die Einziehung von Taterträgen in ihrer geltenden Ausgestaltung der Bekämpfung der Organisierten Kriminalität und dabei nicht zuletzt des Drogenhandels dient. In einem insgesamt illegalen Geschäftsfeld, bei dem auch der entgeltliche Erwerb der weiterzuveräußernden Drogen strafbar ist, mag es Sinn machen, dass die Aufwendungen dafür nicht verfallsmindernd abgezogen werden können. Im Bereich der Wirtschaftskriminalität sind Straftaten aber auch oft aufs Engste **mit legalen Geschäftsvorfällen** verwoben. Hier kann das Bruttoprinzip wertungsmäßig problematisch (um nicht zu sagen: „**verfehlt**") erscheinen. Vor der Reform der Vermögensabschöpfung im Jahr 2017 haben sich deshalb fallgruppenartig **Ansätze zur Einschränkung** bzw. präziseren Konturierung des Bruttoprinzips herausgebildet, die teilweise auch ihren Weg in die Rechtsprechung gefunden haben (oder für bestimmte Konstellationen dort sogar entwickelt worden sind).

621

Ausgangspunkt war dabei stets, dass die konkrete Bestimmung des „erlangten Etwas" seiner Bewertung und damit auch der Anwendung des Bruttoprinzips vorausgeht.[1255] Oder anders gewendet: Bevor man der Frage nach „brutto oder netto", also nach Berücksichtigungsfähigkeit von Aufwendungen nachgeht, ist erst einmal genau zu prüfen, was überhaupt das „**etwas**" ist, das aus der Straftat erlangt worden ist. Das ist vergleichsweise einfach bei einem Delikt wie einem Diebstahl mit seiner Tatbeute. Bei komplexer strukturierten Tatbeständen dagegen, bei denen das, was „erlangt" wird,

621a

1254 Krit. NK/*Saliger* § 73d Rn. 2: „Konfiskation obskuren Vermögens".
1255 Deutlich BGHSt 50, 299 (310) = NJW 2006, 925.

nicht zugleich als Tatobjekt umschrieben und daher klar festgelegt ist, gibt es Spielraum für eine differenzierende Argumentation.[1256] Da die genaue Handhabung aber selbst innerhalb der Rechtsprechung des BGH teilweise schwankend war, sollte mit der Reform der Vermögensabschöpfung u.a. größere Klarheit auch über die Grenzen des Bruttoprinzips geschaffen (und dieses tendenziell wieder strenger durchgesetzt) werden. Um diesen Vorgang – und auch die nunmehr geltende gesetzliche Regel-Ausnahme-Systematik (vgl. **unten Rn. 625a**) – besser zu verstehen, erscheint es hilfreich, zunächst einen knappen Blick auf die alte Rechtslage zum – der heutigen Einziehung von Taterträgen entsprechenden – Verfall zu werfen.

a) Einschränkungen des Bruttoprinzips nach der alten Rechtslage

aa) Tathandlungsspezifische Bestimmung des erlangten „etwas"

622 Ein Ansatz, der sich letztlich nicht dem Vorwurf ausgesetzt sieht, mit den gesetzgeberischen Zielen der Umstellung vom Netto- zum Bruttoprinzip zu kollidieren,[1257] bestand darin, exakt auf die Tathandlung des jeweiligen Delikts zu blicken und zu prüfen, was **gerade aus dieser Handlung** erlangt worden ist. Wegweisend war insoweit die Entscheidung des BGH in der Entscheidung „Kölner Müllskandal".[1258] Für den Fall einer Bestechung (im geschäftlichen Verkehr) ging der 5. Strafsenat hier davon aus, dass der Werkunternehmer im Rahmen korruptiver Manipulation bei der Auftragsvergabe „lediglich die **Auftragserteilung** – also den **Vertragsschluss** – selbst, nicht hingegen den vereinbarten Werklohn" erlangt hat.[1259] Der wirtschaftliche Wert dieses Auftrags zum Zeitpunkt der Auftragserlangung sollte sich dann vorrangig nach dem zu erwartenden Gewinn bemessen. Aufwendungen für die Ausführung des Auftrags (also Werklöhne etc.) wären dann von dem Werklohn also grundsätzlich abziehbar (nicht dagegen wohl die geleisteten Bestechungsgelder).

623 Der gleiche Senat hat etwas später zu verbotenen Insidergeschäften nach § 38 I Nr. 1 i.V.m. § 14 I Nr. 1 WpHG a.F. überzeugend entschieden,[1260] dass nicht der gesamte Erlös aus dem Verkauf der mit Insiderkenntnissen gehandelten Aktien, sondern nur der vom Täter realisierte **„Sondervorteil"** dem Verfall unterliege.[1261]

1256 Vgl. zum Folgenden auch näher *Kudlich/Lepper* ZWH 2012, 441.
1257 Zu diesem (freilich nicht zwingenden) Vorwurf vgl. OLG Celle NZWiSt 2012, 191 (193).
1258 BGHSt 50, 299 m. Anm. *Noltensmeier* StV 2006, 126; vgl. umfassend bereits § 13.
1259 Vgl. BGHSt 50, 299 (310).
1260 Zu den Straftatbeständen nach dem WpHG vgl. knapp oben Rn. 304 ff.
1261 BGH NJW 2010, 882 (884). Hierfür auch schon früher *Kudlich/Noltensmeier* wistra 2007, 121 (124 f.). Der Senat führt hierzu aus: *„Maßgeblich ist deshalb die Bestimmung des wirtschaftlichen Wertes des Vorteils, der dem Täter aus der Tat zugeflossen ist (...). Dabei muss die Abschöpfung spiegelbildlich dem Vermögensvorteil entsprechen, den der Täter aus der Tat gezogen hat. Für die Bestimmung desjenigen, was der Täter in diesem Sinne aus einer Tat oder für sie erlangt hat, ist das Bruttoprinzip unerheblich. Erst wenn feststeht, worin der erlangte Vorteil des Täters besteht, besagt dieses Prinzip, dass bei der Bemessung der Höhe des Erlangten gewinnmindernde Abzüge unberücksichtigt bleiben müssen [...]. Der dem Verfall unterliegende Vorteil ist deshalb danach zu bestimmen, was letztlich strafbewehrt ist. Soweit das Geschäft an sich verboten ist (Embargoverstöße [...]; Rauschgiftgeschäft [....]), kann der gesamte hieraus erlöste Wert dem Verfall unterliegen. Ist dagegen strafrechtlich*

bb) Die weite Auslegung des Bruttoprinzips durch den 1. Strafsenat

Demgegenüber hat insbesondere der 1. Strafsenat[1262] in einer Entscheidung aus dem Jahr 2008[1263] für einen Fall der strafbaren Werbung nach § 16 UWG die Kaufpreiszahlungen, welche durch unlautere Werbung veranlasst worden waren, in vollem Umfang dem Verfall unterworfen und sich dabei nicht zuletzt auch kritisch mit der einschränkenden Auslegung durch den 5. Strafsenat auseinandergesetzt.[1264] Man könnte hier nun zwar mit guten Gründen argumentieren, dass die – mit Blick auf die gesetzliche Regelung (*„aus der Tat* erlangt") bis zu einem gewissen Grad zu Recht – tatbestandsspezifisch weite Auslegung des „erlangten Etwas" bei § 16 UWG nicht ohne weiteres auf andere Tatbestände übertragbar ist. Umgekehrt betont der 1. Senat aber selbst, dass er jedenfalls einer weitreichenden Ausdehnung der Einschränkungen des 5. Senats nicht folgen wollen würde.[1265]

624

b) Die „Funktionsweise" des Bruttoprinzips nach der neuen Rechtslage

Zum alten Recht konnte mithin – bei aller Vorsicht, die geboten war, eine „gemeinsame Linie" herauszuarbeiten, um welche die verschiedenen Strafsenate offenbar gar nicht wirklich bemüht waren – grob skizziert werden, dass **nicht** dem Verfall unterliegt, was in **Übereinstimmung mit der materiellen Rechtslage** erlangt wurde oder jedenfalls sicher hätte erlangt werden können, wenn eine etwa erforderliche Erlaubnis eingeholt worden wäre. Dagegen war all das einziehbar, was sowohl nach Kriterien der Unmittelbarkeit als auch des jeweiligen Schutzzwecks der Norm „**bemakelt**" ist, insbesondere also wenn die Durchführung eines Geschäftes der konkreten Art und Weise **per se**[1266] **unzulässig** ist oder das deliktische Verhalten erst dazu führt, dass Geschäfte dieser Art und Weise abgeschlossen werden.[1267] Demgegenüber stellt die Gesetzesbegründung zur Neufassung[1268] **statt auf die genaue Bestimmung des Erlangten** und normative Zurechnungserwägungen (etwa entsprechend der Lehre von der objektiven Zurechnung[1269]) auf **ein zweistufiges Verfahren** ab:

625

- Nach § 73 I StGB sind alle Vermögenswerte, die einem Tatbeteiligten (oder Drittbegünstigten) aus der Verwirklichung des Tatbestands in irgendeiner Phase des

---

nur die Art und Weise bemakelt, in der das Geschäft ausgeführt wird, ist nur der hierauf entfallende Sondervorteil erlangt".

1262 Die Bedeutung der Rechtsprechung gerade dieses Senats liegt auch darin, dass er über seine „territoriale" Zuständigkeit für bestimmte OLG-Bezirke hinaus bundesweit für das Steuerstrafrecht zuständig ist, das in den hier interessierenden wirtschaftsstrafrechtlichen Sachverhalten nicht selten auch mit betroffen sein kann, so dass eine erhöhte „Zuständigkeitswahrscheinlichkeit" des 1. Senats besteht.
1263 BGHSt 52, 227.
1264 Vgl. BGHSt 52, 227 (248 f.).
1265 Vgl. auch BGHSt 52, 227 (250 f.).
1266 Weitgehend unstreitiges Beispiel: Drogenhandel.
1267 Beispiel: Strafbare Werbung, da hier – anders als in Fällen einer Ausschreibung, die der Korruption vorhergeht – gerade unklar ist, ob der Kunde dieses Gut überhaupt erworben hätte.
1268 Vgl. hierzu statt vieler *Andorfer/Rimpf* NZWiSt 22019, 54; zu Sonderfragen bei der Steuerhinterziehung *Bach* NZWiSt 2019, 62; zur Vermögensabschöpfung bei Unternehmen *Bode* ZWH 2019, 215 sowie *Ceffinato* ZWH 2018, 161.
1269 So zur alten Rechtslage *Rönnau/Krezer* NZWiSt 2012, 147 (149).

Tatablaufs zugeflossen sind, in ihrer Gesamtheit abzuschöpfen; in diesem ersten Schritt ist bei der Bestimmung des Erlangten also eine gegenständliche Betrachtungsweise anzulegen.
- Wertende Gesichtspunkte sind erst in einem zweiten Schritt bei der Konkretisierung des „Bruttoprinzips" durch § 73d I StGB zu berücksichtigen[1270].

625a Bei diesen Wertungen ist dann ein komplexes Regel-Ausnahme-Verhältnis zu berücksichtigen, das sich vereinfacht wie folgt illustrieren lässt:[1271]

1. Stufe: Ausgangspunkt § 73 I StGB, Bruttoprinzip (weitreichende Erfassung des „durch die Tat Erlangten")

2. Stufe: nähere Bestimmung durch
⇨ Ausnahme: Abzugs**ge**bot für Aufwendungen (Netto-Gedanke)
⇨ Gegenausnahme: vorsätzliche Investitionen in die Straftat (Brutto-Gedanke)
⇨ Gegengegenausnahme: Erfüllung einer geschuldeten Leistung (Netto-Gedanke)
⇨ ggf. Härteklausel in der Vollstreckung, vgl. § 459g V 1 StPO

Um einige Beispiele aus dem wirtschaftsstrafrechtlichen Bereich zu nennen:

626 **aa)** Im Kapitalmarktstrafrecht vertrat die Rechtsprechung bei „**Insidergeschäften**" (§ 119 III WpHG, vgl. o. Rn. 310) zum alten Recht überzeugend, dass nicht der Gesamtwert der erworbenen Aktien bzw. des durch deren Veräußerung erzielten Erlöses das „Erlangte" iS des § 73 I StGB aF war, sondern nur die **unzulässige Sonderchance** (vgl. soeben **Rn. 623**) und damit nur der Wert des Gewinns, der daraus entstanden ist, dass die Wertpapiere zu einem ganz bestimmten Zeitpunkt gekauft oder verkauft wurden. Demgegenüber hatte der BGH für Fälle der Marktpreismanipulation (vgl. nach aktueller Rechtslage § 119 I WpHG) später (zweifelhaft[1272]) einen Abzug und damit eine Beschränkung auf einen Sondervorteil abgelehnt und ein weites Verständnis des Bruttoprinzips zu Grunde gelegt. Denn das „abgeschlossene Geschäft" sei „ausdrücklich verboten und der Kaufpreis als Erlös gerade unmittelbarer Zufluss aus dieser untersagten Transaktion"[1273]. Nach dem **neuen Recht** könnte man diese strenge Sichtweise auch auf Insidergeschäfte übertragen, soweit die Aktien zweckgerichtet für ein verbotenes Insidergeschäft angeschafft oder eingesetzt werden. Auch in diesen Fällen wird bewusst Kapital in verbotene Geschäfte investiert.[1274] Freilich ließe sich auch argumentieren, dass zumindest eine der Transaktionen (An- oder Verkauf) auch beanstandungsfrei (nämlich so wie durch jeden Marktteilnehmer ohne Sonderkenntnisse) verlaufen ist.

1270 Vgl. BT-Drs. 18/9525 S. 62.
1271 Graphik in Anlehnung an *Kett-Straub/Kudlich*, Sanktionenrecht, 2017, § 14 Rn. 29.
1272 Zur Kritik vgl. *Kudlich* JZ 2014, 746 ff.
1273 Vgl. BGH NJW 2014, 1399 (1403). Dass ein solches „Verbot an sich" etwa bei sog. handelsgestützten Manipulationen stärker ausgeprägt sein soll als bei Insidergeschäften, lässt sich nun beim besten Willen nicht nachvollziehen, so dass deutlich wird, dass es sich letztlich auch insoweit wieder um unterschiedliche Sichtweisen zwischen unterschiedlichen Strafsenaten (hier 5. Senat vs. 3. Senat) handelt.
1274 So für diese Fälle explizit BT-Drs. 18/9525 S. 68.

bb) Bei **Betrugstaten** soll nach dem Willen des Gesetzgebers gemäß § 73d I 2 HS. 2 **626a**
StGB die Gegenleistung des Täters in Abzug zu bringen sein[1275]. Zwar sei die Erbringung der Leistung durch den Täter noch Teil der Betrugstat; indes investiere der Täter nicht in ein verbotenes, sondern in ein **wirksames (wenn auch anfechtbares) Geschäft**.

cc) Auch die Einziehung bei **Korruptionsdelikten** führt der Gesetzgeber angemesse- **626b**
nen Lösungen zu (die sich mit der schon bestehenden Rechtsprechung decken[1276]). Wird etwa ein als Werkvertrag gestalteter Auftrag durch eine Bestechungszahlung erlangt, sind die Aufwendungen für die beanstandungsfreie Werkleistung (insbesondere Personal- und Materialkosten) im Ergebnis zu berücksichtigen: Gegenständlich erlangt iS des § 73 I StGB ist nach dem Bruttoprinzip der gesamte Werklohn (Schritt 1). Nach § 73d I StGB sind dann im Wege der Konkretisierung die Aufwendungen für die beanstandungsfreie Werkleistung abzuziehen (Schritt 2). Im Ergebnis abgeschöpft wird damit der Gewinn aus dem Werkvertrag.

IV. Die Lösung in BGHSt 57, 79 – altes und neues Recht

Im vorliegenden Fall des 3. Strafsenats[1277] handelt es sich zwar um Außenwirt- **627**
schaftsdelikte, überwiegend aber nicht um Embargo-Verstöße. Die Besonderheit des Sachverhalts lag weiterhin darin, dass die erforderliche Genehmigung in mehreren angeklagten Fällen hätte erteilt **werden müssen**. Die bloße materielle **Genehmigungsfähigkeit** schließt zwar eine Strafbarkeit grundsätzlich nicht aus,[1278] hatte aber nach Auffassung des 3. Strafsenats (noch nach altem Verfallsrecht!) Auswirkungen auf den Umfang des erlangten „etwas". Als „erlangt" betrachtete der BGH allein die durch das Unterbleiben des Genehmigungsverfahrens ersparten Aufwendungen. Dies kann wertungsmäßig durchaus überzeugen, da die Ausfuhr „als solche" (d.h. auch in einer inhaltlich nicht modifizierten Form) materiell zulässig gewesen wäre bzw. als „legaler Sockel" bezeichnet werden könnte, auf dem dann allein der formale Verstoß „Fehlen der Genehmigung" aufbaut. Entsprechend führte auch der Senat aus:

> „Die Frage, nach welchen Kriterien die Bestimmung des Erlangten i.S. des § 73 I 1 StGB [a.F.] bei Straftaten vorzunehmen ist, die wie hier wesentlich dadurch geprägt werden, dass ein formeller Verstoß gegen einen Genehmigungsvorbehalt sanktioniert wird, die erforderliche Genehmigung indessen bei entsprechender Antragstellung hätte erteilt werden müssen, ist in der höchstrichterlichen Rechtsprechung bisher nicht entschieden (…). Hierzu gilt: Nach § 73 I 1 StGB unterliegt dem Verfall [entspricht jetzt: Einziehung von Taterträgen], was der Täter für die Tat oder aus der Tat erlangt hat. (…). Nach dem gesetzlichen Bruttoprinzip sind wirtschaftliche Werte, die in irgendeiner Phase des Tatablaufs unmittelbar erlangt wurden, in ihrer Gesamtheit

---

1275 So BT-Drs. 18/9525 S. 68 mit den Beispielen: Der Wert eines fabrikgefertigten Teppichs, den der Täter betrügerisch als handgeknüpft verkauft hat, ist ebenso abzuziehen wie der tatsächliche Wert eines Autos, das betrügerisch mit einem manipulierten Tachostand verkauft wird.
1276 Grundlegend BGHSt 50, 299.
1277 BGHSt 57, 79 m. Anm. *Kudlich* ZWH 2012, 187; *Rönnau/Krezer* NZWiSt 2012, 147.
1278 Vgl. allgemein zum Umgang mit verwaltungsrechtlichen Erlaubnisvorbehalten in wirtschaftsstrafrechtlichen Tatbeständen oben Rn. 71a ff.

abzuschöpfen; Gegenleistungen oder Kosten des Täters bei der Tatdurchführung sind nicht in Abzug zu bringen (...). Bereits der Wortlaut des § 73 I 1 StGB belegt indes, dass nicht alles, was der Tatbeteiligte oder Dritte (...) in irgendeinem beliebigen Zusammenhang mit der Verwirklichung der rechtswidrigen Tat erlangt hat, dem Verfall unterliegt, sondern nur derjenige Vermögenszuwachs, den er gerade – gleichsam spiegelbildlich – aus der Tat erzielt hat (vgl. Kudlich/Noltensmeier, wistra 2007, 121 [124]). Es werden daher nur solche Vorteile erfasst, die der Tatteilnehmer oder Dritte nach dem Schutzzweck der Strafnorm nicht erlangen und behalten dürfen soll, weil sie von der Rechtsordnung – einschließlich der verletzten Strafvorschrift – als Ergebnis einer rechtswidrigen Vermögensverschiebung bewertet werden (...) Gleiches folgt aus Sinn und Zweck des Verfalls [entspricht jetzt: Einziehung von Taterträgen]. Dieser verfolgt selbst keinen Strafzweck, sondern dient als öffentlich-rechtliche Maßnahme eigener Art der Abschöpfung des unrechtmäßig aus der Tat Erlangten und damit dem Ausgleich einer rechtswidrigen Vermögensverschiebung. (...) Der dem Verfall [entspricht jetzt: Einziehung von Taterträgen] unterliegende Vorteil ist deshalb danach zu bestimmen, was letztlich strafbewehrt ist. (...) Soweit das Geschäft bzw. seine Abwicklung an sich verboten und strafbewehrt ist, unterliegt danach grundsätzlich der gesamte hieraus erlangte Erlös dem Verfall [entspricht jetzt: Einziehung von Taterträgen]. Ist dagegen strafrechtlich nur die Art und Weise bemakelt, in der das Geschäft ausgeführt wird, so ist nur der hierauf entfallende Sondervorteil erlangt (...). Diese Grundsätze gelten auch in den Fällen, in denen das geschäftliche Tätigwerden des Tatbeteiligten einem Genehmigungsvorbehalt unterliegt, den dieser in strafbarer Weise umgeht. Erreicht er hierdurch, dass er ein – gegebenenfalls auch nur nach dem Ermessen der Genehmigungsbehörde – nicht genehmigungsfähiges Geschäft abschließen und/oder erfüllen sowie daraus entsprechende Vermögenszuwächse erzielen kann, so sind diese in vollem Umfang erlangt i.S. des § 73 I 1 StGB und unterliegen daher grundsätzlich uneingeschränkt dem Verfall [entspricht jetzt: Einziehung von Taterträgen]. Hatte er dagegen einen Anspruch auf die Genehmigung, so bemakelt die Rechtsordnung nicht den Abschluss oder die Erfüllung des Vertrags; vielmehr soll durch die Strafbewehrung allein die Umgehung der Kontrollbefugnis der Genehmigungsbehörde sanktioniert werden. Erlangt ist somit nur der durch die Nichtdurchführung des Genehmigungsverfahrens erwachsene (Sonder-)Vorteil."

628 Ob das nach dem neuen Recht so noch Geltung beansprucht, ist fraglich. Denn auch alle anderen Ausgaben (Anschaffungs- und Herstellungskosten) sind „für die Begehung der Tat oder für ihre Vorbereitung aufgewendet worden", § 73d I 2 StGB. Überträgt man freilich die – durchaus überzeugenden – Wertungen der alten Rechtsprechung, ließe sich auch argumentieren, dass all das, was auch bei einer genehmigten Ausfuhr hätte aufgewendet werden müssen, nicht spezifisch „für die Begehung der Tat" aufgewendet worden ist (sondern „Ohnehin-Kosten" auch bei einer gesetzesgemäßen Durchführung der Lieferung angefallen wären). Da der Tatertrag dann nur in der Ersparnis der für die Genehmigung hypothetisch angefallenen Kosten liegt, der *in natura* nicht herausgegeben werden kann, bleibt die Einziehung eines entsprechenden Wertersatzes nach § 73c StGB möglich.

N. Überblick zum Wirtschaftsstrafverfahrensrecht

Literatur: W/J/*Nickolai*, 25. Kap.; zu privaten Ermittlungen A/R/R/*Salvenmoser/Schreier* 15. Teil; 3. Kap. Rn. 1 ff.; zu BVerfG NJW 2018, 2392 (Jones Day-VW-Diesel-Skandal) *Momsen* NJW 2018, 2362; *Knauer* NStZ 2019, 159

I. Grundlagen

Das materielle Wirtschaftsstrafrecht ist zumindest vielfach durch einschlägige Sondertatbestände sowie durch spezifische Prinzipien der Tatbestandsbildung und der Gesetzesanwendung geprägt (vgl. dazu Rn. 36 ff., 72 ff.). Demgegenüber gelten für das Wirtschaftsstrafverfahren jedenfalls gesetzlich grundsätzlich die **„normalen" Vorschriften der StPO und des GVG**. Aufgrund verschiedener struktureller Eigenheiten der Wirtschaftskriminalität (vgl. insbesondere auch oben Rn. 13 ff.) stellen sich aber auch **bestimmte prozessuale Einzelfragen häufiger bzw. zumindest in typischerer Weise** als in Verfahren zur Allgemeinkriminalität bzw. treten in einem etwas veränderten Gewand auf. Das Wirtschaftsstrafrecht ist insbesondere häufig durch rechtlich wie tatsächlich **komplexe und ausgesprochen umfangreiche Sachverhalte** geprägt (vgl. nochmals oben Rn. 15 f.). Hinzu kommen strukturell häufig **sehr gut beratene bzw. verteidigte Beschuldigte**. Aufgrund vermögensabschöpfender Rechtsfolgen im Falle einer Verurteilung (vgl. dazu im vorigen Kap. Rn. 614 ff.) spielen **finanzielle Interessen** – auf Beschuldigtenseite, aber auch auf Seite der Strafverfolgungsorgane – eine (noch) größere Rolle als zumindest in sehr vielen Strafverfahren zur Allgemeinkriminalität. Zuletzt haben Wirtschaftsstraftaten ihren Ursprung nicht selten in **Unternehmen** (vgl. oben Rn. 82 ff.), weshalb die Strafverfahren gegen Individualbeschuldigte häufig mit Ordnungswidrigkeitenverfahren gegen juristische Personen einhergehen können.

629

II. Strafverfolgungsbehörden im Wirtschaftsstrafverfahren

Anders als in (reinen) Steuerstrafverfahren, in denen die Straf- und Bußgeldstellen der Finanzverwaltung nicht nur die tatsächliche Ermittlungsarbeit (vergleichbar mit der Polizei), sondern auch die Verfahrensführung (mit staatsanwaltschaftlichen Funktionen) übernehmen können,[1279] wird in sonstigen Wirtschaftsstrafverfahren wie gewohnt die Staatsanwaltschaft mit ihren Ermittlungspersonen tätig. Freilich bilden Wirtschaftsstrafsachen hier regelmäßig auch den Tätigkeitsgegenstand besonderer Abteilungen bzw. Schwerpunktabteilungen oder gar **Schwerpunktsstaatsanwaltschaften**, in denen nicht nur mit dem Wirtschaftsstrafrecht und wirtschaftlichen Zusammenhängen besonders erfahrene Staatsanwälte, sondern etwa auch so genannte **Wirtschaftsreferenten** tätig sind. Diese wirken bei den Staatsanwaltschaften an der Bekämpfung von Wirtschaftskriminalität mit und arbeiten als justizinterne Sachverständige bzw. Berater

630

1279 Vgl. dazu oben Rn. 159 ff.

den mit der Ermittlung und Auswertung befassten Dezernaten zu und werden dabei etwa auch von Buchhaltern unterstützt. Im Hauptverfahren können die Wirtschaftsreferenten auch als Sachverständige oder Sachverständigenzeugen auftreten. Typische Qualifikationsmerkmale sind wirtschaftsnahe Studiengänge wie Volks- oder Betriebswirtschaftslehre, Wirtschaftsingenieurwesen, Wirtschaftsmathematik oder Ähnliches; oftmals bringen die Wirtschaftsreferenten auch Berufserfahrung etwa bei einer Wirtschaftsprüfungs- oder Steuerberatungsgesellschaft mit. Bei den Ermittlungsbeamten der Staatsanwaltschaft (vgl. § 152 GVG) gibt es im Rahmen der Polizei kriminalpolizeiliche Spezialstellen (Fachkommissariate für Wirtschaftsstrafrecht), und für verschiedene Delikte erfolgt auch eine enge Zusammenarbeit mit den **Zoll- oder Finanzbehörden**.

631 Hinsichtlich der sachlichen Gerichtszuständigkeit sind die in § 74c GVG genannten **Wirtschaftsstrafkammern** zu beachten: Diese sind, soweit nach allgemeinen Vorschriften erst- oder zweitinstanzlich die Landgerichte zuständig sind, für die in § 74 I GVG genannten Straftaten zuständig. Dabei ist zwischen den **geborenen Wirtschaftsstraftaten**[1280] der Nrn. 1-5a (insbesondere Nebenstrafrecht, aber auch Subventions-, Kapitalanlage-, und Kreditbetrug sowie Bankrott, Verletzung der Buchführungspflicht, Gläubigerbegünstigung und Schuldnerbegünstigung) und den **gekorenen Wirtschaftsstraftaten**[1281] der Nr. 6 (insbesondere auch Straftaten aus dem StGB, „soweit zur Beurteilung des Falles besondere Kenntnisse des Wirtschaftslebens erforderlich sind" (vgl. hierzu im Übrigen bereits näher oben Rn. 6 ff.) zu unterscheiden.

III. Das Ermittlungsverfahren in Wirtschaftsstrafsachen

1. Einleitung des Verfahrens

632 Auch das Verfahren in Wirtschaftsstrafsachen wird grundsätzlich nach den allgemeinen Grundsätzen (§ 158 StPO) entweder aufgrund einer **Strafanzeige bzw. eines Strafantrags oder bei Kenntniserlangung von einem Anfangsverdacht von Amts wegen** eingeleitet. Eine besondere Rolle spielen hier freilich **amtliche Mitteilungen**. So sind etwa nach der allgemeinen Anordnung über Mitteilungen in Zivilsachen (**MiZi**) in Zwangsvollstreckungssachen (so bei einer Versicherung an Eides statt), oder Zivilsachen im Zusammenhang mit dem Schwarzarbeitsbekämpfungsgesetz, dem Arbeitnehmerüberlassungsgesetz, dem Arbeitnehmer-Entsendegesetz oder dem Mindestlohngesetz nicht nur den Ordnungswidrigkeitenbehörden, sondern teilweise auch der Staatsanwaltschaft ebenso eine Mitteilung zu machen wie bei Tatsachen, die auf einen Subventionsbetrug schließen lassen. Auch über die Abweisung von Insolvenzanträgen mangels Masse ist eine entsprechende Mitteilung zu machen.

1280 Also solche Taten, für die immer die Wirtschaftsstrafkammer zuständig ist, wenn die Zuständigkeit des Landgerichts begründet ist.
1281 Also solche Taten, die „näher am Kernbereich" des StGB liegen und nur die Zuständigkeit der Wirtschaftsstrafkammer begründen, wenn der konkrete Fall besondere wirtschaftliche Kenntnisse voraussetzt.

Ferner ordnen zahlreiche **wirtschaftsverwaltungsrechtliche Vorschriften Mitteilungspflichten** an, die nicht notwendig unmittelbar an die Staatsanwaltschaft, aber etwa an die Zollbehörden gehen. Von diesen kann das Verfahren nach entsprechenden Ermittlungen ebenfalls an die Staatsanwaltschaft abgegeben werden.

633

2. Erkenntnisquellen und Beweismittel

Die **Beweismittel**, die im Ermittlungsverfahren identifiziert und später in der Hauptverhandlung verwendet werden, unterscheiden sich vielfach von Fällen der Allgemeinkriminalität: So spielen nicht nur Augenscheinsobjekte (Leichen, Fingerabdrücke etc.), sondern auch Zeugen eine zumindest originär geringere Rolle.[1282] Eine wesentlich größere Bedeutung kommt den **verschiedensten Schriftstücken** (Aufstellungen, Bilanzen, Geschäftsbriefen etc.) sowie natürlich auch elektronisch gespeicherten Daten, mithin also dem Urkundenbeweis, zu. Gerade in den letzten beiden Jahrzehnten hat auch die Bedeutung von E-Mails zugenommen. Die **Beschlagnahme von E-Mail-Postfächern** ist inzwischen eine Standardmaßnahme, da – „zum Glück" für die Strafverfolgungsbehörden – viele Personen beim Versenden von E-Mails (oder mittlerweile etwa auch WhatsApp-Nachrichten) immer noch „unvorsichtiger" sind als im klassischen Schriftverkehr. Gerade der Zugriff auf solche elektronischen Daten führt mitunter zu extrem großen Materialmengen, die dann durch die Staatsanwaltschaft zu sichten sind, was verschiedene Folgeprobleme mit sich bringen kann.

634

3. Durchsuchung und Beschlagnahme

a) Den klassischen Zwangsmaßnahmen der **Durchsuchung und Beschlagnahme** kommt aufgrund der Bedeutung von Urkunden als Beweismitteln eine wichtige Rolle zu (vgl. soeben oben Rn. 634). Anders als der soeben bereits erwähnte Zugriff auf E-Mails auf Servern ist dagegen § 100a StPO (Überwachung der Telekommunikation) im Bereich der Wirtschaftskriminalität meist von geringerer Bedeutung. Dies liegt zum einen daran, dass hier vergleichsweise häufiger in tatsächlich abgeschlossenen Sachverhalten (die mitunter auch schon Jahre zurückliegen) ermittelt wird; zum anderen ist eine Reihe von wichtigen Wirtschaftsstraftatbeständen auch nicht im Katalog des § 100a StPO enthalten.

635

b) Da gerade in Unternehmen – und insbesondere in Zeiten elektronischer Kommunikation und Dokumentation – oftmals extrem große Datenmengen sichergestellt werden, müssen diese vielfach auch erst aufwendig (und nicht vor Ort) nach **§ 110 StPO durchgesehen** werden. Gerade für Unternehmen ist es dabei wichtig, dass bestimmte Unterlagen nicht dauerhaft bereits in der Phase des Ermittlungsverfahrens nicht mehr zur Verfügung stehen, weshalb **(elektronische) Kopien** gefertigt werden, um die vorläufig sichergestellten Unterlagen auch wieder zurückgeben zu können. Um

636

1282 Freilich kommen Zeugen in der Hauptverhandlung zur Bestätigung über Tatsachen in Betracht, die sich aus irgendwelchen Schriftstücken ergeben.

insgesamt für alle Beteiligten Durchsuchung und Beschlagnahme einerseits weniger eingriffsintensiv, andererseits aber auch effektiver zu gestalten, besteht – bei einem gewissen Vertrauen in das Unternehmen und insbesondere in dessen Verteidiger – die Möglichkeit, eine **Durchsuchungsanordnung mit einer entsprechenden Abwendungsbefugnis** zu versehen.[1283] Hier wird in der Anordnung erwähnt, nach welchen Dokumenten grundsätzlich gesucht wird, und das Unternehmen hat die Möglichkeit, diese zusammenzustellen und entweder zu übergeben oder jedenfalls zu einer Beschlagnahme vorzubereiten, um eine Durchsuchung aller Unterlagen und eine vorläufige Sicherstellung weit größerer Datenmengen abzuwenden. Dies vereinfacht nicht nur die Vorgänge für die Strafverfolgungsbehörden, sondern verringert auch das Risiko, dass durch den (und sei es zunächst auch nur vorläufig geplanten) Zugriff auf weitere vertrauliche Unterlagen nicht nur bestimmte vertrauliche Geschäftsvorgänge offengelegt, sondern auch strafrechtliche relevante Zufallsfunde gemacht werden (vgl. § 108 StPO). In diesem Zusammenhang kommt im Ermittlungsverfahren auch der „Moderation" durch den Strafverteidiger des Unternehmens eine große Bedeutung zu.

637 **c)** Umgekehrt kann es aber auch sein, dass die Strafverfolgungsbehörden gerade auf **Unterlagen** zugreifen wollen, die **bei einem Rechtsanwalt** oder auch bei einem Wirtschaftsprüfer als Berufsgeheimnisträgern lagern. Hier ist an ein **Beschlagnahmeverbot** nach § 97 StPO zu denken, und als zeugnisverweigerungsberechtigte Zeugen (vgl. § 53 StPO) können gegen diese auch keine Ordnungsmaßnahmen festgesetzt werden, um ein Herausgabeverlangen nach § 95 I StPO durchzusetzen (vgl. § 95 II 2 StPO).

638 Tatsächlich greift dieses Beschlagnahmeverbot bei Berufsgeheimnisträgern nicht selten jedoch gar nicht ein. Der Grund hierfür ist, dass der entsprechende **Mandatsvertrag regelmäßig mit dem Unternehmen** und d.h. mit der dieses tragenden juristischen Person abgeschlossen sein wird. Die Strafverfolgungsmaßnahmen werden sich aber zumindest oft gegen Unternehmensmitarbeiter richten, zu denen kein Mandats- und damit auch kein von § 97 I StPO geschütztes Vertrauensverhältnis besteht. Insbesondere für § 97 I Nr. 3 StPO ist dies zwar umstritten, da hier der „Beschuldigte" nicht explizit erwähnt wird. In der neueren, auch vom Bundesverfassungsgericht bestätigten Rechtsprechung wird jedoch auch bei dieser Vorschrift ein entsprechendes Mandatsverhältnis zu der Person gefordert, gegen welche das Strafverfahren geführt wird, innerhalb dessen beschlagnahmt werden soll.[1284]

639 Besonders relevant wird dieses Problem bei **Wirtschaftsprüfern**, bei denen zur Prüfung überlassene Unterlagen des Mandanten beschlagnahmt werden sollen. Denn die Prüfungsgesellschaften unterhalten nicht nur phänomenologisch in Fällen der Unter-

---

1283 Zur Bezugnahme auf dieses Institut in der Rechtsprechung etwa BVerfG BeckRS 2004, 27542; LG Bochum NStZ 2016, 500; LG Neubrandenburg NJW 2010, 691; LG Saarbrücken NStZ 2010, 534; LG Berlin NStZ 2006, 470; LG Halle NStZ 2001, 276.
1284 Vgl. nur LG Bochum NStZ 2016, 500; LG Bonn NZWiSt 2013, 21 (24); LG Hamburg NZWiSt 2012, 26 f.; vgl. auch früher bereits LG Hildesheim NStZ 1982, 394 (395) und OLG Celle NJW 1965, 362 (363); in der Literatur etwa zustimmend *Schmitt*, in: Meyer-Goßner/Schmitt, StPO, 62. Aufl. 2019, § 97 Rn. 10a; MüKo-StPO/*Hauschild*, § 97 Rn. 8 und 64; LR/*Menges*, § 97 Rn. 21; die Einschränkung des § 97 I Nr. 3 StPO bei Anwälten als verfassungskonform erachtend auch BVerfG NJW 2018, 2385 (2388 f.).

nehmenskriminalität, sondern nahezu schon strukturell ihre Mandatsbeziehungen typischerweise zu **juristischen Personen**, da gerade nur diese **prüfungspflichtig** sind. Aufgrund dieser von Rechtsanwälten noch einmal zu unterscheidenden Sondersituation sprechen bereits sowohl **einfachgesetzlich** (im Wege einer teleologischen Auslegung) **als auch verfassungsrechtlich** mit Blick auf Art. 12 GG gute Gründe dafür, § 97 I Nr. 3 StPO so auszulegen, dass die Wirtschaftsprüfer sich auch dann auf ein Zeugenverweigerungsrecht berufen können, wenn ein entsprechendes Strafverfahren nicht gegen die Gesellschaft, von der sie ihren Prüfauftrag erhalten haben, sondern gegen einen Mitarbeiter geführt wird.

d) In besonderer Dringlichkeit kann sich diese Frage stellen, wenn es um den Zugriff auf Unterlagen aus so genannten internen Ermittlungen bzw. **Internal Investigations**[1285] als „Compliance"-Maßnahme geht. Deren grundsätzliches Problem liegt bereits darin, dass das **Beweisrecht der StPO** auf die Ermittlungen durch Staatsanwaltschaft und Polizei zugeschnitten ist. Der strikte Maßstab, der für das Strengbeweisverfahren der StPO gilt, dürfte nicht ohne Einschränkungen auf Privatpersonen übertragbar sein. Ermöglicht aber das Strafverfahren eine **„Privatisierung" der Ermittlungen**,[1286] so ist den zahlreichen Stimmen in der Literatur sicherlich zuzustimmen, wenn diese dann eine „Rückkopplung" zumindest dahingehend annehmen, dass zwischen Verfolger und Verdächtigtem das Prinzip der Waffengleichheit (als Ausprägung des **fair-trial-Grundsatzes**) gewahrt bzw. hergestellt werden muss.[1287] Denn würde die Staatsanwaltschaft Beweise nutzen, die mit der erheblichen Ermittlungsmacht von hochspezialisierten Anwalts- und Wirtschaftsprüferkanzleien im Über-/Unterordnungsverhältnis unter Ausnutzung einer faktischen Zwangslage des Arbeitnehmers erlangt wurden, ohne dass diese Ermittlungen dem Fairnessgedanken entsprachen, so würde das oben dargestellte Prinzip selbst unmittelbar verletzt.[1288]

640

Darüber hinaus stellt sich auch hier immer dann, wenn die Ergebnisse der Internal Investigations nicht freiwillig herausgegeben werden sollen, die Frage, inwieweit diese etwa **bei der Kanzlei, die diese Ermittlungen durchgeführt hat, beschlagnahmt** werden können. Damit ist genau das oben Rn. 639 erwähnte Problem angesprochen, dass die „untersuchende" Kanzlei ihr Mandatsverhältnis regelmäßig gerade mit dem Unternehmen und nicht mit den Mitarbeitern hat, gegen die wegen der Vorfälle möglicherweise ein Strafverfahren geführt wird. Die Konsequenz ist nach verbreiteter Auffassung, dass ein Beschlagnahmeverbot nach § 97 I StPO nicht eingreift. Auch ein darüber hinausgehender Beschlagnahmeschutz nach § 160a StPO soll – nach Auffassung des BVerfG in verfassungskonformer Weise[1289] – abzulehnen sein, da § 97 StPO insoweit eine abschließende Regelung enthalten soll (vgl. § 160a V StPO). Im **Referen-**

641

1285 Einführend *Knauer* ZWH 2012, 41, 81. Zur Zulässigkeit innerbetrieblicher Rasterfahndungen und Datenscreenings, *Mansdörfer* ZWH 2011, 81; *Montiel* bzw. *Sahan*, in: Kudlich/Ortiz de Urbina (Hrsg.) 2013, S. 185 bzw. 171; ausführlich Momsen/Grützner/*Grützner* 4. Kap.
1286 Zu diesem Phänomen *Taschke* NZWiSt 2012, 9; *Brunhöber* GA 2010, 571.
1287 *Knauer/Gaul* NStZ 2013, 191 (192).
1288 *Knauer* ZWH 2012, 41, 81; *Ruhmannseder* in FS Imme Roxin, 2012, S. 501; *Bauer* StV 2012, 277; *Schuster* NZWiSt 2012, 28; *Momsen* ZIS 2011, 508; *Theile* StV 2011, 381.
1289 Vgl. BVerfG NJW 2018, 2385 (Jones Day).

tenentwurf für ein Verbandssanktionengesetz wird diese Tendenz aufgegriffen und abgebildet, indem eine Sanktionsmilderung bei internen Ermittlungen nur anerkannt wird, wenn diese durch eine andere Kanzlei als diejenige, die das Verfahren in einem Verbandssanktionenverfahren vertritt, durchgeführt und die Ergebnisse den Verfolgungsbehörden zur Verfügung gestellt werden (vgl. § 18 VerSanG-E).

4. Einstellung des Verfahrens nach § 153a StPO

642 **a)** Ein strafprozessuales Ermittlungsverfahren endet grundsätzlich entweder durch Anklage oder durch Einstellung der Ermittlungen, vgl. § 170 I, II StPO. Daneben kommt – keinesfalls nur (!), aber eben auch – in Wirtschaftsstrafverfahren eine **Einstellung aus Opportunitätsgründen nach §§ 153 ff. StPO** in Betracht. Da es bei wirtschaftsstrafrechtlichen Sachverhalten häufig nicht um Bagatellen geht, die im Wege einer folgenlosen Einstellung (§ 153 StPO) erledigt werden können, spielt hier die Einstellung gegen **Geldauflage** nach § 153a StPO eine große Rolle. Das Interesse der typischerweise gesellschaftlich bessergestellten Beschuldigten (vgl. oben Rn. 14) liegt hier in einer verringerten Öffentlichkeit (bzw. einer zumindest ohne Hauptverhandlung vollständig fehlenden Gerichtsöffentlichkeit); ferner verfügen gerade diese Täter auch über finanzielle Möglichkeiten, um ernst zu nehmende Geldauflagen leisten zu können. Aus Sicht der Strafverfolgungsbehörden können durch eine solche Einstellung langwierige und auch sowohl im Sachverhalt als auch in der rechtlichen Bewertung komplizierte Verfahren schnell abgeschlossen werden und im Vergleich zu den Geldauflagen bei kleinerer Allgemeinkriminalität nennenswerte Erträge für die Staatskasse erzielt werden.

643 **b)** Nun dürfen diese Überlegungen freilich nicht dahingehend verstanden werden, dass – einem ebenso verbreiteten wie strukturell unberechtigten Vorwurf entsprechend – "**bessergestellte Täter**" hier eher die Möglichkeit hätten, sich „freizukaufen". Die „Eierdiebe" in der allgemeinen (Vermögens-) Kriminalität können und tun dies ganz ähnlich, nur eben zu weniger spektakulären Summen.[1290] Gleichwohl kann man sich der „Faszination der großen Summen" natürlich nicht vollständig entziehen:[1291] Und auch wenn nirgends festgeschrieben ist, dass die Höhe der zu zahlenden Auflage unmittelbar mit dem Schaden korrespondiert, mag es einem Akt der spontanen Intuition entsprechen, dass mit höheren Auflagen auch „das öffentliche Interesse an der

---

1290 Auf einem anderen Blatt mag stehen, dass Staatsanwaltschaft und Gericht häufiger auf die Möglichkeit einer Einstellung gegen Auflage ausweichen, wenn die bei der Anklage noch sicher geglaubte Verurteilung „wacklig wird", was nicht zuletzt auch das Resultat einer qualifizierten Verteidigung sein kann. Dass wohlhabende Angeklagte sich eine solche oftmals eher leisten können, soll gar nicht in Abrede gestellt werden, bildet letztlich aber nur den (möglicherweise ungerechten, aber im gesamten Leben geltenden) Umstand ab, dass man sich mit mehr Geld bessere Produkte und Dienstleistungen kaufen kann. Die Unterschiede, die hier im Rechtssystem bestehen, in welchem die Entscheidung ja von den Gerichten getroffen werden (die durch die Anwälte in ihrer Entscheidungsfindung allenfalls irritiert werden können), dürfte sogar im Verhältnis noch kleiner sein als etwa im Gesundheitssystem, beim Kauf von biologisch angebauten Lebensmitteln oder von Pkws.
1291 Zum Folgenden bereits *Kudlich* ZRP 2015, 10 (11 f.).

Strafverfolgung" wegen höherer Schadenssummen „beseitigt" werden kann, so dass sich doch auch nach der inneren Logik des § 153a StPO eine Bevorzugung wohlhabender Täter ergeben könnte. Ohne dies nun empirisch wirklich abgesichert zu haben, entspricht es aber ebenso einer spontanen Intuition, dass solche Angeklagten kraft ihrer beruflichen Stellung auch ein größeres Risiko laufen, durch als letztlich strafrechtlich erachtete Verfehlungen große Schadenssummen zu „produzieren", was diese Schieflage bis zu einem gewissen Grad wieder ausgleichen kann.

c) Das **Hauptproblem liegt demgemäß anderswo**: Zum einen im denkbaren Anreiz durch § 153a StPO das Strafverfahren zu **„ökonomisieren"** oder in der griffigen Formulierung von *Gaede*: „Die Strafjustiz verkauft ihr eigentliches Potential: das Vertrauen, dass wir von ihr eine unparteiische Entscheidung über Schuld und Unschuld erwarten können".[1292] Einerseits wird § 153a StPO keineswegs nur aus Opportunitätsgründen bei im Grunde fester Überzeugung von der Schuld, sondern gerade auch bei Zweifeln an der Nachweisbarkeit angewendet. Andererseits besteht theoretisch die Möglichkeit, mehr oder weniger unbegrenzte Beträge als Auflagen für die Einstellung festzusetzen. Im viel diskutierten Fall Ecclestone etwa ging die Auflage deutlich (!) über die 21 600 000 Euro hinaus, die als Obergrenze für Geldstrafen aus dem Produkt von 720 Tagessätzen (bei einer Gesamtstrafenbildung, vgl. § 54 II StGB) und einem Tagessatz von 30 000 Euro (vgl. § 40 III 2 StGB) existiert. Das führt für den Angeklagten zu einem Szenario, in dem ihm unter dem unausgesprochenen Druck eines fortschreitenden belastenden Strafverfahrens und eines zum Status als „vorbestraft" führenden Schuldspruchs eine Geldzahlung schmackhaft gemacht werden soll, die nach dem Maßstab des § 43 S. 2 StGB dem Strafübel mehrjähriger Haftstrafen entspricht. Dies ist evident problematisch, handelt es sich doch um Zahlungen, die etwa dem „Gegenwert" (vgl. nochmals § 43 S. 2 StGB) von 5 Jahren Freiheitsstrafe entsprechen, so liegt dies im Bereich bereits deutlich mehr als mittelschwerer Kriminalität, was mit dem von § 153a StPO vorgesehenen Anwendungsbereich eigentlich nicht kompatibel ist. Kurz gesagt: Fälle, in denen solche Auflagen angemessen erscheinen, gehören „eigentlich" nicht zu § 153a StPO; Fälle, die zu § 153a StPO gehören, verdienen keine Auflagen in dieser Höhe.

644

Mag man dies bei einer Opportunitätseinstellung auf den ersten Blick auch für „normal" halten, so überrascht es auf den zweiten, wenn man die Situation mit der 2009 neu geschaffenen Verständigung in der Hauptverhandlung nach § 257c StPO (vgl. unten Rn. 648 ff.) vergleicht: Die Kombination aus einem nicht klar vorgegebenen Anwendungsbereich, einer nicht näher geregelten (und im Einzelfall drohend: exorbitanten) Auflagenhöhe und kaum existierenden Vorgaben für das Verfahren führt dazu, dass Einstellungen nach § 153a StPO in einem rechtlich nur sehr vage geregelten Raum erfolgen und macht die Vorschrift für die Strafverfolgungsbehörden in gewisser Weise attraktiv. Für die ursprünglichen Fälle des § 153 StPO (geringe Schuld) war ein solches, nur schwach formalisiertes Verfahren gewiss richtig – und für Fälle des § 153a StPO zumindest vertretbar, solange diese nur „knapp oberhalb des Anwendungsbe-

645

1292 Vgl. *Gaede* FAZ vom 13.8.2014, S. 16; ergänzend *ders.* unter http://www.lto.de/recht/hinter gruende/h/lg-muenchen-beschluss-5kls405js16174111-einstellung-bestechung-ecclestone/.

reichs des § 153 StPO" lagen. Die verhältnismäßige „Informalität" ist aber problematisch in Fällen, in denen es auf der einen Seite um erhebliche Rechtsgutverletzungen bzw. Schäden, auf der anderen Seite auch um entsprechend gravierende Rechtsfolgen geht.

646 Dies gilt inzwischen umso mehr, als der Gesetzgeber den durchaus verwandten Weg der Verfahrenserledigung über eine **Verständigung in der Hauptverhandlung** nach § 257c StPO sehr detailliert geregelt hat und in der Rechtsprechung – in Gefolgschaft des BVerfG – gerade auch diese formalen Details noch an Bedeutung gewonnen haben. Verständigungen i.S.d. § 257c StPO sind nach der gesetzlichen Konzeption, nach ihrer Auslegung durch das BVerfG und nach deren Umsetzung durch den BGH durch umfangreiche und streng ausgelegte Transparenzvorschriften und Protokollierungserfordernisse geprägt; der mögliche Anwendungsbereich einer Verständigung und seine Grenzen sind im Gesetz mehr oder weniger umfänglich geregelt; die Amtsaufklärungspflicht nach § 244 II StPO bleibt gem. § 257c I 2 StPO unberührt (vgl. näher auch unten Rn. 650). Dem steht mit **§ 153a StPO** ein **weitgehend flexibles Instrumentarium gegenüber**, welches – obgleich auch in der Hauptverhandlung und damit zeitlich parallel zu § 257c StPO anwendbar – in seinem Anwendungsbereich deutlich weniger klar konturiert ist, wenige Vorgaben zu Transparenz und Dokumentation enthält und bei dem bereits im Ansatzpunkt ungeklärt ist, inwiefern überhaupt ein Schuldnachweis erforderlich ist. Das alles macht § 153a StPO attraktiv, eine „Flucht" in diese Vorschrift vor den insb. auch formalen Hürden der Verständigung aber auch problematisch und wirft die (hier nicht zu vertiefende) Frage nach einem Reformbedarf des § 153a StPO auf.[1293]

IV. Die Hauptverhandlung in Wirtschaftsstrafsachen

1. Allgemeines

647 Für eine Hauptverhandlung in Wirtschaftsstrafsachen (sei es vor einem Amtsgericht, sei es vor einer Wirtschaftsstrafkammer des Landgerichts) gelten grundsätzlich die allgemeinen Regeln. Entsprechende Verfahren sind **oftmals langwierig und in der Beweisaufnahme sehr aufwendig**; im Vergleich zu Strafverfahren wegen manch anderer, eher einfach strukturierter Sachverhalte, können aber auch die **rechtlich relevanten Fragen kompliziert** sein, bzw. es kommt zu einer komplexen Mischung aus Problemen bei der Sachverhaltsermittlung und der rechtlichen Bewertung, weil in Abhängigkeit von der rechtlichen Einschätzung unterschiedliche Sachverhaltselemente nachgewiesen sein müssen.

> **Beispiel:** Wird in einem Verfahren wegen Untreue gegenüber einer Gesellschaft aufgrund erhöhter Vorstandsbezüge verhandelt,[1294] so stellen sich aus rechtlicher Sicht die Fragen nach

---

1293 Vgl. nochmals *Kudlich* ZRP 2015, 10 (12).
1294 Vgl. dazu oben Rn. 324 ff. zum Fall Mannesmann.

den angemessenen Maßstäben und – angesichts des vergleichsweise großen Ermessensspielraums des Aufsichtsrats bei der Vergütungsfestsetzung nach § 87 AktG – nach der korrekten Ermessensausübung. Der Nachweis einer entsprechenden fehlenden Ermessensausübung wird aber nicht einfach zu führen sein. Denn bei den eigentlichen Entscheidungsvorgängen der Vergütungsfestsetzung werden insbesondere eben die Aufsichtsratsmitglieder dabei gewesen sein, die insoweit als typischerweise Angeklagte Schweigeberechtigten sind. Auch in die Gesamtvorgänge mitinvolvierte Mitarbeiter werden vielfach keine Aussage dazu werden machen können, inwieweit außerhalb der entsprechenden Aufsichtsratssitzungen schon im Vorfeld bilaterale Abstimmungen und intensive Diskussionen stattgefunden haben, die selbst bei einer schlanken Aufsichtsratssitzung nicht notwendigerweise zu einem Ermessensausfall führen. Der Fall, dass ein Aufsichtsratsmitglied etwa im Sekretariat des Aufsichtsrates vor der Sitzung verlautbaren lässt, dass man sich jetzt „zu einer Sitzung treffe, bei der man sein Ermessen so richtig schön missbrauchen und die Gesellschaft vorsätzlich schädigen" werde, ist kaum vorstellbar.

2. Insbesondere die Verständigung in der Hauptverhandlung, § 257c StGB

a) Die in Wirtschaftsstrafsachen (zwar keineswegs denknotwendige, aber doch) typische schwierige Beweis- und Rechtslage kann dazu führen, dass für die Strafverfolgungsbehörden auch in der Hauptverhandlung – wenn keine Verfahrenseinstellung nach § 153a II StPO, so jedenfalls – die **Verständigung nach § 257c StPO** eine attraktive Alternative sein kann. Der **Angeklagte** kann an einem solchen Vorgehen aufgrund des absehbaren Verfahrensausgangs (insbesondere, wenn keine unbedingte Freiheitsstrafe angekündigt wird), aber auch aufgrund der kürzeren Verfahrensdauer und der damit verbunden geringeren Öffentlichkeit interessiert sein.[1295]

648

Aus Sicht der **Strafjustiz** kann hier für eine Verständigung auch sprechen, dass es sich bei Wirtschaftsstraftaten immerhin um keine „Tabu-Themen" (wie etwa Kapitaldelikte) handelt, bei denen jede Form von Verständigung in der Öffentlichkeit als schwer akzeptabel empfunden würde. Jenseits dieses eher tatsächlichen Aspekts ist aber gerade auch in der Wirtschaftskriminalität, in welcher das Strafrecht mit seinem relativ groben Schwarz-Weiß-Instrumentarium in einer Welt mit tatsächlich ineinanderfließenden Graustufen entscheiden muss, ein „verständigter Verfahrensausgang" möglicherweise nicht einmal nur eine der Prozessökonomie geschuldete Notlösung, sondern sogar ein „gerechteres", dem tatsächlichen Täterverhalten angemesseneres und eher zu Rechtsfrieden führendes Ergebnis.[1296]

649

1295 Hinzukommt, was nicht unterschätzt werden darf, unter Umständen auch der Gewinn an „Lebensqualität". Handelt es sich – wie in Wirtschaftsstrafverfahren nicht ganz selten – um ältere Angeklagte, so ist eine langwierige Hauptverhandlung, die etwa über ein halbes Jahr hinweg zweimal wöchentlich an einem weit entfernten Gericht verhandelt werden muss, auch mit einer erheblichen Einschränkung der Lebensqualität verbunden. Hier ist es vorstellbar, dass ein Angeklagter, dem bei einer Verständigung eine bewährungsfähige Freiheitsstrafe in Aussicht gestellt wird, durchaus bereit ist, auch eine erhebliche Bewährungsauflage zu bezahlen, um sich den Belastungen des Verfahrens entziehen zu können, insbesondere da trotz aller Schwierigkeit des Nachweises und der Rechtslage in den Fällen, in denen es einmal bis zur Eröffnung der Hauptverhandlung gekommen ist, am Ende sehr oft auch kein vollständiger Freispruch „herauskommt".
1296 Vgl. hierzu und zum folgenden Beispiel auch *Kudlich*, Schlothauer-FS, 2018, 335 (342 f.).

Beispiele: (1) Busunternehmer A beschäftigt 20 angestellte und sozialversicherte Busfahrer.[1297] Mit seinen Bussen bedient er einerseits Routen des Linienverkehrs als Konzessionsnehmer z.B. im Überlandlinienverkehr, bietet aber auch Einzelfahrten (etwa für Reiseveranstalter, Schulfahrten oder andere individuelle Busanforderungen) an. Neben diesen fest angestellten Fahrern greift er aber auch wiederholt auf Fahrer aus einem Pool von mehreren Fahrern zurück, welche bei ihm nicht fest angestellt sind, sondern ihm und anderen Busunternehmen ihre Fahrerleistungen im Einzelfall individuell anbieten. Die in Rede stehenden Fahrten werden alle auf Bussen des Busunternehmens durchgeführt, da keiner der Fahrer über einen eigenen Bus verfügt. Die Bezahlung erfolgt nach vereinbarten Sätzen für die jeweiligen Fahrten. Weitere Leistungen (insbesondere etwa Weihnachtsgeld, bezahlter Urlaub oder Lohnfortzahlung im Krankheitsfall) sind nicht vereinbart. Diese Zahlungsgestaltung erfolgt, weil die Fahrten nach dem insoweit übereinstimmenden Verständnis der Vertragsparteien als selbständige Tätigkeit erbracht werden.

Hier mag es nach § 7 SGB IV vertretbare Gründe geben, die für und gegen die Annahme einer abhängigen Beschäftigung sprechen. In jedem Fall ist die Abgrenzung schwierig und in hohem Maße wertungsabhängig. Auf der Rechtsfolgenseite führt die Ablehnung einer abhängigen Beschäftigung dazu, dass A straflos wäre (obwohl er vielleicht mehr oder weniger sehenden Auges die Grenzen des Zulässigen ausgereizt hat), während die Annahme einer unselbstständigen Beschäftigung (vorbehaltlich der Vorsatzfrage[1298]) dazu führt, dass der Tatbestand des § 266a StGB erfüllt ist, obwohl A sich große Mühe gegeben hat, eine Konstruktion zu finden, die gerade unangreifbar ist. Das Dilemma wird dadurch noch verschärft, dass § 266a StGB keine Fahrlässigkeit- oder Leichtfertigkeitsstrafbarkeit kennt, die etwa mit einer entsprechend milderen Strafe versehen wäre.[1299]

Die Annahme einer Strafbarkeit (als „Warnschuss", sich eröffnende Handlungsspielräume nicht zu mutig auszureizen) bei gleichzeitig einer möglichst geringen Sanktionsintensität, um dem durchaus zweifelhaften Unrecht noch zu entsprechen, lässt sich theoretisch zwar auch als Ergebnis eines „streitigen Verfahrens" erreichen, ist in einer Verständigung aber wohl einfacher und vor Urteilsverkündung eben auch verlässlicher erreichbar. Ein verständigtes Ergebnis mit geringer Strafe ist in einem solchen Fall gewiss nicht „ungerechter" als eine nach den gesetzlichen Strafrahmen mögliche härtere Bestrafung, nachdem sich das Gericht in einem streitigen Verfahren trotz rechtlicher Zweifel „gerade noch so zu einem Schuldspruch" durchringen kann.

(2) In den oben genannten Fällen einer möglicherweise überhöhten Vorstandsvergütung (vgl. soeben Rn. 647 sowie oben Rn. 324 ff.) kann die Antwort auf die Frage, unter welchen Voraussetzungen Sonderprämien mit oder ohne explizite vertragliche Grundlage zugebilligt werden dürfen, im Einzelfall in einer kaum aufzulösenden Verquickung von Tatsachen- und Rechtsproblemen ausgesprochen schwierig sein. Dies liegt daran, dass der Nutzen einer solchen Prämie auch für die Gesellschaft schon per se schwer gefasst werden kann, bei einer ex Post-Betrachtung[1300] noch schwerer unvoreingenommen bewertet werden kann und zuletzt auch die notwendige Bezifferung des Wertes eines solchen Nutzens letztlich immer nur gegriffen ist. Kommt noch hinzu, dass es sich um ein einfaches Mitglied des Aufsichtsrates (und nicht um den die Entscheidungen vorbereitenden Vorsitzenden) handelt und dass dieses Mitglied letztlich keinen eigenen Vorteil aus etwaigen überhöhten Prämien zieht (sondern vielleicht sogar bei einer eigenen Aktienbeteiligung sein eigenes Vermögen schmälert), vervielfältigt sich die Problematik noch aufgrund der Vorsatzfrage.

1297 Fallbeispiel nach *Kudlich* ZIS 2011, 482.
1298 BGH NStZ 2010, 337 hat bei einem Irrtum über die Arbeitgebereigenschaft keinen Tatbestands-, sondern einen Verbotsirrtum angenommen. Von dieser zweifelhaften Rspr. ist nun zwar BGH NJW 2019, 3532 (m. Anm. *Brand*) = NStZ 2020, 89 (m. Anm. *Hinderer*) abgerückt; indes bleibt in solchen Fällen stets ungewiss, ob sich nicht das Tatgericht nach § 261 StPO von einem jedenfalls bedingten Vorsatz „überzeugen" kann.
1299 Vgl. zu dieser Frage instruktiv *Lanzinner*, Scheinselbständigkeit als Straftat, 2014, S. 208 ff.
1300 Insbesondere bei erfolglosen Geschäftsverläufen kann hier die Problematik des Rückschaufehlers hinzutreten, vgl. dazu *Kudlich*, in: Jäger/Kudlich/Safferling/Kett-Straub (Hrsg.), Streng-FS 2017, S. 63 ff.

Selbst in Situationen und bei Beträgen, bei denen man spontan daran zweifeln mag, ob die begünstigten Vorstände dieses Geld tatsächlich „verdient" haben, wird man kaum einmal ohne schlechtes Gewissen und Skrupel eine vorsätzliche Untreue annehmen können (weshalb die Zivilgerichte in entsprechenden Schadensersatzprozessen sehr häufig auch auf die Haftung für Fahrlässigkeit zurückgreifen). Auch hier könnte ein verständigtes mildes Urteil (trotz numerisch beträchtlicher Schadenssummen) einen guten Kompromiss angesichts der mitunter zu beobachtenden Nonchalance mancher Aufsichtsratsmitglieder einerseits und des berechtigten Postulats nach großen Entscheidungsspielräumen andererseits darstellen. Zumindest aber dürfte es gegenüber einer Verurteilung zu möglicherweise unbedingten Freiheitsstrafen aufgrund einer rein formalen Orientierung an der Höhe der vermeintlichen Schäden keinesfalls die „ungerechtere" Lösung sein.

b) Für **Ablauf und Zustandekommen einer Verständigung** gelten die **allgemeinen Vorschriften**:[1301] Dabei kann sich das Gericht nach § 257c I StPO in **geeigneten Fällen** (welche im Bereich des Wirtschaftsstrafrecht durchaus häufig vorliegen werden, vgl. oben Rn. 649) mit den Verfahrensbeteiligten nach Maßgabe der Vorschrift über den weiteren Fortgang, insbesondere über das Ergebnis des Verfahrens, verständigen. Nach § 257c I 2 StPO bleibt dabei die Amtsaufklärungspflicht unberührt, was rund zehn Jahre nach Inkrafttreten des Verständigungsgesetzes von den Gerichten wohl tatsächlich ernster genommen wird als noch unmittelbar nach Inkrafttreten des Gesetzes. Gerade in Wirtschaftsstrafsachen bleibt aber gleichwohl ein nicht unerheblicher **Gewinn an Prozessökonomie** möglich, da hier der oft umfangreiche Verfahrensstoff nicht nur „zurechtgeschnitten", sondern auch aus dem übergeordneten Beweismaterial wohl Abstriche gemacht werden können, wenn aufgrund eines Geständnisses (vgl. § 257c II 2 StPO) die Überzeugung des Gerichts (§ 261 StPO) von der Schuld des Täters leichter gefasst werden kann. Gegenstand der Verständigung dürfen nur die Rechtsfolgen sein, wobei in Wirtschaftsstrafverfahren wohl insbesondere die Frage um eine vollstreckbare Freiheitsstrafe der Kernpunkt ist.

650

Nach § 257c III StPO gibt das Gericht bekannt, welchen Inhalt die Verständigung haben könnte; diese kommt zu Stande, wenn die **Verfahrensbeteiligten** (die vorher die Gelegenheit zur Stellungnahme erhalten) dem Vorschlag des Gerichts **zustimmen**. Eine solche Verständigung ist **grundsätzlich für das Gericht bindend**, wobei die Bindung entfällt, „wenn rechtlich oder tatsächlich bedeutsame Umstände übersehen worden sind oder sich neu ergeben haben und das Gericht deswegen zur Überzeugung gelangt, dass der in Aussicht gestellte Strafrahmen nicht mehr tat- oder schuldangemessen ist" (vgl. § 257c IV StPO). **Entfällt die Bindung** des Gerichts, so ist nach § 257c IV 3 StPO ein vom Angeklagten mit Blick auf die Verständigung abgegebenes **Geständnis unverwertbar**; nach § 257c V StPO muss der Angeklagte über die Voraussetzungen und die Folgen eines Entfallens der Bindung belehrt werden.

651

1301 Vgl. dazu im Überblick etwa *Beulke/Swoboda*, StPO, Rn. 394 ff.

V. Strafverfahren und juristische Personen

652 Zum gegenwärtigen Zeitpunkt gibt es **(noch) eine strafrechtliche Verfolgung nur gegenüber Individualpersonen**. Eine Strafbarkeit juristischer Personen ist in Deutschland (noch) nicht gesetzlich vorgesehen. Allerdings besteht die Möglichkeit einer **Unternehmensgeldbuße** nach Ordnungswidrigkeitenrecht (§ 30 OWiG), und die rechtspolitische Diskussion über die Einführung einer Verbandsstrafbarkeit bzw. eines **Verbandssanktionengesetzes** hat bereits sehr konkrete Züge angenommen (vgl. ausführlich oben Rn. 86 ff.).

1. Ordnungswidrigkeitenverfahren

653 Mit einem Strafverfahren kann zugleich auch ein Bußgeldverfahren gegen eine juristische Person verbunden werden, wenn die verfolgte Straftat Anknüpfungstat für eine Aufsichtspflichtverletzung (§ 31 OWiG) ist, welche zu einer Unternehmensgeldbuße führen kann. Unter bestimmten Voraussetzungen kann dieses Verfahren auch als selbstständiges Bußgeldverfahren betrieben werden. Maßgebliche Norm ist insoweit § 444 StPO.

654 Kommt eine Unternehmensgeldbuße nach § 30 OWiG – insbesondere wegen der Verletzung der Aufsichtspflicht in Betrieben und Unternehmen nach § 130 OWiG – in Betracht,[1302] so hat die Entscheidung darüber grundsätzlich einheitlich mit der Entscheidung über Schuldspruch und Rechtsfolgen gegen den Angeklagten und im selben („subjektiven") Verfahren zu erfolgen (vgl. § 444 I und II StPO).[1303] Nur unter den Voraussetzungen des § 30 IV OWiG ist ein selbstständiges („objektives") Verfahren statthaft, auf das dann § 444 III StPO Anwendung findet. Die Voraussetzungen des § 30 IV OWiG werden eng ausgelegt, weil die Sanktionen in der Strafzumessung aufeinander abzustimmen sind, eine Verletzung des Grundsatzes ne bis in idem ausgeschlossen werden muss und das Verfahren so regelmäßig ökonomischer zu führen ist. Durch Anordnung nach 444 I StPO wird die juristische Person bzw. Personenvereinigung sog. Nebenbeteiligte.[1304] Diese Stellung sichert ihr insbesondere rechtliches Gehör (auch wenn der Anspruch hierauf von der Anordnung unabhängig, da verfassungsrechtlich durch Art. 103 Abs. 1 GG verbürgt ist und daher auch schon im Vorverfahren besteht.[1305]

655 Inhaltlich erfolgt die Ausgestaltung weitgehend durch Verweis auf die Rechtsstellung des Einziehungsbeteiligten bzw. Einziehungsinteressenten nach §§ 421 ff. StPO. Gleichwohl ist die Zielsetzung von § 444 StPO und § 30 OWiG eine wesentlich andere. Während mit der Beteiligung nach §§ 421 ff. StPO regelmäßig kein Vorwurf verbunden

---

1302 Zur möglichen Übernahme der Verfolgung durch die Staatsanwaltschaft statt durch die Bußgeldbehörde in solchen Fällen beachte Nr. 270 Satz 2 RiStBV.
1303 Vgl. Krenberger/Krum/*Bohnert/Krenberger/Krumm*, § 30 Rn. 47 ff.
1304 Vgl. OLG Hamm NJW 1973, 1851, 1852.
1305 Vgl. Satzger/Schluckebier/Widmaier/*Kudlich/Schuhr*, StPO, § 444 Rn. 3.

ist, soll hier ein Ausgleich dafür geschaffen werden, dass der Personenverband nicht unmittelbar strafrechtlich zu belangen ist. Ziel ist eine der Beschuldigtenstellung ähnliche Position[1306].

2. Blick in die Zukunft: Verbandssanktionenrecht

Während bei der Frage nach einer Verbandsstrafbarkeit in der Vergangenheit häufig die grundsätzlichen materiellen Bedenken (etwa mit Blick auf die Handlungs- oder Schuldfähigkeit von juristischen Personen) im Mittelpunkt gestanden haben, hat sich bei der konkreten Diskussion um die Einführung eines Verbandssanktionenrechts schnell gezeigt, dass mindestens ebenso bedeutsam, wenn nicht sogar praktisch noch wichtiger die prozessualen Komponenten sind. Hier stellt sich – auch wenn man die grundsätzliche Anwendbarkeit der StPO auf ein entsprechendes Verbandssanktionenverfahren einmal unterstellt – etwa schon die Frage, wer die Gesellschaft im Verfahren vertreten kann bzw. darf (wenn möglicherweise gegen ihre Organe auch der Verdacht von Straftaten bestehen kann, so dass Interessenkonflikte auf der Hand liegen). Ferner kann man etwa danach fragen, wer für die Gesellschaft „schweigen darf", sich also auf den Grundsatz nemo tenetur und ein Schweigerecht berufen darf: Niemand? Nur die Organe (und gegebenenfalls: nur die aktuellen oder auch bereits ausgeschiedene)? Jeder Mitarbeiter der Gesellschaft? Das Interesse an einer effektiven Verfolgung von Verbandskriminalität muss hier in einen angemessenen Ausgleich zu der Situation gebracht werden, dass typischerweise der Beschuldigte in einem Strafverfahren vollständig autonom entscheiden kann, ob er aussagen machen möchte oder nicht, und es in ihm „keine Teile gibt", die unter einem Aussagezwang stehen.

656

Der Entwurf eines Verbandssanktionengesetzes beinhaltet außerdem auch Regelungen zum Umgang mit den Ergebnissen interner Ermittlungen (vgl. auch bereits oben Rn. 640), die gerade im Kontext von Unternehmenssanktionen eine besondere Rolle spielen würden. Zuletzt ist bei einer (als gewünscht unterstellten) spezialpräventiven Ausrichtung eines Unternehmenssanktionenrechts zu fragen, in welchem Stadium und unter welchen Voraussetzungen von einer Verfolgung abgesehen werden kann, wenn im Verband bestimmte – vergangene oder zukünftige – Bemühungen etwa um Compliance festgestellt werden können.

657

> **Zur Vertiefung:** *Basar/Hieramente*, Datenbeschlagnahme in Wirtschaftsstrafverfahren und die Frage der Datenlöschung, NStZ 2018, 681; *Kirkpatrick*, Der Einsatz von Verdeckten Ermittlern in Wirtschaftsstrafverfahren, NStZ 2019, 177; *Meinecke*, Mehr Netto vom Brutto? – Verteidigungsansätze bei Vermögensarrest in Steuer- und Wirtschaftsstrafverfahren – StV 2019, 69; *Heinrich*, Die Durchsuchung in Wirtschaftsstrafverfahren, wistra 2017, 219; *Süße*, Gesetzliche Vorgaben für interne Untersuchungen – Ein Weg zur Beseitigung von Rechtsunsicherheiten bei der Kooperation in Wirtschaftsstrafverfahren? ZIS 2018, 350.

1306 Vgl. Satzger/Schluckebier/Widmaier/*Kudlich/Schuhr*, StPO, § 444 Rn. 4.

Prüfungsfragen

Das Wirtschaftstrafrecht ist in der universitären Ausbildung regelmäßig Bestandteil entsprechender (insbesondere strafrechtlicher) Schwerpunktbereiche. Nach den Prüfungsordnungen vieler Fakultäten wird der Schwerpunktbereich u.a. in einer mündlichen Abschlussprüfung geprüft. Aber auch, soweit Klausuren gestellt werden, sind diese vielerorts nicht als „klassische Fall-Lösungsklausuren" wie im Pflichtfach strukturiert,[1307] sondern enthalten – zumindest auch – Einzelfragen, da auf diese Weise vergleichsweise mehr verschiedene Teilbereiche des Wirtschaftsstrafrechts innerhalb der gleichen Prüfungszeit angesprochen werden können. Im Folgenden findet sich daher eine Auswahl solcher Prüfungsfragen unterschiedlichen Umfangs und Zuschnitts. Diese soll einerseits der Selbstkontrolle des Lernerfolges dienen, andererseits aber auch ein Gefühl dafür vermitteln, wie derartige Fragen gestaltet sein könnten. An Stelle einer Antwort wird jeweils auf die Randnummern des Werkes verwiesen, an denen die Fragen behandelt werden. Dies nicht nur, weil hier anderenfalls ohnehin nur wiederholt werden könnte, was in den vorderen Teilen des Buches schon geschrieben steht, sondern auch und vor allem, um dem Benutzer über die „nackte" Prüfungsantwort hinaus gleich den Kontext aufzuweisen, in dem er nochmals nachlesen kann, wenn er sich beim Nachdenken über die Frage unsicher fühlt.

1. Der Begriff des Wirtschaftstrafrechts ist nicht legaldefiniert. Erläutern Sie kurz, wie das „Wirtschaftsstrafrecht" bzw. „Wirtschaftsstraftaten" kriminologisch bzw. gesetzessystematisch definiert werden können.	Rn. 4 – 8
2. Beschreiben Sie kurz, wie sich das Phänomen „Wirtschaftskriminalität" bezogen auf Täter- und Tatstrukturen von der Allgemeinkriminalität unterscheidet.	Rn. 13–16
3. Gibt es so etwas wie einen „Allgemeinen Teil des Wirtschaftsstrafrechts" und wo findet er sich bejahendenfalls?	Rn 34 f.
4. Wirtschaftsstraftatbestände sind vergleichsweise häufig sog. Sonderdelikte. Erläutern Sie, was unter diesem Begriff zu verstehen ist und geben Sie zwei Beispiele aus dem Bereich des Wirtschaftsstrafrechts.	Rn. 37 f.
5. Im Wirtschaftsstrafrecht sind abstrakte Gefährdungsdelikte nicht untypisch. Erläutern Sie anhand eines Beispiels knapp, was darunter zu verstehen ist und was den Gesetzgeber dazu bewegt, auf diesen Deliktstyp zurückzugreifen.	Rn. 23, 39 f., 258 ff.
6. Wie erfolgt die – theoretische – Abgrenzung zwischen Blankettstraftatbeständen und Tatbeständen mit normativen Tatbestandsmerkmalen? Welche verfassungsrechtlichen Probleme bringen Blankettstraftatbestände mit sich?	Rn. 46 ff.
7. Wie wirkt sich die Unterscheidung von Blankettstraftatbeständen und normativen Tatbestandsmerkmalen nach h.M. auf die strafrechtliche Irrtumslehre aus? Welche Kritik kann an diesen Konsequenzen geübt werden?	Rn. 57 ff.
8. Wie unterscheiden sich theoretisch Schein- und Umgehungshandlungen und bei welchem Phänomen ist eine strafrechtliche Erfassung des Verhaltens grundsätzlich leichter möglich?	Rn. 78–81

1307 Beispiele für derartige Fall-Klausuren finden sich in den Literaturnachweisen jeweils am Anfang eines Kapitels.

8a. Erläutern sie knapp warum behördliche Gestattungsakte im Wirtschaftsstrafrecht eine praktisch bedeutsame Rolle einnehmen und in welchem Verhältnis sie zu § 34 StGB stehen?	Rn. 71a ff.
8b. Gibt es eine richtlinienkonforme Auslegung im Wirtschaftsstrafrecht? Nennen sie ein Beispiel, in dem diese Problematik relevant werden könnte.	Rn. 77a f.
9. Welche Argumente werden gegen die Einführung einer Verbandsstrafe *de lege ferenda* verbreitet angeführt?	Rn. 88–90
10. Unter welchen Voraussetzungen kann im Ordnungswidrigkeitenrecht eine Geldbuße gegen eine Gesellschaft verhängt werden? Welche Änderungen haben sich hier in neuerer Zeit vollzogen?	Rn. 91–97
11. Mit welchen Instrumenten der allgemeinen Strafrechtsdogmatik kann im Rahmen vertikaler Verantwortungsstrukturen innerhalb eines Unternehmens versucht werden, eine Verantwortlichkeit der Mitglieder der Unternehmensleitung für Taten zu begründen, welche unmittelbar durch untergeordnete Mitarbeiter durchgeführt werden?	Rn. 102–113
12. Welche Funktion hat die Regelung des § 14 StGB?	Rn. 117–121
12a. Erläutern sie in Gegenüberstellung zu § 14 I StGB den Anwendungsbereich des § 14 II StGB und erklären sie knapp, warum eine restriktive Auslegung dieser Vorschrift geboten ist.	
13. Erläutern Sie kurz das Zusammenspiel der §§ 9, 30 und 130 OWiG, mit dem auch für Straftaten untergeordneter Mitarbeiter die Möglichkeit einer Unternehmensbuße begründet wird.	Rn. 123
14. Welche drei Kausalitätsprobleme prägen den sog. Lederspray-Fall des BGH in einer für die strafrechtliche Produkthaftung durchaus typischen Weise?	Rn. 128 ff.
15. Skizzieren Sie kurz das Kausalitätsproblem bei Gremienentscheidungen und mögliche Lösungsansätze.	Rn. 135–141
16. In welchem Gesetz ist sozusagen der „Allgemeine Teil" des Steuerrechts geregelt, der auf die meisten (in verschiedenen Gesetzen geregelten) unterschiedlichen Steuerarten Anwendung findet?	Rn. 155 f.
17. Benennen Sie zwei wichtige verfahrensrechtliche Besonderheiten bei der Verfolgung von Steuerstraftaten gegenüber dem allgemeinen Strafverfahren.	Rn. 159 f.
18. A unterlässt es, Einkünfte aus einer Nebentätigkeit anzugeben, da er aufgrund einer unzutreffenden Interpretation der einschlägigen steuerrechtlichen Vorschriften davon ausgeht, dass diese Einkünfte ohnehin nicht zu versteuern wären. Wie könnte sich As Irrtum strafrechtlich in Abhängigkeit davon auswirken, wie § 370 I AO dogmatisch eingeordnet wird?	Rn. 162, 176
19. Wer kann in welchen Varianten des § 370 AO Täter einer Steuerhinterziehung sein?	Rn. 163
20. Welchen besonderen Strafaufhebungsgrund kennt das Steuerstrafrecht und unter welchen Voraussetzungen ist seine Anwendung ausgeschlossen? Welche wichtigen Änderungen sind in diesem Zusammenhang zu verzeichnen?	Rn. 180–186
20a. Skizzieren sie knapp den Regelungsgehalt des neu eingefügten § 54a KWG und erläutern sie, inwiefern die Vorschrift als „Schnellschuss" gedeutet werden könnte.	Rn. 201a ff.
21. Skizzieren Sie kurz den Grund dafür, dass die „neutrale Beihilfe" überhaupt ein strafrechtliches Problem ist und welchen Lösungsweg der BGH hierfür beschreitet.	Rn. 191 f., 199 f.

22. Auf welche Arten kann eine Täuschung i.S.d. § 263 StGB grundsätzlich erfolgen?	Rn. 213 f.
23. Welche Rolle spielen die Begriffe „Kompensation" und „schadensgleiche Gefährdung" im Rahmen der Prüfung eines Vermögensschadens nach § 263 StGB?	Rn. 226–228
24. Welche Schwierigkeiten ergeben sich hinsichtlich der Täuschungsprüfung bei der Stellung einer überhöhten Rechnung?	Rn. 233–237
25. Welche Kritik kann man an der Äußerung des BGH im Fall „Berliner Straßenreinigung" zur Garantenstellung sog. „Compliance-Officer" üben?	Rn. 253–256
26. Welche Schwierigkeiten ergeben sich bei der Feststellung eines sog. „Submissionsbetrugs" und wie hat der Gesetzgeber darauf reagiert?	Rn. 279–294
27. Was ist unter sog. Insiderhandel zu verstehen?	Rn. 304–309
28. Was macht eine manipulative Handlung an der Börse von der Ordnungswidrigkeit zur Straftat?	Rn. 311
29. Was ist – im Unterschied zu §§ 253, 263 StGB – der Angriffsweg auf das geschützte Vermögen bei der Untreue?	Rn. 326
30. Welche Kriterien können herangezogen werden, um zu prüfen, ob eine Vermögensbetreuungspflicht nach § 266 StGB vorliegt?	Rn. 332–334
31. Was ist unter „asymmetrischer Akzessorietät" der Untreue im Verhältnis zu zivilrechtlichen Pflichtverletzungen zu verstehen?	Rn. 339
32. In welcher klassischen Untreuekonstellation mutiert § 266 StGB auf der Grundlage der h.M. partiell zu einer Art „Gläubigerschutzvorschrift"?	Rn. 341–346
33. Was ist die zentrale Aussage des BGH zur Pflichtverletzung bei der Gewährung nachträglicher Anerkennungsprämien im Mannesmann-Fall?	Rn. 361, 362
34. Was ist im Zusammenhang mit den Korruptionsdelikten unter einem sog. „Anfüttern" zu verstehen, und inwieweit bestehen insoweit Unterschiede zwischen § 299 und §§ 331 ff. StGB?	Rn. 386, 418
35. Welcher Wertungswiderspruch kann sich auftun, wenn universitäre Drittmittelforschung als Korruptionsdelikt verfolgt wird und unter welchen Voraussetzungen fällt das Einwerben von Drittmitteln nach Auffassung des BGH grundsätzlich nicht unter die §§ 331 ff. StGB?	Rn. 389–396
36. Was ist unter sog. „Kick-Back-Geschäften" zu verstehen und nach welcher Vorschrift können sie strafbar sein?	Rn. 403 f
37. In welchen beiden Gesetzen außerhalb des StGB finden sich insbesondere (auch Straf-) Vorschriften zum Schutz des Wettbewerbs?	Rn. 408–414
38. Welche Frage stellt sich nach der Einfügung des § 299 III StGB für die Behandlung von Altfällen?	Rn. 425–431
39. Wie bewertet – mit welchen Konsequenzen – der 2. Senat in der Siemens/ENEL-Entscheidung die Bildung von Schwarzen Kassen mit Blick auf die Schadensdogmatik des § 266 StGB?	Rn. 437–446
40. Was ist unter der „Gesamtbewertungslehre" im Zusammenhang mit § 11 I Nr. 2 lit. c StGB zu verstehen und welche Einwände können gegen diese Lehre erhoben werden?	Rn. 471–483
41. Was ist unter einer sog. Public Private Partnership zu verstehen und welche Fragen tun sich hier mit Blick auf den strafrechtlichen Amtsträgerbegriff auf?	Rn. 487–491

42. Erläutern Sie kurz die Wirkungsweise des Insolvenzrechts und wie diese durch strafrechtliche Vorschriften flankiert wird.	Rn. 494–499
43. Welches sind die drei Insolvenzgründe nach der Insolvenzordnung?	Rn. 501–508
44. Was ist zu beachten, wenn Schuldner i.S.d. § 283 StGB eine juristische Person ist und welche besondere Schwierigkeit ergibt sich hier bei der Auslegung der objektiven Bedingungen der Strafbarkeit nach § 283 VI StGB?	Rn. 515
45. Wo ist der Straftatbestand der Insolvenzantragsverschleppung geregelt?	Rn. 519
46. Was ist unter dem Begriff des faktischen Geschäftsführers zu verstehen und welche Schwierigkeiten ergeben sich hinsichtlich seiner systematischen Einordnung mit Blick auf § 14 StGB?	Rn. 525–528
47. Was ist unter der sog. Interessentheorie bei der Abgrenzung zwischen Bankrott und Untreue zu verstehen und welche Einwände können gegen diese geltend gemacht werden?	Rn. 529–535
48. Was ist unter dem Begriff des Arbeitsstrafrechts zu verstehen und wie kann dieses systematisiert werden?	Rn. 539–546
49. Was ist unter der „Vorrangrechtsprechung" des BGH im Zusammenhang mit § 266a StGB zu verstehen und wie könnte sich diese mit Blick auf die Schutzwürdigkeit und Gefährdungslage der kollidierenden Ansprüche rechtfertigen lassen?	Rn. 562–565
50. Erläutern Sie kurz die „Zwickmühle" eines GmbH-Geschäftsführers bei der Kollision von strafrechtlicher Zahlungspflicht und gesellschaftsrechtlichem Zahlungsverbot in der Krisenlage und zeigen Sie auf, in welche Richtungen diese Kollisionslage grundsätzlich aufgelöst werden könnte.	Rn. 566–573
51. Weshalb kann die Leistung eines korruptiven Entgelts durch ein Unternehmen auch steuerstrafrechtliche Folgen zeitigen?	Rn. 582
52. Welche Argumente sprechen dagegen, die bloße (nach außen unerkannte) infrastrukturelle Unterstützung einer Arbeitnehmervereinigung durch einen Arbeitgeber trotz seines darin liegenden Verstoßes gegen seine „Neutralitätspflicht" *nicht* als strafbare Beeinflussung der Betriebsratswahl nach § 119 I Nr. 1 BetrVG zu bewerten?	Rn. 583 ff.
53. Weshalb kein ein etwaiger Verstoß gegen § 119 I Nr. 2 BetrVG durch eine Zahlung als solches keine Untreuestrafbarkeit begründen?	Rn. 590
54. Welche Gefahr besteht bei einem zu eng verstandenen „Unmittelbarkeitserfordernis" bei der Anerkennung der kompensatorischen Wirkung von Zahlungen mit Blick auf die verfassungsrechtlich gebotene Präzisierung des § 266 StGB? Wie ist der BGH dieser Gefahr in der Entscheidung Siemens-AUB entgegengetreten?	Rn. 593 ff.
55. Skizzieren sie knapp den Regelungsinhalt des AWG und erläutern in diesem Zusammenhang das ihm zugrundeliegende Regel-Ausnahme-Verhältnis.	Rn. 601 ff.
56. Welcher Systematik folgt der strafrechtliche Schutz im AWG?	Rn. 610 ff.
57. Welche beiden Arten der Einziehung sind zu unterscheiden? Gehen Sie auch kurz auf den Begriff der erweiterten Einziehung ein.	Rn. 614 f.
58. Was ist unter dem sog. „Bruttoprinzip" zu verstehen? Weshalb und auf welche Weise gibt es in Rechtsprechung und Literatur Versuche, dieses in manchen Fällen „abzumildern"?	Rn. 620 ff.
59. Wann sind die sog. Wirtschaftsstrafkammern sachlich zuständig?	Rn. 631

60. Wodurch kommt es in vielen Fällen zur Einleitung von Ermittlungen in Wirtschaftsstrafsachen?	Rn. 632
61. Was ist unter „internal investigations" zu verstehen? Welche Schwierigkeiten können sich bei der Verwendung von Ergebnissen solcher investigations in Strafverfahren stellen?	Rn. 640 f.
62. Inwiefern drohen Wertungswidersprüche zwischen der praktischen Anwendung der Opportunitätseinstellung nach § 153a StPO und der Verständigung nach § 257c StPO?	Rn. 645 f.
63. Welche Gründe kann es für den Angeklagten, welche für die Strafjustiz geben, ein Verfahren durch eine Verständigung nach § 257c StPO zu beenden?	Rn. 648 f.
64. Welche prozessualen Fragen wären etwa zu beantworten, wenn der Gesetzgeber ein eigenes Verbandssanktionenrecht schaffen sollte?	Rn. 656 f.

Stichwortverzeichnis

Die Zahlen verweisen auf die Randnummern

Abführung des Mehrerlöses 102
Abgabenordnung 155 f.
Absprache s. wettbewerbsbeschränkende Absprachen
abstrakte Gefährdungsdelikte im Wirtschaftsstrafrecht 39 f.
ad-hoc-Meldungen, unrichtige 332 f.
Akzessorietät der Wirtschaftsstraftatbestände 1
Al-Qaida-Entscheidung 228a
Amtsträgerbegriff 375, 449 ff.
– Aufgaben der öffentlichen Verwaltung 472 ff.
– Beamte 453 ff.
– Behörde 463 f.
– besondere Verpflichtung (§ 11 I Nr. 4 StGB) 460
– Bestellung 484 ff.
– Gesamtbewertungslehre 471 ff., 480 ff.
– öffentlich-rechtliches Rechtsverhältnis 459
– Organisationsform 471 ff.
– PPP 487 ff.
– Richter 457 f.
– sonstige Bestellung zur Wahrnehmung öffentlicher Aufgaben 461 ff., 468 ff.
– sonstige Stelle 465 ff.
Angaben, unrichtige 170
Angebot 283
Angestelltenbestechung 405 ff.
– Angestellter 420
– Beauftragter 421
– bei Auslandstaten 425 ff.
– Gemeinsamkeiten und Unterschiede zur Korruption bei Amtsträgern 417 f.
– geschäftlicher Betrieb 422
– Tatbestandsmerkmale 419 ff.
– Tathandlungen 423 f.
Annehmen eines Vorteils 385
Anonymität zwischen Täter und Opfer 14
Arbeitnehmerschutzstrafrecht 540 ff.
Arbeitnehmerüberlassung 544 f.
Arbeitsentgelt, Vorenthalten und Veruntreuen von s. Vorenthalten und Veruntreuen von Arbeitsentgelt
Arbeitsmarktstrafrecht 544 ff.
Arbeitsstrafrecht 537 ff.
Aufsichtshaftung 122 f

Ausländer, illegale Beschäftigung von 547
Auslegung
– am Beispiel des § 119 I Nr. 1 BetrVG 383 ff.
– von Wirtschaftsstraftatbeständen 72 ff.
Ausschreibung und Betrug 289 ff.
Ausschreibung und wettbewerbsbeschränkende Absprachen 279 ff.
Außenwirtschaftsstrafrecht 601 ff.
außerstrafrechtliche Rechtsnorm 58
AWG
– mehrstufiges Blankett 611
– Strafvorschriften des 606 ff.
– Zielsetzung und Systematik 602 ff.

Banken-Entscheidung 147
Blankettstraftatbestände 46 ff.
Bankrott 510 ff.
– Abgrenzung zur Untreue 529 ff.
– wirtschaftliche Krise (s. auch Krisenmerkmale) 500 ff.
Begriffsbestimmung (Wirtschaftsstrafrecht) 3 ff.
– aus kriminologischer Sicht 4 ff.
– dogmatische bzw. rechtsgutsorientierte 9 ff.
– strafprozessuale-kriminaltaktische 6 ff., 631
– Systemabhängigkeit 12b
– zusammenfassende Definition 12 f.
Behörde (beim Amtsträgerbegriff) 463 f.
behördliche Gestattungsakte als Faktor im Rahmen des § 34 StGB 71f
Beihilfe durch berufsbedingtes Verhalten 147 ff., 189 ff., 364
– Auffassung des BGH 199 f.
– deliktischer Sinnbezug 194
– Fallgruppen 191
– objektiv-subjektive Lösungsansätze 195 ff.
– soziale Adäquanz bzw. professionelle Adäquanz 193
Beiseiteschaffen (beim Bankrott) 512
Berliner Stadtreinigung 202
– strafrechtliche Haftung des Innenrevisors 247 ff.

- Verantwortung des Compliance-Officers 253 ff.
Beschäftigung, illegale von Ausländern 547
Beschlagnahme 635 ff.
Bestandsgefährdung eines Kreditinstitutes und Vorsorgepflichten 201b f.
Bestechung und Bestechlichkeit 371 ff.
- Amtsdelikte 371
- Annehmen 385
- Diensthandlung und Dienstausübung 376 ff.
- Drittmittelforschung 392 ff.
- Fordern 385
- Genehmigung 399
- im privaten Sektor
  s. Angestelltenbestechung
- Prüfungsschema 374
- Restriktionsbemühungen 387 f.
- Spiegelbildlichkeit 372
- Sponsoring 389 ff.
- Tatbestandsmerkmale 375 ff.
- Tathandlungen 384 ff.
- Unrechtsvereinbarung 386, 395 ff.
- Vorteil 381 ff., 393 f.
Betrieb, Begriff des 83 f.
betriebliche Mitbestimmung 576 ff.
- Geist der 587
betriebsbezogene Pflichtverletzung 94 ff.
Betriebsleiterhaftung 120
Betriebsratswahl, Beeinflussung 583 ff.
betriebstypische Gefahren bei Aufsichtspflichtverletzung 123a
Betriebsverfassungsorgane, Straftaten gegen 578 f.
Betrug 202 ff.
- Betrugsderivate 257 ff.
- durch überhöhte Rechnungsstellung 232 ff.
- durch Unterlassen 239 ff.
- Eingehungs- und Erfüllungsbetrug 229
- Geschäftsherrenhaftung 239 ff.
- Insertionsofferte 295
- subjektiver Tatbestand 230
- Prüfungsschema 208
- Tatbestandsvoraussetzungen 207 ff.
- Wirtschaftskriminalität 203 ff.
- wirtschaftsstrafrechtlich relevante Fallgruppen 295
- Wissenszurechnung 218 f.
Beweiswürdigung, freie richterliche 135
Bilanzstrafrecht 28, 314 ff.
Blankettstraftatbestände
- im engeren Sinn 48 ff.
- im weiteren Sinn 51 ff.

- Irrtumsproblematik 57 ff.
- und Abgrenzung zu normativen Tatbestandsmerkmalen 52 ff.
- und Ausfüllung durch Unionsrecht 49
- Zusammenlesen von Blankett und Ausführungsnorm 59 ff.
Börsengeschäft, gewerbsmäßige Verleitung zu 312 f.
Bruttoprinzip 620 ff.

Compliance 254
Corporate Crime 5, 82
Corpus Juris Florenz 115
cum-/ex-Geschäft 81

Darstellung, unrichtige 320 f.
Daten-CD-Fälle 148
Delegation von Verantwortung im Unternehmen 114 ff.
- Fahrlässigkeitsstrafbarkeit 116
deliktischer Sinnbezug 194
Dienstausübung 379 f.
Diensthandlung 376 ff.
Drittmitteleinwerbung
- Korruption 392 ff.
- Untreue 402 ff.
drohende Zahlungsunfähigkeit 504 f.
Dunkelfeld 18

Eingehungsbetrug 229
Einziehung 614
- Bruttoprinzip 620 ff.
- erweiterte 618
- unternehmensbezogene 101
Erfüllungsbetrug 229
erlangtes Etwas (beim Verfall) 622 ff.
Erlaubnisvorbehalte 71a ff.
Ermittlungsverfahren im Wirtschaftsstrafrecht 632 ff.
erweiterte Einziehung 618
Etwas, erlangtes (beim Verfall) 622 ff.
europäisches Strafrecht 31 ff.
Evokationsrecht 159
Existenzvernichtung und Untreue 344

Fahrlässigkeitsstrafbarkeit 116
- im Wirtschaftsstrafrecht 43 ff.
faktischer Geschäftsführer 76, 121, 525 ff.
Falschangabedelikte 300, 314 ff.

Stichwortverzeichnis

fehlerhaftes Organ 121
Finanzbehörden 17, 159
Finanzkrise, strafrechtliche Bewältigung
 der 201f f.
Finanzstrafrecht 26
Fordern eines Vorteils 385
fragmentarischer Charakter des Strafrechts
 41 f.

Garantenstellung 249 ff.
– in Produkthaftungsfällen 143 ff.
Gefährdungsschaden, beim Betrug 228a
Geheimnisverrat 412 ff.
Geist der betrieblichen Mitbestimmung
 587
geistiges Eigentum 30
Geldbuße für Personenverbände 98 f.
gemeingefährliche Vergiftung 125a
Genehmigungsvorbehalte 71a ff.
Generalklauseln 74
Generalverantwortung 145
Geschäftsführer, faktischer 76, 121, 525 ff.
Geschäftsherrenhaftung 239 ff.
Gesellschaftertheorie 343
Gesetzgebungsprinzipien im Wirtschafts-
 strafrecht 36 ff.
Gläubigerbegünstigung 517
Glücksspielrecht 49
„Grauer" Kapitalmarkt 301
Gremienentscheidungen 136 ff.
Grundsätze ordnungsgemäßen Wirtschaftens
 73
Gründungsschwindel 314
gutgläubiger Erwerb und Gefährdungs-
 schaden 228a

Harmonisierung innerhalb von Europa 33
Hauptverhandlung in Wirtschafts-
 strafsachen 647 ff.
Hawala-Banking 201e
Herzklappenskandal 365 ff.
horizontale Verantwortungsstrukturen im
 Unternehmen 105 f.

illegale Beschäftigung von Ausländern
 547
Ingerenz 248
Insider 306
Insiderhandel 305 ff.
Insiderinformation 306 f.
– Eignung zur Kursbeeinflussung 308a
– Verwendung von 308

Insolvenzstrafrecht 493 ff.
– Bankrott 510 ff.
– Beiseiteschaffen 512
– Gläubigerbegünstigung 517
– Krisenmerkmale 500 ff.
– objektive Bedingung der Strafbarkeit 509
– Schuldnerbegünstigung 518
– und Grundzüge des Insolvenzrechts
 494 ff.
– Verheimlichen 513
– Ziele des Insolvenzrechts 495 ff.
Insolvenzverschleppung 519 ff.
– faktischer Geschäftsführer 525 ff.
– Insolvenzantragspflicht 521 ff.
Interessentheorie 532 ff.
internationale Verflechtung der
 Wirtschaftskriminalität 15
interne Ermittlungen 640 f.
Intertemporales Strafrecht 49b
Irrtum
– bei normativen Tatbestandsmerkmalen
 und Blankettstraftatbeständen 57 ff.
– beim Betrug 215 ff.
– in Mehrpersonenverhältnissen 218 ff.

Kapitalanlagebetrug 271, 301 ff.
Kapitalmarktrecht 298 ff.
Kapitalmarktstrafrecht 27, 297 ff.
Kassen, schwarze 432 ff.
Kassenarzt, als Amtsträger 421a f.
Kausalität 128 ff.
– alternative Kausalität 137
– bei Gremienentscheidungen 136 ff.
– kumulative Kausalität 137
– unbekannte generelle Kausalität 129 ff.
Kaviarfall 79
kick-back 403 f.
Kölner Müllverbrennungsfall 448
Kompensationsverbot 166
Körperschaftstheorie 343
Korruption 366 ff.
Kreditbetrug 271 ff.
Kreditwesengesetz 201
Krisenmerkmale nach der InsO 500 ff.
– drohende Zahlungsunfähigkeit 504 f.
– Überschuldung 506 ff.
– Zahlungsunfähigkeit 501 ff.
Kurs- und Marktmanipulation 310 f.

Lederspray-Entscheidung 124, 133 ff.
– Kausalitätsprobleme 128 ff.
Lohnwucher 542 f.

Makeltheorie 228a
Mannesmann-Entscheidung 324
Mannesmann-Fall
– Verbotsirrtum 363a
Maßstabsfigur 73 f.
Missbrauch von Gestaltungsmöglichkeiten 80a
Missbrauchstatbestand 336 ff.
Mitbestimmung
– betriebliche 576 ff.
– Geist der 587
Mittäterschaft 139
– im Unternehmen 111
– mittelbare Täterschaft kraft Organisationsherrschaft 108 ff.

Neidgesellschaft 20a f.
normative Tatbestandsmerkmale
– Abgrenzung zu Blankettgesetz 52 ff.
– Irrtumsproblematik 57 ff.
Normspaltung 50
Notstand, rechtfertigender 71f

öffentlich-rechtliche Anstalt 250
omissio libera in causa und § 266a StGB 563
Opportunitätseinstellung 642 ff.
Organ
– fehlerhaftes 121
– Handeln „als" 97, 117 ff.

personelle Distanz 14
PKS 20
PPP und Amtsträgerbegriff 487 ff.
Produkthaftung 125a
Produktstrafrecht 124 ff.
– Garantenstellung 143 ff.
progressive Werbung 409
Prospektbetrug 301 ff.

Rechnungsstellung, überhöhte 232 ff.
Rechtsquellen des Wirtschafsstrafrechts 21 ff.
Ressortverantwortlichkeit 145
Rheinausbau 257
richtlinienkonforme Auslegung 33a, 77a f.
Risikoerhöhungslehre 132, 138
Risikogeschäfte 347
Rückwirkungsverbot 49a

Scalping 307
schadensgleiche Vermögensgefährdung (beim Betrug) 227 ff.
Schadenshöhe 16
Schadenskompensation (beim Betrug) 226
Scheinhandlungen 78 ff.
Schuldnerbegünstigung 518
schwarze Kassen 432 ff.
Schwerpunktstaatsanwaltschaft 17
Selbstanzeige
– Änderungen durch das Schwarzgeldbekämpfungsgesetz 180a f.
– Ausschluss aufgrund der Höhe 186b
– Sperrwirkung 186a
– strafbefreiende 180 ff.
Siemens-AUB-Fall 575 ff.
Siemens-ENEL-Fall 405 ff.
Sinnbezug, deliktischer 194
Sonderdeliktscharakter 37 f.
sonstige Stelle (beim Amtsträgerbegriff) 465 f.
Sozialadäquanz und Korruptionsdelikte 387 f.
Sperrwirkung, bei der Selbstanzeige 186a
Sponsoring 389 ff.
Stammkapital, Beeinträchtigung des und Untreue 344
Steuerberater, Verteidigung durch einen 160
Steuerhinterziehung 158, 161 ff.
– Blankett oder normative Tatbestandsmerkmale 162
– durch Unterlassen 172 f.
– Irrtum 176 f.
– Kausalität 175
– Prüfungsschema 179
– strafbefreiende Selbstanzeige 180 ff.
– Täterkreis 163
– Taterfolg 164 ff.
– Tathandlungen 168 ff.
– Umgehungsverbot 174
– und Abzugsverbot 582
– Vollendung und Versuch 178
– Vorsatz 176 f.
– s. auch Steuerstrafrecht
Steuerrecht 151 ff.
Steuerstrafrecht 148 ff.
 s. auch Steuerhinterziehung
– Umgehungsverbot 174
– verfahrensrechtliche Besonderheiten 159 f.
Steuerverfahren 154
Steuerverkürzung 165
Steuervorteil, ungerechtfertigter 167

strafbefreiende Selbstanzeige 180 ff.
Strafgesetzgebungskompetenz der EU
 31 ff.
Submissionsbetrug 289 ff.
Subsidiarität des Strafrechts 41 f.
Subventionen 259
Subventionsbetrug
– Anwendungsbereich 265
– Prüfungsschema 264
– Tathandlungen 267 ff.
– und § 263 StGB 260 f.

Täterprofile im Wirtschaftsstrafrecht 14
Tatsachen, steuerlich erhebliche 169
Tatsachen (beim Betrug) 210
Täuschung 212 ff.
– ausdrückliche 213
– konkludente 213 f.
– über Tatsachen 209 ff.

Überschuldung 506 ff.
Umgehungshandlungen 78 ff.
Umgehungstatbestände 80
Umgehungsverbot 174
ungerechtfertigter Steuervorteil 167
unionsrechtsorientierte Auslegung
 s. richtlinienkonforme Auslegung
Unrechtsvereinbarung 386
unrichtige Darstellung 320 f.
Unterlassungsstrafbarkeit im Unternehmen
 112 f.
Unternehmen, Verantwortung von
 und im 82 ff.
Untreue 324 ff.
– Abgrenzung zum Bankrott 529 ff.
– des Aufsichtsrats bei der Vorstandsvergütung 353 ff.
– gestiegene Bedeutung 325, 328
– Haushaltsuntreue, Amtsuntreue 447
– kick-back 403
– konkrete Vermögensgefährdung 349
– Prüfungsschema 351
– Rechtsgut 329
– Risikogeschäfte 347
– schadensgleiche Vermögensgefährdung 445
– Schutzrichtung 326
– Schwarze Kassen 432 ff.
– subjektiver Tatbestand 363
– Systematik des § 266 StGB 331
– tatbestandsausschließendes
 Einverständnis 341 ff.

– Tatbestandsmerkmale 332 ff.
– Tatbestandsmodalitäten 335 ff.
– typische Fragestellungen im
 Wirtschaftsstrafrecht 327
– Übersicht zu wirtschaftsstrafrechtlich
 wichtigen Fallgruppen 447
– und allgemeines Schädigungsverbot
 591 ff.
– Unmittelbarkeit der Kompensation 594
– Verfassungsmäßigkeit des § 266 StGB
 330 ff., 350
– Vermögensbetreuungspflicht 332 ff.,
 590 ff.
– Vermögensbetreuungspflichtverletzung
 339 ff.
– Vermögensschaden bzw. Vermögensnachteil 347 ff., 362, 436 ff.
– Vorsatz 350a

Verantwortung von und im Unternehmen
 82 ff.
Verbandsbuße 85, 91 ff.
– und Gesamtrechtsnachfolge 91a
Verbandstrafbarkeit 86 ff.
verbotene Werbung 409 ff.
Verbotsirrtum, im Mannesmann-Fall 363a
Verbraucherschutzstrafrecht 30a
Verfahrensrechtliche Besonderheiten
 629 ff.
Verfall s. Einziehung
Verfolgungsbehörden 17
Vergaberecht 274 ff.
– und Betrug 289 ff.
Vergiftung, gemeingefährliche 125a
Verheimlichen (beim Bankrott) 513
Vermögensbetreuungspflicht 332 ff.
– Fallgruppen 334
– Kriterien 334
– und ihre Verletzung 339 ff.
Vermögensbetreuungspflichtverletzung
 339 ff.
– Akzessorietät 339, 352 ff.
– asymmetrische Akzessorietät 357
– gravierende 358 f.
– tatbestandsausschließendes
 Einverständnis 341 ff.
– und Verhältnis zur Betreuungspflicht 340
Vermögensschaden
– beim Betrug 224 ff.
– beim Submissionsbetrug 291 f.
– bei der Untreue 347 ff., 437 ff.
– und schwarze Kassen 436 ff.
Vermögensverfügung (beim Betrug) 221 ff.

Verständigung 648 ff.
vertikale Verantwortungsstrukturen im Unternehmen 107 ff.
Verwaltungsakzessorietät 71c
Vorenthalten und Veruntreuen von Arbeitsentgelt 548 ff.
– omissio libera in causa 563
– Prüfungsschema 574
– sozialversicherungsrechtliche Grundlagen 549 ff.
– Täterkreis 555 f.
– Tatbestandsmerkmale 555 ff.
– Tathandlung 558
– Überblick 553 f.
– und insolvenzrechtliches Zahlungsverbot 566 ff.
– Vorenthalten 558
– Vorrangrechtsprechung 564 f.
– Zahlungsunfähigkeit 562 ff.
Vorstandsvergütung 353 ff.

Weißer-Kragen-Kriminalität 4 f.
Werbung, verbotene 409 ff.
Wertpapierübernahmegesetz (WpÜG) 311a
Wettbewerb 406 ff.
wettbewerbsbeschränkende Absprachen bei Ausschreibungen 279 ff.
– Tathandlungen 282 ff.
Wettbewerbsrecht 407
Wettbewerbsregister 279
Wettbewerbsstrafrecht 29, 408 ff.

White Collar Criminality 4 f.
wirtschaftliche Auslegung 75 ff.
Wirtschaftsstrafrecht
– als „Klassenstrafrecht" 20a
– als Nebenstrafrecht 1
– als „Scherbengericht" 20a f.
– Begriffsbestimmungen 3 ff.
– Dunkelfeld 18
– Gesetzgebungsprinzipien 36 ff.
– im Kernstrafrecht 23
– im Nebenstrafrecht 25 ff.
– Rechtsquellen 2, 21 ff.
– Schadenshöhen 16
– und Allgemeiner Teil 34 f.
– und europäisches Recht 31 ff
– und Kollektivrechtsgüter 11
– Verschärfungen des 30b
– zusammenfassende Definition 12
Wirtschaftsstraftatbestände
– geborene und gekorene 7
– Grundsätze und Schwierigkeiten bei der Auslegung 72 ff.
WiStG 1
Wucher (Lohnwucher) 542 f.

Zahlungsdiensteaufsichtsgesetz 201d f.
Zahlungsunfähigkeit 501 ff.
Zusammenlesen von Blankett und Ausführungsnorm 59 ff.
Zuständigkeit der Wirtschaftsstrafkammer 631